# ～2024年度鹿児島県公立高校入試の日程（予定）～

☆推薦入学者選抜・帰国生徒等特別入学者選抜・連携型中高一貫教育校入学者選抜

| | |
|---|---|
| 面接、作文等 | 2／2 |
| ↓ | |
| 合格者発表 | 3／13 |

☆一般入学者選抜

| | |
|---|---|
| 学力検査 | 3／5・3／6 |
| ↓ | |
| 合格者発表 | 3／13 |

☆第二次入学者選抜

| | |
|---|---|
| 面接、作文等 | 3／21 |
| ↓ | |
| 合格者発表 | 3／22 |

※募集および選抜に関する最新の情報は鹿児島県教育委員会のホームページなどで必ずご確認ください。

# 2023年度/鹿児島県公立高校入学学力検査受検状況(全日制)

| 学区 | 学校名・学科名 | | 学力検査定員 | 受検者数 | 倍率 | 前年倍率 |
|---|---|---|---|---|---|---|
| 鹿児島 | 鶴丸 | 普通 | 301 | 366 | 1.22 | 1.42 |
| | 甲南 | 普通 | 288 | 411 | 1.43 | 1.29 |
| | 鹿児島中央 | 普通 | 290 | 382 | 1.32 | 1.38 |
| | 錦江湾 | 普通 | 154 | 106 | 0.69 | 0.87 |
| | | 理数 | 75 | 42 | 0.56 | 0.54 |
| | 武岡台 | 普通 | 218 | 265 | 1.22 | 1.29 |
| | | 情報科学 | 78 | 98 | 1.26 | 1.41 |
| | 開陽 | 普通 | 66 | 69 | 1.05 | 1.12 |
| | | 福祉 | 36 | 24 | 0.67 | 0.59 |
| | 明桜館 | 文理科学 | 115 | 98 | 0.85 | 0.87 |
| | | 商業 | 78 | 82 | 1.05 | 1.05 |
| | 松陽 | 普通 | 209 | 234 | 1.12 | 1.16 |
| | | 音楽 | 20 | 13 | 0.65 | 0.26 |
| | | 美術 | 15 | 16 | 1.07 | 0.65 |
| | 鹿児島東 | 普通 | 80 | 46 | 0.58 | 0.44 |
| | 鹿児島工業 | 工業Ⅰ類 | 206 | 178 | 0.86 | 1.22 |
| | | 工業Ⅱ類 | 105 | 84 | 0.80 | 1.33 |
| | 鹿児島南 | 普通 | 147 | 155 | 1.05 | 1.15 |
| | | 商業 | 67 | 69 | 1.03 | 1.49 |
| | | 情報処理 | 36 | 45 | 1.25 | 1.27 |
| | | 体育 | 8 | 10 | 1.25 | 0.73 |
| | 吹上 | 電気 | 40 | 27 | 0.68 | 0.05 |
| | | 電子機械 | 39 | 33 | 0.85 | 0.70 |
| | | 情報処理 | 40 | 26 | 0.65 | 0.60 |
| | 伊集院 | 普通 | 231 | 157 | 0.68 | 0.72 |
| | 市来農芸 | 農業 | 40 | 20 | 0.50 | 0.33 |
| | | 畜産 | 40 | 17 | 0.43 | 0.55 |
| | | 環境園芸 | 40 | 15 | 0.38 | 0.68 |
| | 串木野 | 普通 | 80 | 35 | 0.44 | 0.25 |
| | 鹿児島玉龍 | 普通 | 110 | 153 | 1.39 | 1.29 |
| | 鹿児島商業 | 商業 | 151 | 60 | 0.40 | 0.46 |
| | | 情報処理 | 70 | 52 | 0.74 | 0.68 |
| | | 国際経済 | 39 | 5 | 0.13 | 0.43 |
| | 鹿児島女子 | 商業 | 75 | 48 | 0.64 | 0.66 |
| | | 情報会計 | 68 | 48 | 0.71 | 0.42 |
| | | 生活科学 | 140 | 131 | 0.94 | 0.85 |
| 南薩 | 指宿 | 普通 | 119 | 73 | 0.61 | 0.69 |
| | 山川 | 園芸工学・農業経済 | 40 | 10 | 0.25 | 0.18 |
| | | 生活情報 | 40 | 12 | 0.30 | 0.73 |
| | 頴娃 | 普通 | 40 | 27 | 0.68 | 0.18 |
| | | 機械電気 | 40 | 31 | 0.78 | 0.98 |
| | 枕崎 | 総合 | 78 | 31 | 0.40 | 0.44 |
| | 鹿児島水産 | 海洋 | 39 | 49 | 1.26 | 1.45 |
| | | 情報通信 | 40 | 33 | 0.83 | 1.08 |
| | | 食品工学 | 39 | 23 | 0.59 | 0.35 |
| | 加世田 | 普通 | 117 | 79 | 0.68 | 0.81 |
| | 加世田常潤 | 食農プロデュース | 40 | 12 | 0.30 | 0.80 |
| | | 生活福祉 | 40 | 9 | 0.23 | 0.35 |
| | 川辺 | 普通 | 80 | 35 | 0.44 | 0.85 |
| | 薩南工業 | 機械 | 40 | 19 | 0.48 | 0.33 |
| | | 建築 | 40 | 21 | 0.53 | 0.63 |
| | | 情報技術 | 40 | 22 | 0.55 | 0.65 |
| | | 生活科学 | 40 | 27 | 0.68 | 0.93 |
| | 指宿商業 | 商業マネジメント | 116 | 106 | 0.91 | 0.78 |
| | | 会計マネジメント | 40 | 10 | 0.25 | 0.49 |
| | | 情報マネジメント | 39 | 37 | 0.95 | 1.10 |
| 北薩 | 川内 | 普通 | 273 | 274 | 1.00 | 0.73 |
| | 川内商工 | 機械 | 118 | 94 | 0.80 | 0.75 |
| | | 電気 | 79 | 69 | 0.87 | 0.81 |
| | | インテリア | 40 | 33 | 0.83 | 0.97 |
| | | 商業 | 80 | 60 | 0.75 | 0.96 |
| | 川薩清修館 | ビジネス会計 | 40 | 7 | 0.18 | 0.38 |
| | | 総合 | 76 | 48 | 0.63 | 0.51 |
| | 薩摩中央 | 普通 | 37 | 16 | 0.43 | 0.28 |
| | | 生物生産 | 40 | 13 | 0.33 | 0.48 |
| | | 農業工学 | 40 | 17 | 0.43 | 0.30 |
| | | 福祉 | 39 | 12 | 0.31 | 0.33 |
| | 鶴翔 | 農業科学 | 40 | 12 | 0.30 | 0.40 |
| | | 食品技術 | 40 | 17 | 0.43 | 0.50 |
| | | 総合 | 77 | 43 | 0.56 | 0.50 |
| | 野田女子 | 食物 | 40 | 21 | 0.53 | 0.80 |
| | | 生活文化 | 40 | 21 | 0.53 | 0.67 |
| | | 衛生看護 | 40 | 13 | 0.33 | 0.29 |
| | 出水 | 普通 | 151 | 82 | 0.54 | 0.72 |
| | 出水工業 | 機械電気 | 80 | 72 | 0.90 | 0.60 |
| | | 建築 | 40 | 17 | 0.43 | 0.58 |
| | 出水商業 | 商業 | 80 | 76 | 0.95 | 0.85 |
| | | 情報処理 | 79 | 91 | 1.15 | 0.91 |
| 姶良・伊佐 | 大口 | 普通 | 79 | 48 | 0.61 | 0.38 |
| | 伊佐農林 | 農林技術 | 40 | 14 | 0.35 | 0.48 |
| | | 生活情報 | 40 | 27 | 0.68 | 0.78 |
| | 霧島 | 機械 | 40 | 22 | 0.55 | 0.30 |
| | | 総合 | 40 | 24 | 0.60 | 0.53 |
| | 蒲生 | 普通 | 79 | 37 | 0.47 | 0.39 |
| | | 情報処理 | 39 | 39 | 1.00 | 0.53 |
| | 加治木 | 普通 | 310 | 302 | 0.97 | 0.99 |

| 学区 | 学校名・学科名 | | 学力検査定員 | 受検者数 | 倍率 | 前年倍率 |
|---|---|---|---|---|---|---|
| 姶良・伊佐 | 加治木工業 | 機械 | 74 | 74 | 1.00 | 0.94 |
| | | 電気 | 39 | 38 | 0.97 | 0.50 |
| | | 電子 | 37 | 42 | 1.14 | 0.76 |
| | | 工業化学 | 40 | 19 | 0.48 | 0.58 |
| | | 建築 | 39 | 50 | 1.28 | 0.92 |
| | | 土木 | 38 | 39 | 1.03 | 0.97 |
| | 隼人工業 | インテリア | 38 | 37 | 0.97 | 1.00 |
| | | 電子機械 | 75 | 62 | 0.83 | 0.76 |
| | | 情報技術 | 36 | 35 | 0.97 | 0.68 |
| | 国分 | 普通 | 276 | 197 | 0.71 | 0.75 |
| | | 理数 | 39 | 27 | 0.69 | 0.97 |
| | 福山 | 普通 | 40 | 7 | 0.18 | 0.25 |
| | | 商業 | 40 | 25 | 0.63 | 0.38 |
| | 国分中央 | 園芸工学 | 39 | 24 | 0.62 | 1.13 |
| | | 生活文化 | 72 | 86 | 1.19 | 1.00 |
| | | ビジネス情報 | 117 | 98 | 0.84 | 0.72 |
| | | スポーツ健康 | 18 | 16 | 0.89 | 1.05 |
| 大隅 | 曽於 | 文理 | 40 | 11 | 0.28 | 0.43 |
| | | 普通 | 40 | 22 | 0.55 | 0.65 |
| | | 畜産食農 | 39 | 28 | 0.72 | 0.49 |
| | | 機械電子 | 40 | 38 | 0.95 | 0.85 |
| | | 商業 | 38 | 39 | 1.03 | 0.85 |
| | 志布志 | 普通 | 120 | 108 | 0.90 | 0.76 |
| | 串良商業 | 情報処理 | 79 | 48 | 0.61 | 0.45 |
| | | 総合ビジネス | 40 | 26 | 0.65 | 0.41 |
| | 楠隼 | 普通 | 40 | 1 | 0.03 | 0.03 |
| | 鹿屋 | 普通 | 231 | 181 | 0.78 | 0.78 |
| | 鹿屋農業 | 農業 | 39 | 12 | 0.31 | 0.32 |
| | | 園芸 | 40 | 4 | 0.10 | 0.41 |
| | | 畜産 | 40 | 27 | 0.68 | 0.82 |
| | | 農業機械 | 36 | 41 | 1.14 | 1.08 |
| | | 農林環境 | 37 | 36 | 0.97 | 0.81 |
| | | 食と生活 | 39 | 37 | 0.95 | 0.95 |
| | 鹿屋工業 | 機械 | 78 | 56 | 0.72 | 0.85 |
| | | 電気 | 37 | 46 | 1.24 | 0.97 |
| | | 電子 | 38 | 34 | 0.89 | 1.08 |
| | | 建築 | 39 | 29 | 0.74 | 0.83 |
| | | 土木 | 40 | 31 | 0.78 | 0.38 |
| | 垂水 | 普通 | 40 | 10 | 0.25 | 0.40 |
| | | 生活デザイン | 40 | 25 | 0.63 | 0.45 |
| | 南大隅 | 商業 | 80 | 36 | 0.45 | 0.20 |
| | 鹿屋女子 | 普通 | 37 | 41 | 1.11 | 0.74 |
| | | 情報ビジネス | 75 | 75 | 1.00 | 0.82 |
| | | 生活科学 | 74 | 54 | 0.73 | 0.89 |

| 学区 | 学校名・学科名 | | 学力検査定員 | 受検者数 | 倍率 | 前年倍率 |
|---|---|---|---|---|---|---|
| 熊毛 | 種子島 | 普通 | 80 | 48 | 0.60 | 0.71 |
| | | 生物生産 | 40 | 9 | 0.23 | 0.40 |
| | | 電気 | 40 | 29 | 0.73 | 0.58 |
| | 種子島中央 | 普通 | 79 | 38 | 0.48 | 0.39 |
| | | 情報処理 | 36 | 35 | 0.97 | 0.75 |
| | 屋久島 | 普通 | 80 | 42 | 0.53 | 0.44 |
| | | 情報ビジネス | 40 | 29 | 0.73 | 0.67 |
| 大島 | 大島 | 普通 | 280 | 210 | 0.75 | 0.81 |
| | 奄美 | 機械電気 | 80 | 36 | 0.45 | 0.29 |
| | | 商業 | 40 | 14 | 0.35 | 0.65 |
| | | 情報処理 | 40 | 40 | 1.00 | 1.18 |
| | | 家政 | 40 | 27 | 0.68 | 0.85 |
| | | 衛生看護 | 40 | 11 | 0.28 | 0.43 |
| | 大島北 | 普通 | 40 | 29 | 0.73 | 0.65 |
| | | 情報処理 | 40 | 24 | 0.60 | 0.68 |
| | 古仁屋 | 普通 | 80 | 36 | 0.45 | 0.24 |
| | 喜界 | 普通 | 16 | 7 | 0.44 | − |
| | | 商業 | 22 | − | − | − |
| | 徳之島 | 普通 | 79 | 41 | 0.52 | 0.66 |
| | | 総合 | 40 | 40 | 1.00 | 1.03 |
| | 沖永良部 | 普通 | 80 | 49 | 0.61 | 0.65 |
| | | 商業 | 40 | 33 | 0.83 | 0.75 |
| | 与論 | 普通 | 31 | 1 | 0.03 | 0.03 |

（注） 1 「学力検査定員」は、募集定員から推薦入学者選抜などによる合格内定者数を引いた数。
2 「倍率」は、受検者数を学力検査定員で割ったもの。

# 数学　出題傾向の分析と合格への対策

## 出題傾向とその内容

〈最新年度の出題状況〉

今年度の出題数は，大問が5題，小問数にして30問と，昨年と比べると少し増加した。箱ひげ図を読み取る問題が多かった。出題内容は大問1，大問2は基礎的・基本的な学習事項の確認問題。大問3以降はやや程度の高い，思考力を要する問題が出題されることもあるが，落ち着いて取り組めば解けないほどではない。

出題内容は，大問1が，数・式の計算に関する計算問題2問と，式の展開，絶対値，平方根，連立方程式，場合の数，循環小数，資料の散らばりのあわせて9問の小問群，大問2は，平面図形，特別な平行四辺形，角度，作図，方程式の応用で，大問1よりも少し応用力を必要とする小問群が5問，大問3は資料の散らばり，箱ひげ図，大問4は図形と関数とグラフの融合問題，確率，大問5は，平面図形，図形の証明，折り返し，相似，三平方の定理を扱う問題となっている。

〈出題傾向〉

問題の出題数は，ここ数年，大問数で5題，小問数で26問前後が定着している。

出題傾向に関して，大問1，大問2は，小問構成になっている。大問1は9問の小問群で，内5問は数・式，平方根に関する基本的計算問題，他の4問も基本レベルの数学的知識で十分解ける問題であり，ここ数年，因数分解，式の展開，割合，図形の計量，確率などが出題されている。大問2は大問1よりも応用力を必要とする5問の小問群であり，方程式の応用，図形の証明，各種図形の計量，作図，規則性など，中学数学全領域からまんべんなく出題されている。大問1，大問2は，授業や学校の教材を中心に基礎力をしっかり身につければ，必ず得点できる問題なので，日頃の授業に対する予習・復習をしっかり行い，確実に得点できるようにしよう。大問3以降は，方程式，関数，図形，資料の活用の中から3つのテーマが選択され大問3題として出題されている。ここ数年の出題内容は，方程式の応用，動点を含む図形と関数・グラフの融合問題，証明や各種計量問題を含む平面図形の総合問題，場合の数と確率，資料の散らばり・代表値，標本調査などである。中学数学全般の基礎力がしっかり身についたら，図形の総合問題や図形と関数・グラフの融合問題への対策を立てよう。

## 来年度の予想と対策

まず，すべての領域について，基礎的な知識や計算力を身につけて，大問1，大問2の問題が完全に解けるようになっておくことが大切である。また，大問3以降の問題には，関数$y=ax^2$の応用や，放物線に直線や図形をからませた問題，合同や相似の証明問題と計量の問題が多く出題されている。したがって，この傾向を念頭において学習をしておくことが重要である。とくに，関数のグラフや図形に関連して，相似の性質や三平方の定理を利用するやや程度の高い問題が出題されることが多いので，これらについては十分に練習をしておきたい。

なお，方程式の応用問題では，多くの場合「計算過程も書くこと」と指示されているので，図形の証明はもちろんのこと，方程式の応用問題についても，解答をきちんと書く練習も欠かすことができない。作図問題の出題も多いので注意しよう。

⇨学習のポイント

・日頃から，答えだけでなく，途中の計算過程も簡潔に書けるような練習を積み重ねておこう。
・過去問や問題集を使って図形の証明や図形と関数・グラフとの融合問題への対策を立てよう。

## 年度別出題内容の分析表　数学

| 出題内容 | | | 26年 | 27年 | 28年 | 29年 | 30年 | 2019年 | 2020年 | 2021年 | 2022年 | 2023年 |
|---|---|---|---|---|---|---|---|---|---|---|---|---|
| 数と式 | | 数の性質 | ○ | ○ | ○ | ○ | | | | ○ | ○ | ○ |
| | | 数・式の計算 | ○ | ○ | ○ | ○ | ○ | ○ | ○ | ○ | ○ | ○ |
| | | 因数分解 | ○ | | | | ○ | | | ○ | | |
| | | 平方根 | ○ | ○ | ○ | ○ | ○ | ○ | ○ | ○ | ○ | ○ |
| 方程式・不等式 | | 一次方程式 | ○ | ○ | ○ | ○ | ○ | ○ | ○ | ○ | ○ | ○ |
| | | 二次方程式 | ○ | ○ | ○ | ○ | ○ | ○ | ○ | ○ | ○ | ○ |
| | | 不等式 | ○ | ○ | | | | ○ | | | | |
| | | 方程式の応用 | ○ | ○ | ○ | ○ | ○ | ○ | ○ | ○ | ○ | ○ |
| 関数 | | 一次関数 | ○ | ○ | ○ | ○ | ○ | ○ | | | ○ | ○ |
| | | 関数 $y = ax^2$ | ○ | ○ | ○ | ○ | ○ | ○ | ○ | ○ | ○ | ○ |
| | | 比例関数 | | ○ | | ○ | | | ○ | | | |
| | | 関数とグラフ | ○ | | ○ | ○ | ○ | ○ | ○ | ○ | ○ | ○ |
| | | グラフの作成 | ○ | | ○ | ○ | | | | | | |
| 図形 | 平面図形 | 角度 | ○ | ○ | ○ | ○ | ○ | ○ | ○ | ○ | ○ | ○ |
| | | 合同・相似 | ○ | ○ | | ○ | ○ | ○ | ○ | ○ | ○ | ○ |
| | | 三平方の定理 | ○ | ○ | ○ | ○ | ○ | ○ | ○ | ○ | ○ | ○ |
| | | 円の性質 | ○ | ○ | ○ | ○ | ○ | ○ | ○ | ○ | ○ | ○ |
| | 空間図形 | 合同・相似 | | | | | | | | | ○ | |
| | | 三平方の定理 | ○ | | | | | | | | | |
| | | 切断 | | | | | | | | | | |
| | 計量 | 長さ | ○ | ○ | ○ | ○ | ○ | ○ | ○ | ○ | ○ | ○ |
| | | 面積 | ○ | ○ | ○ | ○ | ○ | ○ | ○ | ○ | ○ | ○ |
| | | 体積 | ○ | | ○ | ○ | ○ | ○ | ○ | ○ | ○ | ○ |
| | 証明 | | ○ | ○ | ○ | ○ | ○ | ○ | ○ | ○ | ○ | ○ |
| | 作図 | | ○ | | ○ | ○ | ○ | ○ | ○ | ○ | ○ | ○ |
| | 動点 | | ○ | ○ | ○ | | | ○ | | ○ | | |
| データの活用 | | 場合の数 | | | ○ | | | | | | | ○ |
| | | 確率 | ○ | ○ | ○ | ○ | ○ | ○ | ○ | ○ | ○ | ○ |
| | | 資料の散らばり・代表値(箱ひげ図を含む) | ○ | ○ | ○ | ○ | ○ | ○ | ○ | ○ | ○ | ○ |
| | | 標本調査 | ○ | | ○ | ○ | | | | | ○ | |
| 融合問題 | | 図形と関数・グラフ | ○ | | | | | ○ | ○ | ○ | ○ | ○ |
| | | 図形と確率 | | | | | | | | | | |
| | | 関数・グラフと確率 | | | | | | | | | | ○ |
| | | その他 | | | | | | | | | | |
| その他 | | | ○ | | | | | ○ | | | ○ | ○ |

# 英語 ●●●●● 出題傾向の分析と合格への対策 ●●●●

## 出題傾向とその内容

**〈最新年度の出題状況〉**

本年度の大問構成は聞き取りテスト，会話文・条件英作文，長文読解問題2題の計4題からなっていた。

大問[1]の聞き取りテストは絵を選ぶもの，英文の空所を記述補充するもの，英文を聞いて質問に対する答えを選ぶもの，登場人物になりかわって自分なりの応答文を英語で書くものが出題された。配点は90点満点中の25点であった。

大問[2]，[3]は，読解問題と英作文問題，資料読解などが出題された。文脈を把握し，内容を理解する読解力に加え，英語で表現する力が求められた。

大問[4]の長文読解問題は，語句補充，語句の解釈，日本語で答える問題，図・表などを用いた問題，条件英作文も含めて内容把握を問う問題が中心であった。

**〈出題傾向〉**

聞き取りテストでは，さまざまな形式の小問が出題され，後半になるほど難度は高い。

大問[2]の対話文読解では，基本的な語句・文法や会話表現の知識が試される。一方で，英作文の問題も出題される。

大問[3]の長文読解は，それぞれの小問数こそ少ないものの，3種類の文章が出題された(資料問題を含む)。文章全体の内容に関わる問いが多く，すべて解くには読解のスピードも要求される。

大問[4]の長文読解は，いろいろな出題形式で本文理解を問うものであった。なお日本語で説明するもの，条件英作文などの記述式問題も含まれる。

## 来年度の予想と対策

基本的な英語の理解力をみつつ，英作文・記述問題などによって得点差がつく出題となるであろう。

読解問題が中心なので，文法知識はさることながら，まずは語い力が欠かせない。多くの長文読解問題に当たりながら，語い力を上げていこう。

また，記述問題が多く出題されているので確かな実力をつけておく必要がある。英語の文章の要旨を把握する力，文脈や状況に合った文章を英語，日本語の両方で表現する力も要求される。

資料に関連した問題も出題されることがあるが，求められている情報を早く確認して，解法に結びつけることも重要である。

**⇨学習のポイント**

- 基本的な語句・文法の知識や，会話表現をまずはしっかりと頭に入れよう。
- 英作文や記述問題の対策が必須。問題に数多く取り組んでおこう。

## 年度別出題内容の分析表　英語

| 出題内容 | | | 26年 | 27年 | 28年 | 29年 | 30年 | 2019年 | 2020年 | 2021年 | 2022年 | 2023年 |
|---|---|---|---|---|---|---|---|---|---|---|---|---|
| 設問形式 | リスニング | 絵・図・表・グラフなどを用いた問題 | ○ | ○ | ○ | ○ | ○ | ○ | ○ | ○ | ○ | ○ |
| | | 語句補充 | ○ | ○ | | | ○ | ○ | ○ | ○ | ○ | ○ |
| | | 英語の質問に答える問題 | ○ | ○ | ○ | ○ | ○ | ○ | ○ | ○ | ○ | ○ |
| | | 英語によるメモ・要約文の完成 | ○ | ○ | ○ | ○ | ○ | ○ | ○ | ○ | ○ | |
| | | 日本語で答える問題 | | | | | | | | | | |
| | | 書き取り | | | | | | | | | | |
| | 語い | 単語の発音 | | | | | | | | | | |
| | | 文の区切り・強勢 | | | | | | | | | | |
| | | 語句の問題 | ○ | ○ | ○ | ○ | | | | | ○ | ○ |
| | 読解 | 語句補充・選択（読解） | ○ | ○ | ○ | ○ | ○ | ○ | ○ | ○ | ○ | ○ |
| | | 文の挿入・文の並べ換え | ○ | ○ | ○ | ○ | ○ | ○ | ○ | ○ | ○ | ○ |
| | | 語句の解釈・指示語 | ○ | ○ | | ○ | ○ | ○ | ○ | | ○ | ○ |
| | | 英問英答（選択・記述） | | | ○ | ○ | ○ | ○ | ○ | ○ | ○ | ○ |
| | | 日本語で答える問題 | ○ | ○ | ○ | ○ | ○ | | ○ | ○ | ○ | ○ |
| | | 内容真偽 | ○ | ○ | ○ | ○ | ○ | ○ | ○ | ○ | ○ | ○ |
| | | 絵・図・表・グラフなどを用いた問題 | ○ | ○ | ○ | ○ | ○ | ○ | ○ | ○ | ○ | ○ |
| | | 広告・メール・メモ・手紙・要約文などを用いた問題 | | | ○ | ○ | | | ○ | ○ | | |
| | 文法 | 語句補充・選択（文法） | | | | | | | | | | |
| | | 語形変化 | | | | | | | | | | |
| | | 語句の並べ換え | | | | | | | | | | |
| | | 言い換え・書き換え | | | | | | | | | | |
| | | 英文和訳 | | | | | | | | | | |
| | | 和文英訳 | | | | | | | | | | |
| | | 自由・条件英作文 | ○ | ○ | ○ | ○ | ○ | ○ | ○ | ○ | ○ | ○ |
| 文法事項 | | 現在・過去・未来と進行形 | ○ | ○ | ○ | ○ | ○ | ○ | ○ | ○ | | ○ |
| | | 助動詞 | ○ | ○ | ○ | ○ | ○ | ○ | ○ | ○ | ○ | ○ |
| | | 名詞・冠詞・代名詞 | ○ | ○ | | | ○ | | | | | |
| | | 形容詞・副詞 | ○ | ○ | ○ | ○ | ○ | ○ | | ○ | | |
| | | 不定詞 | ○ | | ○ | | ○ | ○ | ○ | ○ | ○ | ○ |
| | | 動名詞 | ○ | ○ | ○ | | ○ | ○ | ○ | ○ | ○ | ○ |
| | | 文の構造（目的語と補語） | ○ | | | | | | ○ | | ○ | ○ |
| | | 比較 | ○ | | | | ○ | ○ | ○ | ○ | ○ | ○ |
| | | 受け身 | ○ | | | ○ | ○ | ○ | ○ | | ○ | ○ |
| | | 現在完了 | | | ○ | | ○ | ○ | ○ | | ○ | ○ |
| | | 付加疑問文 | | | | | | | | | | |
| | | 間接疑問文 | | | | | | | ○ | | | ○ |
| | | 前置詞 | | ○ | | | ○ | | ○ | ○ | | ○ |
| | | 接続詞 | ○ | | | | ○ | ○ | ○ | ○ | ○ | ○ |
| | | 分詞の形容詞的用法 | | | | ○ | ○ | | ○ | | | ○ |
| | | 関係代名詞 | ○ | | | | ○ | | | ○ | ○ | ○ |
| | | 感嘆文 | | | | | | | | | | |
| | | 仮定法 | | | | | | | | | | ○ |

# 理科 ●●●●● 出題傾向の分析と合格への対策 ●●●●●

## 出題傾向とその内容

〈最新年度の出題状況〉

1は小問集合で，各領域から8問が出題された。2の地学では，火山と太陽から，観察をもとに出題された。3の化学では，電池と化学変化から幅広い知識が問われた。4の生物では，動物から，資料から分析する問題が出題された。5の物理では，光と電気に関する問題が出題された。60％以上が記述問題であり，科学的思考力や判断力，表現力などが総合的に試された。

〈出題傾向〉

一つのテーマについて，いくつかの実験や観察から調べ，データ(資料)を分析して判断し，考察するタイプのスタンダードな出題である。実験・観察の方法について問う問題やデータから考察する問題が多い。教科書に出ている標準的なものが中心であり，非常に解きやすい。解答方法は，作図，語句や実験方法・考察・理由等の説明文の記述，計算など多岐にわたる。

物理的領域　基礎的な内容も多く，いずれも理解度を見るためには最適な問題で，科学的思考力を問う出題もあるが，比較的解きやすい問題である。実験をもとにして結果を問う形の出題が多いため，基本的な実験は一通り目を通しておこう。

化学的領域　出題内容には計算問題が多いため，計算問題の学習は必須である。正解を得るためには，幅広い知識に加え，分析思考力も要する。計算問題はあらゆるパターンを練習し，苦手な単元を作らないことが，高得点への近道となる。

生物的領域　基本的な重要事項をおさえていれば，問題なく解くことができたであろう。ケアレスミスを防ぐため，じっくり問題文を読み解こう。

地学的領域　計算問題も出題されるが，スタンダードな内容のものなので，何度か解いたことがある可能性も高い。教科書の基礎的事項及び図表は必ず理解しておこう。また，基本的な計算問題はすべてクリアしておこう。

## 来年度の予想と対策

毎年，すべての単元からまんべんなく出題されているため，かたよりのない確実な学力を養っておくことが必要である。教科書の重要事項はとくにしっかり把握しておかなければならない。来年度も図や表を読み取る問題が多く出題されるであろう。基礎的な実験操作や，試薬の特徴，実験のデータ分析にも慣れておきたい。記述式の問題には，実験方法や結果だけでなく，考え方などが問われる場合もあるので教科書の重要語句をもとにして，自分の言葉で文章を組み立て，ノートにまとめる練習をしておこう。また，分野・単元を越えた総合問題について，しっかり読み取る力もつけておこう。

⇨学習のポイント

・教科書に載っているような重要実験は，操作と実験結果を合わせて覚えるようにしよう。
・作図や記述が比較的多いので，類題の演習を事前に増やしておこう。

## 年度別出題内容の分析表　理科

※★印は大問の中心となった単元

| 出題内容 | | | 26年 | 27年 | 28年 | 29年 | 30年 | 2019年 | 2020年 | 2021年 | 2022年 | 2023年 |
|---|---|---|---|---|---|---|---|---|---|---|---|---|
| 第一分野 | 第1学年 | 身のまわりの物質とその性質 | ○ | ○ | | ○ | ○ | ○ | ○ | ○ | ○ | |
| | | 気体の発生とその性質 | | ○ | | ○ | | ○ | | | ○ | ○ |
| | | 水溶液 | ○ | ○ | ○ | | ★ | | ★ | ○ | ○ | |
| | | 状態変化 | | | | | | | ○ | | ★ | |
| | | 力のはたらき(2力のつり合いを含む) | ○ | | | | | | | | ○ | |
| | | 光と音 | ○ | | ○ | ○ | ★ | ★ | ★ | ○ | ○ | ★ |
| | 第2学年 | 物質の成り立ち | ○ | ○ | ○ | ○ | | | ○ | | | ○ |
| | | 化学変化，酸化と還元，発熱・吸熱反応 | | | ○ | | | ○ | | ★ | ○ | |
| | | 化学変化と物質の質量 | ○ | | ○ | ○ | ○ | ★ | | ○ | | ★ |
| | | 電流(電力，熱量，静電気，放電，放射線を含む) | ○ | ○ | ○ | ○ | ○ | ○ | ○ | ★ | ○ | ★ |
| | | 電流と磁界 | ○ | | | | ○ | ★ | | | ★ | |
| | 第3学年 | 水溶液とイオン，原子の成り立ちとイオン | | ○ | ○ | ○ | ★ | ○ | ○ | ○ | ★ | ★ |
| | | 酸・アルカリとイオン，中和と塩 | ○ | ○ | | ○ | ○ | ★ | ○ | ★ | ○ | |
| | | 化学変化と電池，金属イオン | | | | ○ | | | ○ | | | ★ |
| | | 力のつり合いと合成・分解(水圧，浮力を含む) | | ○ | | ○ | | ○ | ○ | ★ | | ○ |
| | | 力と物体の運動(慣性の法則を含む) | | | | | ★ | ○ | | | ★ | |
| | | 力学的エネルギー，仕事とエネルギー | ○ | ○ | ○ | | | | ★ | ○ | ○ | ○ |
| | | エネルギーとその変換，エネルギー資源 | ○ | | | ○ | | ○ | | | | |
| 第二分野 | 第1学年 | 生物の観察と分類のしかた | ○ | ○ | | | | | | | | |
| | | 植物の特徴と分類 | ○ | ○ | | ○ | ○ | | | ★ | ○ | |
| | | 動物の特徴と分類 | ○ | | ○ | | ★ | | ○ | | ○ | ★ |
| | | 身近な地形や地層，岩石の観察 | | | ○ | ○ | | | | | | ○ |
| | | 火山活動と火成岩 | ○ | | ○ | | | ○ | | ○ | ○ | ★ |
| | | 地震と地球内部のはたらき | ○ | | | | ★ | | | | ★ | ○ |
| | | 地層の重なりと過去の様子 | | ○ | | ○ | | ○ | ★ | ○ | | |
| | 第2学年 | 生物と細胞(顕微鏡観察のしかたを含む) | | ○ | ○ | | | ○ | ○ | ○ | | ○ |
| | | 植物の体のつくりとはたらき | | | ○ | ○ | | ★ | | | ○ | |
| | | 動物の体のつくりとはたらき | ○ | ○ | ○ | ○ | | ★ | ★ | ★ | ○ | ★ |
| | | 気象要素の観測，大気圧と圧力 | ○ | ○ | ○ | ○ | ★ | ★ | | ★ | | ○ |
| | | 天気の変化 | | ○ | | | ○ | | | ○ | ○ | |
| | | 日本の気象 | | ○ | | | | ○ | ○ | | ★ | |
| | 第3学年 | 生物の成長と生殖 | ○ | ○ | | | ★ | | ★ | ○ | ○ | |
| | | 遺伝の規則性と遺伝子 | ○ | | ○ | ○ | | ○ | | ○ | ○ | |
| | | 生物の種類の多様性と進化 | | | | ○ | ○ | | | | ○ | |
| | | 天体の動きと地球の自転・公転 | ○ | | ○ | ○ | | | ★ | ○ | ○ | |
| | | 太陽系と恒星，月や金星の運動と見え方 | ○ | ○ | ○ | ○ | ○ | ★ | | ★ | | ★ |
| | | 自然界のつり合い | | ○ | | ○ | | | ○ | | ○ | ○ |
| 自然の環境調査と環境保全，自然災害 | | | ○ | | ○ | | ○ | | | | | |
| 科学技術の発展，様々な物質とその利用 | | | | | | | | | | | | ○ |
| 探究の過程を重視した出題 | | | ○ | ○ | ○ | ○ | ○ | ○ | ○ | ○ | ○ | ○ |

―鹿児島県公立高校―

# 社会

# 出題傾向の分析と合格への対策

## 出題傾向とその内容

**〈最新年度の出題状況〉**

本年度の出題数は，大問3題，小問38問である。解答形式は語句記入と記号選択がバランスよく出題されており，記述問題が11問出題されている。大問数は，日本・世界地理1題，歴史1題，公民1題となっており，小問数は各分野のバランスがとれていると言える。

出題内容は基礎的な事項に関する出題を中心とするが，応用力や総合力が要求される設問もある。

地理的分野では，資料を読み込んで考えさせる問題が多く，気候や産業などが問われた。歴史的分野では，絵図や写真などを用いて，各時代の出来事や特色を問う問題であった。公民分野では，政治のしくみや経済全般を中心に出題された。

**〈出題傾向〉**

地理的分野では，地図やグラフ，表などの資料が用いられ，それらの読み取りや諸地域の特色を問うことを中心とした出題となっている。

歴史的分野では，絵図や写真などから時代の流れとそれぞれの時代の特色を問う出題が多く，時代の変化をおさえる必要がある。

公民的分野では，基礎的な知識を問うものが中心である。図や表などの資料を読み取り，説明させる記述問題も出題され，正確な知識が求められる内容である。

## 来年度の予想と対策

地理的分野・歴史的分野・公民的分野ともに，今年度とほぼ同じような傾向の出題が予想される。今回のように各分野の融合問題が出題される可能性もあるが，それぞれの分野を学習しておけば，対応は容易であろう。

対策としては教科書の内容・重要語句を中心に，掲載されている地図やグラフ・写真・絵などを含めて，それぞれの分野別に理解・暗記をしておくことが大切である。また，人名や地名を漢字で正確に書けるように日頃から練習しておこう。

出題の内容は，基本的な問題が多いが，幅広く出題されるので，教科書のすみからすみまできちんと理解しておく必要がある。ニュースにも関心を持ち，最新の情報，話題を知ることも大事である。

また，文章記述問題も多く出題されるので，常日頃から要約した文章を書く練習をしておくことも大切である。

**⇨学習のポイント**

- 地理では，地形図に慣れ，統計資料から，諸地域の特色を読みとることに慣れておこう！
- 歴史では，教科書で基本的事項を整理し，時代の流れをつかみ，世界史にも目を配ろう！
- 公民では，憲法・経済・国際社会を意識し，ニュースでも時事問題に注目しておこう！

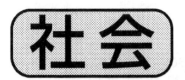

## 年度別出題内容の分析表　社会

| 分野 | 区分 | 出題内容 | 26年 | 27年 | 28年 | 29年 | 30年 | 2019年 | 2020年 | 2021年 | 2022年 | 2023年 |
|---|---|---|---|---|---|---|---|---|---|---|---|---|
| 地理的分野 | 日本 | 地形図の見方 | | ○ | | ○ | ○ | | | | | ○ |
| | | 日本の国土・地形・気候 | ○ | ○ | ○ | ○ | ○ | ○ | ○ | ○ | ○ | ○ |
| | | 人口・都市 | ○ | ○ | ○ | ○ | ○ | | ○ | ○ | | ○ |
| | | 農林水産業 | ○ | ○ | ○ | ○ | ○ | ○ | ○ | ○ | ○ | ○ |
| | | 工業 | ○ | ○ | ○ | ○ | ○ | ○ | | ○ | ○ | |
| | | 交通・通信 | | | | | | ○ | | | | |
| | | 資源・エネルギー | | | | ○ | ○ | | ○ | | | |
| | | 貿易 | | | | | | | | | ○ | |
| | 世界 | 人々のくらし・宗教 | | | ○ | ○ | ○ | ○ | ○ | | ○ | ○ |
| | | 地形・気候 | ○ | ○ | ○ | ○ | ○ | ○ | ○ | ○ | ○ | |
| | | 人口・都市 | ○ | | | | ○ | | | | | |
| | | 産業 | ○ | ○ | ○ | ○ | | ○ | ○ | ○ | ○ | ○ |
| | | 交通・貿易 | | | | ○ | | | ○ | | | ○ |
| | | 資源・エネルギー | | ○ | | | | ○ | | ○ | ○ | |
| | 地理総合 | | | | | | | | | | | |
| 歴史的分野 | 日本史―時代別 | 旧石器時代から弥生時代 | ○ | | | | | | | | ○ | |
| | | 古墳時代から平安時代 | ○ | ○ | ○ | ○ | ○ | ○ | ○ | ○ | ○ | ○ |
| | | 鎌倉・室町時代 | ○ | ○ | ○ | ○ | ○ | ○ | ○ | ○ | ○ | ○ |
| | | 安土桃山・江戸時代 | ○ | ○ | ○ | ○ | ○ | ○ | ○ | ○ | ○ | ○ |
| | | 明治時代から現代 | ○ | ○ | ○ | ○ | ○ | ○ | ○ | ○ | ○ | ○ |
| | 日本史―テーマ別 | 政治・法律 | ○ | ○ | ○ | ○ | ○ | ○ | ○ | ○ | ○ | ○ |
| | | 経済・社会・技術 | ○ | ○ | ○ | ○ | ○ | ○ | ○ | ○ | ○ | ○ |
| | | 文化・宗教・教育 | ○ | ○ | ○ | ○ | ○ | ○ | ○ | ○ | ○ | ○ |
| | | 外交 | ○ | ○ | ○ | ○ | ○ | ○ | ○ | ○ | ○ | ○ |
| | 世界史 | 政治・社会・経済史 | | | ○ | ○ | ○ | ○ | ○ | ○ | ○ | |
| | | 文化史 | | | | | | | | | | |
| | | 世界史総合 | | | | | | | | | | |
| | 歴史総合 | | | | | | | | | | | |
| 公民的分野 | | 憲法・基本的人権 | ○ | | ○ | ○ | ○ | ○ | ○ | ○ | ○ | ○ |
| | | 国の政治の仕組み・裁判 | ○ | ○ | ○ | ○ | ○ | ○ | ○ | ○ | ○ | ○ |
| | | 民主主義 | | | | | | | | | | ○ |
| | | 地方自治 | | ○ | ○ | | ○ | | ○ | | | |
| | | 国民生活・社会保障 | | ○ | ○ | ○ | ○ | ○ | ○ | ○ | | |
| | | 経済一般 | ○ | ○ | ○ | ○ | ○ | ○ | ○ | ○ | ○ | ○ |
| | | 財政・消費生活 | ○ | ○ | ○ | ○ | ○ | ○ | ○ | ○ | ○ | ○ |
| | | 公害・環境問題 | | ○ | | ○ | | ○ | | | | |
| | | 国際社会との関わり | ○ | ○ | ○ | ○ | ○ | ○ | ○ | | | |
| 時事問題 | | | | | ○ | ○ | ○ | | | | | |
| その他 | | | | | ○ | | | | | | | |

―鹿児島県公立高校―

# 国語 出題傾向の分析と合格への対策

## 出題傾向とその内容

〈最新年度の出題状況〉

本年度は，大問5題の構成であった。1は漢字の問題，2は論説文の読解，3は古文の読解，4は小説の読解問題，5は作文問題であった。

1は，1が漢字の読みと書き取り，2は漢字の画数を問う問題で，書写の知識も求められた。

2の論説文は，内容を問う問題で，選択，抜き出し，記述と，いろいろな形での出題であった。また，問題文の内容に関連して，70字程度の記述問題が出題された。

3の古文では，仮名遣いや内容の空欄補充が出題された。

4の小説は，登場人物の心情の読み取りが中心であった。選択問題の他，記述問題が出題されている。5は資料を読み取り，記事を書くものが出題された。

〈出題傾向〉

大きな構成は，論説文読解，小説読解，古文読解，漢字，作文というものである。

論説文読解は，内容理解中心。接続語や脱語補充，内容吟味などの形で出題される。課題作文は，資料をふまえたうえで自分の意見をまとめるというもので，読解力と記述力が求められる。

小説読解は，情景を理解したり，登場人物の行動や発言から心情を読み取ったりして，その内容をまとめる力が求められる構成である。

古文読解は，歴史的仮名遣い，主語や会話文の把握などの基礎的な問いのほか，口語訳，内容把握に関する問いなどが出題される。

知識問題は，漢字の読みと書き取りのほか，部首や画数に関する出題が目立つ。行書の知識も必要だ。語句や文法の問題は，読解問題中に含まれる。

## 来年度の予想と対策

知識問題や課題作文など出題が多岐にわたり，記述問題も多いので，過去の問題にしっかりと取り組んで，独特の問題形式に慣れておく必要がある。

漢字の読み書きはもちろんのこと，筆順や画数もしっかりおさえよう。行書の書き方の特徴なども学んでおきたい。ことわざや慣用句，文法問題にもきちんと取り組もう。

説明的文章としては論説文が，文学的文章としては小説がよく出題される。それぞれ問題集などで数多くの文章にあたり，読解力と，読み取ったことをまとめる力を身につけたい。古文・漢文対策としては，仮名遣いや基本的な語句の知識などを身につけることが大切である。文法などの知識事項は，基本的なものを中心に復習しておこう。

作文の練習も日ごろから怠らないようにしたい。文章の要旨などを簡潔にまとめる練習や，設定したテーマに対する自分の意見をわかりやすく述べる練習を重ねよう。

⇨学習のポイント

- 過去問を解いて，出題形式に慣れよう。
- 漢字や文法などを，教科書でおさらいしよう。
- さまざまなテーマで作文の練習をしておこう。

## 年度別出題内容の分析表　国語

| | | 出題内容 | 26年 | 27年 | 28年 | 29年 | 30年 | 2019年 | 2020年 | 2021年 | 2022年 | 2023年 |
|---|---|---|---|---|---|---|---|---|---|---|---|---|
| 内容の分類 | 読解 | 主題・表題 | ○ | | | | | | | | | |
| | | 大意・要旨 | | | | | ○ | ○ | ○ | ○ | ○ | ○ |
| | | 情景・心情 | ○ | ○ | ○ | ○ | ○ | ○ | ○ | ○ | ○ | ○ |
| | | 内容吟味 | ○ | ○ | ○ | ○ | ○ | ○ | ○ | ○ | ○ | ○ |
| | | 文脈把握 | ○ | ○ | ○ | ○ | ○ | ○ | ○ | ○ | ○ | ○ |
| | | 段落・文章構成 | | | | | | | | | | |
| | | 指示語の問題 | | ○ | | | ○ | ○ | ○ | ○ | ○ | |
| | | 接続語の問題 | | ○ | | ○ | ○ | | ○ | ○ | ○ | ○ |
| | | 脱文・脱語補充 | ○ | ○ | ○ | ○ | ○ | ○ | ○ | ○ | ○ | ○ |
| | 漢字・語句 | 漢字の読み書き | ○ | ○ | ○ | ○ | ○ | ○ | ○ | ○ | ○ | ○ |
| | | 筆順・画数・部首 | ○ | ○ | ○ | ○ | ○ | ○ | ○ | ○ | ○ | ○ |
| | | 語句の意味 | | | | | ○ | | | ○ | | |
| | | 同義語・対義語 | | | | | | | | | | |
| | | 熟語 | | | | | | | ○ | | | ○ |
| | | ことわざ・慣用句 | | ○ | | | ○ | | | | | |
| | | 仮名遣い | ○ | ○ | ○ | ○ | ○ | ○ | ○ | ○ | ○ | ○ |
| | 表現 | 短文作成 | | | | | | | | | | |
| | | 作文(自由・課題) | ○ | ○ | ○ | ○ | ○ | ○ | ○ | ○ | | ○ |
| | | その他 | | ○ | | | | | | | | |
| | 文法 | 文と文節 | | | | | | | | | | |
| | | 品詞・用法 | ○ | | ○ | ○ | ○ | ○ | ○ | ○ | ○ | |
| | | 敬語・その他 | | | | | | | | | | |
| | 古文の口語訳 | | ○ | | ○ | | | ○ | | | | |
| | 表現技法・形式 | | | | | | | | | | | |
| | 文学史 | | | | | | | | | | | |
| | 書写 | | ○ | ○ | ○ | ○ | ○ | ○ | ○ | ○ | ○ | ○ |
| 問題文の種類 | 散文 | 論説文・説明文 | ○ | ○ | ○ | ○ | ○ | ○ | ○ | ○ | ○ | ○ |
| | | 記録文・報告文 | | | | | | | | | | |
| | | 小説・物語・伝記 | ○ | ○ | ○ | ○ | ○ | ○ | ○ | ○ | ○ | ○ |
| | | 随筆・紀行・日記 | | | | | | | | | | |
| | 韻文 | 詩 | | | | | | | | | | |
| | | 和歌(短歌) | | | | | | | | | | |
| | | 俳句・川柳 | | | | | | | | | | |
| | 古文 | | ○ | ○ | ○ | ○ | ○ | ○ | ○ | ○ | ○ | ○ |
| | 漢文・漢詩 | | | | | | | | | | | |
| | 会話・議論・発表 | | | | | | | | | | | |
| | 聞き取り | | ○ | | | | | | | | | |

— 鹿児島県公立高校 —

# 鹿児島県公立高校難易度一覧

| 目安となる偏差値 | 公立高校名 |
|---|---|
| 75 ~ 73 | |
| 72 ~ 70 | 鶴丸<br><br> |
| 69 ~ 67 | 甲南<br><br>鹿児島中央 |
| 66 ~ 64 | |
| 63 ~ 61 | 市鹿児島玉龍<br>武岡台<br>楠隼，加治木，武岡台(情報科学) |
| 60 ~ 58 | 国分(理数)<br>錦江湾(理数)<br>鹿児島南(普／情報処理) |
| 57 ~ 55 | 鹿屋<br>鹿児島南(商業)<br>加世田，松陽 |
| 54 ~ 51 | 国分，川内<br>伊集院，出水，鹿児島工業(工業Ⅰ類／工業Ⅱ類)，市鹿児島女子(情報会計)，松陽(音楽／美術)<br>指宿，錦江湾<br>市鹿児島女子(商業／生活科学) |
| 50 ~ 47 | 川辺，志布志<br><br>加治木工業(機械／電気／電子／工業化学／建築／土木)，市鹿屋女子<br>市出水商業(情報処理)，市鹿児島商業(商業／情報処理／国際経済)，鹿児島南(体育)，曽於(文理)，明桜館(文理科学) |
| 46 ~ 43 | 大島，開陽，開陽(福祉)，鹿屋工業(機械／電気／電子／建築／土木)，野田女子(衛生看護)，明桜館(商業)<br>大口，串良商業(情報処理)，川内商工(商業)<br>市国分中央(ビジネス情報)，川内商工(機械／電気／インテリア)，種子島<br>市鹿屋女子(情報ビジネス) |
| 42 ~ 38 | 市指宿商業(商業マネジメント／会計マネジメント／情報マネジメント)，鹿児島東，薩摩中央，徳之島，隼人工業(インテリア／電子機械／情報技術)，吹上(情報処理)，枕崎(総合)<br>市出水商業(商業)，鹿児島水産(情報通信)，蒲生(情報処理)，市国分中央(スポーツ健康)，薩南工業(機械／建築／情報技術／生活科学)，屋久島<br>市鹿屋女子(生活科学)，蒲生，串良商業(総合ビジネス)，曽於(普／商業)，種子島(電気)，種子島中央<br>喜界，串木野，曽於(機械電子)<br>沖永良部，鶴翔(総合)，曽於(畜産食農)，種子島中央(情報処理)，垂水，福山，屋久島(情報ビジネス) |
| 37 ~ | 奄美(衛生看護)，伊佐農林(農林技術／生活情報)，出水工業(機械電気／建築)，頴娃(普／機械電気)，沖永良部(商業)，喜界(商業)，霧島(機械)，古仁屋，川薩清修館(ビジネス会計／総合)，種子島(生物生産)，徳之島(総合)，吹上(電気／電子機械)，福山(商業)，山川(園芸工学･農業経済／生活情報)，与論<br>奄美(商業／情報処理／家政)，大島北(普／情報処理)，鶴翔(農業科学／食品技術)，加世田常潤(食農プロデュース／生活福祉)，鹿屋農業(農業／園芸／畜産／農業機械／農林環境／食と生活)，霧島(総合)，市国分中央(園芸工学／生活文化)，垂水(生活デザイン)，野田女子(食物／生活文化)，南大隅(商業)<br>奄美(機械電気)，市来農芸(農業／畜産／環境園芸)，鹿児島水産(海洋／食品工学)，薩摩中央(生物生産／農業工学／福祉) |

＊(　)内は学科・コースを示します。特に示していないものは普通科(普通・一般コース)，または全学科(全コース)を表します。市は市立を表します。

＊データが不足している高校，または学科・コースなどにつきましては掲載していない場合があります。

＊公立高校の入学者は，「学力検査の得点」のほかに，「調査書点」や「面接点」などが大きく加味されて選抜されます。上記の内容は想定した目安ですので，ご注意ください。

＊公立高校入学者の選抜方法や制度は変更される場合があります。また，統廃合による閉校や学校名の変更，学科の変更などが行われる場合もあります。教育委員会などの関係機関が発表する最新の情報を確認してください。

# 不安という人なつっこい怪物。

## 曽我部恵一｜ミュージシャン

**曽我部恵一**
'90年代初頭よりサニーデイ・サービスのヴォーカリスト／ギタリストとして活動を始める。2004年，自主レーベルROSE RECORDSを設立し，インディペンデント／DIYを基軸とした活動を開始する。以後，サニーデイ・サービス／ソロと並行し，プロデュース・楽曲提供・映画音楽・CM音楽・執筆・俳優など，形態にとらわれない表現を続ける。

**受験を前に不安を抱えている人も多いのではないでしょうか。今回はミュージシャンであり，３人の子どもたちを育てるシングルファーザーでもある曽我部恵一さんにご自身のお子さんに対して思うことをまじえながら，“不安”について思うことを聞いた。**

### ── 子どもの人生を途中まで一緒に生きてやろうっていうのが，何だかおこがましいような気がしてしまう。

子どもが志望校に受かったらそれは喜ばしいことだし，落ちたら落ちたで仕方がない。基本的に僕は子どもにこの学校に行ってほしいとか調べたことがない。長女が高校や大学を受験した時は，彼女自身が行きたい学校を選んで，自分で申し込んで，受かったからそこに通った。子どもに「こういう生き方が幸せなんだよ」っていうのを教えようとは全く思わないし，勝手につかむっていうか，勝手に探すだろうなと思っているかな。

僕は子どもより自分の方が大事。子どもに興味が無いんじゃないかと言われたら，本当に無いのかもしれない。子どもと仲良いし，好きだけど，やっぱり自分の幸せの方が大事。自分の方が大事っていうのは，あなたの人生の面倒は見られないですよって意味でね。あなたの人生はあなたにしか生きられない。自分の人生って，設計して実際動かせるのは自分しかいないから，自分のことを責任持ってやるのがみんなにとっての幸せなんだと思う。

うちの子にはこの学校に入ってもらわないと困るんですって言っても，だいたい親は途中で死ぬから子どもの将来って最後まで見られないでしょう。顔を合わせている時，あのご飯がうまかったとか，風呂入るねとか，こんなテレビやってたよ，とかっていう表面的な会話はしても，子どもの性格とか一緒にいない時の子どもの表情とか本当はちゃんとは知らないんじゃないかな。子どもの人生を途中まで一緒に生きてやろうっていうのが，何だかおこがましいような気がしてしまう。

### ── 不安も自分の能力の一部だって思う。

一生懸命何かをやってる人，僕らみたいな芸能をやっている人もそうだけど，みんな常に不安を抱えて生きていると思う。僕も自分のコンサートの前はすごく不安だし，それが解消されることはない。もっと自分に自信を持てるように練習して不安を軽減させようとするけど，無くなるということは絶対にない。アマチュアの時はなんとなくライブをやって，なんとなく人前で歌っていたから，不安はなかったけど，今はすごく不安。それは，お金をもらっているからというプロフェッショナルな気持ちや，お客さんを満足させないとというエンターテイナーとしての意地なのだろうけど，本質的な部分は“このステージに立つほど自分の能力があるのだろうか”っていう不安だから，そこは受験をする中学生と同じかもしれない。これは不安を抱えながらぶつかるしかない。それで，ぶつかってみた結果，ライブがイマイチだった時は，僕は今でも人生終わったなって気持ちになる。だから，不安を抱えている人に対して不安を解消するための言葉を僕はかけることができない。受験生の中には高校受験に失敗したら人生終わると思ってる人もいるだろうし，僕は一つのステージを失敗したら人生終わると思ってる。物理的に終わらなくても，その人の中では終わる。それに対して「人生終わらないよ」っていうのは勝手すぎる意見。僕たちの中では一回の失敗でそれは終わっちゃうんだ。でも，失敗しても相変わらずまた明日はあるし，明後日もある。生きていかなきゃいけない。失敗を繰り返していくことで，人生は続くってことがわかってくる。子どもたちの中には，そこで人生を本当に終わらそうっていう人が出てくるかもしれないけど，それは大間違い。同じような失敗は生きてるうちに何度もあって，大人になっている人は失敗を忘れたり，見ないようにしたりするのをただ単に繰り返して生きてるだけなんだと思う。失敗したからこそできるものがあるから，僕は失敗するっていうことは良いことだと思う。挫折が多い方が絶対良い。若い頃に挫折とか苦い経験っていうのはもう財産だから。

例えば，「雨が降ってきたから，カフェに入った。そしたら偶然友達と会って嬉しかった」。これって，雨が降る，晴れるとか，天気みたいなもうどうしようもないことに身を委ねて，自然に乗っかっていったら，結局はいい出来事があったということ。僕は，無理せずにそういう風に生きていきたいなと思う。失敗しても，それが何かにつながっていくから，失敗したことをねじ曲げて成功に持っていく必要はないんじゃないかな。

不安を感じてそれに打ち勝つ自信がないのなら，逃げたらいい。無理して努力することが一番すごいとも思わない。人間，普通に生きると70年とか80年とか生きるわけで，逃げてもどこかで絶対勝負しなきゃいけない瞬間っていうのがあるから，その時にちゃんと勝負すればいいんじゃないかな。受験がどうなるか，受かるだろうか，落ちるだろうか，その不安を抱えている人は，少なからず，勝負に立ち向かっていってるから不安を抱えているわけで。それは素晴らしいこと。不安っていうのは自分の中の形のない何かで自分の中の一つの要素だから，不安も自分の能力の一部だって思う。不安を抱えたまま勝負に挑むのもいいし，努力して不安を軽減させて挑むのもいい。または，不安が大きいから勝負をやめてもいいし，あくまでも全部自分の中のものだから。そう思えば，わけのわからない不安に押しつぶされるってことはないんじゃないかな。

# ダウンロードコンテンツのご利用方法

※弊社 HP 内の各書籍ページより，解答用紙などのデータダウンロードが可能です。

※巻頭「収録内容」ページの下部 QR コードを読み取ると，書籍ページにアクセスが出来ます。（ Step 4 からスタート）

**Step 1** 東京学参 HP（https://www.gakusan.co.jp/）にアクセス

**Step 2** 下へスクロール『フリーワード検索』に書籍名を入力

**Step 3** 検索結果から購入された書籍の表紙画像をクリックし，書籍ページにアクセス

**Step 4** 書籍ページ内の表紙画像下にある『ダウンロードページ』を

クリックし，ダウンロードページにアクセス

**Step 5** 巻頭「収録内容」ページの下部に記載されている

パスワードを入力し，『送信』をクリック

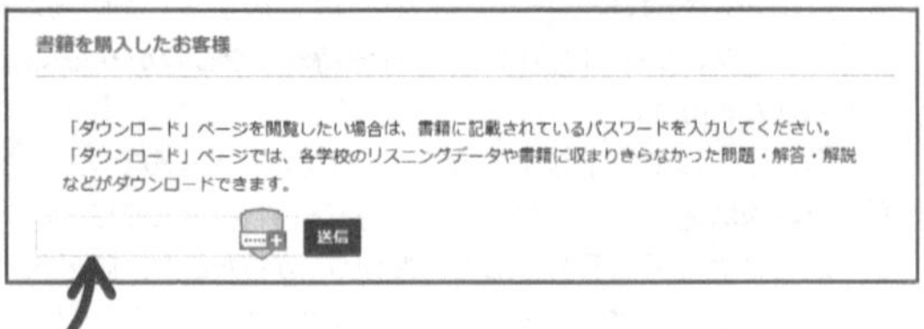


解答用紙・+αデータ配信ページへスマホでアクセス！ ⇒

＊データのダウンロードは 2024 年 3 月末日まで。

＊データへのアクセスには，右記のパスワードの入力が必要となります。 ⇒ ●●●●●●

**Step 6** 使用したいコンテンツをクリック

※ PC ではマウス操作で保存が可能です。

鹿児島県公立高等学校

# 2023年度

★★★★★★★★★★★★★★★★★★★★★★★

# 入　試　問　題



●くわしい解説……47ページ

# ＜数学＞

時間　50分　　満点　90点

1　次の１～５の問いに答えなさい。

1　次の(1)～(5)の問いに答えよ。

(1)　$63 \div 9 - 2$　を計算せよ。

(2)　$\left(\frac{1}{2}-\frac{1}{5}\right)\times\frac{1}{3}$ を計算せよ。

(3)　$(x+y)^2 - x(x+2y)$　を計算せよ。

(4)　絶対値が７より小さい整数は全部で何個あるか求めよ。

(5)　３つの数 $3\sqrt{2}$，$2\sqrt{3}$，４について，最も大きい数と最も小さい数の組み合わせとして正しいものを下の**ア**～**カ**の中から１つ選び，記号で答えよ。

| | 最も大きい数 | 最も小さい数 |
|---|---|---|
| **ア** | $3\sqrt{2}$ | $2\sqrt{3}$ |
| **イ** | $3\sqrt{2}$ | 4 |
| **ウ** | $2\sqrt{3}$ | $3\sqrt{2}$ |
| **エ** | $2\sqrt{3}$ | 4 |
| **オ** | 4 | $3\sqrt{2}$ |
| **カ** | 4 | $2\sqrt{3}$ |

2　連立方程式 $\begin{cases} 3x+y=8 \\ x-2y=5 \end{cases}$ を解け。

3　10円硬貨が２枚，50円硬貨が１枚，100円硬貨が１枚ある。この４枚のうち，２枚を組み合わせてできる金額は何通りあるか求めよ。

4　$\frac{9}{11}$ を小数で表すとき，小数第20位を求めよ。

5　次のページの２つの表は，Ａ中学校の生徒20人とＢ中学校の生徒25人の立ち幅跳びの記録を，相対度数で表したものである。このＡ中学校の生徒20人とＢ中学校の生徒25人を合わせた45人の記録について，200cm以上220cm未満の階級の相対度数を求めよ。

A 中学校

| 階級（cm） | 相対度数 |
|---|---|
| 160以上 ～ 180未満 | 0.05 |
| 180 ～ 200 | 0.20 |
| 200 ～ 220 | 0.35 |
| 220 ～ 240 | 0.30 |
| 240 ～ 260 | 0.10 |
| 計 | 1.00 |

B 中学校

| 階級（cm） | 相対度数 |
|---|---|
| 160以上 ～ 180未満 | 0.04 |
| 180 ～ 200 | 0.12 |
| 200 ～ 220 | 0.44 |
| 220 ～ 240 | 0.28 |
| 240 ～ 260 | 0.12 |
| 計 | 1.00 |

**2** 次の１～３の問いに答えなさい。

**1** 次は，先生と生徒の授業中の会話である。次の(1)～(3)の問いに答えよ。

先　生：円周を５等分している５つの点をそれぞれ結ぶと，**図**のようになります。**図**を見て，何か気づいたことはありますか。

生徒A：先生，私は正五角形と星形の図形を見つけました。

先　生：正五角形と星形の図形を見つけたんですね。
それでは，正五角形の内角の和は何度でしたか。

生徒A：正五角形の内角の和は □ 度です。

先　生：そうですね。

生徒B：先生，私は大きさや形の異なる二等辺三角形がたくさんあることに気づきました。

先　生：いろいろな図形がありますね。
他の図形を見つけた人はいませんか。

生徒C：はい，①ひし形や台形もあると思います。

先　生：たくさんの図形を見つけましたね。
図形に注目すると，②**図**の$\angle x$の大きさもいろいろな方法で求めることができそうですね。

**図**

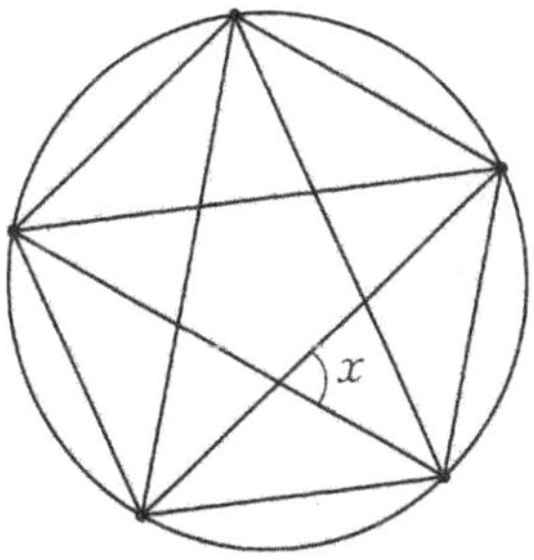


(1) □ にあてはまる数を書け。

(2) 下線部①について，ひし形の定義を下の**ア**～**エ**の中から１つ選び，記号で答えよ。

**ア**　４つの角がすべて等しい四角形
**イ**　４つの辺がすべて等しい四角形
**ウ**　２組の対辺がそれぞれ平行である四角形
**エ**　対角線が垂直に交わる四角形

(3) 下線部②について，$\angle x$の大きさを求めよ。

**2** 次のページの図のような長方形ABCDがある。次のページの**【条件】**をすべて満たす点Eを，定規とコンパスを用いて作図せよ。ただし，点Eの位置を示す文字Eを書き入れ，作図に用いた線も残しておくこと。

【条件】

・線分BEと線分CEの長さは等しい。
・△BCEと長方形ABCDの面積は等しい。
・線分AEの長さは，線分BEの長さより短い。

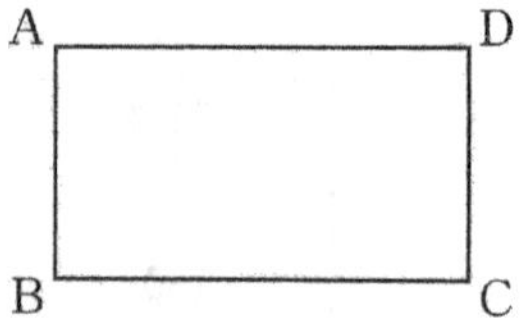


3　底面が正方形で，高さが3㎝の直方体がある。この直方体の表面積が80㎠であるとき，底面の正方形の一辺の長さを求めよ。ただし，底面の正方形の一辺の長さを $x$ ㎝として，$x$ についての方程式と計算過程も書くこと。

**3**　国勢調査（1950年～2020年）の結果をもとに表や図を作成した。次の1～3の問いに答えなさい。

1　**表**は，鹿児島県の人口総数を表したものである。**表**をもとに，横軸を年，縦軸を人口総数として，その推移を折れ線グラフに表したとき，折れ線グラフの形として最も適当なものを下の**ア**～**エ**の中から1つ選び，記号で答えよ。

**表**

| | 1950年 | 1955年 | 1960年 | 1965年 | 1970年 | 1975年 | 1980年 | 1985年 |
|---|---|---|---|---|---|---|---|---|
| 人口総数（人） | 1804118 | 2044112 | 1963104 | 1853541 | 1729150 | 1723902 | 1784623 | 1819270 |

| | 1990年 | 1995年 | 2000年 | 2005年 | 2010年 | 2015年 | 2020年 |
|---|---|---|---|---|---|---|---|
| 人口総数（人） | 1797824 | 1794224 | 1786194 | 1753179 | 1706242 | 1648177 | 1588256 |

**ア**
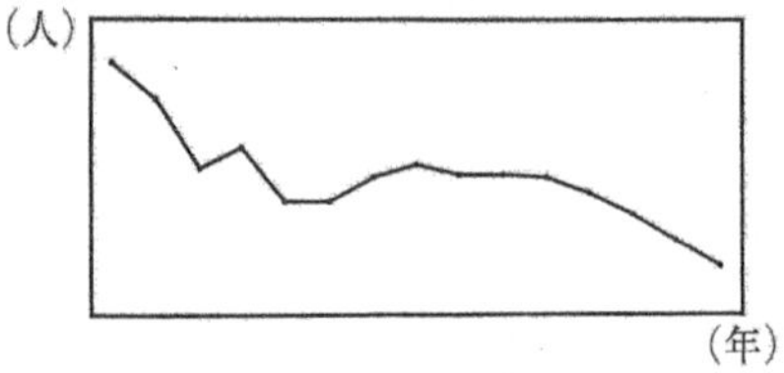


**イ**
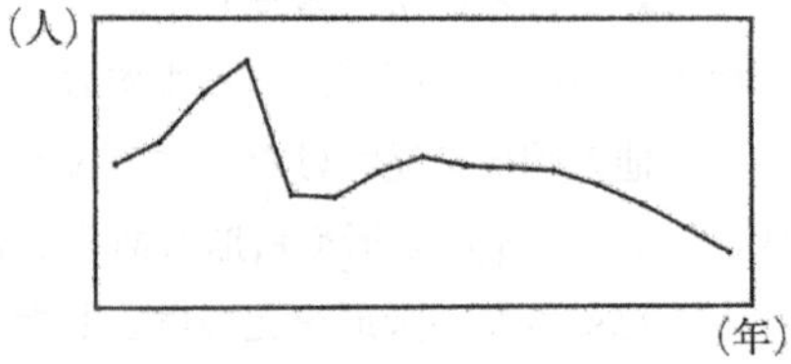


**ウ**
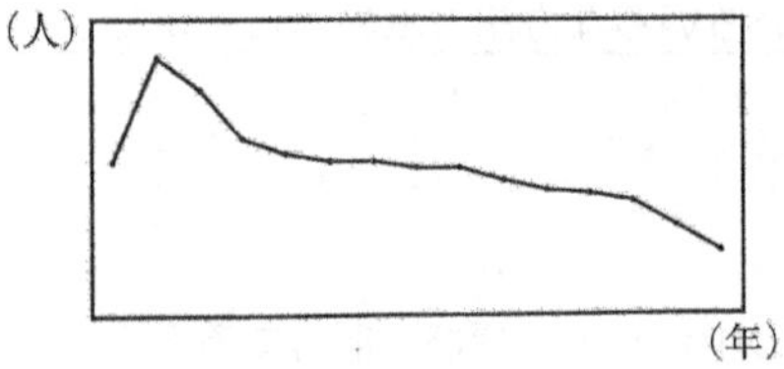


**エ**
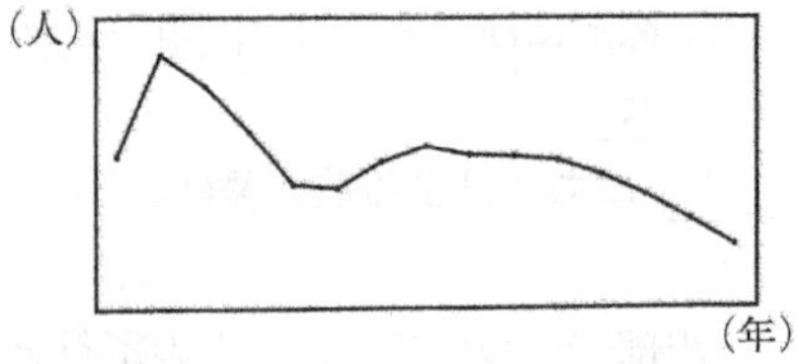


2　**図1**は，2020年における都道府県別の人口に占める15歳未満の人口の割合を階級の幅を1％にして，ヒストグラムに表したものである。鹿児島県は約13.3％であった。次のページの(1)，(2)の問いに答えよ。

**図1**
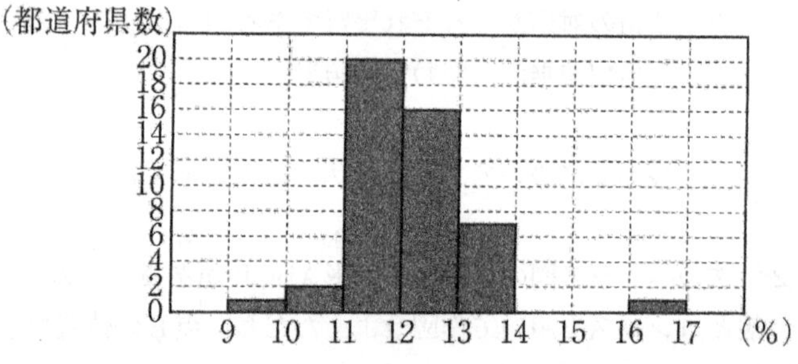

(1)　鹿児島県が含まれる階級の階級値を求めよ。

(2)　2020年における都道府県別の人口に占める15歳未満の人口の割合を箱ひげ図に表したものとして，最も適当なものを下の**ア**～**エ**の中から1つ選び，記号で答えよ。

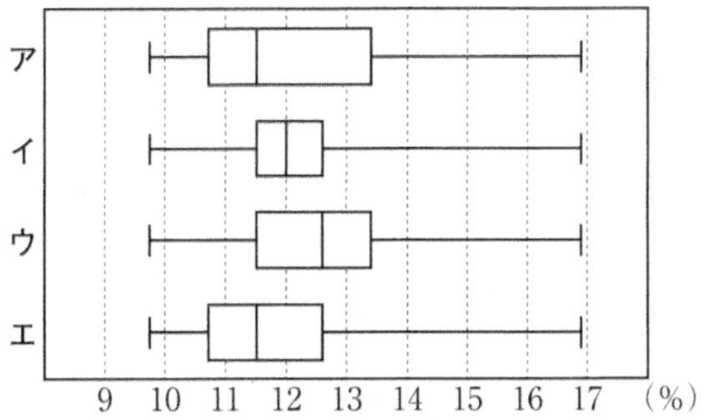


3　1960年から2020年まで10年ごとの鹿児島県の市町村別の人口に占める割合について，**図2**は15歳未満の人口の割合を，**図3**は65歳以上の人口の割合を箱ひげ図に表したものである。ただし，データについては，現在の43市町村のデータに組み替えたものである。

**図2**

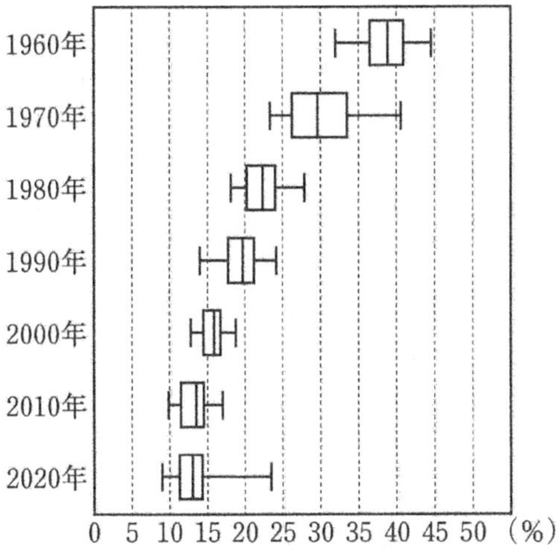


**図3**

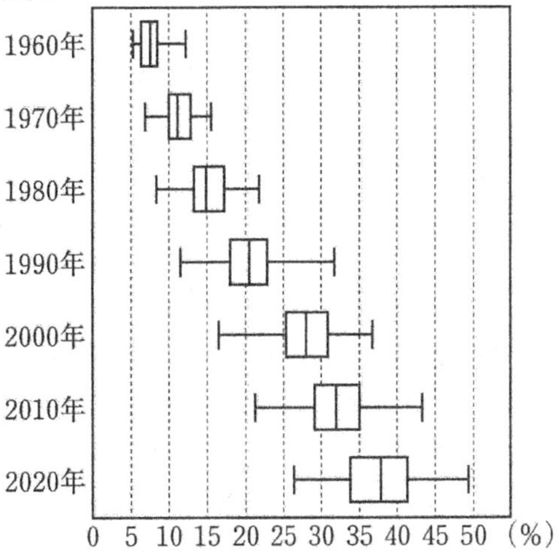


**図2**や**図3**から読みとれることとして，次の①～⑤は，「正しい」，「正しくない」，「**図2**や**図3**からはわからない」のどれか。最も適当なものを下の**ア**～**ウ**の中からそれぞれ1つ選び，記号で答えよ。

①　**図2**において，範囲が最も小さいのは1990年である。

②　**図3**において，1980年の第3四分位数は15%よりも大きい。

③　**図2**において，15%を超えている市町村の数は，2010年よりも2020年の方が多い。

④　**図3**において，2000年は30以上の市町村が25%を超えている。

⑤　**図2**の1990年の平均値よりも，**図3**の1990年の平均値の方が大きい。

**ア**　正しい　　**イ**　正しくない　　**ウ**　**図2**や**図3**からはわからない

**4**　下の図で，放物線は関数 $y=\frac{1}{4}x^2$ のグラフであり，点Oは原点である。点Aは放物線上の点で，その $x$ 座標は4である。点Bは $x$ 軸上を動く点で，その $x$ 座標は負の数である。2点A，Bを通る直線と放物線との交点のうちAと異なる点をCとする。次の1～3の問いに答えなさい。

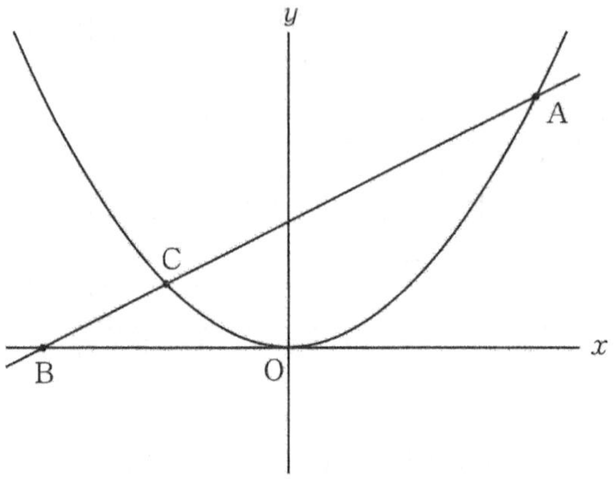


1　点Aの $y$ 座標を求めよ。

2　点Bの $x$ 座標が小さくなると，それにともなって小さくなるものを下の**ア**～**エ**の中からすべて選び，記号で答えよ。

**ア**　直線ABの傾き　　**イ**　直線ABの切片　　ウ　点Cの $x$ 座標　　エ　△OACの面積

3　点Cの $x$ 座標が－2であるとき，次の(1)，(2)の問いに答えよ。

(1)　点Bの座標を求めよ。ただし，求め方や計算過程も書くこと。

(2)　大小2個のさいころを同時に投げ，大きいさいころの出た目の数を $a$，小さいさいころの出た目の数を $b$ とするとき，座標が（$a-2$，$b-1$）である点をPとする。点Pが3点O，A，Bを頂点とする△OABの辺上にある確率を求めよ。ただし，大小2個のさいころはともに，1から6までのどの目が出ることも同様に確からしいものとする。

**5**　**図1**のようなAB＝6㎝，BC＝3㎝である長方形ABCDがある。

**図1**

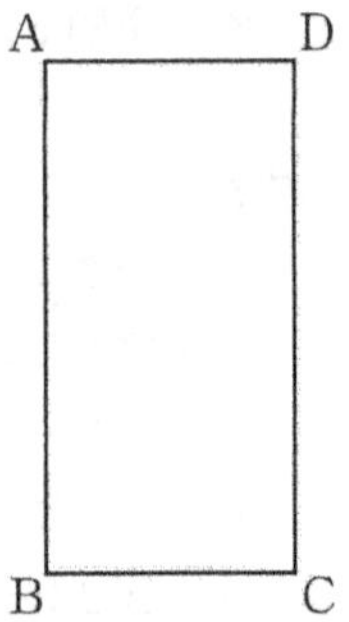


次のページの**図2**は，**図1**の長方形ABCDを対角線ACを折り目として折り返したとき，点Bの移った点をEとし，線分AEと辺DCの交点をFとしたものである。

図２

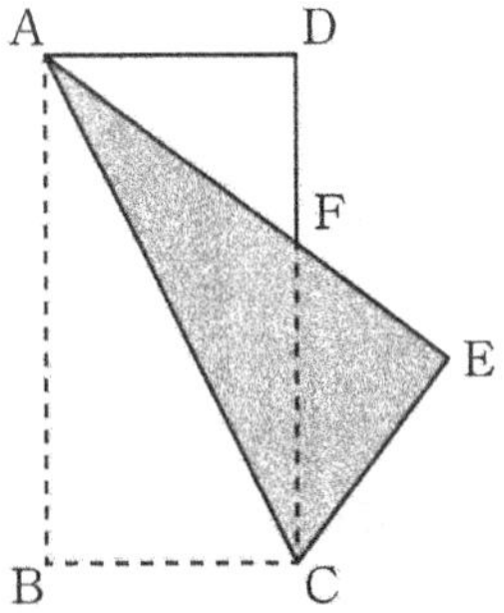


図３

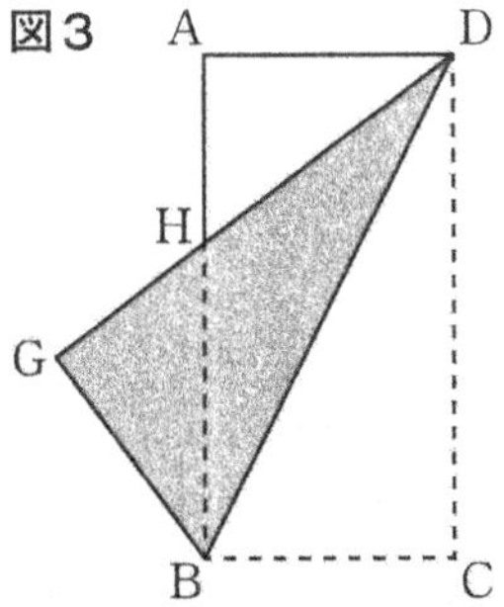


図４

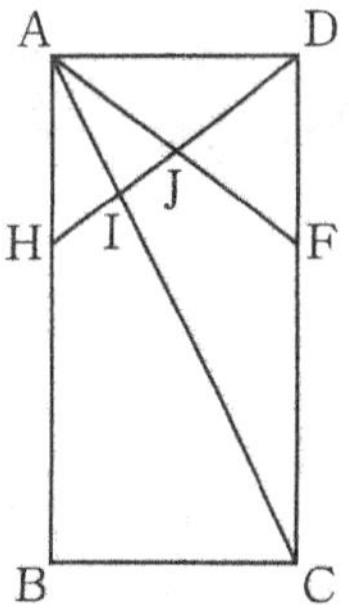


図３は，図２の折り返した部分をもとに戻し，長方形ABCDを対角線DBを折り目として折り返したとき，点Cの移った点をGとし，線分DGと辺ABの交点をHとしたものである。

図４は，図３の折り返した部分をもとに戻し，線分DHと対角線AC，線分AFの交点をそれぞれＩ，Ｊとしたものである。

次の１～４の問いに答えなさい。

1　長方形ABCDの対角線ACの長さを求めよ。

2　図２において，△ACFが二等辺三角形であることを証明せよ。

3　線分DFの長さを求めよ。

4　△AIJの面積を求めよ。

# ＜英語＞

時間　50分　　満点　90点

1　**聞き取りテスト**　放送の指示に従って，次の１～８の問いに答えなさい。英語は１から５は１回だけ放送します。６以降は２回ずつ放送します。メモをとってもかまいません。

1　これから，Kenta と Lucy との対話を放送します。Lucy が昨日買ったものとして最も適当なものを下のア～エの中から一つ選び，その記号を書きなさい。

ア

イ

ウ

エ

2　これから，Mark と Yumi との対話を放送します。二人が最も好きな季節を下のア～エの中から一つ選び，その記号を書きなさい。

ア　spring　　イ　summer
ウ　autumn　　エ　winter

3　これから，Becky と Tomoya との対話を放送します。Tomoya が英語のテスト勉強のために読まなければならないページは全部で何ページか，最も適当なものを下のア～エの中から一つ選び，その記号を書きなさい。

ア　14ページ　　イ　26ページ
ウ　40ページ　　エ　56ページ

4　これから，Saki と Bob との対話を放送します。対話の後に，その内容について英語で質問します。下の英文がその質問の答えになるよう，（　）に入る適切な英語１語を書きなさい。

He is going back to Australia in (　　　).

5　これから，White 先生が下の表を使って授業中に行った説明の一部を放送します。下の表を参考にしながら White 先生の説明を聞き，その内容として最も適当なものを次のページのア～エの中から一つ選び，その記号を書きなさい。

| |  beef |  chicken |  pork |
|---|---|---|---|
| Japan | 1,295,000 t | 2,757,000 t | 2,732,000 t |
| The U.S. | 12,531,000 t | 16,994,000 t | 10,034,000 t |

※単位は t（トン）　　　　（「米国農務省のウェブサイト」をもとに作成）

ア　日本とアメリカにおける食肉の消費について
イ　日本とアメリカにおける食肉の生産について
ウ　日本とアメリカにおける食肉の輸入について
エ　日本とアメリカにおける食肉の輸出について

6　あなたは，あるコンサート会場に来ています。これから放送されるアナウンスを聞いて，このコンサートホール内で禁止されていることを下のア～エの中から一つ選び，その記号を書きなさい。

ア　水やお茶を飲むこと
イ　写真を撮ること
ウ　音楽に合わせて踊ること
エ　電話で話すこと

7　これから，英語の授業での Tomoko の発表を放送します。発表の後に，その内容について英語で質問します。下の英文がその質問の答えになるように，(　　) に適切な英語を補って英文を完成させなさい。

She learned that she should (　　　　　　　　　　).

8　これから，中学生の Naoko と ALT の Paul 先生との対話を放送します。その中で，Paul 先生が Naoko に質問をしています。Naoko に代わって，その答えを英文で書きなさい。2 文以上になってもかまいません。書く時間は 1 分間です。

**2**　次の 1 ～ 4 の問いに答えなさい。

1　次は Kohei と ALT の Ella 先生との，休み時間における対話である。下の①，②の表現が入る最も適当な場所を対話文中の〈ア〉～〈エ〉の中からそれぞれ一つ選び，その記号を書け。

| ①　How long will you talk?　　②　Can you help me? |
|---|

*Kohei* : Hi, can I talk to you now?
*Ella* : Sure.  What's up, Kohei?　〈 ア 〉
*Kohei* : I have to make a speech in my English class next week.  Before the class, I want you to check my English speech.　〈 イ 〉
*Ella* : Yes, of course.  What will you talk about in your speech?
*Kohei* : I'm going to talk about my family.
*Ella* : All right.　〈 ウ 〉
*Kohei* : For three minutes.
*Ella* : I see.  Do you have time after school?
*Kohei* : Yes, I do.　〈 エ 〉 I will come to the teachers' room.  Is it OK?
*Ella* : Sure.  See you then.

2　次は，John と父の Oliver との自宅での対話である。(①) ～ (③) に次のページの [　] 内の［説明］が示す英語 1 語をそれぞれ書け。

*John* : Good morning, Dad.
*Oliver* : Good morning, John.  Oh, you will have a party here tonight with your

friends, right?

*John* : Yes. I'm very happy. Ben and Ron will come.

*Oliver* : What time will they come?

*John* : They will ( ① ) at the station at 5:30 p.m. So, maybe they will come here at 5:45 p.m. or 5:50 p.m.

*Oliver* : I see.

*John* : Can we use the ( ② )? We will cook pizza together.

*Oliver* : That's good. You can use all the ( ③ ) on the table.

*John* : Thank you. We will use the potatoes and onions.

[説明] ① to get to the place
② the room that is used for cooking
③ plants that you eat, for example, potatoes, carrots, and onions

3 (1)~(3)について，下の［例］を参考にしながら，(　) 内の語を含めて 3 語以上使用して，英文を完成させよ。ただし，(　) 内の語は必要に応じて形を変えてもよい。また，文頭に来る語は，最初の文字を大文字にすること。

［例］

< 教室で >
*A* : What were you doing when I called you yesterday?
*B* : ( study ) in my room. (答) I was studying

(1) < 教室で >
*A* : When did you see the movie?
*B* : ( see ) yesterday.

(2) < 教室で >
*A* : It's rainy today. How about tomorrow?
*B* : I hear that it ( sunny ) tomorrow.

(3) < 家で >
*A* : Can you use this old camera?
*B* : No, but our father knows ( use ) it.

4 次のページは，中学生の Hikari が昨日の下校中に体験した出来事を描いたイラストである。 Hikari になったつもりで，イラストに合うように，一連の出来事を解答欄の書き出しに続けて25～35語の英語で書け。英文の数は問わない。

3　次のⅠ～Ⅲの問いに答えなさい。

Ⅰ　次は，中学生の Koji が，英語の授業で発表した “My Experiences Here” というタイトルのスピーチである。英文を読み，あとの問いに答えよ。

Hello, everyone!　Do you remember that I came here from Yokohama about one year ago?　Today, I want to talk about my experiences.

When I was 13 years old, I read a newspaper and learned about studying on this island.　I was very interested.　I liked nature, especially the sea and its animals.　I said to my parents, “Can I study on the island in Kagoshima?”　After I talked with my parents many times, they finally let me live and study here for one year.　I came here last April.

At first, I was very ( ① ), so I enjoyed everything.　For example, studying with my new friends, living with my host family* and fishing on a boat.　But in June, I lost my confidence*.　I tried to wash the dishes, but I broke many.　When I made *onigiri*, I used too much salt*.　I made so many mistakes.　I couldn't do anything well. When I felt sad, I talked about my feelings to my host family and my friends. Then, they understood and supported me. They said to me, "You can do anything if you try. Don't worry about making mistakes. It is important to learn from your mistakes."

Now, I am happy and try to do many things. Before I came here, I didn't wash the dishes after dinner, but now I do it every day. Before I came here, I didn't enjoy talking with others, but now I enjoy talking with my friends on this island. I often asked for help from others*, but now I don't do that. [ ② ]

I have to leave here soon. I have learned a lot from my experiences here. I think I am independent* now. Thank you, everyone. I'll never forget the life on this island.

注 host family ホストファミリー（滞在先の家族） confidence 自信 salt 塩
asked for help from others 他人に助けを求めた independent 精神的に自立している

1 （①）に入る最も適当なものを下のア～エの中から一つ選び，その記号を書け。

ア angry イ excited ウ sick エ sleepy

2 次の質問に対する答えを，本文の内容に合うように英文で書け。

Who supported Koji when he was sad?

3 [ ② ] に入る最も適当なものを下のア～ウの中から一つ選び，その記号を書け。

ア I wish I had friends on this island.

イ I didn't learn anything on this island.

ウ I have changed a lot on this island.

Ⅱ 次は，鹿児島ミュージックホール（Kagoshima Music Hall）のウェブサイトの一部と，それを見ているMakiと留学生のAlexとの対話である。二人の対話を読み，あとの問いに答えよ。

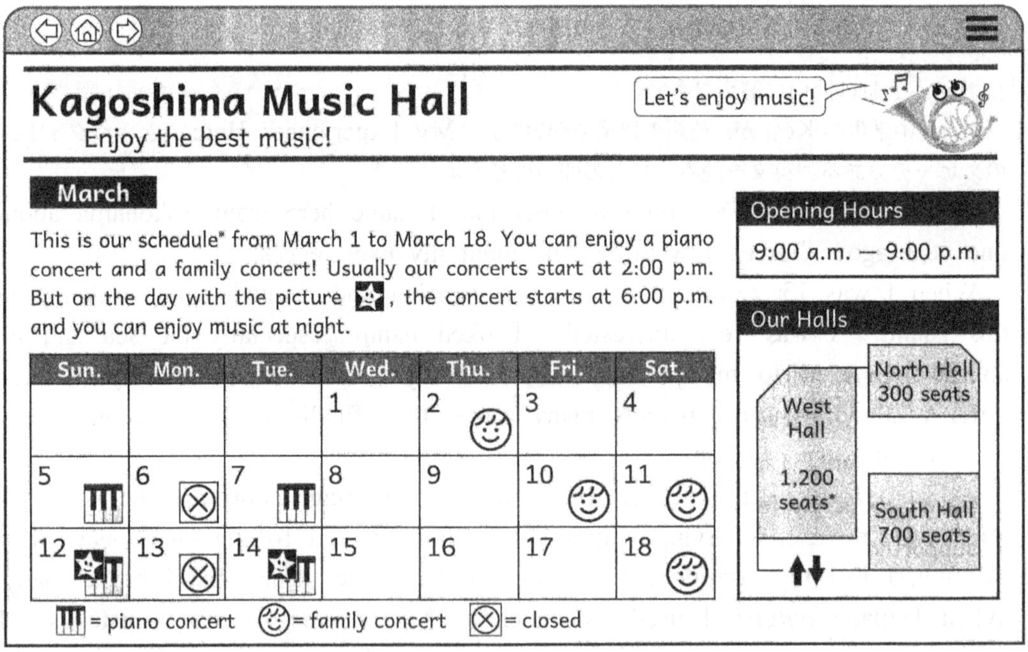


注 schedule スケジュール seat(s) 座席

*Maki* : Alex, please look at this. We can enjoy a concert at Kagoshima Music Hall.

*Alex* : That's nice. I like music. What kind of concerts can we enjoy?

*Maki* : They have two kinds of concerts, a piano concert and a family concert.

*Alex* : What is the family concert?

*Maki* : I have been to a family concert before. You can listen to some popular songs and sing songs with musicians. It's fun. They always have the family concerts in ( ① ) Hall. A lot of families come to the concerts, so the biggest hall is used for the family concert.

*Alex* : How about the other one?

*Maki* : You can enjoy the wonderful piano performance by a famous musician.

*Alex* : I like playing the piano, so I want to go to the piano concert. Shall we go?

*Maki* : Well, I can't go to the concert in the second week because I will have tests on March 6 and 8. And I will have my sister's birthday party on the evening of March 12. How about ( ② )?

*Alex* : OK! I can't wait!

1 (①) に入る最も適当なものを下のア～ウの中から一つ選び，その記号を書け。

ア West　イ North　ウ South

2 (②) に入る最も適当なものを下のア～エの中から一つ選び，その記号を書け。

ア March 7　イ March 11　ウ March 12　エ March 14

Ⅲ 次は，ある英字新聞の記事（article）と，それを読んだ直後の Ted 先生と Mone との対話である。英文と対話文を読み，（ ）内に入る最も適当なものをあとのア～エの中から一つ選び，その記号を書け。

"I love my high school life," said Jiro. Jiro is a student at an agricultural* high school in Kagoshima. He and his classmates are very busy. They go to school every day, even on summer and winter holidays, to take care of* their cows*. They clean the cow house and give food to their cows. One of them is *Shizuka*. Now they have a big dream. They want to make *Shizuka* the best cow in Japan.

What is the most important thing when we raise* cows? "The answer is to keep them healthy*," Jiro's teacher said. "No one wants sick cows. So, we take care of the cows every day. We can use computer technology* to keep them healthy. It is very useful."

Jiro answered the same question, "I agree with my teacher. It's not easy to keep them healthy. Cows must eat and sleep well. So, we give them good food. We also walk* them every day. We make beds for cows. Many people think love is important to raise good cows. That's true, but it

is not enough for their health."
Now, Jiro and his classmates are working hard to keep their cows healthy. "We will do our best," Jiro and his classmates said.

注 agricultural 農業の　take care of ～ ～の世話をする　cow(s) 牛
raise ～ ～を育てる　healthy 健康に　technology 技術　walk ～ ～を歩かせる

*Ted* : What is the most important point in this article?
*Mone* : (　　　　　　　　　　　　　　　　　　)
*Ted* : Good! That's right! That is the main point.

ア To raise good cows the students don't have to use computer technology.
イ To raise good cows the students must be careful to keep them healthy.
ウ The students must give cows a lot of love when they are sick.
エ The students have to eat a lot of beef if they want to be healthy.

**4** 次は，中学生の Ken が英語の授業で発表した鳥と湿地（wetlands）についてのプレゼンテーションである。英文を読み，あとの問いに答えなさい。

Hello everyone. Do you like birds? I love birds so much. Today, I'd like to talk about birds and their favorite places, wetlands.

① Today, I will talk about four points. First, I want to talk about birds in Japan. Second, I will explain favorite places of birds. Third, I will tell you ② the problem about their favorite places, and then, I will explain why wetlands are important for us, too.

Do you know how many kinds of birds there are in Japan? Bird lovers in Japan work together to learn about birds every year. From 2016 to 2020, 379 kinds of birds were found. ③ Please look at this graph*. The three birds seen often in Japan are *Hiyodori*, *Uguisu*, and *Suzume*. We have seen *Hiyodori* the most often. From 1997 to 2002, we could see *Suzume* more often than *Uguisu*, but *Suzume* became the third from 2016 to 2020.

Second, I will talk about birds' favorite places, "wetlands." Have you ever heard about wetlands? Wetlands are areas* of land* which are covered with water. Why do birds love wetlands?

Wetlands can give the best environment for many kinds of living things. There is a lot of water in wetlands. So, many kinds of plants live there. These plants are home and food for many insects* and fish. Birds eat those plants, insects, and fish. Wetlands are the best environment for birds because there is a lot of ( ④ ) for birds.

Wetlands are now getting smaller and that's a big problem. You can find information on the website of the United Nations*. It says, "In just 50 years —

since 1970 — 35% of the world's wetlands have been lost." Why are they getting smaller? Each wetland has different reasons for this. People are using too much ( ⑤ ). For example, they use it for drinking, agriculture* and industry*. Global warming* is hurting wetlands, too. Wetlands are lost faster than forests because of these reasons. This is very serious for birds.

Do we have to solve this? Yes, we do. Those birds' favorite places are very important for humans, too. They support both our lives and environment. I'll tell you ⑥two things that wetlands do for us. First, wetlands make water clean. After the rain, water stays in wetlands. Then, dirt* in the water goes down, and the clean water goes into the river. We use that clean water in our comfortable lives. Second, wetlands can hold $CO_2$. Plants there keep $CO_2$ in their bodies even after they die. Actually, wetlands are better at holding $CO_2$ than forests. They are very useful to stop global warming.

Why don't you do something together to protect birds and wetlands? Thank you for listening.

注　graph　グラフ　　area(s)　地域　　land　陸地　　insect(s)　昆虫
the United Nations　国際連合　　agriculture　農業　　industry　産業
global warming　地球温暖化　　dirt　泥

1　次は，下線部①で Ken が見せたスライドである。Ken が発表した順になるようにスライドの（A）～（C）に入る最も適当なものを下のア～ウの中からそれぞれ一つずつ選び，その記号を書け。

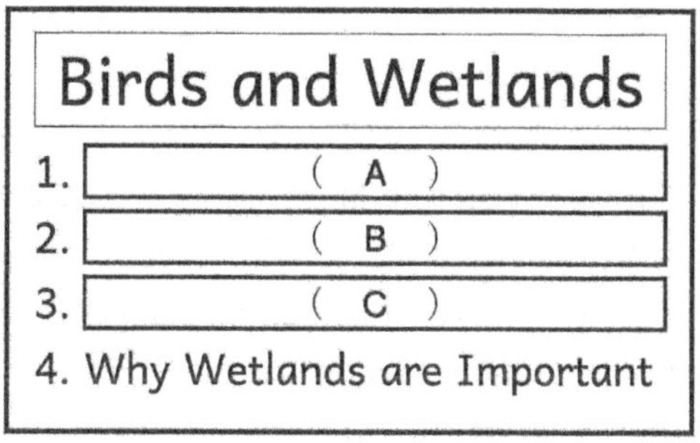


ア　The Problem about Wetlands
イ　Birds' Favorite Places
ウ　Birds in Japan

2　下線部②の内容を最もよく表している英語５語を，本文中から抜き出して書け。

3　下線部③で Ken が見せたグラフとして最も適当なものを下のア～ウの中から一つ選び，その記号を書け。

ア

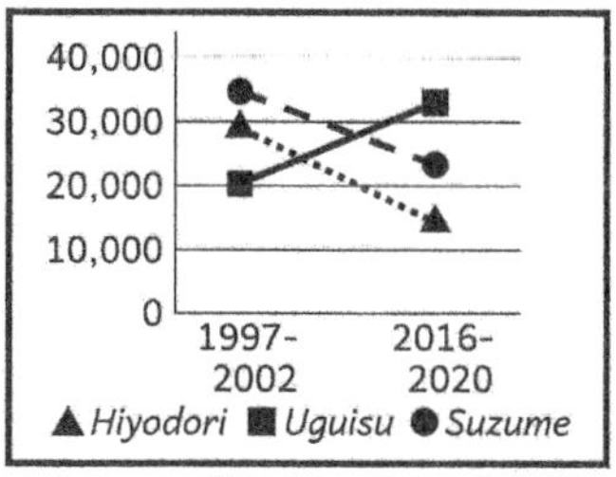


イ

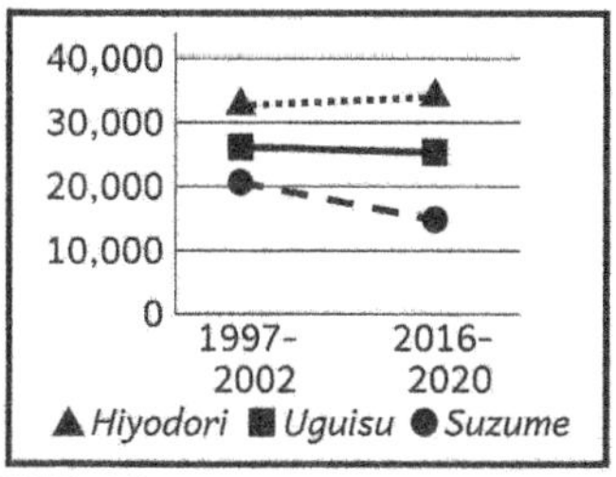


ウ

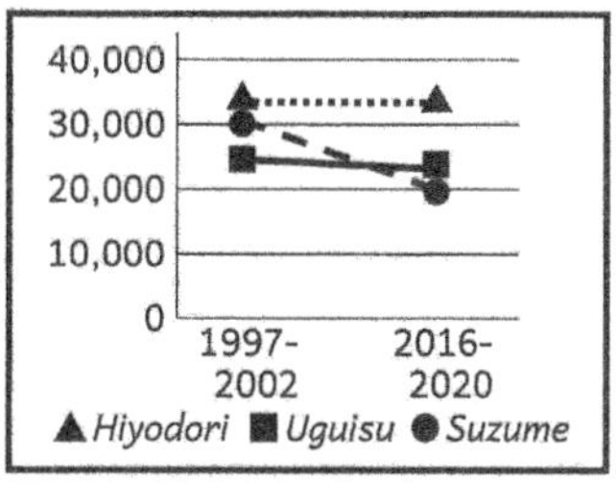


※各グラフの縦軸は鳥の数を，横軸は調査期間を示す。　（「全国鳥類繁殖分布調査」をもとに作成）

4　(④)，(⑤) に入る語の組み合わせとして，最も適当なものを下のア～エから一つ選び，その記号を書け。

| | ④ | ⑤ |
|---|---|---|
| ア | money | water |
| イ | money | air |
| ウ | food | air |
| エ | food | water |

5　下線部⑥の内容を具体的に25字程度の日本語で書け。

6　次は Ann が自分の発表で使うグラフと，それを見ながら話している Ann と Ken との対話である。Ann に代わって，対話中の □ に15語程度の英文を書け。2文以上になってもかまわない。

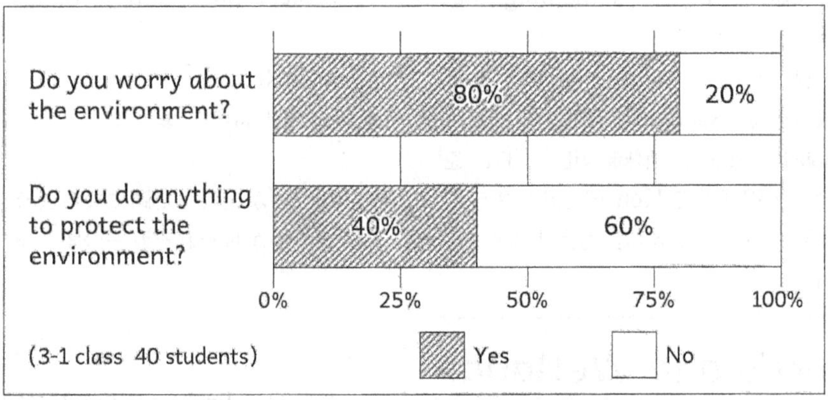


*Ann* : Your presentation was good. I'll speak in the next class. Please look at this. 80% of our classmates worry about the environment, but more than half of them don't do anything to save the environment. I don't think it is good. We should do something to change this.

*Ken* : What can we do?

*Ann* : □

*Ken* : That's a good idea.

# ＜理科＞

時間　50分　　満点　90点

1　次の各問いに答えなさい。答えを選ぶ問いについては記号で答えなさい。

1　図1の力A，力Bの合力の大きさは何Nか。
ただし，図1の方眼の1目盛りを1Nとする。

**図1**

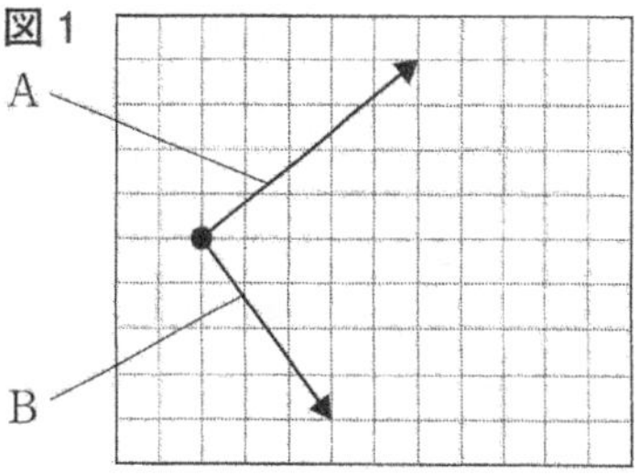


2　メタン（$CH_4$）を燃焼させると，二酸化炭素と水ができる。この化学変化を表す次の化学反応式を完成せよ。

| $CH_4$ ＋ $2O_2$ → |
|---|

3　顕微鏡を使って小さな生物などを観察するとき，はじめに視野が最も広くなるようにする。次のア～エのうち，最も広い視野で観察できる接眼レンズと対物レンズの組み合わせはどれか。

**ア**　10倍の接眼レンズと4倍の対物レンズ　　**イ**　10倍の接眼レンズと10倍の対物レンズ
**ウ**　15倍の接眼レンズと4倍の対物レンズ　　**エ**　15倍の接眼レンズと10倍の対物レンズ

4　震度について，次の文中の［　　］にあてはまる数値を書け。

ある地点での地震によるゆれの大きさは震度で表され，現在，日本では，気象庁が定めた震度階級によって震度0から震度［　　］までの10階級に分けられている。

5　ある日，動物園に行ったみずきさんは，いろいろな動物を見たり，乗馬体験をしたりした。

(1)　動物のエサやり体験コーナーに行くと，エサの入った箱が水平な机の上に置かれていた。エサと箱を合わせた質量を10kg，エサの入った箱が机と接している部分の面積を$0.2m^2$とするとき，机が箱から受ける圧力の大きさは何Paか。ただし，質量100gの物体にはたらく重力の大きさを1Nとする。

(2)　シマウマやライオンを見た後，展示館に行くと，図2のような展示があった。これは，何らかの原因で，植物がふえたとしても，長い時間をかけてもとのつり合いのとれた状態にもどることを示した模式図である。生物の数量の関係の変化を表したものになるように，C～Eにあてはまるものを次のページのア～ウから一つずつ選べ。なお，図2のAはつり合いのとれた状態を示しており，図2及びア～ウの破線（┆）はAの状態と同じ数量を表している。

**図2**

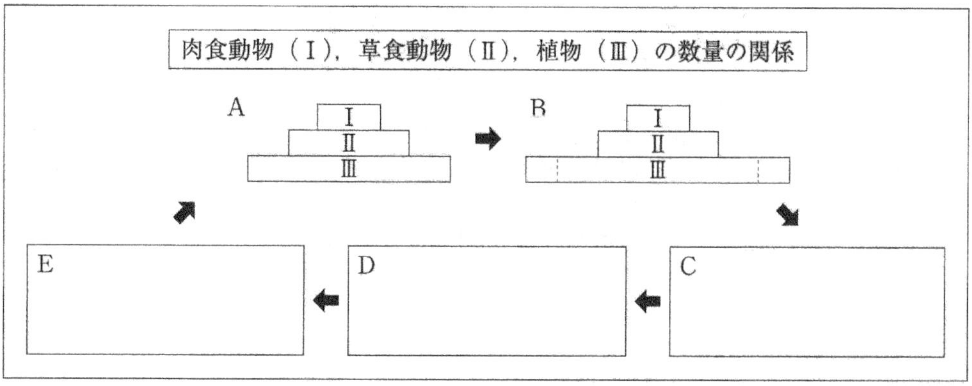

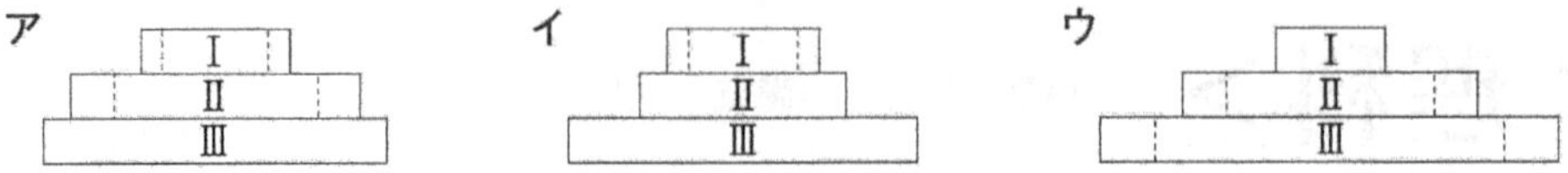


(3) 乗馬体験コーナーで,「以前は仕事率の単位に馬力が使われ,1馬力は約735Wであった。」という話を聞いた。735Wの仕事率で44100Jの仕事をするとき,かかる時間は何秒か。

(4) 売店に「廃棄プラスチック削減に取り組んでいます。」という張り紙があった。みずきさんは,人間の生活を豊かで便利にしている科学技術の利用と自然環境の保全について関心をもち,家でプラスチックについて調べた。プラスチックについて述べたものとして,**誤っているもの**はどれか。

**ア**　水にしずむものもある。　　　**イ**　有機物である。

**ウ**　人工的に合成されたものはない。　**エ**　薬品による変化が少ない。

**2**　次のⅠ,Ⅱの各問いに答えなさい。答えを選ぶ問いについては記号で答えなさい。

Ⅰ　ある日,桜島に行ったゆうさんが,気づいたことや,桜島に関してタブレット端末や本を使って調べたり考えたりしたことを,図のようにまとめた。

図

桜島について　　　　○年△月□日

〈気づいたこと〉

・ゴツゴツした岩がたくさんあった。
・道のあちらこちらに火山灰が見られた。

桜島

〈火山の形〉

| 傾斜がゆるやかな形 | 円すい状の形(桜島) | ドーム状の形 |
|---|---|---|
| 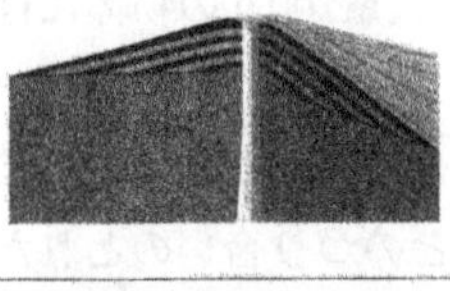 |  |  |
| 弱い ← | マグマのねばりけ | → 強い |

〈火山灰の観察〉

目的:火山灰にふくまれる一つ一つの粒の色や形を調べる。
方法:少量の火山灰を［　　a　　］。
その後,適切な操作を行い,双眼実体顕微鏡で粒をくわしく観察する。

〈火山灰の広がり〉

桜島の降灰予報から火山灰の広がりについて考えた。右の桜島の降灰予報から,桜島上空の風向は［　b　］であることがわかる。もし,桜島上空に上がった火山灰が,この風によって10m/sの速さで30km離れた地点Pの上空に到達したとすると,そのときにかかる時間は,［　c　］分であると考えられる。

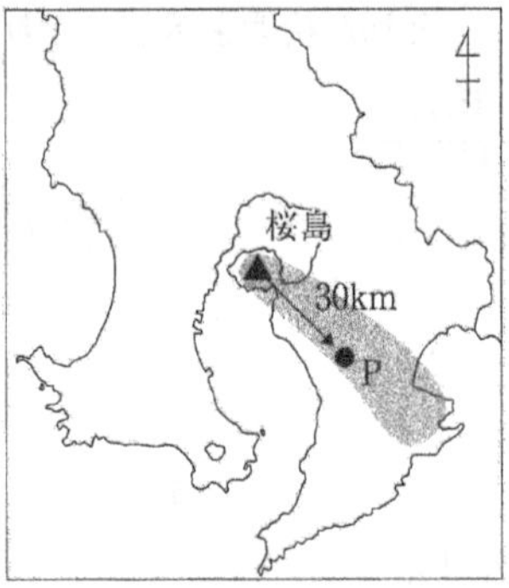


桜島の降灰予報

1　地下にあるマグマが地表に流れ出たものを何というか。

2　図の〈火山の形〉について，噴火のようすと火山噴出物の色の特徴を解答欄の書き出しのことばに続けて書け。

3　図の〈火山灰の観察〉について，a にあてはまる操作として最も適当なものはどれか。

ア　蒸発皿に入れて水を加え，指でおして洗う　　イ　スライドガラスにのせ染色液をたらす
ウ　ビーカーに入れてガスバーナーで加熱する　　エ　乳鉢に入れて乳棒を使ってすりつぶす

4　図の〈火山灰の広がり〉について，b と c にあてはまるものとして最も適当なものはそれぞれどれか。

b　ア　北東　イ　南東　ウ　南西　エ　北西
c　ア　3　イ　10　ウ　50　エ　300

Ⅱ　たかしさんとひろみさんは，太陽の黒点について調べるため，図1のような天体望遠鏡を使って太陽の表面を数日間観察した。そのとき太陽の像を記録用紙の円の大きさに合わせて投影し，黒点の位置や形をスケッチした。その後，記録用紙に方位を記入した。図2は，スケッチしたもののうち2日分の記録である。

図1

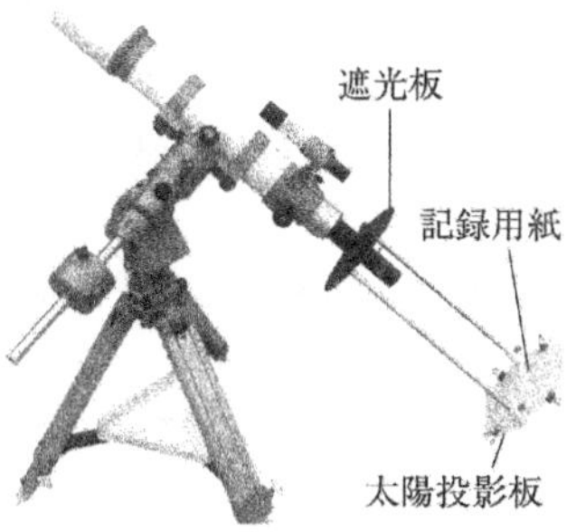


図2

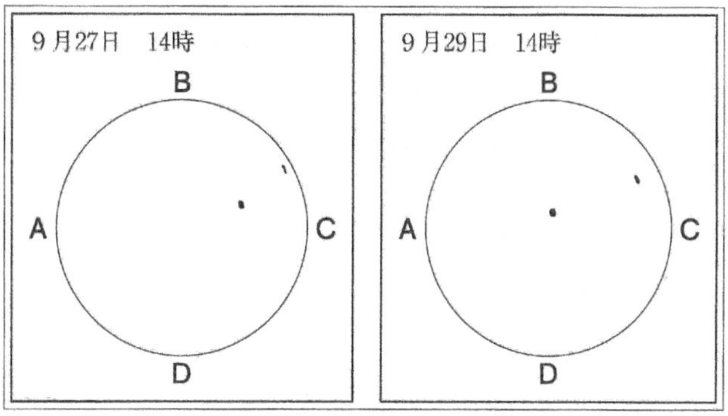


1　黒点が黒く見える理由を，解答欄の書き出しのことばに続けて書け。

2　図2のA～Dには記入した方位が書かれている。天体望遠鏡を固定して観察していたとき，記録用紙の円からAの方向へ太陽の像がずれ動いていた。Aはどれか。

ア　東　イ　西　ウ　南　エ　北

次は，観察の後の2人と先生の会話である。

たかし：数日分の記録を見ると，黒点の位置が変化していることから，太陽は a していることがわかるね。
ひろみ：周辺部では細長い形に見えていた黒点が，数日後，中央部では円形に見えたことから，太陽は b であることもわかるね。
先　生：そのとおりですね。
たかし：ところで，黒点はどれくらいの大きさなのかな。
ひろみ：地球の大きさと比べて考えてみようよ。

3　この観察からわかったことについて，会話文中の [ a ] と [ b ] にあてはまることばを書け。

4　下線部について，記録用紙の上で太陽の像は直径10cm，ある黒点はほぼ円形をしていて直径が２mmであったとする。この黒点の直径は地球の直径の何倍か。小数第２位を四捨五入して小数第１位まで答えよ。ただし，太陽の直径は地球の直径の109倍とする。

**3**　次のⅠ，Ⅱの各問いに答えなさい。答えを選ぶ問いについては記号で答えなさい。

Ⅰ　あいさんはダニエル電池をつくり，電極の表面の変化を調べて，電流をとり出すしくみを考えるため，次の**実験**を行った。

**実験**

①　ビーカーに硫酸亜鉛水溶液と亜鉛板を入れた。

②　セロハンチューブの中に硫酸銅水溶液と銅板を入れ，これをビーカーの中の硫酸亜鉛水溶液に入れた。

③　**図**のように，亜鉛板と銅板に光電池用モーターを接続すると光電池用モーターが回転した。

図

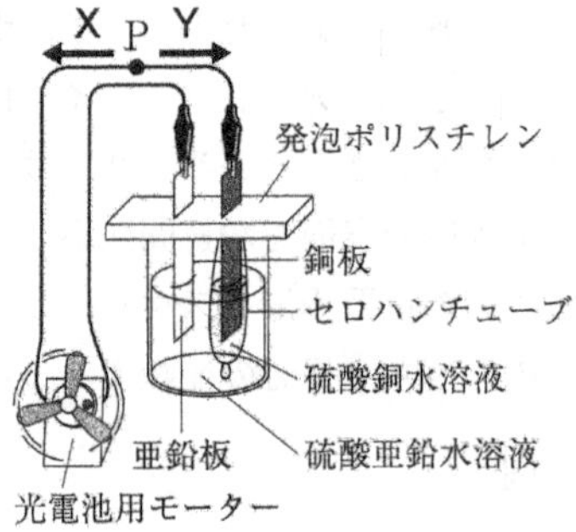


④　しばらく光電池用モーターを回転させると，亜鉛板，銅板ともに表面が変化し，亜鉛板は表面がでこぼこになっていることが確認できた。

1　ダニエル電池の－極は，亜鉛板と銅板のどちらか。また，**図**の点Pを流れる電流の向きは，**図**のX，Yのどちらか。

2　水溶液中の銅板の表面で起こる化学変化のようすを模式的に表しているものとして，最も適当なものはどれか。ただし，⊖は電子を表している。

ア　　　　イ　　　　ウ　　　　エ

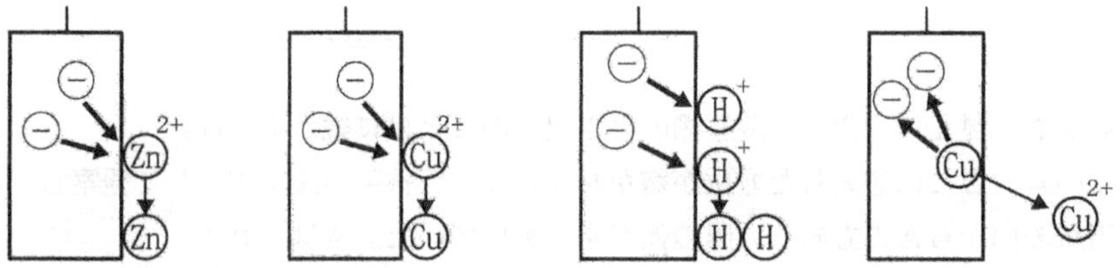


3　次は，**実験**の後のあいさんと先生の会話である。

あい：この実験を通して，ダニエル電池では，物質のもつ [ a ] エネルギーが [ b ] エネルギーに変換されているということが理解できました。

先生：ところで，セロハンチューブにはどのような役割があると思いますか。

あい：セロハンチューブには，硫酸亜鉛水溶液と硫酸銅水溶液が簡単に混ざらないようにする役割があると思います。

先生：そのとおりです。セロハンチューブがなく，この二つの水溶液が混ざると，亜鉛板と硫酸銅水溶液が直接反応して亜鉛板の表面には金属が付着し，電池のはたらきをしなくなります。このとき，亜鉛板の表面ではどのような反応が起きていますか。

あい：亜鉛板の表面では，[ c ] という反応が起きています。

(1)　会話文中の [ a ]，[ b ] にあてはまることばを書け。

(2)　会話文中の [ c ] について，「亜鉛イオン」，「銅イオン」，「電子」ということばを使って正しい内容となるように書け。

Ⅱ　**図1**は，鹿児島県の郷土菓子のふくれ菓子である。その材料は，小麦粉，黒糖，重そうなどである。重そうは炭酸水素ナトリウムの別名であり，ホットケーキの材料として知られるベーキングパウダーにも炭酸水素ナトリウムがふくまれている。ベーキングパウダーにふくまれている炭酸水素ナトリウムの質量を調べるため，次の**実験1，2**を行った。

**図1**

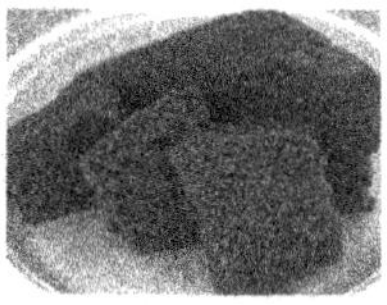

**実験1**　ある濃度のうすい塩酸40.00 gが入ったビーカーを5個用意し，それぞれ異なる質量の炭酸水素ナトリウムを**図2**のように加えた。ガラス棒でかき混ぜて十分に反応させ，二酸化炭素を発生させた。その後，ビーカー内の質量を記録した。**表**はその結果である。なお，発生した二酸化炭素のうち，水にとけている質量については無視できるものとする。

**図2**

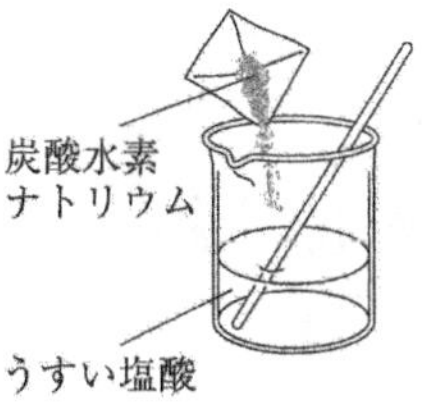


**表**

| | | | | | |
|---|---|---|---|---|---|
| 反応前のビーカー内の質量〔g〕 | 40.00 | 40.00 | 40.00 | 40.00 | 40.00 |
| 加えた炭酸水素ナトリウムの質量〔g〕 | 2.00 | 4.00 | 6.00 | 8.00 | 10.00 |
| 反応後のビーカー内の質量〔g〕 | 40.96 | 41.92 | 43.40 | 45.40 | 47.40 |

1　二酸化炭素について，次の文中の [　　] にあてはまる内容を「密度」ということばを使って書け。

> 二酸化炭素は，水に少ししかとけないので，水上置換法で集めることができる。また，[　　　　　　] ので，下方置換法でも集めることができる。

2　次の文は，**実験1**について述べたものである。[ a ] にあてはまるものを**ア**～**エ**から選べ。また，[ b ] にあてはまる数値を書け。

> うすい塩酸40.00 gと反応する炭酸水素ナトリウムの最大の質量は，表から [ a ] の範囲にあることがわかる。また，その質量は [ b ] gである。

**ア**　2.00 g ～4.00 g　　**イ**　4.00 g ～6.00 g　　**ウ**　6.00 g ～8.00 g　　**エ**　8.00 g ～10.00 g

**実験2**　**実験1**と同じ濃度のうすい塩酸40.00 gに，ベーキングパウダー12.00 gを加え，ガラス棒でかき混ぜて十分に反応させたところ，二酸化炭素が1.56 g発生した。

3　**実験2**で用いたものと同じベーキングパウダー100.00 gにふくまれている炭酸水素ナトリウムは何gか。ただし，**実験2**では塩酸とベーキングパウダーにふくまれている炭酸水素ナトリウムの反応のみ起こるものとする。

**4** 次のⅠ，Ⅱの各問いに答えなさい。答えを選ぶ問いについては記号で答えなさい。

Ⅰ 動物は外界のさまざまな情報を刺激として受けとっている。

1 図1のヒトの〈受けとる刺激〉と〈感覚〉の組み合わせが正しくなるように，図1の「・」と「・」を実線（——）でつなげ。

図1

| 〈受けとる刺激〉 | | | 〈感覚〉 |
|---|---|---|---|
| 光 | ・ | ・ | 聴覚 |
| におい | ・ | ・ | 視覚 |
| 音 | ・ | ・ | 嗅覚 |

2 刺激に対するヒトの反応を調べるため，意識して起こる反応にかかる時間を計測する実験を次の手順1～4で行った。

手順1 図2のように，5人がそれぞれの間で棒を持ち，輪になる。

手順2 Aさんは，右手でストップウォッチをスタートさせると同時に，右手で棒を引く。左手の棒を引かれたBさんは，すぐに右手で棒を引く。Cさん，Dさん，Eさんも，Bさんと同じ動作を次々に続ける。

手順3 Aさんは左手の棒を引かれたらすぐにストップウォッチを止め，かかった時間を記録する。

手順4 手順1～3を3回くり返す。

図2

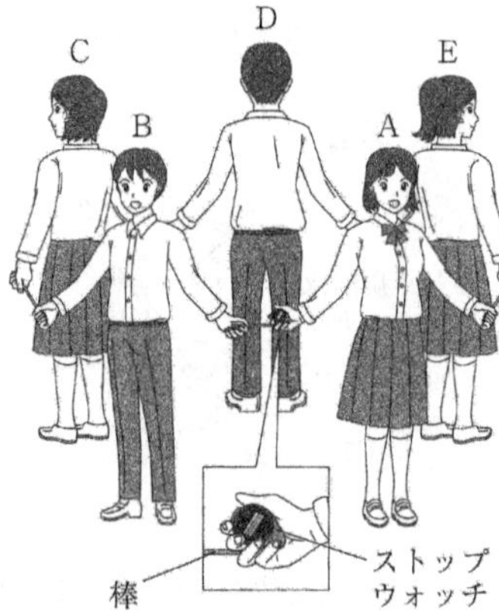


表は，実験の結果をまとめたものである。ただし，表には結果から求められる値を示していない。

表

| 回数 | 結果〔秒〕 | 1人あたりの時間〔秒〕 |
|---|---|---|
| 1回目 | 1.46 | |
| 2回目 | 1.39 | |
| 3回目 | 1.41 | |
| 平均 | | X |

(1) 表の X にあてはまる値はいくらか。小数第3位を四捨五入して小数第2位まで答えよ。

(2) 中枢神経から枝分かれして全身に広がる感覚神経や運動神経などの神経を何というか。

(3) 実験の「意識して起こる反応」とは異なり，意識とは無関係に起こる反応もある。次の文中の①，②について，それぞれ正しいものはどれか。

手で熱いものにさわってしまったとき，とっさに手を引っ込める反応が起こる。このとき，命令の信号が①（ア 脳　イ せきずい）から筋肉に伝わり，反応が起こっている。また，熱いという感覚が生じるのは，②（ア 脳　イ せきずい　ウ 手の皮ふ）に刺激の信号が伝わったときである。

Ⅱ　ゆきさんとりんさんは，**図1**の生物をさまざまな特徴の共通点や相違点をもとに分類している。次は，そのときの２人と先生の会話の一部である。

ゆき：動物について，動き方の観点で分類すると，**カブトムシ**と**スズメ**は，はねや翼をもち，飛ぶことができるから同じグループになるね。
りん：ほかに体の表面の観点で分類すると，**トカゲ**と**メダカ**にだけ □ があるから，同じグループになるね。
先生：そのとおりですね。
ゆき：植物と動物について，それぞれ観点を変えて分類してみようよ。

**図1**

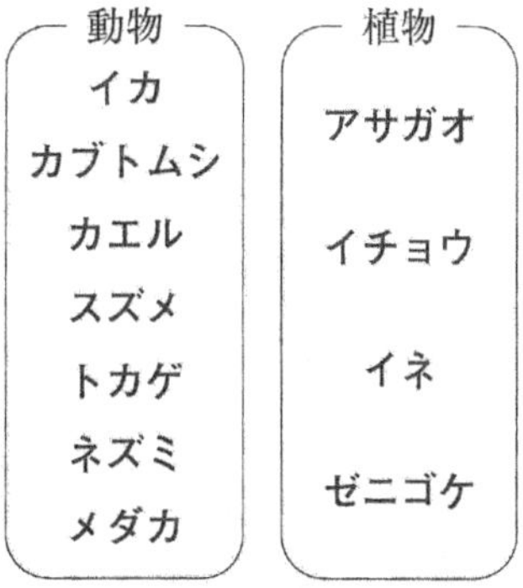


1　会話文中の □ にあてはまることばを書け。

2　２人は**図1**の植物について，**表1**の観点で**図2**のように分類した。**図2**のA～Fは，**表1**の基準の**ア**～**カ**のいずれかである。AとDはそれぞれ**ア**～**カ**のどれか。

**表1**

| 観点 | 基　準 |
|---|---|
| 胚珠 | **ア**　胚珠がむきだしである<br>**イ**　胚珠が子房に包まれている |
| 子葉 | **ウ**　子葉は１枚<br>**エ**　子葉は２枚 |
| 種子 | **オ**　種子をつくる<br>**カ**　種子をつくらない |

**図2**

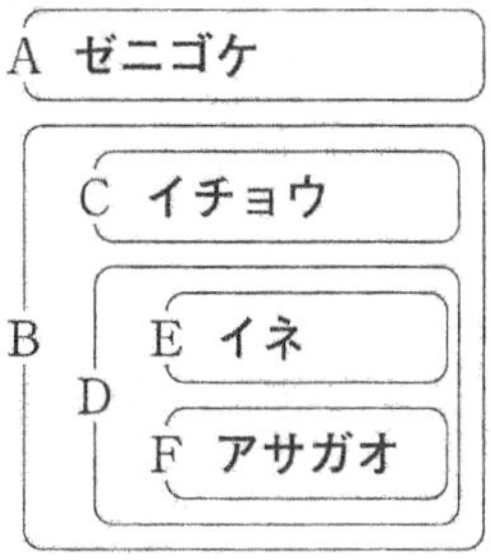


3　２人は**図1**の動物について，**表2**の観点で**図3**のように分類した。**図3**の②，③にあてはまる動物はそれぞれ何か。なお，**図3**のG～Jは**表2**の基準の**キ**～**コ**のいずれかであり，**図3**の①～③は，**イカ**，**スズメ**，**ネズミ**のいずれかである。

**表2**

| 観　点 | 基　準 |
|---|---|
| 子の生まれ方 | **キ**　卵生<br>**ク**　胎生 |
| 背骨の有無 | **ケ**　背骨がある<br>**コ**　背骨がない |

**図3**

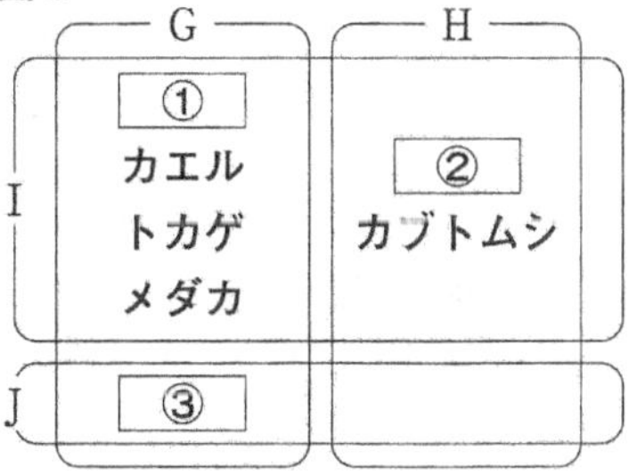


4　２人は**図1**の動物について，「生活場所」を観点にして，「陸上」，「水中」という基準で分類しようとしたが，一つの動物だけはっきりと分類することができなかった。その動物は何か。また，その理由を生活場所に着目して，「幼生」，「成体」ということばを使って書け。

**5**　次のⅠ，Ⅱの各問いに答えなさい。答えを選ぶ問いについては記号で答えなさい。

Ⅰ　凸レンズのはたらきを調べるため，**図1**のように，光源，焦点距離10cmの凸レンズ，スクリーン，光学台を使って実験装置を組み立て，次の**実験1**～**3**を行った。このとき，凸レンズは光学台に固定した。

**図1**

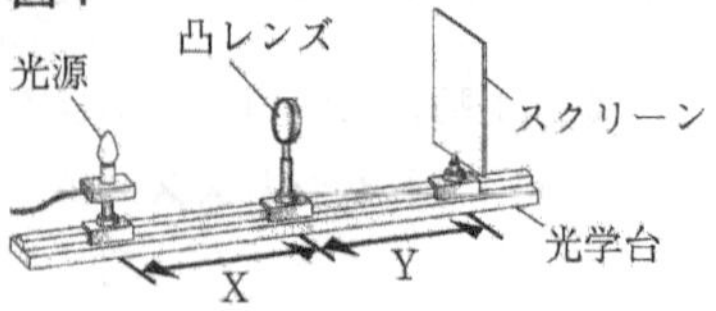


**実験1**　光源を動かして，光源から凸レンズまでの距離Xを30cmから5cmまで5cmずつ短くした。そのたびに，はっきりとした像がうつるようにスクリーンを動かして，そのときの凸レンズからスクリーンまでの距離Yをそれぞれ記録した。**表**はその結果であり，「−」はスクリーンに像がうつらなかったことを示す。

**表**

| | | | | | | |
|---|---|---|---|---|---|---|
| X〔cm〕 | 30 | 25 | 20 | 15 | 10 | 5 |
| Y〔cm〕 | 15 | 17 | 20 | 30 | − | − |

**実験2**　**図1**の装置でスクリーンにはっきりとした像がうつったとき，**図2**のように，凸レンズの下半分を光を通さない厚紙でかくした。このとき，スクリーンにうつった像を観察した。

**図2**

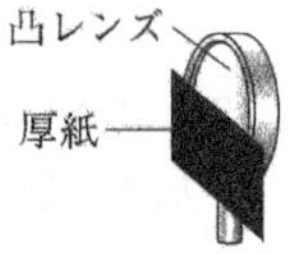


**実験3**　**図1**と焦点距離の異なる凸レンズを使って，スクリーンにはっきりとした像がうつるようにした。**図3**は，このときの光源，凸レンズ，スクリーンを真横から見た位置関係と，点Aから凸レンズの点Bに向かって進んだ光の道すじを模式的に表したものである。

**図3**

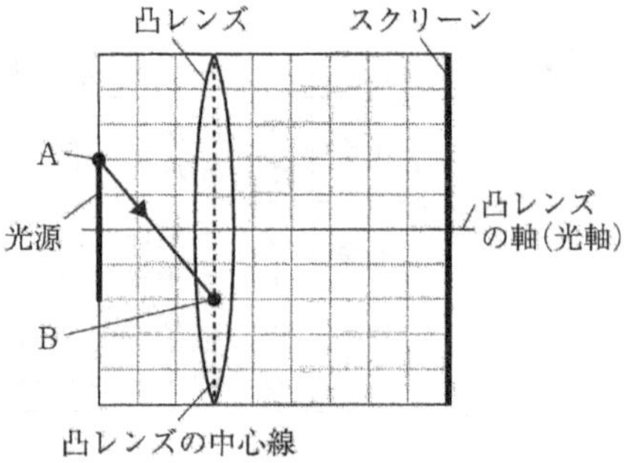


1　凸レンズのような透明な物体の境界面に，ななめに入射した光が境界面で曲がる現象を光の何というか。

2　**実験1**で，スクリーンに光源と同じ大きさの像がうつった。このときのXは何cmか。

3　**実験2**について述べた次の文中の①，②について，それぞれ正しいものはどれか。

> 凸レンズの下半分を厚紙でかくしたとき，かくす前と比べて，観察した像の明るさや形は次のようになる。
> ・観察した像の明るさは①（ア　変わらない　　イ　暗くなる）。
> ・観察した像の形は②（ア　変わらない　　イ　半分の形になる）。

4　**実験3**で，点Bを通った後の光の道すじを解答欄の図中に実線（——）でかけ。ただし，作図に用いる補助線は破線（------）でかき，消さずに残すこと。また，光が曲がって進む場合は，凸レンズの中心線で曲がるものとする。

Ⅱ　電流と電圧の関係を調べるために，次のページの図1のように電源装置，スイッチ，電流計，電圧計，端子P，端子Qを接続して，端子P，Q間に抵抗器を取り付けてスイッチを入れたところ，抵抗器に電流が流れた。

次に，端子P，Q間の抵抗器をはずし，抵抗の大きさが15Ωの抵抗器aと抵抗の大きさが10Ω

の抵抗器ｂを用いて，**実験１**，**２**を行った。ただし，抵抗器以外の抵抗は考えないものとする。

図１

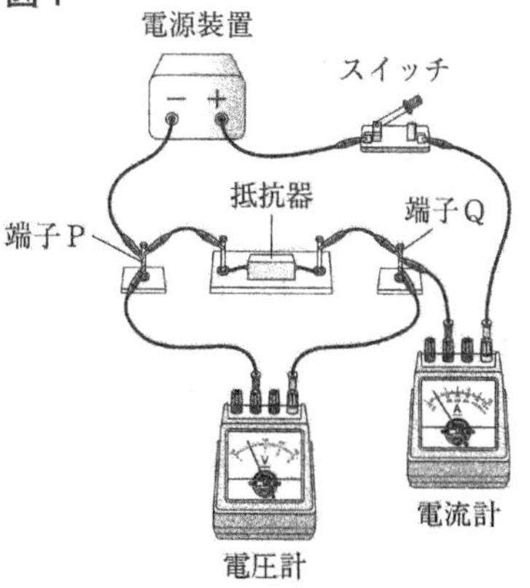


**実験１**　**図２**のように抵抗器ａと抵抗器ｂを接続したものを端子Ｐ，Ｑ間につないで，電源装置の電圧調節つまみを動かし，電圧計の値を見ながら電圧を０Ｖ，1.0Ｖ，2.0Ｖ，3.0Ｖ，4.0Ｖ，5.0Ｖと変化させたときの，電流の大きさをそれぞれ測定した。**表**はその結果である。

図２

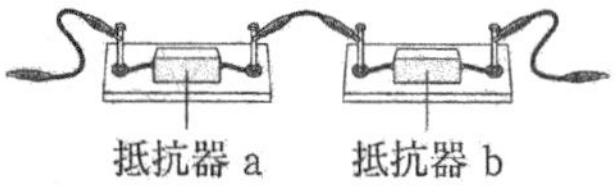


表

| 電圧　〔V〕 | 0 | 1.0 | 2.0 | 3.0 | 4.0 | 5.0 |
|---|---|---|---|---|---|---|
| 電流〔mA〕 | 0 | 40 | 80 | 120 | 160 | 200 |

**実験２**　**図３**のように，抵抗器ａと抵抗器ｂを接続したものを端子Ｐ，Ｑ間につないで，電源装置の電圧調節つまみを調節し，電圧計が5.0Ｖを示すようにした。

図３

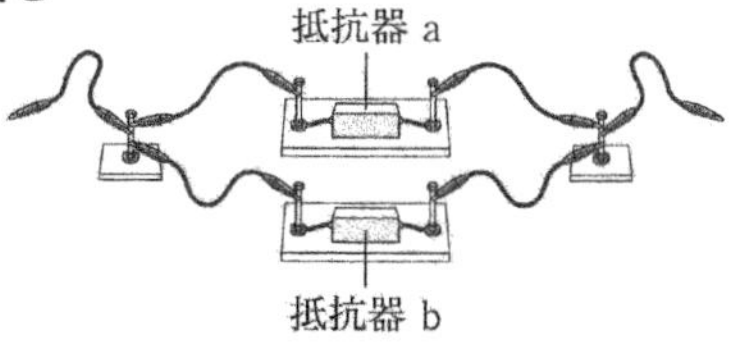


１　**図１**のように電流が流れる道すじのことを何というか。

２　**実験１**について，端子Ｐ，Ｑ間の電圧と電流の関係をグラフにかけ。ただし，**表**から得られる値を「・」で示すこと。

３　**実験２**で，抵抗器ｂに流れる電流は何Ａか。

４　**実験１**，**２**で，電圧計が5.0Ｖを示しているとき，消費する電力が大きい順に**ア**～**エ**を並べよ。

**ア**　**実験１**の抵抗器ａ　　**イ**　**実験１**の抵抗器ｂ

**ウ**　**実験２**の抵抗器ａ　　**エ**　**実験２**の抵抗器ｂ

# ＜社会＞

時間 50分 満点 90点

**1** 次のⅠ～Ⅲの問いに答えなさい。答えを選ぶ問いについては一つ選び，その記号を書きなさい。

Ⅰ 次の**略地図1**，**略地図2**を見て，1～6の問いに答えよ。

**略地図1**

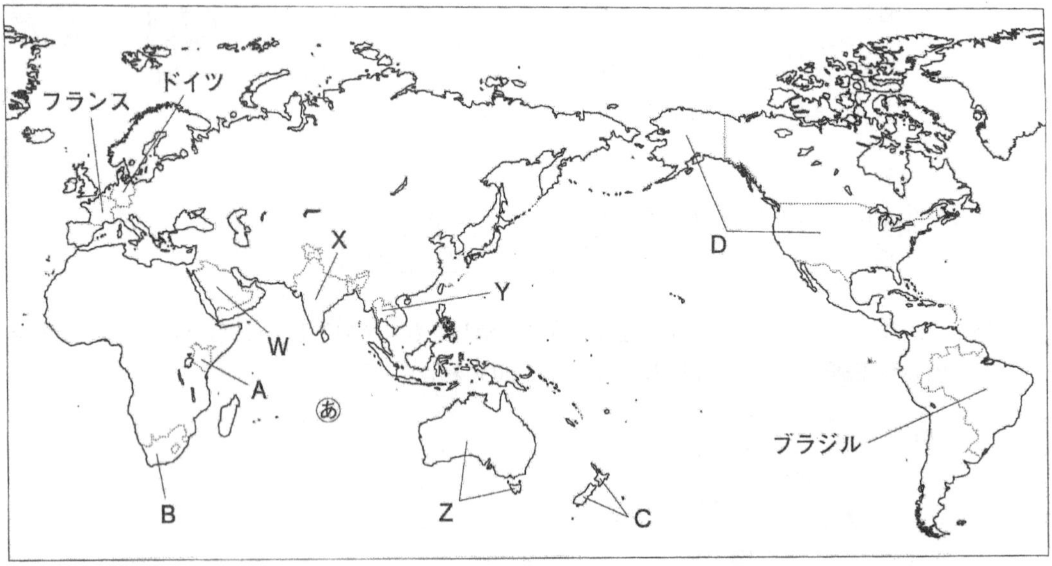


1 **略地図1**中のⓐは，三大洋の一つである。この海洋の名称を答えよ。

2 **略地図2**は，図の中心の**東京**からの距離と方位を正しく表した地図である。**略地図2**中の**ア**～**エ**のうち，**東京**から北東の方位，約8000kmに位置している場所として，最も適当なものはどれか。

**略地図2**

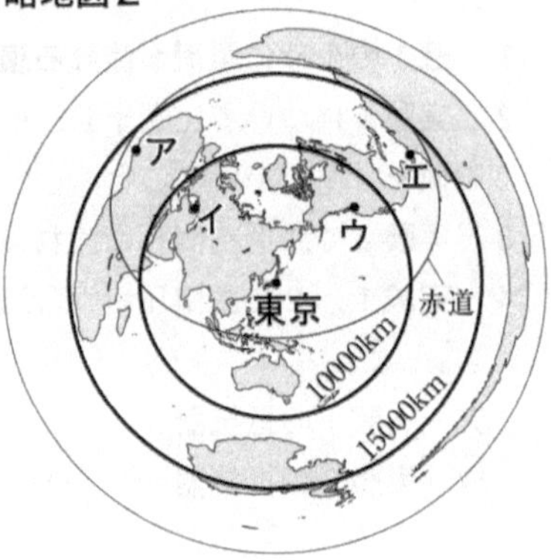


3 **略地図1**中の**A**～**D**国の特徴について述べた次の**ア**～**エ**のうち，**B**国について述べた文として最も適当なものはどれか。

**ア** 牧草がよく育つことから牧畜が盛んであり，特に羊の飼育頭数は人口よりも多いことで知られている。

**イ** サバナが広く分布し，内陸の高地では，茶や切り花の生産が盛んである。

**ウ** サンベルトとよばれる地域では，先端技術産業が発達している。

**エ** 過去にはアパルトヘイトとよばれる政策が行われていた国であり，鉱産資源に恵まれている。

4　**表**は，**略地図1**中の**W～Z**国で信仰されている宗教についてまとめたものであり，**表**中の①～④には，**語群**の宗教のいずれかが入る。**表**中の①，③の宗教として適当なものをそれぞれ答えよ。なお，同じ番号には同じ宗教が入るものとする。

**表**

| | 主な宗教別の人口割合（%） |
|---|---|
| W | ①(94)，④(4)，②(1) |
| X | ②(80)，①(14)，④(2) |
| Y | ③(83)，①(9) |
| Z | ④(64)，③(2)，①(2) |

（「データブックオブ・ザ・ワールド2023」から作成）

**語群**

| |
|---|
| 仏教　　キリスト教　　ヒンドゥー教　　イスラム教 |

5　**略地図1**中のフランスやドイツなどの多くのEU加盟国では，**資料1**のように，国境を自由に行き来し，買い物などの経済活動を行う人々が多い。この理由について，解答欄の書き出しのことばに続けて書け。ただし，**パスポート**と**ユーロ**ということばを使うこと。

**資料1**

6　**資料2**は，**略地図1**中の**ブラジル**の1963年と2020年における輸出総額と主な輸出品の割合を示しており，次のページの**資料3**は近年における**ブラジル**の主な輸出品の輸出量と世界における割合及び順位を示している。ブラジルの主な輸出品の変化と特徴について，**資料2**，**資料3**をもとに書け。ただし，**モノカルチャー経済**ということばを使うこと。

**資料2**　**ブラジルの輸出総額と主な輸出品の割合**

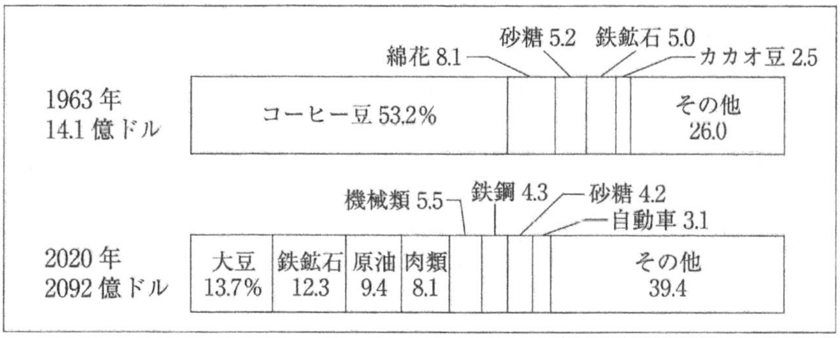


（「日本国勢図会2022/23」などから作成）

**資料３** ブラジルの主な輸出品の輸出量と世界における割合及び順位

| 品　目 | 輸出量 | 割　合 | 順　位 |
|---|---|---|---|
| 大　豆 | 8297万トン | 47.9% | 1位 |
| 鉄鉱石 | 343百万トン | 20.7% | 2位 |
| 原　油 | 6226万トン | 2.8% | 11位 |
| 肉　類 | 772万トン | 14.7% | 2位 |

※大豆と鉄鉱石は2020年，原油と肉類は2019年の統計　（「世界国勢図会2022/23」などから作成）

Ⅱ　次の**略地図**を見て，１～５の問いに答えよ。

**略地図**

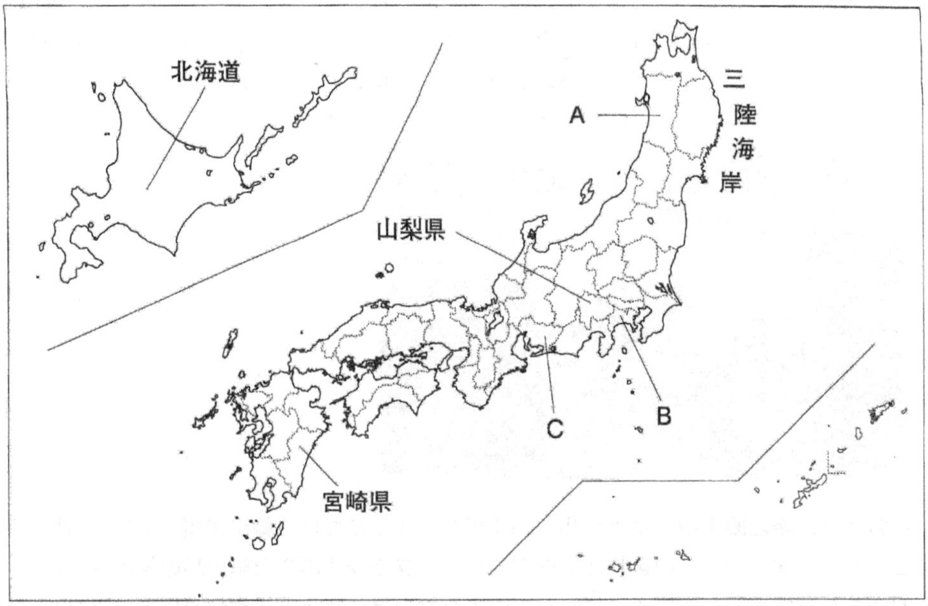


1　**略地図**中の**北海道**では，乳牛を飼育し，生乳やバター，チーズなどの乳製品を生産する農業が盛んである。このような農業を何というか。

2　**略地図**中の**三陸海岸**の沖合は，日本でも有数の漁場となっている。その理由の一つとして，この海域が暖流と寒流のぶつかる潮目（潮境）となっていることが挙げられる。**三陸海岸**の沖合などの東日本の太平洋上で，暖流である日本海流とぶつかる寒流の名称を答えよ。

3　**資料１**は**略地図**中の**A**～**C**県の人口に関する統計をまとめたものであり，**ア**～**ウ**は**A**～**C**県のいずれかである。**B**県は**ア**～**ウ**のどれか。

**資料１**

| | 人口増減率（%） | 年齢別人口割合（%） | | | 産業別人口割合（%） | | |
|---|---|---|---|---|---|---|---|
| | | 0～14歳 | 15～64歳 | 65歳以上 | 第１次産業 | 第２次産業 | 第３次産業 |
| ア | 1.22 | 11.8 | 62.7 | 25.6 | 0.8 | 21.1 | 78.1 |
| イ | −6.22 | 9.7 | 52.8 | 37.5 | 7.8 | 25.5 | 66.6 |
| ウ | 0.79 | 13.0 | 61.7 | 25.3 | 2.1 | 32.7 | 65.3 |
| 全国 | −0.75 | 11.9 | 59.5 | 28.6 | 3.4 | 24.1 | 72.5 |

※四捨五入しているため，割合の合計が100%にならないところがある。
※人口増減率は，2015年から2020年の人口増減率であり，
（2020年人口－2015年人口）÷2015年人口×100で求められる。
（「日本国勢図会2022/23」などから作成）

4　**略地図**中の**山梨県**では，**写真1**のような扇状地が見られる。扇状地の特色とそれをいかして行われている農業について述べた次の文の □ に適することばを補い，これを完成させよ。

> 扇状地の中央部は粒の大きい砂や石からできているため □ 。そのため，水田には適さないが，ぶどうなどの果樹の栽培に利用されている。

**写真1**

5　**略地図**中の**宮崎県**では，**写真2**のようなビニールハウスなどを用いたピーマンの栽培が盛んである。**宮崎県**でこのような農業が盛んであるのはなぜか。**資料2**～**資料4**をもとに書け。ただし，**気候**，**出荷量**，**価格**ということばを使うこと。

**写真2**

**資料2**　各地の月別平均気温

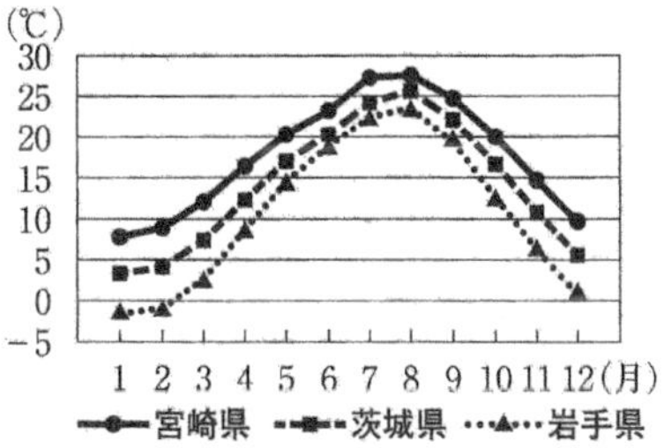


※各地の気温は各県の県庁所在地のもの

（気象庁統計から作成）

**資料3**　東京都中央卸売市場へのピーマンの月別出荷量（2021年）

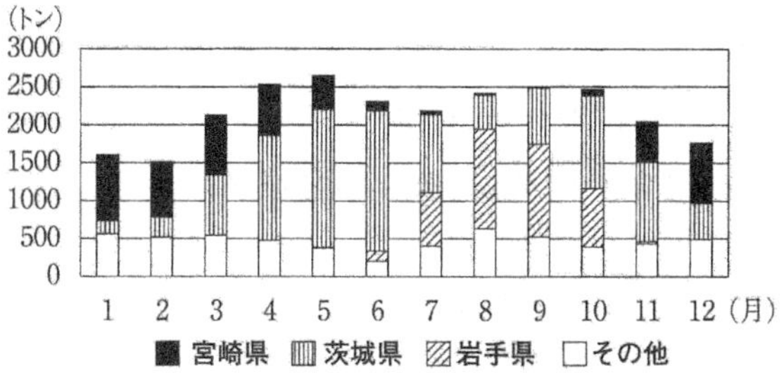


（東京都中央卸売市場統計から作成）

**資料4**　ピーマンの月別平均価格（2002年～2021年平均）

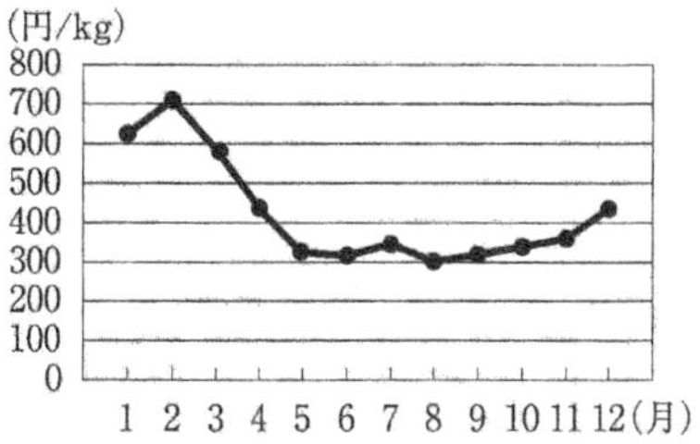


（東京都中央卸売市場統計から作成）

Ⅲ　縮尺が2万5千分の1である次のページの**地形図**を見て1，2の問いに答えよ。

1　**地形図**の読み取りに関する次のA，Bの文について，下線部の正誤の組み合わせとして最も適当なものはどれか。

> A：□で囲まれた①の範囲には，消防署はみられない。
> B：●━●で示した②，③間の地形図上での長さは3㎝なので，実際の距離は750mである。

ア（A 正　B 正）　イ（A 正　B 誤）
ウ（A 誤　B 正）　エ（A 誤　B 誤）

2　次の**表**は，高知市の指定緊急避難場所一覧の一部を示したものであり，**表**中の**ア**，**イ**は**地形図**中にⓐ，ⓑで示した避難場所のいずれかである。ⓐは**ア**，**イ**のどちらか。また，そのように考えた理由を，ⓐ周辺の地形の特徴をふまえ，解答欄の書き出しのことばに続けて書け。

**表**

| | 洪　水 | 土砂災害 |
|---|---|---|
| **ア** | ○ | ○ |
| **イ** | ○ | × |

（高知市資料から作成）

○：避難可
×：避難不可

**地形図**

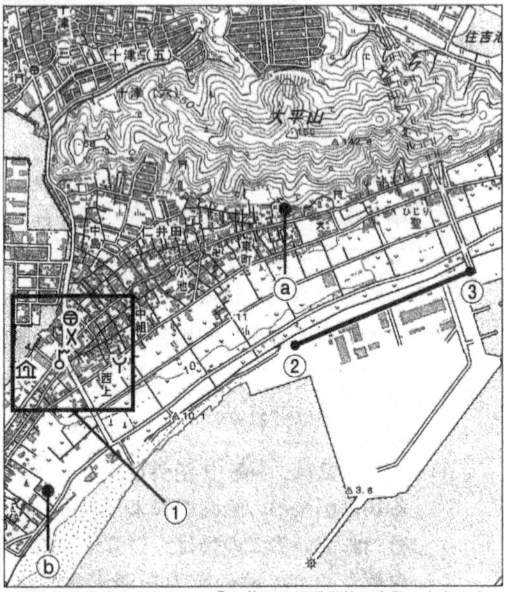


※読み取りやすくするため，①の範囲の地図記号の表記の大きさを一部変更している。
（令和元年国土地理院発行２万５千分の１地形図「高知」から作成）

2　次のⅠ～Ⅲの問いに答えなさい。答えを選ぶ問いについては一つ選び，その記号を書きなさい。

Ⅰ　次の略年表を見て，１～６の問いに答えよ。

| 世　紀 | 主　な　で　き　ご　と | |
|---|---|---|
| 5 | 大和政権の大王たちが，たびたび中国に使いを送った ―――― | A |
| 8 | 平城京を中心に，仏教や唐の文化の影響を受けたⓐ天平文化が栄えた | |
| 11 | ［　①　］政治は，藤原道長・頼通のときに最も栄えた | |
| 13 | 北条泰時が，武士独自の法である［　②　］を制定した ―――― | B |
| 16 | ⓑ商業や手工業，流通の発達にともない，京都などの都市が発展した | |
| 18 | 貨幣経済が広まったことで，ⓒ自給自足に近かった農村社会に変化が生じた | |

1　［　①　］，［　②　］にあてはまる最も適当なことばを書け。

2　Aのころ，主に朝鮮半島などから日本列島へ移住し，須恵器とよばれる土器を作る技術や漢字などを伝えた人々を何というか。

3　ⓐについて，次のページの**資料１**は天平文化を代表する正倉院宝物の「螺鈿紫檀五絃琵琶《らでんしたんのごげんびわ》」と「瑠璃坏《るりのつき》」である。**資料１**から読み取れる天平文化の特色を書け。ただし，**遣唐使**ということばを使うこと。

**資料1**

螺鈿紫檀五絃琵琶

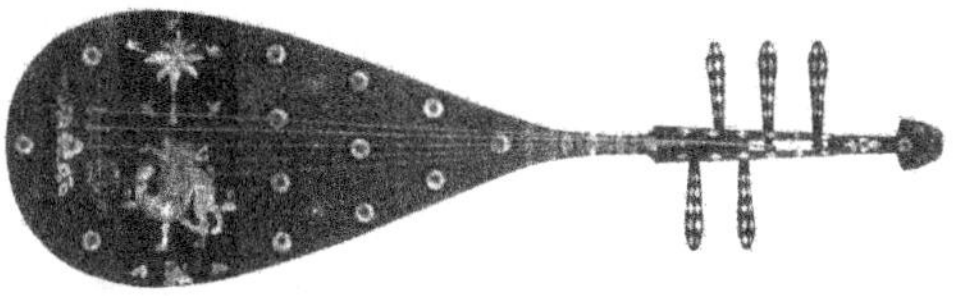

・5弦の琵琶はインドが起源といわれている。
・中国で作られたと考えられている。

瑠璃坏

・西アジアで作られたガラスに，中国で銀の脚を付けたと考えられている。

4　AとBの間の時期におこった次の**ア**～**エ**のできごとを，年代の古い順に並べよ。

**ア**　桓武天皇が長岡京，ついで平安京へ都を移し，政治を立て直そうとした。
**イ**　白河天皇が位を息子にゆずり，上皇となったのちも政治を行う院政をはじめた。
**ウ**　聖徳太子が蘇我馬子と協力し，中国や朝鮮半島の国々にならった新しい政治を行った。
**エ**　関東地方で平将門，瀬戸内地方で藤原純友がそれぞれ反乱を起こした。

5　ⓑについて述べた次の文の［X］，［Y］にあてはまることばの組み合わせとして最も適当なものはどれか。

**資料2**は，『洛中洛外《らくちゅうらくがい》図《ず》屏風《びょうぶ》』の中に描かれている16世紀後半の祇園祭のようすである。平安時代から行われているこの祭は，1467年に始まった［X］で中断したが，京の有力な商工業者である［Y］によって再興され，現在まで続いている。

**ア**（X　応仁の乱　　Y　惣）
**イ**（X　応仁の乱　　Y　町衆）
**ウ**（X　壬申の乱　　Y　惣）
**エ**（X　壬申の乱　　Y　町衆）

**資料2**　洛中洛外図屏風
（米沢市上杉博物館蔵）

6　ⓒに関する次の文の［　　］に適することばを補い，これを完成させよ。

商品作物の栽培や農具・肥料の購入などで，農村でも貨幣を使う機会が増えた。その結果，土地を集めて地主となる農民が出る一方，土地を手放して小作人になる者や，都市に出かせぎに行く者が出るなど，農民の間で［　　　　］という変化が生じた。

Ⅱ　次は，中学生が「近代以降の日本の歴史」について調べ学習をしたときにまとめた〔**あ**〕～〔**え**〕の4枚のカードと，先生と生徒の会話の一部である。1～5の問いに答えよ。

**〔あ〕近代産業の発展**

ⓐ日清戦争前後に軽工業部門を中心に産業革命が進展した。ⓑ日露戦争前後には重工業部門が発達し，近代産業が発展した。

**〔い〕国際協調と国際平和**

第一次世界大戦後に，世界平和と国際協調を目的とする［①］が設立された。また軍備縮小をめざすワシントン会議が開かれた。

| 〔う〕軍部の台頭 | 〔え〕民主化と国際社会への復帰 |
|---|---|
| ⓒ五・一五事件や二・二六事件が発生し，軍部が政治的な発言力を強め，軍備の増強を進めていった。 | 戦後，GHQの占領下で，政治・経済面の民主化がはかられた。またⓓサンフランシスコ平和条約を結び，独立を回復した。 |

先　生：複数のカードに戦争や軍備ということばが出てきますが，〔い〕のカードのころには，第一次世界大戦に参加した国や新たな独立国で民主主義が拡大していきました。

生徒A：日本でも，民主主義的な思想の普及やさまざまな社会運動が展開されていったのですね。

先　生：そうです。大正時代を中心として政治や社会に広まった民主主義の風潮や動きを［②］とよびます。

生徒B：でもその後の流れは，〔う〕のカードのように，軍部が台頭して戦争への道を歩んでいったのですね。

生徒A：なぜ，第一次世界大戦の反省はいかされなかったのかな。どうして，その後の戦争を防ぐことができなかったのだろう。

先　生：そのことについて，当時の世界や日本の政治・経済の情勢から考えてみましょう。

1　［①］，［②］にあてはまる最も適当なことばを書け。ただし，［①］は**漢字4字**で書け。

2　ⓐに関して，日清戦争前後のできごとについて述べた次の文の［X］，［Y］にあてはまることばの組み合わせとして最も適当なものはどれか。

明治政府は，日清戦争直前の1894年，陸奥宗光外相のときにイギリスとの交渉で［X］に成功した。また，日清戦争後の1895年に下関条約を結んだが，［Y］により遼東半島を返還した。

| | X | Y |
|---|---|---|
| ア | 関税自主権の回復 | 日比谷焼き打ち事件 |
| イ | 関税自主権の回復 | 三国干渉 |
| ウ | 領事裁判権（治外法権）の撤廃 | 日比谷焼き打ち事件 |
| エ | 領事裁判権（治外法権）の撤廃 | 三国干渉 |

**資料1**

3　ⓑに関して，**資料1**の人物は，この戦争に出兵した弟を思って「君死にたまふことなかれ」という詩をよんだことで知られている。この人物は誰か。

4　ⓒに関する次の文の［　］にあてはまることばを，**資料2**を参考に答えよ。ただし，［　］には同じことばが入る。

犬養毅首相が暗殺されたこの事件によって，［　］の党首が首相となっていた［　］内閣の時代が終わり，終戦まで軍人出身者が首相になることが多くなった。

**資料2**　第27代から第31代首相と所属・出身

| 代 | 首　相 | 所属・出身 |
|---|---|---|
| 27 | 浜口　雄幸 | 立憲民政党 |
| 28 | 若槻礼次郎 | 立憲民政党 |
| **29** | **犬養　毅** | **立憲政友会** |
| 30 | 斎藤　実 | 海　軍 |
| 31 | 岡田　啓介 | 海　軍 |

5　ⓓに関して，この条約が結ばれた以前のできごととして，最も適当なものはどれか。

**ア**　朝鮮戦争がはじまった。

**イ**　沖縄が日本に復帰した。

**ウ**　東海道新幹線が開通した。

**エ**　バブル経済が崩壊した。

Ⅲ　**資料1**は米騒動のようすを描いたものである。米騒動がおこった理由を，**資料2**，**資料3**を参考にして書け。ただし，**シベリア出兵**と**価格**ということばを使うこと。

**資料1**　米騒動のようす（1918年）

**資料2**　シベリア出兵のようす（1918年）

**資料3**　東京の米1石（約150 kg）あたりの年平均取引価格

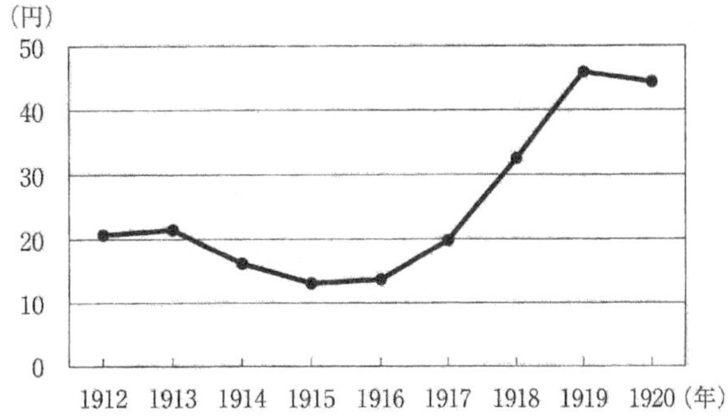


（「日本近代史辞典」から作成）

**3**　あとのⅠ～Ⅲの問いに答えなさい。答えを選ぶ問いについては一つ選び，その記号を書きなさい。

Ⅰ　次は，ある中学生が「よりよい社会をつくるために」というテーマで，公民的分野の学習を振り返ってまとめたものの一部である。1～5の問いに答えよ。

**よりよい社会をつくるために**

◇　**人権の保障と日本国憲法**

基本的人権は，ⓐ個人の尊重の考え方に基づいて日本国憲法で保障されている。
社会の変化にともない，ⓑ「新しい人権」が主張されるようになった。

◇　**持続可能な社会の形成**

世代間や地域間の公平，男女間の平等，貧困削減，ⓒ環境の保全，経済の開発，社会の発展等を調和の下に進めていく必要がある。

◇　**国民の自由や権利を守る民主政治**

国の権力を立法権，行政権，司法権の三つに分け，それぞれⓓ国会，内閣，裁判所に担当させることで権力の集中を防ぎ，国民の自由と権利を守ろうとしている。

◇　**民主政治の発展**

民主政治を推進するために，国民一人一人が政治に対する関心を高め，ⓔ選挙などを通じて，政治に参加することが重要である。

⇩

よりよい社会の実現を目指し，現代社会に見られる課題の解決に向けて主体的に社会に関わろうとすることが大切である。

1　次の文は，ⓐに関する日本国憲法の条文である。□にあてはまることばを**漢字2字**で書け。

> 第13条　すべて国民は，個人として尊重される。生命，自由及び□追求に対する国民の権利については，公共の福祉に反しない限り，立法その他の国政の上で，最大の尊重を必要とする。

2　ⓑに関して，「新しい人権」に含まれる権利として最も適当なものはどれか。

**ア**　自由に職業を選択して働き，お金や土地などの財産を持つ権利
**イ**　個人の私的な生活や情報を他人の干渉などから守る権利
**ウ**　国や地方の公務員の不法行為で受けた損害に対して賠償を求める権利
**エ**　労働組合が賃金などの労働条件を改善するために使用者と交渉する権利

3　ⓒに関して，ダムや高速道路など，大規模な開発事業を行う際に，事前に周辺の環境にどのような影響があるか調査・予測・評価することを何というか。

4　ⓓに関して，予算の議決における衆議院の優越について述べた次の文の X ， Y にあてはまることばの組み合わせとして最も適当なものはどれか。

> 予算について，参議院で衆議院と異なった議決をした場合に X を開いても意見が一致しないときや，参議院が，衆議院の可決した予算を受け取ったあと Y 日以内に議決しないときは，衆議院の議決が国会の議決となる。

ア（X　両院協議会　　Y　30）　イ（X　両院協議会　　Y　10）
ウ（X　公聴会　　Y　30）　エ（X　公聴会　　Y　10）

5　中学生のゆきさんは，ⓔに関して調べ，**資料1**，**資料2**の取り組みがあることを知った。**資料1**，**資料2**の取り組みのねらいとして考えられることは何か，**資料3**，**資料4**をもとにして書け。

**資料1**　期日前投票所の大学への設置

**資料2**　高校生を対象としたある市の期日前投票所の取り組み

- 高校生を対象にした独自の選挙チラシを配布し，情報提供・啓発を実施
- 生徒が昼休みや放課後に投票できるよう，各学校ごとに開設時間を配慮

（総務省資料から作成）

**資料3**　年齢別投票率
（第49回衆議院議員総選挙［2021年実施］）

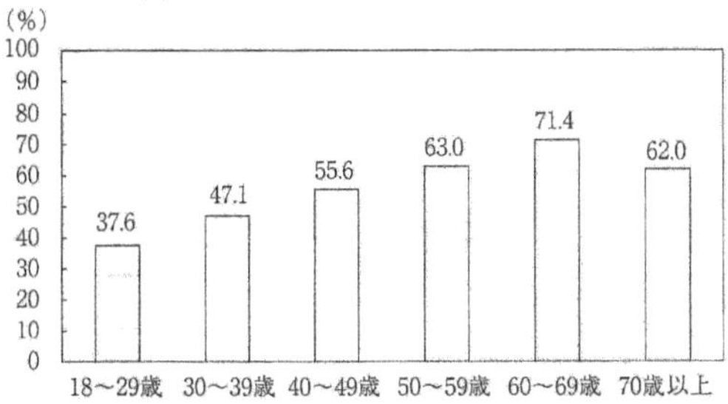


※年齢別投票率は全国から抽出して調査したものである。
（総務省資料から作成）

**資料4**　年齢別棄権理由とその割合
（第49回衆議院議員総選挙［2021年実施］）

| 理　由 | 18～29歳 | 30～49歳 | 50～69歳 | 70歳以上 |
|---|---|---|---|---|
| 選挙にあまり関心がなかったから | 46.7% | 31.4% | 30.7% | 15.6% |
| 仕事があったから | 37.8% | 24.8% | 14.9% | 3.1% |
| 重要な用事(仕事を除く)があったから | 22.2% | 9.1% | 8.9% | 3.1% |

※調査では，17の選択肢からあてはまるものをすべて選ぶようになっている。
※18～29歳の棄権理由の上位三位を示している。
（第49回衆議院議員総選挙全国意識調査から作成）

Ⅱ　次は，ある中学校の生徒たちが「私たちと経済」について班ごとに行った調べ学習のテーマと調べたことの一覧である。1～5の問いに答えよ。

| 班 | テーマ | 調べたこと |
|---|---|---|
| 1 | 政府の経済活動 | ⓐ租税の意義と役割，財政の役割と課題 |
| 2 | 消費生活と経済 | 消費者の権利と責任，消費者問題，ⓑ消費者を守る制度 |
| 3 | 市場のしくみと金融 | ⓒ景気の変動と物価，ⓓ日本銀行の役割 |
| 4 | 生産と労働 | 企業の種類，ⓔ株式会社のしくみ，労働者の権利と労働問題 |

1　ⓐに関して，消費税や酒税など税を納める人と負担する人が異なる税を何というか。

2　ⓑに関して，訪問販売や電話勧誘などで商品を購入した場合，一定期間内であれば次のページの**資料**のような通知書を売り手に送付することで契約を解除することができる。この制度を何というか。

3　ⓒに関して述べた次の文の X ， Y にあてはまることばの組み合わせとして最も適当なものはどれか。

一般的に， X のときには消費が増え，商品の需要が供給を上回ると，価格が高くても購入される状態が続くため，物価が上がり続ける Y がおこる。

資料

通知書

次の契約を解除します。

契約年月日　〇〇年〇月〇日
商品名　〇〇〇〇
契約金額　〇〇〇〇〇円
販売会社　株式会社×××　□□営業所
担当者　△△△△△

支払った代金〇〇〇〇〇円を返金し、商品を引き取ってください。

〇〇年〇月〇日
〇〇県〇市〇町〇丁目〇番〇号
氏名　〇〇〇〇〇

ア（X　好況　　Y　デフレーション）　　イ（X　不況　　Y　デフレーション）
ウ（X　好況　　Y　インフレーション）　エ（X　不況　　Y　インフレーション）

4　ⓓについて述べた文として**誤っているもの**はどれか。

ア　政府資金の取り扱いを行う。
イ　日本銀行券とよばれる紙幣を発行する。
ウ　一般の銀行に対して資金の貸し出しや，預金の受け入れを行う。
エ　家計や企業からお金を預金として預かる。

5　ⓔについて述べた次の文の に適することばを補い，これを完成させよ。ただし，**負担**ということばを使うこと。

株主には，株式会社が倒産した場合であっても， という有限責任が認められている。

Ⅲ　**資料1**は，鹿児島中央駅に設置されているエレベーターの場所を案内している標識の一部である。この標識にみられる表記の工夫について，**資料2**をもとに**50字以上60字以内**で書け。

資料1

資料2　鹿児島県における外国人宿泊者数の推移

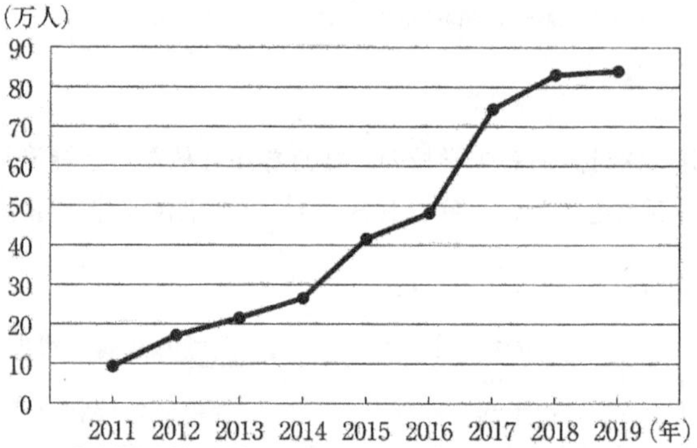


※宿泊者数は延べ人数である。　（鹿児島県観光統計から作成）

資料２

**大会概要**

**大会について**

第47回大会で，全都道府県開催の一巡目を締めくくる記念すべき大会

**大会テーマ**

47の結晶　桜島の気噴《いぶき》にのせ紬《つむ》げ文化の１ページ

**目的**

芸術文化活動を通じて，全国的，国際的規模での生徒相互の交流を図る

**参加者など**

参加校は約３千校

参加者は約２万人

（海外からはニュージーランド，ベトナム，韓国の３カ国）

観覧者は約10万人

（「第47回全国高等学校総合文化祭ホームページ」をもとに作成）

資料１

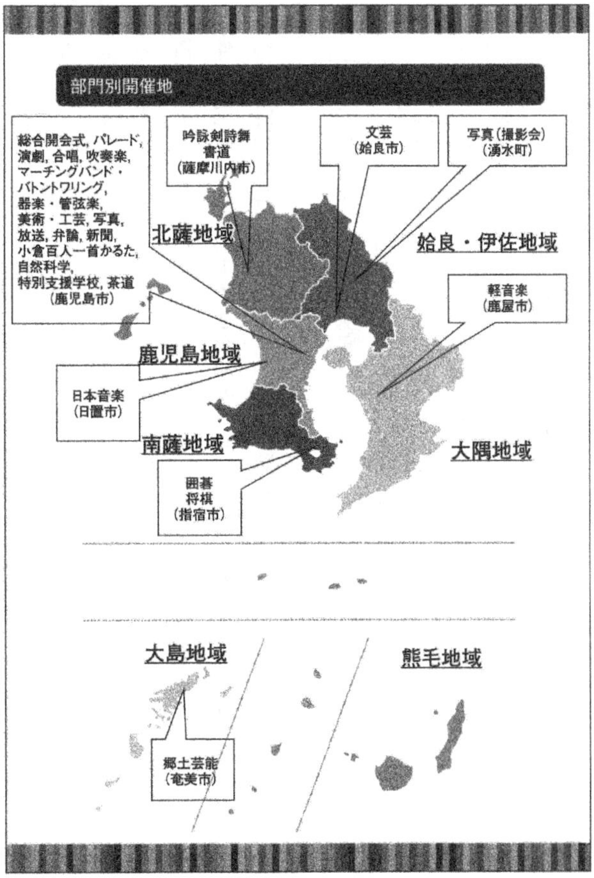


（「鹿児島県教育委員会ホームページ」をもとに作成）

資料３

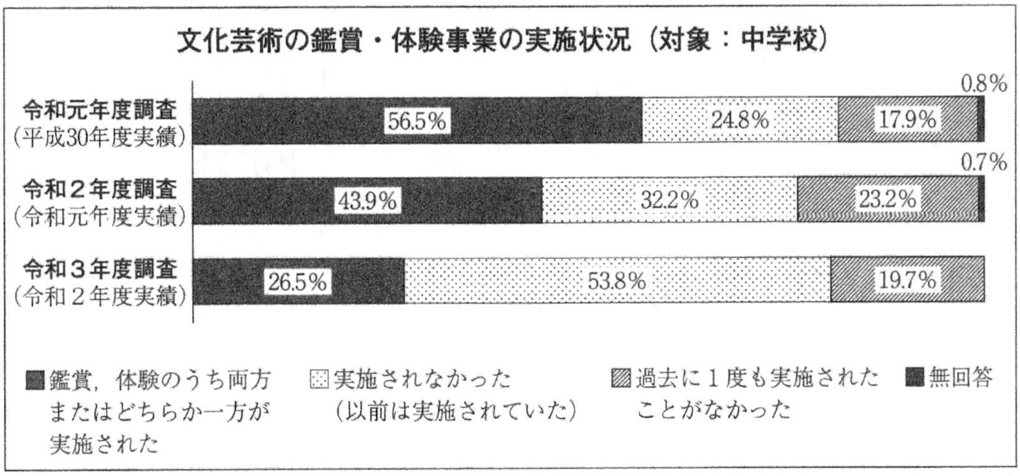


（文化庁　令和元～３年度「文化芸術による子供育成総合事業に関する調査研究」をもとに作成）

した描写を付箋に記入し、前のページの**〈ワークシート〉**に貼り付けた。

**〈ワークシート〉**の X には、**語群**から最も適当なものを選び記号で答え、**発表原稿**の Y には、六十五字以内の言葉を考えて答えよ。

**語群**　**ア**　怒りに任せて行動する千暁のことが恐ろしい
**イ**　千暁の絵を台無しにしてしまって申し訳ない
**ウ**　絵を黒く塗ることを知らせてもらえず悲しい
**エ**　千暁が絵を黒く塗ったことに納得がいかない

## 5

中学校の生徒会役員であるあなたは、学校で配られた広報紙を読み、鹿児島県で二〇二三年七月二十九日から八月四日にかけて第47回全国高等学校総合文化祭（以下、総文祭）が開催されることを知りました。興味をもったあなたは、来年度、高校生になる中学三年生に向けて総文祭を紹介したいと考え、生徒会新聞に来場を呼びかける記事を掲載することにしました。記事を書くために準備した、**資料1～3**の中から参考にする資料を二つ選び、あとの(1)～(4)の**条件**に従って、**記事の下書き**を完成させなさい。選んだ二つの資料については、解答用紙に1～3の番号を記入すること。

**条件**

(1) A には適当な見出しを書くこと。

(2) B は二段落で構成し、六行以上八行以下で書くこと。
・第一段落には、資料から分かることを書くこと。
・第二段落では、第一段落を踏まえて、あなたが考える総文祭の魅力を書くこと。

(3) 選択した資料を示す場合や、資料中の数値を使用する場合は、次の例にならって書くこと。

例　資料→資料1　数値→30.5%

(4) 原稿用紙の正しい使い方に従って、文字、仮名遣いも正確に書くこと。

**記事の下書き**

○○中学校
生徒会新聞
□月△日発行

A

みなさん！総文祭をご存じですか？総文祭は、芸術文化活動を行っている高校生が目指す「全国大会」です。

B

来年度、本県で開催される総文祭。ぜひ、会場で体感してみてください。

選んだ２つの資料を提示する場所

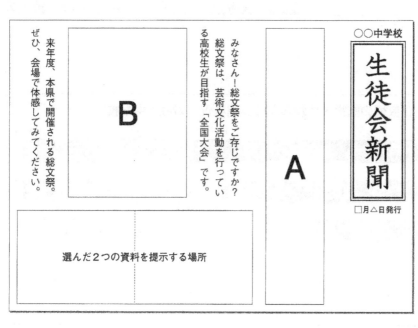

慟哭＝大声をあげて激しく泣くこと。
イーゼル＝画板やキャンバスを固定するもの。

1　――線部①とあるが、この場面における千暁の様子を説明したものとして最も適当なものを次から選び、記号で答えよ。

ア　描いていた絵を汚されてしまい、鈴音に対するいらだちを隠せずにいる。

イ　描いていた絵を汚されてしまい、賞が取れないだろうとうなだれている。

ウ　力を試す場がなくなってしまい、気落ちして絵を描くことに集中できないでいる。

エ　力を試す場がなくなってしまい、今まで絵を描き続けてきたことを後悔している。

2　次の文章は――線部②における千暁の心情を説明したものである。［Ⅰ］～［Ⅲ］に適当な言葉を補え。ただし、［Ⅰ］には、本文中から最も適当な六字の言葉を抜き出して書き、［Ⅱ］には、十字以内、［Ⅲ］には、十五字以内の言葉を考えて答えること。

> 描きかけの絵を鈴音が墨でうっかり汚してしまったことを機に、千暁は自らの意志で絵を黒く塗り、ここ数年［Ⅰ］で塗った嘘の絵を描いていたことに気づいた。このことは千暁にとって［Ⅱ］きっかけとなっただけでなく、これからは［Ⅲ］絵を描くことができそうだ、と思えるきっかけともなり、満ち足りた気持ちになっている。

3　佐藤さんは、国語の時間に――線部③における千暁の心情について、発表することになった。発表原稿を作成するためにグループで話し合いながら、鈴音が部室に現れた後の千暁と鈴音の心情に関連

〈ワークシート〉

【鈴音の心情に関連した描写】
- ひどく青ざめた顔
- 少し震えているよう
- 凍りついたような顔
- 視線の先には真っ黒なキャンバス。
- 大声で泣き出した。
- 激しく泣き出した。
  → 理由：［X］と思ったから。

話の流れ →

【千暁の心情に関連した描写】
- あわてた。
- 困って頭をかいた。
- 泣いている姿が、きれいだと思った。
- イーゼルの後ろに立たせた。
- 毛穴がぶわっと一気に開いた
- 黒を削り出していく。
- これが僕だ。今の僕らだ。
- 心臓はどきどきしてくる。
- 体温が上がる。

**発表原稿**

> 私たちは――線部③における千暁の心情について［Y］とまとめました。

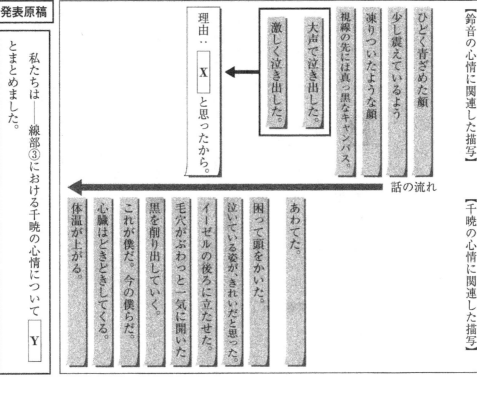

くて滝みたいな涙も、鼻水も、大声も、のどの奥から、絞り出すように、叫ぶように。

「ごめっ…ごめん、…ごめんなざっ、…」

しゃくりあげながら鈴音が(注)慟哭《どうこく》の合間にごめんなさいをくり返そうとする。

息が詰まって死んでしまうんじゃないかと僕はあわてた。

何より、こんな勢いで泣くなんて。鈴音が泣くなんて。

「いや、何。どうしたの？」

立ち上がって鈴音を落ち着かせようとするけれど、どうすればいいんだ？　あの猛獣鈴音といえど女子だぞ。一応女子相手だぞ。じいちゃんばあちゃんや子ども相手じゃないから、背中トントンとか、違うだろう。僕は行き場を失った手を空中で、無様に右往左往させた。

「絵っ、……絵、汚して、だか、……だからそんなっ、」

まっくろぉおおおお!!

と、また鈴音が激しく泣き出した。

まっくろ……真っ黒？　いや。いやいやいや、違う。そうじゃない。確かにきっかけはあの汚れだけど。そうじゃない。

僕は自分の意志で、この絵を黒く塗った。

そしてそれは、僕を②少し救いもしたんだ。

どう説明すればいい？　僕は困って頭をかいた。それからふと、大声で泣いている鈴音の涙や鼻水が、西日できらきらしていることに気づいた。わんわん泣いている姿が、きれいだと思った。思ってしまった。悲しみや衝撃に無になるんじゃない。もうまっすぐに、感情を爆発させている姿だ。

「……ちょっとここに立って」

僕は鈴音の腕を引いて、(注)イーゼルの後ろに立たせた。鈴音は言われるままに立って、泣き続けた。

僕は絵の具セットから、パレットナイフを取り出す。

黒のキャンバスに手を置く。もう乾いている。大丈夫。

僕の毛穴がぶわっと一気に開いたような感覚になった。

……いける！

そっと慎重に、それから静かに力をこめて、僕は黒を削り出していく。

パレットナイフを短く持った指先に伝わる、下絵の凹凸に少しずつ引っかかる感覚。

足元にガリガリと薄く削られて落ちる黒のアクリルガッシュの細い破片。

——スクラッチ技法。

黒い絵の具の中から、僕が描いていたあざやかな色合いが、虹色が、細く細く顔をのぞかせる。

削れ。削れ。削りだせ。

これが僕だ。今の僕らだ。

塗りつぶされて、憤《いきどお》って、うまくいかなくて、失敗して、大声で泣いてわめいて、かすかな抵抗をする。

僕の心臓はどきどきしてくる。体温が上がる。いいぞ。慎重につかみ取れ。決して逃すな。対象を捉えろ、この鈴音の爆発を捉えろ、削り出し、描け。描け描け描け描け!!!

③これは狩猟だ。獲物を捕まえろ。生け捕れ。

こんな好戦的な気持ちで絵を描いたのは生まれて初めてだ。

（歌代朔《さく》「スクラッチ」による）

(注)　アクリルガッシュ＝絵の具の一種。
五年前のタンポポ＝洪水被害で避難所生活を送っているときに、クレヨンの汚れをすべて拭き取って千暁が描いた絵。

……この墨で汚されたのは、今の僕らそのものじゃないか。
僕はもう一度、練りこまれた墨をなぞる。
……あぁ、そうか。
僕の頭に詰まっていた、垂れこめたもやのようなものの中に、色あざやかな何かが差しこんだ。
それは細い細い線のようで、かぼそくて、……それでも。
僕は黒のアクリルガッシュを取り出した。箱入りのセットとは別の、一度も使っていなかった特大の黒チューブを金属製のトレーに乗せて、版画で使うローラーにべったりとつけた。
はじから慎重に、しっかりと。
あざやかだった絵の上に転がしていく。黒く、黒く。
全部、全部、黒く。
不思議なことに、少しずつ、少しずつ、僕の気持ちは落ち着いていった。
そうだよな。
と、僕は思った。
そうだ、なんかこの絵は嘘《うそ》っぽいって心のどこかでずっと思っていたんだ。
だったらいっそ真っ黒に塗りつぶせ。
そんな嘘なんて。嘘の塊なんて。
『暗闇の牛』ならぬ、暗闇の運動部員たち。
審査も体育祭での展示もないんなら、誰にも遠慮することはないだろう。嘘をついてきれいな絵を描く必要だってないはずだ。
考えてみたら、僕はもう何年も嘘の絵ばかり描いていた気がする。
きっとそれは、あの(注)五年前のタンポポからだ。
……あのとき僕が本当に描きたかったのは、どんな絵だったんだろう。
もしもあのとき、あの汚れをなかったことにして絵を描き直したりせず、汚れたクレヨンのまま、何もかも引き受けて、タンポポを描ききっていたら……。
あれからずっと、僕があざやかな色で塗りつぶしてふさいできたその内側には、一体どんな色たちがうごめいていたんだろう。
鈴音に汚されたこの絵を全部黒く塗ったとき、僕は満ち足りていた。
ああ。
アクリルガッシュが乾くまで、しばらくこの黒さを眺めていたい。
これは真っ黒じゃない。僕は知っている。
この黒の下にたくさんの色彩が詰まっている。
どのくらいそうしていただろう。
窓からの日差しは傾いて、西日特有の、蜂蜜のようにまろやかな光が、薄汚れたシンクに差しこんでいる。
がたん、と部室のドアが開いた。
部活が終わったばかりなんだろう。バレー部のネイビーブルーのユニフォームを着たままの鈴音がひどく青ざめた顔をして僕を見た。マスクを持ったこぶしを固く握りしめて、真夏なのに少し震えているようにも見えた。そして大股で、一直線に僕に近づいてきて、何かを言いかけて、急に凍りついたような顔になった。
視線の先には真っ黒なキャンバス。
「……!!」
息を吸いこむ音と同時に、鈴音は、破裂したように大声で泣き出した。
うわぁあああああああ
って、それこそ幼稚園くらいの子どもがギャン泣きするみたいな勢いで。顔を真っ赤にして、ぼろぼろと、どこからそんな水分が出てくるんだろうっていう勢いで、大粒の涙も、いや、粒なんてもんじゃな生徒C「なるほど。どんな思いで演奏していたんだろう。」
生徒A「用光が海賊と出会った場面で『今は疑ひなく殺されなむず』とあるように、死を覚悟していたんだと思うよ。」
生徒B「たしかに演奏をする場面で用光は『　Ⅱ　』と思っているね。」
生徒A「きっと演奏には万感の思いが込もっていたんだろうね。」
生徒B「だから、その演奏を聞いた宗とは、『曲の声に涙落ちて』と言って、何も奪わずに去っているんだね。」
生徒C「そうか、音楽には　Ⅲ　力《ちから》があるのかもしれないね。」
先　生「そうですね。いい話し合いができましたね。ちなみに作者は本文の続きで、この話を『管弦の徳』という言葉でまとめています。」

**4**　次の文章を読んで、あとの1～3の問いに答えなさい。

> 新しい感染症が流行する中、ともに中学三年生で美術部の千暁《かずあき》とバレー部の鈴音《すずね》は思い切り活動ができない学校生活を送っている。ある日、鈴音がうっかり墨をつけて汚してしまった描きかけの絵を前に、千暁は思案していた。

この絵をどうしよう。

昔みたいに新しく描き直す、なんてことは、今までの労力的にもできないし、そもそも気軽なスケッチブックじゃなくて大きなキャンバスだから、取り替えもきかない。

汚れの部分だけをパレットナイフか何かで削り取って、目立たないように上からもう少し明度の低いオイルパステルで塗り直す？

それとも、いっそ(注)アクリルガッシュで汚れ以外の部分も塗り足してみて、質感のアクセントにする？

まだなんとかなる。

でも、……なぜだかやる気がまったく起きない。

とりあえずアクリルガッシュの箱を開けたけれど、明度と彩度の高いあざやかないつもの絵の具を、手に取る気が起こってこない。

バーガンディ、クリムゾン、ブラウン、オーク、レモンイエロー、イエロー、……一本一本、絵の具をゆっくり指さしながらぼんやり考えていると、吹奏楽部の部員の一人がヤケでも起こしたんだろう。最近ものすごい勢いで流行りだしたアニメの主題歌を倍速で吹き出して、サビのところで変な音が出て止まった。

ぎゃはは、と吹奏楽部の部員たちの笑い声が聞こえた。

これじゃ進めない。『僕を連れて進め』ない。

僕はちょっと噴き出して、それから自分の指がたまたま止まった絵の具を見た。

黒。

僕がめったに使うことのない、黒だ。

この絵を描くにあたっては、一度も、一ミリだって使っていない、色。

あざやかで躍動感あふれる選手たち。

……実際のところ彼らは、大会がなくなって、ふてくされて練習に身が入らなくなっている。

①僕だってそうだ。

市郡展の審査がないっていうことが、思いのほか響いていて、うまく絵が描けなくなっていた。

なんだかイライラして、それをモデルのせいにして、体育館で鈴音に言いがかりをつけた。無様でかっこ悪くて。

や理科の学習内容を生かして通学路の危険な箇所を把握し、災害時に的確な行動をとれるようハザードマップを作成したいです。

**エ**　少子高齢化が進むと街に活気がなくなるのではないかと思っています。これからは、中学校の生徒会活動だけでなく、地域の子ども会活動やボランティア活動などにも参加していきたいです。

**3**　次の文章を読んで、あとの1～3の問いに答えなさい。

平安時代の音楽家であった和邇部用光《わにべのもちみつ》が、土佐の国（現在の高知県）の祭りに出かけた後、都に向かう船旅の途中で海賊に襲われた。本文はそれに続く場面である。

（用光は）弓矢の行方知らねば（弓矢を扱うことができないので、）、防ぎ戦ふに力なくて、今は疑ひなく殺されなむずと思ひて、㊟篳篥《ひちりき》を取り出でて、㊟屋形の上に①ゐて、「あの党や（そこの者たちよ。）。今は沙汰《さた》に及ばず（今はとやかく言っても始まらない。）。とくなにものをも取りたまへ（早くなんでも好きなものをお取りください。）。ただし、年ごろ、思ひしめたる（心に深く思ってきた）篳篥の、小調子《こてうし》といふ曲、吹きて聞かせ申さむ。さることこそありしかと（そのようなことがあったと、）、のちの物語にもしたまへ（話の種とされるがよい）」と②いひければ、㊟宗《むね》との大きなる声にて、「主たち（お前たち、）、しばし待ちたまへ。かくいふことなり。もの聞け」と③いひければ、船を押さへて（船をその場にとどめて、）、おのおの静まりたるに、用光、今はかぎりとおぼえければ、涙を流して、めでたき音を吹き出でて、吹きすましたりけり（心をすまして吹き続けた。）。海賊、静まりて、いふことなし。よくよく聞きて、曲終はりて、先の声にて、「君が船に心をかけて（ねらいをつけて、）、寄せたりつれども、曲の声に涙落ちて、かたさりぬ（去ってしまおう）」とて、漕《こ》ぎ去りぬ。

（「十訓抄」による）

㊟　篳篥＝雅楽の管楽器。　屋形＝船の屋根。
宗と＝海賊の中心となっている者。

1　――線部①「ゐて」を現代仮名遣いに直して書け。

2　――線部②「いひければ」、③「いひければ」の主語は誰か。その組み合わせとして正しいものを次から選び、記号で答えよ。

**ア**（②　宗と　③　海賊）　**イ**（②　海賊　③　あの党）
**ウ**（②　あの党　③　用光）　**エ**（②　用光　③　宗と）

3　次は、本文の内容をもとに先生と生徒が話し合っている場面である。［Ⅰ］～［Ⅲ］に適当な言葉を補って会話を完成させよ。ただし、［Ⅰ］・［Ⅱ］には、本文中から最も適当な言葉を五字で抜き出し、［Ⅲ］には、十字以内でふさわしい内容を考えて現代語で答えること。

**先　生**「この話では、最終的に海賊は用光から何も奪わずに去っています。海賊はなぜ去ったのか考えてみましょう。」
**生徒A**「用光の演奏が素晴らしかったからだと思います。」
**生徒B**「どうして素晴らしいということがわかるの。」
**生徒A**「用光の演奏について本文に『［Ⅰ］』という表現があるよ。」

現状を分析し、未来に向けていろいろなことをする。これが②知識の活用の本質です。そうすると、学校の知というのは、そういう意味で意義がとてもよく分かるわけです。無味乾燥に見えるけれども、世界がどうなっているかという知識をみんなが勉強して、それを使って目の前の現実を解釈して、新しい事態への対応（新たな経験）に活《い》かしていけるわけです。⑭

（広田照幸「学校はなぜ退屈でなぜ大切なのか」による）

(注) ノウハウ＝技術的知識・情報。物事のやり方、こつ。
既往症＝現在は治っているが、過去にかかったことのある病気。

1 本文中の a ・ b にあてはまる語の組み合わせとして、最も適当なものを次から選び、記号で答えよ。

ア（a しかし　b つまり）　イ（a だが　b むしろ）
ウ（a すると　b だから）　エ（a また　b 例えば）

2 ――線部①「不要」とあるが、この熟語と同じ構成の熟語として、最も適当なものを次から選び、記号で答えよ。

ア 失敗　イ 信念　ウ 過去　エ 未知

3 次は、ある生徒が授業で本文について学び、内容を整理したノートの一部である。これを読んで、あとの問いに答えよ。

形式段落 1 ～ 9 　学校の知の意義①

・自分の経験だけでは対応できない問題
　例：商店街の再開発計画

●日々の経験を超えた知が必要になる。
●個人の経験は偶然的かつ特殊的で狭く偏っていることもある。
●経験の幅を拡げるには時間がかかる。

○ Ⅰ から他人の成功、失敗、経験を学ぶことができる。

◎学校で学ぶ知識が役に立つ。

形式段落 10 ～ 14 　学校の知の意義②

・知識が多ければ、それだけ Ⅱ ができる。
　例：同じ夜の星を見る少年と天文学者
・未経験のことに対応するために、既存の知識が大切だ。
　例：目の前の患者を診る医者

○知識があることで経験の質は向上する。

◎学校で学ぶ知識が役に立つ。

〈まとめ〉学校で学ぶ意義＝ Ⅲ ことにある。

Ⅰ ・ Ⅱ に入る最も適当な言葉を、Ⅰ には七字、Ⅱ には九字で本文中から抜き出して書き、Ⅲ には六十五字以内でふさわしい内容を考えて答えよ。

4 次は、四人の中学生が発言したものである。――線部②「知識の活用の本質」について、筆者の考えに最も近いものを選び、記号で答えよ。

ア 英語について興味があるので、英字新聞の記事を読むことに挑戦しようと思います。そのために、たくさんの英単語を暗記して知識をより増やせるように、自分専用の単語帳を作りたいです。

イ 県外へ修学旅行に行き、私たちの住む地域の良さを改めて感じました。総合的な学習の時間に、伝統文化や産業、郷土料理などに関する話を聞いて、地域の魅力について理解を深めたいです。

ウ 自然災害の被害が毎年大きくなってきているそうです。社会科また、日ごとに変わり、そして言うまでもなく国ごとにも変わるからである」（前掲書下巻、一一〇頁《ページ》）。ある人が経験するものは、たまたまそれであって、偶然的で特殊的なものなのです。[6]

それどころか、個人の経験というのは、狭く偏っていたりもします。デューイは、次のように述べています。「経験からは、信念の基準は出てこない。なぜなら、多種多様な地方的慣習からもわかるように、あらゆる相容《あいい》れない信念を誘発するのが、まさに経験の本性そのものだからである」（同右）。[7]

[b]、経験は大事だけれども、それはどうしても狭い限定されたものでしかありません。しかも、経験から学ぶというときに、経験の幅を少しずつ拡《ひろ》げていくのには結構時間がかかります。少しずつ経験を拡げたり、何度も失敗したりするためには、人の人生はあまりにも時間が限られています。[8]

むしろ、文字による情報を通して、ほかの人の成功や失敗がどうだったのかとか、ほかの人の経験がどうなのかということを学ぶのが、てっとり早く「自分の経験」の狭さを脱する道です。そこでは、単に文字の読み書きができるというだけでなく、学校で学ぶ社会科や理科、外国語や数学の知識などが役に立つはずです。何せ、学校の知は「世界の縮図」なのですから。[9]

二つ目に話したいのは、知識があるかないかで経験の質は違うということです。「知識か経験か」という二項対立ではなくて、そもそも経験の質は、知識があるかないかで異なっているのです。[10]

ここでも再びデューイの議論を紹介します。一つ目は、十分な知識があれば、深い意味を持つ経験ができる、ということです。デューイは、同じように望遠鏡で夜の星を見ている天文学者と小さな少年との違いを例に挙げて論じています（前掲書下巻、二六頁）。望遠鏡で見えている星は同じです。だけれども、そこから読み取るものは全然違うということです。望遠鏡を覗《のぞ》いている小さな少年は、「赤く光る星がきれいだなあ」と思うかもしれません。しかし、同じ星を同じような望遠鏡で見ている天文学者は、「この光の色は、星の温度や現在の状況を伝えている。この星の色をどう考えればいいんだ」ということを考えながら星を見たりするでしょう。そこから、宇宙の謎が解明できるかもしれません。「単なる物質的なものとしての活動と、その同じ活動がもつことのできる意味の豊かさとの間の相違ほど著しいものはない」とデューイは述べています。[11]

（中略）

デューイが言っている知識と経験の話でもう一つなるほどと思うのは、まだ経験していないもの、これから何が起きるかといったことを考えるために、既存の知識が必要だ、と述べているくだりです。[12]

（中略）

デューイが挙げている例は医者の例です。目の前の患者の症状、頭が痛いとか喉が痛いとか、(注)既往症が何かとか、こういうのを全部総合して考えると、これはこういう病気でこれからこうなるから、そうすると投与すべき薬はこれだとか、そういうふうに考えます。そのことをデューイは、「直面する未知の事物を解釈し、部分的に明らかな事実をそれと関連して思い当たる諸現象で補充し、それらの事実の起こり得る未来を予見し、それによって計画を立てる」と述べています。十分な知識があってこそ、「目の前の患者を診る」という新しい経験に、適切に対応できるわけです。[13]

同じように、われわれは、世の中のあれこれについての知識を持っていて、それを使って、現状を認識し、未来に向けた判断をするのです。知識は常に過去のものです。過去についての知識を組み合わせて

# ＜国語＞

時間　五〇分　満点　九〇点

[1] 次の1・2の問いに答えなさい。

1 次の――線部のカタカナは漢字に直し、漢字は仮名に直して書け。

(1) 光をアびる。
(2) 危険をケイコクする信号。
(3) 社会のフウチョウを反映する。
(4) 映画の世界に陶酔する。
(5) トレーニングを怠る。
(6) 小冊子を頒布する。

2 次の行書で書かれた漢字の特徴を説明したものとして、最も適当なものを次から選び、記号で答えよ。

ア 全ての点画の筆の運びが直線的である。
イ 点画が一部連続し、筆順が変化している。
ウ 点画の省略がなく、線の太さが均一である。

[2] 次の文章を読んで、あとの1～4の問いに答えなさい。（[1]～[14]は形式段落を表している。）

少し違う角度から学校の知の意義を話しましょう。一つ目は、経験は狭いし、経験し続けるだけでこの世の中のいろいろなことを学べるほど人生は長くない、ということです。[1]

十九世紀ドイツの「鉄血宰相」と言われたオットー・フォン・ビスマルクが、「愚者は経験から学ぶ、賢者は歴史から学ぶ」と言ったと言われています。正確には少し違うようですが、なかなか味わいのある言葉です。[2]

愚かな人は自分が経験したところから学ぶ。賢者はほかの人の経験、すなわち、歴史の中の誰かの成功や誰かの失敗、そういうものから学んで、自分の目の前のことに生かしていく。そういう意味の言葉です。[3]

身近な問題を日常的にこなすためには、多くの場合、自分の経験だけで大丈夫かもしれません。[a]、身近で経験できる範囲の外側にある問題や、全く新しい事態にある問題について、考えたり、それに取り組んだりしようとすると、身近なこれまでの自分の経験だけではどうにもなりません。[4]

たとえば、何年も商売をやっていくと、商売のこつを覚えたりお客さんとの関係ができたりします。難しい言葉も文字式も、社会も理科も、そこには①不要です。しかし、ある日、「今、自分たちの市で起きている再開発計画について、商店街のみんなで対応を考えましょう」という話になったら、商売の経験だけでは対応できません。再開発計画の書類を手に入れて目を通したり、法令を調べたり、みんなで議論をしたりすることが必要になります。それには、経験で身につけた日日の商売の知識や(注)ノウハウとは異なる種類の知が必要になるのです。日々の経験を超えた知、です。[5]

（中略）

ジョン・デューイという非常に有名な教育哲学者が『民主主義と教育』（岩波文庫、松野安男訳）という本の中で、次のように書いています。「経験の材料は、本来、変わりやすく、当てにならない。それは、不安定であるから、無秩序なのである。経験を信頼する人は、自分が何に頼っているのかを知らない。なぜなら、それは、人ごとに、

# 2023年度

# 解　答　と　解　説

《2023年度の配点は解答用紙集に掲載してあります。》

## ＜数学解答＞

1　1　(1)　5　(2)　$\frac{1}{10}$　(3)　$y^2$　(4)　13(個)　(5)　ア
2　$(x=)3$，$(y=)-1$　3　4(通り)　4　1　5　0.40

2　1　(1)　540　(2)　イ　(3)　72(度)　2　右図
3　4(cm)(方程式と計算過程は解説参照)

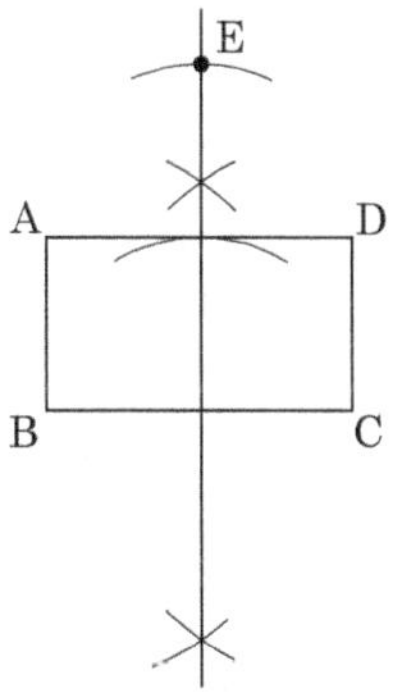


3　1　エ　2　(1)　13.5(%)　(2)　イ　(3)　①　イ　②　ア
③　ウ　④　ア　⑤　ウ

4　1　4　2　ア，ウ　3　(1)　B(−4，0)(求め方や計算過程は解説参照)　(2)　$\frac{2}{9}$

5　1　$3\sqrt{5}$(cm)　2　解説参照　3　$\frac{9}{4}$(cm)　4　$\frac{135}{176}$(cm$^2$)

## ＜数学解説＞

1　(数の計算，式の展開，絶対値，平方根，連立方程式，場合の数，循環小数，資料の散らばり)

1　(1)　**四則をふくむ式の計算の順序は，乗法・除法→加法・減法**となる。$63\div9-2=7-2=5$

(2)　**四則をふくむ式の計算の順序は，カッコの中から計算**する。$\left(\frac{1}{2}-\frac{1}{5}\right)\times\frac{1}{3}=\left(\frac{5}{10}-\frac{2}{10}\right)\times\frac{1}{3}=\frac{3}{10}\times\frac{1}{3}=\frac{1}{10}$

(3)　**乗法公式$(a+b)^2=a^2+2ab+b^2$**より，$(x+y)^2-x(x+2y)=x^2+2xy+y^2-x^2-2xy=y^2$

(4)　**数直線上で，ある数に対応する点と原点との距離を，その数の絶対値**という。絶対値が7より小さい整数は，±6，±5，±4，±3，±2，±1，0の13個となる。

(5)　$3\sqrt{2}=\sqrt{9\times2}=\sqrt{18}$，$2\sqrt{3}=\sqrt{4\times3}=\sqrt{12}$，$4=\sqrt{16}$となるので，最も大きい数は$3\sqrt{2}$，最も小さい数は$2\sqrt{3}$となる。

2　連立方程式$\begin{cases}3x+y=8\cdots①\\x-2y=5\cdots②\end{cases}$　①×2　$6x+2y=16\cdots③$　③＋②　$(6x+2y)+(x-2y)=16+5$
$7x=21$　両辺を7で割って$x=3\cdots④$　④を②に代入して$3-2y=5$　$-2y=2$　$y=-1$
よって，連立方程式の解は，$x=3$，$y=-1$

3　2枚の硬貨の組み合わせは，{10円　10円}，{10円　50円}，{10円　100円}，{50円，100円}となるため，4通り。

4　$\frac{9}{11}=0.8181\cdots$　と循環小数になる。小数第$n$位($n$は自然数とする)の数は$n$が奇数のときは8，$n$が偶数のときは1となるため，小数第20位の数は1である。

5　A中学校の200cm以上220cm未満の階級の度数は$0.35\times20=7$(人)，B中学校の200cm以上220cm未満の階級の度数は$0.44\times25=11$(人)となる。よって，A中学校の生徒20人とB中学校の生徒25人を合わせた45人の記録についての200cm以上220cm未満の階級の相対度数は$\frac{7+11}{45}=\frac{2}{5}=0.40$

**2**　(平面図形，特別な平行四辺形，角度，作図，方程式の応用)

1　(1)　**$n$角形の内角の和は180°×($n$−2)で求めることができる**。よって，正五角形の内角の和は180°×(5−2)＝180°×3＝540°

(2)　**長方形の定義…4つの角がすべて等しい四角形。ひし形の定義…4つの辺がすべて等しい四角形。平行四辺形の定義…2組の対辺がそれぞれ平行な四角形**。よって，イがあてはまる。

(3)　円周を5等分しているため，$\overset{\frown}{\mathrm{AB}}=\overset{\frown}{\mathrm{BC}}=\overset{\frown}{\mathrm{CD}}=\overset{\frown}{\mathrm{DE}}=\overset{\frown}{\mathrm{EA}}$。これより，$\overset{\frown}{\mathrm{ED}}$に対する中心角は360°÷5＝72°，∠ECDは$\overset{\frown}{\mathrm{ED}}$に対する円周角なので，**円周角の定理**より∠ECD＝$\frac{1}{2}$×72°＝36°となる。また，同じ長さの弧に対する円周角は等しいので∠ECD＝∠BDC($\overset{\frown}{\mathrm{BC}}$に対する円周角)＝36°となる。よって，△CDFにおいて，三角形の外角の性質より，∠$x$＝∠ECD＋∠BDC＝36°＋36°＝72°となる。

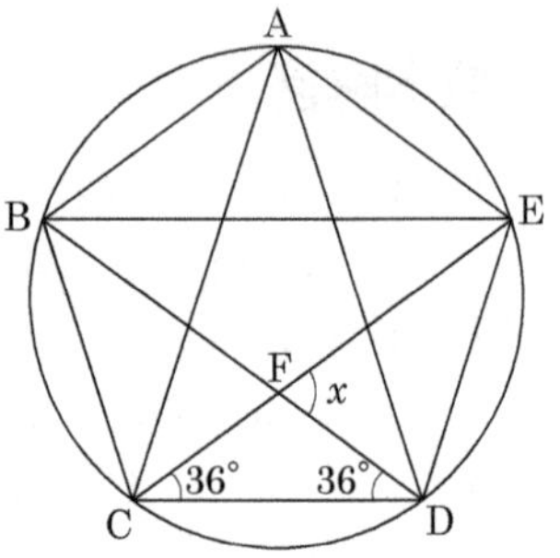


(別解)　円周を5等分しているためAB＝BC＝CD＝DE＝EA。また，正五角形の1つの内角は，540°÷5＝108°である。これより，2辺とその間の角がそれぞれ等しいので△ABC≡△BCD≡△CDE≡△DEA≡△ABEとわかる。△CDEはCD＝DEの二等辺三角形で，∠EDC＝108°，∠CED＝∠ECD＝$\frac{180°-108°}{2}$＝36°となり，△BCD≡△CDEより，∠BDC＝∠CED＝∠ECD＝∠DBC＝36°となる。よって，△CDFにおいて，三角形の外角の性質より，∠$x$＝∠ECD＋∠BDC＝36°＋36°＝72°となる。

2　(着眼点)　線分BEと線分CEの長さが等しいことから△BCEが二等辺三角形だとわかる。長方形ABCDの面積はBC×ABで求められ，△BCEの面積は$\frac{1}{2}$×BC×(BCを底辺としたときの高さ)で求められることにより，AB×2＝(BCを底辺としたときの高さ)になることがわかる。線分AE＜線分BEを満たす点Eを求める。　(作図手順)　①　点B，Cを中心とした円を描き，その交点を通る直線(辺BCの**垂直二等分線**)を引く。②　①で引いた直線と辺BCの交点をGとし，点Gを中心に半径ABの円をかき，円と辺ADの接点をFとする。　③　点Fを中心に半径ABの円をかき，円と辺BCの垂直二等分線の交点のうち，辺ADの上側になる点をEとする。ただし，点F，Gは解答用紙にかかない。

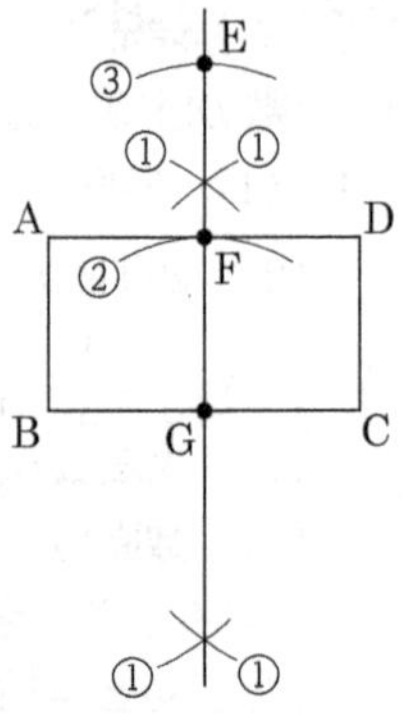


3　(例)直方体の表面積が80cm²であるから，$x^2\times2+3x\times4=80$　$2x^2+12x-80=0$　$x^2+6x-40=0$　$(x+10)(x-4)=0$　$x=-10$，$x=4$　$x>0$より　$x=4$　よって，4cm

**3**　(資料の散らばり，箱ひげ図)

1　折れ線グラフでは，山と谷に注目すると変化が読み取りやすい。1955年で最大値となっているので，ウかエのどちらかになる。1975年から1980年では人口が明らかに増加している。よって，エが当てはまる。

2　(1)　**階級値とは，階級の真ん中の値**である。鹿児島県が含まれる階級は13％以上14％未満の階級であるため，$\frac{13+14}{2}=\frac{27}{2}$＝13.5(％)

(2)　度数の合計は都道府県数であるため，47となる。よって，第1四分位数は小さい方から12番目，第2四分位数は小さい方から24番目，第3四分位数は小さい方から36番目となる。ヒストグラムを読み取ると，第1四分位数は11％以上12％未満の階級，第2四分位数と第3四分位数は12％以上13％未満の階級にあることが読み取れるため，イが当てははまる。

（補足説明）**四分位数**とは，全てのデータを小さい順に並べて4つに等しく分けたときの3つの区切りの値を表し，小さい方から**第1四分位数**，**第2四分位数**，**第3四分位数**という。第2四分位数は**中央値**のことである。**箱ひげ図**とは，最小値，第1四分位数，第2四分位数(中央値)，第3四分位数，最大値を箱と線(ひげ)を用いて1つの図に表したものである。

3　①　図2において，2000年や2010年は1990年よりも範囲が小さいため，正しいとはいえない。

②　図3において，1980年は第2四分位数が15％であり，第3四分位数が15％以上20％未満であることが読み取れるため，正しい。

③　図2において，2010年と2020年の第3四分位数はともに10％以上15％未満であることが読み取れるが，15％を超える市町村数は比較することができないため，図2からはわからない。

④　図3において，2000年の第1四分位数は25％以上30％未満であることが読み取れる。市町村数は43であり，第1四分位数は11番目であるため，30以上の市町村数は25％を超えていることがわかる。よって，正しい。

⑤　図2と図3では平均値について読み取ることができないため，図2と図3からはわからない。

## 4　(一次関数，関数$y=ax^2$，関数とグラフ，確率)

1　点Aは$y=\frac{1}{4}x^2$上にあるから，その$y$座標は$y=\frac{1}{4}\times4^2=4$より，A(4, 4)

2　点Bの座標をB($b$, 0)とおく($b$は負の数)。

ア　直線ABの傾きは$\frac{4-0}{4-b}=\frac{4}{4-b}$と表され，$b$が小さくなるほど，傾きは小さくなるため，当てはまる。

イ　直線ABの直線の式を$y=\frac{4}{4-b}x+c$とすると，点Aを通るため，直線$y=\frac{4}{4-b}x+c$にA(4, 4)を代入して$4=\frac{4}{4-b}\times4+c$　$c=\frac{-4b}{4-b}$となる。$b$が小さくなるほど$c$(直線ABの切片)は大きくなるため，当てはまらない。

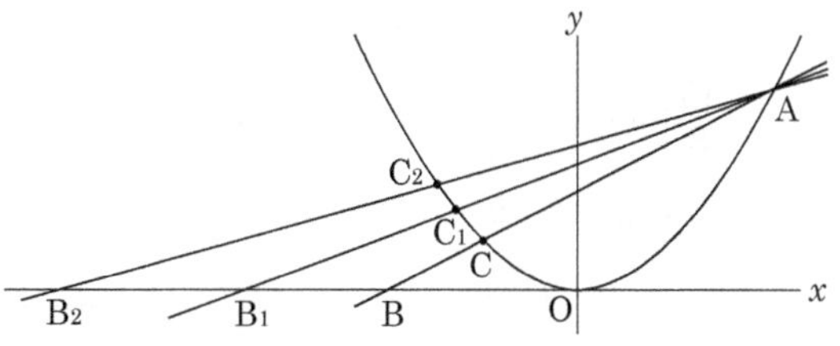


ウ　右図のように，$b$が小さくなるほど，点Cの$x$座標は小さくなるため，当てはまる。

エ　直線ABの切片を点Dとすると，△OAC＝△OAD＋△OCD＝$\frac{1}{2}$×OD×(ODと点Aとの距離)＋$\frac{1}{2}$×OD×(ODと点Cとの距離)と表すことができる。$b$が小さくなるほど，ODと点Cの距離は大きくなる。また，イより，OD(直線ABの切片)は大きくなることがわかる。これより，$b$が小さくなるほど△OACの面積が大きくなることがわかるため，当てはまらない。

3　(1)　(求め方や計算過程)　(例)点Cは$y=\frac{1}{4}x^2$のグラフ上の点で$x$座標が$-2$であるから$y=\frac{1}{4}\times(-2)^2=1$　よって，点C($-2$, 1)となる。直線ACの式を$y=mx+n$とおくと，点Aを通るから$4=4m+n$…①　点Cを通るから$1=-2m+n$…②　①，②より　$m=\frac{1}{2}$，$n=2$　よって，直線ACの式は$y=\frac{1}{2}x+2$である。点Bは直線AC上にあって，$x$軸上にあるから$0=\frac{1}{2}x+2$　$x=-4$となり，B($-4$, 0)

(2)　サイコロの出た目の数を$a$，$b$とするために，$1\leqq a\leqq6$，$1\leqq b\leqq6$となる。これより，$-1\leqq a-2\leqq4$，$0\leqq b-1\leqq5$の範囲内での座標について考えればよいことがわかる。直線OAの式を$y=ax$とすると，A(4, 4)を通る。$y=ax$に代入すると，$4=a\times4$　$a=1$となり，$y=x$となる。点Pが辺OA上にあるとき，(0, 0)，(1, 1)，(2, 2)，(3, 3)，(4, 4)が当てはまり，点Pが辺OB

上にあるとき，(0, 0)，(−1, 0)が当てはまり，点Pが辺AB上にあるとき，(0, 2)，(2, 3)，(4, 4)が当てはまる。よって，点Pが△OABの周上にある場合の数は(0, 0)，(1, 1)，(2, 2)，(3, 3)，(4, 4)，(−1, 0)，(0, 2)，(2, 3)の8通り。すべての出る目は6×6＝36(通り)であるため，$\frac{8}{36}=\frac{2}{9}$

**5**　**(平面図形，図形の証明，折り返し，相似，三平方の定理)**

1　△ABCにおいて，**三平方の定理**より，$AB^2+BC^2=AC^2$　$6^2+3^2=AC^2$　$AC^2=45$　AC＞0より，$AC=3\sqrt{5}$ (cm)

2　(証明)　(例)△AECは△ABCを折り返したものだから　∠BAC＝∠FAC…①　AB//DCより，錯角は等しいので　∠BAC＝∠FCA…②　①，②より　∠FAC＝∠FCA　よって，△ACFは2つの角が等しいので，二等辺三角形である。

3　FC＝CD−DF＝6−DF，△ACFが二等辺三角形であるからAF＝FC＝6−DFとなる。ここで，△ADFにおいて，**三平方の定理**より，$AD^2+DF^2=AF^2$　$3^2+DF^2=(6-DF)^2$　$9+DF^2=36-12DF+DF^2$　12DF＝27　$DF=\frac{9}{4}$(cm)

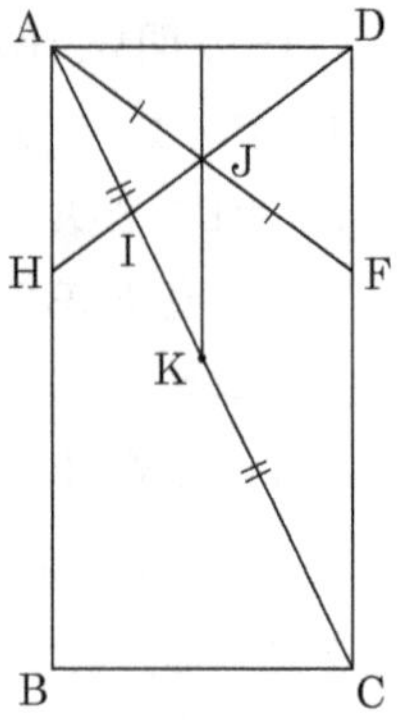


4　(着眼点)　△ADHの面積から，HJ：JDを利用して△AJHの面積を求め，△AJHの面積からHI：IJを利用して，△AIJを求める。はじめにHI：IJを求める。左右を同じように折り返すので，対称性より，△AJHと△DJFは合同な三角形である。これより，$AH=DF=\frac{9}{4}$(cm)…①　ここで，右図のように点Jから真下に線を引き，辺ACとの交点をKとする。**長方形の対角線はそれぞれの中点で交わる**ことから，点Jは辺AFの中点だとわかりAJ：JF＝1：1　また，JK//FCで，△AFCにおける**三角形と比の定理**より，AK：KC＝AJ：JF＝1：1であることがわかる。よって，△AFCにおける**中点連結定理**により，$JK=\frac{1}{2}FC=\frac{1}{2}(6-DF)=\frac{1}{2}\times\frac{15}{4}=\frac{15}{8}$(cm)…②　△AIH∽△KIJより，HI：IJ＝AH：KJであり，①，②より，HI：JI＝AH：JK＝$\frac{9}{4}:\frac{15}{8}$＝6：5　したがって，$\triangle AIJ=\frac{5}{11}\triangle AJH=\frac{5}{11}\times\frac{1}{2}\times\triangle AFH=\frac{5}{11}\times\frac{1}{2}\times\left(\frac{1}{2}\times\frac{9}{4}\times3\right)=\frac{135}{176}$($cm^2$)　(追加説明)　△AIHと△KIJにおいて　AH//JKで平行線の錯角は等しいから∠AHI＝∠KJI，∠HAI＝∠JKI　2組の角がそれぞれ等しいので，△AIH∽△KIJ

## ＜英語解答＞

**1**　1 エ　2 ア　3 ウ　4 December　5 ア　6 エ　7 never give up her dream　8 We will sing a song for them.

**2**　1 ① ウ　② イ　2 ① arrive　② kitchen　③ vegetables
3 (1) I saw it　(2) will be sunny　(3) how to use　4 (On my way home yesterday,) I found a crying girl. She said she couldn't find her father. So I took her to the police station. Then, her father came. Finally, she met her father. We were very happy.

**3**　Ⅰ 1 イ　2 His host family and his friends did.　3 ウ　Ⅱ 1 ア　2 エ　Ⅲ イ

4　1　(A)　ウ　(B)　イ　(C)　ア　2　Wetlands are now getting smaller
3　ウ　4　エ　5　湿地は水をきれいにし，二酸化炭素を保持できること。
6　We can clean our town.  We can ask our friends to clean our town together.

## ＜英語解説＞

1　(リスニング)

放送台本の和訳は，56ページに掲載。

2　(会話文問題：文の挿入，語句の問題，条件英作文，助動詞，不定詞，関係代名詞，受け身，前置詞，動名詞，過去・未来，分詞の形容詞的用法)

1　コウヘイ(以下K)：こんにちは，今，話しかけてもよいですか？／エラ(以下E)：もちろんです。どうかしたのですか，コウヘイ？／K：来週，英語の授業で，スピーチをしなければなりません。授業の前に，先生に私の英語のスピーチをチェックして欲しいのです。イ②手伝っていただけますか？／E：ええ，もちろんです。あなたのスピーチでは，何について話すつもりですか？／K：私の家族について話そうと思います。／E：なるほど。ウ①どのくらいの時間話すつもりですか？／K：3分間です。／E：なるほど。放課後，時間がありますか？／K：はい，あります。私は教員室へ伺います。それでよろしいですか？／E：もちろんです。それではその時に。

① How long will you talk?　話し時間の長さを尋ねる表現。空所<　ウ　>に入れれば，次の応答文 For three minutes.「3分間」に自然につながる。**How long ～ ?**「どのくらいの期間～？」　② Can you help me?「手伝ってくれますか？」コウヘイの最初のせりふ「今，話しかけても良いですか？」に対して，エラ先生のせりふ What's up, Kohei?「コウヘイ，どうしたのですか？」を受けて，その後に，コウヘイがエラ先生の手助けが必要であることを述べている(I want you to check my English speech.)ことに注目すること。空所<　イ　>に②の英文を挿入すれば，文意が通じる。<Can you ＋原形 ～ ?>「～してくれませんか」<Can I ＋原形 ～ ?>「～してもよいですか」<want ＋人＋不定詞[to ＋原形]>「人に～して欲しい」

2　ジョン(以下J)：おはようございます，お父さん。／オリヴァ(以下O)：おはよう，ジョン。ああ，今晩ここで友達とパーティーを開くのだったよね？／J：そうです。とても楽しみです。ベンとロンがやって来ます。／O：何時に彼らは来るのかな？／J：彼らは午後5時30分に駅に①到着します。なので，彼らはここに午後5時45分，あるいは，午後5時50分にやって来るでしょう。／O：なるほど。／J：②台所を使うことはできますか？　ピザを一緒に調理するつもりです。／O：それは良いね。机の上の③野菜を全て使うことができるよ。／J：ありがとうございます。じゃがいもと玉ねぎを使おうと思います。

[説明]　①「その場所へ到着すること」→ arrive(at)　②「料理のために使われる部屋」→ kitchen「台所」 the room that is used for cooking ← **<先行詞＋主格の関係代名詞 that ＋動詞>「動詞する先行詞」／<be動詞＋過去分詞>受け身「～される，されている」／<前置詞＋動名詞[原形＋ -ing]>**　③「例えば，じゃがいも，にんじん，そして，玉ねぎのような食べる植物」→ vegetables「野菜」plants that you eat ← **<先行詞＋目的格の関係代名詞 that ＋主語＋動詞>「主語が動詞する先行詞」** for example「例えば」

3　(1)　A：いつあなたはその映画を見ましたか？／B：私はそれを昨日見ました。　see「見る」の過去形は saw。　(2)　A：今日は雨が降っていますね。明日はどうでしょう？／B：明日は晴れるそうです。　It is sunny.「晴れている」を未来形で表現する。→ It will be sunny. I hear that「(うわさでは)～だそうだ」 (3)A：あなたはこの古いカメラを使うことができますか？／B：いいえ，でも私の父がそれを使う方法を知っている。**＜how＋不定詞[to＋原形]＞「～する方法，いかに～するか」**

4　イラストの内容を25～35語の英語で表す条件英作文。(解答例訳)(昨日，帰宅する途中で,)泣いている少女を見つけた。彼女は彼女の父親が見つからないと言った。そこで，私は彼女を警察署に連れて行った。すると，彼女の父親がやって来た。ついに彼女は彼女の父親に会った。私達はとてもうれしかった。　on one's way home「帰宅する途中で」「泣いている少女を見つけた」found a crying girl　**現在分詞の形容詞的用法＜原形＋ -ing ＋名詞＞「～している名詞」**「彼女の父親が見つからなかった」couldn't find her father「Oを警察署へ連れて行った」took O to the police station「彼女は彼女の父親に会った」she met her father.

**3　(長文読解問題・会話文問題・資料読解：語句補充・選択，英問英答・記述，文の挿入，内容真偽，接続詞，現在完了，仮定法，受け身，比較，不定詞，助動詞，文の構造・目的語と補語)**

Ⅰ　(全訳)皆さん，こんにちは！　およそ1年前に私が横浜からここにやって来たことを覚えていますか？　本日は，私の体験について話したいと思います。

私が13歳だった時に，新聞を読み，この島で勉強することについて知りました。私はとても興味を持ちました。私は自然，特に，海とそこに住む動物が好きでした。私は両親に「私が鹿児島の島で勉強することは可能ですか？」と尋ねました。何度も両親と話した後に，ついに私が1年間ここに住み，勉強することを彼らは許可してくれました。私はここに去年の4月にやって来ました。

当初，私は非常に①ワクワクしていたので，全てを満喫しました。例えば，私の新しい友達と勉強すること，私のホストファミリーと生活すること，そして，船で魚釣りをすることなどです。でも，6月に，私は自信を失いました。私は皿を洗おうとして，多くを割ってしまいました。*おにぎり*を作った時には，塩を使い過ぎてしまいました。私はとても多くのミスをしました。何をやっても上手くいきませんでした。悲しくなると，自分の感情をホストファミリーや友人達に話しました。すると，彼らは理解して，私を支えてくれました。彼らは私に言いました。「挑戦すれば，あなたは何でもできますよ。ミスをすることを心配しないでください。自身の誤りから，学ぶことが大切なのです」

現在，私は幸せで，多くのことに挑戦しようとしています。ここに来る前には，夕食の後に皿を洗いませんでしたが，今では，それを毎日しています。ここに来るまでは，他の人と話すことは楽しいと思いませんでしたが，今では，この島の私の友人達と話すことを楽しんでいます。頻繁に私は他人に助けを求めていましたが，今では，そうしません。②私はこの島で大いに変わったのです。

まもなく私はここを去らなければなりません。ここでの経験から私は多くを学びました。今では，精神的に自立していると感じています。皆さん，ありがとうございます。この島での生活を決して忘れません。

1　空所を含む文は「当初，私は非常に(　①　)ので，私は全てを楽しみました」の意味。正解は，イ「ワクワクしている」。**～ , so …「～である，だから…」**　ア「怒っている」　ウ「気分がすぐれない」　エ「眠い」

2　質問：「コウジが悲しかった時に，誰が彼を支えてくれたか」第3段落第8・9文で When I felt sad, I talked about my feelings to my host family and my friends. Then,

they understood and supported me. と述べられていることから，考えること。
3　第4段落の空所②の前では，島に来る前と来た後に変わった習慣が列記されている。正解は，ウ「私はこの島で大いに変わった」。have changed ← **＜have[has]＋過去分詞＞現在完了**（完了・経験・継続・結果）a lot「大いに」　ア「この島に友達がいればなあ」**＜I wish ＋仮定法の過去＞「～であれば良いのだが」仮定法の過去 ― 過去形を用いて，現在の事実に反することを仮定する表現。**　イ「私はこの島では何も学ばなかった」not ～ any「全く～ない」

Ⅱ（全訳）鹿児島ミュージックホール／最良の音楽を楽しもう！／　音楽を楽しもう！

3月

これは3月1日から3月18日までのスケジュールです。ピアノコンサートとファミリーコンサートを楽しむことができます！　通常，私達のコンサートは午後2時に始まります。しかし，星印の日には，コンサートは午後6時に始まり，夜に音楽を楽しむことができます。

開館時間 午前9時 ― 午後9時／私達のホール 北ホール300席・西ホール1200席・南ホール700席

マキ(以下M)：アレックス，これを見てください。私達は鹿児島ミュージックホールでコンサートを楽しむことができます。／アレックス(以下A)：素晴らしいですね。私は音楽が好きです。どのような種類のコンサートが楽しめますか？／M：ピアノコンサートとファミリーコンサートの2種類のコンサートがあります。／A：ファミリーコンサートとは何ですか？／M：私は以前，ファミリーコンサートへ行ったことがあります。人気のある歌を聞いたり，歌手と歌を歌ったりすることができます。面白いですよ。ファミリーコンサートは常に①西ホールで開催されます。そのコンサートには多くの家族が来るので，ファミリーコンサートには，最大のホールが使用されるのです。／A：もう一方のコンサートはどうですか？／M：有名な音楽家による素晴らしいピアノの演奏を楽しむことができます。／A：私はピアノを弾くことが好きなので，ピアノコンサートへ行きたいと思います。一緒に行きませんか？／M：そうですね，3月6日と3月8日は試験があるので，第2週のコンサートへは行くことができません。3月12日の夜には，私の姉[妹]の誕生日パーティーを開きます。②3月14日はどうですか？／A：いいですよ！ 待ちきれません。

1　空所①を含む文は,「ファミリーコンサートは常に(　①　)ホールで開かれる」の意。続いて,「そのコンサートには多くの家族が来るので，ファミリーコンサートには，最大のホールが使われる」という文があることと，座席数を表している図から考えること。a lot of「多くの」～ , **so …「～である，だから…」** biggest ← big「大きい」の最上級　is used ← **＜be動詞 ＋過去分詞＞受け身「～される，されている」**

2　マキの最後のせりふで,「3月6日と3月8日は試験があるので，第2週[3月5日と3月7日]はコンサートへ行けない。3月12日の夜には，私の姉[妹]の誕生日パーティーがある」と述べられており，それ以外で，ピアノコンサートが開催されるのは，3月14日のみである(スケジュール参照)。How about ～？「～はいかがですか？」

Ⅲ（全訳）「私は高校生活がとても好きです」とジローが言った。ジローは鹿児島にある農業高校の学生である。彼と彼のクラスメイトはとても忙しい。彼らは牛を世話するために，夏や冬の休暇中でさえも，毎日学校へ行く。彼らは牛の住処《すみか》を清掃し，牛に餌を与える。それらの1頭がシズカだ。現在，彼らには大きな夢がある。彼らはシズカを日本で1番の牛にしたいのである。

牛を育てる際に，最も重要なことは何だろうか？「その答えは牛を健康な状態に保つことです」とジローの先生が言った。「誰も病気の牛を欲しがりません。そこで，私達は牛を毎日世話します。彼らの健康を維持するために，私達はコンピューターの技術を利用することができます。それは非常に役立ちます」

ジローは同じ質問に答えた。「私は先生と同意見です。彼らを健康な状態に保つことはたやすいことではありません。牛はしっかりと食べて，十分に睡眠をとらなければなりません。そこで，私達は良い餌を与えるのです。また，私達は毎日牛を歩かせます。牛のために寝床を用意します。良い牛を育てるためには，愛情が重要である，と多くの人々が考えています。そのことは事実ですが，牛の健康にとっては，それだけでは十分ではありません」

現在，ジローと彼のクラスメイトは，彼らの牛を健康な状態に保とうと懸命に努力している。「私達は最善を尽くします」とジローと彼のクラスメイトは述べている。

テッド：この記事において，最も重要な点は何ですか？／モネ：イ良い牛を育てるために，学生は牛を健康に保とうと注意しなければなりません。／テッド：良いですね！　その通りです！それが要点です。

To raise good cows／must be careful to keep them healthy ← 不定詞の副詞的用法／**must**「～しなければならない，にちがいない」／keep them healthy ← **make O C**「OをCの状態にする」the most important ← important「重要な」の最上級　ア「良い牛を育てるためには，生徒はコンピューター技術を使う必要はない」第2段落最終文，および，最後から第2文目に We can use computer technology to keep them healthy. It is very useful. とある。to raise good cows ← 不定詞の目的「～するために」を表す副詞的用法　<**have** ＋不定詞[**to** ＋原形]の否定形>「～する必要はない」keep them healthy ← **make O C**「OをCの状態にする」　ウ「病気になると，生徒は牛に多くの愛情を与えなければならない」病気に関しては，第2段落第3文に No one wants sick cows. と述べられているのみである。**must**「～しなければならない，にちがいない」　エ「健康になりたければ，生徒は多くの牛肉を食べなければならない」記述ナシ。<**have** ＋不定詞[**to** ＋原形]>「～しなければならない，であるに違いない」a lot of「多くの」

**4**　(長文読解問題・スピーチ：図・表・グラフなどを用いた問題，語句の解釈，語句補充・選択，日本語で答える問題，文の挿入，自由・条件英作文，不定詞，間接疑問文，進行形，比較，現在完了，動名詞，文の構造・目的語と補語)

(全訳)　こんにちは，皆さん。皆さんは，鳥のことが好きですか？　私は鳥がとても好きです。今日は，鳥と鳥が好む場所である湿地について話そうと思います。

①今日は，4点について話そうと考えています。まず，日本における鳥について話したいと思います。次に，鳥の好きな場所に関して説明するつもりです。第3に，②鳥の好きな場所に関する問題について皆さんにお伝えして，さらに，なぜ湿地が私達にとっても重要であるかについて，説明しようと思います。

皆さんは，日本に何種類の鳥が生息しているか知っていますか？　日本における鳥の愛好家達は，毎年，鳥について学ぼうと協力しています。2016年から2020年までには，379種類の鳥が発見されました。③このグラフを見てください。日本でしばしば見かける3種の鳥は，*ヒヨドリ*，*ウグイス*，そして，*スズメ*です。私達は*ヒヨドリ*をこれまでに最も頻繁に目撃したことになります。1997年から2002年までには，*ウグイス*よりもより頻繁に*スズメ*を見かけましたが，2016年から2020年までには，*スズメ*は3番目になりました。

次に，鳥が好きな場所，“湿地”について話そうと思います。皆さんは，今までに湿地という言葉を耳にしたことがありますか？　湿地は，水で覆われた陸地の地域です。なぜ鳥は湿地を好むのでしょうか？

湿地は多くの種類の生物に対して，最良の環境をしばしば与えています。湿地には多くの水が存在します。だから，そこには多くの種類の植物が自生します。これらの植物は，多くの昆虫や魚にとって，住処であり，食べ物となります。鳥はこれらの植物，昆虫，そして，魚を食べます。鳥にとって多くの④食べ物が存在するので，湿地は鳥にとって，最良の環境となります。

現在，湿地はどんどん小さくなっており，そのことが大きな問題となっています。国際連合のウェブサイト上で，以下の情報が閲覧可能です。それには，「1970年以来，わずか50年間で，世界の湿地のうち35％が失われてきている」と記されています。なぜ湿地は縮小しているのでしょうか？このことに関して，各湿地には異なった原因が存在しています。人々は⑤水を使い過ぎています。例えば，彼らは水を飲用，農業，そして，産業の用途に使っています。地球温暖化が湿地を傷めつけてもいます。このような理由により，湿地は森林よりも一層早く失われています。このことは鳥にとっては非常に深刻な問題となっています。

私達はこの問題を解決しなければならないのでしょうか？　もちろんです。こういった鳥類の好みの場所は，人類にとっても非常に大切なのです。湿地は私達の生活と環境の両方を支えています。⑥湿地が私達に行っている2つの事柄に関して，皆さんにお話ししようと思います。まず，湿地は水をきれいにしています。雨が降った後に，水は湿地に留《とど》まります。そして，水の中の泥が沈下して，きれいになった水が川へ流れ込みます。快適な生活では，私達はそのような浄化された水を使用しています。続いて，湿地は二酸化炭素を保つことが可能です。枯れた後も，(その地の)植物はその内部に二酸化炭素を貯えます。実際，湿地は森林よりも二酸化炭素をより多く保持します。湿地は地球温暖化を阻止するのに非常に有効なのです。

鳥や湿地を守るために，一緒に何かをしませんか？　ご清聴ありがとうございます。

1　第2段落にて，発表の順(First ～, Second ～, Third ～, and then ～)を確認すること。ア「湿地に関する問題」 イ「鳥の好みの場所」 ウ「日本における鳥」want to talk ← ＜want ＋不定詞[to ＋原形]＞「～したい」I will explain why wetlands are important for us, too. **疑問文**(Why are wetlands important for us?)**が他の文に組み込まれる[間接疑問文]と，＜疑問詞＋主語＋動詞＞の語順**になる。

2　下線部②は「彼ら[鳥類]の好きな場所に関する問題」の意。the problem about their favorite places に関しては，第6段落で言及されている。その内容を端的に表している第1文(Wetlands are now getting smaller and that's a big problem.)を参照すること。are getting smaller ← **＜be動詞＋ -ing＞進行形「～しているところだ」**／smaller ← small「小さい」の比較級

3　第3段落の最後の2文(We have seen *Hiyodori* the most often. From 1997 to 2002, we could see *Suzume* more often than *Uguisu*, but *Suzume* became the third from 2016 to 2020.)を参照すること。have seen ← **現在完了＜have ＋過去分詞＞**(**完了・継続・経験・結果**)the most often[oftenest]← often「しばしば」の最上級　more often[oftener]← often「しばしば」の比較級

4 「鳥にとって多くの(　④　)が存在するので，湿地は鳥に最良の環境を与えうる」以上の文脈より，選択肢 money「お金」／food「食べ物」より，空所には food を当てはめる。**best ← good／well の最上級「もっともよい[よく]」**「人々は(　⑤　)を使い過ぎている。例えば，彼らはそれを飲用，農業，そして，産業の用途に使用している」空所⑤を含む文の後続文の意味から判断する。選択肢 water「水」／air「空気」より，正解として，water を選択すること。are using ← **＜be動詞＋ -ing＞進行形「～しているところだ」**for example「例えば」for drinking ← ＜前置詞＋動名詞[原形＋ -ing]＞

5　下線部⑥は「湿地が私達のためにする2つの事柄」の意味で，具体的には，第7段落で，First, wetlands make water clean.／Second, wetlands can hold $CO_2$. と述べられている

のを参考にすること。make water clean「水をきれいにする」← **make O C**「OをCの状態にする」

6 (全訳，解答例を含む) アン：あなたの発表は素晴らしかったです。私は次の授業で話すことになっています。どうかこれを見てください。私達のクラスメイトの80％が，環境について心配していますが，彼らの半分以上が，環境を守るために何もしていません。そのことが良いとは私は思いません。事態を変えるために，私達は何かをするべきなのです。／ケン：私達には何ができますか？／アン：(例)私達は私達の町をきれいにすることができます。私達は，一緒に我々の町を清掃することを，私達の友人に依頼することは可能です。／ケン：それは良い考えですね。 クラスの半数以上が，環境を保全するために何もしていない現状を変えるべく，何ができるかを，15語程度の英文でまとめる自由・条件作文の問題。

# 2023年度英語 リスニングテスト

〔放送台本〕

これから，英語の聞き取りテストを行います。英語は1番から5番は1回だけ放送します。6番以降は2回ずつ放送します。メモをとってもかまいません。では，1番の問題を始めます。まず，問題の指示を読みなさい。それでは放送します。

*Kenta:* Lucy, you are wearing nice shoes. You look good.
*Lucy:* Thank you. I bought them yesterday. I'm very happy.
*Kenta:* Oh, I want new shoes, too.

〔英文の訳〕

ケンタ ：ルーシー，あなたは良い靴を履いていますね。素敵ですね。
ルーシー：ありがとうございます。昨日買いました。とても満足しています。
ケンタ ：ああ，私も新しい靴が欲しいです。 (正解)：エ

〔放送台本〕

次に，2番の問題です。まず，問題の指示を読みなさい。それでは放送します。

*Mark:* It's getting cold. Winter is coming. I don't like winter.
*Yumi:* I agree. I like spring the best because we can see beautiful flowers.
*Mark:* Me, too. Spring is my favorite season.

〔英文の訳〕

マーク：寒くなってきました。冬の到来です。私は冬が好きではありません。
ユミ ：同感です。美しい花を見ることができるので，私は春が最も好きです。
マーク：私もそうです。春が私の好きな季節です。
〔選択肢の訳〕 ㋐ 春。 イ 夏。 ウ 秋。 エ 冬。

〔放送台本〕

次に，3番の問題です。まず，問題の指示を読みなさい。それでは放送します。

*Becky:* How many pages do you have to read for the English test, Tomoya?
*Tomoya:* 40 pages.

*Becky:* How many pages have you finished?
*Tomoya:* 26 pages.
*Becky:* You have 14 pages to read. I hope you will do your best.

〔英文の訳〕

ベッキー：英語の試験のために，どれだけのページを読まなければなりませんか，トモヤ？
トモヤ　：40ページです。
ベッキー：すでに何ページ読み終えましたか？
トモヤ　：26ページです。
ベッキー：読むべきページはあと14ページですね。あなたが全力を尽くすことを願っています。
（正解）　：ウ

〔放送台本〕

次に，4番の問題です。まず，問題の指示を読みなさい。それでは放送します。

*Saki:* I hear that you will go back to Australia next month, Bob. How long will you stay there?
*Bob:* For two weeks. I'll be back in Japan on January 10th.
*Saki:* So, you will spend New Year's Day in Australia.
*Bob:* Yes, with my family.
Question: Is Bob going back to Australia in December or in January?

〔英文の訳〕

サキ：来月，あなたはオーストラリアへ戻るそうですね，ボブ。そこにどのくらい滞在しますか？
ボブ：2週間です。1月10日には日本に戻る予定です。
サキ：では，元旦はオーストラリアで過ごすのですね。
ボブ：そうです，家族と一緒に過ごします。
質問：ボブは12月にオーストラリアに戻る予定ですか，それとも，1月ですか？

〔解答例訳〕

彼は<u>12月</u>にオーストラリアへ戻る予定である。

〔放送台本〕

次に，5番の問題です。まず，問題の指示を読みなさい。それでは放送します。

I'm going to talk about how much meat Japanese and American people ate in 2020. They often eat three kinds of meat; beef, chicken, and pork. Look at this. Japanese people ate chicken as much as pork. How about American people? They ate chicken the most. You may think beef is eaten the most in the U.S., but that's not true. It is interesting.

〔英文の訳〕

2020年に，日本人とアメリカ人がどのくらい肉を食べたかということについて，話したいと思います。彼らはしばしば3種類の肉を食べます。牛肉，鶏肉，そして，豚肉です。これを見てください。日本人は，豚肉と同じくらい鶏肉を食べます。アメリカ人はどうでしょうか？　彼らは鶏肉を最も多く食べました。アメリカでは牛肉が最も食べられている，とあなたは考えるかもしれませんが，それは事実ではありません。興味深いですね。

〔放送台本〕

次に，6番の問題です。まず，問題の指示を読みなさい。それでは放送します。

Welcome to "Starlight Concert"! To enjoy the concert, please remember some rules. You can drink water or tea. You can take pictures and put them on the Internet if you want to. You can enjoy dancing to the music. But you cannot talk on the phone in this hall. We hope you will enjoy the concert and make good memories. Thank you.

〔英文の訳〕

"スターライト・コンサート"へようこそ！　コンサートを楽しむために，いくつかの規則を覚えておいてください。水，あるいは，お茶を飲むことができます。ご希望ならば，写真を撮影して，インターネットへ投稿することはできます。音楽に合わせて，踊って楽しむことができます。でも，このホール内では，電話で話すことはできません。コンサートを楽しんで，良い思い出をお作りください。ありがとうございます。

〔放送台本〕

次に，7番の問題です。まず，問題の指示を読みなさい。それでは放送します。

Hello, everyone. Today, I'll talk about one thing I learned. Last week, I watched an interview of my favorite singer on TV. She had a difficult time before she became famous. She was very poor and had to work, so she didn't have time to learn music. How did she become famous? The answer was in the interview. "I've never given up my dream," she said. I learned that I should never give up my dream. I hope that her words will help me a lot in the future.

Question: What did Tomoko learn from her favorite singer?

〔英文の訳〕

こんにちは，皆さん。本日は，私が学んだことについて話しましょう。先週，テレビで私の好きな歌手のインタビューを見ました。彼女は有名になる前に，苦労しました。彼女は非常に貧しくて，働かなければならなかったので，彼女には音楽を学ぶ時間がありませんでした。どうやって彼女は有名になったのでしょうか？　答えはインタビューの中にありました。『夢を決してあきらめませんでした』と彼女は言っていました。自分の夢を決してあきらめるべきではない，ということを私は学びました。彼女の言葉が，将来，大いに私を手助けしてくれることを願っています。

質問：トモコは彼女の好きな歌手から何を学びましたか？

〔解答例訳〕　(自分の)夢を決してあきらめるべきでない，ということを彼女は学んだ。

〔放送台本〕

次に，8番の問題です。まず，問題の指示を読みなさい。それでは，放送します。

*Naoko:* Some students from Australia will visit our class next week.
*Paul:* Yes, Naoko. I want you to do something to welcome them.
*Naoko:* I have an idea to make them happy in the classroom.
*Paul:* Oh, really? What will you do for them?
*Naoko:* (　　　　　)

〔英文の訳〕

ナオコ：来週，オーストラリアから何名かの学生が，私達のクラスを訪れます。

ポール：そうですね，ナオコ。彼らを歓迎するために，あなたに何かして欲しいのです。
ナオコ：教室で彼らを楽しませるアイディアが私にはあります。
ポール：おお，本当ですか？　彼らに対して，何をするつもりですか？
ナオコ：(解答例)彼らのために歌を歌おうと思います。

## ＜理科解答＞

1　1　8〔N〕　2　$CH_4+2O_2 \rightarrow CO_2+2H_2O$　3　ア　4　7　5　(1)　500(Pa)　(2)　C　ウ　D　ア　E　イ　(3)　60(秒)　(4)　ウ

2　Ⅰ　1　溶岩　2　(傾斜がゆるやかな形の火山はドーム状の形の火山に比べて,)噴火のようすはおだやかで，火山噴出物の色は黒っぽい。　3　ア　4　b　エ　c　ウ　Ⅱ　1　(黒点はまわりに比べて,)温度が低いから。　2　イ　3　a　自転　b　球形　4　2.2(倍)

3　Ⅰ　1　－極　亜鉛板　電流の向き　X　2　イ　3　(1)　a　化学　b　電気　(2)　亜鉛原子が亜鉛イオンになるときに失った電子を銅イオンが受けとって銅原子になる　Ⅱ　1　空気より密度が大きい　2　a　イ　b　5.00　3　25.00(g)

4　Ⅰ　1　右図1　2　(1)　0.28　(2)　末しょう神経　(3)　①　イ　②　ア　Ⅱ　1　うろこ　2　A　カ　D　イ　3　②　イカ　③　ネズミ　4　(動物名)　カエル　(理由)　幼生のときは水中で生活するが，成体のときは陸上で生活することもできるため。

5　Ⅰ　1　屈折　2　20(cm)　3　①　イ　②　ア　4　右図2　Ⅱ　1　回路　2　右図3　3　0.5(A)　4　エ→ウ→ア→イ

図1

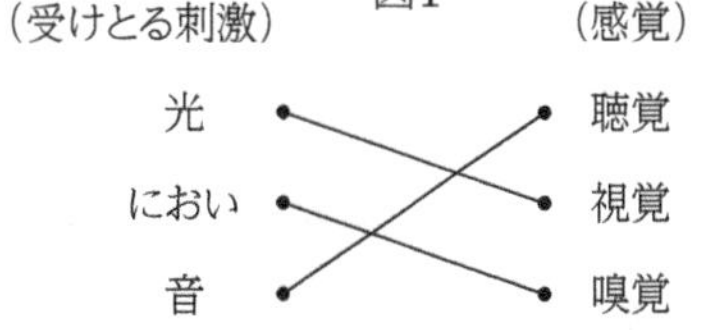


図2

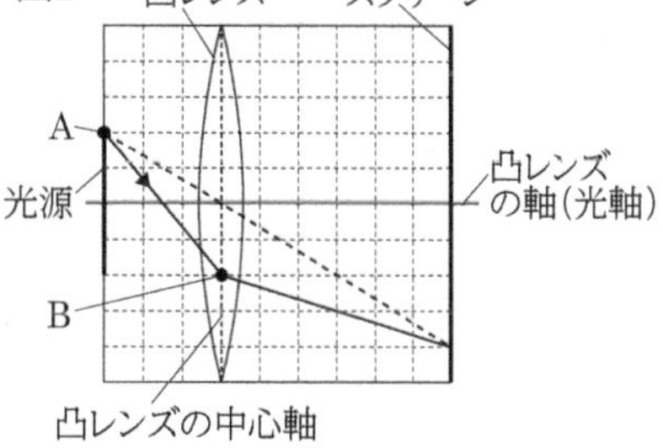


図3

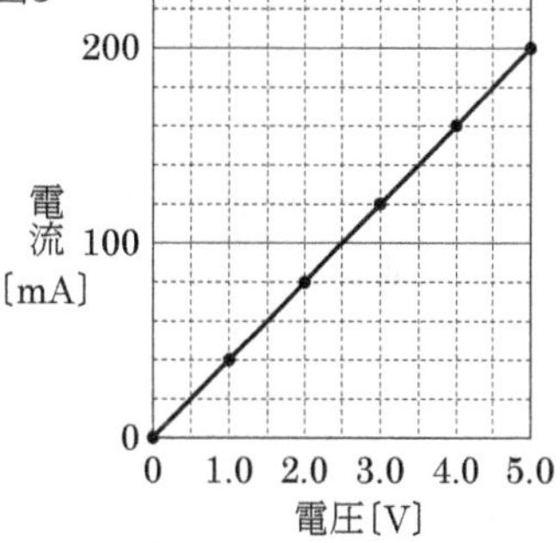


## ＜理科解説＞

1　(各分野小問集合)

1　力Aと力Bをそれぞれ1辺とした平行四辺形の対角線を作図する。対角線は8目盛り分になるので，8Nとわかる。

2　矢印の左右で，原子の種類と数が同じになるようにする。

3　接眼レンズの倍率×対物レンズの倍率の値が小さいものほど，視野が広くなる。

4　震度は0～7までであり，5と6は弱と強に分かれているため，全部で10段階となる。

5　(1)　$\text{圧力〔Pa〕}=\frac{\text{力の大きさ〔N〕}}{\text{力がはたらく面積〔}m^2\text{〕}}$，10〔kg〕＝10000〔g〕＝100〔N〕より，100〔N〕÷0.2〔$m^2$〕＝500〔Pa〕

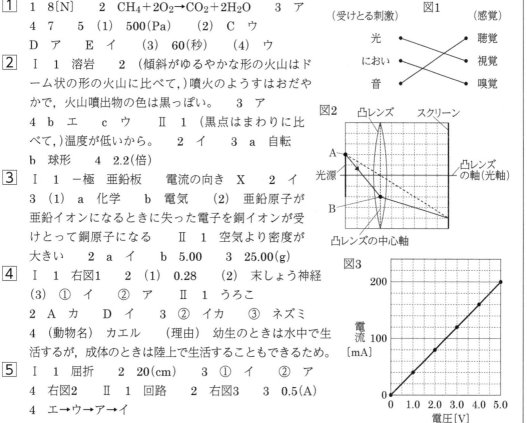

(2) Bで植物が増えた後，Cでは草食動物の数が増える。Dでは草食動物に大量に食べられた植物の数量が減少し，食べ物が増えた肉食動物が増加する。Eでは肉食動物に大量に食べられた草食動物の数量が減少するが，最終的にはもとのつり合いにもどる。

(3) **仕事率〔W〕＝仕事〔J〕÷仕事にかかった時間〔s〕**より，44100〔J〕÷735〔W〕＝60〔s〕

(4) プラスチックは，石油から人工的に合成して作られる。

## 2 (火山，太陽)

Ⅰ 1 地下にあるマグマが地表から噴出したものを溶岩という。 2 ねばりけが弱いマグマは，有色鉱物を多くふくむため黒っぽい。また，ねばりけが弱いとマグマが流れるように噴出するため，爆発力が小さく比較的穏やかな噴火のようすとなる。 3 火山灰のよごれを落とすために，水を使って指で押し洗いする。 4 b 風がふいていく方向に沿って火山灰が運ばれて堆積する。風向は，**風がふいてくる方向**をさす。 c 30000〔m〕÷10〔m/s〕＝3000〔s〕 3000〔s〕÷60〔s〕＝50〔分〕

Ⅱ 1 黒点は，まわりよりも温度が低いために黒く見える。 2 記録用紙では，太陽が動いていく方向を西とする。 3 同じ時刻に観察した太陽の黒点が移動しているのは，太陽が自転しているからである。また，黒点は，太陽の中心部にあるときは円形に見えても，周辺部にあるときは細長くなることから，太陽は球形であることがわかる。 4 太陽の直径：黒点の直径＝100mm：2mm＝50：1 地球の直径は，太陽の109分の1だから，太陽の直径を100mmとしたときの地球の直径は，100〔mm〕×$\frac{1}{109}$＝$\frac{100}{109}$〔mm〕 よって，2mmの黒点は，地球に対して2〔mm〕÷$\frac{100}{109}$＝2.18→2.2〔倍〕

## 3 (ダニエル電池，化学変化と質量)

Ⅰ 1 ダニエル電池では，**＋極が銅板，－極が亜鉛板**となる。電流は＋極から出て－極へ向かう向きに流れる。 2 銅イオンが銅板から電子を2個受けとって銅原子となり，電極に付着する。

3 (1) 電池は，物質のもつ化学エネルギーを電気エネルギーとしてとり出す装置である。

(2) 亜鉛原子が放出した電子を銅イオンが直接受けとってしまうことで，導線に電流が流れなくなる。

Ⅱ 1 下方置換法は空気より密度が大きい気体を集める方法である。 2 (発生した気体の質量)＝(反応前のビーカー内の質量)＋(加えた炭酸水素ナトリウムの質量)－(反応後のビーカー内の質量)となり，質量関係は次の表のようになる。

| | | | | | |
|---|---|---|---|---|---|
| 反応前のビーカー内の質量〔g〕 | 40.00 | 40.00 | 40.00 | 40.00 | 40.00 |
| 加えた炭酸水素ナトリウムの質量〔g〕 | 2.00 | 4.00 | 6.00 | 8.00 | 10.00 |
| 反応後のビーカー内の質量〔g〕 | 40.96 | 41.92 | 43.40 | 45.40 | 47.40 |
| 発生した気体の質量〔g〕 | 1.04 | 2.08 | 2.60 | 2.60 | 2.60 |

はじめは加えた炭酸水素ナトリウムの質量が増加するとともに発生した気体の質量も増加するが，気体の質量が2.60gに達すると，炭酸水素ナトリウムの質量を増やしても発生する気体の質量は増えなくなる。よって，うすい塩酸40.00gが完全に反応したときに発生する気体の質量が2.60gである。このことから，2.60gの気体を発生させるために必要な炭酸水素ナトリウム$x$gの質量を求めると，2.00：1.04＝$x$：2.60 $x$＝5.00〔g〕

3 上の表から，炭酸水素ナトリウム2.00gが完全に反応すると1.04gの気体が発生することから，1.56gの気体が発生するときに必要な炭酸水素ナトリウムの質量$y$gを求めると，2.00：

1.04＝$y$：1.56　$y$＝3.00〔g〕　よって，12.00gのベーキングパウダーにふくまれている炭酸水素ナトリウムが3.00gなので，100.00gのベーキングパウダーの中にふくまれている炭酸水素ナトリウムの質量は，100.00×$\frac{3.00}{12.00}$＝25.00〔g〕となる。

## 4　(動物の体のつくり，動物の分類)

Ⅰ　1　目で光の刺激を受けとることで生じる感覚を視覚，耳で音の刺激を受けとることで生じる感覚を聴覚，鼻でにおいの刺激を受けとることで生じる感覚を嗅覚という。

2　(1)　3回の平均は，(1.46＋1.39＋1.41)÷3＝1.42〔s〕　これは5人で行った測定の結果であるため，1人あたりに刺激が伝わるのにかかった時間は，1.42〔s〕÷5＝0.284〔s〕→0.28〔s〕

(2)　中枢神経から枝分かれしてのびている感覚神経や運動神経を，まとめて末しょう神経という。　(3)　反射では，刺激の信号が脳に伝わる前に，命令の信号がせきずいから出されるため，刺激を受けてから反応するまでにかかる時間が短い。一方，刺激は脳にも伝えられているが，脳が熱いという感覚を生じるのは，せきずいで命令が出されて筋肉で反応が起こった後になる。

Ⅱ　1　ハ虫類と魚類の生物の体表にはうろこが見られる。　2　Aは種子をつくらない植物，Bは種子をつくる植物のなかまである。Cは**裸子植物**で胚珠がむき出しの植物，Dは**被子植物**で胚珠が子房に包まれている植物のなかまである。Eは**単子葉類**でFは**双子葉類**のなかまである。

3　Gはセキツイ動物，Hは無セキツイ動物のなかまである。よって，Iは卵生の動物，Jは胎生の動物のなかまである。①はセキツイ動物で卵生のスズメ，②は無セキツイ動物で卵生のイカ，③はセキツイ動物で胎生のネズミである。　4　カエルなどの両生類の生物は，幼生(子)の間は水中でくらし，成体(おとな)になると陸上で生活するようになる。

## 5　(凸レンズ，電流のはたらき)

Ⅰ　1　光が，異なる物体を進むときに，境界面で曲がって進むことを**屈折**という。　2　光源を焦点距離の2倍の位置に置いたとき，凸レンズの反対側にある焦点距離の2倍の位置に実物と同じ大きさの実像ができる。　3　凸レンズを通過する光の量が少なくなった状態で像をつくるため，像の明るさは暗くなる。ただし，像の形や向き，大きさは変わらない。　4　点Aから出て凸レンズの中心を通った光(光Xとする)は，屈折せずにそのまま直進して進み，スクリーンに当たる。このとき，ABを通った光は凸レンズで屈折し，光Xがスクリーンに当たった点に向かって進む。

Ⅱ　1　電流が流れる道すじを回路という。　2　電流と電圧は比例の関係にあるため，原点を通る直線のグラフになる。　3　10Ωの抵抗器bに5.0Vの電圧が加わっているので，抵抗器bを流れる電流の値は，**電圧〔V〕÷抵抗〔Ω〕＝電流〔A〕**より，5.0〔V〕÷10〔Ω〕＝0.5〔A〕　4　図2は，回路の全抵抗が15＋10＝25〔Ω〕になるから，回路に流れる電流は，5.0〔V〕÷25〔Ω〕＝0.2〔A〕　よって，抵抗器aの電力は，(15×0.2)〔V〕×0.2〔A〕＝0.6〔W〕　同様に，抵抗器bの電力は，(10×0.2)〔V〕×0.2〔A〕＝0.4〔W〕となる。図3の抵抗器aに流れる電流は，5〔V〕÷15〔Ω〕＝$\frac{1}{3}$〔A〕　よって消費する電力は，5.0〔V〕×$\frac{1}{3}$〔A〕＝$\frac{5}{3}$〔W〕→約1.7W　同様に，抵抗器bに流れる電流は，5〔V〕÷10〔Ω〕＝0.5〔A〕　よって消費する電力は，5.0〔V〕×0.5〔A〕＝2.5〔W〕　これらを消費する電力が大きいものから並べると，実験2の抵抗器b→実験2の抵抗器a→実験1の抵抗器a→実験1の抵抗器bとなる。

## ＜社会解答＞

**1**　Ⅰ　1　インド洋　2　ウ　3　エ　4　①　イスラム教　③　仏教　5　(例)(多くのEU加盟国では，)国境でのパスポート検査がなく，共通通貨のユーロを使用しているため。　6　(例)1963年のブラジルは，コーヒー豆の輸出にたよるモノカルチャー経済の国であったが，近年は大豆や鉄鉱石など複数の輸出品で世界的な輸出国となっている。

Ⅱ　1　酪農　2　千島海流[親潮]　3　ア　4　(例)水はけがよい　5　(例)冬でも温暖な気候をいかして生産を行うことで，他の産地からの出荷量が少なくて価格が高い時期に出荷できるから。　Ⅲ　1　ウ　2　イ　(例)(ⓑとは異なりⓐは，)すぐ側に山があり崖崩れの危険性があるため，土砂災害の避難所に適さないから。

**2**　Ⅰ　1　①　摂関　②　御成敗式目[貞永式目]　2　渡来人　3　(例)インドや西アジアの文化の影響を受けたものが，遣唐使によって日本に伝えられるなど，国際色豊かであった。　4　ウ→ア→エ→イ　5　イ　6　(例)貧富の差が大きくなる

Ⅱ　1　①　国際連盟　②　大正デモクラシー　2　エ　3　与謝野晶子　4　政党　5　ア　Ⅲ　(例)シベリア出兵を見こした米の買い占めによって米の価格が急激に上昇したから。

**3**　Ⅰ　1　幸福　2　イ　3　環境アセスメント[環境影響評価]　4　ア　5　(例)投票率の低い若い世代の投票できる機会を増やしたり，選挙への関心を高めたりすることで，投票率を上げること。　Ⅱ　1　間接税　2　クーリング・オフ制度　3　ウ　4　エ　5　(例)出資した金額以上を負担しなくてもよい　Ⅲ　(例)鹿児島県を訪れる外国人の数が年々増えており，外国人にも分かるように日本語だけでなく外国語や絵なども用いられている。

## ＜社会解説＞

**1**　**(地理的分野―日本―地形図の見方，日本の国土・地形・気候，人口・都市，農林水産業，世界―人々のくらし・宗教，産業，交通・貿易)**

Ⅰ　1　**インド洋**は，三大洋のうち3番目に大きい大洋。　2　東京から10000㎞の円の内側に位置する，東京の右上の地点を選ぶ。　3　B国は南アフリカ共和国。この国を含むアフリカ大陸南部では**レアメタル**の産出がさかん。アがCのニュージーランド，イがAのケニア，ウがDのアメリカ合衆国について述べた文。　4　Wのサウジアラビアを含む西アジアは**イスラム教**徒が多い。Xのインドは**ヒンドゥー教**徒が多い。Yのタイは**仏教**徒が多い。Zのオーストラリアを含むオセアニア州は**キリスト教**徒が多い。　5　EU加盟国間では，関税もかからず資格の共通のものが多いため，国境を越えての経済活動がさかんに行われている。　6　資料2から，コーヒー豆に頼った輸出ではなく，工業製品も含む複数の品目の輸出へ変化したことが読み取れる。資料3から，複数の輸出品が世界における輸出量の上位を占めていることが読み取れる。

Ⅱ　1　酪農は冷涼な気候の地域でさかん。　2　日本海流は**黒潮**ともよぶ。日本海側の暖流が**対馬海流**，寒流が**リマン海流**。　3　Bの神奈川県は東京都に隣接しているため，3県のうち人口増減率と第3次産業の人口割合が最も高くなる。イがAの秋田県，ウがCの愛知県。　4　水はけがよい土地では保水力がないため水田に適さない。　5　資料3からは，全国的にピーマンの出荷が少ない1・2月や12月に宮崎県の出荷が多いことが，資料4からは，ピーマンの価格が最も高い時期が1・2月であることが，資料2からは，ピーマンの価格が高い1・2月でも宮崎県の平均気温

が高いことが読み取れる。

Ⅲ　1　B：地形図の縮尺が2万5千分の1なので，地形図上の3cmの実際の距離は，3(cm)×25000＝75000(cm)＝750(m)となる。　2　土砂災害は山のそばで起こることから判断する。

**2**　**(歴史的分野―日本史―時代別―古墳時代から平安時代，鎌倉・室町時代，安土桃山・江戸時代，明治時代から現代，日本史―テーマ別―政治・法律，経済・社会・技術，文化・宗教・教育，外交)**

Ⅰ　1　**御成敗式目**は，武士の慣習などをまとめた日本最初の武家法。　2　Aは古墳時代。**渡来人**は須恵器以外にも，漢字や儒教，機織の技術などを伝えた。　3　**天平文化**が栄えた奈良時代には遣唐使がたびたび派遣され，**シルクロード**を通って唐に伝わった西方の文化の影響を受けた品が持ち帰られた。天平文化は**聖武天皇**の頃に栄えた。　4　アの長岡京遷都が784年，平安京遷都が794年。イが1086年。ウが6世紀末～7世紀初期。エの平将門の乱が935年，藤原純友の乱が939年。　5　Xは，文中の1467年から判断する。**壬申の乱**は672年。**惣**は農村の自治組織。

6　地主となった農民は経済的に豊かに，小作人や出かせぎに行く者は貧しくなり，農民の間に格差が生じた。

Ⅱ　1　国際連盟はアメリカの**ウィルソン**の提案で結成された。　2　領事裁判権の撤廃は，1886年の**ノルマントン号事件**がきっかけとなって実現した。三国干渉を行ったのは，**ロシア・フランス・ドイツ**の3か国。　3　キリスト教徒の内村鑑三や社会主義者の**幸徳秋水**らも日露戦争に反対した。　4　五・一五事件によって，7年間続いた「憲政の常道」が終了した。　5　**サンフランシスコ平和条約**が結ばれたのが1951年。アが1950年，イが1972年，ウが1964年，エが1991年。

Ⅲ　シベリア出兵は，**ロシア革命**によって成立したソビエト政府へ軍事的な干渉を行うことで，革命の広がりをおさえようとした列強諸国が行った。米騒動の後に**原敬**が内閣総理大臣となり，初の本格的な政党内閣を結成した。

**3**　**(公民的分野―憲法・基本的人権，国の政治の仕組み・裁判，民主主義，経済一般，財政・消費生活)**

Ⅰ　1　日本国憲法第13条の**幸福追求権**は，憲法に記されていない新しい人権を保障する根拠とされている。　2　**プライバシーの権利**に関する内容。アは自由権，ウは請求権，エは社会権に含まれる。　3　環境影響評価ともいう。　4　**公聴会**は，委員会の際に専門家の意見を聞くために開かれる。参議院で衆議院と異なった議決をした場合に，衆議院が内閣総理大臣を指名したあと10日以内に議決しないときは，衆議院の議決が国会の議決となる。　5　資料1，資料2の取り組みとは，高校生や大学生に対する期日前投票所を設置すること。資料3，資料4から，18～29歳の投票率が低いことや選挙への関心が低いことが読み取れる。

Ⅱ　1　所得税や法人税，固定資産税など税を納める人と負担する人が同じ税を**直接税**という。

2　消費者を守る体制として，消費者庁の設置や**製造物責任法(PL法)**や消費者基本法，消費者契約法などの法整備もすすめられている。　3　文中の「消費が増え」「物価が上がり続ける」などから判断する。　4　家計や企業からの預金を扱うのは一般の銀行。アが政府の銀行，イが発券銀行，ウが銀行の銀行の内容。　5　株主は，倒産した株式会社の負債を負わなくてもよい。

Ⅲ　資料1から，日本語以外にも3つの言語での説明や，誰にでもわかりやすい絵による説明も見られる。資料2から，鹿児島県における外国人宿泊者数が年々増加していることが読み取れる。

## ＜国語解答＞

[1]　1 (1) 浴　(2) 警告　(3) 風潮　(4) とうすい　(5) おこた
(6) はんぷ　2 イ

[2]　1 ア　2 エ　3 Ⅰ 文字による情報　Ⅱ 深い意味を持つ経験　Ⅲ (例)世界の仕組みについての知識を学ぶことで自分の経験の狭さから脱し，その知識を組み合わせて現状を分析し，新たな経験に活かしていける　4 ウ

[3]　1 いて　2 エ　3 Ⅰ めでたき音　Ⅱ 今はかぎり　Ⅲ 人の心を動かす

[4]　1 ウ　2 Ⅰ あざやかな色　Ⅱ 新しく絵を描き直す　Ⅲ 自分の気持ちに素直になって　3 X イ　Y (例)感情を素直に表す鈴音の姿に触発され，抑圧された日々に対する正直な感情を今なら表現できると確信し，この機会を逃すまいと興奮している

[5]　番号 (例)1 2　見出し A (例)青春が織りなす日本文化が鹿児島に集結！
B (例)総文祭は日本各地・海外から高校生が集う，グローバルかつエネルギッシュな文化祭です。
地域ごとに開催ジャンルを分けることで十分な施設も確保でき，充実した発表が行われます。そこで見聞する事柄や出会う各地の高校生との交流は，心の財産となり得るはずです。心身共に豊かに成長することができるという点が，総文祭の魅力です。

## ＜国語解説＞

**[1]　(漢字の読み書き，筆順・画数・部首，書写)**

1 (1) 「浴」の訓読みは，「あ・びる」，音読みは「ヨク」。　(2) 「警」は，「敬」＋「言」。　(3) 世の中の傾向。　(4) その良さにすっかり引きつけられること。　(5) 「怠」の訓読みは，「おこた・る」，音読みは「タイ」。「怠惰(タイダ)」。　(6) 多くの人に分けること。

2 くさかんむりは行書の場合に筆順が変わる。

**[2]　(論説文―大意・要旨，文脈把握，接続語の問題，脱文・脱語補充，熟語)**

1 [ a ]の前では自分の経験だけで「大丈夫」としているが，後では「自分の経験だけではどうにもなりません」となった。したがって**逆接の接続詞**を補って文脈を整える。[ b ]はそれ以降の「経験は大事だけれども，それはどうしても狭い限定されたものでしかありません」というのが，前述のデューイの見解をまとめたものだから「つまり」を補うとよい。

2 **「不要」は打ち消しの接頭語を付けた熟語**だから「未知」と同じ構成だ。

3 [9]段落に「文字による情報を通して，ほかの人の成功や失敗がどうだったのかとか，ほかの人の経験がどうなのかということを学ぶ」ことが学校の知の意義であるとあるから，[ Ⅰ ]には「文字による情報」が補える。また，[ Ⅱ ]にはデューイが挙げた天文学者と少年の話が例となるような論が入るから[11]段落の「十分な知識があれば，深い意味を持つ経験ができる」という箇所から「深い意味を持つ経験」が入れられる。最後に[ Ⅲ ]には，学校で学ぶ意義をまとめる。まず前半で述べられていた**「『自分の経験』の狭さを脱却する道」**であるということ，そして[14]段落にあるように**「世界がどうなっているかという知識をみんなが勉強して，それを使って目の前の現実を解釈して，新しい事態への対応に活かしていける」**ようにすることを含めればポイントをおさえたまとめになるだろう。つまり，**学校で学ぶ意義とは，「自分の経験」の狭さから脱却して世界の仕組みを学び，知識を増やし，その知識を用いて現実を解釈して，新たな経験に活**

**かすことにある**のだ。

4　3でまとめた Ⅲ の内容をふまえて選ぶ。**学習して知識を活かし，その知識を活かして直面する問題を考えて，その事態への対応に活用するという内容**に合っているのはウだ。教科の学習を活かし，自然災害の増加という現状の問題に向き合い，ハザードマップを作って活かしていこうという取り組みとなっている。

**3　(古文―文脈把握，脱文・脱語補充，仮名遣い)**

【現代語訳】(用光は)弓矢を扱うことができないので，攻撃を防ぎ戦うには力が及ばず，今は間違いなく殺されるだろうと思って，篳篥を取り出し，船の屋根に座り，「そこの者たちよ。今はとやかく言っても始まらない。早くなんでも好きなものをお取りください。ただし，長年心に深く思ってきた篳篥の小調子という曲を，吹いてお聞かせいたそう。そのようなことがあったと，のちの話の種とされるがよい」と(用光が)言ったところ，宗とが大きな声で「お前たち，少し待ちなさい。このように言っている。聞こうではないか。」と言うので，船をその場にとどめて，おのおのが静まり返ったところで，用光は「今が最期だ」と思われたので，涙を流しながら，素晴らしい音を吹いて出し，心をすまして吹き続けた。海賊は，静まり返って，何も言わなかった。よくよく聞き，曲が終わると，さっきの声で「お前の船にねらいをつけて，近寄ったけれど，曲の音色に涙が出た。去ってしまおう」と言って，漕ぎ去った。

1　**「ゐ・ゑ・を」は「い・え・お」**になる。

2　②は**曲を奏でると言っている**のだから用光の言葉だ。③は**曲を聞くように言っている**のだから海賊の中心である宗との言葉である。

3　用光は「涙を流して，めでたき音を吹き出で」たのだから Ⅰ には「めでたき音」が入る。また，「用光，今はかぎりとおぼえければ」とあるから，Ⅱ は「今はかぎり」と思ったことがわかる。Ⅲ は，用光の命までも奪おうとしていた海賊たちが感動して去って行ったことをふまえ，音楽には**人の心を動かす力があること**を補えばよい。

**4　(小説―情景・心情，内容吟味，文脈把握，脱文・脱語補充)**

1　傍線①のあとで，自分の状況を「市郡展の審査がないっていうことが，思いのほか響いていて，うまく絵が描けなくなっていた」と説明している。**力を試す機会がないために，絵を描く気合いが入らない**のである。アのように鈴音に対するいらだちはなく，イやエのように後ろ向きや後悔というマイナスの気持ちも不適切である。

2　「僕はもう何年も嘘の絵ばかり描いていた気がする」とあり，**嘘の絵とは本当に自分が描きたいものを「あざやかな色で塗りつぶしてふさいできた」絵**である。したがって Ⅰ には「あざやかな色」が入る。また，Ⅱ にはどんなきっかけなのかという内容を補う。黒く絵を塗ったことは，**汚れてしまった絵を新たに描き直すきっかけ**になっていることを補おう。さらに，黒く塗ったことは「僕の気持ちは落ち着」かせ，今までは嘘の絵だったと認め，自分の気持ちに素直になって本当に描きたい絵を描こうと思うきっかけになっている。Ⅲ には，**嘘はつかない，つまり自分の気持ちに素直になって絵を描くという内容**を補えばよいだろう。

3　鈴音ははげしくしゃくりあげながら「ごめんなさい」を繰り返している。その心境は，**千暁の絵を汚してしまった申し訳なさでいっぱいであることをふまえて** X を補充する。次に Y に千暁の心情をまとめる問題だ。千暁は，今までは描きたいものもあざやかな色でふさいで嘘の絵を描いていたが，**鈴音が「もうまっすぐに，感情を爆発させている姿」に影響を受けて，自分の気持ちに素直になろう**としている。そして，スクラッチ技法で削ったときの**「いける！」とい**

う手応えから，今こそ素直な気持ちを表現できると確信した。この機会を逃すまいと必死な千暁は心臓がどきどきして体温が上がり，興奮状態にあるのだ。つまり，素直になるという機会を得て興奮しているというのがこの時の千暁の心情だ。このポイントをおさえつつ，指定字数でまとめてみよう。

5　(作文)

まず，見出しは，読み手の注目を引くように，端的な言葉を選びたい。呼びかけるような言葉や倒置法など，表現技法を用いてもよいだろう。作文自体は基本的な構成をとっている。第一段落で資料の読み取りをし，第二段落で総文祭の良さをアピールするのだ。良さをアピールできるような点に着目して資料の読み取りをしたい。

鹿児島県公立高等学校

# 2022年度

# 入　試　問　題

2022
年
度

●くわしい解説……39ページ

# ＜数学＞　時間　50分　　満点　90点

1　次の１～５の問いに答えなさい。

1　次の⑴～⑸の問いに答えよ。

⑴　$4 \times 8 - 5$ を計算せよ。

⑵　$\frac{1}{2} + \frac{7}{9} \div \frac{7}{3}$ を計算せよ。

⑶　$(\sqrt{6} + \sqrt{2})(\sqrt{6} - \sqrt{2})$ を計算せよ。

⑷　２けたの自然数のうち，３の倍数は全部で何個あるか。

⑸　右の図のように三角すいABCDがあり，辺AB，AC，ADの中点をそれぞれE，F，Gとする。このとき，三角すいABCDの体積は，三角すいAEFGの体積の何倍か。

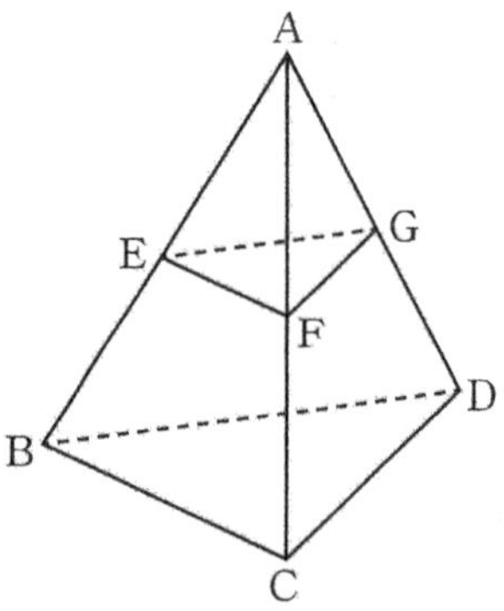


2　等式 $3a - 2b + 5 = 0$ を$b$について解け。

3　右の図のように，箱Aには，2，4，6 の数字が１つずつ書かれた３個の玉が入っており，箱Bには，6，7，8，9 の数字が１つずつ書かれた４個の玉が入っている。箱A，Bからそれぞれ１個ずつ玉を取り出す。箱Aから取り出した玉に書かれた数を$a$，箱Bから取り出した玉に書かれた数を$b$とするとき，$\sqrt{ab}$が自然数になる確率を求めよ。ただし，どの玉を取り出すことも同様に確からしいものとする。

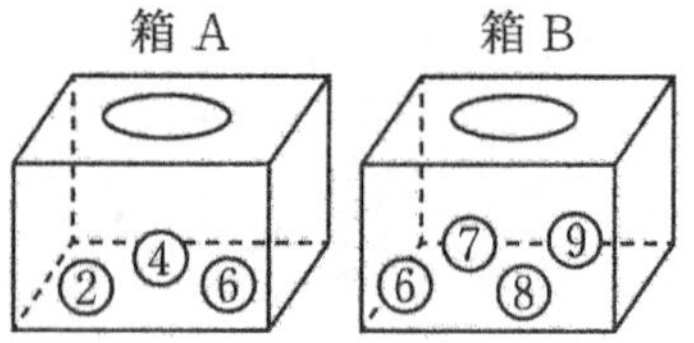


4　右の図で，３点A，B，Cは円Oの周上にある。$\angle x$の大きさは何度か。

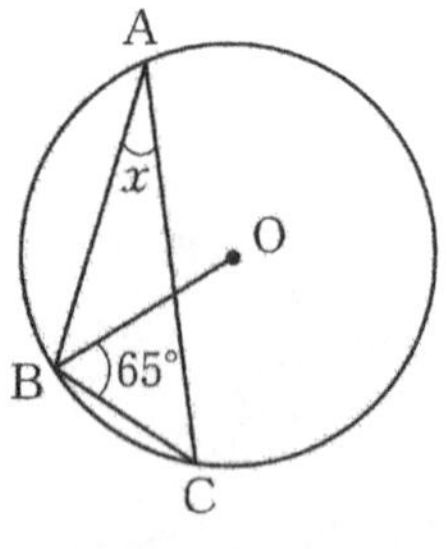

5　**表**は，1964年と2021年に開催された東京オリンピックに参加した選手数と，そのうちの女性の選手数の割合をそれぞれ示したものである。2021年の女性の選手数は，1964年の女性の選手数の約何倍か。最も適当なものを下の**ア**～**エ**の中から１つ選び，記号で答えよ。

**表**

| | 選手数 | 女性の選手数の割合 |
|---|---|---|
| 1964 年 | 5151 人 | 約 13 % |
| 2021 年 | 11092 人 | 約 49 % |

（国際オリンピック委員会のウェブサイトをもとに作成）

**ア**　約２倍　　**イ**　約４倍　　**ウ**　約８倍　　**エ**　約12倍

**2**　次の１～４の問いに答えなさい。

1　$a < 0$ とする。関数 $y = ax^2$ で，$x$ の変域が $-5 \leqq x \leqq 2$ のときの $y$ の変域を $a$ を用いて表せ。

2　次の四角形ABCDで必ず平行四辺形になるものを，下の**ア**～**オ**の中から２つ選び，記号で答えよ。

**ア**　AD∥BC，AB＝DC　　**イ**　AD∥BC，AD＝BC

**ウ**　AD∥BC，∠A＝∠B　　**エ**　AD∥BC，∠A＝∠C

**オ**　AD∥BC，∠A＝∠D

3　右の図のように，鹿児島県の一部を示した地図上に３点A，B，Cがある。３点A，B，Cから等距離にある点Pと，点Cを点Pを回転の中心として180°だけ回転移動（点対称移動）した点Qを，定規とコンパスを用いて作図せよ。ただし，２点P，Qの位置を示す文字P，Qも書き入れ，作図に用いた線は残しておくこと。

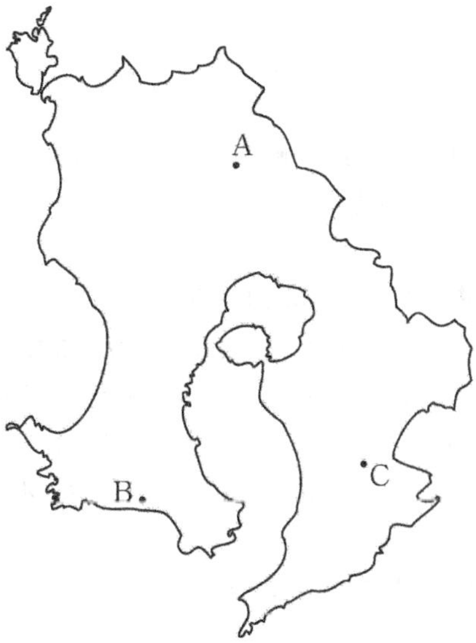


4　次のページの**表**は，A市の中学生1200人の中から100人を無作為に抽出し，ある日のタブレット型端末を用いた学習時間についての調査結果を度数分布表に整理したものである。次のページの⑴，⑵の問いに答えよ。

⑴　**表**から，A市の中学生1200人における学習時間が60分以上の生徒の人数は約何人と推定できるか。

⑵　**表**から得られた平均値が54分であるとき，$x$，$y$ の値を求めよ。ただし，方程式と計算過程も書くこと。

**表**

| 階級(分) | 度数(人) |
|---|---|
| 0以上 ～ 20未満 | 8 |
| 20 ～ 40 | $x$ |
| 40 ～ 60 | $y$ |
| 60 ～ 80 | 27 |
| 80 ～ 100 | 13 |
| 計 | 100 |

**3**　右の図は，直線 $y=-x+2a$…① と△ABCを示したものであり，３点A，B，Cの座標は，それぞれ (2, 4)，(8, 4)，(10, 12) である。このとき，次の１，２の問いに答えなさい。

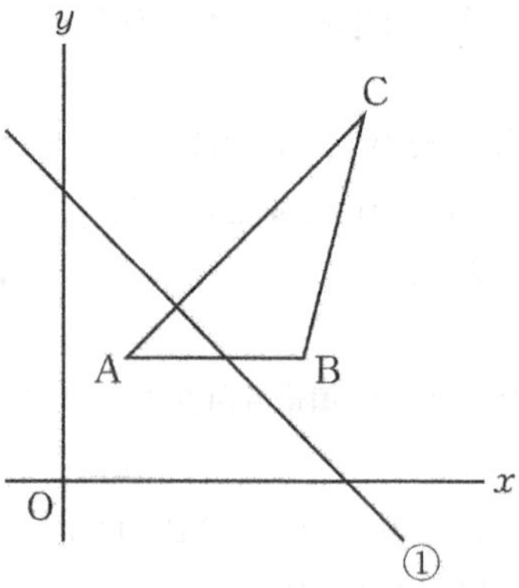


1　△ABCの面積を求めよ。

2　直線①が線分ABと交わるとき，直線①と線分AB，ACの交点をそれぞれP，Qとする。このとき，次の⑴～⑶の問いに答えよ。ただし，点Aと点Bのどちらか一方が直線①上にある場合も，直線①と線分ABが交わっているものとする。

⑴　直線①が線分ABと交わるときの $a$ の値の範囲を求めよ。

⑵　点Qの座標を $a$ を用いて表せ。

⑶　△APQの面積が△ABCの面積の $\frac{1}{8}$ であるとき，$a$ の値を求めよ。ただし，求め方や計算過程も書くこと。

**4**　右の図のように，正三角形ABCの辺BC上に，DB＝12cm，DC＝６cmとなる点Dがある。また，辺AB上に△EBDが正三角形となるように点Eをとり，辺AC上に△FDCが正三角形となるように点Fをとる。線分BFと線分ED，ECの交点をそれぞれG，Hとするとき，あとの１～５の問いに答えなさい。

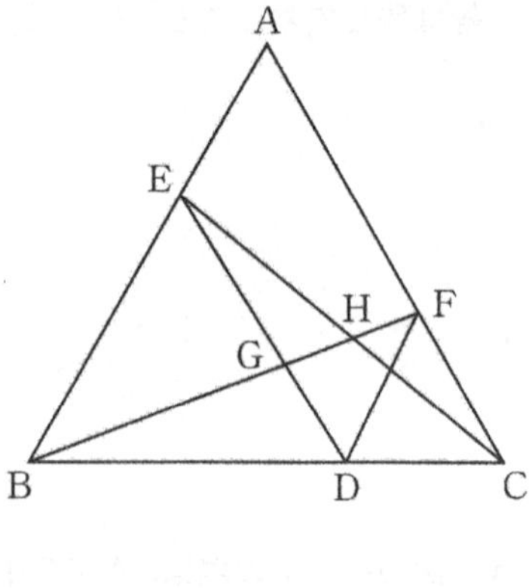


1　∠EDFの大きさは何度か。

2　EG：GDを最も簡単な整数の比で表せ。

3　△BDF≡△EDCであることを証明せよ。

4　線分BFの長さは何cmか。

5　△BDGの面積は，△EHGの面積の何倍か。

**5**　次の【手順】に従って，右のような白，赤，青の３種類の長方形の色紙を並べて長方形を作る。３種類の色紙の縦の長さはすべて同じで，横の長さは，白の色紙が１cm，赤の色紙が３cm，青の色紙が５cmである。

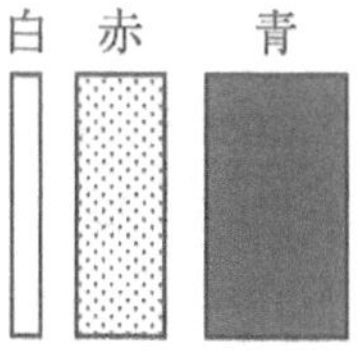


**【手順】**

下の図のように，長方形を作る。

・白の色紙を置いたものを 長方形１ とする。

・長方形１ の右端に赤の色紙をすき間なく重ならないように並べたものを 長方形２ とする。

・長方形２ の右端に白の色紙をすき間なく重ならないように並べたものを 長方形３ とする。

・長方形３ の右端に青の色紙をすき間なく重ならないように並べたものを 長方形４ とする。

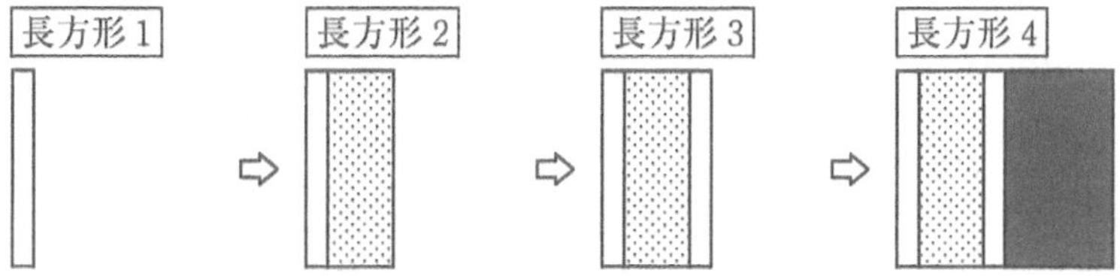


このように，左から白，赤，白，青の順にすき間なく重ならないように色紙を並べ，5枚目からもこの【手順】をくり返して長方形を作っていく。

たとえば，長方形７ は，白，赤，白，青，白，赤，白の順に７枚の色紙を並べた下の図の長方形で，横の長さは15cmである。

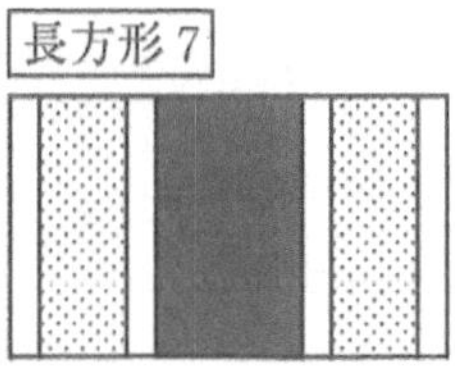


このとき，次の１，２の問いに答えなさい。

1　長方形13 の右端の色紙は何色か。また，長方形13 の横の長さは何cmか。

2　ＡさんとＢさんは，次のページの【課題】について考えた。次のページの【会話】は，２人が話し合っている場面の一部である。このとき，次のページの⑴，⑵の問いに答えよ。

【課題】

［長方形 $2n$］の横の長さは何cmか。ただし，$n$ は自然数とする。

【会話】

A：［長方形 $2n$］は，３種類の色紙をそれぞれ何枚ずつ使うのかな。

B：白の色紙は［ア］枚だね。赤と青の色紙の枚数は，$n$ が偶数のときと奇数のときで違うね。

A：$n$ が偶数のときはどうなるのかな。

B：$n$ が偶数のとき，［長方形 $2n$］の右端の色紙は青色だね。だから，［長方形 $2n$］は，赤の色紙を［イ］枚，青の色紙を［ウ］枚だけ使うね。

A：そうか。つまり［長方形 $2n$］の横の長さは，［エ］cmとなるね。

B：そうだね。それでは，$n$ が奇数のときはどうなるのか考えてみよう。

⑴　【会話】の中の［ア］～［エ］にあてはまる数を $n$ を用いて表せ。

⑵　【会話】の中の下線部について，$n$ が奇数のとき，［長方形 $2n$］の横の長さを $n$ を用いて表せ。ただし，求め方や計算過程も書くこと。

# ＜英語＞

時間　50分　　満点　90点

【注意】 問題の2の3，2の4，4の5については，次の指示に従いなさい。

> ※　一つの下線に1語書くこと。
> ※　短縮形（I'm や don't など）は1語として数え，符号（ , や ? など）は語数に含めない。
> （例1）__No,__ __I'm__ __not.__ 【3語】
> （例2）__It's__ __June__ __30__ __today.__ 【4語】

1 **聞き取りテスト** 放送の指示に従って，次の1～7の問いに答えなさい。英語は1から4は1回だけ放送します。5以降は2回ずつ放送します。メモをとってもかまいません。

1　これから，Alice と Kenji との対話を放送します。先週末に Kenji が観戦したスポーツとして最も適当なものを下のア～エの中から一つ選び，その記号を書きなさい。

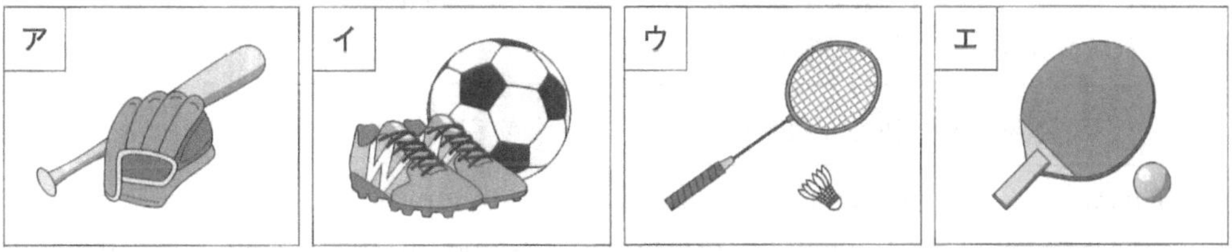


2　これから，留学生の David と郵便局員との対話を放送します。David が支払った金額として最も適当なものを下のア～エの中から一つ選び，その記号を書きなさい。

ア　290円　　イ　219円　　ウ　190円　　エ　119円

3　これから，Takeru と Mary との対話を放送します。下はその対話の後で，Mary が友人の Hannah と電話で話した内容です。対話を聞いて，(　) に適切な英語1語を書きなさい。

*Hannah* :　Hi, Mary.　Can you go shopping with me on (　　　)?

*Mary* :　Oh, I'm sorry.　I'll go to see a movie with Takeru on that day.

4　あなたは留学先のアメリカで来週の天気予報を聞こうとしています。下のア～ウを報じられた天気の順に並べかえ，その記号を書きなさい。

5　あなたは研修センターで行われるイングリッシュキャンプで，先生の説明を聞こうとしています。先生の説明にないものとして最も適当なものを次のページのア～エの中から一つ選び，その記号を書きなさい。

ア　活動日数　　イ　部屋割り　　ウ　注意事項　　エ　今日の日程

6　あなたは英語の授業でShoheiのスピーチを聞こうとしています。スピーチの後に，その内容について英語で二つの質問をします。

(1)　質問を聞いて，その答えを英語で書きなさい。

(2)　質問を聞いて，その答えとして最も適当なものを下のア～ウの中から一つ選び，その記号を書きなさい。

ア　We should be kind to young girls.

イ　We should wait for help from others.

ウ　We should help others if we can.

7　これから，中学生のKazuyaとアメリカにいるCathyがオンラインで行った対話を放送します。その中で，CathyがKazuyaに質問をしています。Kazuyaに代わって，その答えを英文で書きなさい。2文以上になってもかまいません。書く時間は1分間です。

**2**　次の1～4の問いに答えなさい。

1　Kentaと留学生のSamが東京オリンピック(the Tokyo Olympics)やスポーツについて話している。下の①，②の表現が入る最も適当な場所を対話文中の〈ア〉～〈エ〉の中からそれぞれ一つ選び，その記号を書け。

| ① Shall we play together?　　② How about you? |
|---|

*Kenta* :　Sam, did you watch the Tokyo Olympics last summer?

*Sam* :　Yes, I watched many games.　Some of them were held for the first time in the history of the Olympics, right?　I was really excited by the games.〈 ア 〉

*Kenta* :　What sport do you like?

*Sam* :　I like surfing.　In Australia, I often went surfing.〈 イ 〉

*Kenta* :　My favorite sport is tennis.〈 ウ 〉

*Sam* :　Oh, you like tennis the best.　I also played it with my brother in Australia.　Well, I'll be free next Sunday.〈 エ 〉

*Kenta* :　Sure!　I can't wait for next Sunday!　See you then.

*Sam* :　See you.

2　次は，Yukoと留学生のTomとの対話である。(①)～(③)に，次のページの［　］内の［説明］が示す英語1語をそれぞれ書け。

*Yuko* :　Hi, Tom.　How are you

*Tom* :　Fine, but a little hungry.　I got up late this morning, so I couldn't eat ( ① ).

*Yuko* :　Oh, no!　Please remember to eat something next Sunday morning.

*Tom* :　I know, Yuko.　We're going to Kirishima to ( ② ) mountains again. Do you remember when we went there last time?

*Yuko* :　Yes.　We went there in ( ③ ).　It was in early spring.

［説明］ ① the food people eat in the morning after they get up
② to go up to a higher or the highest place
③ the third month of the year

3　次は，Sota と留学生の Lucy との対話である。①～③について，［例］を参考にしながら，( ) 内の語に必要な２語を加えて，英文を完成させよ。ただし，( ) 内の語は必要に応じて形を変えてもよい。また，文頭に来る語は，最初の文字を大文字にすること。

［例］ A：What were you doing when I called you yesterday?
B：( study ) in my room.　　（答） I was studying

*Sota* : Hi, Lucy. What books are you reading? Oh, are they history books?
*Lucy* : Yes. ①( like ). They are very interesting.
*Sota* : Then, maybe you will like this. This is a picture of an old house in Izumi.
*Lucy* : Wow! It's very beautiful. Did you take this picture?
*Sota* : No, my father did. ②( visit ) it many times to take pictures. I hear it's the oldest building there.
*Lucy* : How old is the house ?
*Sota* : ③( build ) more than 250 years ago.
*Lucy* : Oh, I want to see it soon.

4　留学生の Linda があなたに SNS 上で相談している。添付されたカタログを参考に，あなたが Linda にすすめたい方を◯で囲み，その理由を二つ，合わせて25～35語の英語で書け。英文は２文以上になってもかまわない。

| | X | Y |
|---|---|---|
| |  |  |
| 価格 | ~~8,600円~~ 4,300円 | 2,900円 |
| 特徴 | 化学繊維（防水） | 綿（天然素材） |
| 重さ | 970 g | 590 g |
| 容量 | 30 L | 20 L |

3　次のⅠ～Ⅲの問いに答えなさい。

Ⅰ　次の英文は，中学生の Yumi が，奄美大島と徳之島におけるアマミノクロウサギ (Amami rabbits) の保護について英語の授業で行った発表である。英文を読み，あとの問いに答えよ。

Amami-Oshima Island and Tokunoshima Island became a Natural World Heritage Site* last year. Amami rabbits live only on these islands, and they are in danger of extinction* now. One of the biggest reasons is car accidents*. This graph*

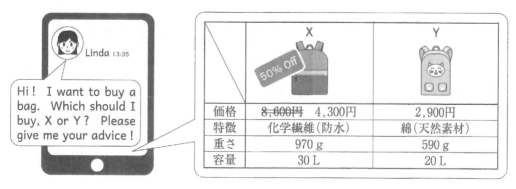

shows how many car accidents with Amami rabbits happened every month over* 20 years. There are twice as many car accidents in September as in August because Amami rabbits are more active* from fall to winter. The accidents happened the most in December because people drive a lot in that month. Look at this picture. People there started to protect them. They put this sign* in some places on the islands. It means, "Car drivers must [　　] here." It is very important for all of us to do something for them.

Yumi が見せた写真

注　Natural World Heritage Site　世界自然遺産　　danger of extinction　絶滅の危機
car accidents　自動車事故　　graph　グラフ　　over ～　～の間（ずっと）　　active　活発な
sign　標識

1　下線部 This graph として最も適当なものを下の**ア**～**エ**の中から一つ選び，その記号を書け。

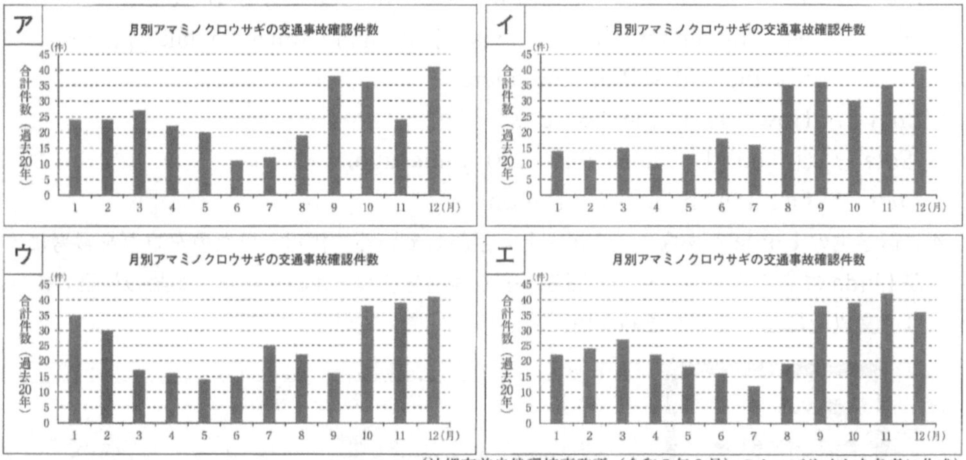

（沖縄奄美自然環境事務所（令和2年9月）のウェブサイトを参考に作成）

2　本文の内容に合うように [　　] に適切な英語を補って英文を完成させよ。

II　中学校に留学中の Ellen は，クラスの遠足で訪れる予定のサツマ水族館（Satsuma Aquarium）の利用案内（次のページ）を見ながら，同じクラスの Mika と話をしている。次の対話文を読み，あとの問いに答えよ。

*Ellen* : Hi, Mika! I'm looking forward to visiting the aquarium tomorrow. I want to check everything. First, how much should I pay to enter?

*Mika* : There are 40 students in our class and we are all 14 or 15 years old, so everyone should pay ( ① ) yen. But our school has already paid, so you don't have to pay it tomorrow.

*Ellen* : OK. Thank you. Next, let's check our plan for tomorrow. We are going to meet in front of the aquarium at 9:30 a.m. In the morning, all the members of our class are going to see “Dolphin Training” and “Talking about Sea Animals.” In the afternoon, we can choose what to do. Then, we are going to leave the aquarium at 2:30 p.m.

*Mika* : That’s right. What do you want to do in the afternoon?

*Ellen* : I want to enjoy all the events there. So let’s see “( ② )” at 12:30 p.m. After that, we will enjoy “( ③ ),” and then we will see “( ④ ).”

*Mika* : That’s the best plan! We can enjoy all the events before we leave!

**Welcome to Satsuma Aquarium**

**Aquarium Hours :** 9 : 30 a.m. — 6 : 00 p.m. (You must enter by 5 : 00 p.m.)

**How much ?**

| | One Person | Groups (20 or more) |
|---|---|---|
| 16 years old and over | 1,500 yen | 1,200 yen |
| 6-15 years old | 750 yen | 600 yen |
| 5 years old and under | 350 yen | 280 yen |

**What time ?**

| Events (Place) | 10:00 a.m. | 12:00 | 2:00 p.m. | 4:00 p.m. |
|---|---|---|---|---|
| Dolphin Show* (Dolphin Pool A) | 11:00-11:30 | 1:30-2:00 | 3:30-4:00 | |
| Giving Food to Shark* (Water Tank*) | | 12:30-12:35 | | |
| Let’s Touch Sea Animals (Satsuma Pool) | | 12:50-1:05 | | 4:00-4:15 |
| Talking about Sea Animals (Library) | 11:00-11:30 | 1:30-2:00 | | |
| Dolphin Training* (Dolphin Pool B) | 10:00-10:15 | 12:30-12:45 | 2:45-3:00 | |

注 Dolphin Show　イルカショー　　shark　サメ　　tank　水そう

Dolphin Training　イルカの訓練

1 (①) に入る最も適当なものを下のア～エの中から一つ選び，その記号を書け。

ア 350　　イ 600　　ウ 750　　エ 1,200

2 (②) ～ (④) に入る最も適当なものを下のア～エの中からそれぞれ一つずつ選び，その記号を書け。

ア Dolphin Show　　イ Giving Food to Shark

ウ Let’s Touch Sea Animals　　エ Dolphin Training

Ⅲ 次は，中学生の Ami が授業中に読んだスピーチと，そのスピーチを読んだ直後の Ami と Smith 先生との対話である。英文と対話文を読み，(　) 内に入る最も適当なものをあとのア～エの中から一つ選び，その記号を書け。

Today, plastic pollution* has become one of the biggest problems in the world and many people are thinking it is not good to use plastic products*. Instead, they have begun to develop and use more paper products. In Kagoshima, you can buy new kinds of paper products made of* things around us. Do you know?

An example is “bamboo* paper straws*.” They are very special because they are made of bamboo paper. They are also stronger than paper straws. Now, you can buy them in some shops in Kagoshima.

Why is bamboo used to make the straws? There are some reasons. There is a lot of bamboo in Kagoshima and Kagoshima Prefecture* is the largest producer* of bamboo in Japan. People in Kagoshima know how to use bamboo well. So, many kinds of bamboo products are made there. Bamboo paper straws are one of them.

Will the straws help us stop plastic pollution? The answer is "Yes!" If you start to use bamboo products, you will get a chance to think about the problem of plastic pollution. By using things around us, we can stop using plastic products. Then we can make our society* a better place to live in. Is there anything else you can use? Let's think about it.

注 pollution 汚染　product(s) 製品　made of ～ ～で作られた　bamboo 竹
straw(s) ストロー　prefecture 県　producer 生産地　society 社会

| | |
|---|---|
| *Mr. Smith* : | What is the most important point of this speech? |
| *Ami* : | (　) |
| *Mr. Smith* : | Good! That's right! That is the main point. |

ア We should develop new kinds of plastic products, then we can stop plastic pollution,

イ We should make more bamboo paper straws because they are stronger than plastic ones.

ウ We should buy more bamboo products because there is a lot of bamboo in Kagoshima.

エ We should use more things around us to stop plastic pollution in the world.

**4** 次の英文を読み，1～6の問いに答えなさい。

There is a small whiteboard on the refrigerator* at Sarah's house. At first, her mother bought it to write only her plans for the day, but it has a special meaning for Sarah now.

When Sarah was a little girl, she helped her parents as much as she could at home. Her parents worked as nurses. Sarah knew that her parents had many things to do.

When Sarah became a first-year junior high school student, she started to play soccer in a soccer club for girls. Her life changed a lot. She became very busy. Sarah and her mother often went shopping together, but they couldn't after Sarah joined the club. She practiced soccer very hard to be a good player.

One morning, her mother looked sad and said, "We don't have enough time to talk with each other, do we?" Sarah didn't think it was a big problem because she thought it would be the same for other junior high school students. But later ①<u>she remembered her mother's sad face again and again.</u>

Sarah was going to have a soccer game the next Monday. She asked her mother, "Can you come and watch my first game?" Her mother checked her plan and said, "I wish I could go, but I can't. I have to go to work." Then Sarah said, "You may be a good nurse, but you are not a good mother." She knew that it was mean*, but she couldn't stop herself.

On the day of the game, she found a message from her mother on the whiteboard, "Good luck. Have a nice game!" When Sarah saw it, she remembered her words to her mother. "They made her very sad," Sarah thought. ②She didn't like herself.

Two weeks later, Sarah had work experience at a hospital for three days. It was a hospital that her mother once worked at. The nurses helped the patients* and talked to them with a smile. She wanted to be like them, but she could not communicate with the patients well.

On the last day, after lunch, ③she talked about her problem to a nurse, John. He was her mother's friend. "It is difficult for me to communicate with the patients well," Sarah said. "It's easy. If you smile when you talk with them, they will be happy. If you are kind to them, they will be nice to you. I remember your mother. She was always thinking of people around her," John said. When Sarah heard his words, she remembered her mother's face. She thought, "Mom is always busy, but she makes dinner every day and takes me to school. She does a lot of things for me."

That night, Sarah went to the kitchen and took a pen. She was going to write ④her first message to her mother on the whiteboard. At first, she didn't know what to write, but Sarah really wanted to see her mother's happy face. So she decided to write again.

The next morning, Sarah couldn't meet her mother. "Mom had to leave home early. Maybe she hasn't read my message yet," she thought.

That evening, Sarah looked at the whiteboard in the kitchen. The words on it were not Sarah's, instead she found the words of her mother. "Thank you for your message. I was really happy to read it. Please write again." Sarah saw her mother's smile on the whiteboard.

Now, Sarah and her mother talk more often with each other, but they keep writing messages on the whiteboard. It has become a little old, but it acts* as a bridge between Sarah and her mother. They may need it for some years. Sarah hopes she can show her true feelings to her mother without it someday.

注　refrigerator　冷蔵庫　　mean　意地の悪い　　patient(s)　患者　　act(s)　作用する，働く

1　次のページのア～ウの絵は，本文のある場面を表している。本文の内容に合わないものを一つ選び，その記号を書け。

ア

イ

ウ

2　下線部①に関して，次の質問に対する答えを本文の内容に合うように英語で書け。

Why did her mother look sad when she talked to Sarah ?

3　下線部②の理由として最も適当なものを下の**ア**～**エ**の中から一つ選び，その記号を書け。

**ア**　いつも仕事で忙しい母に代わって，Sarah が家事をしなければならなかったから。

**イ**　Sarah のホワイトボードのメッセージを読んで，母が傷ついたことを知ったから。

**ウ**　母が書いたホワイトボードのメッセージの内容に Sarah がショックを受けたから。

**エ**　Sarah は，励ましてくれる母に対してひどいことを言ったことを思い出したから。

4　下線部③に関して，Sarah が John から学んだことを本文の内容に合うように40字程度の日本語で書け。

5　下線部④のメッセージとなるように，Sarah に代わって下の □ 内に15語程度の英文を書け。２文以上になってもかまわない。

| |
|---|
| Mom, |
| □ |
| Sarah |

6　本文の内容に合っているものを，下の**ア**～**オ**の中から二つ選び，その記号を書け。

**ア**　Sarah and her mother often used the whiteboard to write their plans from the beginning,

**イ**　Sarah helped her parents do things at home before she began playing soccer with her club.

**ウ**　During the job experience at the hospital, Sarah talked with John on her last day after lunch.

**エ**　Sarah wrote her first message to her mother on the whiteboard, but her mother did not answer her.

**オ**　Sarah can talk with her mother now, so she doesn't write messages on the whiteboard.

# ＜理科＞

時間　50分　　満点　90点

1　次の各問いに答えなさい。答えを選ぶ問いについては記号で答えなさい。

1　虫めがねを使って物体を観察する。次の文中の①，②について，それぞれ正しいものはどれか。

> 虫めがねには凸レンズが使われている。物体が凸レンズとその焦点の間にあるとき，凸レンズを通して見える像は，物体の大きさよりも①（ア　大きく　　イ　小さく）なる。このような像を②（ア　実像　　イ　虚像）という。

2　木や草などを燃やした後の灰を水に入れてかき混ぜた灰汁（あく）には，衣類などのよごれを落とす作用がある。ある灰汁にフェノールフタレイン溶液を加えると赤色になった。このことから，この灰汁のpHの値についてわかることはどれか。

ア　7より小さい。　イ　7である。　ウ　7より大きい。

3　両生類は魚類から進化したと考えられている。その証拠とされているハイギョの特徴として，最も適当なものはどれか。

ア　後ろあしがなく，その部分に痕跡的に骨が残っている。

イ　体表がうろこでおおわれていて，殻のある卵をうむ。

ウ　つめや歯をもち，羽毛が生えている。

エ　肺とえらをもっている。

4　地球の自転に関する次の文中の①，②について，それぞれ正しいものはどれか。

> 地球の自転は，1時間あたり①（ア　約15°　　イ　約20°　　ウ　約30°）で，北極点の真上から見ると，自転の向きは②（ア　時計回り　　イ　反時計回り）である。

5　ひろみさんは，授業でインターネットを使って桜島について調べた。調べてみると，桜島は，大正時代に大きな噴火をしてから100年以上がたっていることがわかった。また，そのときの溶岩は大正溶岩とよばれ①安山岩でできていること，大正溶岩でおおわれたところには，現在では，②土壌が形成されてさまざまな生物が生息していることがわかった。ひろみさんは，この授業を通して自然災害について考え，日頃から災害に備えて準備しておくことの大切さを学んだ。ひろみさんは家に帰り，災害への備えとして用意しているものを確認したところ，水や非常食，③化学かいろ，④懐中電灯やラジオなどがあった。

(1)　下線部①について，安山岩を観察すると，図のように石基の間に比較的大きな鉱物が散らばって見える。このようなつくりの組織を何というか。

図

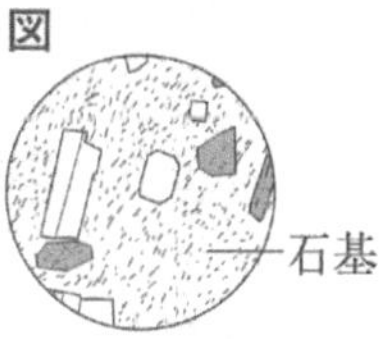


(2)　下線部②について，土壌中には菌類や細菌類などが生息している。次のページの文中の□にあてはまることばを書け。

有機物を最終的に無機物に変えるはたらきをする菌類や細菌類などの微生物は，□とよばれ，生産者，消費者とともに生態系の中で重要な役割をになっている。

⑶　下線部③について，化学かいろは，使用するときに鉄粉が酸化されて温度が上がる。このように，化学変化がおこるときに温度が上がる反応を何というか。

⑷　下線部④について，この懐中電灯は，電圧が1.5Vの乾電池を２個直列につなぎ，電球に0.5Aの電流が流れるように回路がつくられている。この懐中電灯内の回路全体の抵抗は何Ωか。

**2**　次のⅠ，Ⅱの各問いに答えなさい。答えを選ぶ問いについては記号で答えなさい。

Ⅰ　物体の運動を調べるために，**図１**のような装置を用いて**実験１**，**実験２**を行った。ただし，台車と机の間や滑車と糸の間の摩擦，空気の抵抗，糸の質量は考えないものとする。また，糸は伸び縮みしないものとし，台車は滑車と衝突しないものとする。

**図１**

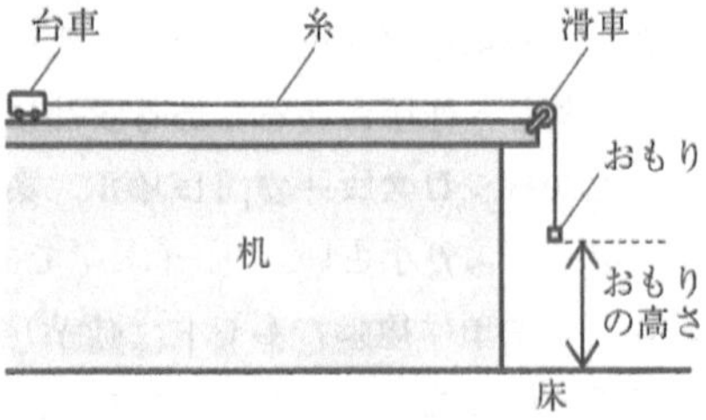


**実験１**　**図１**のように，水平な机の上で，台車に質量300ｇのおもりをつけた糸をつないで滑車にかけ，台車を手で押さえて静止させた後，静かに手をはなした。手をはなしてから，0.1秒ごとにストロボ写真を撮影した。**図２**は，ストロボ写真に撮影された台車の位置を模式的に表したものである。また，**表**は，手をはなしてからの時間と，台車が静止していた位置から机の上を動いた距離を，ストロボ写真から求めてまとめたものの一部である。

**図２**

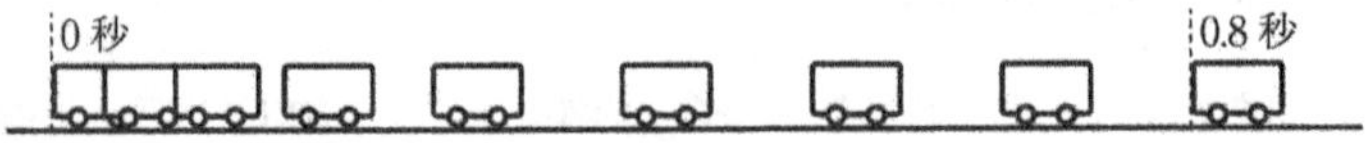


**表**

| 手をはなしてからの時間〔s〕 | 0 | 0.1 | 0.2 | 0.3 | 0.4 | 0.5 | 0.6 | 0.7 | 0.8 |
|---|---|---|---|---|---|---|---|---|---|
| 台車が静止していた位置から机の上を動いた距離〔cm〕 | 0 | 3.0 | 12.0 | 27.0 | 48.0 | 72.0 | 96.0 | 120.0 | 144.0 |

**実験２**　質量が300ｇより大きいおもりを用いて，おもりの高さが**実験１**と同じ高さになるようにして，**実験１**と同じ操作を行った。

1　**実験１**で，おもりが静止しているとき，おもりには「重力」と「重力とつり合う力」の二つの力がはたらいている。おもりにはたらく二つの力を，解答欄の方眼に力の矢印でかけ。ただし，重力の作用点は解答欄の図中のとおりとし，重力とつり合う力の作用点は「●」で示すこと。また，質量100ｇの物体にはたらく重力の大きさを１Ｎとし，方眼の１目盛りを１Ｎとする。

2　**実験１**で，手をはなしてからの時間が0.2秒から0.3秒までの台車の平均の速さは何cm/ｓか。

3　**実験１**に関する次のページの文中の a にあてはまる数値を書け。また，b にあてはまることばを書け。

> **実験１**で，手をはなしてからの時間が ［a］ 秒のときに，おもりは床についた。おもりが床についた後は台車を水平方向に引く力がはたらかなくなり，台車にはたらく力がつり合うため，台車は等速直線運動をする。これは「［b］の法則」で説明できる。

4　**実験１**と**実験２**において，手をはなしてからの時間と台車の速さの関係を表すグラフとして最も適当なものはどれか。ただし，**実験１**のグラフは破線（-----），**実験２**のグラフは実線（——）で示している。

ア
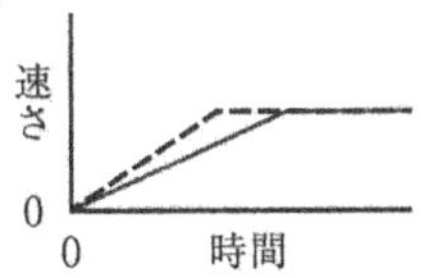


イ
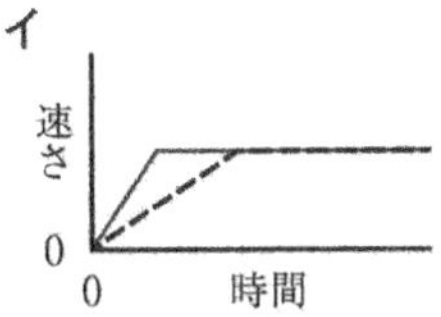


ウ
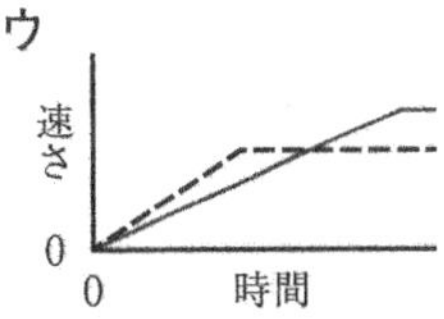


エ
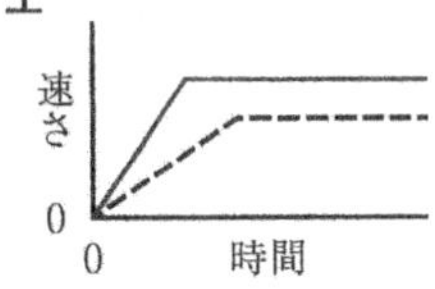


Ⅱ　たかしさんは，家庭のコンセントに＋極，－極の区別がないことに興味をもった。家庭のコンセントに供給されている電流について調べたところ，家庭のコンセントの電流の多くは，電磁誘導を利用して発電所の発電機でつくり出されていることがわかった。そこで電磁誘導について，**図**のようにオシロスコープ，コイル，糸につないだ棒磁石を用いて**実験１**，**実験２**を行った。

**実験１**　棒磁石を上下に動かして，手で固定したコイルに近づけたり遠ざけたりすると，誘導電流が生じた。

**実験２**　棒磁石を下向きに動かして，手で固定したコイルの内部を通過させると，誘導電流が生じた。

図
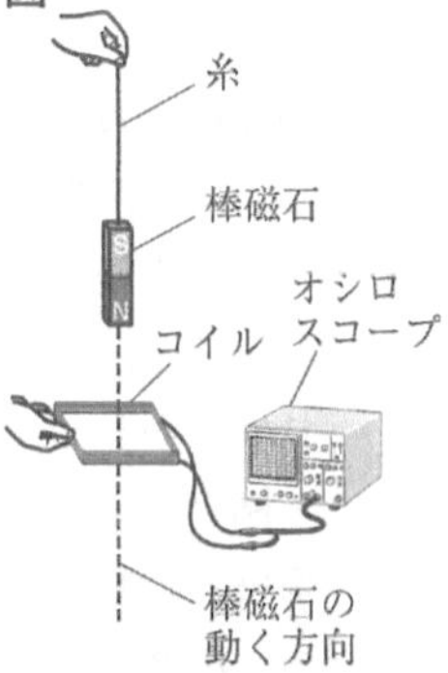


1　家庭のコンセントの電流の多くは，流れる向きが周期的に変化している。このように向きが周期的に変化する電流を何というか。

2　電磁誘導とはどのような現象か。「コイルの内部」ということばを使って書け。

3　**実験１**で，流れる誘導電流の大きさを，より大きくする方法を一つ書け。ただし，**図**の実験器具は，そのまま使うものとする。

4　**実験２**の結果をオシロスコープで確認した。このときの時間とコイルに流れる電流との関係を表す図として最も適当なものはどれか。

ア
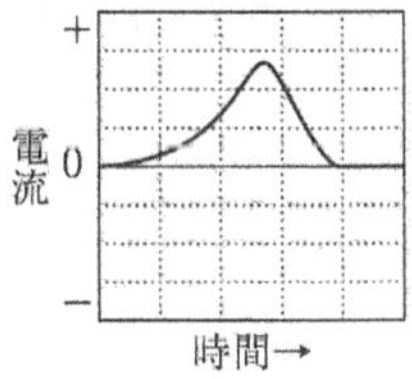


イ
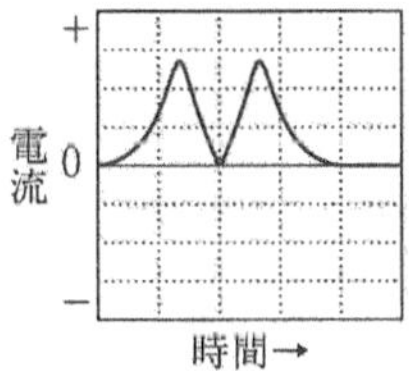


ウ
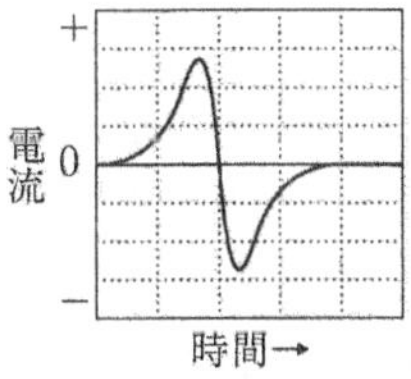


エ
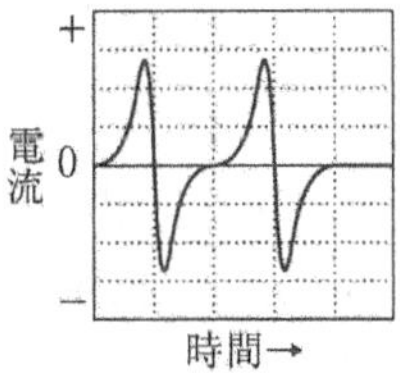


**3**　次のⅠ，Ⅱの各問いに答えなさい。答えを選ぶ問いについては記号で答えなさい。

Ⅰ　ひろみさんは，授業で血液の流れるようすを見るために，学校で飼育されているメダカを少量の水とともにポリエチレンぶくろに入れ，顕微鏡で尾びれを観察した。また，別の日に，水田で

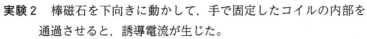

見つけたカエルの卵に興味をもち，カエルの受精と発生について図書館で調べた。

1　**図1**は，観察した尾びれの模式図である。⑴，⑵の問いに答えよ。

⑴　**図1**のXは，酸素を全身に運ぶはたらきをしている。Xの名称を書け。

⑵　Xは，血管の中にあり，血管の外では確認できなかった。ひろみさんは，このことが，ヒトでも同じであることがわかった。そこで，ヒトでは酸素がどのようにして細胞に届けられるのかを調べて，次のようにまとめた。次の文中の [ a ]，[ b ] にあてはまることばを書け。

**図1**

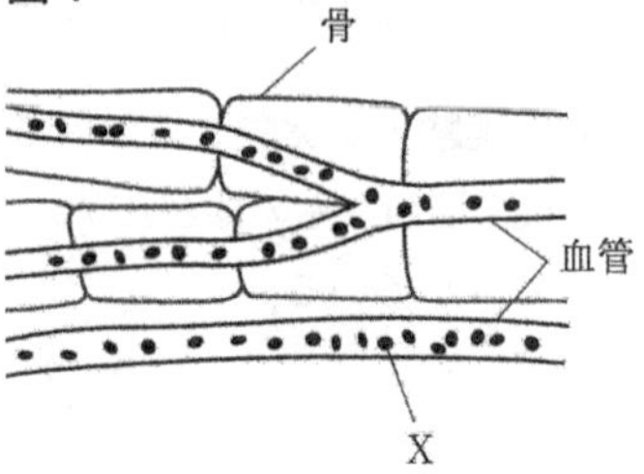


> 血液の成分である [ a ] の一部は毛細血管からしみ出て [ b ] となり，細胞のまわりを満たしている。Xによって運ばれた酸素は [ b ] をなかだちとして細胞に届けられる。

2　**図2**は，カエルの受精と発生について模式的に示したものである。⑴，⑵の問いに答えよ。

⑴　**図2**の親のからだをつくる細胞の染色体の数が26本であるとすると，**図2**のア，イ，ウの各細胞の染色体の数は，それぞれ何本か。

⑵　**図2**で，カエルに現れるある形質について。顕性形質（優性形質）の遺伝子をA，潜性形質（劣性形質）の遺伝子をａとする。**図2**の受精卵の遺伝子の組み合わせをAAとしたとき，親（雌）の遺伝子の組み合わせとして可能性があるものをすべて書け。ただし，Aとａの遺伝子は，遺伝の規則性にもとづいて受けつがれるものとする。

**図2**

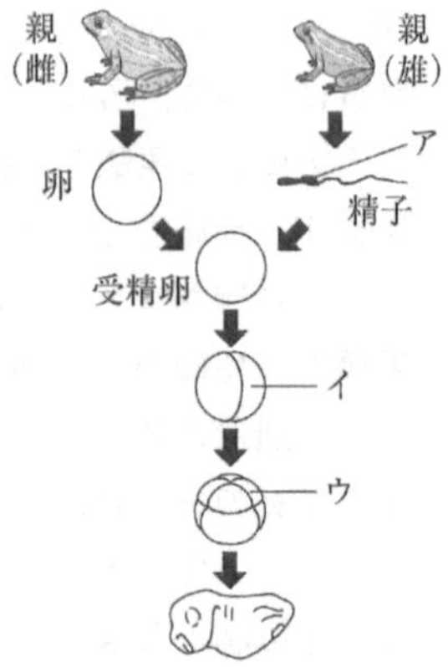


Ⅱ　たかしさんは，校庭でモンシロチョウとタンポポを見つけた。

1　モンシロチョウは昆虫に分類される。昆虫のからだのつくりについて述べた次の文中の [ a ] にあてはまることばを書け。また，[ b ] にあてはまる数を書け。

> 昆虫の成虫のからだは，頭部，[ a ]，腹部からできており，足は [ b ] 本ある。

2　タンポポの花は，たくさんの小さい花が集まってできている。**図1**は，タンポポの一つの花のスケッチであり，**ア〜エ**は，**おしべ**，**めしべ**，**がく**，**花弁**のいずれかである。これらのうち，花のつくりとして，外側から2番目にあたるものはどれか。その記号と名称を書け。

**図1**

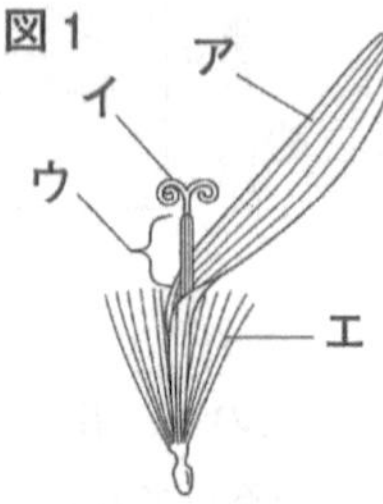

3　植物が行う光合成に興味をもっていたたかしさんは，見つけたタンポポの葉を用いて，光合成によって二酸化炭素が使われるかどうかを調べるために，次の**実験**を行った。⑴，⑵の問いに答えよ。

図２

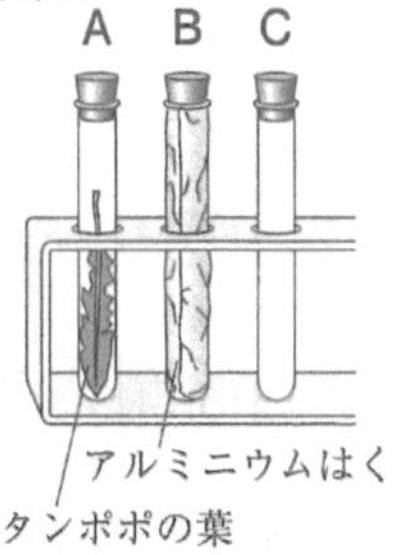


**実験**

①　３本の試験管Ａ～Ｃを用意して，ＡとＢそれぞれにタンポポの葉を入れた。

②　Ａ～Ｃそれぞれにストローで息をふきこみ，ゴムせんでふたをした。

③　**図２**のように，Ｂのみアルミニウムはくで包み，中に光が当たらないようにし，Ａ～Ｃに30分間光を当てた。

④　Ａ～Ｃに石灰水を少し入れ，ゴムせんをしてよく振ったところ，石灰水が白くにごった試験管とにごらなかった試験管があった。

⑴　**実験**の④で石灰水が白くにごった試験管の記号をすべて書け。

⑵　試験管Ｃを準備したのはなぜか。解答欄のことばに続けて書け。ただし，解答欄の書き出しのことばの中の（　）に対照実験となる試験管がＡ，Ｂのどちらであるかを示すこと。

**4**　次のⅠ，Ⅱの各問いに答えなさい。答えを選ぶ問いについては記号で答えなさい。

Ⅰ　ある日，たかしさんは地震のゆれを感じた。そのゆれは，はじめは小さくこきざみなゆれだったが，その後，大きなゆれになった。後日，たかしさんはインターネットで調べたところ，この地震の発生した時刻は11時56分52秒であることがわかった。

1　下線部のゆれを伝えた地震の波は，何という波か。

2　**表**は，たかしさんがこの地震について，ある地点Ａ～Ｃの観測記録を調べてまとめたものである。⑴～⑶の問いに答えよ。ただし，この地震の震源は比較的浅く，地震の波は均一な地盤を一定の速さで伝わったものとする。

**表**

| 地点 | 震源距離 | 小さくこきざみなゆれが始まった時刻 | 大きなゆれが始まった時刻 |
|---|---|---|---|
| Ａ | 36 km | 11時56分58秒 | 11時57分04秒 |
| Ｂ | 72 km | 11時57分04秒 | 11時57分16秒 |
| Ｃ | 90 km | 11時57分07秒 | 11時57分22秒 |

⑴　**表**の地点Ａ～Ｃのうち，震度が最も小さい地点として最も適当なものはどれか。

⑵　「小さくこきざみなゆれ」と「大きなゆれ」を伝えた二つの地震の波について，ゆれが始まった時刻と震源距離との関係を表したグラフをそれぞれかけ。ただし，**表**から得られる値を「●」で示すこと。

⑶　震源距離126㎞の地点における，初期微動継続時間は何秒か。

Ⅱ　鹿児島県に住んでいるひろみさんは，授業で学んだ日本の天気の特徴に興味をもち，毎日気づいたことやインターネットでその日の天気図を調べてわかったことについてまとめた。内容については先生に確認してもらった。次のページの図は，ひろみさんがまとめたものの一部であり，

AとBの天気図は，それぞれの時期の季節の特徴がよく表れている。

図

<table>
<tr><td></td><td>A</td><td>B</td></tr>
<tr><td>天気図と気づいたことやわかったこと</td><td>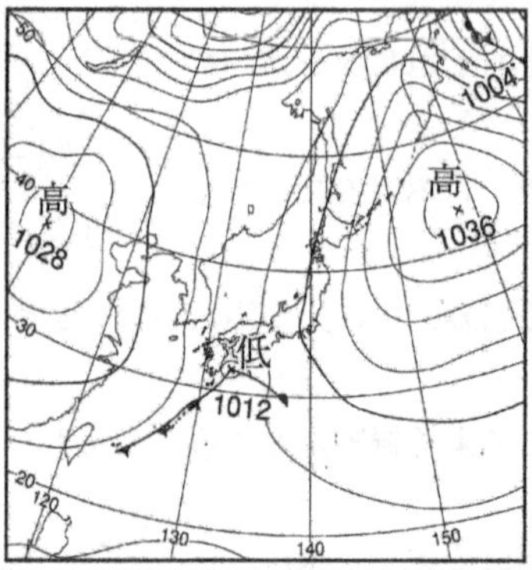

今日は雨が降っていた。最近，３～４日おきに天気がかわり，同じ天気が続かない。数日間の天気図を比べると，今の時期は，東西に並んだ高気圧と低気圧が一定方向に動いていることがわかった。</td><td>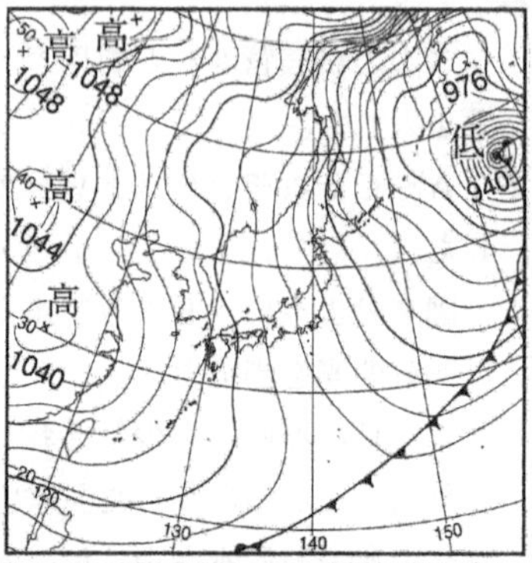

今日はこの時期特有の季節風がふいた。ここ２日間の天気図を見ると，低気圧が急速に発達してこの時期に特徴的な気圧配置になった。日本列島付近に多くの等圧線がせまい間隔で並んでいることがわかった。</td></tr>
</table>

（天気図は気象庁の資料により作成）

1 下線部の高気圧を特に何というか。

2 下線部について，高気圧や低気圧の動きとして最も適当なものはどれか。

ア 北から南へ動く。
イ 南から北へ動く。
ウ 東から西へ動く。
エ 西から東へ動く。

3 日本列島付近で見られる低気圧について，その中心付近の空気が移動する方向を模式的に表したものとして最も適当なものを，次のア～エから選べ。ただし，ア～エの太い矢印は上昇気流または下降気流を，細い矢印は地上付近の風を表している。

ア イ ウ エ

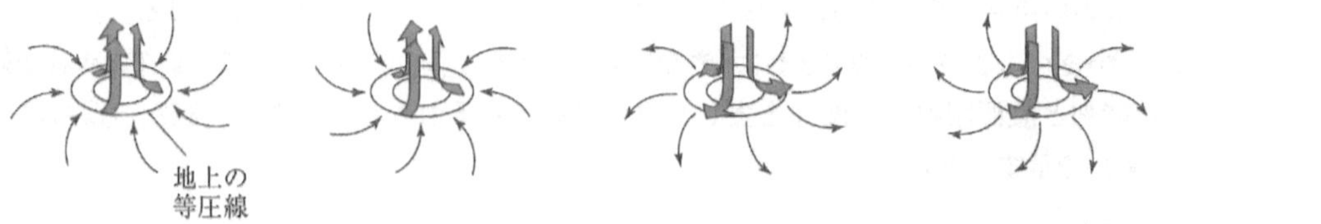


4 Bの天気図には，ある季節の特徴が見られる。この季節には大陸上で，ある気団が発達するために日本に季節風がふく。この気団の性質を書け。

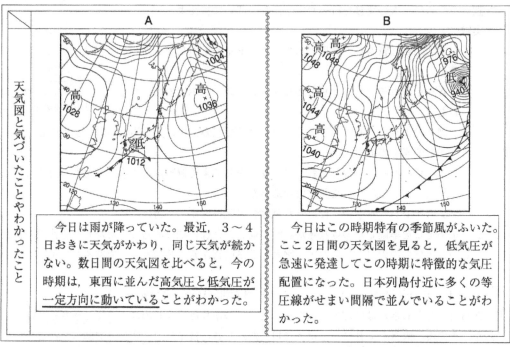

**5**　次のⅠ，Ⅱの各問いに答えなさい。答えを選ぶ問いについては記号で答えなさい。

Ⅰ　塩化銅水溶液の電気分解について，次の**実験**を行った。なお，塩化銅の電離は，次のように表すことができる。

$CuCl_2 \rightarrow Cu^{2+} + 2Cl^-$

**実験**　図1のような装置をつくり，ある濃度の塩化銅水溶液に，2本の炭素棒を電極として一定の電流を流した。その結果，陰極では銅が付着し，陽極では塩素が発生していることが確認された。このときの化学変化は，次の化学反応式で表すことができる。

$CuCl_2 \rightarrow Cu + Cl_2$

図1

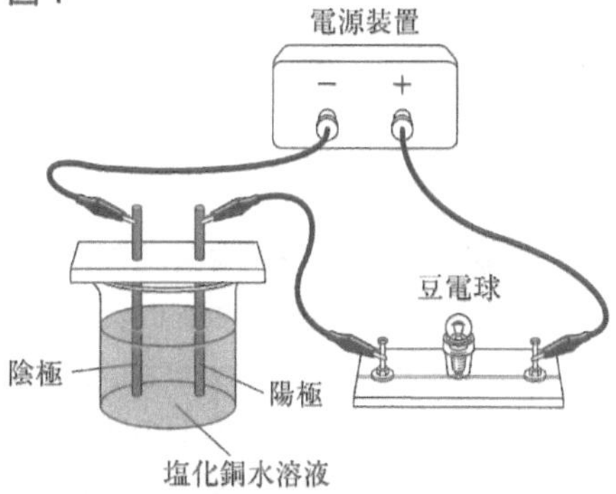


1　塩化銅のように，水にとかしたときに電流が流れる物質を何というか。名称を答えよ。

2　塩素の性質について正しく述べているものはどれか。

**ア**　無色，無臭である。　**イ**　殺菌作用や漂白作用がある。

**ウ**　気体の中で最も密度が小さい。　**エ**　物質を燃やすはたらきがある。

3　**実験**において，電流を流した時間と水溶液の中の塩化物イオンの数の関係を**図2**の破線（-----）で表したとき，電流を流した時間と水溶液の中の銅イオンの数の関係はどのようになるか。解答欄の図に実線（――）でかけ。

4　**実験**の塩化銅水溶液を塩酸（塩化水素の水溶液）にかえて電流を流すと，陰極，陽極の両方で気体が発生した。この化学変化を化学反応式で表せ。

**図2**

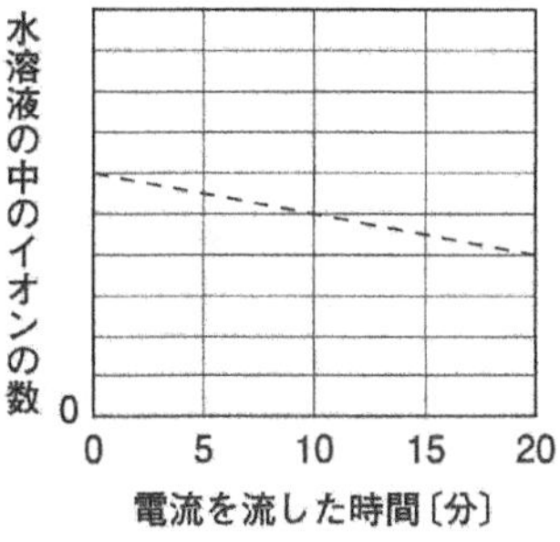


Ⅱ　エタノールの性質を調べるために**実験1**，**実験2**を行った。

**実験1**　**図1**のように，少量のエタノールを入れたポリエチレンぶくろの口を閉じ，熱い湯をかけたところ，ふくろがふくらんだ。

**図1**

**実験2**　水28.0cm$^3$とエタノール7.0cm$^3$を混ぜ合わせた混合物を蒸留するために，**図2**（次のページ）のような装置を組み立てた。この装置の枝つきフラスコに温度計を正しく取りつけてから，水とエタノールの混合物を蒸留した。ガラス管から出てくる気体を冷やして液体にし，4分ごとに5本の試験管に集め，順にA，B，C，D，Eとした。

次に，それぞれの試験管の液体の温度を25℃にして，質量と体積をはかった後，集めた液体の一部を脱脂綿にふくませ，火をつけたときのようすを調べた。**表**は，その結果を示したものである。

**図2**

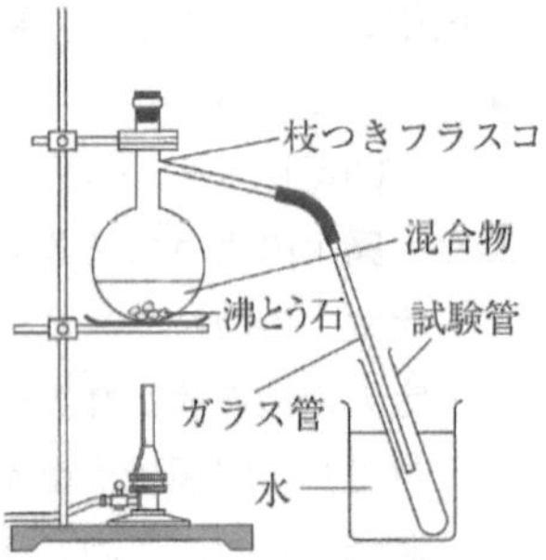


**表**

| 試験管 | A | B | C | D | E |
|---|---|---|---|---|---|
| 質量　〔g〕 | 1.2 | 2.7 | 3.3 | 2.4 | 2.4 |
| 体積　〔$cm^3$〕 | 1.5 | 3.2 | 3.6 | 2.4 | 2.4 |
| 火をつけたときのようす | 燃えた | 燃えた | 燃えた | 燃えなかった | 燃えなかった |

1　**実験**1で，ふくろがふくらんだ理由として，最も適当なものはどれか。

**ア**　エタノール分子の質量が大きくなった。

**イ**　エタノール分子の大きさが大きくなった。

**ウ**　エタノール分子どうしの間隔が広くなった。

**エ**　エタノール分子が別の物質の分子に変化した。

2　**実験**2の下線部について，枝つきフラスコに温度計を正しく取りつけた図はどれか。

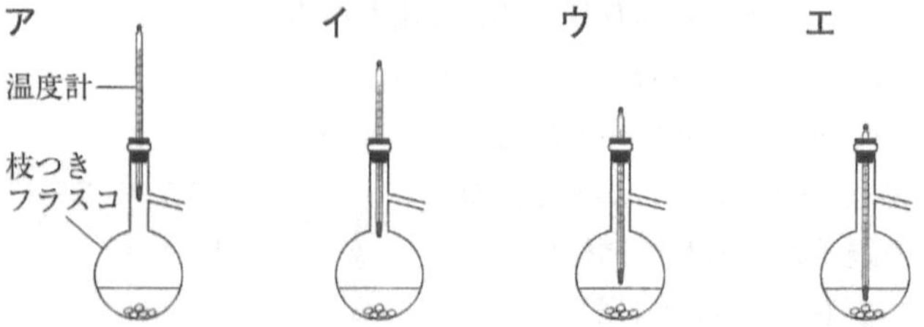


3　**実験**2で，蒸留する前の水とエタノールの混合物の質量をW〔g〕，水の密度を1.0 g/$cm^3$とするとき，エタノールの密度は何g/$cm^3$か。Wを用いて答えよ。ただし，混合物の質量は，水の質量とエタノールの質量の合計であり，液体の蒸発はないものとする。

4　エタノールは消毒液として用いられるが，燃えやすいため，エタノールの質量パーセント濃度が60%以上になると，危険物として扱われる。**図3**は，25℃における水とエタノールの混合物にふくまれるエタノールの質量パーセント濃度とその混合物の密度との関係を表したグラフである。試験管A～Eのうち，エタノールの質量パーセント濃度が60%以上のものをすべて選べ。

**図3**

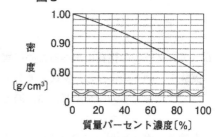

# ＜社会＞　時間　50分　　満点　90点

1　次のⅠ～Ⅲの問いに答えなさい。答えを選ぶ問いについては一つ選び，その記号を書きなさい。

Ⅰ　次の略地図を見て，１～６の問いに答えよ。

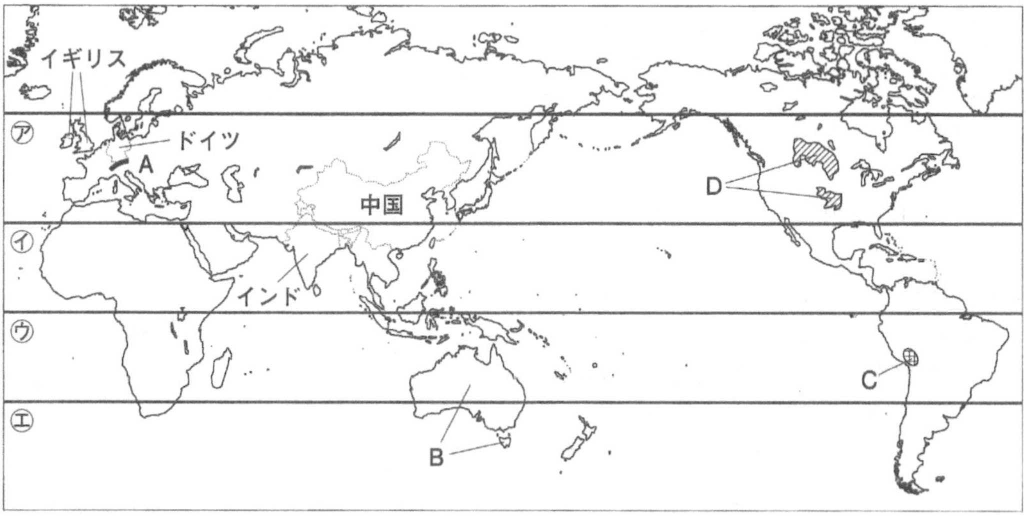


1　略地図中のAの山脈の名称を答えよ。

2　略地図中の㋐～㋓は，赤道と，赤道を基準として30度間隔に引いた３本の緯線である。このうち，㋓の緯線の緯度は何度か。北緯，南緯を明らかにして答えよ。

3　略地図中のBの国内に暮らす先住民族として最も適当なものはどれか。

ア　アボリジニ　　イ　イヌイット　　ウ　マオリ　　エ　ヒスパニック

4　略地図中のCで示した地域のうち，標高4,000m付近でみられる気候や生活のようすについて述べた文として最も適当なものはどれか。

ア　夏の降水量が少ないため，乾燥に強いオリーブの栽培が盛んである。

イ　気温が低く作物が育ちにくく，リャマやアルパカの放牧がみられる。

ウ　季節風の影響を受けて夏の降水量が多いため，稲作が盛んである。

エ　一年中気温が高く，草原や森林が広がる地域で焼畑農業が行われている。

5　略地図中のDは，北アメリカにおいて，**資料１**中の □ の農産物が主に栽培されている地域を示している。**資料１**中の □ にあてはまる農産物名を答えよ。

**資料１　主な農産物の輸出量の上位３か国とその国別割合(%)**

| 農産物 | 輸出量上位３か国（%） |
|---|---|
| □ | ロシア16.8　アメリカ13.9　カナダ11.2 |
| とうもろこし | アメリカ32.9　ブラジル18.1　アルゼンチン14.7 |
| 大　豆 | ブラジル44.9　アメリカ36.5　アルゼンチン4.9 |
| 綿　花 | アメリカ41.9　インド12.1　オーストラリア11.2 |

（地理統計要覧2021年版から作成）

6　略地図中の**中国**，**ドイツ**，**インド**，**イギリス**について，次の⑴，⑵の問いに答えよ。

⑴　**資料2**の中で，割合の変化が1番目に大きい国と2番目に大きい国の国名をそれぞれ答えよ。

⑵　⑴で答えた2か国について，**資料3**において2か国に共通する割合の変化の特徴を書け。

**資料2**　各国の再生可能エネルギーによる発電量の総発電量に占める割合(%)

| | 2010年 | 2018年 |
|---|---|---|
| 中国 | 18.8 | 26.2 |
| ドイツ | 16.5 | 37.0 |
| インド | 16.4 | 19.0 |
| イギリス | 6.8 | 35.4 |

(世界国勢図会2021/22年版などから作成)

**資料3**　各国の発電エネルギー源別発電量の総発電量に占める割合(%)

| | 風力 | | 水力 | | 太陽光 | |
|---|---|---|---|---|---|---|
| | 2010年 | 2018年 | 2010年 | 2018年 | 2010年 | 2018年 |
| 中国 | 1.1 | 5.1 | 17.2 | 17.2 | 0.0 | 2.5 |
| ドイツ | 6.0 | 17.1 | 4.4 | 3.7 | 1.9 | 7.1 |
| インド | 2.1 | 4.1 | 11.9 | 9.5 | 0.0 | 2.5 |
| イギリス | 2.7 | 17.1 | 1.8 | 2.4 | 0.0 | 3.9 |

(世界国勢図会2021/22年版などから作成)

Ⅱ　次の略地図を見て，1～5の問いに答えよ。

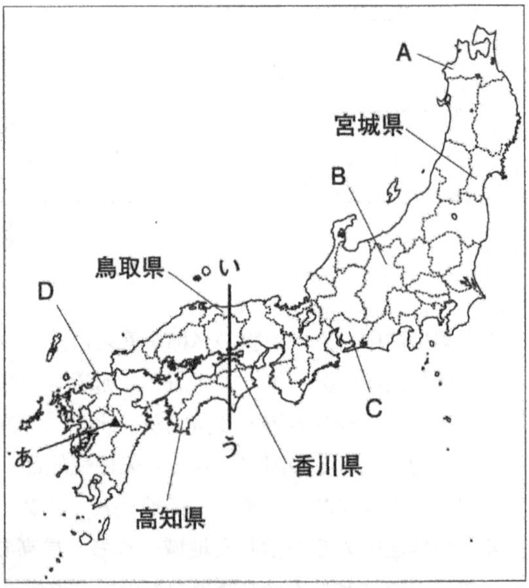


1　近畿地方で海に面していない府県の数を，略地図を参考に答えよ。

2　略地図中の**あ**で示した火山がある地域には，火山の大規模な噴火にともなって形成された大きなくぼ地がみられる。このような地形を何というか。

3　略地図中の**A**～**D**の県にみられる，産業の特色について述べた次の**ア**～**エ**の文のうち，**D**について述べた文として最も適当なものはどれか。

**ア**　標高が高く夏でも涼しい気候を生かし，レタスなどの高原野菜の生産が盛んである。

**イ**　涼しい気候を利用したりんごの栽培が盛んで，国内の生産量の半分以上を占めている。

**ウ**　明治時代に官営の製鉄所がつくられた地域では，エコタウンでのリサイクルが盛んである。

**エ**　自動車の関連工場が集まっており，自動車を含む輸送用機械の生産額は全国1位である。

4　略地図中の**宮城県**ではさけやあわびなどの「育てる漁業」が行われている。「育てる漁業」に関してまとめた**資料1**について，次の⑴，⑵の問いに答えよ。

⑴　ⓐについて，このような漁業を何というか。

⑵　[　　] にあてはまる最も適当なことばを書け。

**資料1**

【「育てる漁業」の種類】
・魚や貝などを，いけすなどを利用して大きくなるまで育てて出荷する。
・ⓐ魚や貝などを卵からふ化させ，人工的に育てた後に放流し，自然の中で成長したものを漁獲する。
【日本で「育てる漁業」への転換が進められた理由の一つ】
・他国が200海里以内の [　　] を設定したことにより，「とる漁業」が難しくなったから。

5　**資料２**は略地図中の**鳥取県**，**香川県**，**高知県**のそれぞれの県庁所在地の降水量を示している。**資料２**にみられるように，３県の中で**香川県**の降水量が特に少ない理由を，**資料３**をもとにして書け。ただし，**日本海**，**太平洋**ということばを使うこと。

**資料２**

| | 年降水量 |
|---|---|
| 鳥取県鳥取市 | 1931.3 mm |
| 香川県高松市 | 1150.1 mm |
| 高知県高知市 | 2666.4 mm |

（気象庁統計から作成）

**資料３**　略地図中 い－う 間の断面図と季節風のようす

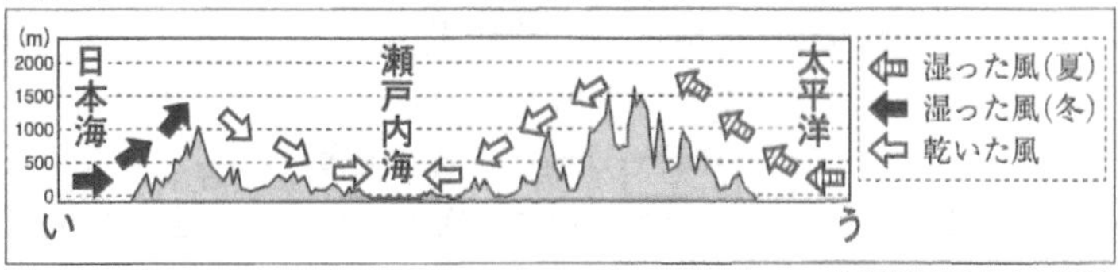


（地理院地図などから作成）

Ⅲ　**資料**のＸ，Ｙの円グラフは，千葉県で特に貿易額の多い成田国際空港と千葉港の，輸入総額に占める輸入上位５品目とその割合をまとめたものである。成田国際空港に該当するものはＸ，Ｙのどちらか。また，そのように判断した理由を航空輸送の特徴をふまえて書け。

**資料**

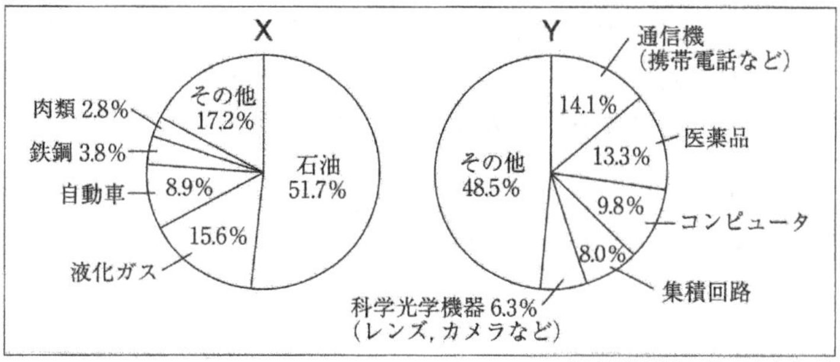


（日本国勢図会2021/22から作成）

**2**　次のⅠ～Ⅲの問いに答えなさい。答えを選ぶ問いについては一つ選び，その記号を書きなさい。

Ⅰ　次は，歴史的建造物について調べ学習をしたある中学生と先生の会話の一部である。１～６の問いに答えよ。

生徒：鹿児島城にあった御楼門《ごろうもん》の再建に関するニュースを見て，門について興味をもったので，調べたことを次のようにまとめました。

| 羅城門《らじょうもん》 | ⓑ東大寺南大門 | 守礼門《しゅれいもん》 | 日光東照宮の陽明門 |
|---|---|---|---|
| 平城京やⓐ平安京の南側の門としてつくられた。 | 源平の争乱で焼けた東大寺の建物とともに再建された。 | ⓒ琉球王国の首里城の城門の１つとしてつくられた。 | ⓓ江戸時代に，徳川家康をまつる日光東照宮につくられた。 |

先生：いろいろな門についてよく調べましたね。これらの門のうち，つくられた時期が，再建前の御楼門に最も近い門はどれですか。

生徒：御楼門がつくられたのは17世紀の前半といわれているので，江戸時代につくられた日光東照宮の陽明門だと思います。

先生：そうです。なお，江戸時代には，大名が１年おきに自分の領地を離れて江戸に滞在することを義務づけられた［　　］という制度がありました。薩摩藩の大名が江戸に向かった際には御楼門を通っていたのかもしれませんね。ところで，門には，河川と海の境目など水の流れを仕切る場所につくられた「水門」というものもありますよ。

生徒：それでは，次はⓔ河川や海に関連した歴史をテーマにして調べてみたいと思います。

1　［　　］にあてはまる最も適当なことばを書け。

2　ⓐがつくられる以前の時代で，次の三つの条件を満たす時代はどれか。

- 多くの人々はたて穴住居で生活していた。
- 中国の歴史書によると，倭は100ほどの国に分かれていた。
- 銅鐸などの青銅器を祭りの道具として使っていた。

ア　縄文時代　　イ　弥生時代　　ウ　古墳時代　　エ　奈良時代

**資料１**

3　ⓑの中に置かれている，運慶らによってつくられた**資料１**の作品名を**漢字５字**で書け。

4　ⓒについて述べた次の文の［　　］に適することばを，15世紀ごろの中継貿易を模式的に示した**資料２**を参考にして補い，これを完成させよ。

琉球王国は，日本や中国･東南アジア諸国から［　　　　］する中継貿易によって繁栄した。

**資料２**

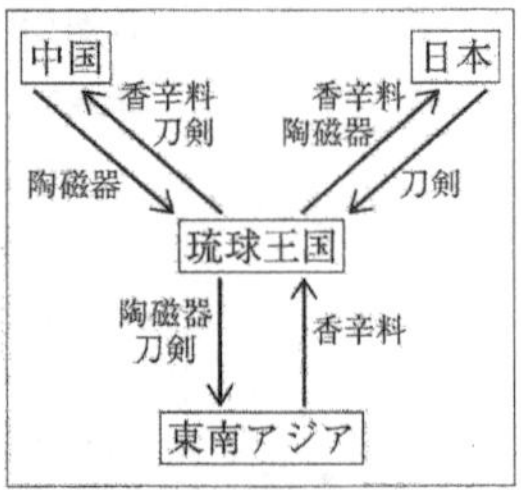


5　ⓓに描かれた**資料３**について述べた次の文の［X］，［Y］にあてはまることばの組み合わせとして最も適当なものはどれか。

この作品は［X］が描いた［Y］を代表する風景画であり，ヨーロッパの絵画に大きな影響を与えた。

ア　（X　尾形光琳　　Y　元禄文化）　　イ　（X　葛飾北斎　　Y　元禄文化）
ウ　（X　尾形光琳　　Y　化政文化）　　エ　（X　葛飾北斎　　Y　化政文化）

6　ⓔについて，次のできごとを年代の古い順に並べよ。

ア　ロシアの使節が，蝦夷地の根室に来航し，漂流民を送り届けるとともに，日本との通商を求めた。

イ　平治の乱に勝利したのち，太政大臣になった人物が，現在の神戸市の港を整備した。

ウ　河川に橋をかけるなど人々のために活動した人物が，東大寺に大仏を初めてつくるときに協力をした。

**資料３**

エ　スペインの船隊が，アメリカ大陸の南端を通り，初めて世界一周を成し遂げた。

Ⅱ　次の略年表を見て，１～６の問いに答えよ。

| 年 | できごと | |
|---|---|---|
| 1871 | ⓐ岩倉使節団がアメリカに向けて出発した | A |
| 1885 | 内閣制度が発足し，［①］が初代内閣総理大臣となった | |
| 1902 | 日英同盟が結ばれた | B |
| 1914 | ⓑ第一次世界大戦が始まった | |
| 1929 | ニューヨークの株式市場で株価が大暴落し［②］に発展した | |
| 1951 | サンフランシスコ平和条約が結ばれた | C |

１　［①］，［②］にあてはまる最も適当な人名とことばを書け。

２　ⓐが1871年に出発し，1873年に帰国するまでにおきたできごととして最も適当なものはどれか。

ア　王政復古の大号令の発表　　イ　日米和親条約の締結

ウ　徴兵令の公布　　エ　大日本帝国憲法の発布

３　AとBの間の時期に「たけくらべ」，「にごりえ」などの小説を発表し，現在の５千円札にその肖像が使われていることでも知られている人物はだれか。

４　ⓑに関して，資料は，この大戦前のヨーロッパの国際関係を模式的に示したものである。資料中の［③］にあてはまる最も適当なことばを書け。

資料

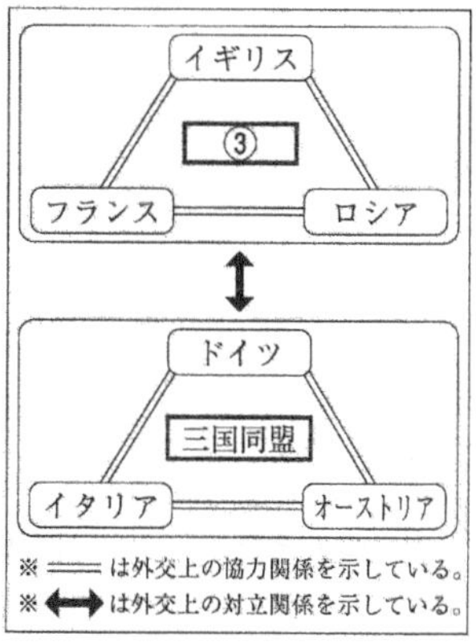


５　BとCの間の時期に活動した人物について述べた次の文X，Yについて，それぞれの文に該当する人物名の組み合わせとして最も適当なものはどれか。

X　国際連盟本部の事務局次長として，国際平和のためにつくした。

Y　物理学者で，1949年に日本人として初のノーベル賞を受賞した。

ア（X　新渡戸稲造　　Y　湯川秀樹）　イ（X　吉野作造　　Y　湯川秀樹）

ウ（X　新渡戸稲造　　Y　野口英世）　エ（X　吉野作造　　Y　野口英世）

６　C以降におこったできごとを，次のア～エから三つ選び，年代の古い順に並べよ。

ア　石油危機の影響で物価が上昇し，トイレットペーパー売り場に買い物客が殺到した。

イ　満20歳以上の男女による初めての衆議院議員総選挙が行われ，女性議員が誕生した。

ウ　男女雇用機会均等法が施行され，雇用における男女間の格差の是正がはかられた。

エ　アジア最初のオリンピックが東京で開催され，女性選手の活躍が話題となった。

Ⅲ　第二次世界大戦後には農地改革が行われ，次のページの**資料１**，**資料２**にみられるような変化が生じた。農地改革の内容を明らかにしたうえで，その改革によって生じた変化について書け。ただし，**政府**，**地主**，**小作人**ということばを使うこと。

**資料１　自作地と小作地の割合**

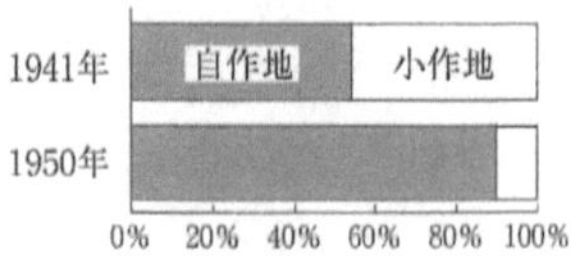


**資料２　自作・小作の農家の割合**

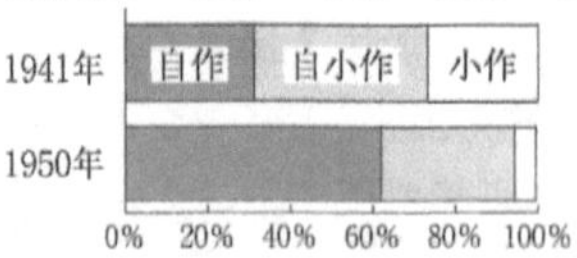


※資料２の補足
「自　作」：耕作地の90％以上が自己所有地の農家
「自小作」：耕作地の10％以上90％未満が自己所有地の農家
「小　作」：耕作地の10％未満が自己所有地の農家

（近現代日本経済史要覧から作成）

**3**　次のⅠ～Ⅲの問いに答えなさい。答えを選ぶ問いについては一つ選び，その記号を書きなさい。

Ⅰ　次は，ある中学生が日本国憲法について授業で学んだことをノートにまとめたものである。１～６の問いに答えよ。

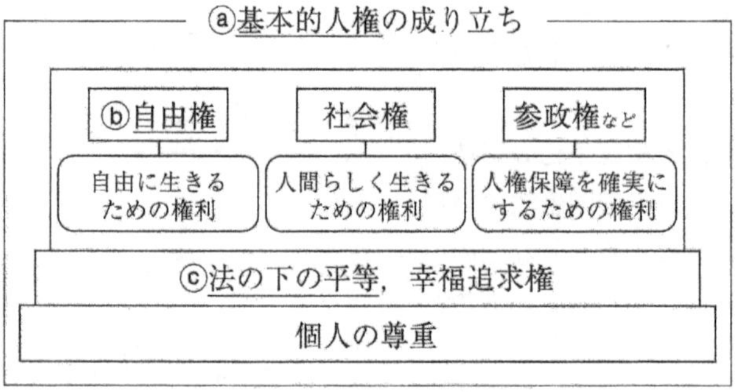


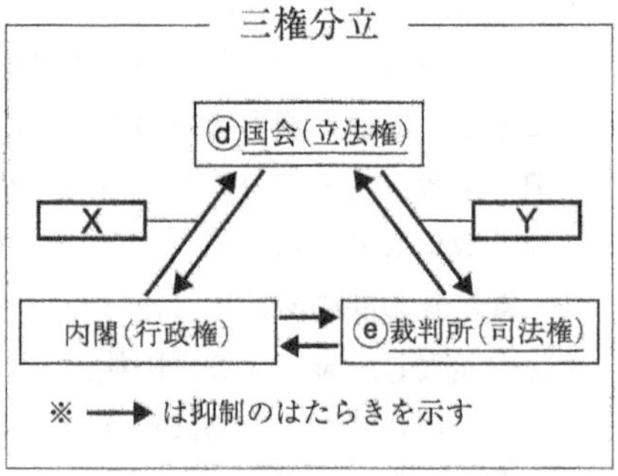


１　ⓐに関して，次は日本国憲法の条文の一部である。[　　]にあてはまることばを書け。

第12条　この憲法が国民に保障する自由及び権利は，国民の不断の努力によつ《(っ)》て，これを保持しなければならない。又，国民は，これを濫用してはならないのであつ《(っ)》て，常に[　　]のためにこれを利用する責任を負ふ《(う)》。

２　ⓑに関して，身体の自由の内容として最も適当なものはどれか。

ア　財産権が不当に侵されることはない。
イ　裁判を受ける権利を奪われることはない。
ウ　通信の秘密を不当に侵されることはない。
エ　自己に不利益な供述を強要されることはない。

３　ⓒに関して，言語，性別，年齢，障がいの有無にかかわらず，あらかじめ利用しやすい施設や製品などをデザインすること，またはそのようなデザインを何というか。

４　ⓓに関して，次の文は，国会が衆議院と参議院からなる二院制をとっている目的について述べたものである。文中の[　　]に適することばを補い，これを完成させよ。

定数や任期，選挙制度が異なる議院を置くことで，[　　　　]。また，慎重な審議によって一方の議院の行きすぎを防ぐこともできる。

５　[X]，[Y]にあてはまることばの組み合わせとして最も適当なものはどれか。

ア（X　衆議院の解散　　　Y　国民審査）

イ　(X　法律の違憲審査　　Y　弾劾裁判所の設置)
ウ　(X　衆議院の解散　　Y　弾劾裁判所の設置)
エ　(X　法律の違憲審査　　Y　国民審査)

6　ⓔに関して，**資料**はある地方裁判所の法廷のようすを模式的に示したものである。この法廷で行われる裁判について述べた文として最も適当なものはどれか。

**資料**

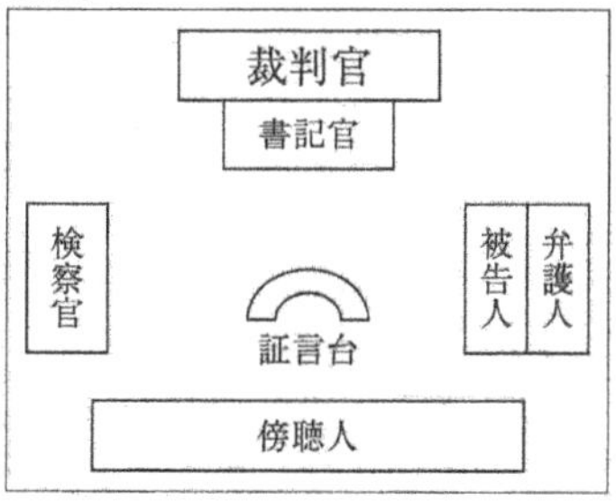


ア　お金の貸し借りなどの個人と個人の間の争いを解決する。
イ　国民の中から選ばれた裁判員が参加する場合がある。
ウ　和解の成立によって裁判が途中で終わることがある。
エ　被害者が法廷に入り被告人に直接質問することはない。

Ⅱ　次は，ある中学生が公民的分野の学習を振り返って書いたレポートの一部である。1～5の問いに答えよ。

> 私は，少子高齢社会における社会保障のあり方や，ⓐ消費者の保護など，授業で学習したことと私たちの生活とは深い関わりがあると感じました。また，市場経済や財政のしくみについての学習を通して，ⓑ価格の決まり方やⓒ租税の意義などについて理解することができました。
> 今日，生産年齢人口の減少，ⓓグローバル化の進展や絶え間ない技術革新などにより，社会は大きく変化しています。そのような中，選挙権年齢が□歳に引き下げられ，さらに令和4年度からは成年年齢も□歳へと引き下げられ，私たちにとって社会は一層身近なものになっています。私は，社会の一員としての自覚をもって行動したいと思います。

1　□に共通してあてはまる数を書け。

2　ⓐに関して，業者が商品の重要な項目について事実と異なることを伝えるなどの不当な勧誘を行った場合，消費者はその業者と結んだ契約を取り消すことができる。このことを定めた2001年に施行された法律は何か。

3　ⓑに関して，**資料1**は，自由な競争が行われている市場における，ある商品の需要量と供給量と価格の関係を表したものである。ある商品の価格を**資料1**で示したP円としたときの状況と，その後の価格の変化について述べた次の文の［X］，［Y］に適することばを補い，これを完成させよ。ただし［X］には，**需要量**，**供給量**ということばを使うこと。

**資料1**

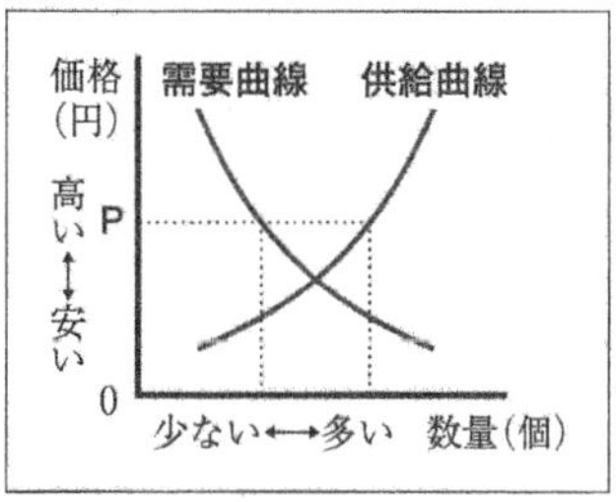


> 価格がP円のときは，［X］ため，一般に，その後の価格はP円よりも［Y］と考えられる。

4　ⓒに関して，次は，社会科の授業で，あるグループが租税のあり方について話し合った際の意見をまとめたものである。このグループの意見を，**資料２**中の**ア**～**エ**のいずれかの領域に位置づけるとすると最も適当なものはどれか。

**資料２**

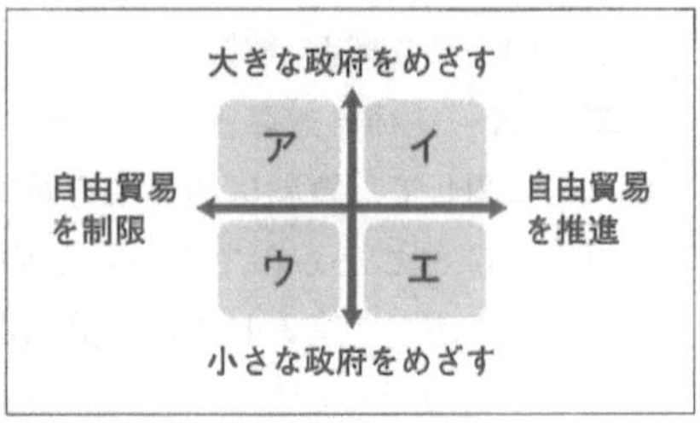


・国内農業を守るために，関税の税率を引き上げる。
・社会保障を充実させるために，消費税の税率を引き上げる。

5　ⓓに関して，輸出や輸入を行う企業の活動は，為替相場（為替レート）の変動の影響を受けやすい。ある企業が１台240万円の自動車をアメリカへ輸出する場合，為替相場が１ドル＝120円のとき，アメリカでの販売価格は２万ドルとなった。その後，為替相場が１ドル＝100円に変動したときの，この自動車１台のアメリカでの販売価格はいくらになるか答えよ。なお，ここでは，為替相場以外の影響は考えないものとする。

Ⅲ　**資料１**は，持続可能な開発目標（SDGs）の一つを示したものである。この目標に関して，中学生のしのぶさんは，まだ食べられるのに廃棄される食品が大量にあるという問題に関心をもった。そこで，しのぶさんは自宅近くのスーパーマーケットに行き，この問題の解決への取り組みについて調べたり話を聞いたりした。**資料２**は，その際にしのぶさんが収集した資料である。**資料２**の取り組みが，この問題の解決につながるのはなぜか，解答欄の書き出しのことばに続けて，**40字以上50字以内**で説明せよ。ただし，書き出しのことばは字数に含めないこととする。

**資料１**

**資料２**

季節商品予約制のお知らせ

土用《どよう》の丑《うし》の日のうなぎやクリスマスケーキ，節分の日の恵方巻きなどを予約販売にします。

⑵　二段落で構成すること。

⑶　第一段落には、あなたが未来に残したいと思う具体的なものをあげ、それを引き継いでいく際に想定される問題を書くこと。

⑷　第二段落には、第一段落であげた問題を解決するためにあなたが取り組みたいことを具体的に書くこと。

⑸　六行以上八行以下で書くこと。

⑹　原稿用紙の正しい使い方に従って、文字、仮名遣いも正確に書くこと。

進さん＝ベテランの呼出で、若手呼出の憧れの的でもある。篤が入門した際の指導役。

土俵祭＝場所中の安全を祈願する儀式。

触れ太鼓＝本場所の前日に、翌日から相撲が始まることを知らせる太鼓。

1　＝＝線部ア～エの中から、働きと意味が他と異なるものを一つ選び、記号で答えよ。

2　――線部①における達樹の様子を説明したものとして、最も適当なものを次から選び、記号で答えよ。

**ア**　新弟子が入門してくることに納得がいかない様子。

**イ**　自分の話を疑ってくる篤に不満を抱いている様子。

**ウ**　自分への礼儀を欠いた篤の口調に怒っている様子。

**エ**　場所前の準備作業の疲れと空腹で機嫌が悪い様子。

3　次の文は、――線部②における篤の「異変」について説明したものである。［Ⅰ］には、本文中から最も適当な六字の言葉を抜き出して書き、［Ⅱ］には、二十五字以内の言葉を考えて補い、文を完成させよ。

> ［Ⅰ］が入門してくると聞いた篤は、これから先、仕事をしていくうちに［Ⅱ］を感じて、冷静ではいられなくなっている。

4　――線部③について、直之さんの気持ちを説明したものとして、最も適当なものを次から選び、記号で答えよ。

**ア**　感謝の言葉に照れくささを感じつつも、篤を励ますことができてうれしく思っている。

**イ**　自分の元から巣立つことに寂しさを感じつつも、篤が兄弟子になることを喜んでいる。

**ウ**　仕事の様子に多少の不安を感じつつも、篤に後輩ができることを誇らしく思っている。

**エ**　思わず本音を話したことに恥ずかしさを感じつつも、篤の素直な態度に感動している。

5　――線部④とあるが、それはなぜか。五十字以内で説明せよ。

［5］　令和三年七月、「奄美大島、徳之島、沖縄島北部及び西表島《いりおもてじま》」が世界自然遺産に登録されました。また、薩摩藩が行った集成館事業は平成二十七年に「明治日本の産業革命遺産　製鉄・製鋼、造船、石炭産業」として世界文化遺産に登録されています。このことを受けて、「自然や文化など先人が残してくれたものを引き継ぐために私たちは何をするべきか」をテーマに、国語の授業で話し合いをしました。次は、話し合いで出された三人の意見です。あとの(1)～(6)の条件に従って、作文を書きなさい。

**Aさん**　鹿児島県は屋久島も世界自然遺産に登録されています。私たちは、先人が残してくれたこれらの遺産を大切に守っていく必要があると思います。

**Bさん**　屋久島では、世界遺産に登録されたことで、自然・歴史・文化を守るために新たな問題が出てきていると聞いたことがあります。

**Cさん**　私たちが住む地域には過去から現在へと引き継がれてきたすばらしい自然・歴史・文化がたくさんあります。それらの財産を未来に残していくために、私たちができることを考えていきましょう。

**条　件**

(1)　Cさんの提案を踏まえて書くこと。

だってたまに調子外すけど、声も太くなってきたし。太鼓も、テンポゆっくりめになるけど必死になって叩いてるって、㊟進《すすむ》さんから聞いたぞ」

「……なんか、褒めイられてる気がしません」

「ああ、ごめんごめん」

　直之さんが、仕切り直すようにアイスコーヒーを一口飲んだ。

「お前は怒られることも失敗することもたくさんあったけどさ、一年間、逃げずにやってきただろ。ちゃんと、お前は頑張ってたよ。近くで見てきた俺が言うんだから、間違いない」

　そうきっぱりと言われて、思わず直之さんの顔をまじまじと見た。

　直之さんは一瞬、何だよと渋い顔をしたが、話を続けた。

「まだできないことも多いかもしれないけど、この一年、真面目にやってきただけでも充分偉いじゃん。今みたいに不安になるのも、お前がこの仕事に真剣になってる証拠だよ。たとえ新弟子がめちゃくちゃできる奴《やつ》でもさ、大丈夫。お前なら、これからもちゃんとやっていける」

　お前なら、ちゃんとやっていける。

　今しがたかけウられた言葉が、耳の奥で響く。

　同い年なのに仕事ができて、しかも頼りがいのある直之さんみたいになりたいと、ずっと思ってきた。まだ目標は達成できないかもしれないが、その直之さん本人から認められ、胸がすっと軽くなるのがわかった。

　……そっか。こんな俺でも、大丈夫なんだな。

　直之さんは急に真顔になって、もう二度とこんなこと言わねえからな、とストローを咥《くわ》え、黙ってアイスコーヒーを吸い上げた。

「あの……ありがとうございます」

　それでも篤が深々と頭を下げると、③直之さんは少しだけ笑ってみせた。

　名古屋場所前日の㊟土俵祭《どひょうまつり》でも、最後に㊟触れ太鼓の番があった。担《かつ》いでいる太鼓を、兄弟子がトトントトンと打ち鳴らす音を、篤も一緒に歩きながら聞いていた。先月練習したのと同じ節回しのはずなのに、篤が叩いていた音とは違った。軽やかで、何の引っかかりもなく聞こえる。

　耳元でその音を聞きながら、明日からいよいよ土俵上の戦いが幕を開けるのだと実感した。最後に力強くトトン、と音が鳴り、土俵祭が終わった。

　土俵祭の帰り、名古屋城の石垣をバックに赤や緑、橙《だいだい》と色とりどりの力士幟《のぼり》がはためいているのが見えた。その幟に囲まれるようにして、呼出が太鼓を叩くための櫓《やぐら》が組まれている。

　去年、篤が初めて呼出として土俵に上がったのも、この名古屋場所だった。研修の期間があったとはいえ、当時は相撲のことは何もわかっていなかった。わかっていなかっただけれど、青空に鮮やかな彩《いろど》りを添える幟や、空に向かってそびえる櫓は粋で気高く、美しかった。

　そして今、一年が経《た》って同じ景色を見ている。

　来年この景色を見るとき、俺はどうなっているのだろう。新しく入ってきた呼出に対して、ちゃんと「兄弟子」らしくいエられるだろうか。できる仕事は増えているだろうか。朝霧部屋からは、関取が誕生しているだろうか。

　一年後はまだわからないことだらけだ。

　④それでも、もう不安に思わなかった。

（鈴村ふみ「櫓太鼓がきこえる」による）

注　土俵築＝土俵づくり。

「奥深い意図があったのですね。」

4 次の文章を読んで、あとの1～5の問いに答えなさい。

> 十七歳の篤《あつし》は、大相撲の取組前に力士の名を呼び上げる呼出《よびだし》として朝霧《あさぎり》部屋に入門した。名古屋場所の準備作業の合間に、呼出の兄弟子である直之《なおゆき》や達樹《たつき》と三人で昼食をとろうとしている。

「ここだけの話なんですけど。今度、呼出の新弟子が入るらしいっすよ」

「えっ、マジっすか」

思わず篤は叫んでいた。

何人か兄弟子が振り返ったので、達樹が「ここだけの話なんだから、でかい声出すな」と顔をしかめた。

「だってそれ、本当っすか」

「本当だよ。嘘《うそ》ついてどうすんだよ」①達樹はさらに眉間に皺《しわ》を寄せた。

「光太郎さんが辞めて今、欠員出てるし。さっそく来場所あたり見習いで入ってくるらしいよ」

周囲に聞こえないように、達樹は声をひそめて言う。

直之さんが「へえー。じゃあ、篤ももう兄弟子じゃん」と楽しそうに相づちを打つと、ちょうど料理ができたとの放送があり、揃《そろ》って注文した品を取りに行った。

直之さんがきしめんを、達樹が味噌《みそ》ラーメンをすすっている間、二人は名古屋の行きつけの店の話で盛り上がっていた。しかし篤の頭はずっと、呼出の新弟子が入ってくるということでいっぱいだった。しばらくボーッとしていたのだろう。「お前のうまそうじゃん。ちょっとちょうだい」と達樹に冷やし担々麺《たんたんめん》を食べられ、篤はようやく我に返った。

十五時前に一日の作業が終わると、直之さんが「喉渇いたし、ちょっとひと休みしてから帰らねえ？」と今度はお茶に誘ってきた。篤もすっかり喉が渇いていたので、誘われるがまま、隣の駅近くにある喫茶店に入った。

ところが注文したアイスコーヒーが運ばれてくるやいなや、「達樹が言ってた話だけど。お前、新弟子が入ってくるのが不安なんだろ」と言い当てアられ、ぎくりとした。

どうやらその話をするつもりで、お茶に誘ったらしい。午後の篤は、何度か手が止まってしまい、たびたび注意を受けていた。ここ数場所は、そのように注意されることはなかったので、直之さんが②異変に気づくのも無理はない。

「……ああ、はい。そうっすね」

またみっともないことをしてしまった、と思ったが仕方なく白状した。

その新弟子は、呼び上げや(注)土俵築《どひょうつき》、太鼓なんかも、そのうち自分より上手くこなすかもしれないと不安になり、思考とともに、手も止まっていた。

篤の返事を聞くと、直之さんは小さくため息をついた。

「なんでお前はそんなに自信なさげなんだよ。この一年で、お前は充分変わったよ。だって、ほら」

そう言って直之さんは手を伸ばして、篤の腕を軽く叩《たた》く。上腕には小さな力瘤《ちからこぶ》がついていた。思い返せば一年前の篤の腕は枝のように細くて、ひたすらにまっすぐな線を描いていた。

「その腕だって、土俵築ちゃんとやってきたからじゃん。呼び上げふ。「むつかしながら㊟一文《いちもん》がの」(ごめんどうでしょうが一文分を)といふ。①そら寝入りして、そののち返事もせねば、ぜひなく帰りぬ。(しかたなく帰った)

夜明けて②亭主は、③かの男よび付けて、何の用もなきに「門口《かどぐち》㊟三尺掘れ」といふ。御意《ぎょい》に任せ(お言葉に従って)久三郎、諸肌《もろはだ》ぬぎて、鍬《くは》を取り、堅地《かたぢ》に(堅い地面に)気をつくし(苦労して)、身汗水なして、④やうやう掘りける。その深さ三尺といふ時、「銭はあるはづ、いまだ出ぬか」といふ。「小石・貝殻より外に何も見えませぬ」と申す。「それ程にしても銭が一文ない事、よく心得て、かさねては(これからは)一文商《あきなひ》も大事にすべし。」

(「日本永代蔵」による)

㊟　樋口屋＝店の名前、またはその店主。
下男＝やとわれて雑用をする男性。
一文＝ごくわずかの金銭。
三尺＝約九〇センチメートル。

1　――線部④「やうやう」を現代仮名遣いに直して書け。

2　――線部②「亭主」、③「かの男」とはそれぞれ誰を指すか。その組み合わせとして正しいものを次から選び、記号で答えよ。

ア　(②　下男　　③　樋口屋)
イ　(②　樋口屋　　③　酢を買ひにくる人)
ウ　(②　酢を買ひにくる人　　③　樋口屋)
エ　(②　樋口屋　　③　下男)

3　――線部①「そら寝入りして」とあるが、これはどういうことか。最も適当なものを次から選び、記号で答えよ。

ア　仕事の疲れから眠気に勝てず、うたた寝をしたということ。
イ　商品の提供を待っている間に、うたた寝をしたということ。
ウ　大した利益にならないと思い、寝たふりをしたということ。
エ　無理な注文をしたことを恥じ、寝たふりをしたということ。

4　次は、本文をもとに話し合っている先生と生徒の会話である。[Ⅰ]～[Ⅲ]に適当な言葉を補って会話を完成させよ。ただし、[Ⅰ]には本文中から最も適当な六字の言葉を抜き出して書き、[Ⅱ]・[Ⅲ]にはそれぞれ十五字以内でふさわしい内容を考えて現代語で答えること。

先　生「亭主はかの男を呼びつけて何と命じて、男はどのような行動をしましたか。」
生徒A「はい。亭主は『[Ⅰ]』と命じました。」
生徒B「そして、かの男は鍬を使って、堅い地面に苦労しながら亭主の言いつけに従いました。」
先　生「では、かの男が大変な思いをして作業に臨んでいることは、どのような様子からわかりますか。」
生徒B「はい。かの男が[Ⅱ]様子からわかります。」
生徒C「でも、小石や貝殻しか出てこなかったんですよね。『銭はあるはづ』と言ったのはなぜだろう。」
生徒B「私もそれが不思議でした。亭主の目的はなんだったのかなあ。」
生徒A「……もしかして、地面の下には最初から銭はなかったのではないかな。本当の目的は、かの男に[Ⅲ]ということを身をもってわからせたかったんだよ。」
生徒C「なるほど。そうすることで、かの男に商売をする上での心構えを伝えたかったんだね。」
先　生「いいところに気づきましたね。この亭主がしたことには

(注) 倫理＝道徳や善悪の基準など人間のあり方を研究する学問。「倫理学」の略。
ですが、なぜ哲学対話を探究の最初に実施することを勧めるのでしょうか。
＝筆者は本文より前の部分で、探究型の学習方法について述べている。
先ほど述べましたが
＝筆者は本文より前の部分で、現代社会における専門性について述べている。

1 本文中の a ・ b にあてはまる語の組み合わせとして、最も適当なものを次から選び、記号で答えよ。

ア （a または b 一方）
イ （a すなわち b 要するに）
ウ （a しかも b なお）
エ （a あるいは b たとえば）

2 次の文は、――線部①「深く考える」ために必要なことについて説明したものである。 Ⅰ には最も適当な九字の言葉を、 Ⅱ には最も適当な十三字の言葉を本文中から抜き出して書け。

> 「深く考える」ことは自分の Ⅰ を考え直してみることだが、自分の Ⅰ に一人だけで気がつくことは難しいので、 Ⅱ が必要である。

3 ――線部②とあるが、本文における「哲学」についての説明として適当なものを次から二つ選び、記号で答えよ。

ア 専門家の立場で、一般的な知識について根底から問い直すこと。
イ 一般の人の立場で、一般的な問題について根本から考えること。
ウ 専門家独自の観点から、一般的な問題を批判的に考え直すこと。
エ 一般的かつ全体的な観点から、専門的な知識を再検討すること。
オ 専門的かつ客観的な観点から、専門的な問題を深く考えること。

4 ――線部③とあるが、これはどういうことか。次の「扇の要」の説明を参考にして、「自分がどう生きるのかを問わなければ」に続く形で六十五字以内で説明せよ。

> 扇の要…扇の根元にある軸のこと。外れるとばらばらになってしまう。転じて、物事の大事な部分の意。

5 次のア～エは、四人の中学生が、将来の夢を実現するために考えたものである。～～線部「横断的・総合的である」ということの例として最も適当なものを次から選び、記号で答えよ。

ア プロゴルファーになるために、ゴルフの技術と栄養学を学ぶ。
イ 高校の国語教師になるために、文法と日本の古典文学を学ぶ。
ウ 漫画家になるために、人気漫画の人物と風景の描き方を学ぶ。
エ 世界的なオペラ歌手になるために、発声と曲想の表現を学ぶ。

## 3 次の文章を読んで、あとの1～4の問いに答えなさい。

ある時、夜更《ふ》けて(注)樋口屋《ひのくちや》の門をたたきて、酢を買ひにくる人あり。中戸を奥へは(戸を隔てて奥へは)幽《かす》かに聞こえける。(注)下男《げなん》目を覚まし、「何程がの」(どれほどですか)といがつけば、異なった人に興味や関心をもてるようになります。哲学対話の特徴は、前提を問い直し、立場や役割を掘り崩していくことにあります。

(注)ですが、なぜ哲学対話を探究の最初に実施することを勧めるのでしょうか。それは、哲学が「全体性を回復するための知」だからです。少し難しい部分もあるかもしれませんが、お付き合いください。

②哲学は、科学とは異なる知のあり方をしています。哲学は一般の人が、一般的な問題について考えるための学問です。「人生の意味とは何か」「人類に共通の利益はあるのか」「時間とは何か」「愛とは何か」「正義はどのように定まるのか」「国家はどのようにあるべきか」「法の役割とは何か」「正しい認識にはどうやって到達するのか」「宗教は必要か」などが哲学の典型的な問いです。

これらの問いは、複数の教科や学問分野の根底に関わるような問題であることはおわかりでしょう。「愛とは何か」を考えることは、個人的な愛についての考えを尋ねているだけではなく、隣人愛は、社会のなかで人々のつながりはどうあるべきか、家族愛は、家族とはどうあるべきかといった、社会におけるみんなの問題となってくるはずです。社会観や家族観は、政策や法律の設定とも関係してくるでしょう。こうして、愛についての考えは、複数の学問分野、複数の社会の領域に関わってきます。横断的・総合的であるのは、哲学的思考の特徴です。ですから、哲学対話はあらゆる学の基礎となると言ってもいいのです。

しかし哲学のもうひとつの重要な仕事は、それぞれの専門的な知識を、より一般的で全体的な観点から問い直すことです。［ b ］、遺伝子治療は非常に専門性が高い分野です。しかし遺伝子治療の範囲をどこまで認めていいのか。遺伝子を組み替えて難病にかかりにくくした子どもを作っていいのか。人間の遺伝子に対して、人間はどこまで改変してよいものなのでしょうか。

こうしたことは、社会のだれにでも関わってくるので、医学の専門家だけに判断を任せてよい問題ではありません。社会に存在している常識や知識や技術を、人間の根本的な価値に照らし合わせてあらためて検討することは重要な哲学の役割です。その意味で、哲学は最も素朴な視点からの学問であると同時に、最も高次の視点から常識や知識を批判的に検討する学問です。

その際に哲学がとるべき視点は、いかなる専門家からでもない、いかなる職業や役割からでもない、ひとりの人間ないし市民からの視点です。哲学という学問が最も一般的であり、特定の分野に拘束されないという特徴はここから来ています。

現代社会は、専門性が進み、社会がそれによって分断されていると(注)先ほど述べましたが、哲学は、さまざまな人が集う対話によって、専門化による分断を縫い合わせようとする試みなのです。あらゆる現代の知の中に対話を組み込み、社会の分断を克服しなければなりません。

自分の人生や生き方と、教育機関で教えるような知識やスキルを結びあわせること、生活と知識を結びつけることは、哲学の役割です。そして、自分がどう生きるのかと問うのが哲学であるとすれば、その問いに答える手段を与えてくれるのが、学校で学べるさまざまな知識です。③哲学の問いがなければ、さまざまな知識は扇の要を失ってしまうでしょう。

その自分の哲学を、対話によって深めていこうとするのが哲学対話なのです。

（河野哲也「問う方法・考える方法『探究型の学習』のために」による）

# ＜国語＞

時間 五〇分 満点 九〇点

**1** 次の1・2の問いに答えなさい。

1 次の――線部のカタカナは漢字に直し、漢字は仮名に直して書け。

(1) コナグスリを飲む。
(2) 事件を公平にサバく。
(3) 金のコウミヤクを掘り当てる。
(4) 固唾をのんで見守る。
(5) 友人の才能に嫉妬する。
(6) 受賞の喜びに浸る。

2 次の行書で書かれた漢字を楷書で書いたときの総画数を答えよ。

**2** 次の文章を読んで、あとの1～5の問いに答えなさい。

では哲学対話とは、どのような対話なのでしょうか。「哲学」という名前がついているからといって、どのような対話なのでしょうか。「哲学」という名前がついているからといって、(注)倫理の教科書に載っているような昔の思想家や哲学者の考えを知識として知っている必要はありません（もちろん、知っているなら、それはそれで有益ですが）。哲学対話とは、ひとつのテーマや問いについて、対話しながら深く考え、深く考えながら対話する活動です。ここでの「哲学」という言葉は、「根本的に、深く考える」という意味に置き換えられるものです。

（中略）

当然視されていること、常識と思われていること、昔から信じ込まれていること、これらをもう一度掘り起こして、考え直してみることが「①深く考える」ことの意味です。それは自分が立っている足元を見直してみる態度だといえるでしょう。そうして考え直してみた結果、「もとのままでもよい」という結論が出るときもありますし、「部分的に改善していくほうがよい」という結論が出るときもありますし、「大きく変えたほうがよい」「全面的に新しいものにしたほうがよい」という結論が出るときもあるでしょう。

科学の発見も、芸術の新しい表現も、斬新なイベントも、創造的なことはすべて、当然とされていることを一旦疑ってみる態度から生まれてくるのです。そしてこうした態度は、科学や芸術の分野だけではなく、日常生活にも当てはめてみるべきなのです。

しかしながら、自分の思い込みや古い常識に、自分だけで気がつくことはなかなか難しいものです。自分の周りの人たちも一緒に信じてしまっている思い込みならなおさらです。

それに気がつかせてくれるのが、自分とは異なる他者との対話です。その他者は、できれば自分と違えば違うほどいいでしょう。ジェンダーにせよ、性格にせよ、家庭や生い立ちにせよ、考え方にせよ、これまでの経歴にせよ、社会の中での立場にせよ、です。

生徒同士で対話する場合では、年齢はほとんど同じで、社会的立場はまさしく学校の生徒です。その意味で、かなり似た部分の多い他者なのですが、それでもあなたの友人は、あなたには話していない意外なことを考え、普段は見せない意外な側面を持っているものです。

また、自分がこれまでに出会った人のこと、［ a ］、ニュース番組や書籍を通じて知った人たちのことを思い出してみましょう。多様な人がいるはずです。異なった人生を歩んでいればいるほど、異なった考え方をするでしょう。異なった考えの人と対話することが、深く考えるきっかけになります。異なった人の意見が貴重であることに気

# 2022年度

# 解　答　と　解　説

《2022年度の配点は解答用紙集に掲載してあります。》

## ＜数学解答＞

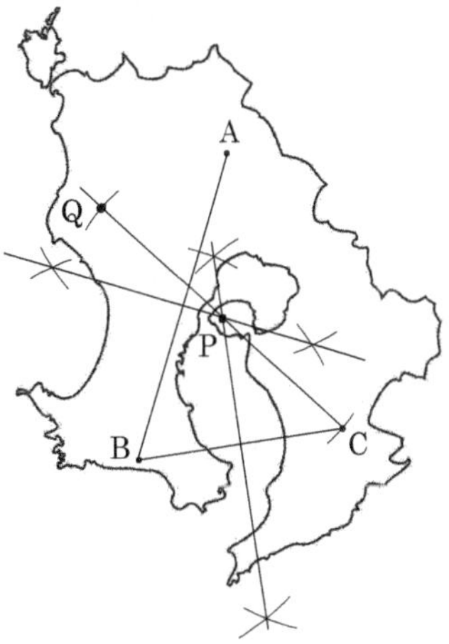


1　1　(1)　27　(2)　$\frac{5}{6}$　(3)　4　(4)　30(個)
(5)　8(倍)　2　$(b=)\frac{3a+5}{2}$　3　$\frac{1}{4}$　4　25(度)
5　ウ

2　1　$25a \leqq y \leqq 0$　2　イ，エ　3　右図
4　(1)　(約)480(人)　(2)　$(x=)17$，$(y=)35$(方程式と計算過程は解説参照)

3　1　24　2　(1)　$3 \leqq a \leqq 6$　(2)　$Q(a-1,\ a+1)$
(3)　$(a=)3+\sqrt{3}$(求め方や計算過程は解説参照)

4　1　60(度)　2　(EG：GD＝)2：1　3　解説参照
4　$6\sqrt{7}$(cm)　5　$\frac{7}{4}$(倍)

5　1　白(色)，31(cm)　2　(1)　ア　$n$　イ　$\frac{n}{2}$
ウ　$\frac{n}{2}$　エ　$5n$　(2)　$5n-1$(cm)(求め方や計算過程は解説参照)

## ＜数学解説＞

1　**(数の計算，平方根，数の性質，体積の比，等式の変形，確率，角度，割合)**

1　(1)　**四則をふくむ式の計算の順序は，乗法・除法→加法・減法となる。**$4\times8-5=32-5=27$

(2)　四則をふくむ式の計算の順序は，乗法・除法→加法・減法となる。$\frac{1}{2}+\frac{7}{9}\div\frac{7}{3}=\frac{1}{2}+\frac{7}{9}\times\frac{3}{7}$
$=\frac{1}{2}+\frac{1}{3}=\frac{3}{6}+\frac{2}{6}=\frac{3+2}{6}=\frac{5}{6}$

(3)　**乗法公式$(a+b)(a-b)=a^2-b^2$**より，$(\sqrt{6}+\sqrt{2})(\sqrt{6}-\sqrt{2})=(\sqrt{6})^2-(\sqrt{2})^2=6-2=4$

(4)　99以下の自然数のうち，3の倍数は$99\div3=33$より，33個ある。このうち，1けたの3の倍数は$9\div3=3$より，3個あるから，2けたの3の倍数は$33-3=30$(個)ある。

(5)　AE：EB＝AF：FC＝AG：GD＝1：1より，EF//BC，FG//CD，GE//DB　これより，面EFG//面BCDである。**角錐や円錐などの錐体を底面に平行な平面で切断すると，切断によってできた錐体ともとの錐体は相似になる**から，三角すいABCD∽三角すいAEFGであり，その相似比は，AB：AE＝(1+1)：1＝2：1　**相似な立体では，体積比は相似比の3乗に等しい**から，(三角すいABCDの体積)：(三角すいAEFGの体積)＝$2^3：1^3$＝8：1　よって，三角すいABCDの体積は，三角すいAEFGの体積の8倍である。

2　等式$3a-2b+5=0$　左辺の項の$3a$と$+5$を右辺に移項して　$-2b=0-3a-5$　$-2b=-3a-5$　両辺を$-2$で割って　$\frac{-2b}{-2}=\frac{-3a-5}{-2}$　$b=\frac{3a+5}{2}$

3　それぞれの玉の取り出し方と，そのときの$\sqrt{ab}$の値を，$(a,\ b,\ \sqrt{ab})$の形で表すと，すべての玉の取り出し方は，$(2,\ 6,\ \sqrt{2\times6}=2\sqrt{3})$，$(2,\ 7,\ \sqrt{2\times7}=\sqrt{14})$，$(2,\ 8,\ \sqrt{2\times8}=4)$，(2，9，

$\sqrt{2\times9}=3\sqrt{2}$)，(4，6，$\sqrt{4\times6}=2\sqrt{6}$)，(4，7，$\sqrt{4\times7}=2\sqrt{7}$)，(4，8，$\sqrt{4\times8}=4\sqrt{2}$)，(4，9，$\sqrt{4\times9}=6$)，(6，6，$\sqrt{6\times6}=6$)，(6，7，$\sqrt{6\times7}=\sqrt{42}$)，(6，8，$\sqrt{6\times8}=4\sqrt{3}$)，(6，9，$\sqrt{6\times9}=3\sqrt{6}$)の12通り。このうち，$\sqrt{ab}$が自然数になるのは＿＿を付けた3通りだから，求める確率は$\frac{3}{12}=\frac{1}{4}$

4　線分OCを引くと，△OBCはOB＝OCの二等辺三角形だから，$\angle BOC=180°-2\angle OBC=180°-2\times65°=50°$　$\overparen{BC}$に対する**中心角と円周角の関係**から，$\angle x=\frac{1}{2}\angle BOC=\frac{1}{2}\times50°=25°$

5　2021年の選手数は，1964年の選手数の11092人÷5151人＝2.15…より，約2.2倍　2021年の女性の選手数の割合は，1964年の選手数の割合の49％÷13％＝3.76…より，約3.8倍だから，2021年の女性の選手数は，1964年の女性の選手数の2.2×3.8＝8.36より，約8倍である。

**2**　(関数$y=ax^2$，平行四辺形になる条件，作図，資料の散らばり・代表値，標本調査，方程式の応用)

1　関数$y=ax^2$が$x$の**変域**に0を含むときの$y$の変域は，$a<0$なら，$x=0$で**最大値**$y=0$，$x$の変域の両端の値のうち**絶対値**の大きい方の$x=-5$で**最小値**$y=a\times(-5)^2=25a$になるから，$y$の変域は$25a\leqq y\leqq0$

2　ア　AB＝DCの等脚台形になる場合があるから，必ず平行四辺形になるとはいえない。　イ　1組の向かいあう辺が等しくて平行だから，必ず平行四辺形になる。　ウ　例えば，$\angle A=\angle B=90°$，$\angle C=60°$，$\angle D=120°$の台形になる場合があるから，必ず平行四辺形になるとはいえない。　エ　半直線AB上で，頂点Bに関して頂点Aと反対側に点Eをとると，**平行線の同位角は等しい**から，$\angle A=\angle CBE$…①　仮定より，$\angle A=\angle C$…②　①，②より，$\angle CBE=\angle C$　**錯角**が等しいから，AB//DC　2組の向かいあう辺がそれぞれ平行だから，必ず平行四辺形になる。
オ　AB＝DCの等脚台形になる場合があるから，必ず平行四辺形になるとはいえない。

3　(着眼点)　**2つの点から等距離にある点は，その2つの点を端点とする線分の垂直二等分線上にある**から，3点A，B，Cから等距離にある点Pは，線分ABの垂直二等分線と，線分BCの垂直二等分線の交点である。　(作図手順)　次の①～④の手順で作図する。　①　点A，Bをそれぞれ中心として，互いに交わるように半径の等しい円を描き，その交点を通る直線(線分ABの垂直二等分線)を引く。　②　点B，Cをそれぞれ中心として，互いに交わるように半径の等しい円を描き，その交点を通る直線(線分BCの垂直二等分線)を引き，線分ABの垂直二等分線との交点をPとする。　③　直線PCを引く。　④　点Pを中心として，半径PCの円を描き，直線PCとの交点のうち，点Cと異なるほうを点Qとする。

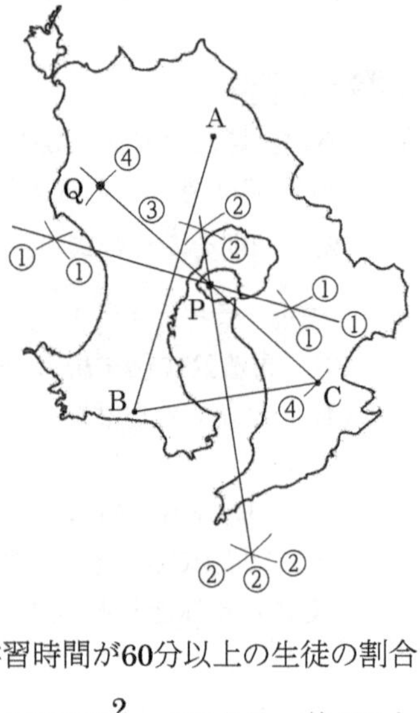


4　(1)　**標本**における学習時間が60分以上の生徒の割合は，$\frac{27+13}{100}=\frac{2}{5}$　よって，**母集団**のA市の中学生1200人における学習時間が60分以上の生徒の割合も$\frac{2}{5}$と推定できるから，学習時間が60分以上の生徒の人数は，$1200\times\frac{2}{5}=480$より，約480人と推定できる。

(2)　(方程式と計算過程)　(例)$\begin{cases}x+y=100-(8+27+13)\cdots① \\ 10\times8+30\times x+50\times y+70\times27+90\times13=54\times100\cdots②\end{cases}$

①から$x+y=52$…③　②から$3x+5y=226$…④　③×3－④より，$(3x+3y)-(3x+5y)=156-226$　$-2y=-70$　$y=35$…⑤　⑤を③に代入して，$x+35=52$　$x=17$

## 3　(図形と関数・グラフ)

1　辺ABが$x$軸に平行であることから，△ABC$=\frac{1}{2}\times$AB$\times$(点Cの$y$座標−点Bの$y$座標)$=\frac{1}{2}\times(8-2)\times(12-4)=24$

2　(1)　$a$の値が最小になるのは，直線①が点A(2，4)を通るときであり，$4=-2+2a$より，$a=3$　$a$の値が最大になるのは，直線①が点B(8，4)を通るときであり，$4=-8+2a$より，$a=6$　よって，$a$の値の範囲は$3\leqq a\leqq 6$

(2)　2点A(2，4)，C(10，12)を通る直線は，傾き$=\frac{12-4}{10-2}=1$　よって，直線ACの式を$y=x+b$とおくと，点Aを通るから，$4=2+b$　$b=2$　直線ACの式は$y=x+2$…②　点Qの座標は①と②の連立方程式の解。②を①に代入して，$x+2=-x+2a$　$x=a-1$　これを②に代入して，$y=a-1+2=a+1$　交点Qの座標は，$(a-1,\ a+1)$

(3)　(求め方や計算過程)　(例)点Pの$x$座標を$a$を用いて表す。点Pの$y$座標は4であるから①に代入して　$4=-x+2a$　$x=2a-4$　△APQの面積は$(2a-4-2)(a+1-4)\times\frac{1}{2}=(a-3)^2$　よって，△APQの面積が△ABCの面積の$\frac{1}{8}$であるとき　$(a-3)^2=24\times\frac{1}{8}$　$a-3=\pm\sqrt{3}$　$a=3\pm\sqrt{3}$　$3\leqq a\leqq 6$であるから　$a=3+\sqrt{3}$

## 4　(平面図形，線分の長さの比，合同の証明，線分の長さ，面積比)

1　△EBDと△FDCが正三角形であることから，∠EDB=∠FDC=60°　よって，∠EDF=180°−∠EDB−∠FDC=180°−60°−60°=60°

2　∠EBD=∠FDC=60°より，同位角が等しいから，EB//FD　**平行線と線分の比の定理**を用いて，EG：GD=EB：FD=BD：DC=12：6=2：1

3　(証明)　(例)△BDFと△EDCにおいて，△EBDと△FDCは正三角形だからBD=ED…①　DF=DC…②　∠BDE=60°，∠FDC=60°であるから∠BDF=120°，∠EDC=120°　したがって，∠BDF=∠EDC…③　①，②，③より，2組の辺とその間の角がそれぞれ等しいから，△BDF≡△EDC

4　点Fから辺BCへ垂線FIを引くと，△FDIは**30°，60°，90°の直角三角形で，3辺の比は2：1：$\sqrt{3}$**だから，DI$=\frac{1}{2}$DC$=\frac{1}{2}\times6=3$(cm)，FI$=\sqrt{3}$ DI$=\sqrt{3}\times3=3\sqrt{3}$ (cm)　△BFIに**三平方の定理**を用いると，BF$=\sqrt{\mathrm{BI}^2+\mathrm{FI}^2}=\sqrt{(\mathrm{BD}+\mathrm{DI})^2+\mathrm{FI}^2}=\sqrt{(12+3)^2+(3\sqrt{3})^2}=6\sqrt{7}$ (cm)

5　EG：GD=2：1より，EG=ED$\times\frac{2}{2+1}=12\times\frac{2}{3}=8$(cm)　また，BG：GF=EG：GD=2：1より，BG=BF$\times\frac{2}{2+1}=6\sqrt{7}\times\frac{2}{3}=4\sqrt{7}$ (cm)　△BDF≡△EDCより，∠DBG=∠HEG…①　**対頂角は等しい**から，∠BGD=∠EGH…②　①，②より，2組の角がそれぞれ等しいから，△BDG∽△EHG　その相似比は，BG：EG$=4\sqrt{7}：8=\sqrt{7}：2$　**相似な図形では，面積比は相似比の2乗に等しい**から，△BDG：△EHG$=(\sqrt{7})^2：2^2=7：4$　よって，△BDGの面積は，△EHGの面積の$\frac{7}{4}$倍である。

## 5　(規則性，数の性質，文字を使った式)

1　13÷4=3あまり1より，長方形13は(白，赤，白，青)を3回繰り返した後，白色の色紙を1枚並べるから，長方形13の右端の色紙は白色である。また，長方形13の横の長さは，$(1+3+1+5)\times3+1=31$(cm)である。

2　(1)　長方形$2n$は，3種類の色紙を合計$2n$枚使っている。このうち，白色の色紙は，左端から1枚目，3枚目，5枚目，…というように，2枚毎に1枚使うから，$2n\div2=n$より，$n$枚…ア使う。

また，$n$が偶数のとき，整数$k$を使って$n=2k$と表されるから，長方形$2n$は，3種類の色紙を合計$2n=2\times 2k=4k$(枚)使っている。前問1と同様に考えると，$4k\div 4=k$より，長方形$2n$は(白，赤，白，青)をちょうど$k$回繰り返して並べるから，赤色の色紙と青色の色紙はそれぞれ$k=\frac{n}{2}$枚…イ・ウずつ使う。以上より，長方形$2n$の横の長さは，(白色の色紙の合計の長さ)＋(赤色の色紙の合計の長さ)＋(青色の色紙の合計の長さ)$=1$(cm)$\times n$(枚)$+3$(cm)$\times\frac{n}{2}$(枚)$+5$(cm)$\times$ $\times\frac{n}{2}$(枚)$=5n$(cm)…エとなる。

(2)　(求め方や計算過程)　(例)長方形$2n$の右端の色紙は赤色であるから，赤色の色紙は青色の色紙よりも1枚多い。白の色紙を$n$枚，赤の色紙を$\frac{n+1}{2}$枚，青の色紙を$\left(\frac{n+1}{2}-1\right)$枚使うから，長方形$2n$の横の長さは，$n\times 1+\frac{n+1}{2}\times 3+\left(\frac{n+1}{2}-1\right)\times 5=5n-1$

## ＜英語解答＞

[1]　1　ア　2　ウ　3　Saturday　4　ウ→イ→ア　5　イ　6　(1)　The young girl did.　(2)　ウ　7　I want to clean the beach with my friends.

[2]　1　①　エ　②　イ　2　①　breakfast　②　climb　③　March
3　①　I like them　②　He has visited　③　It was built
4　You should buy (Ⓧ・Y) because it is bigger than Y.  You can carry a lot of things in the bag.  Also, you don't have to worry about the thing in the bag if it starts to rain.

[3]　Ⅰ　1　ア　2　be careful of Amami rabbits　Ⅱ　1　イ　2　②　イ　③　ウ　④　ア　Ⅲ　エ

[4]　1　イ　2　They didn't have enough time to talk with each other.　3　エ
4　笑顔で話せば相手もうれしく感じ，親切にすれば相手も優しくしてくれるということ。
5　Thank you for everything you've done for me.  You're the best mother in the world.　6　イ，ウ

## ＜英語解説＞

[1]　(リスニング)

放送台本の和訳は，47ページに掲載。

[2]　(会話文問題：文の挿入，語句補充・記述，語句の問題，条件英作文，助動詞，関係代名詞，比較，現在完了，不定詞，受け身)

1　(全訳)　ケンタ(以下K)：サム，この前の夏に東京オリンピックを見ましたか？／サム(以下S)：はい，多くの試合を見ました。中にはオリンピックの歴史で初めて開催されたものもありましたよね？私は試合にとても興奮しました。／K：どのスポーツが好きですか？／S：私はサーフィンが好きです。オーストラリアでは，私はしばしばサーフィンしに行きました。イ②あなたはどうですか？／K：私の好きなスポーツはテニスです。／S：あっ，あなたはテニスが最も好きなのですね。私はオーストラリアでテニスも私の兄[弟]としました。えーと，次の日曜日に時間があります。エ①一緒に(テニスを)しませんか？／K：もちろん！　次の日曜日が待ちきれません！

それでは，その時に会いましょう。／S：じゃあまた。

① 「一緒にプレーしょうか」<**Shall we ＋原形～?**>「～しましょうか」＝ <Let's ＋ 原形>

② 「あなたはいかがですか」How about ～ ?「～はいかがですか」

2 （全訳） ユウコ(以下Y)：こんにちは，トム。お元気ですか？／トム(以下T)：元気ですが，少しお腹がすいています。今朝起きるのが遅かったので，①朝食を食べていません。／Y：えっ，それは良くないですね！ 次の日曜日の朝は，必ず忘れずに何かを食べるようにしてください。／T：ユウコ，わかっていますよ。再び，山に②登るために，私たちは霧島へ行くのですよね。この前，いつ私たちはそこへ行ったか覚えていますか？／Y：はい。③3月に私たちはそこへ行きました。早春でした。

① 「起きた後に朝，人々が食べる食べ物」→ breakfast「朝食」the food▼people eat ← **<先行詞(＋目的格の関係代名詞)＋主語＋動詞>「～[主語]が…[動詞]する先行詞」目的格の関係代名詞の省略**　② 「より高い，あるいは，最も高い場所へ移動する」→「登る」climb higher／highest ← high の比較級／最上級　③ 「1年の3番目の月」→「3月」March

3 （全訳） ソウタ(以下S)：こんにちは，ルーシー。何の本をあなたは読んでいるのですか？あっ，それらは歴史の本ですか？／ルーシー(以下L)：はい。①私はそれらが好きです。それらはとても面白いです。／S：それでは，おそらくあなたはこれが好きでしょう。これは出水の古い家の写真です。／L：わぁ！ とても美しいですね。あなたがこの写真を撮ったのですか？／S：いいえ，私の父が撮影しました。写真を撮るために，彼はそこを何度も②訪れたことがあります。それはそこで最も古い建物だそうですね。／L：その家は築どのくらいですか？／S：それは250年以上前に③建てられました。／L：あっ，すぐにでもそれを見たいです。

① 直前のhistory books を them で受けて，I like them. とする。

② many times「何度も」とあるので，「写真を撮影するために，彼はそこを何度も訪れたことがある」という意味の**現在完了<have[has]＋過去分詞>(経験)**の文を完成させること。**「～するために」(目的)不定詞(to ＋原形)の副詞的用法**　③ 「それは250年以上前に建てられた」という意味の**受け身<be動詞＋過去分詞>「～される」**の文を完成させること。

4 （指示文訳） 「こんにちは！私はかばんが買いたいのです。XとYのどちらを買うべきでしょうか？私に助言をください！」 （模範解答訳） 「Xを買うべきです。というのは，Yよりも大きいからです。そのかばんだと多くのものを運ぶことができます。また，雨が降り始めても，かばんの中にあるものについて心配する必要がありません」**should「すべきである／するはずだ」** かばんをどちらか選び，そのすすめる理由を2つ，25～35語の英語で表わす条件英作文。

## 3 **(中文読解問題・会話文問題・資料読解・エッセイ：グラフ・表などを用いた問題，語句補充・記述・選択，文の挿入，比較，助動詞，接続詞，不定詞)**

I （全訳） 奄美大島と徳之島は，去年，世界自然遺産になりました。アマミノクロウサギはこれらの島々のみに住んでいて，今や絶滅の危機に瀕《ひん》しています。その最も大きな原因の1つが，自動車事故です。このグラフは，20年の間，毎月，何件のアマミノクロウサギに対する自動車事故が起きているかを示しています。8月よりも9月には2倍の自動車事故が起きています。アマミノクロウサギは秋から冬にかけてより活発だからです。事故は12月に最も多く発生しました。その月は人々が多く運転するからです。この写真を見てください。そこの人々はアマミノクロウサギを保護し始めました。彼らはこの標識を島のいくつかの場所に設置しています。それは，車の運転手はアマニクロウサギに注意しなければならないことを示しています。アマミノクロウサギのために，私たち皆が何かをすることが，非常に重要です。

1　アマミノクロウサギの交通事故確認件数において，9月が8月の2倍で，12月が最も多いグラフを選ぶこと。<A + twice as ~ as + B>「AはBの2倍」**most ← many／much の最上級「もっと多い[多く]」**

2「(アマミノクロウサギの)飛び出し注意」の標識の意味することを英語で表わす問題。「運転手は，ここではアマミノクロウサギを注意しなければならない」という趣旨の英文を完成させればよい。**must「～しなければならない／にちがいない」**

Ⅱ（全訳）エレン(以下E)：こんにちは，ミカ！　私は，明日，水族館を訪れることを楽しみにしています。すべてを確認したいと思います。まず，入場するのにいくら払うべきですか？／ミカ(以下M)：私たちのクラスには40名の生徒がいて，私たちはみんな14歳，あるいは15歳なので，皆，①600円を払うべきです。でも学校がすでに支払いをすましているので，明日，払う必要はありません。／E：わかりました。ありがとう。次に，明日の私たちの予定を確認しましょう。私たちは水族館の前に午前9時30分に集合します。午前は，私たちのクラスの全員が“イルカの訓練”と“海洋動物について語る”を見学します。午後は，何をするか私たちは選べます。そして，私たちは午後2時30分に水族館を出発します。／M：その通りです。午後，あなたは何をしたいですか？／E：私はそこですべての催しを楽しみたいと思っています。そこで，午後12時30分に②“サメの餌付け”を見ましょう。その後，③“海洋生物と触れ合おう”を楽しみ，それから，④“イルカショー”を見ましょう。／M：それは最高の計画ですね！　私たちは出発する前に，全ての催しを楽しむことができます！

1　ミカの最初のせりふから，参加者全員が14歳，あるいは15歳で，総計40名という条件を読み取り，料金表を参照すること。**~, so…「～だ，だから[それで]…」should「すべきである／するはずだ」**

2　午前中に見学済みである “Dolphin Training” と “Talking about Sea Animals” の2つを除いて，午後12:30に始まるのは “Giving Food to Shark”である。後は，エレンの「すべての催しを楽しみたい」，さらに，午後2時30分に水族館を後にするという条件を満たすように，催しのタイムスケジュールを参照して，残りの“Let’s Touch Sea Animals”と“Dolphin Show”を組み合わせること。

Ⅲ（全訳）現在，プラスティック汚染は世界で最も深刻な問題の1つになっており，プラスティック製品を使うのは良くない，と多くの人々が考えています。代わりに，彼らはより多くの紙製品を開発し，使い始めています。鹿児島では，私たちの周囲のもので作られた新しい種類の紙製品を購入することができます。ご存じでしょうか？

1つの例が“竹製の紙ストロー”です。それらは竹製の紙で作られているので，非常に特別のものです。それらはまた紙ストローよりも丈夫です。現在，鹿児島のいくつかの店でそれらを買うことができます。

なぜストローを作るのに竹が用いられるのでしょうか？いくつかの理由があります。鹿児島には多くの竹があり，鹿児島県は日本で最大の竹の生産地です。鹿児島の人々は竹の使い方をよく知っています。だから，そこでは多くの種類の竹製品が作られています。竹製の紙ストローはそれらのうちの1つです。

このようなストローは私たちがプラスティック汚染を阻止する手助けになるのでしょうか？答えは“はい！”です。もし竹製品を使い始めるのならば，プラスティック汚染の問題について考える機会を得ることでしょう。私たちの周りのものを使うことで，プラスティック製品を使用することをやめることができます。そうすれば，私たちの社会をより住みやすい場所に変えることができます。私たちが使うことができる他のものはあるでしょうか？　そのことについて考えてみましょう。

スミス先生：このスピーチで最も重要な点は何ですか？
アミ　　　：エ(世界のプラスティック汚染を阻止するために，私たちの周囲にあるより多くのものを使うべきです)
スミス先生：いいですね！　その通り！　それが主要な点です。

スピーチの要旨を選ぶ問題。**should**「すべきである／するはずだ」**more ← many／much** **の比較級「より多い[多く]」不定詞[to ＋原形]「～するために」副詞的用法(目的)** 他の選択肢は次の通り。　ア 「私たちは新しい種類のプラスティック製品を開発するべきで，そうすれば，プラスティック汚染を阻止できる」言及ナシ。　イ 「プラスティックよりも丈夫なので，竹製の紙でできたストローをもっと作るべきだ」竹製の紙でできたストローが，プラスティック製のものより丈夫だとは，述べられていない。**stronger ← strong** の比較級　ウ 「鹿児島には多くの竹があるので，私たちはもっと多くの竹製品を買うべきだ」言及ナシ。

**4**　**(長文読解問題・物語文：絵などを用いた問題，英問英答・記述，語句の解釈，日本語で答える問題，条件英作文，内容真偽，助動詞，不定詞，文の構造・目的語と補語，動名詞，接続詞)**

サラの家の冷蔵庫には小さなホワイトボードがある。最初は，彼女の母親がその日の彼女の計画のみを記入するために購入したが，今では，それはサラにとって特別な意味をもつようになっている。

サラが幼かった頃，彼女は彼女の両親を家庭でできるだけ手助けしていた。彼女の両親は看護師として，働いていた。サラは彼女の両親が行うことが多くあるということを理解していた。

中学の1年になった時に，サラは女子サッカー部でサッカーを始めた。彼女の生活は大きく変わった。彼女はとても忙しくなった。サラと彼女の母親はしばしば買い物に一緒に出掛けていたが，サラがクラブに入った後は，(一緒に買い物することが)できなかった。彼女は良い選手になるために，懸命にサッカーを練習した。

ある朝，彼女の母親は悲しそうな表情で，「互いに話すのに十分な時間がないわね？」と言った。サラはそのことが大きな問題だとは思わなかった。というのは，他の中学生にとっても同様であろう，と考えたからだ。でも後に，①彼女には，彼女の母親の悲しそうな顔が何度も思い出された。

翌月曜日，サラにはサッカーの試合が予定されていた。彼女は母親に「私の最初の試合を見に来ることができる？」と尋ねた。彼女の母親は自分の予定を確認して，「行くことができたらよかったのに，行けないわ。仕事に行かなければならないの」と言った。そこで，サラは「お母さんは良い看護師かもしれないけれども，良い母親ではないわ」と言った。彼女は，それは意地の悪いことだ，とはわかっていたが，自分自身を止められなかった。

試合の日に，彼女はホワイトボードに母親からのメッセージを見つけた。そこには，「幸運を。良い試合を！」と書かれていた。サラはそれを見た時に，彼女の母親への言葉を思い出した。「あの言葉はお母さんを悲しくさせたのだわ」とサラは考えた。②彼女は自分のことが好きになれなかった。

2週間後，サラは3日間病院で職業体験をした。それはかつて彼女の母親が勤めていた病院だった。看護師は患者の手助けをして，笑顔で彼らに話しかけていた。彼女は彼女らのようになりたかったが，患者と上手く意思疎通が図れなかった。

最後の日に昼食後，③彼女は看護師のジョンに彼女の問題について話した。彼は彼女の母親の友人だった。サラは「私にとって上手く患者と意思疎通を図るのは難しいです」と言った。「それは簡単だよ。彼らと話す時に，笑顔を浮かべれば，彼らは喜ぶだろう。もし彼らに親切に接すれば，彼らはあなたにとってやさしくなるだろう。私はあなたのお母さんのことを思い出すよ。彼女はいつも周囲の人々のことを考えているよ」とジョンは言った。サラは彼の言葉を耳にした時に，彼女の母親の顔を思い出した。彼女は「お母さんはいつも忙しいけれど，毎日夕飯を用意してくれて，私を学校へ連れて行ってくれる。彼女は私のために多くのことをしてくれている」と思った。

その晩，サラは台所へ行って，ペンを手にした。彼女は④ホワイトボード上に，母親への彼女の最初のメッセージを書こうとした。最初，何を書いたらよいかわからなかったが，サラは彼女の母親の幸せそうな顔を本当に見たいと思った。そこで，再び書くことを決意した。

翌朝，サラは彼女の母親に会えなかった。「お母さんは早く家を出なければいけなかったのね。おそらく，彼女はまだメッセージを読んでいないわ」と彼女は考えた。

その晩，サラは台所のホワイトボードを見た。そこに書かれた言葉はサラのものではなくて，代わりに，彼女の母親の言葉を見つけた。「あなたのメッセージありがとう。それを読んで本当にうれしかった。また書いてください」サラはホワイトボード上に彼女の母親の笑みを見る思いだった。

現在では，サラと彼女の母親は互いにもっと話すようになっているが，ホワイトボードにメッセージは書き続けている。それは少し古くなってしまったが，サラと彼女の母親との間の架け橋として機能している。彼女らにはそれが数年は必要かもしれない。いつかそれなしで，彼女の真意を彼女の母親に示すことができることを，サラは望んでいる。

1　「サッカーの試合には来られるか」とサラが尋ねると，母親は I wish I could go, but I can't. I have to go to work.(第5段落第3・4文)と答えていることから，母親はサッカーの試合に行けなかったのである。<**I wish I could** ＋原形>「～できればいいなあ」実際に不可能なことを願う言い方。<**have ＋ to**不定詞>「～しなければならない／であるに違いない」

2　質問「サラの母親がサラに話しかけた時に，なぜ母親は悲しそうだったのか」悲しそうな表情で，We don't have enough time to talk with each other, do we?(第4段落第1文)と母親が述べていることから考える。<enough ＋名詞＋ to不定詞>「～するのに十分な…［名詞］」each other「互いに」

3　サッカーの試合に来られない母に対して，「良い母親でない」と言ってしまった自身の言葉を思い出し，They made her very sad「そのことが母親を非常に悲しませた」(下線部②の直前)とサラが後悔していることや，母親がサラに対して励ましのメッセージをホワイトボードに残した点などから，推測すること。**make A B**「AをBの状態にする」

4　第8段落第5・6文のジョンの助言(If you smile when you talk with them, they will be happy. If you are kind to them, they will be nice to you.)を参考にすること。

5　(模範解答訳)「私にしてくれているすべてのことに感謝しています。あなたは世界中で最も優れた母親です」サラの母親に寄せたメッセージを15語程度の英文でまとめる条件英作文。

6　ア「最初から，サラと彼女の母親は，それぞれの予定を書くのにしばしばホワイトボードを使った」(×)　当初は，母親が一日の予定を書くためにホワイトボードを購入したのである(第1段落第2文)。from the beginning ＝ at first　イ「サラはクラブでサッカーを始める前に，家で両親が物事をする手助けをした」(○)　第2段落に一致。<help ＋人＋原形>「人が～［原形］することを手助けする」began playing ← **動名詞［原形＋ -ing］「～すること」**
ウ「病院での職業体験中に，最終日の昼食後，サラはジョンと話をした」(○)　第8段落第1文に一致。　エ「サラはホワイトボード上に，彼女の母親に対する最初のメッセージを書いたが，彼女の母親は返事をしなかった」第11段落で，母親の返事がホワイトボードに書かれていたことが述べられているので，不適。　オ「今やサラは彼女の母親と話すことができるので，彼女はホワイトボードにメッセージを書かない」(×)　第12段落第1文に they keep writing messages on the whiteboard と書かれている。<keep ＋ -ing>「し続ける」 **～, so…**「～だ，だから…である」

# 2022年度英語　リスニングテスト

〔放送台本〕

これから，英語の聞き取りテストを行います。英語は1番から4番は1回だけ放送します。5番以降は2回ずつ放送します。メモをとってもかまいません。では，1番の問題を始めます。まず，問題の指示を読みなさい。それでは放送します。

*Alice:* Hi, Kenji. Did you do anything special last weekend?
*Kenji:* Yes, I did. I watched a baseball game with my father at the stadium.
*Alice:* That's good. Was it exciting?
*Kenji:* Yes! I saw my favorite baseball player there.

〔英文の訳〕

アリス：こんにちは，ケンジ。先週末，何か特別なことをしましたか？
ケンジ：はい，しました。スタジアムで父と野球の試合を見ました。
アリス：それは良かったですね。面白かったですか？
ケンジ：はい！　そこで私の好きな野球選手を見ました。
(正解)：野球のイラストのア

〔放送台本〕

次に，2番の問題です。まず，問題の指示を読みなさい。それでは放送します。

*David:* I want to send this letter to America. How much is it?
*Officer:* It's one hundred and ninety yen.
*David:* Here is two hundred yen. Thank you. Have a nice day.
*Officer:* Hey, wait. You forgot your 10 yen.
*David:* Oh, thank you.

〔英文の訳〕

デヴィッド：私はこの手紙をアメリカへ送りたいのです。おいくらですか？
職員　　　：190円です。
デヴィッド：ここに200円あります。ありがとうございます。良い一日をお送りください。
職員　　　：あっ，待ってください。10円忘れています。
デヴィッド：あっ，ありがとう。
(正解)　　：ウ　190円

〔放送台本〕

次に，3番の問題です。まず，問題の指示を読みなさい。それでは放送します。

*Takeru:* I'm going to see a movie this Friday. Do you want to come with me?
*Mary:* I'd like to, but I have a lot of things to do on Friday. How about the next day?
*Takeru:* The next day? That's OK for me.

〔英文の訳〕

タケル　：今度の金曜日に映画を見に行きます。私と一緒に行きたいですか？
メアリー：行きたいですが，金曜日にはやらなければならないことがたくさんあります。翌日はどうですか？
タケル　：翌日ですか？　私なら平気ですよ。

〔設問の英文の訳〕

ハナ　　：こんにちは，メアリー。(土曜日に)私と一緒に買い物に行くことができますか？
メアリー：あっ，ごめんなさい。その日には，タケルと映画を見に行きます。

〔放送台本〕

次に，4番の問題です。まず，問題の指示を読みなさい。それでは放送します。

Here is the weather for next week. Tomorrow, Monday, will be rainy. You'll need an umbrella the next day too, because it will rain a lot. From Wednesday to Friday, it will be perfect for going out. You can go on a picnic on those days if you like. On the weekend, the wind will be very strong. You have to be careful if you wear a hat. I hope you will have a good week.

〔英文の訳〕

来週の天気です。明日，月曜日は雨でしょう。たくさん雨が降るので，翌日も傘が必要でしょう。水曜日から金曜日は外出には最適でしょう。お望みなら，これらの日はピクニックへ行くことができます。週末は，風が非常に強くなります。帽子をかぶる際には，注意しなければなりません。良い1週間をお迎えください。

〔放送台本〕

次に，5番の問題です。まず，問題の指示を読みなさい。それでは放送します。

Welcome to English Camp. We are going to stay here for two days. Please work hard with other members and enjoy this camp. Let's check what you are going to do today. First, you have group work. It will start at 1:20 p.m. In your groups, you'll play games to know each other better. Then, you'll enjoy cooking at three. You will cook curry and rice with teachers. After that, you will have dinner at five and take a bath at seven. You have to go to bed by ten. During the camp, try hard to use English. Don't use Japanese. That's all. Thank you.

〔英文の訳〕

英語キャンプにようこそ。私たちはここに2日間滞在します。他のメンバーと懸命に活動して，キャンプを楽しんでください。本日行うことを確認しましょう。まず，グループ活動があります。それは午後1時20分から始まります。グループで，互いをよりよく知るために，ゲームをします。それから，3時に料理をして楽しみます。教員と一緒にカレーライスを調理します。その後，5時に夕食を食べて，7時に風呂に入ります。10時までに就寝しなければなりません。キャンプ期間中には英語を使うように頑張ってください。日本語は使ってはいけません。それだけです。ありがとうございます。

〔放送台本〕

次に，6番の問題です。まず，問題の指示を読みなさい。それでは放送します。

I want to talk about something that happened last week. On Tuesday, I saw an old woman. She was carrying a big bag. It looked heavy. I was just watching her. Then a young girl ran to the old lady and carried her bag. The girl looked younger than me. She helped the old woman, but I didn't. "Why didn't I help her ?" I thought.

The next day, I found a phone on the road. I thought someone would be worried about it. So I took it to the police station. A man was there. He looked at me and said, "I think that's my phone. Can I see it?" Then he said, "Thank you very much." His happy face made me happy too.

This is my story. It is important to be like the young girl.

Question(1): Who helped the old woman?

Question(2): What is Shohei's message in this speech?

〔英文の訳〕

先週起こったことについて話したいと思います。火曜日にある年配の女性を見かけました。彼女は大きなかばんを運んでいました。重そうでした。私は単に彼女を見ているだけでした。その時，若い少女がその年配の女性のところへ走っていき，彼女のかばんを運んだのです。その少女は私よりも若そうでした。彼女はその年配の女性を手助けましたが，私は助けませんでした。「なぜ私は彼女を助けなかったのだろう？」と私は思いました。

翌日，道端に電話があるのを見つけました。誰かがそのことを心配しているだろうと思いました。そこで，それを交番にもって行きました。ある男性がそこにいました。彼は私を見ると言いました。「それは私の電話だと思います。見てもよいですか？」そして彼は「どうもありがとうございました」と言いました。彼のうれしそうな顔が，私をうれしい気分にさせたのです。

これが私の話です。あの若い少女のようであることは重要です。

質問(1)　誰が年配の女性を助けましたか。─少女です。

質問(2)　このスピーチのショウヘイのメッセージは何ですか？

〔設問の英文の訳〕

ア「私たちは若い少女に優しくするべきだ」　イ「私たちは他人からの手助けを待つべきだ」

㋒「可能ならば，私たちは他人を手助けすべきだ」

〔放送台本〕

次に，7番の問題です。まず，問題の指示を読みなさい。それでは放送します。

*Kazuya:* Hi, Cathy. Have you ever done any volunteer activities in America?

*Cathy:* Yes, of course. Do you want to do a volunteer activity in high school?

*Kazuya:* Yes, I do.

*Cathy:* What do you want to do?

*Kazuya:* (　　　　　).

〔英文の訳〕

カズヤ　：こんにちは，キャシー。あなたはアメリカでかつてボランティア活動をしたことがありますか？

キャシー：はい，もちろんです。あなたは高校でボランティア活動を行いたいですか？

カズヤ　：はい，行いたいです。
キャシー：何をしたいですか？
カズヤ　：(解答例訳)友人と海岸を清掃したいです。

## ＜理科解答＞

1　1 ①　ア　②　イ　2　ウ　3　エ　4　①　ア　②　イ　5　(1)　斑状組織　(2)　分解者　(3)　発熱反応　(4)　6〔Ω〕

2　Ⅰ　1　右図1　2　150〔cm/s〕　3　a　0.4　b　慣性　4　エ　Ⅱ　1　交流　2　コイルの内部の磁界が変化すると，その変化にともない電圧が生じてコイルに電流が流れる現象。　3　棒磁石をより速く動かす。　4　ウ

3　Ⅰ　1　(1)　赤血球　(2)　a　血しょう　b　組織液　2　(1)　ア　13〔本〕　イ　26〔本〕　ウ　26〔本〕　(2)　AA，Aa
Ⅱ　1　a　胸部　b　6　2　(記号)　ア　(名称)　花弁　3　(1)　B，C
(2)　【試験管(　A　)と比べることで，】光が当たってもタンポポの葉がなければ，二酸化炭素は減少しないことを確かめるため。

4　Ⅰ　1　P波　2　(1)　C　(2)　右図2　(3)　21〔秒〕　Ⅱ　1　移動性高気圧　2　エ　3　イ　4　冷たく乾燥している。

5　Ⅰ　1　電解質　2　イ　3　右図3　4　$2HCl \rightarrow H_2 + Cl_2$　Ⅱ　1　ウ　2　ア
3　$\frac{W-28}{7}$〔g/cm³〕　4　A，B

図1
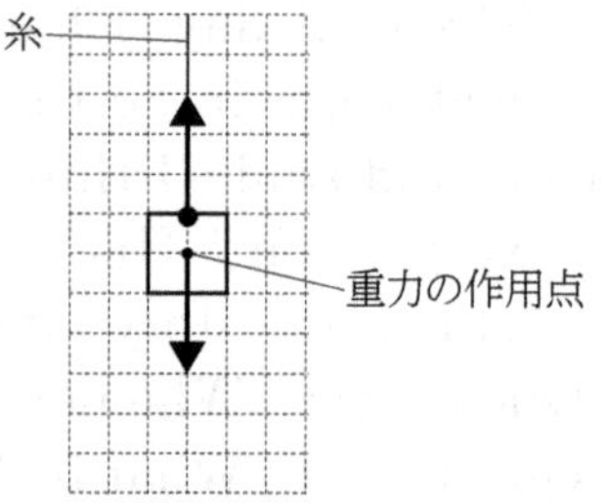


図2
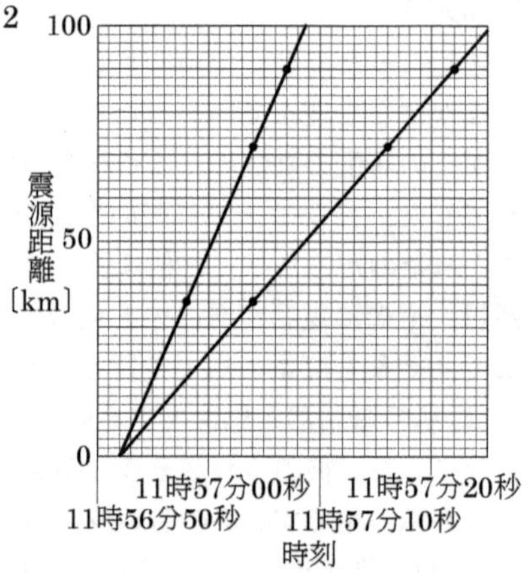


図3
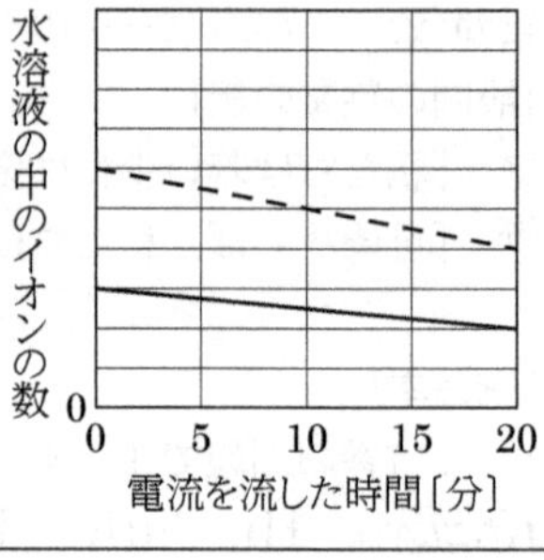


## ＜理科解説＞

1　(各分野小問集合)

1　虫めがねで見える像は，実物と同じ向きで拡大されているので，虚像である。
2　フェノールフタレイン溶液が赤色に変化することから，この水溶液はアルカリ性である。よって，pHは7よりも大きい。
3　ハイギョは魚類に分類される動物であるが，両生類の特徴を一部もっている生物である。
4　地球の自転は，24時間で360°回転することから，1時間あたりでは，360°÷24〔h〕＝15°回転する。

5 (1) 石基に斑晶があるので，斑状組織である。
(2) 菌類・細菌類などの微生物は，自然界で有機物を無機物に分解するはたらきから，分解者に分類される。
(3) 化学変化では，必ず熱のやりとりがある。このうち，周囲に熱を放出する化学変化を，発熱反応という。
(4) **1.5Vの電圧の乾電池を2個直列につなぐと，全体の電圧は3.0Vになる。**よって，3.0〔V〕÷0.5〔A〕=6〔Ω〕

## 2 (物理総合)

Ⅰ 1 2つの力はつり合っているので，どちらもおもりにはたらいている。重力につり合う力は，**糸がおもりを引く力**である。 2 (27.0−12.0)〔cm〕÷0.1〔s〕=150〔cm/s〕 3 0～0.4秒までは，台車が静止していた位置から机の上を動いた距離が，0cm→3cm(3cm増加)，3cm→12cm(9cm増加)，12cm→27cm(15cm増加),27cm→48cm(21cm増加)のように，0.1秒ごとの移動距離が6.0cmずつ一定の割合で増加しているが，0.4秒を過ぎると0.1秒間の移動距離が一定になっている。よって，0.4秒のときに，おもりが床についたと考えられる。物体に力がはたらかない，または，力がつりあっている場合，静止している物体はいつまでも静止し，運動している物体はそのままの速さで等速直線運動を続けることを慣性の法則という。 4 おもりの重さは実験2のほうが重いので，台車の速さが増加する割合が大きくなる。そのため，実験1よりも，実験2のほうが，同じ速さに達する時間が短い。ただし，おもりが移動する距離は実験1と2で等しいので，グラフにおいて，等速直線運動が始まるまでの台車の移動距離(時間×速さ÷2の値)も等しくなる。

Ⅱ 1 電流の向きが定期的に変わる電流を，交流という。
2 電磁誘導は，コイルの内部の磁界のようすが変化することで，コイルに電圧が生じる現象である。
3 装置を変えずに誘導電流を大きくするためには，棒磁石がコイル内で運動する速さを速くすればよい。
4 コイルに棒磁石が近づくときと，コイルの下側から棒磁石が出ていくときで，誘導電流の向きが変化する。

## 3 (生物総合)

Ⅰ 1 (1) 赤血球は，全身の細胞に酸素を運ぶ。 (2) 血しょうが毛細血管からしみ出ると，組織液と呼ばれるようになる。組織液は，さまざまな物質を毛細血管から細胞まで運搬するためのなかだちとなっている。 2 (1) ア 生殖細胞なので，染色体数は体細胞の半分の13本になっている。 イ，ウ 受精卵は，もとの細胞と同じ染色体数になっている。これが体細胞分裂したのがイ，ウの細胞なので，いずれも26本である。 (2) 雌と雄のどちらも，少なくとも1つはAの遺伝子をもっている。よって，**AAとAa**。

Ⅱ 1 昆虫は，体が頭部，胸部，腹部の3つに分かれ，胸部から6本のあしがはえている。
2 花のつくりを外側から並べると，がく→花弁→おしべ→めしべとなる。 3 (1) Aは光合成を行い，多くの二酸化炭素を吸収しているので，石灰水は変化しない。Cでは息の中にふくまれていた二酸化炭素によって石灰水が変化するが，Bは呼吸により二酸化炭素がさらに増加しているため，石灰水が変化する。 (2) 試験管AとCは，タンポポの葉が入っているか，いないかがだけが異なっている。試験管BとCは，タンポポの葉が入っているか，いないかという点に加え，アルミニウムはくでおおっているかいないかという点が異なり，2つの点が異なっている。**対照実験**は，1つの点が異なっている実験どうしでないと成立しない。よってCは，Aの対照実験である。

## 4 (地学総合)

Ⅰ 1 初期微動を伝えるのは，P波である。
2 (1) 震源から離れるほど，震度は小さくなる。 (2) それぞれ打点をとって，直線で結ぶ。
(3) 表から，**初期微動継続時間と震源距離は比例**していることがわかる。よって，震源距離126kmの地点における初期微動継続時間を$x$秒とすると，36：6=126：$x$　$x$=21〔s〕

Ⅱ　1，2　春や秋のころは，天気が数日おきに変化しやすい。これは，大陸からきた移動性高気圧と，低気圧が交互に日本付近を通過するためである。移動性高気圧は，日本上空をふく西風の偏西風の影響を受けて，西から東へ動きやすい。　3　低気圧は，中心付近に上昇気流が発生している。そのため，中心付近は気圧が低くなり，まわりから反時計回りに風がふき込むようになる。　4　北の大陸上にできる高気圧なので，低温で乾燥している。

5　(化学総合)

Ⅰ　1　水にとかすとイオンに分かれるため，水溶液に電流が流れるようになる物質を，電解質という。　2　塩素は黄緑色をした気体で，殺菌，漂白作用をもつ。　3　塩化銅は電離すると，**銅イオン：塩化物イオン＝1：2**の数の割合でイオンを生じる。よって，電流を流した時間が0分のときは，銅イオンの数の2倍が塩化物イオンの数になる。以降反応が進んでも，銅イオン：塩化物イオン＝1：2の関係が続く。　4　塩化水素→水素＋塩素　化学反応式では，→の左右の原子の種類と数が等しくなるようにする。

Ⅱ　1　液体が気体に変化して，粒子の間の間隔が広くなるので，体積が大きくなる。

2　温度計の球部を，枝の高さにそろえる。

3　エタノールの密度を$x$g/cm³とすると，$W$〔g〕$=1.0$〔g/cm³〕$\times 28.0$〔cm³〕$+x$〔g/cm³〕$\times 7.0$〔cm³〕　よって，$x=\frac{W-28}{7}$〔g/cm³〕

4　図3より，質量パーセント濃度が60％のとき，密度は0.89g/cm³になる。

**密度〔g/cm³〕$=\frac{\text{物質の質量〔g〕}}{\text{物質の体積〔cm}^3\text{〕}}$**より，試験管A～Eの液体の密度を求めると，試験管A…1.2÷1.5＝0.8〔g/cm3〕，試験管B…2.7÷3.2＝0.843…〔g/cm³〕，試験管C…3.3÷3.6＝0.916…〔g/cm³〕，試験管D，E…2.4÷2.4＝1.0〔g/cm³〕　これらから，エタノールを多くふくむほうが密度が小さくなることがわかるので，質量パーセント濃度が60％以上のエタノール水溶液は，密度が0.89〔g/cm³〕以下のものを選べばよい。

## ＜社会解答＞

1　Ⅰ　1　アルプス(山脈)　2　南緯30度　3　ア　4　イ　5　小麦
6　(1)　(1番目)　イギリス　(2番目)　ドイツ　(2)　(例)風力発電と太陽光発電の発電量の割合がともに増加している。　Ⅱ　1　2　2　カルデラ　3　ウ　4　(1)　栽培(漁業)　(2)　排他的経済水域　5　(例)太平洋や日本海から吹く湿った風が山地によってさえぎられ，乾いた風が吹くから。　Ⅲ　(記号)　Y　(理由)　(例)航空機で輸送するのに適した，比較的重量が軽い品目がみられるから。

2　Ⅰ　1　参勤交代　2　イ　3　金剛力士像　4　(例)輸入した品目を他の国や地域へ輸出　5　エ　6　ウ→イ→エ→ア　Ⅱ　1　①　伊藤博文　②　世界恐慌
2　ウ　3　樋口一葉　4　三国協商　5　ア　6　エ→ア→ウ　Ⅲ　(例)政府が地主のもつ農地を買い上げ，小作人に安く売りわたしたことで，自作の農家の割合が増えた。

3　Ⅰ　1　公共の福祉　2　エ　3　ユニバーサルデザイン　4　(例)国民のさまざまな意見を政治に反映できる　5　ウ　6　イ　Ⅱ　1　18　2　消費者契約法
3　X　(例)供給量が需要量を上回っている　Y　(例)下がる　4　ア　5　2万4千(ドル)
Ⅲ　(例)(スーパーマーケットは，)予約販売にすることによって，事前に販売する商品の数を把握し，廃棄される食品を減らすことができるから。

## ＜社会解説＞

**1**　**(地理的分野―日本―日本の国土・地形・気候，農林水産業，工業，貿易，世界―人々のくらし，地形・気候，産業，資源・エネルギー)**

Ⅰ　1　アルプス山脈はスイスとイタリアの国境付近に位置し，**アルプス＝ヒマラヤ造山帯**に属している。　2　㋒が**赤道**であることから判断する。　3　Bはオーストラリア。イは北アメリカ大陸北部の先住民族。ウはニュージーランドの先住民族。エは中南米からアメリカ合衆国に移住した，スペイン語を話す人々。　4　Cの地域には**アンデス山脈**がはしっており，高山気候がみられる。アが温帯の地中海性気候，ウが温帯の温暖湿潤気候，エが熱帯気候のようす。

5　資料1から，おもに亜寒帯(冷帯)気候がみられる国での栽培がさかんであることから判断する。アメリカ合衆国では，地域ごとの自然条件などに適した農産物を集中的に栽培する**適地適作**が行われている。

6　(1)　イギリス，ドイツ，中国，インドの順に大きい。　(2)　イギリスやドイツなどヨーロッパ西部に位置する国々は，**偏西風**の影響が強いため**風力発電**がさかんに行われている。

Ⅱ　1　近畿地方の内陸県には，滋賀県と奈良県が該当する。

2　略地図中のあの**阿蘇山**には，世界最大級のカルデラがみられる。

3　略地図中のDは福岡県。明治時代に**八幡製鉄所**がつくられた北九州市は，エコタウンに指定されている。アがBの長野県，イがAの青森県，エがCの愛知県。

4　(1)　「人工的に育てた後に放流」などから判断する。　(2)　「**200海里**」から判断する。沿岸各国が排他的経済水域を導入した1970年代以降，「とる漁業」のうち遠洋漁業の漁獲量が減少した。　5　夏は太平洋側，冬は日本海側から湿った**季節風**が吹く。それぞれ四国山地，中国山地にぶつかることで，夏は太平洋沿岸，冬は日本海沿岸で降水量が多くなる。香川県はいずれの海にも面していないため，年降水量が少なくなる。

Ⅲ　Yの円グラフ中の**集積回路**とはICのこと。小型で軽量なわりに高価なICは，航空機で輸送される代表的な品目。Xの円グラフ中の石油や自動車，鉄鋼など重量が重い品目は，海上輸送されることが多い。

**2**　**(歴史的分野―日本史―時代別―旧石器時代から弥生時代，古墳時代から平安時代，鎌倉・室町時代，安土桃山・江戸時代，明治時代から現代，日本史―テーマ別―政治・法律，経済・社会・技術，文化・宗教・教育，外交，世界史―政治・社会・経済史)**

Ⅰ　1　会話文中の「大名が1年おきに自分の領地を離れて江戸に滞在する」などから判断する。参勤交代は，江戸幕府3代将軍**徳川家光**が**武家諸法度**に追加した内容。

2　ⓐがつくられたのは平安時代。たて穴住居は縄文時代以降の庶民が暮らした住居。中国の歴史書『漢書』地理志には，100ほどの国に分かれていた紀元前1世紀頃(弥生時代)の倭の様子が記されている。**青銅器**などの金属器は，稲作とともに大陸から伝わり，弥生時代に広まった。

3　**東大寺南大門**や**金剛力士像**は鎌倉時代につくられた。

4　琉球王国の**中継貿易**は，16世紀後半から東南アジアとの朱印船貿易が活発化してくると衰退していった。

5　資料3は**葛飾北斎**の『富嶽三十六景』のうちの一枚。**化政文化**は，18世紀後半から江戸を中心とする町人文化として栄えた。

6　アで来航したのは**ラクスマン**(18世紀末)。イの人物は**平清盛**(12世紀後半)。ウの人物は**行基**(8世紀)。エで世界一周を成し遂げたのは**マゼラン**艦隊(16世紀前半)。

Ⅱ　1　①　略年表中の「初代内閣総理大臣」などから判断する。　②　略年表中の「株価が大暴落」などから判断する。

2　アが1867年，イが1854年，ウが1873年，エが1889年のできごと。

3　**樋口一葉**は明治時代に活躍した女流作家。2024年に発行される新5千円札には**津田梅子**が描かれる。

4　**三国協商**はロシア革命後に消滅したが，第一次世界大戦には日本やアメリカなどが連合国側として参戦し，同盟国側に勝利した。

5　文中の「国際連盟本部の事務局次長」「初のノーベル賞」などから判断する。**吉野作造**は，大正時代に**民本主義**をとなえた人物。野口英世は黄熱病の研究を行った人物で，現在の千円札に描かれている。　6　アが1973年，イが1946年，ウが1986年，エが1964年のできごと。

Ⅲ　資料1・2から，自作地や自作の農家の割合が増加していることが読み取れる。**農地改革**は，農村での格差を是正することを目的に，GHQの指令で行われた。

**3　(公民的分野―憲法の原理・基本的人権，三権分立・国の政治の仕組み，財政・消費生活・経済一般)**

Ⅰ　1　**公共の福祉**とは，社会全体の利益や幸福のこと。日本国憲法では，公共の福祉に反する場合のみ自由や権利が制限される。　2　自由権は身体の自由のほか，精神の自由，経済活動の自由に分けられる。アが経済活動の自由，ウが精神の自由の内容。イは請求権の内容。　3　Ⓒは日本国憲法第**14条**の内容。ユニバーサルデザインは，年齢や障がいの有無などによって生じる障壁(バリア)を生み出さないための工夫のひとつ。　4　選挙を行う時期や選挙制度が異なる議院を置くことで，主張の異なる議員の選出が可能になり，より多くの意見を政治に取り入れることができる。　5　内閣は衆議院を解散できる代わりに，衆議院が内閣不信任の決議を行うことができる。内閣が国会の信任をもとに成立し，国会に対して連帯責任を負うしくみを，**議院内閣制**という。国会議員が，裁判官としてふさわしくない者を罷免するために**弾劾裁判所**を設置することがある。　6　資料中に検察官，被告人，弁護人がみられることから，この裁判が**刑事裁判**であることがわかる。第一審が地方裁判所で行われる重大刑事事件の第一審のみに，**裁判員制度**が適用される。

Ⅱ　1　民法の改正によって，2022年4月から成人年齢が18歳となった。　2　消費者契約法は，クーリングオフ制度が適用される特定の販売方法(訪問販売や通信販売など)だけでなく，全ての消費者取引に適用される。　3　価格がP円のとき，供給過多により売れ残りが出てしまい，その後の価格は下落する。　4　国内産業を守るために，関税を引き上げたり輸入制限を行ったりすることを，保護貿易という。**大きな政府**は，充実した社会保障や公共サービスなどに政府が税金を投入するため，増税を行い財源を確保する。　5　1ドル＝100円のときの240万円の自動車の販売価格は，240万(円)÷100(ドル)で求められる。

Ⅲ　問題文中の「この問題」とは廃棄される食品が大量にあることを指しており，これを踏まえて資料2中の「予約販売」に着目する。

## ＜国語解答＞

1　1　(1)　粉薬　(2)　裁(く)　(3)　鉱脈　(4)　かたず　(5)　しっと　(6)　ひた(る)　2　十四(画)

2　1　エ　2　Ⅰ　思い込みや古い知識　Ⅱ　自分とは異なる他者との対話　3　イ，エ　4　(例)学校で学べるさまざまな知識どうしをうまく結びつけることができず，学んだ知識を自分の人生や生き方に役立てることもできないということ。　5　ア

3　1　ようよう　2　エ　3　ウ　4　Ⅰ　門口三尺掘れ　Ⅱ　(例)諸肌を脱いで汗水を流している　Ⅲ　(例)一文稼ぐことがどれほど大変か

4　1　エ　2　イ　3　Ⅰ　呼出の新弟子　Ⅱ　(例)新弟子の方が上手になるかもしれないという不安　4　ア　5　(例)篤は，ずっと目標としてきた直之さんから，この一年の努力や成長を認められたことで自信は芽生えたから。

5　(例)私が未来に残したいものは，屋久島に残る自然だが，異常気象で自然破壊が進んでいる。

　世界遺産を訪れる観光客を含め，広く人々に屋久島の自然がいかに貴重かを知ってもらわなくてはならない。そのために，私は自然科学の勉強をして，自然と人間の共存方法を追求して生きたいと考えている。

## ＜国語解説＞

**1　(漢字の読み書き，筆順・画数・部首，書写)**

1　(1)「粉」は，こめへん。　(2)「裁」の，訓読みは「さば・く」「た・つ」。　(3) 岩石のわれめに，役立つ鉱物が，板のようにつまって続いているところ。　(4)「固唾をのむ」は，どうなるかと心配しながら，緊張して成り行きを見守る。　(5) 他の人が自分より恵まれたり優れていたりするのをうらやましくも，憎らしくも思うこと。ねたみ，そねみ。　(6)「浸」は，さんずい。音読みは「シン」。

2　もんがまえは，楷書で書くと八画である。

**2　(論説文―大意・要旨，内容吟味，文脈把握，接続語の問題，脱文・脱語補充)**

1　[a]は，前の「自分がこれまでに出会った人のこと」と後の「ニュース番組や書籍を通じて知った人たちのこと」を対比・選択しているので，「あるいは」の接続詞が入る。また，[b]以降は前述の「それぞれの専門的な知識を，より一般的で全体的な観点から問い直すこと」の例として遺伝子治療のことを述べている。したがって，例示の接続詞を入れる。

2　[Ⅰ]には，「当然視されていること，常識と思われていること，昔から信じ込まれていること」の内容が入るが，これでは指定字数に合わない。読み進めると「しかしながら」で始まる段落に「自分の思い込みや古い常識」とあるので，ここから抜き出す。

[Ⅱ]には，**思い込みの存在に気づかせてくれるもの**が入る。「それに気づかせてくれるのが，自分とは異なる他者との対話です」と文中にあるのでここから抜き出す。

3　傍線②の後に「哲学は一般の人が，**一般的な問題について考える**ための学問です。」とある。さらに[b]の前に「哲学のもうひとつの重要な仕事は，それぞれの**専門的な知識を，より一般的で全体的な観点から問い直す**こと」とある。ここから，正解を導き出そう。

4　哲学を「扇の要」と例えたのは，「自分の人生や生き方と，教育機関で教えるような知識やスキルを結びあわせること，**生活と知識を結びつけること**」が哲学の役割だからだ。生活と知識を結びつける役割の哲学がなかったら，**学んだ知識は役生活と結びつくことができないので，様々な知識は無意味で役に立たないものになってしまう**ことをしっかりとまとめよう。

5　「**複数の学問分野，複数の社会の領域**に関わって」いるものを選ぶ。アは運動の分野と栄養学の分野に関わっている。イ～エはいずれも単一の分野に過ぎない。

**3　(古文―文脈把握，指示語の問題，脱文・脱語補充，仮名遣い)**

〈口語訳〉　あるとき，夜更けに樋口屋の門の戸を叩いて，酢を買いに来る者がいた。戸を隔てて奥へはかすかに聞こえた。下男が目を覚まし，「どれほどご入り用ですか」と言う。「ご面倒でしょうが一文分を。」と返答があった。下男は寝たふりをして，その後返事もしなかったので，仕方なく帰った。

夜が明けて，亭主はその下男を呼びつけて，何の用もないのに「門の前を三尺ほど掘りなさい。」と言った。亭主のお言葉に従って，久三郎は裸になって，鍬を手に取り，堅い地面に苦労して，汗水を垂らして，やっと掘った。その深さが三尺になろうかという時，亭主は「銭があるはずなのだが，まだ出ないか？」と言う。久三郎は「小石や貝殻以外、何も見えません。」と申し上げた。「それほどの苦労をしても，銭が一文もないことを，よく心得て，これからは一文ほどの商売も大事に応じなさい」と亭主は言った。

1　**「―au」は「―ou」**になるので，「youyou」となり，「ようよう」と書く。

2　②「亭主」は樋口屋の主人だ。　③「かの男」は，一文ほどの売買を面倒くさがって寝たふりをして対応しなかった下男である。

3　「そら寝」は，**うそ寝・寝たふり**のことだ。一文ほどの売買では利益にならないので，面倒くさがったのである。

4　［Ⅰ］には亭主の命令である「門口三尺掘れ」が補える。また［Ⅱ］は下男が穴掘りを励んでいる様子を入れるので，「諸肌ぬぎて……身汗水なして」という描写を訳して解答しよう。亭主はひどく苦労をしても一文すら手に入らない経験を下男にさせることで，**一文を稼ぐことの大変さを教えたかった**のだ。［Ⅲ］には，亭主が下男に教えたかったこの内容を解答する。

**4　(小説―情景・心情，内容吟味，文脈把握，脱文・脱語補充，品詞・用法)**

1　ア～ウ「られ」は受け身の助動詞だが，エは可能の助動詞。

2　「本当っすか」と返答されたので，自分の話を疑われたことが不満だったことがわかる。

3　**篤が聞いたのは「呼出しの新弟子が入るらしい」ということ**だ。［Ⅰ］にはここから指定字数で抜き出せる。篤はその話を聞いて「その新弟子は，呼び上げや土俵築，太鼓なんかも，そのうち自分より上手くこなすかもしれないと不安」になっている。［Ⅱ］には**新弟子のほうが上手になってしまうかも知れない不安**といった内容を補えばよい。

4　直之さんは篤がお礼を言って深々と頭を下げたことで少し笑ったのだ。**感謝されて照れくさく感じている**ことをおさえよう。また，**篤を励ませたことに安堵や喜びを感じて**もいる。不安や寂しさといったマイナスの感情はないのでイとウは不適切。また意図的に励まそうとしているので「思わず」というエも不適切。

5　直之さんと話をしたことで不安がなくなっている。「直之さんみたいになりたいと，ずっと思ってきた」という**目標である直之さんに**，「お前なら，ちゃんとやっていける。」と**これまでの努力を認めてもらったことで，自信がついた**ので，不安がなくなったのである。これを解答の軸にして，指定字数に見合うように説明を加えてまとめよう。

**5　(作文)**

まず，第一段落に書く「自分が未来に残したいもの」を決める。自然・歴史・文化と幅広い中から書きたいものが決まったら，それを未来に引き継いでいく過程で生じるであろう問題点を見極めよう。この二点を含めて簡潔に一段落を作る。次に，第二段落では，一段落目で示した問題点を解決すべく，自分にできる取り組みを考察する。机上の空論にならないよう，自分でできることを考えることが大切だ。字数が少ない作文なので，簡潔にまとめるようにこころがけなくてはならない。

鹿児島県公立高等学校

# 2021年度

★★★★★★★★★★★★★★★★★★★★★★★★

# 入　試　問　題



●くわしい解説……37ページ

# ＜数学＞

時間　50分　　満点　90点

**1**　次の１～５の問いに答えなさい。

1　次の(1)～(5)の問いに答えよ。

(1)　$5 \times 4 + 7$ を計算せよ。

(2)　$\frac{2}{3} - \frac{3}{5} \div \frac{9}{2}$ を計算せよ。

(3)　$\sqrt{6} \times \sqrt{8} - \frac{9}{\sqrt{3}}$ を計算せよ。

(4)　4 kmを20分で走る速さは時速何kmか。

(5)　正四面体の辺の数は何本か。

2　$x$ についての方程式 $7x - 3a = 4x + 2a$ の解が $x = 5$ であるとき，$a$ の値を求めよ。

3　右の図は，3つの長方形と２つの合同な直角三角形でできた立体である。この立体の体積は何cm³か。

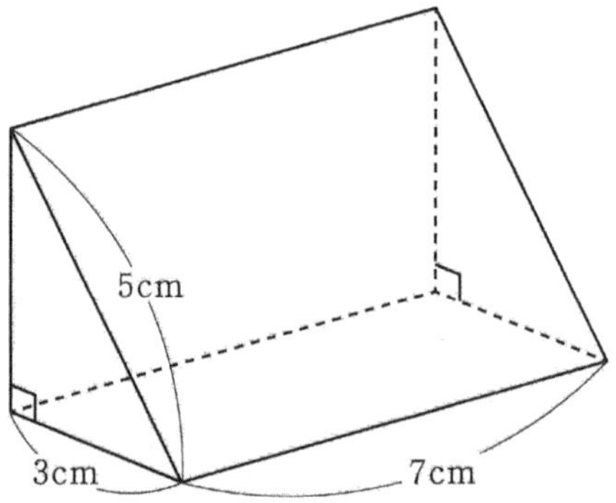


4　28にできるだけ小さい自然数 $n$ をかけて，その積がある自然数の２乗になるようにしたい。このとき，$n$ の値を求めよ。

5　下の表は，平成27年から令和元年までのそれぞれの桜島降灰量を示したものである。次の［　　］にあてはまるものを下のア～エの中から１つ選び，記号で答えよ。

令和元年の桜島降灰量は，［　　］の桜島降灰量に比べて約 47 ％多い。

| 年 | 平成 27 年 | 平成 28 年 | 平成 29 年 | 平成 30 年 | 令和元年 |
|---|---|---|---|---|---|
| 桜島降灰量（g/m²） | 3333 | 403 | 813 | 2074 | 1193 |

（鹿児島県「桜島降灰量観測結果」から作成）

**ア**　平成27年　　**イ**　平成28年　　**ウ**　平成29年　　**エ**　平成30年

**2**　次の１～５の問いに答えなさい。

1　右の図において，４点A，B，C，Dは円Oの周上にあり，線分ACは円Oの直径である。$\angle x$ の大きさは何度か。

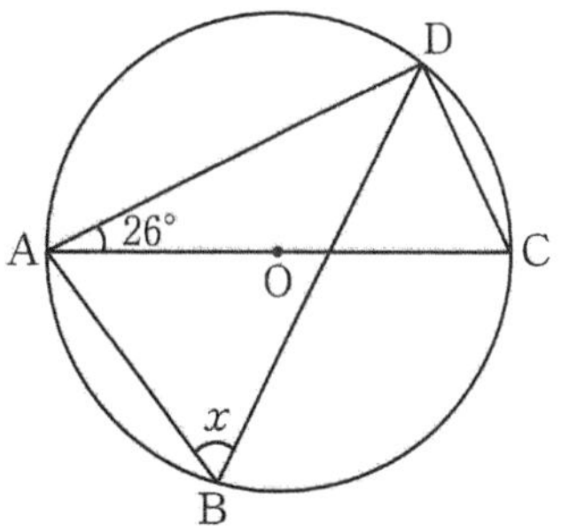


2　大小２つのさいころを同時に投げるとき，出た目の数の和が10以下となる確率を求めよ。

3　$(x+3)^2-2(x+3)-24$ を因数分解せよ。

4　右の図において，正三角形ABCの辺と正三角形DEFの辺の交点をG，H，I，J，K，Lとするとき，△AGL∽△BIHであることを証明せよ。

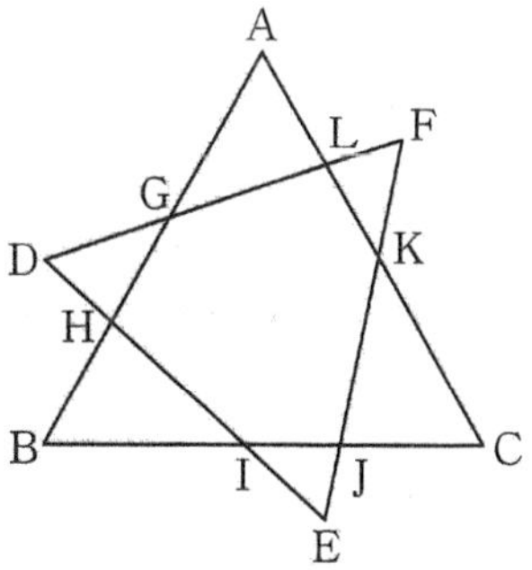


5　ペットボトルが５本入る１枚３円のMサイズのレジ袋と，ペットボトルが８本入る１枚５円のLサイズのレジ袋がある。ペットボトルが合わせてちょうど70本入るようにMサイズとLサイズのレジ袋を購入したところ，レジ袋の代金の合計は43円であった。このとき，購入したMサイズとLサイズのレジ袋はそれぞれ何枚か。ただし，Mサイズのレジ袋の枚数を $x$ 枚，Lサイズのレジ袋の枚数を $y$ 枚として，その方程式と計算過程も書くこと。なお，購入したレジ袋はすべて使用し，Mサイズのレジ袋には５本ずつ，Lサイズのレジ袋には８本ずつペットボトルを入れるものとし，消費税は考えないものとする。

**3**　Aグループ20人とBグループ20人の合計40人について，ある期間に図書室から借りた本の冊数を調べた。このとき，借りた本の冊数が20冊以上40冊未満である16人それぞれの借りた本の冊数は以下のとおりであった。また，次のページの表は40人の借りた本の冊数を度数分布表に整理したものである。あとの１～３の問いに答えなさい。

1　[a]，[b] にあてはまる数を入れて表を完成させよ。

2　40人の借りた本の冊数の中央値を求めよ。

> 借りた本の冊数が 20 冊以上 40 冊未満である16人それぞれの借りた本の冊数
>
> 21，22，24，27，28，28，31，32，
>
> 32，34，35，35，36，36，37，38　(冊)

表

| 階級(冊) | 度数(人) |
|---|---|
| 以上 0 ～ 10 未満 | 3 |
| 10 ～ 20 | 5 |
| 20 ～ 30 | a |
| 30 ～ 40 | 10 |
| 40 ～ 50 | b |
| 50 ～ 60 | 7 |
| 計 | 40 |

3　図は，Aグループ20人の借りた本の冊数について，度数折れ線をかいたものである。このとき，次の(1)，(2)の問いに答えよ。

図

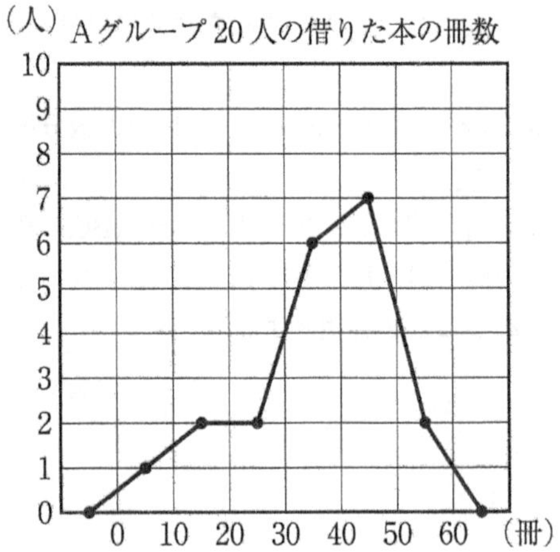


(1)　Aグループ20人について，40冊以上50冊未満の階級の相対度数を求めよ。

(2)　借りた本の冊数について，AグループとBグループを比較したとき，必ずいえることを下のア～エの中からすべて選び，記号で答えよ。

**ア**　0冊以上30冊未満の人数は，AグループよりもBグループの方が多い。

**イ**　Aグループの中央値は，Bグループの中央値よりも大きい。

**ウ**　表や図から読み取れる最頻値を考えると，AグループよりもBグループの方が大きい。

**エ**　AグループとBグループの度数の差が最も大きい階級は，30冊以上40冊未満の階級である。

**4**　以下の会話文は授業の一場面である。あとの１～３の問いに答えなさい。

先　生：今日は放物線上の３点を頂点とした三角形について学びましょう。その前にまずは練習問題です。右の図の関数 $y=2x^2$ のグラフ上に点Aがあり，点Aの $x$ 座標が３のとき，$y$ 座標を求めてみましょう。

ゆうき：$y$ 座標は [ア] です。

先　生：そうですね。それでは，今日の課題です。

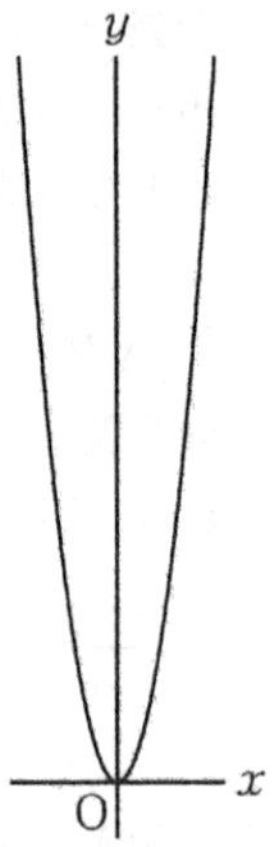


【課題】

> 関数 $y=2x^2$ のグラフ上に次のように３点A，B，Cをとるとき，△ABCの面積を求めよう。
>
> ・点Bの $x$ 座標は点Aの $x$ 座標より１だけ大きい。
>
> ・点Cの $c$ 座標は点Bの $x$ 座標より１だけ大きい。

たとえば，点Aの $x$ 座標が１のとき，点Bの $x$ 座標は2，点Cの $x$ 座標は３ですね。

ゆうき：それでは私は点Aの $x$ 座標が $-1$ のときを考えてみよう。このときの点Cの座標は［イ］だから…よしっ，面積がでた。

しのぶ：私は，直線ABが $x$ 軸と平行になるときを考えてみるね。このときの点Cの座標は［ウ］だから…面積がでたよ。

先　生：お互いの答えを確認してみましょう。

ゆうき：あれ，面積が同じだ。

しのぶ：点Aの $x$ 座標がどのような値でも同じ面積になるのかな。

ゆうき：でも三角形の形は違うよ。たまたま同じ面積になったんじゃないの。

先　生：それでは，同じ面積になるか，まずは点Aの $x$ 座標が正のときについて考えてみましょう。点Aの $x$ 座標を $t$ とおいて，△ABCの面積を求めてみてください。

1　［ア］にあてはまる数を書け。

2　［イ］，［ウ］にあてはまる座標をそれぞれ書け。

3　会話文中の下線部について，次の(1)，(2)の問いに答えよ。

(1)　点Cの $y$ 座標を $t$ を用いて表せ。

(2)　△ABCの面積を求めよ。ただし，求め方や計算過程も書くこと。

また，点Aの $x$ 座標が正のとき，△ABCの面積は点Aの $x$ 座標がどのような値でも同じ面積になるか，求めた面積から判断し，解答欄の「同じ面積になる」「同じ面積にならない」のどちらかを〇で囲め。

**5**　下の図1は，「麻《あさ》の葉《は》」と呼ばれる模様の一部分であり，鹿児島県の伝統的工芸品である薩摩《さつま》切子《きりこ》にも使われている。また，図形ABCDEFは正六角形であり，図形①～⑥は合同な二等辺三角形である。次の1～3の問いに答えなさい。

1　図形①を，点Oを回転の中心として180°だけ回転移動（点対称移動）し，さらに直線CFを対称の軸として対称移動したとき，重なる図形を②～⑥の中から，1つ選べ。

図1

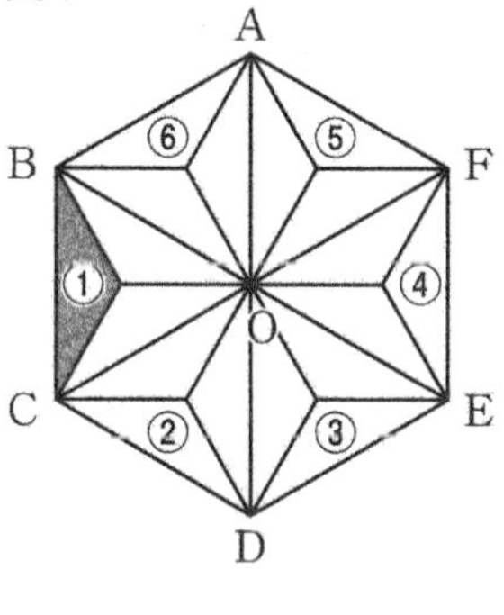


薩摩切子《さつまきりこ》

図2

2　図2の線分ADを対角線とする正六角形ABCDEFを定規とコンパスを用いて作図せよ。ただし，作図に用いた線は残しておくこと。

**3**　**図3**は，1辺の長さが4cmの正六角形ABCDEFである。点Pは点Aを出発し，毎秒1cmの速さで対角線AD上を点Dまで移動する。点Pを通り対角線ADに垂直な直線を$\ell$とする。直線$\ell$と折れ線ABCDとの交点をM，直線$\ell$と折れ線AFEDとの交点をNとする。このとき，次の(1)～(3)の問いに答えよ。

**図3**

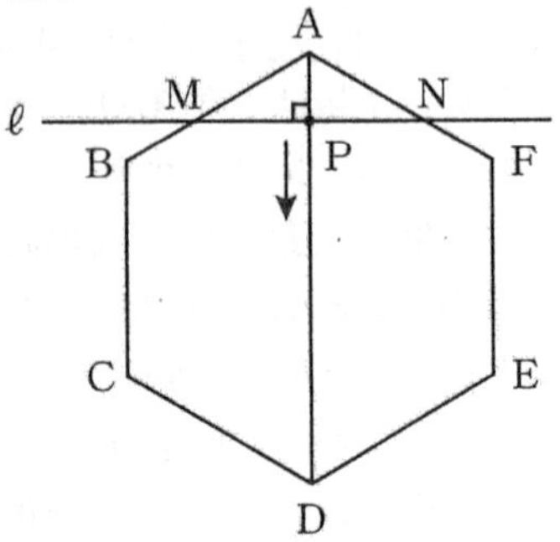


(1)　点Pが移動し始めてから1秒後の線分PMの長さは何cmか。

(2)　点Pが移動し始めてから5秒後の△AMNの面積は何cm$^2$か。

(3)　点Mが辺CD上にあるとき，△AMNの面積が$8\sqrt{3}$cm$^2$となるのは点Pが移動し始めてから何秒後か。ただし，点Pが移動し始めてから$t$秒後のこととして，$t$についての方程式と計算過程も書くこと。

# ＜英語＞

時間　50分　　満点　90点

1　**聞き取りテスト**　放送の指示に従って，次の１～７の問いに答えなさい。英語は１から４は１回だけ放送します。５以降は２回ずつ放送します。メモをとってもかまいません。

1　これから，Justin と Keiko との対話を放送します。Keiko が将来なりたいものとして最も適当なものを下の**ア**～**エ**の中から一つ選び，その記号を書きなさい。

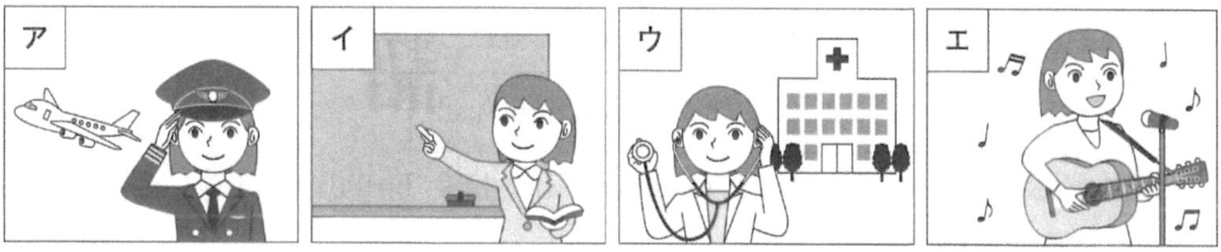


2　これから，Yumi と Alex との対話を放送します。二人が乗るバスが出発する時刻として最も適当なものを下の**ア**～**エ**の中から一つ選び，その記号を書きなさい。

**ア**　9:13　　**イ**　9:14　　**ウ**　9:30　　**エ**　9:40

3　これから，Saki と John との対話を放送します。二人は，友達の Lucy と一緒に図書館で勉強する予定の日について話しています。下はその対話の後に，Saki が Lucy と話した内容です。対話を聞いて，（　）に適切な英語１語を書きなさい。

*Saki* :　Hi, Lucy.　John wants to go to the library on (　　　).　Can you come on that day?

*Lucy* :　Sure!

4　これから，Hiroko が授業で行った発表を放送します。Hiroko は下の３枚の絵を見せながら発表しました。話の展開に従って**ア**～**ウ**を並べかえ，その記号を書きなさい。

5　これから，授業中の先生の指示を放送します。下の**ア**～**エ**の中から，先生の指示にないものとして最も適当なものを一つ選び，その記号を書きなさい。

**ア**　発表の主題　　**イ**　発表の長さ　　**ウ**　発表する日　　**エ**　発表で使うもの

6　これから，Kazuki が宇宙センター（space center）で働く父親について授業で行ったスピーチを放送します。スピーチの後に，その内容について英語で二つの質問をします。(1)は質問に対する答えとして最も適当なものをあとの**ア**～**エ**の中から一つ選び，その記号を書きなさい。(2)は英文が質問に対する答えとなるように，□に入る適切な英語を書きなさい。

(1) ア For five years.　　　イ For eight years.
　　ウ For ten years.　　　エ For eleven years.

(2) He has learned it is important to [　　　　　　].

7　これから，Olivia と Akira との対話を放送します。その中で，Olivia が Akira に質問をしています。Akira に代わってあなたの答えを英文で書きなさい。2 文以上になってもかまいません。書く時間は 1 分間です。

**2**　次の１～４の問いに答えなさい。

1　次は，Akiko と留学生の Kevin との対話である。下の①，②の表現が入る最も適当な場所を対話文中の〈ア〉～〈エ〉の中からそれぞれ一つ選び，その記号を書け。

| ① Anything else?　　② Will you join us? |
|---|

*Akiko* : Kevin, we're going to have Hiroshi's birthday party next Sunday. 〈 ア 〉
*Kevin* : Yes, I'd love to. 〈 イ 〉
*Akiko* : Great. We're going to make a birthday card for him at school tomorrow. We will put our pictures on the card. 〈 ウ 〉
*Kevin* : Sounds nice. Should I bring my picture?
*Akiko* : Yes, please.
*Kevin* : All right. 〈 エ 〉
*Akiko* : No, thank you. Let's write messages for him. See you then.
*Kevin* : See you.

2　次は，あるバスツアー(bus tour)の案内の一部と，それを見ている Rika と留学生の Emily との対話である。二人の対話がツアーの内容と合うように，(①)，(②)，(③) にはそれぞれ英語 1 語を，[④] には 3 語以上の英語を書け。

**みどり町　わくわく無料バスツアー**

1　日時　4月9日(土)　9時～17時
2　行程

| | | |
|---|---|---|
| 9:00 | みなと駅を出発 | |
| 9:30 | **ひばり城** | ― 人気ガイドによる特別講座 ～城の歴史にせまる～<br>― 絶景！　天守閣から満開の桜を眺める |
| 12:00 | **かみや商店街** | ― 話題の「かみや☆まち歩き」<br>(買い物・昼食含む)　※ 費用は各自負担 |
| 14:30 | **ながはまビーチ** | ― 好きな活動を一つ楽しもう<br>(自由選択：魚釣り，バレーボール，サイクリング) |
| 17:00 | みなと駅に到着 | |

※ 当日は，**出発の20分前まで**にみなと駅に集合してください。担当者がお待ちしています。

*Rika* : Emily, next Saturday is the first holiday since you came to our town, Midori-machi.

*Emily* : Yes. I want to go to many places in this town.

*Rika* : Please look at this. We can visit some places in our town together.

*Emily* : Oh, that's good. Rika, please tell me more about this tour.

*Rika* : OK. First, we will go to Hibari Castle. We can learn its ( ① ). We can also see a lot of cherry blossoms! Then, we will go to Kamiya Shopping Street. We can ( ② ) around and enjoy shopping and lunch.

*Emily* : Sounds interesting. What will we do after that?

*Rika* : We will go to Nagahama Beach. We will ( ③ ) one activity from fishing, playing volleyball, or riding a bike.

*Emily* : Wow, I can't wait. Oh, what time will the tour start?

*Rika* : At nine. But [ ④ ] at Minato Station by eight forty.

*Emily* : OK. I'll go with you. It will be fun.

3　次は，ALT の Emma 先生と中学生の Yuji との対話である。対話が成り立つように，[　　] に 4 語の英語を書け。

*Emma:* Yuji, you speak English very well. [　　　] do you have in a week?

*Yuji:* We have four English classes. I enjoy studying English at school!

4　中学生の Riku のクラスはオーストラリアの中学生の Simon とビデオ通話（video meeting）をすることになった。しかし，Simon がメールで提案してきた日は都合がつかなかったので，Riku は次の内容を伝える返信メールを書くことにした。

> ①　提案してきた11月15日は文化祭（the school festival）のため都合がつかない。
> ②　代わりに11月22日にビデオ通話をしたい。

Riku になったつもりで，次の《返信メール》の [　　] に，上の①，②の内容を伝える20語程度の英語を書け。2 文以上になってもかまわない。なお，下の [　　] の指示に従うこと。

《返信メール》

> Dear Simon,
>
> Thank you for sending me an email, but can you change the day of the video meeting?
> [　　　　　　　　　　　　] Please write to me soon.
>
> Your friend,
> Riku

> ※　一つの下線に 1 語書くこと。
> ※　短縮形（I'm や don't など）は 1 語として数え，符号（, や ? など）は語数に含めない。
> （例 1）　No, I'm not.【3 語】　（例 2）　It's March 30 today.【4 語】

**3** 次のⅠ～Ⅲの問いに答えなさい。

Ⅰ 次は，イギリスに留学しているTaroが見ているテレビ番組表の一部である。これをもとに，1，2の問いの答えとして最も適当なものを，それぞれ下のア～エの中から一つ選び，その記号を書け。

| | |
|---|---|
| 11:30 | **Green Park**<br>A baby elephant learns to walk with her mother. |
| 12:30 | **Visiting Towns**<br>A famous tennis player visits a small town. |
| 14:00 | **Music!　Music!　Music!**<br>Popular singers sing many songs. |
| 15:00 | **Try It!**<br>Ricky decides to make a new soccer team. |
| 16:30 | **Find Answers**<br>Which team wins the game? |
| 18:00 | **News London**<br>The news, sports, and weather from London. |

1 Taro wants to learn about animals. Which program will he watch?
ア Green Park　　イ Visiting Towns　　ウ Try It!　　エ Find Answers

2 Taro wants to watch a program about the news of the soccer games. What time will the program begin?
ア 11:30　　イ 12:30　　ウ 14:00　　エ 18:00

Ⅱ 中学生のTakeshiが書いた次の英文を読み，あとの問いに答えよ。

My mother is an English teacher at a high school. Her friend, Mr. Jones, was going to leave Japan soon. So she planned a party for him at our house the next month. She said to me, "Will you join the party?"

I couldn't say yes right away because I knew I couldn't speak English well. I thought talking with people in English was difficult for me. So I practiced with my mother at home. She said, "You must say 'Pardon?' or 'Would you say that again, please?' when you don't understand questions. It is important to say something when you don't understand." I sometimes said "Pardon?" when I couldn't understand my mother's questions. She also showed me how to ask questions.

Finally, the day came! On the morning of the party, I was nervous because I didn't think my English was better. Mr. Jones came and the party began at two in the afternoon.

He asked me many questions. I said "Pardon?" when I couldn't understand his question. He asked me the question again very slowly, so finally I understood. Then, I asked him some questions. He answered! I was happy to talk with him. My mother looked happy, too. I felt □ was not difficult. Now I like English very much.

1　次の(1)，(2)の質問に対する答えを本文の内容に合うように英文で書け。

(1) Why did Takeshi's mother plan a party for Mr. Jones?

(2) How did Takeshi feel on the morning of the party?

2 [　　] に入る最も適当な英語を本文中から5語で抜き出して英文を完成させよ。

Ⅲ　次の英文は，中学生のKoharuが，鹿児島中央駅のJR利用者数と鹿児島県内のバス利用者数について英語の授業で行った発表である。これをもとにKoharuが使用したグラフを下のア～エの中から二つ選び，発表した順に記号で書け。

Good morning, everyone. Do you like trains and buses? I love them. Now I'm going to talk about the number of people who used them from 2009 to 2014. Please look at this graph*. Many people used JR trains at Kagoshima Chuo Station. We can find the biggest change from 2010 to 2011. In 2011, about fifteen million people used trains. The Kyushu Shinkansen started running from Kagoshima Chuo Station to Hakata Station that year. So I think many people began to use the Shinkansen. Now, I'm going to talk about buses. Please look at the next graph. Many people used buses, but the number of bus users* went down almost every year. I think many people used cars. Thank you for listening.

注　graph　グラフ　　users　利用者

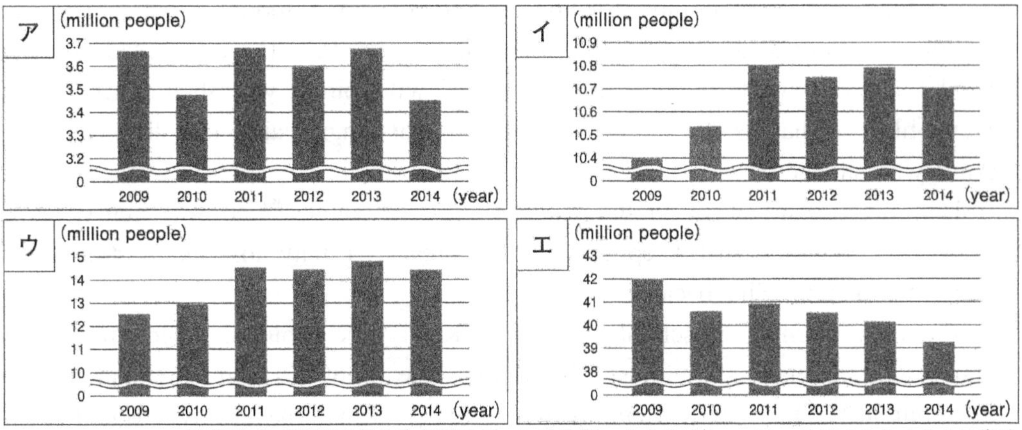


(鹿児島市「鹿児島市公共交通ビジョン改定版」から作成)　※　グラフのタイトルは省略

4　次の英文を読み，1～7の問いに答えなさい。

Amy was a junior high school student who lived in a small town in Australia. She came from the USA last month because her father started working in Australia. She was not happy because she had no friends at her new school, but soon [ ① ]. It was a wild* bird — a rainbow lorikeet*. He had beautiful colors on his body — blue, yellow, green, and orange. He often came to the balcony*. One weekend, she put some pieces of bread on the balcony for him. He came and ate them. Amy was happy.

The next Monday at school, Amy found some of the same kind of bird in the trees. When she was looking at them, one of her classmates came and spoke to her. "Those birds are beautiful. Are you interested in birds? Hi, my name is Ken. Nice to meet you." "Hi, I'm Amy. I found one in my garden, too. I named him Little Peter. I love him very much," said Amy. "Oh, do you? You can see the birds around here all year. They eat nectar and pollen from blossoms*. I know what plants they like, so I grow* them in my garden. Rainbow lorikeets are very friendly." "I see," said Amy. She was excited to learn a lot about the birds.

Amy and Ken often talked about animals at school. They became good friends. Amy wanted Ken to know that she and Little Peter were good friends, too. So, one afternoon, she said to Ken, "Little Peter loves me. He rides on my hand." "Oh, he isn't afraid of you." "No, he isn't. Little Peter is cute, and I give him bread every day." Ken was surprised and said, "Bread? It's not good to give bread to wild birds." Amy didn't understand why Ken said so. She said, "But Little Peter likes the bread I give him." He said, "Listen. You should not give food to wild birds." "What do you mean?" she said. Ken continued, "Well, there are two reasons. First, if people give food to wild birds, they will stop looking for food. Second, some food we eat is not good for them." Amy said, "But Little Peter is my friend. He eats bread from my hand." "If you want to be a true friend of wild birds, you should grow plants they like. That is the only way!" Ken got angry and left the classroom. Amy was shocked*.

That night, Amy went to the balcony. She thought, "Ken was angry. Little Peter may get sick if I keep giving him bread. I may lose both friends, Ken and Little Peter." She became ( ② ).

The next morning at school, Amy saw Ken. She thought, "Ken knows a lot about wild animals. He must* be right." She went to Ken and said with all her courage*, "I'm sorry, Ken. I was wrong. I will never give food to Little Peter again." Ken smiled and said, "That's OK. You just didn't know." Amy said, "Rainbow lorikeets are not our pets. Now I know we should only [ ③ ]. Then we can make good friends with them." "That's right. Here you are." Ken gave her a book about wild animals. "I read this book every day, but it's yours now. If you read this book, you can learn how to become friends with wild animals." "Thank you, Ken," Amy smiled.

注 wild 野生の rainbow lorikeet ゴシキセイガイインコ（羽が美しいインコ）
balcony バルコニー，ベランダ nectar and pollen from blossoms 花のミツと花粉
grow ～を育てる shocked ショックを受けて must ～に違いない
with all her courage 勇気をふりしぼって

1　次のア～ウの絵は，本文のある場面を表している。話の展開に従って並べかえ，その記号を書け。

2　① に入る最も適当なものを下のア～エの中から一つ選び，その記号を書け。

ア　she found one in a garden tree
イ　she saw a cute bird at a pet shop
ウ　she made friends with some girls
エ　she was very glad to meet Ken

3　Ken はなぜ野鳥に食べ物を与えてはいけないと考えているのか，その理由を日本語で二つ書け。

4　（②）に入る最も適当なものを下のア～エの中から一つ選び，その記号を書け。

ア　angry　　イ　brave　　ウ　happy　　エ　worried

5　③ に入る最も適当な英語を本文中から 4 語で抜き出して英文を完成させよ。

6　本文の内容に合っているものを，下のア～オの中から二つ選び，その記号を書け。

ア　Amy came to Australia because she loved wild animals.
イ　Amy wanted Ken to know that Little Peter was her friend.
ウ　Rainbow lorikeets sometimes travel abroad to find their food.
エ　Ken thought that people could make friends with wild animals.
オ　Little Peter left Amy's garden, and Amy lost her friend, Ken.

7　次は，本文の最後の場面から数日後の Amy と Ken との対話である。Amy に代わって，□□ に15語程度の英語を書け。2 文以上になってもかまわない。なお，下の □ の指示に従うこと。

*Amy:* I read the book you gave me.　Thank you.
*Ken:* You're welcome.　Was it interesting?
*Amy:* Yes.　There are a lot of things we can do for wild animals in our lives.
*Ken:* Oh, you've got new ideas.　Can you give me an example?
*Amy:* □□□□□□□□
*Ken:* That's a good idea, Amy!　We should make the world a better place for wild animals.　In high school, I want to study many things about protecting animals.
*Amy:* Me, too!

※ 一つの下線に 1 語書くこと。
※ 短縮形（I'm や don't など）は 1 語として数え，符号（, や ? など）は語数に含めない。
（例）No, I'm not.【3 語】

# ＜理科＞

時間　50分　　満点　90点

**1**　次の各問いに答えなさい。答えを選ぶ問いについては記号で答えなさい。

1　がけに，れき，砂，泥や火山から噴出した火山灰などが積み重なってできた，しまのような層が見られることがある。このように層が重なったものを何というか。

2　動物と植物の細胞のつくりに共通するものを二つ選べ。

ア　葉緑体　　イ　核　　ウ　細胞膜　　エ　細胞壁

3　次の文中の［ a ］～［ c ］にあてはまることばを書け。

> 原子は，原子核と［ a ］からできている。原子核は，＋の電気をもつ［ b ］と電気をもたない［ c ］からできている。

4　次の文中の［　　］にあてはまることばを書け。

> 光が，水やガラスから空気中へ進むとき，入射角を大きくしていくと，屈折した光が境界面に近づいていく。入射角が一定以上大きくなると境界面を通りぬける光はなくなる。この現象を［　　］という。通信ケーブルなどで使われている光ファイバーは，この現象を利用している。

5　安山岩や花こう岩などのように，マグマが冷え固まってできた岩石を何というか。

6　水100gに食塩2.0gをとかした水溶液をA，水98gに食塩2.0gをとかした水溶液をB，水200gに食塩3.0gをとかした水溶液をCとする。質量パーセント濃度が最も低い水溶液はA～Cのどれか。

7　次の文中の①，②について，それぞれ正しいものはどれか。

> 被子植物では，受精卵は①（ア　減数　　イ　体細胞）分裂をくりかえして，植物のからだのつくりをそなえた②（ア　胚　　イ　卵細胞）になる。このように，受精卵から個体としてのからだのつくりが完成していく過程を発生という。

8　図は，かたくて長い棒を，てことして利用するときの模式図である。てこの支点が棒の左はしから40cmとなるよう三角台を調整し，棒の左はしに糸で重さ300Nの物体をつるした。棒の右はしに下向きの力を加えて，ゆっくりと40cm押し下げると，物体は20cm持ち上がった。このとき，棒の右はしに加えた力の大きさは何Nか。また，支点から棒の右はしまでの距離は何cmか。ただし，棒と糸の重さは考えないものとする。

図

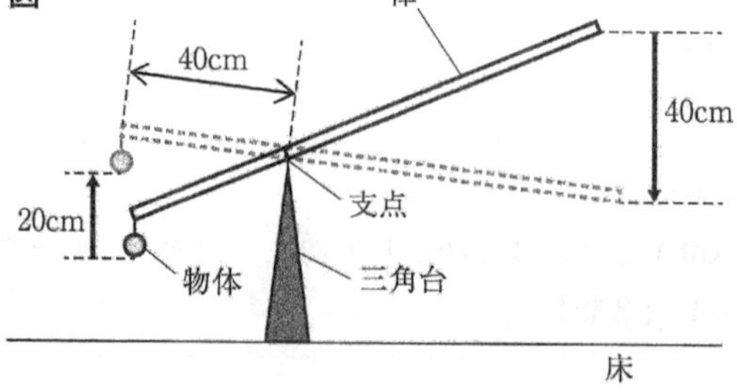

**2**　次のⅠ，Ⅱの各問いに答えなさい。答えを選ぶ問いについては記号で答えなさい。

Ⅰ　**図1**のような装置を組み，酸化銅の還元についての**実験**を行った。

**図1**

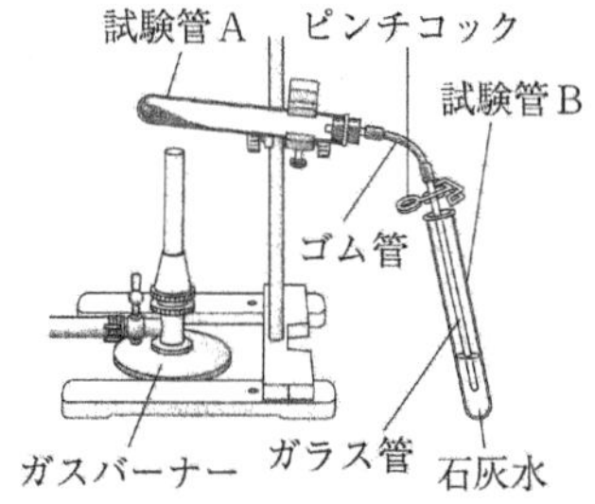


**実験**

①　酸化銅4.00 gに炭素粉末0.10 gを加えてよく混ぜ合わせた。

②　酸化銅と炭素粉末の混合物を試験管Aの中にすべて入れて加熱したところ，ガラス管の先から盛んに気体が出て，試験管Bの中の石灰水が白くにごった。

③　ガラス管の先から気体が出なくなるまで十分に加熱した後，ガラス管を石灰水の中から取り出し，ガスバーナーの火を消した。すぐにピンチコックでゴム管をとめ，試験管Aが冷えてから，試験管Aの中にある加熱した後の物質の質量を測定した。

④　酸化銅は4.00 gのまま，炭素粉末の質量を0.20 g，0.30 g，0.40 g，0.50 gと変えてよく混ぜ合わせた混合物をそれぞれつくり，②と③の操作を繰り返した。

　また，炭素粉末を加えず，酸化銅4.00 gのみを試験管Aの中にすべて入れて加熱したところ，ガラス管の先から少量の気体が出たが，石灰水に変化はみられなかった。そして，③の操作を行った。

**図2**は，加えた炭素粉末の質量を横軸，試験管Aの中にある加熱した後の物質の質量を縦軸とし，**実験**の結果をグラフに表したものである。なお，加えた炭素粉末の質量が0.30 g，0.40 g，0.50 gのときの試験管Aの中にある加熱した後の物質の質量は，それぞれ3.20 g，3.30 g，3.40 gであった。

ただし試験管Aの中にある気体の質量は無視できるものとし，試験管Aの中では，酸化銅と炭素粉末の反応以外は起こらないものとする。

**図2**

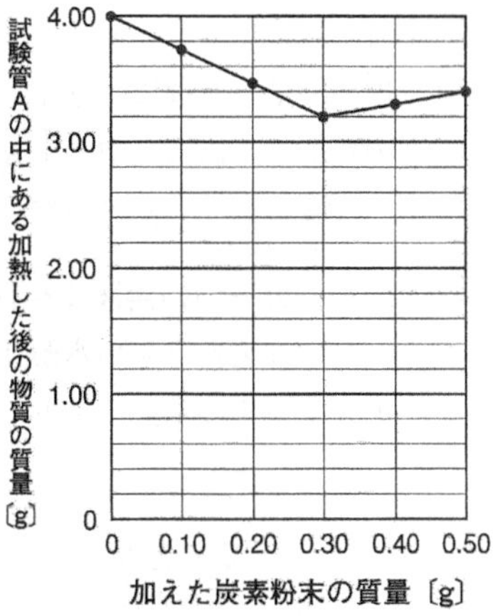


1　**実験**の②で石灰水を白くにごらせた気体の名称を書け。

2　**図3**が試験管Aの中で起こった化学変化を表した図になるように，X，Y，Zにあてはまる物質をモデルで表し，**図3**を完成せよ。ただし，銅原子を◎，炭素原子を●，酸素原子を○とする。

**図3**

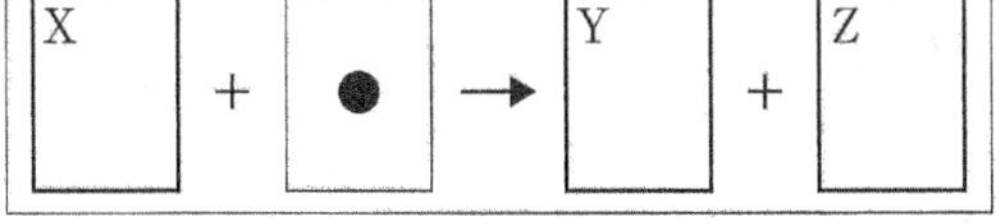


3　**実験**の③で下線部の操作を行うのはなぜか。「銅」ということばを使って書け。

4　酸化銅の質量を6.00 g，炭素粉末の質量を0.75 gに変えて同様の実験を行った。試験管Aの中にある加熱した後の物質の質量は何gか。また，試験管Aの中にある加熱した後の物質は何か。すべての物質の名称を書け。ただし，固体の物質の名称のみ答えること。

Ⅱ　ある濃度のうすい塩酸とある濃度のうすい水酸化ナトリウム水溶液を混ぜ合わせたときに，どのような変化が起こるか調べるために，次の**実験**を行った。

**図**

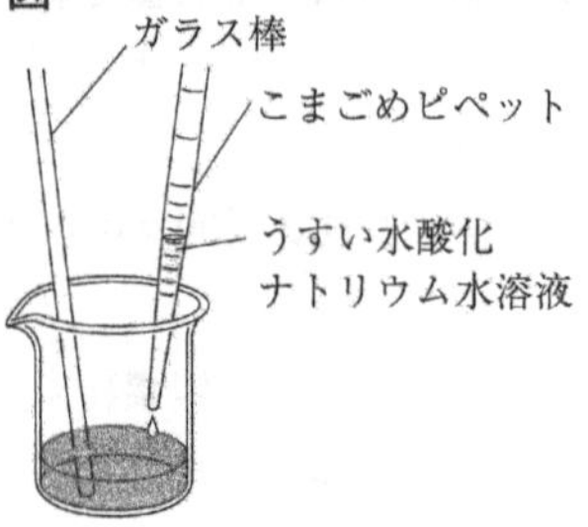


**実験**　うすい塩酸を10.0㎝$^3$はかりとり，ビーカーに入れ，緑色のBTB溶液を数滴加えた。次に，**図**のようにこまごめピペットでうすい水酸化ナトリウム水溶液を3.0㎝$^3$ずつ加えてよくかき混ぜ，ビーカー内の溶液の色の変化を調べた。

**表**は，**実験**の結果をまとめたものである。

**表**

| 加えたうすい水酸化ナトリウム水溶液の体積の合計〔cm$^3$〕 | 0 | 3.0 | 6.0 | 9.0 | 12.0 | 15.0 | 18.0 | 21.0 |
|---|---|---|---|---|---|---|---|---|
| ビーカー内の溶液の色 | 黄色 | 黄色 | 黄色 | 黄色 | 緑色 | 青色 | 青色 | 青色 |

1　塩酸の性質について正しく述べているものはどれか。

**ア**　電気を通さない。

**イ**　無色のフェノールフタレイン溶液を赤色に変える。

**ウ**　赤色リトマス紙を青色に変える。

**エ**　マグネシウムと反応して水素を発生する。

2　**実験**で，ビーカー内の溶液の色の変化は，うすい塩酸の中の陽イオンが，加えたうすい水酸化ナトリウム水溶液の中の陰イオンと結びつく反応と関係する。この反応を化学式とイオン式を用いて表せ。

3　**実験**で使ったものと同じ濃度のうすい塩酸10.0㎝$^3$とうすい水酸化ナトリウム水溶液12.0㎝$^3$をよく混ぜ合わせた溶液をスライドガラスに少量とり，水を蒸発させるとスライドガラスに結晶が残った。この結晶の化学式を書け。なお，この溶液をpHメーターで調べると，pHの値は7.0であった。

4　次の文は，**実験**におけるビーカー内の溶液の中に存在している陽イオンの数について述べたものである。次の文中の［a］，［b］にあてはまる最も適当なことばとして，「ふえる」，「減る」，「変わらない」のいずれかを書け。

> ビーカー内の溶液に存在している陽イオンの数は，うすい塩酸10.0㎝$^3$のみのときと比べて，加えたうすい水酸化ナトリウム水溶液の体積の合計が6.0㎝$^3$のときは［a］が，加えたうすい水酸化ナトリウム水溶液の体積の合計が18.0㎝$^3$のときは［b］。

**3**　あとのⅠ，Ⅱの各問いに答えなさい。答えを選ぶ問いについては記号で答えなさい。

Ⅰ　図はゼニゴケ，スギナ，マツ，ツユクサ，エンドウの５種類の植物を，種子をつくらない，種子をつくるという特徴をもとに分類したものである。

**図**

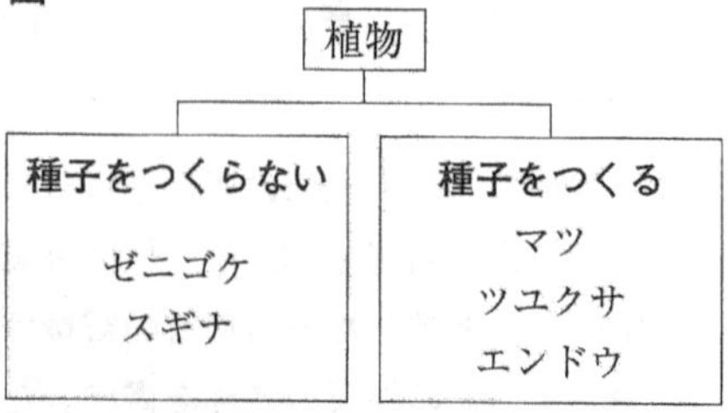


1　種子をつくらないゼニゴケやスギナは，何によってふえるか。

2　マツには，ツユクサやエンドウとは異なる特徴がみられる。それはどのような特徴か，「子房」と「胚珠」ということばを使って書け。

3　ツユクサの根は，ひげ根からなり，エンドウの根は，主根と側根からなるなど，ツユクサとエンドウには異なる特徴がみられる。ツユクサの特徴を述べた次の文中の①，②について，それぞれ正しいものはどれか。

> ツユクサの子葉は①（**ア**　1枚　　**イ**　2枚）で，葉脈は②（**ア**　網目状　　**イ**　平行）に通る。

4　エンドウのある形質の対立遺伝子の優性遺伝子をA，劣性遺伝子をaとする。Aaという遺伝子の組み合わせをもっているいくつかの個体が，自家受粉によってあわせて800個の種子（子にあたる個体）をつくったとすると，そのうちで遺伝子の組み合わせがaaの種子はおよそ何個あると考えられるか。最も適当なものを次の**ア**～**エ**から選べ。ただし，Aとaの遺伝子は，遺伝の規則性にもとづいて受けつがれるものとする。

**ア**　200個　　**イ**　400個　　**ウ**　600個　　**エ**　800個

Ⅱ　次は，たかしさんとひろみさんと先生の会話である。

> たかしさん：激しい運動をしたとき，呼吸の回数がふえるのはどうしてかな。
>
> ひろみさん：運動をするのに，酸素がたくさん必要だからって聞くよ。
>
> 先　　　生：それでは，運動するのに，なぜ酸素が必要かわかりますか。
>
> ひろみさん：細胞による呼吸といって，ひとつひとつの細胞では，酸素を使って[　　]からです。
>
> 先　　　生：そのとおりですね。だから，酸素が必要なのですね。また，私たちが運動するためには食事も大切ですよね。たとえば，タンパク質について知っていることはありますか。
>
> たかしさん：①タンパク質は，分解されてアミノ酸になり，②小腸で吸収されることを学びました。

1　会話文中の[　　]にあてはまる内容を「養分」ということばを使って書け。

2　下線部①について，(1)，(2)の問いに答えよ。

(1)　タンパク質を分解する消化酵素をすべて選べ。

**ア**　アミラーゼ　　**イ**　リパーゼ　　**ウ**　トリプシン　　**エ**　ペプシン

(2)　次の文中の[ a ]，[ c ]にあてはまる器官の名称をそれぞれ書け。また，[ b ]にあてはまる物質の名称を書け。

> ヒトの細胞でタンパク質などが分解されてできる物質を使って生命活動が行われると有害なアンモニアができる。このアンモニアは血液によって[ a ]に運ばれて無害な物質である[ b ]に変えられ，[ b ]は[ c ]で血液からとり除かれる。

3　下線部②の小腸の内側のかべにはたくさんのひだがあり，その表面に柔毛があることで，効率よく養分を吸収することができる。その理由を書け。

**4** 次のⅠ，Ⅱの各問いに答えなさい。答えを選ぶ問いについては記号で答えなさい。

Ⅰ 鹿児島県に住むたかしさんは，ある日，日の出の1時間前に，東の空に見える月と金星を自宅付近で観察した。**図1**は，そのときの月の位置と形，金星の位置を模式的に表したものである。

**図1**

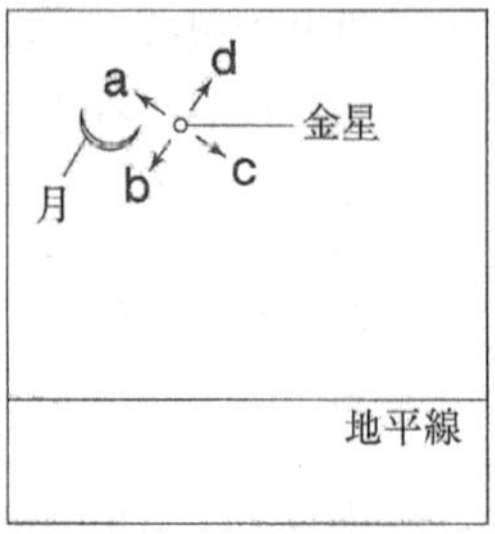


1 月のように，惑星のまわりを公転する天体を何というか。

2 この日から3日後の月はどれか。最も適当なものを選べ。

**ア** 満月　　**イ** 上弦の月　　**ウ** 下弦の月　　**エ** 新月

3 **図1**の金星は，30分後，**図1**の**a**～**d**のどの向きに動くか。最も適当なものを選べ。

4 **図2**は，地球の北極側から見た，太陽，金星，地球の位置関係を模式的に表したものである。ただし，金星は軌道のみを表している。また，**図3**は，この日，たかしさんが天体望遠鏡で観察した金星の像である。この日から2か月後の日の出の1時間前に，たかしさんが同じ場所で金星を天体望遠鏡で観察したときに見える金星の像として最も適当なものを**ア**～**エ**から選べ。ただし，**図3**と**ア**～**エ**の像は，すべて同じ倍率で見たものであり，肉眼で見る場合とは上下左右が逆になっている。また，金星の公転の周期は0.62年とする。

**図2**

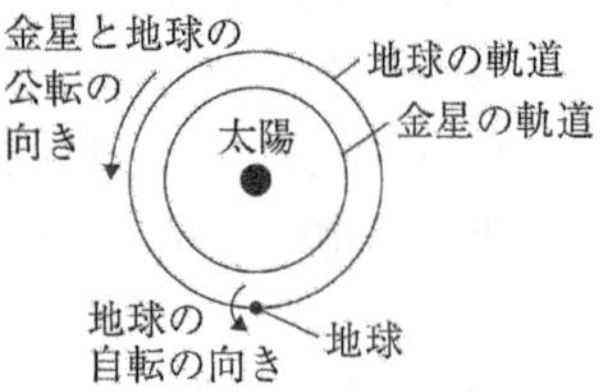


**図3**

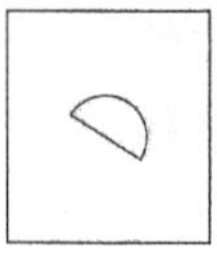

**ア**

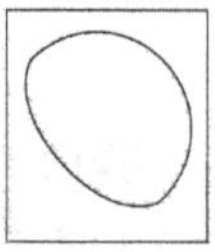

**イ**

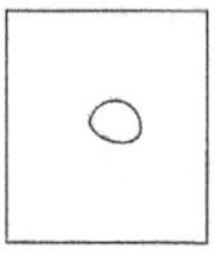

**ウ**

**エ**

Ⅱ 大気中で起こるさまざまな現象を，気象という。

**図1**

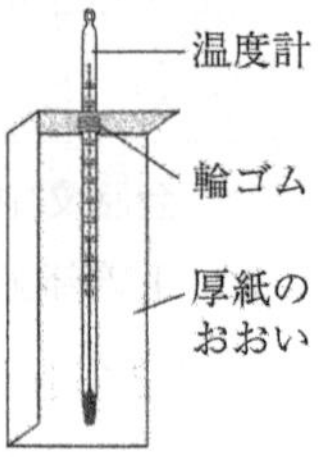


1 ある日，校庭で**図1**のように厚紙でおおった温度計を用いて空気の温度をはかった。温度計を厚紙でおおった理由を，「温度計」ということばを使って書け。

2 ある日，棒の先に軽いひもをつけ，風向を観測したところ，ひもは南西の方位にたなびいた。また，風が顔にあたるのを感じたことと，木の葉の動きから，このときの風力は2と判断した。さらに，空を見上げると，空全体の約4割を雲がおおっていた。**表**は天気と雲量の関係をまとめたものである。これらの風向，風力，天気の気象情報を天気図記号でかけ。

**表**

| 天気 | 快晴 | 晴れ | くもり |
|---|---|---|---|
| 雲量 | 0～1 | 2～8 | 9～10 |

3 雲のでき方について述べた次の文中の［ a ］，［ b ］にあてはまることばを書け。

> 水蒸気をふくむ空気のかたまりが上昇すると，周囲の気圧が低いために空気のかたまりが［ a ］して気温が［ b ］がる。やがて，空気の温度が露点に達すると空気にふくみきれなくなった水蒸気は水滴となり，雲ができる。

4　**図2**は，前線Xと前線Yをともなう温帯低気圧が西から東に移動し，ある地点Aを前線X，前線Yの順に通過する前後のようすを表した模式図である。前線Yの通過にともなって降る雨は，前線Xの通過にともなって降る雨に比べて，降り方にどのような特徴があるか。雨の強さと雨が降る時間の長さに着目して書け。

**図2**

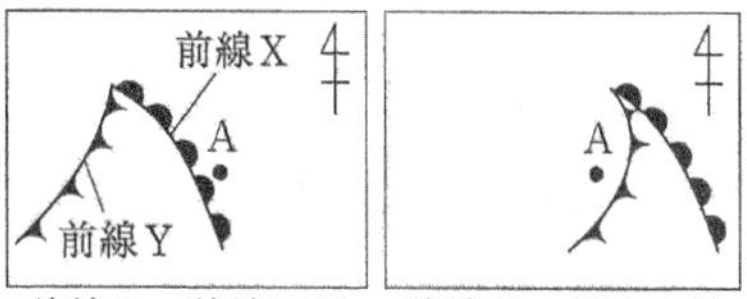


前線X，前線Yが通過する前　　前線X，前線Yが通過した後

5　次のⅠ，Ⅱの各問いに答えなさい。答えを選ぶ問いについては記号で答えなさい。

Ⅰ　物体にはたらく浮力に関する**実験１**と**実験２**を行った。ただし，質量100ｇの物体にはたらく重力の大きさを1.0Nとし，糸の重さや体積は考えないものとする。

**実験１**

①　**図１**に示す質量300ｇの直方体を用意した。

②　直方体の面Xとばねばかりを糸でつないだ。

③　**図２**のように，直方体の下面が水面と平行になるように水の中へ静かにしずめ，水面から直方体の下面までの深さとばねばかりの値を測定した。

④　②の面Xを面Yに変え，③の操作をした。

**図１**

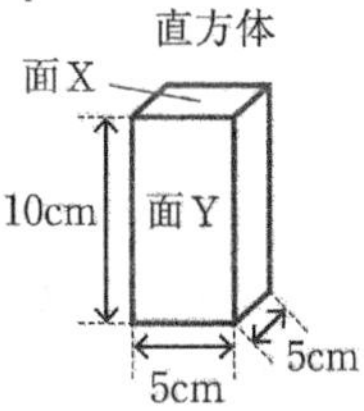


**図２**

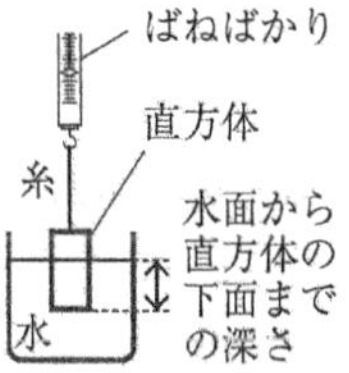


**表**

| 水面から直方体の下面までの深さ〔cm〕 | | 0 | 2 | 4 | 6 | 8 | 10 | 12 |
|---|---|---|---|---|---|---|---|---|
| ばねばかりの値〔N〕 | 面X | 3.0 | 2.5 | 2.0 | 1.5 | 1.0 | 0.5 | 0.5 |
| | 面Y | 3.0 | 2.0 | | | | 0.5 | 0.5 |

**表**は，**実験１**の結果をまとめたものである。ただし，**表**の空欄には，結果を示していない。

1　直方体の密度は何g/cm³か。

2　直方体の面Xに糸をつないでしずめ，水面から直方体の下面までの深さが８cmのとき，直方体にはたらく浮力の大きさは何Nか。

3　直方体の面Yに糸をつないでしずめたときの，水面から直方体の下面までの深さと直方体にはたらく浮力の大きさの関係を表したグラフをかけ。ただし，水面から直方体の下面までの深さが０cm，2cm，4cm，6cm，8cm，10cm，12cmのときの値を「・」で記入すること。

**実験２**　**図３**のように，**実験１**で用いた直方体の面Xを糸でつなぎ，直方体の下面が水面と平行になるように水の中へ静かにしずめ，水面から直方体の下面までの深さが14cmの位置で静止させる。この状態で静かに糸を切った。

**図３**

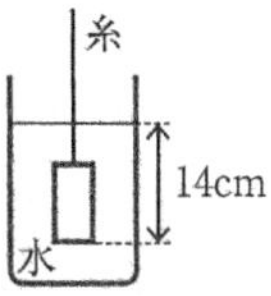


4　糸を切った後，直方体はどうなるか。次の**ア**～**ウ**から選び，その理由を，糸を切った後の直方体にはたらく力に着目して書け。

**ア**　浮き上がる。

**イ**　静止の状態を続ける。

**ウ**　しずんでいく。

Ⅱ　ひろみさんは，図１のような実験装置を用いて，２種類の抵抗器Ａ，Ｂのそれぞれについて，加える電圧を変えて電流の変化を調べる実験を行った。図１のＸとＹは，電流計か電圧計のどちらかであり，Ｐはその端子である。図２は，この実験の結果をグラフに表したものである。ただし，抵抗器以外の抵抗は考えないものとする。

図１

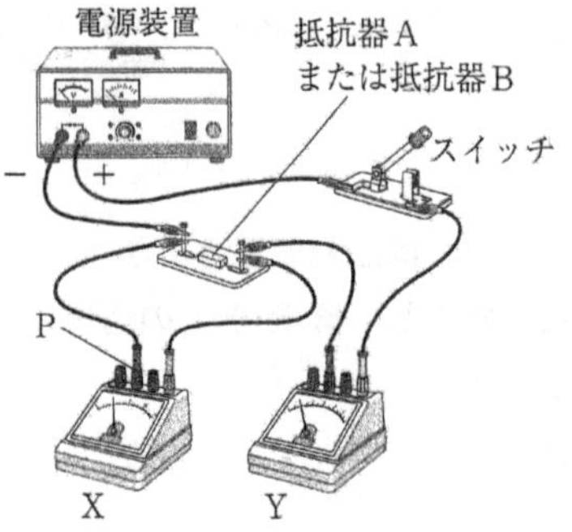


図２

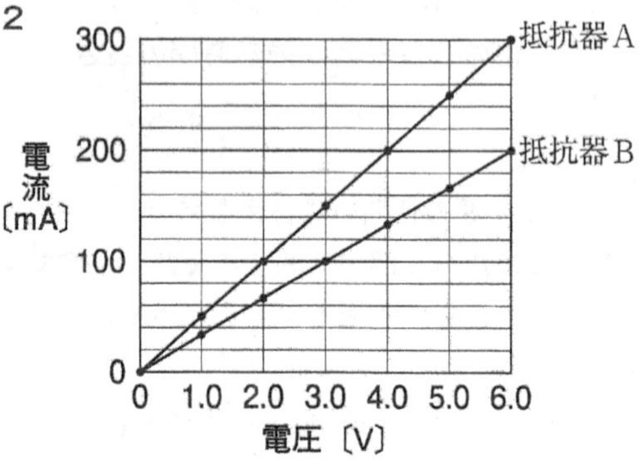


1　図１のＰは，次のア～エのどの端子か。

**ア**　電流計の＋端子　　**イ**　電流計の－端子　　**ウ**　電圧計の＋端子　　**エ**　電圧計の－端子

2　次の文は，実験の結果についてひろみさんがまとめた考察である。文中の下線部で示される関係を表す法則を何というか。

抵抗器Ａ，Ｂのグラフが原点を通る直線であるため，数学で学んだ比例のグラフであることがわかった。このことから，抵抗器を流れる電流の大きさは，抵抗器の両端に加えた電圧の大きさに比例すると考えられる。

3　次に，ひろみさんは，図３の回路図のように抵抗器Ａ，Ｂを用いて回路をつくった。このとき，抵抗器Ａに流れる電流の大きさを電流計の500mAの－端子を使って測定すると，針のふれが，図４のようになった。抵抗器Ｂに加わる電圧は何Ｖか。また，回路全体の電力は何Ｗか。

図３

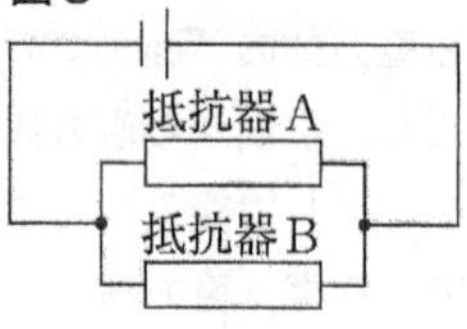


図４

4　ひろみさんが並列回路の例として延長コード（テーブルタップ）について調べたところ，図５のように，延長コードを使って一つのコンセントでいくつかの電気器具を使用するタコ足配線は，危険な場合があることがわかった。次の文は，その理由についてひろみさんがまとめたレポートの一部である。次の文中の［　　］にあてはまる内容を，「電流」と「発熱量」ということばを使って書け。

図５

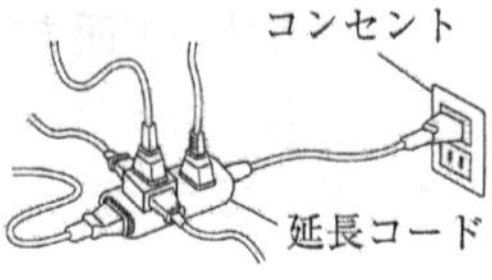


タコ足配線は，いくつかの電気器具が並列につながっている。タコ足配線で消費電力の大きいいくつかの電気器具を同時に使うと，コンセントにつながる延長コードの導線に［　　］ため，危険である。

# ＜社会＞　時間　50分　満点　90点

[1] あとのⅠ～Ⅲの問いに答えなさい。答えを選ぶ問いについては一つ選び，その記号を書きなさい。

Ⅰ　次の緯線と経線が直角に交わるようにかかれた略地図を見て，1～6の問いに答えよ。

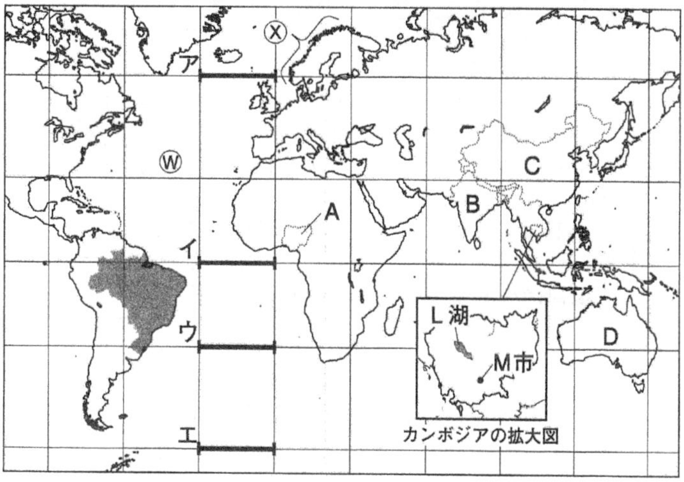


1　略地図中のⓌは三大洋の一つである。Ⓦの名称を**漢字**で書け。

2　略地図中に同じ長さの ├─┤ で示した**ア**～**エ**のうち，地球上での実際の距離が最も長いものはどれか。

3　略地図中のⓍでは，氷河によってけずられた谷に海水が入りこんでできた奥行きの長い湾がみられる。この地形を何というか。

4　略地図中の**カンボジアの拡大図**に関して，**資料1**の10月10日の**L湖**の面積が，4月13日に比べて大きくなっている理由を，**資料2**を参考にして書け。ただし，**L湖**がある地域の気候に影響を与える風の名称を明らかにすること。

**資料1　L湖の日付別の面積**

| 4月13日 | 10月10日 |
|---|---|
| 約3,300 km² | 約11,600 km² |

（JAXA資料から作成）

**資料2　M市の月別降水量**

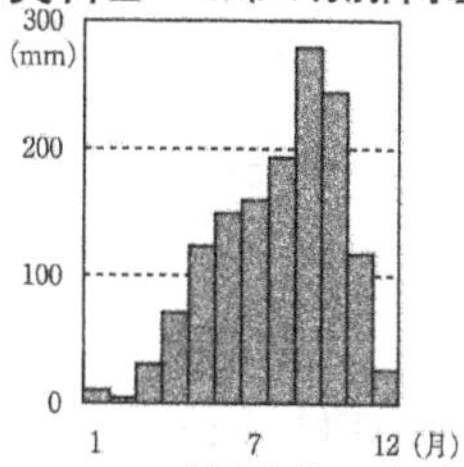


（理科年表から作成）

5　略地図中の**A**～**D**国の産業について述べた次の**ア**～**エ**の文のうち，**C**国について述べた文として，最も適当なものはどれか。

**ア**　ボーキサイトや石炭などの資源が豊富で，北西部に大規模な露天掘りの鉄山がみられる。

**イ**　英語を話せる技術者が多く，南部のバンガロールなどでは情報技術産業が成長している。

**ウ**　南部の沿岸地域で原油の産出が多く，国の貿易輸出総額の７割近くを原油が占めている。

**エ**　税金などの面で優遇される経済特区を沿岸部に設け，外国企業を積極的に誘致している。

6　次のページの**資料3**は，ある中学生のグループが略地図中の　　　で示された国について調べたレポートの一部である。**資料3**の [Y]，[Z] に適することばを補い，これを完成させよ。ただし，[Z] には**吸収**ということばを使うこと。

**資料3**

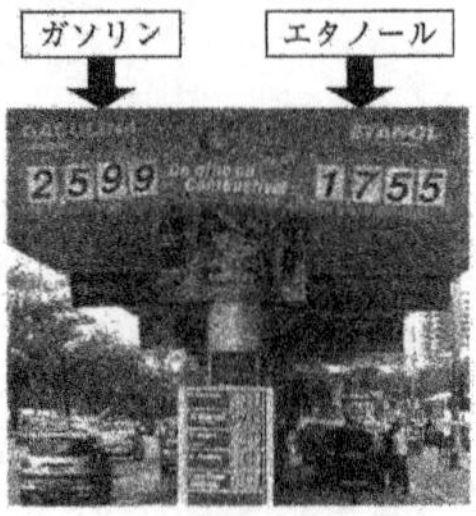


写真は，この国のガソリンスタンドのようすです。ガソリンとエタノールのどちらも燃料として使える車が普及しているそうです。この国でのエタノール生産の主な原料は［　Y　］です。このような植物を原料としてつくられる燃料をバイオエタノールといいます。これはバイオ燃料の一種です。

【バイオエタノールの生産と利用】

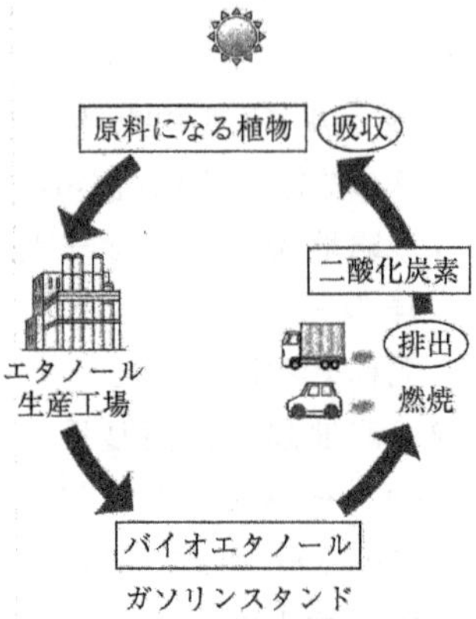


【バイオ燃料の良い点】
① 化石燃料と違い，枯渇の心配がなく再生可能である。
② 右の図のようにバイオ燃料は，燃やしても，［　Z　］と考えられており，地球温暖化対策になる燃料として注目されている。

【バイオ燃料の課題点】
① 栽培面積の拡大により，環境を破壊してしまう恐れがある。
② 過度に増産すると，食糧用の農作物の供給が減って食糧用の農作物の価格が高騰する恐れがある。

Ⅱ　次の略地図を見て，１～５の問いに答えよ。

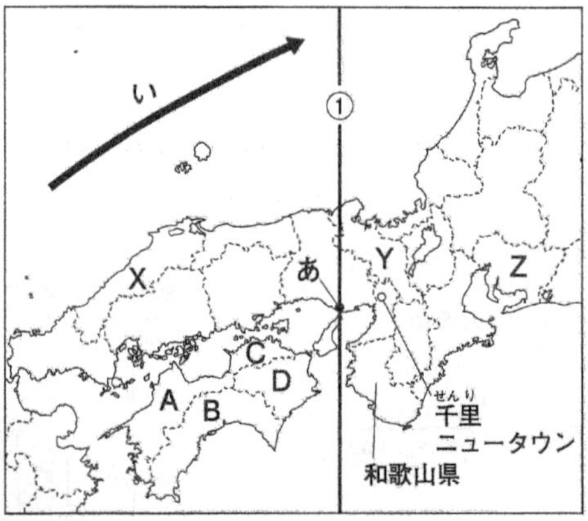


1　略地図中の経線①は日本標準時子午線（東経135度）である。この標準時子午線が通る兵庫県の都市**あ**の名称を**漢字**で書け。

2　略地図中の矢印**い**で示した海流名を**漢字**で書け。

3　**資料1**は，略地図中の**和歌山県**で生産が盛んなある果実の都道府県別の生産割合を示したものである。この果実の名称を答えよ。

また，**資料1**の中にある［　　］にあてはまる県は略地図中の**A**～**D**のうちどれか。

**資料1**

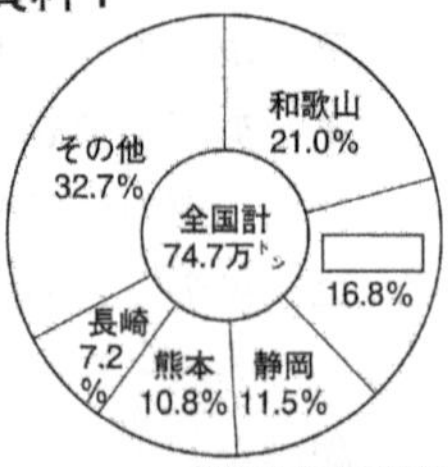


統計年次は2019年
（農林水産省資料から作成）

4　**資料2**は，略地図中の**X**～**Z**の府県の15歳以上の就業者数に占めるいくつかの業種の就業者割合を示したものである。**Z**にあてはまるものは**ア**～**ウ**のうちどれか。

**資料2**

| | 農林水産業 | 製造業 | 宿泊・飲食サービス業 |
|---|---|---|---|
| **ア** | 2.1% | 25.3% | 5.4% |
| **イ** | 2.1% | 15.9% | 6.6% |
| **ウ** | 7.8% | 13.3% | 5.3% |

統計年次は2015年（総務省統計局資料から作成）

5　略地図中の**千里ニュータウン**は，主に1960年代に建設され，同じような若い年代の人たちが入居した。**資料3**，**資料4**を見た先生と生徒の会話の［　　］に適することばを，**資料3**，**資料4**を参考にして書け。

先生：**千里ニュータウン**は，ある時期に全国を上回るスピードで高齢化率が上昇しています。どのような原因が考えられますか。

生徒：**千里ニュータウン**ができたころに入居した人たちがほぼ同時期に65歳以上になったことと，［　　］ことが原因だと思います。

先生：**千里ニュータウン**の高齢化率を計算するときの65歳以上の人口だけでなく，**千里ニュータウン**の人口全体について，それぞれ考えたのですね。最近は，さまざまな取り組みが行われ，高齢化率の上昇は緩やかになり，人口も増え始めています。

**資料3**　千里ニュータウンと全国の高齢化率の推移および千里ニュータウンの人口の推移

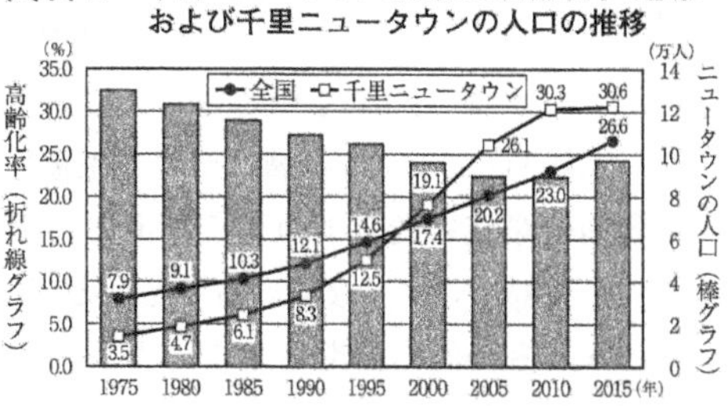


**資料4**　千里ニュータウンの年齢層別の人口構成の推移

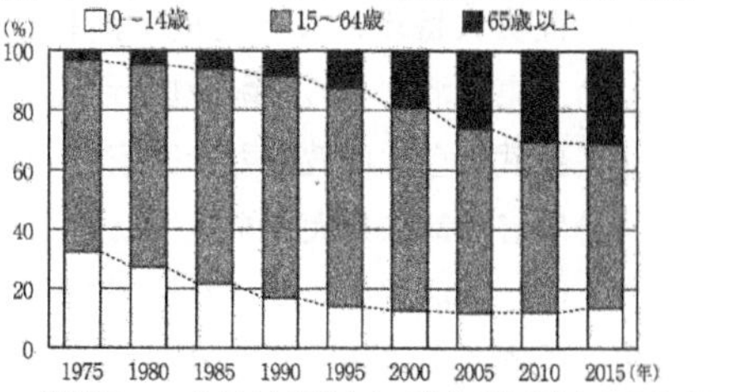


（資料3，4は吹田市資料および豊中市資料などから作成）

Ⅲ　社会科の授業で先生から「福岡市の七つの区について，各区の人口密度を計算し，その結果を地図に表してみよう。」という課題が出された。ある生徒は，**図1**に示された七つの区のうち，五つの区について**表**のように人口密度を計算し，その結果を**図2**のように表した。残りの**南区**，**早良区**について，**図1**と**表**をもとに**図2**中の**凡例**に従って解答欄の地図を完成させよ。

**図1**　福岡市の区

**表**

| 区名 | 人口（人） | 面積（$km^2$） | 人口密度（人/$km^2$） |
|---|---|---|---|
| 東　区 | 306,015 | 69.4 | 4,409.4 |
| 博多区 | 228,441 | 31.6 | 7,229.1 |
| 中央区 | 192,688 | 15.4 | 12,512.2 |
| 南　区 | 255,797 | 31.0 | |
| 城南区 | 130,995 | 16.0 | 8,187.2 |
| 早良区 | 217,877 | 95.9 | |
| 西　区 | 206,868 | 84.2 | 2,456.9 |

統計年次は2015年（福岡市資料から作成）

**図2**　生徒が途中まで作成したもの

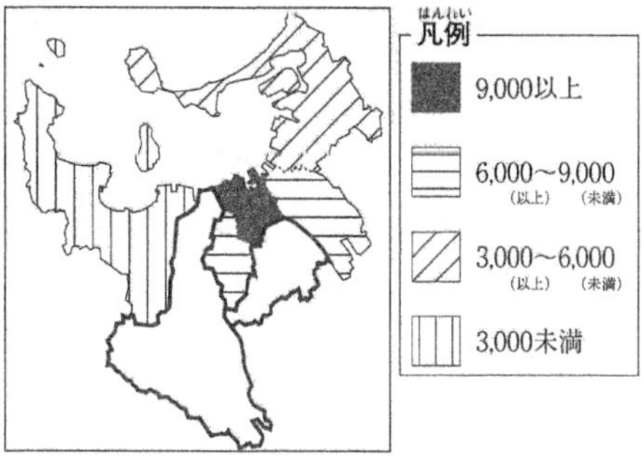

**2** 次のⅠ～Ⅲの問いに答えなさい。答えを選ぶ問いについては一つ選び，その記号を書きなさい。

Ⅰ　次の略年表を見て，1～7の問いに答えよ。

| 世紀 | 主なできごと | |
|---|---|---|
| 5 | ⓐ大和政権（ヤマト王権）の大王が中国の南朝にたびたび使いを送る | |
| 7 | 中大兄皇子や中臣鎌足らが大化の改新とよばれる政治改革を始める ―――― | A |
| 11 | 白河天皇が位をゆずって上皇となったのちも政治を行う □ を始める | |
| 14 | 京都の室町に御所を建てたⓑ足利義満が南北朝を統一する ―――― | B |
| 16 | 大阪城を築いて本拠地としたⓒ豊臣秀吉が全国を統一する ―――― | C |
| 18 | 天明のききんがおこって，ⓓ百姓一揆や打ちこわしが急増した | |

1　□ にあてはまる最も適当なことばを**漢字**で書け。

2　ⓐに関して，大和政権（ヤマト王権）の勢力が広がるにつれて，各地の豪族も**資料1**のような形の古墳などをつくるようになった。**資料1**のような形の古墳を何というか。

**資料1**

（地理院地図から作成）

3　AとBの間の時期におこった次の**ア**～**エ**のできごとを年代の古い順に並べよ。

**ア**　征夷大将軍になった坂上田村麻呂は，蝦夷《えみし》の主な拠点を攻め，東北地方への支配を広げた。

**イ**　聖武天皇は仏教の力で国家を守ろうと，国ごとに国分寺と国分尼寺，都に東大寺を建てた。

**ウ**　武士の活躍をえがいた軍記物の「平家物語」が，琵琶法師によって語り伝えられ始めた。

**エ**　壬申の乱に勝って即位した天武天皇は，天皇を中心とする国家づくりを進めた。

4　ⓑに関して，室町幕府の政治について述べた文として，最も適当なものはどれか。

**ア**　将軍のもとで老中や若年寄，各種の奉行などが職務を分担した。

**イ**　執権が御家人たちをまとめ，幕府を運営していくようになった。

**ウ**　管領とよばれる将軍の補佐役には，有力な守護が任命された。

**エ**　太政官が政策を決定し，その下の八つの省が実務を担当した。

5　ⓒに関して，豊臣秀吉に仕え，わび茶の作法を完成させたのはだれか。

6　BとCの間の時期におこった世界のできごととして，最も適当なものはどれか。

**ア**　ルターが宗教改革を始めた。　　**イ**　アメリカ独立戦争がおこった。

**ウ**　ムハンマドがイスラム教をおこした。　　**エ**　高麗が朝鮮半島を統一した。

7　ⓓに関して，次の文の □ に適することばを補い，これを完成させよ。

**資料2**は，江戸時代の百姓一揆の参加者が署名した，からかさ連判状である。参加者が円形に名前を記したのは，□ ためであったといわれている。

**資料2**

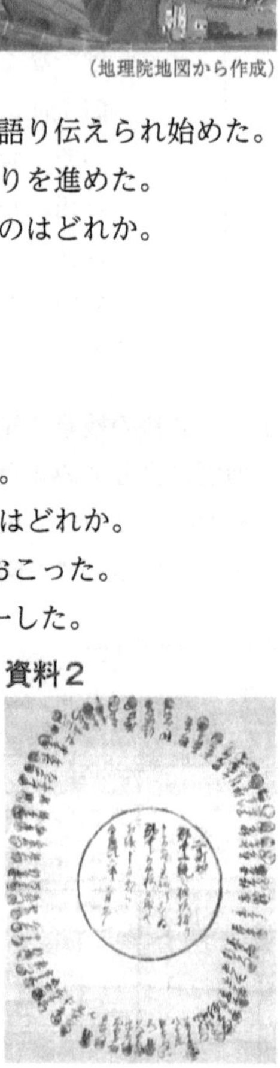

Ⅱ　次は，ある中学生が「日本の近現代」についてまとめたものの一部である。1～6の問いに答えよ。

長州藩はⓐ江戸幕府の外交政策に反対する尊王攘夷運動の中心となっていた。しかし，1864年にⓑイギリスをはじめとする四国連合艦隊からの攻撃を受け，敗北した長州藩は，列強に対抗できる強い統一国家をつくるため，幕府をたおそうと考えるようになった。

ⓒ明治時代に政府は欧米諸国に対抗するため，富国強兵の政策を進めた。1880年代からは軽工業を中心に産業革命の時代をむかえた。重化学工業では，日清戦争後に北九州に建設された官営の [ ① ] で1901年に鉄鋼の生産が始まった。

日本は1951年に48か国と [ ② ] 平和条約を結び，翌年に独立を回復した。その後もⓓさまざまな国と外交関係を築いた。経済は，1950年代半ばまでに戦前の水準をほぼ回復し，その後，ⓔ高度経済成長が1970年代初めにかけて続いた。

1　[ ① ]，[ ② ] にあてはまる最も適当なことばを書け。

2　ⓐに関して，日本とアメリカとの間で下田，函館の2港を開港することなどを取り決めた条約を**漢字**で書け。

3　ⓑに関して，**資料**は，イギリスが関係したある戦争のようすをあらわしている。この戦争の原因についてまとめた次の文の [　　] に適することばを補い，これを完成させよ。

**資料**

イギリスは，清から大量の茶を輸入していたが，自国の綿製品は清で売れず，清との貿易は赤字であった。その解消のためにイギリスは，インドで [　　　　] 。それに対して，清が取りしまりを強化したため，イギリスは戦争をおこした。

4　ⓒに関して，この時代におこった日本のできごとを次の**ア**～**エ**から三つ選び，年代の古い順に並べよ。

**ア**　第1回帝国議会を開いた。
**イ**　財政安定のために地租改正を実施した。
**ウ**　ロシアとの間でポーツマス条約を結んだ。
**エ**　中国に対して二十一か条の要求を出した。

5　ⓓに関して，日本とある国との外交関係について述べた次の文の [ X ]，[ Y ] にあてはまることばの組み合わせとして，最も適当なものはどれか。

1956年，鳩山一郎内閣によって [ X ] が調印され，国交が回復した。しかし，この国との [ Y ] をめぐる問題は未解決のままである。

**ア**（X　日ソ共同宣言　　Y　北方領土）　**イ**（X　日ソ共同宣言　　Y　小笠原諸島）
**ウ**（X　日中共同声明　　Y　北方領土）　**エ**（X　日中共同声明　　Y　小笠原諸島）

6　ⓔに関して，この時期におこった世界のできごととして，最も適当なものはどれか。

**ア**　国際社会の平和と安全を維持するため，国際連合が発足した。

**イ**　アメリカが介入したことにより，ベトナム戦争が激化した。

**ウ**　ベルリンを東西に分断していたベルリンの壁が取りこわされた。

**エ**　イラクのクウェート侵攻をきっかけに，湾岸戦争がおこった。

Ⅲ　**資料**は，1914年度から1935年度にかけての日本の軍事費の推移を示したものである。Aの時期に軍事費が減少している理由として考えられることを，当時の国際情勢をふまえて書け。ただし，**第一次世界大戦**，**ワシントン会議**ということばを使うこと。

**資料**

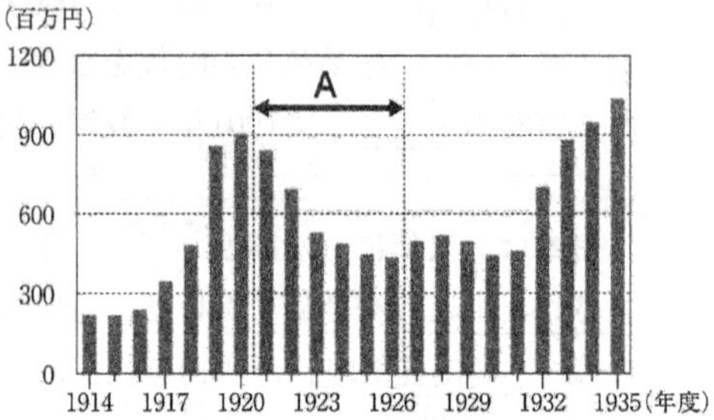


(数字で見る日本の100年から作成)

**3**　あとのⅠ～Ⅲの問いに答えなさい。答えを選ぶ問いについては一つ選び，その記号を書きなさい。

Ⅰ　次は，ある中学生が社会科の授業で「日本国憲法の三つの基本原理」について学習した際の振り返りシートの一部である。1～5の問いに答えよ。

■　学習を通してわかったこと

| 国 民 主 権 | 基本的人権の尊重 | 平 和 主 義 |
|---|---|---|
| ⓐ日本国憲法では，主権者は私たち国民であり，国民が政治のあり方を決める力をもっていることが示されています。 | 私たちが自由に人間らしく生きていくことができるように，平等権，自由権，社会権などのⓑ基本的人権が侵すことのできない永久の権利として保障されています。 | ⓒ第二次世界大戦での経験をふまえ，日本国憲法は，戦争を放棄して世界の恒久平和のために努力するという平和主義をかかげています。 |

■　学習を終えての感想

先日，ⓓ県知事選挙が行われました。私も18歳になったらⓔ選挙で投票することができます。主権者の一人として政治や社会のことに関心をもち，お互いの人権が尊重され，平和な社会が実現できるように行動していこうと思いました。

1　ⓐに関して，次は日本国憲法の一部である。□にあてはまる最も適当なことばを，**資料1**を参考にして書け。

第98条

この憲法は，国の□であつ《(っ)》て，その条規に反する法律，命令，詔勅《しょうちょく》及び国務に関するその他の行為の全部又は一部は，その効力を有しない。

**資料1　法の構成**

憲法を頂点として，すべての法が位置づけられている。

2　ⓑに関して，次のア～ウは，人権保障のあゆみの中で重要なことがらについて説明したものである。ア～ウを年代の古い順に並べよ。

ア　「人間に値する生存」の保障などの社会権を取り入れたワイマール憲法が制定された。

イ　人権を保障するために各国が守るべき基準を明らかにした世界人権宣言が採択された。

ウ　人は生まれながらに自由で平等な権利をもつことをうたったフランス人権宣言が出された。

3　ⓒに関して，日本は，核兵器による被爆国として，非核三原則をかかげている。その三原則を，解答欄の書き出しのことばに続けて書け。

4　ⓓに関して，知事の選出方法は，内閣総理大臣の選出方法とは異なっている。知事と内閣総理大臣の選出方法の違いについて，解答欄の書き出しのことばに続けて書け。

5　ⓔに関して，**資料2**は，先生が，授業で示したある仮想の議会における選挙について黒板にまとめたものである。**資料2**から読み取れることとして，最も適当なものは下のア～エのうちどれか。

**資料2**

**ある仮想の議会における選挙**

議員定数は5人であり，小選挙区制によって選出するものとします。

三つの政党が選挙区Ⅰ～Ⅴにそれぞれ1人の候補者を立て，ほかに候補者はいなかったものとします。

投票率は有権者数に対する投票者数の割合です。ただし，各選挙区の投票者数は得票数の合計と等しいものとします。

**選挙の結果**

| 選挙区 | 有権者数 | 各候補者の得票数 | | |
|---|---|---|---|---|
| | | ○○党 | △△党 | □□党 |
| Ⅰ　区 | 1000人 | 320票 | 200票 | 120票 |
| Ⅱ　区 | 800人 | 200票 | 220票 | 100票 |
| Ⅲ　区 | 500人 | 170票 | 50票 | 30票 |
| Ⅳ　区 | 750人 | 150票 | 180票 | 40票 |
| Ⅴ　区 | 950人 | 360票 | 150票 | 110票 |
| 合　計 | 4000人 | 1200票 | 800票 | 400票 |

ア　過半数の議席を獲得する政党はない。

イ　選挙区間の一票の格差は最大2倍である。

ウ　すべての政党が議席を獲得できる。

エ　すべての選挙区をあわせた投票率は70%である。

Ⅱ　次は，ある中学生の会話の一部である。1～5の問いに答えよ。

Aさん：この図をおぼえている？「キャッシュレス・ポイント還元事業」ってあったよね。このあいだの授業で先生が，「これをきっかけにⓐ現金をあまり使わなくなって，この前もマスクを電子マネーで買ったよ。」という話をしてくれたね。

Bさん：マスクを買うのが大変だった時期もあったね。マスク不足を補うために，マスクのⓑ製造に新たに参加した企業も複数あったね。ⓒ景気がこれからどうなっていくのか分からないけれど，企業を支援するさまざまな対策が必要になるかもね。

Aさん：そういえば，災害支援のボランティアに参加した企業が新聞で紹介されていたよ。ⓓ企業の社会的責任の一つとして，地域に貢献しているんだね。

Bさん：地域にある企業が，ⓔ雇用を増やすことで地域に貢献することもできるね。

図

1　ⓐに関して，**資料**は日本で流通している貨幣（通貨）の割合を表しており，現金以外にも通貨があることがわかる。**資料**中の［　　］にあてはまる通貨名として，最も適当なことばを書け。

**資料**　日本の通貨の構成比率

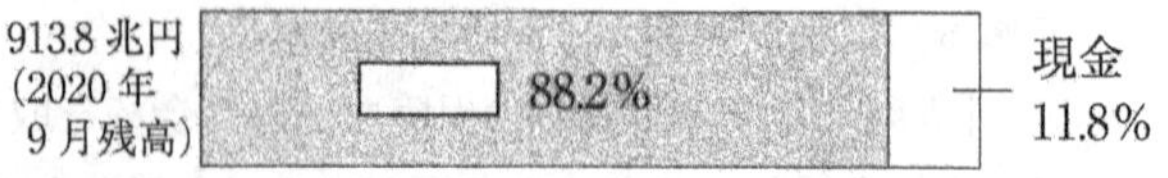


（日本銀行資料から作成）

2　ⓑに関して，消費者の保護・救済のため，商品の欠陥などで消費者が被害を受けたとき損害賠償の責任を製造する企業に負わせることを定めた法律を何というか。

3　ⓒに関して，政府は次のような財政政策を行うことで，景気を安定させることができる。文中の［ X ］，［ Y ］にあてはまることばの組み合わせとして，最も適当なものはどれか。

> 政府は不景気（不況）の時に財政政策として公共投資を［ X ］させ企業の仕事を増やし，［ Y ］を実施して企業や家計の消費活動を刺激する。

**ア**（X　減少　　Y　増税）　**イ**（X　減少　　Y　減税）
**ウ**（X　増加　　Y　増税）　**エ**（X　増加　　Y　減税）

4　ⓓに関して，「企業の社会的責任（CSR）」に基づく企業の活動について述べた文として，最も適当なものはどれか。

**ア**　持続可能な社会を実現するため，環境によい商品の開発に積極的に取り組む。
**イ**　企業の規模をより大きくするため，株主への配当金をなるべく少なくなるように抑える。
**ウ**　消費者保護のために，生産者同士で生産量や価格を事前に取り決めておく。
**エ**　社会に不安を与えないよう，会社の状況や経営に関する情報をなるべく公開しない。

5　もしもの時に備え，社会に安心・安全を提供するしくみをセーフティネット（安全網）という。ⓔに関するセーフティネット（安全網）として，国や地方公共団体が行っている取り組みを一つあげて説明せよ。ただし，解答欄の書き出しのことばに続けて書け。

Ⅲ　トラブルを調整し，互いに納得できる解決策をつくっていく際には，効率や公正の面から検討することが大切である。

あるスーパーマーケットでは，**図1**のように，客がレジに自由に並んでいたが，客からの「出入口に近いレジだけがいつも混んでいる。」，「混んでいないレジに並んだが，前の客の会計に時間がかかり，あとから他のレジに並んだ客のほうが早く会計を済ませていた。改善してほしい。」といった要望が多かった。そのため，**図2**のように客が一列に整列したうえで順次空いたレジへ進む方法に変更した結果，客からも好評であった。どのような点が好評だったと考えられるか，**効率**，**公正**ということばを使い，**40字以上50字以内**で書け。

**図1**

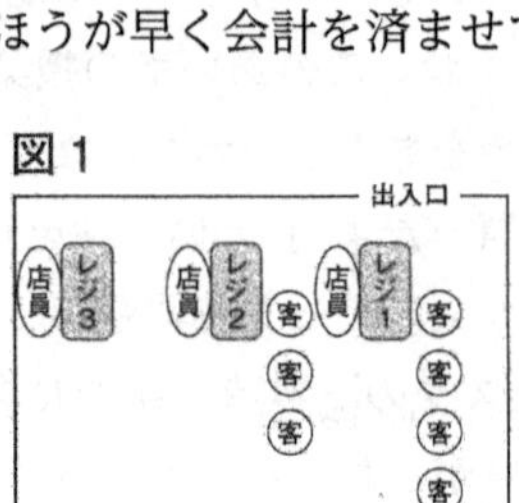


**図2**

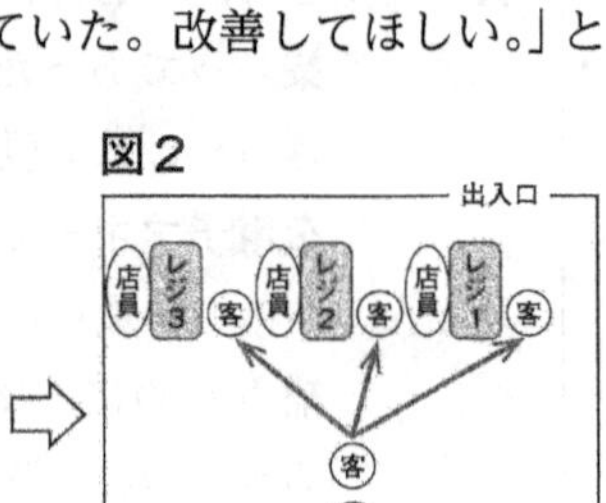

イ　文化祭の廃止は納得できないが、勉強時間が今までより減るのはおかしいと感じているように見えたから。

ウ　文化祭の実施は面倒だが、文化祭を一方的に取り上げられるのはおかしいと感じているように見えたから。

エ　文化祭の実施は無意味であるが、予算がないから中止にするのはおかしいと感じているように見えたから。

5　――線部⑤のときの杏の気持ちについて六十字以内で説明せよ。

**5**　太郎さんは、国語の宿題で語句の意味調べをした。その際、太郎さんの辞書に書かれた語釈（語句の説明）に、特徴的なものがあることに気がついた。下の会話は、その時の太郎さんと、太郎さんの母親との会話である。これを読んで、太郎さんの辞書に書かれた語釈の特徴である～～～線部X・Yのどちらか一つを選択し、次の(1)～(5)の条件に従って、あなたの考えを書きなさい。

**条　件**

(1)　二段落で構成すること。

(2)　第一段落には、選択した特徴の良いと思われる点を書くこと。

(3)　第二段落には、選択した特徴によって生じる問題点を書くこと。

(4)　六行以上八行以下で書くこと。

(5)　原稿用紙の正しい使い方に従って、文字、仮名遣いも正確に書くこと。

太郎「辞書を使っていたら、おもしろいことに気づいたよ。」

母親「どんなことに気づいたの。」

太郎「ある食べ物についての説明の中に、『おいしい』って感想が書いてあったんだ。」

母親「へえ。辞書を作った人の主観的な感想が書かれているのね。たしかにおもしろいわね。」

太郎「他にも、【草】の説明に『笑うこと・笑えること』という意味や、【盛る】の説明に『話を盛る』という用例が書いてあったよ。」

母親「その【盛る】は『おおげさにする』という意味で使われているのね。太郎の使っている辞書には、もともとの意味や用例だけでなく、現代的な意味や用例も書かれているということね。」

作りたいと思っています」

「今まで不まじめだった人が、急にやる気になるかしら?」

「分かりません。でも五月に文化祭廃止が発表されたとき、④みんな不満そうでした。『勉強しなくていい時間を奪うな』って怒ってる人もいたけれど、でも、根本は違うことへの怒りだったと思います。私は、そこに『自分たちの文化祭なのにどうして』って気持ちがあったんだと信じています」

文化祭廃止が知らされたとき、生徒たちは納得していない様子だった。けど、それはサボれなくなるからってだけじゃない、と思う。(注)国広くんや、やよいちゃんの言葉にもそれは表れている。

『やりたいかと言われるとビミョーなイベントだよな』

『私も、最初はしょうがないかぁって思ったんだけど。なんかもやもやするっていうか……ヘンじゃない? って思って』

生徒たちは今までの文化祭を『やりたくない、めんどうくさい』と思いつつ『取り上げられるのはヘンだ』と思っていた。けれどそれは『やりたくないのに、やりたい』ということになる。その『やりたい』の先を考える手伝いをしたい、と私たちは話し合った。加奈は続ける。

「だから過去の失敗も含めて、生徒全員に考えてもらいたいんです。今まで卒業していった、伝統を繋いでくれていた先輩たちのためにも」

それから、先生は長いことだまった。何を考えているのかは分からなかった。⑤とても長い時間だった。汗が背中を伝う。

先生は一人一人の顔を見たあと、ふう、と息を吐いた。そして、「考えるだけ、考えてみましょう。近いうちにほかの先生がたとお話しします」と言った。

(望月雪絵「魔女と花火と100万円」による)

(注) おじさん=成田くんの父親。
国広くんや、やよいちゃん=杏の同級生。

1 ——線部①における加奈の様子を説明したものとして、最も適当なものを次から選び、記号で答えよ。

ア 先生の言動に対して、慌てて言葉を取りつくろおうとする様子。
イ 先生の言動に対して、あせりつつ真意を質問しようとする様子。
ウ 先生の言動に対して、反抗してさらに文句を言おうとする様子。
エ 先生の言動に対して、あきらめずに交渉し続けようとする様子。

2 次の文は、——線部②における「私の気持ち」を説明したものである。[I]には、本文中から最も適当な五字の言葉を抜き出して書き、[II]には、十五字以内の言葉を考えて補い、文を完成させよ。

笹村先生が[I]を返したのは、自分たちに現状を理解させ、[II]きっかけを与えるためだったのだということに気づき、感謝する気持ち。

3 ——線部③について、加奈の様子を説明したものとして、最も適当なものを次から選び、記号で答えよ。

ア 杏の言葉に落ち着きを取り戻して何事にも動揺しない様子。
イ 杏に助けられたことが恥ずかしくて責任を感じている様子。
ウ 先生との話を先に進められたことに安心して得意げな様子。
エ 先生の言葉に不安を感じて周りが見えなくなっている様子。

4 ——線部④について、加奈たちがそのように考える理由を説明したものとして、最も適当なものを次から選び、記号で答えよ。

ア 文化祭の廃止は賛成だが、生徒たちに相談せずに決定されたのはおかしいと感じているように見えたから。

「い、いいえ！」加奈は①食い下がる。そして視線で私たちに目配せをした。本題が来る。私はどきどきしながら加奈の言葉を待つ。

「でも、私たち考えたんです。どうして文化祭が廃止になったのか。どうして先生がたは何も相談してくれなかったのか。それは私たち生徒に原因があると思いました、笹村先生や小田原先生は『予算の問題』と言っていたけれど……やる気を出さないでだらだらと資料を作ったり、つまらないって言うのに改善案を出さなかったり……そういうところが先生がたを失望させたんだと感じました。すみませんでした」

　そこでみんな、「すみませんでした」を繰り返し、頭を下げる。視界の隅で偲与華《しょか》が成田くんの頭を押さえつけているのが見えた。成田くんはされるがままだったが、ぼそっと「すみませんでした」と言った。

　先生はいくぶんか驚いたようで、いったん口を開いたが、すぐに閉じて何か考えこんでいるみたいだった。やがて静かに答える。「そうね、大筋は確かにそうよ」

　全員が顔を上げ、先生を見る。

「でも、勘違いしないでほしいから言うけれど、私や小田原先生の『予算』って言葉は優しさからの嘘《うそ》じゃないわ。文化祭をやるにはそれに見合う予算が必要なの。つまり、あなたたちの文化祭の価値はゼロ円。それだけ」

　加奈が口を閉ざした。予想以上にきつい言葉にひるんでしまったのだろう。生徒会室を緊張感が支配する。

　でも……なんだか、あのときと似ている。

　(注)おじさんが成田くんの部屋に来たときと同じ雰囲気だ。あのときおじさんは私たちに厳しいことを言いながらもアドバイスをくれたし、応援してくれた。おじさんが厳しいことを言ったのは、私たちをいじめたいからじゃない。きっと私たちに現状を理解させ、その先をしっかり考えさせるためだったんだと思う。そして笹村先生は、以前成田くんの説得をちゃんと聞いてくれた人だ。

なら、これは、あのときと同じだ。

　説得は加奈に任せるはずだったけれど……思わず言葉が口からついて出た。

「本当のことを言ってくれて、ありがとうございます」

　ほかのメンバーがぎょっとした目で私を見たが、②私の気持ちは本当だった。笹村先生は、私たちが対等に話すとっかかりを用意してくれたんだ。先生は値踏みをするように私たちを見た。その目が、『ここでだまるくらいなら受けつけないけど、この先説得できるならしてみなさい』と、そう語っているように見えた。加奈も同じことを感じたんだろう。彼女ははっとしたように、先生を見上げた。

「ご指摘、本当にありがとうございます。生徒はやる気をなくしていたんだと思います。私自身、こんな文化祭あってもなくても同じだ、と思ったこともあります。こんなのなんでやらせるんだ、って。でも、そうじゃないんですよね。大事なのは私たちの向上心と、自主性」

　加奈は息を吸った。声がいつもの調子に戻りつつある。

「笹村先生。私たち、もう一度チャンスが欲しいんです。意義のある文化祭を作り、また次の世代に繋《つな》げていきたいって思うんです」

「でも、そう思っているのは今ここにいるあなたたちだけでしょう？」

　③加奈は、もう負けない。

「ほかの生徒たちの意思はまだ確認していません。まず先生がたの許可をいただいたうえで、全生徒に文化祭のことを考えてもらう機会を

から一つ選び、記号で答えよ。

**ア** その寺の長老　**イ** ある俗　**ウ** かの主　**エ** その子

**3** ――線部②「互ひに争ひて取らず」とあるが、その理由を説明したものとして、最も適当なものを次から選び、記号で答えよ。

**ア** 親の銀を少し譲ろうという子の親切を、銀を預かった者が拒否したため、子もすべての銀の所有権を放棄しようとしたから。

**イ** 子も銀を預かった者も、親の遺志が確認できないため、銀の所有権が自分にあると考え、裁判で決着をつけようとしたから。

**ウ** 親が預けたという行為の受け止め方が、子と銀を預かった者との間で異なるため、お互いに銀は相手のものだと考えたから。

**エ** 遺産を独占するのは人の道に外れる行為であるため、子も銀を預かった者も、親の銀を相手と平等に分け合いたかったから。

**4** 次は、本文をもとに話し合っている先生と生徒の会話である。［Ⅰ］～［Ⅲ］に適当な言葉を補って会話を完成させよ。ただし、［Ⅰ］には本文中から最も適当な二字の言葉を抜き出して書き、［Ⅱ］・［Ⅲ］にはそれぞれ十字以内でふさわしい内容を考えて現代語で答えること。

**先　生**「この話では、最終的に二人の僧が寺から追放されてしまいます。なぜ追放されたのか、考えてみましょう。」

**生徒A**「大覚連和尚が二人を戒めたとあるから、何か良くない行いをしたということだよね。」

**生徒B**「それに対して、和尚の話に出てくる『ある俗』と『子』は、『［Ⅰ］』と評価されているね。」

**生徒C**「『僧二人』と『ある俗』たちが対比されていると考えることができそうだね。」

**生徒A**「なるほど。そう考えると、冒頭の『僧二人、布施を争ひて』というのは、二人の僧が布施を［Ⅱ］と思って争ったということか。」

**生徒B**「でも、二人は『割愛出家の沙門』のはずだよね。」

**生徒C**「そうだね。それを踏まえて考えると、僧たちが［Ⅲ］点を和尚は戒めたのだね。仏道修行をする人としてあるまじき態度だから、寺の決まりに従って追放されたのだろうね。」

**4** 次の文章を読んで、あとの1～5の問いに答えなさい。

> 中学二年生の私（杏《あん》）は、生徒会の加奈や成田くん、偲与華《しょか》たちと文化祭（ながね祭）の廃止の撤回を求めて、笹村《ささむら》先生と話すことになった。

「笹村先生に、そして先生がたに聞いてほしいお話があります」

加奈が背筋を伸ばして言った。「文化祭のことです。私たち、どうしても来年からの廃止に納得がいかないんです」

先生は冷ややかな視線を私たちに向けた。「ああ、またその話。最近聞かなくなったと思ったら」先生はちらっと成田くんを見る。彼は無表情だ。

「いいわ、続けて」

「はいっ」加奈がこぶしを握る。緊張しているみたいだ。

「ええと……文化祭は、ながね祭は……十一年前生徒が立ち上げたイベントです。わが校の伝統です。それなのに、先生がたに一方的に奪われるのは、おかしいと感じました」

先生はしばらく反応をしなかった。加奈がだまりこんだのを見て、首をかしげる。

「それだけ？」

イ（a　もちろん　b　けっして）
ウ（a　たとえば　b　ちょうど）
エ（a　つまり　b　ほとんど）

3　次の文は、――線部②について説明したものである。［Ⅰ］には本文中から最も適当な六字の言葉を抜き出して書き、［Ⅱ］には二十字以内の言葉を考えて答えること。

| |
|---|
| 進化の歴史の中で、各々の生物たちが戦って、［Ⅰ］を見つけるたびに変わり続けた結果行き着いた、［Ⅱ］自分だけの場所。 |

4　――線部③とあるが、それはなぜか。六十五字以内で説明せよ。

5　次の**ア**～**エ**は、生物の進化について四人の中学生が考えたものである。文章全体を通して述べられた筆者の考えに最も近いものを選び、記号で答えよ。

**ア**　昆虫Aは、黄色い花や白い花に集まりやすいという性質をもっていましたが、主に生息している場所の白い花が全て枯れてしまったため、黄色い花だけに集まるようになりました。

**イ**　魚Bは、生まれつき寒さに強いという性質を生かし、気候変動によって水温の低くなった川にすみ続けたところ、他の魚たちがいなくなって食物を独占できたので、巨大化しました。

**ウ**　鳥Cは、自分を襲う動物が存在しない島にすんでいたために飛んで逃げる必要がない上、海に潜る力をもっていたことで食物を地上でとらなくてよかったので、飛ばなくなりました。

**エ**　植物Dは、草丈が低いため、日光を遮る植物がいない場所で生きようとしたところ、そこは生物が多く行き交う場所だったので、踏まれても耐えられる葉や茎をもつようになりました。

**3**　次の文章を読んで、あとの1～4の問いに答えなさい。

唐《もろこし》の㊟育王山の僧二人、㊟布施《ふせ》を争ひてかまびすしかりければ（騒いでいたので）、**ア**その寺の長老、㊟大覚連《だいかくれん》和尚《をしやう》、この僧を恥《はぢ》しめて（この僧二人を戒めて）いはく、「**イ**ある俗、他人の銀《しろがね》を百両預かりて置きたりけるに、**ウ**かの主死して後、**エ**その子に是《これ》を与ふ。子、是を取らず。『親、既に与へずして、①そこに寄せたり。それの物なるべし』といふ。かの俗、『我はただ預かりたるばかりなり。譲り得たるにはあらず。親の物は子の物とこそなるべけれ（子の物になるべきだ）』とて、また返しつ。②互ひに争ひて取らず、果てには官の庁（公の役所）にて判断を③こふに、『共に賢人なり』と。『いふ所当たれり。すべからく寺に寄せて、亡者の㊟菩提《ぼだい》を助けよ』と判ず。この事、まのあたり見聞きし事なり（この話は、私が直接見聞きしたことである）。㊟世俗《せぞく》塵労《ぢんらう》の俗士、なほ利養（利益）を貪《むさぼ》らず。㊟割愛《かつあい》出家の沙門《しやもん》の、世財を争はん」とて、法に任せて寺を追ひ出《いだ》してけり（寺の決まりに従って追放した）。

（「沙石集」による）

㊟　育王山＝中国浙江省《せっこうしょう》にある山。　布施＝仏や僧に施す金銭や品物。
大覚連和尚＝「大覚」は悟りを得た人の意。「連」は名前。
菩提＝死んだ後極楽浄土《ごくらくじょうど》（一切の苦悩がなく平和安楽な世界）に生まれかわること。
世俗塵労の俗士＝僧にならず、俗世間で生活する人。
割愛出家の沙門＝欲望や執着を断ち切って僧になり、仏道修行をする人。

1　――線部③「こふ」を現代仮名遣いに直して書け。

2　――線部①「そこ」とは誰のことを表すか。══線部**ア**～**エ**の中ります。大学に行って数学を勉強すると、抽象的だったり、この世に存在しえないような世界を、数字で表現し始めます。もはや哲学のようです。計算問題が面倒くさいというだけで、「苦手」と決めつけてしまうと、数学の本当の面白さに出会うことはないかもしれません。勉強は得意なことを探すことでもあります。苦手なことを無理してやる必要はありません。最後は、得意なところで勝負すればいいのです。しかし、得意なことを探すためには、すぐに苦手と決めて捨ててしまわないことが大切なのです。

勝者は戦い方を変えません。その戦い方で勝ったのですから、戦い方を変えないほうが良いのです。負けたほうは、戦い方を考えます。そして、工夫に工夫を重ねます。負けることは、「考えること」です。そして、「変わること」につながるのです。負け続けるということは、変わり続けることでもあります。生物の進化を見ても、そうです。劇的な変化は、常に敗者によってもたらされてきました。

古代の海では、魚類の間で激しい生存競争が繰り広げられたとき、戦いに敗れた敗者たちは、他の魚たちのいない川という環境に逃げ延びました。[a]、他の魚たちが川にいなかったのには理由があります。海水で進化をした魚たちにとって、塩分濃度の低い川は棲《す》めるような環境ではなかったのです。しかし、敗者たちはその逆境を乗り越えて、川に暮らす淡水魚へと進化をしました。

しかし、川に暮らす魚が増えてくると、そこでも激しい生存競争が行われます。戦いに敗れた敗者たちは、水たまりのような浅瀬へと追いやられていきました。そして、敗者たちは進化をします。ついに陸上へと進出し、両生類へと進化をするのです。懸命に体重を支え、力強く手足を動かし陸地に上がっていく想像図は、未知の(注)フロンティアを目指す闘志にみなぎっています。しかし最初に上陸を果たした両生類は、[b] 勇気あるヒーローではありません。追い立てられ、傷つき、負け続け、それでも「ナンバー1になれるオンリー1のポジション」を探した末にたどりついた場所なのです。

やがて恐竜が繁栄する時代になったとき、小さく弱い生き物は、恐竜の目を逃れて、暗い夜を主な行動時間にしていました。と同時に、恐竜から逃れるために、聴覚や嗅覚などの感覚器官と、それを司《つかさど》る脳を発達させて、敏速な運動能力を手に入れました。そして、子孫を守るために卵ではなく赤ちゃんを産んで育児するようになりました。それが、現在、地球上に繁栄している哺乳類となるのです。

人類の祖先は、森を追い出され草原に棲むことになったサルの仲間でした。恐ろしい肉食獣におびえながら、人類は二足歩行をするようになり、命を守るために知恵を発達させ、道具を作ったのです。

生命の歴史を振り返ってみれば、進化を作りだしてきた者は、常に追いやられ、迫害された弱者であり、敗者でした。そして進化の頂点に立つと言われる私たち人類は、敗者の中の敗者として進化を遂げてきたのです。

（稲垣栄洋「はずれ者が進化をつくる 生き物をめぐる個性の秘密」による）

(注) 滑空＝発動機を使わず、風の力、高度差、上昇気流などによって空を飛ぶこと。
フロンティア＝開拓地。

1 ――線部①「の」と文法的に同じ用法のものを次の中から選び、記号で答えよ。

ア 私の書いた作文はこれだ。　イ この絵は美しい。
ウ あれは僕の制服だ。　エ その鉛筆は妹のだ。

2 本文中の[a]・[b]にあてはまる語の組み合わせとして、最も適当なものを次から選び、記号で答えよ。

ア（a やはり　b あたかも）

# 〈国語〉

時間　五〇分　満点　九〇点

1 次の1・2の問いに答えなさい。

1 次の――線部のカタカナは漢字に直し、漢字は仮名に直して書け。

(1) 米をチョゾウする。
(2) 畑をタガヤす。
(3) 絵をガクに入れる。
(4) 縁側で茶を飲む。
(5) オリンピックを招致する。
(6) 包丁を研ぐ。

2 次の行書で書かれた漢字を楷書で書いたときの総画数を答えよ。

2 次の文章を読んで、あとの1～5の問いに答えなさい。

古代中国の思想家・孫子という人は「戦わずして勝つ」と言いました。孫子だけでなく、歴史上①の偉人たちは「できるだけ戦わない」という戦略にたどりついているのです。偉人たちは、どうやってこの境地にたどりついたのでしょうか。おそらく彼らはいっぱい戦ったのです。そして、いっぱい負けたのです。勝者と敗者がいたとき、敗者はつらい思いをします。どうして負けてしまったのだろうと考えます。どうやったら勝てるのだろうと考えます。彼らは傷つき、苦しんだのです。そして、ナンバー1になれるオンリー1のポジションを見つけたのです。そんなふうに「戦わない戦略」にたどりついたのです。

生物も、「戦わない戦略」を基本戦略としています。自然界では、激しい生存競争が繰り広げられます。生物の進化の中で、生物たちは戦い続けました。そして、各々《おのおの》の生物たちは、進化の歴史の中で②ナンバー1になれるオンリー1のポジションを見出《みいだ》しました。そして、「できるだけ戦わない」という境地と地位にたどりついたのです。

ナンバー1になれるオンリー1のポジションを見つけるためには、若い皆さんは戦ってもいいのです。そして、負けてもいいのです。たくさんのチャレンジをしていけば、たくさんの勝てない場所が見つかります。こうしてナンバー1になれない場所を見つけていくことが、最後にはナンバー1になれる場所を絞り込んでいくことになるのです。ナンバー1になれるオンリー1のポジションを見つけるために、負けるということです。

学校では、たくさんの科目を学びます。得意な科目も、苦手な科目もあることでしょう。得意な科目の中に苦手な単元があるかもしれませんし、苦手科目だからと言ってすべてが苦手なわけではなく、中には得意な単元が見つかるかもしれません。学校でさまざまなことを勉強するのは、多くのことにチャレンジするためでもあるのです。

苦手なところで勝負する必要はありません。嫌なら逃げてもいいのです。しかし、③無限の可能性のある若い皆さんは、簡単に苦手だと判断しないほうが良いかもしれません。

リスは、木をすばやく駆け上がります。しかし、リスの仲間のモモンガは、リスに比べると木登りが上手とは言えません。ゆっくりゆっくりと上がっていきます。しかし、モモンガは、木の上から見事に(注)滑空することができます。木に登ることをあきらめてしまっては、空を飛べることに気がつかなかったかもしれません。

人間でも同じです。小学校では、算数は計算問題が主です。しかし、中学や高校で習う数学は、難しいパズルを解くような面白さもあ

MEMO

大切なことはメモしておこうネ！

# 2021年度

# 解答と解説

《2021年度の配点は解答用紙集に掲載してあります。》

## <数学解答>

1　1　(1)　27　(2)　$\frac{8}{15}$　(3)　$\sqrt{3}$　(4)　(時速)12(km)　(5)　6(本)

2　($a$＝)3　3　42(cm$^3$)　4　($n$＝)7　5　ウ

2　1　64(度)　2　$\frac{11}{12}$　3　$(x-3)(x+7)$　4　解説参照

5　(Mサイズのレジ袋)6(枚)，(Lサイズのレジ袋)5(枚)(式と計算は解説参照)

3　1　a　6　b　9　2　35.5(冊)

3　(1)　0.35　(2)　ア，ウ

4　1　18　2　イ　(1，2)　ウ　$\left(\frac{3}{2},\ \frac{9}{2}\right)$

3　(1)　$2(t+2)^2$

(2)　同じ面積になる(求め方や計算は解説参照)

5　1　⑤　2　右図　3　(1)　$\sqrt{3}$(cm)

(2)　$10\sqrt{3}$(cm$^2$)

(3)　$4+2\sqrt{2}$(秒後)(式と計算は解説参照)

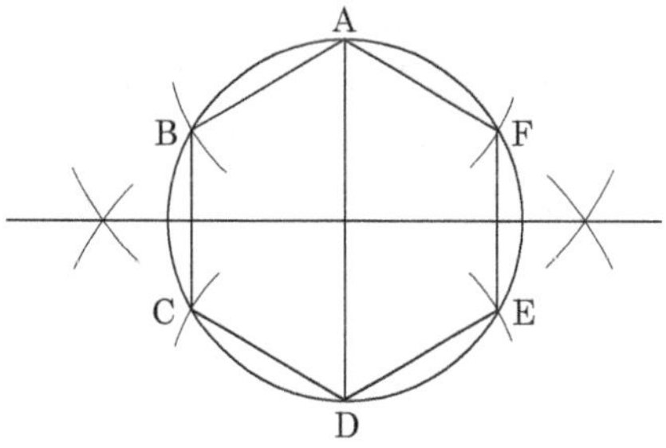


## <数学解説>

1　(数の計算，平方根，速さ，正四面体の辺の数，方程式の応用，体積，数の性質，割合)

1　(1)　四則をふくむ式の計算の順序は，乗法・除法→加法・減法となる。$5\times4+7=20+7=27$

(2)　$\frac{2}{3}-\frac{3}{5}\div\frac{9}{2}=\frac{2}{3}-\frac{3}{5}\times\frac{2}{9}=\frac{2}{3}-\frac{2}{15}=\frac{10}{15}-\frac{2}{15}=\frac{10-2}{15}=\frac{8}{15}$

(3)　$\sqrt{6}\times\sqrt{8}=\sqrt{6\times8}=\sqrt{2\times3\times2\times2\times2}=4\sqrt{3}$，$\frac{9}{\sqrt{3}}=\frac{9\times\sqrt{3}}{\sqrt{3}\times\sqrt{3}}=\frac{9\sqrt{3}}{3}=3\sqrt{3}$だから，$\sqrt{6}\times\sqrt{8}-\frac{9}{\sqrt{3}}=4\sqrt{3}-3\sqrt{3}=(4-3)\sqrt{3}=\sqrt{3}$

(4)　(速さ)＝(道のり)÷(時間)より，4kmを20分＝$\frac{20}{60}$時間＝$\frac{1}{3}$時間で走る速さは，4(km)÷$\frac{1}{3}$(時間)＝$4\times\frac{3}{1}$＝(時速)12(km)である。

図1

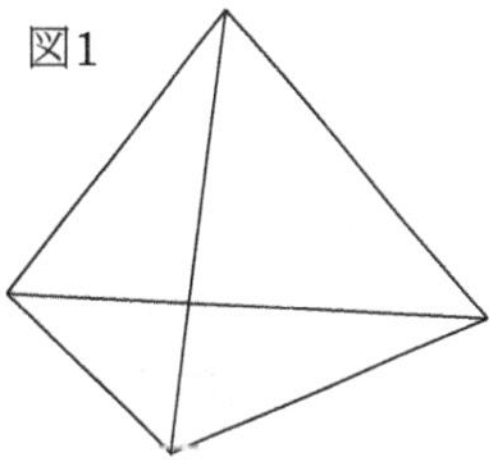

(5)　正四面体は4つの合同な正三角形で囲まれた図1のような立体であり，辺の数は6本である。

2　$x$についての方程式$7x-3a=4x+2a$…①　の解が$x=5$だから，①に$x=5$を代入して，$7\times5-3a=4\times5+2a$　$35-3a=20+2a$　$-5a=-15$　$a=3$

3　図2のように点A～点Fを定めると，問題の立体は，△ABCを底面とし，高さがCFの三角柱と見ることができる。△ABCに三平方の定理を用いると，$AB=\sqrt{AC^2-BC^2}=\sqrt{5^2-3^2}=4$(cm)　よって，

図2

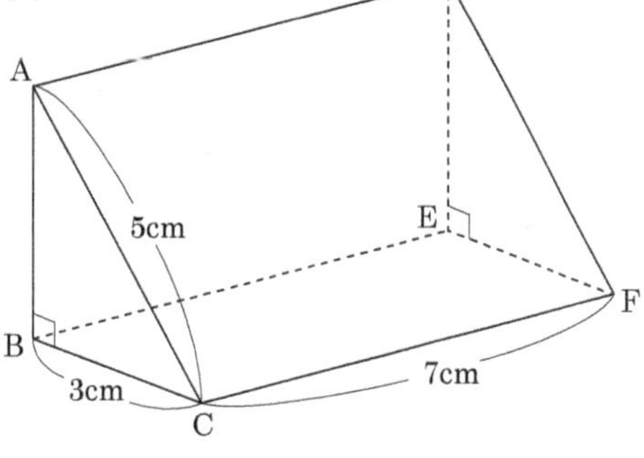

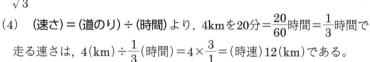

求める立体の体積は，底面積×高さ$=\frac{1}{2}\times AB\times BC\times CF=\frac{1}{2}\times 4\times 3\times 7=42(cm^3)$

4　28に自然数$n$をかけた数$28n$が，ある自然数の2乗になるのは，$28=2^2\times 7$より，$n=7\times$(自然数)$^2$となるときである。このような$n$のうちで最も小さいのは，$n=7\times 1^2=7$である。

5　令和元年の桜島降灰量は，平成27年と平成30年の桜島降灰量に比べて，それぞれ減少しているからあてはまらない。また，平成28年と平成29年の桜島降灰量に比べて，それぞれ$\frac{1193-403}{403}\times 100=196.02\cdots$(%)，$\frac{1193-813}{813}\times 100=46.74\cdots$(%)増加しているから，平成29年があてはまる。

## [2] (角度，確率，因数分解，相似の証明，方程式の応用)

1　**直径に対する円周角は90°**だから，∠ADC＝90°　△ACDの**内角の和は180°**だから，∠ACD＝180°－∠ADC－∠DAC＝180°－90°－26°＝64°　$\overset{\frown}{AD}$に対する**円周角**なので，$\angle x=\angle ABD=\angle ACD=64°$

2　(出た目の数の和が10以下となる確率)＋(出た目の数の和が10より大きくなる確率)＝1が成り立つから，これより，(出た目の数の和が10以下となる確率)＝1－(出た目の数の和が10より大きくなる確率)　大小2つのさいころを同時に投げるとき，全ての目の出方は6×6＝36(通り)。このうち，出た目の数の和が10より大きくなるのは，(大，小)＝(5，6)，(6，5)，(6，6)の3通り。これより，出た目の数の和が10より大きくなる確率は$\frac{3}{36}=\frac{1}{12}$だから，求める確率は$1-\frac{1}{12}=\frac{11}{12}$

3　$(x+3)^2-2(x+3)-24$　$x+3=M$とおくと，$M^2-2M-24$　たして－2，かけて－24になる2つの数は，－6と＋4だから　$M^2-2M-24=\{M+(-6)\}\{M+(+4)\}=(M-6)(M+4)$　$M$を$x+3$にもどして，$(M-6)(M+4)=\{(x+3)-6\}\{(x+3)+4\}=(x-3)(x+7)$

4　(証明)　(例)△AGLと△BIHにおいて　△ABCは正三角形だから，∠LAG＝∠HBI＝60°…①　∠ALG＋∠AGL＝120°…②　△DEFは正三角形だから，∠GDH＝60°　∠DGH＋∠DHG＝120°…③　**対頂角は等しい**から，∠AGL＝∠DGH…④　②，③，④より，∠ALG＝∠DHG…⑤　また，対頂角は等しいから，∠DHG＝∠BHI…⑥　⑤，⑥より，∠ALG＝∠BHI…⑦　①，⑦より，2組の角がそれぞれ等しいから　△AGL∽△BIH

5　(式と計算)　(例)$\begin{cases}5x+8y=70\cdots①\\3x+5y=43\cdots②\end{cases}$　①×3より，$15x+24y=210$…③　②×5より$15x+25y=215$…④　③－④より，$-y=-5$　$y=5$　$y=5$を①に代入して，$5x+40=70$　$5x=30$　$x=6$

## [3] (資料の散らばり・代表値)

1　借りた本の冊数が20冊以上40冊未満の人数が16人であり，このうち，30冊以上40冊未満の人数が，**度数分布表**より10人だから，20冊以上30冊未満の人数は$a=16-10=6$(人)である。また，**度数**の合計が40人であることから，$b=40-(3+5+6+10+7)=9$(人)である。

2　**中央値**は資料の値を大きさの順に並べたときの中央の値。人数の合計は40人で偶数だから，借りた本の冊数の少ない方から20番目と21番目の冊数の**平均値**が中央値。20冊未満には3＋5＝8(人)いて，40冊未満には8＋16＝24(人)いるから，借りた本の冊数の少ない方から20番目と21番目の人は，20－8＝12より，20冊以上40冊未満である16人のうち，少ない方から12番目と13番目の人。以上より，中央値は$\frac{35+36}{2}=35.5$(冊)

3　(1)　各グループごとに整理した度数分布表を次ページの図に示す。**相対度数＝$\frac{\text{各階級の度数}}{\text{度数の合計}}$**　Aグループについて，度数の合計は20，40冊以上50冊未満の**階級**の度数は7だから，40冊以上50冊未満の階級の相対度数は$\frac{7}{20}=0.35$

(2)　0冊以上30冊未満の人数は，Aグループが1＋2＋2＝5(人)，Bグループが2＋3＋4＝9(人)で，AグループよりもBグループの方が多い。アは必ずいえる。AグループもBグループも人数の合計はそれぞれ20人で偶数だから，中央値はどちらも，借りた本の冊数の少ない方から10番目と11番目の冊数の平均値。10番目と11番目の人は，AグループもBグループも30冊以上40冊未満の階級にいることはわかるが，それぞれの具体的な冊数はわからないから，それぞれの中央値は求められない。イは必ずしもいえない。度数分布表の中で度数の最も多い階級の**階級値**が**最頻値**。Aグループの最頻値は度数が7人で最も多い40冊以上50冊未満の階級の階級値$\dfrac{40+50}{2}=45$(冊)　Bグループの最頻値は度数が5人で最も多い50冊以上60冊未満の階級の階級値$\dfrac{50+60}{2}=55$(冊)　ウは必ずいえる。AグループとBグループの度数の差が最も大きい階級は，差が$7-2=5$(人)で最も大きい40冊以上50冊未満の階級。エは正しくない。

| 階級(冊) | Aグループ | Bグループ |
|---|---|---|
| 以上　未満 | | |
| 0 ～ 10 | 1 | 2 |
| 10 ～ 20 | 2 | 3 |
| 20 ～ 30 | 2 | 4 |
| 30 ～ 40 | 6 | 4 |
| 40 ～ 50 | 7 | 2 |
| 50 ～ 60 | 2 | 5 |
| 計 | 20 | 20 |

**4　(図形と関数・グラフ)**

1　点Aは$y=2x^2$上にあるから，その$y$座標は$y=2\times3^2=18$…ア

2　点Cの$x$座標は点Aの$x$座標より2だけ大きいから$-1+2=1$　点Cは$y=2x^2$上にあるから，その$y$座標は$y=2\times1^2=2$　よって，このときの点Cの座標は(1, 2)…イ　AB//$x$軸より，AB＝(点Bの$x$座標)－(点Aの$x$座標)＝1　これと，関数$y=2x^2$のグラフが，**$y$軸について対称な曲線**であることから，点Bの$x$座標は$\dfrac{AB}{2}=\dfrac{1}{2}$　これより，点Cの$x$座標は$\dfrac{1}{2}+1=\dfrac{3}{2}$，$y$座標は$y=2\times\left(\dfrac{3}{2}\right)^2=\dfrac{9}{2}$

このときの点Cの座標は$\left(\dfrac{3}{2},\ \dfrac{9}{2}\right)$…ウ

3　(1)　前問2と同様に考えて，点Cの$x$座標は点Aの$x$座標より2だけ大きいから$t+2$　点Cは$y=2x^2$上にあるから，その$y$座標は$y=2(t+2)^2$

(2)　(求め方や計算)　(例)$A(t,\ 2t^2)$，$B(t+1,\ 2(t+1)^2)$，$C(t+2,\ 2(t+2)^2)$である。$L(t,\ 0)$，$M(t+1,\ 0)$，$N(t+2,\ 0)$とおくと　台形ALNCの面積は，$\dfrac{1}{2}\times\{2t^2+2(t+2)^2\}\times2$…①　台形ALMBの面積は　$\dfrac{1}{2}\times\{2t^2+2(t+1)^2\}\times1$…②　台形BMNCの面積は　$\dfrac{1}{2}\times\{2(t+1)^2+2(t+2)^2\}\times1$…③　△ABCの面積は①－(②＋③)より　$\dfrac{1}{2}\{2t^2+2(t+2)^2\}\times2-\dfrac{1}{2}\{2t^2+2(t+1)^2+2(t+1)^2+2(t+2)^2\}=t^2+(t+2)^2-2(t+1)^2=2$

**5　(図形の移動，作図，線分の長さ，面積，二次方程式の応用)**

1　図形①を，点Oを**回転の中心**として180°だけ**回転移動(点対称移動)**すると，図形④と重なる。図形④を，直線CFを**対称の軸**として**対称移動**すると(直線CFを折り目として折り返すと)，図形⑤と重なる。

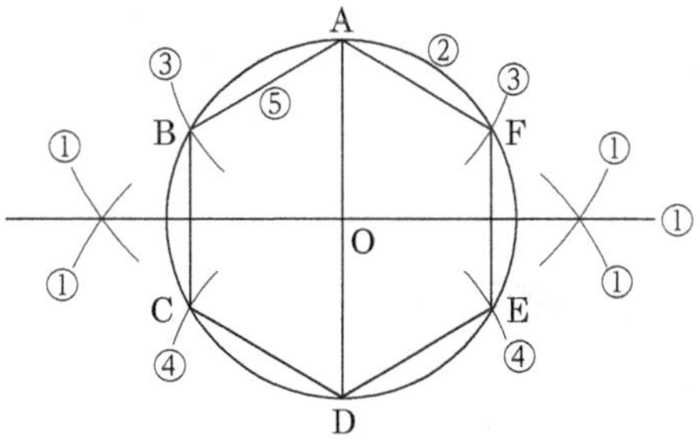


2　(着眼点)　正六角形の6つの頂点は，1つの円の円周上にある。また，正六角形は，その対角線AD，BE，CFによって，6つの合同な正三角形に分割されるから，正六角形の一辺の長さは6つの頂点を通る円の半径に等しい。　(作図手順)　次の①～⑤の

手順で作図する。　①　点A，Dをそれぞれ中心として，互いに交わるように半径の等しい円を描き，その交点を通る直線(線分ADの**垂直二等分線**)を引き，線分ADとの交点をOとする。
②　点Oを中心として，点A，Dを通る円を描く。　③　点Aを中心として，半径AOの円を描き，円Oとの交点を，B，Fとする。　④　点Dを中心として，半径DOの円を描き，円Oとの交点を，C，Eとする。　⑤　辺AB，BC，CD，DE，EF，FAを引く。(ただし，解答用紙には点Oの表記は不要である。)

3　(1)　点Bから対角線ADへ垂線BGを引くと，△ABGは**30°，60°，90°の直角三角形で，3辺の比は$2:1:\sqrt{3}$** だから，$AG=\frac{1}{2}AB=\frac{1}{2}\times 4=2$(cm)　$BG=\sqrt{3}\,AG=\sqrt{3}\times 2=2\sqrt{3}$ (cm)　点Pが移動し始めてから1秒後，線分APの長さは$AP=$(毎秒)$1$(cm)$\times 1$(秒)$=1$(cm)$<AG$だから，このとき，点Mは辺AB上にある。よって，線分PMの長さは，$AP:PM=1:\sqrt{3}$ より，$PM=\sqrt{3}\,AP=\sqrt{3}\times 1=\sqrt{3}$ (cm)

(2)　点Cから対角線ADへ垂線CHを引くと，$AH=AG+GH=AG+BC=2+4=6$(cm)　点Pが移動し始めてから5秒後，線分APの長さは$AP=$(毎秒)$1$(cm)$\times 5$(秒)$=5$(cm)$<AH$だから，このとき，点M，Nはそれぞれ辺BC，FE上にある。よって，$\triangle AMN=\frac{1}{2}\times MN\times AP=\frac{1}{2}\times 2BG\times AP=\frac{1}{2}\times 2\times 2\sqrt{3}\times 5=10\sqrt{3}$ ($cm^2$)

(3)　(式と計算)　(例)$AP=t$(cm)である。点Mが辺CD上にあるから，$6\leqq t\leqq 8$　△MDPにおいて，$DP=8-t$(cm)，$DP:MP=1:\sqrt{3}$ より　$MN=2MP=2\sqrt{3}(8-t)$(cm)　△AMNの面積が$8\sqrt{3}$ ($cm^2$)であるから　$2\sqrt{3}(8-t)\times t\times\frac{1}{2}=8\sqrt{3}$　$t^2-8t+8=0$　**解の公式**より　$t=\frac{8\pm 4\sqrt{2}}{2}=4\pm 2\sqrt{2}$　$6\leqq t\leqq 8$　より　$t=4+2\sqrt{2}$

## ＜英語解答＞

1　1 ウ　2 エ　3 Tuesday　4 ウ→イ→ア　5 イ　6 (1) イ
(2) help each other　7 I started cooking for my family.

2　1 ① エ　② ア　2 ① history　② walk　③ choose
④ we have to arrive　3 How many English classes　4 November 15 is not good for our class because we have the school festival on that day. How about November 22 ?

3　Ⅰ 1 ア　2 エ　Ⅱ 1 (1) Because he was going to leave Japan soon.
(2) He felt nervous.　2 talking with people in English
Ⅲ 1番目 ウ　2番目 エ

4　1 ウ→ア→イ　2 ア　3 ・野鳥にえさを与えると，食べ物を探さなくなるから。
・人間が食べる物の中には，野鳥にはよくないものもあるから。　4 エ
5 grow plants they like　6 イ，エ　7 We can recycle newspapers. If we stop cutting trees, we can protect the homes of wild animals.

## ＜英語解説＞

1　(リスニング)

放送台本の和訳は，46ページに掲載。

**2** (会話文問題：文の挿入，語句補充・選択・記述，条件英作文，助動詞，前置詞，接続詞)

1 (全訳) アキコ(以下A)：ケヴィン，次の日曜日に，私たちはヒロシの誕生日会を開くつもりなの。ア②私たちと一緒に参加しない？／ケヴィン(以下K)：うん，参加したいなあ。／A：良かった。明日，学校で彼のために誕生日カードを作ることになっているわ。カードには私たちの写真を載せるの。／K：良い考えだね。僕も写真を持参するべきかなあ？／A：ええ，お願い。／K：わかった。エ①他に何かある？／A：いいえ，ないわ。彼にメッセージを書きましょう。では，また。／K：それじゃあ。

① 「他に何かありますか」Anything else ? ← Is there anything else I should bring ? ケヴィンが，持ち物として，写真を持参することを確認した後に，他に持参するものがあるかを確認するせりふとして< エ >の位置に入れると，文意が通じ，かつ，後続の「いいえ，ないわ」(No, thank you.)にも上手くつながる。<There + be動詞 + S ~.>「Sがある」 **should「〜するべき／のはずだ」** ② 「私たちと一緒に参加しませんか」誕生会を企画していると述べた直後の< ア >の位置に入れると，空所直後のYes, I'd love to.にも上手くつながる。**<will + 原形>「〜するだろう／するつもりだ」**(未来) **<be動詞 + going + 不定詞[to do]>「〜するつもりだ／するだろう」**(未来) **<I'd[I would] + love + 不定詞>「(ぜひ)〜したい」**

2 (全訳) リカ(以下R)：エミリ，今度の土曜日は，あなたが私たちの町，みどり町へ来てから，初めての休日になるわね。／エミリ(以下E)：ええ。この町の多くの場所へ行ってみたいわ。／R：これを見て。私たちの町のいくつかの場所を一緒に訪問することができるわ。／E：へーえ，それは良いわね。リカ，このツアーについてもう少し詳しく話してくれないかしら。／R：わかったわ。まず，ひばり城に行くの。その①歴史を学ぶことができるわ。また，多くの桜を見ることができるのよ。それから，かみや商店街へ行くことになっているわ。辺りを②歩き回り，買い物と昼食を楽しむのよ。／E：おもしろそうね。その後は何をするのかしら？／R：ながはまビーチへ行くわ。魚釣り，バレーボール，そして，サイクリングから，1つの活動③を選択するのよ。／E：わぁ，待ちきれない。あっ，何時にツアーは始まるのかしら。R：9時よ。でも，みなと駅に8時40分までに④到着していなければならないの。

日本語の案内情報と対話の文脈から適語を考えること。 ① 「〜城の歴史にせまる〜」より,「歴史」= history が当てはまる。 ② 「かみや☆まち歩き」より，「歩き回る」walk around が当てはまる。 ③ ながはまビーチでの活動は,「自由選択」になっているので,「魚釣り，バレーボール，そして，サイクリングから，1つの活動を選択する」という意味になるように，英文を完成させること。「〜を選択する」= choose ④ ツアー開始の9時の20分前[＝8時40分]までに，みなと駅に集合することになっているので,「みなと駅に8時40分までに到着していなければならない」という英文を完成させること。**<have[has] + 不定詞[to + 原形]>「〜しなければならない／に違いない」** by「〜よって／のそばに／だけ，ぎめで／までには」

3 (全訳)エマ：ユウジ，あなたは英語をとても上手く話すことができますね。週に何回英語の授業がありますか。／ユウジ：4時間英語の授業があります。私は学校で英語を学ぶことを楽しんでいます。

空所を含む疑問文の応答として,「4時間英語の授業がある」と答えていることや与えられている語句から,「週に何回英語の授業があるのか」と尋ねる疑問文を完成させればよいことがわかる。How many English classes(do you have in a week ?) **<How many + 複数名詞 〜 ?> 数を尋ねる言い方** in a week「1週間で」

4 (完成文全訳)親愛なるサイモン，／電子メールを私に送ってくれてありがとうございます。でも，ビデオ通話の日にちを変更することは可能ですか。11月15日は都合がよくありません。その日に文化祭があるからです。11月22日はいかがですか。返事をすぐに下さい。／あなたの友人，／リク

11月15日は文化祭で都合がつかないので，代わりに11月22日に変更したい旨の英文を20語程度で表わす条件英作文。「～は都合がつかない」～ is not good　**「～なので」**理由を表す接続詞 **because**

**3　(資料読解問題・長文読解問題：英問英答・選択・記述，語句補充・記述，グラフを用いた問題，不定詞，未来，動名詞，比較，副詞)**

I

| | |
|---|---|
| 11:30 | Green Park グリーン・パーク　赤ちゃん象が母親と歩行を学ぶ。 |
| 12:30 | Visiting Towns 町探訪　有名なテニス選手が小さな町を訪問。 |
| 14:00 | Music！ Music！ Music！ 音楽！　音楽！　音楽！　人気歌手が多くの歌を歌う。 |
| 15:00 | Try It！ やってみて！　リッキーが新しいサッカーチームを作ることに。 |
| 16:30 | Find Answers 答えを見つけよう　どちらのチームがゲームに勝利するか。 |
| 18:00 | News London ロンドン・ニュース　ロンドンより，ニュース，スポーツ，気象情報。 |

1　質問：「タロウは動物について学びたい。どの番組を彼は見るだろうか」答えは，赤ちゃん象が歩き方を母親から学ぶ番組，ア「Green Park」。<want ＋ 不定詞[to ＋ 原形]>「～したい」 **<will＋原形> 未来「～だろう／するつもりだ」** 他の選択肢は次の通り。イ「Visiting Towns」 ウ「Try It！」 エ「Find Answers」

2　質問：「タロウはサッカーの試合のニュースに関する番組を見たい。その番組は何時に始まるか」スポーツニュースは，18時より開始される News London を見ればよいので，正解は，エ　18:00。他の選択肢は次の通り。ア「11時30分」 イ「12時30分」 ウ「14：00」 wants to watch「見たい」**← 不定詞[to ＋ 原形]の名詞的用法「～すること」 <What time ＋ 疑問文～？>「何時に～するか」 <will＋原形> 未来「～だろう／するつもりだ」**

II　(全訳)　私の母は高校の英語の教師だ。彼女の友人であるジョーンズ氏が間もなく日本を離れることになっていた。そこで，母は，翌月，私たちの家で彼のためにパーティーを開く計画を立てていた。彼女は私に「パーティーに参加する？」と尋ねてきた。

私は直ちに参加するとは言えなかった。というのは，英語を上手く話すことができない，と自覚していたからだ。英語で人々と話すことは，私にとって困難なことだ，と私は考えていた。そこで，私は自宅で母と練習をすることにした。彼女は言った。「質問がわからなければ，『Pardon ？ (もう一度言ってください)』，とか，『どうか，それを繰り返して下さい』と言わなければならないわ。理解できない時には，何か言う[そのことを伝える]ことが大切よ」母の質問がわからない時には，時には「わかりません[Pardon ?]」と私は返事した。彼女は私に質問の仕方も教えてくれた。

ついに，その日がやって来た！　パーティーの日の午前中に，私は落ち着かなかった。私の英語がそれほど上達したとは思えなかったからである。(その日の)午後の2時に，ジョーンズ氏がやって来て，パーティーが始まった。

彼は私に多くの質問をした。私は彼の質問が理解できない際には，「もう1度言ってください」と言った。彼は私にその質問を非常にゆっくりともう1度尋ねてくれたので，ようやく私は理解することができた。そして，私は彼にいくつかの質問をした。彼はなんと答えてくれたのである！　彼と話をして，私は楽しかった。私の母も満足そうだった。英語で人々と話をするのは，

難しいとは感じなかった。今では，私は英語がとても好きになった」

1 (1)「なぜタケシの母はジョーンズ氏のためにパーティーを計画したのか」第1段落の2・3文 Mr. Jones was going to leave Japan soon. So she planned a party for him ～. を参考にすること。**＜be動詞 ＋ going ＋ 不定詞[to ＋ 原形]＞「～しようとしている／つもりだ」 ～. So …「～だ。だから／それで…」** (2)「パーティーの朝にタカシはどう感じたか」第3段落の2文に On the morning of the party, I was nervous ～ とあるのを参考にすること。質問が How did Takeshi feel ～ ? を使っているので，答えは He felt nervous. となることに注意すること。

2 空所を含む文は，「□は難しくないと私は感じた」の意。第2段落の2文に I thought talking with people in English was difficult for me.「英語で人々と話をすることは私にとって難しいと感じた」とあるが，ジョーンズ氏と話してみて，I was happy to talk with him.(第4段落6文)と感想をもらすまでに，英語を話すことへの印象が変わっている点から考えること。talking with people「人々と話すこと」**← 動名詞[原形 ＋ -ing]「～すること」 ＜感情を表す語 ＋ 不定詞[to ＋ 原形]＞「～してある感情がわきあがる」**

Ⅲ (全訳) 皆さん，おはようございます。皆さんは，電車やバスが好きですか。私は大好きです。2009年から2014年までにそれらを利用した人々の数について，話したいと思います。このグラフを見てください。多くの人々が鹿児島中央駅でJRを利用しています。2010年から2011年にかけて，最も大きな変化が確認できます。2011年には，約1500万人の人々が電車を使いました。この年に，九州新幹線が，鹿児島中央駅から博多駅まで走り始めました。従って，多くの人々が新幹線を使い始めたのではないかと思います。さて，バスについて話そうと思います。次のグラフを見て下さい。多くの人々がバスを使っていましたが，バスの利用者はほぼ毎年減少しています。多くの人々が車を使ったのではないか，と思っています。ご清聴ありがとうございます。

1番目の電車のグラフは，2011年に新幹線が操業して，最も大きな変化があり，約1,500万の利用客があった，という要件を満たすグラフを選ぶこと(7～9文目参照)。正解は，ウ。the biggest change「最大の変化」**← ＜the ＋ 最上級[規則変化；原級 ＋ -est]＞「最も[1番]～な」** million「100万」 started running「走り始めた」**← 動名詞[原形 ＋ -ing]「～すること」** 2番目のバスのグラフは，ほぼ毎年利用客が減少している，という記述から考えること(最後から3文目参照)。正解は，エ。the number of「～の数」 go down「下がる，減少する」 almost「ほとんど，おおかた，もう少しで」

**4 (長文読解問題・物語文：図を用いた問題，語句補充・選択・記述，日本語で答える問題，内容真偽，条件英作文，動名詞，接続詞，不定詞，関係代名詞，助動詞)**

(全訳) エイミはオーストラリアの小さな町に住む中学生だった。父親がオーストラリアで働き始めた関連で，先月，彼女はアメリカからやって来た。新しい学校には友人が誰もいなかったので，(この地での生活は)楽しくはなかったが，まもなく彼女は①ア庭の木にその友人を見つけたのである。それは野鳥のゴシキセイガイインコだった。青，黄色，緑，そして，オレンジ色と，その胴体は美しい色彩で彩られていた。彼はしばしばバルコニーへ現れた。(ある)週末に，彼女はその鳥のためにバルコニーへパンの切れ屑を置いた。彼はやって来て，それを食べた。エイミはうれしかった。

次の月曜日に学校にて，エイミは木々に何羽かの同種の鳥がいるのを発見した。それらを見ていると，級友の1人がやって来て，彼女に話しかけた。「あれらの鳥は美しいですよね。あなたは鳥に興味があるのですか。こんにちは，僕の名前はケンです。会うことができてうれしいです」「こんにちは，私はエイミです。私は同種の鳥を私の庭でも見つけました。彼に小さなピーターという名前を付けました。私は彼のことが大好きです」とエイミは答えました。「へーえ，そうなのですね。この周辺では，1年中，あの鳥を見ることができます。あの鳥は花のミツや花粉を餌にしています。僕はあの鳥がどんな植物が好きなのかがわかるので，自分の庭でそれらを育てています。ゴシキセイガイインコはとても友好的ですね」「なるほど」とエイミは答えた。例の鳥のことを沢山学び，彼女は興奮状態だった。

エイミとケンは学校でしばしば動物について話をした。彼女らは仲良くなった。エイミはケンに彼女と小さなピーターも仲が良いことを知って欲しかった。そこで，ある日の午後，彼女はケンに声をかけた。「小さなピーターは私のことが好きなの。彼は私の手に乗るのよ」「えっ，彼は君のことを恐れないの？」「いいえ，恐れないわ。小さなピーターは可愛くて，私は彼に毎日パンを与えているのよ」ケンは驚いて言った。「パンだって？　野鳥にパンを与えるのは良くないよ」エイミは，なぜケンがそのようなことを言うのかが理解できなかった。彼女は言った。「でも，小さなピーターは私が与えるパンを気に入っているのよ」彼は言った。「いいかい。野生動物に食べ物を与えるべきではないよ」「どういうことかしら」彼女は尋ねた。ケンは話し続けた。「そうだね，これに関しては2つ理由がある。まず，人々が野生の動物に食べ物を与えると，動物は食べ物を探すことを止めてしまうからさ。次に，僕らが食べる食べ物の中には，動物にとって良くないものがあるからだよ」エイミは言った。「でも，小さなピーターは私の友達だわ。彼は私の手からパンを食べるのよ」「もし君が野鳥に対して本当の友達になりたければ，彼らが好きな植物を植えるべきだよ。それが唯一の方法さ」ケンは怒って，教室を後にした。エイミはショックを受けた。

その晩に，エイミはバルコニーへ行った。彼女は考えた。「ケンは怒っていた。私が彼にパンを与え続ければ，小さなピーターは病気になるかもしれないわ。私は2人の友人，ケンと小さなピーターを失うかもしれない」彼女は②エ心配だった。

翌朝，学校で，エイミはケンを見かけた。彼女は考えた。「ケンは野生動物の関して詳しいわ。彼の言うことが正しいに違いない」彼女はケンの元に行き，すべての勇気を振り絞って言った。「ごめんなさい，ケン。私がまちがっていた。小さなピーターには2度と食べ物を与えないわ」ケンは微笑んで，言った。「気にしない。君は知らなかっただけだからね」エイミは言った。「ゴシキセイガイインコは私たちのペットではないのね。今は，③私たちはただ彼らが好きな植物を育てるべきだ，ということがわかったわ。そうすることで，私たちは彼らと仲良くなれるのね」「その通り。はい，どうぞ」ケンは野生動物に関する1冊の本を彼女に手渡した。「僕はこの本を毎日読んでいるけれど，今は君のものさ。この本を読めば，野生動物と友達になる方法がわかるよ」「ありがとう，ケン」エイミは微笑んだ。

1　ウ（飛行機で移動しているイラスト）；第1段落2文「父がオーストラリアで働き始めて，先月アメリカからオーストラリアへやって来た」→ ア（女の子が鳥へ餌をやっていることを語っているイラスト）；第3段落8文 → イ（男の子が女の子へ本を手渡しているイラスト）；第5段落最後から4文目「ケンは彼女[エイミ]へ野生動物の本を手渡した」 started working「働き始めた」← **動名詞[原形 ＋ -ing]「～すること」** <give ＋ $O_1$「～に」＋ $O_2$「…を」>「～[$O_1$]に…[$O_2$]を与える」

2　空所を含む箇所の文意は以下の通り。「新しい学校には友人が誰もいなかったので，彼女は楽しくなかったが，まもなく彼女は［ ① ］。それは野鳥のゴシキセイガイインコだった。～バルコニーにパンを置くとその鳥は食べた。うれしかった」ある鳥との出会いにより，新天地での生活が楽しいものになった，という文脈から適切なものを選択すること。正解は，ア「庭の木にその友人を見つけたのである」。one ＝ a friend ← **one 前出の単数名詞の代用語**　**but**「しかし，

**だが**」逆説の接続詞　他の選択肢は次の通り。イ「彼女はペット店で可愛い鳥を見つけた」(×)直後のwild「野生の」に該当しないので不可。ウ「彼女は何人かの少女と友達になった」(×)後続の It was a wild bird につながらない。make friends with「～と友達になる」 エ「彼女はケンとあえて非常にうれしかった」(×) 後続の文から，ここでは鳥との出会いについて書かれていることが明らかで，文脈が破綻するので不可。was glad to meet ← **<感情を表す語 + 不定詞[to + 原形]>「～［不定詞］してある感情がわきあがる」**

3　第3段落最後から7・8文目の以下の英文に注目すること。First, if people give food to wild birds, they will stop looking for food. Second, some food we eat is not good for them. stop looking for food「食べ物を探すのをやめる」／look for「～を探す」← **<stop + 動名詞[原形 + -ing]>「～するのを止める」** some food▼we eat「我々が食べる食べ物」← **<先行詞(＋目的格の関係代名詞) + 主語 + 動詞>「主語が動詞する先行詞」目的格の関係代名詞は省略可。**

4　前第3段落で，言い争いになり，ケンが怒ってその場を後にしたことや，空所(　②　)の直前で，「2人の友人を失うかもしれない」というせりふ等から，エイミの心理状態を推測すること。正解は，エ worried で，「彼女は心配になった」のである。**may「～かもしれない／しても良い」** 他の選択肢は以下の通りだが，文脈にそぐわない。　ア「怒った」(×)　直前で，エイミは「2人の友人であるケンと小さなピーターを失いかもしれない」と思ったと書かれており，つながらない。　イ「勇敢になった」(×)　ウ「うれしくなった」(×)

5　空所箇所は「ゴシキセイガイインコは私たちのペットではない。ただ［　③　］べきだということがわかった。そうすることで，私たちは彼らと仲良くなれる」という文意。野鳥と仲良くなる術に関しては，第3段落の最後から4文目でケンが，If you want to be a true friend of wild animals, you should grow plants they like と述べており，本文中の4語で抜き出すという条件にも一致する。正解は，grow plants they like「彼らが好きな植物を育てる」。**should「～するべきだ／に違いない」** plants they like「彼らが好きな植物」**←<先行詞(＋ 目的格の関係代名詞) + 主語 + 動詞>「主語が動詞する先行詞」目的格の関係代名詞は省略可。** make friends with「～と友達になる，仲良くなる」

6　ア「エイミは野生動物が大好きなので，オーストラリアにやって来た」(×)　エイミがオーストラリアに来たのは，彼女の父の仕事に伴ってである(第1段落2文)。started working **← 動名詞[原形 + -ing]「～すること」**　イ「小さなピーターと仲が良いことを，エイミはケンに知ってほしかった」(○)　第3段落3文に一致。<want + 人 + 不定詞[to + 原形]>「人に～［不定詞］して欲しい」　ウ「ゴシキセイガイインコは食べ物を探すために，時には外国へと移動することがある」(×)　第2段落最後から6文目で，You can see the birds around here all year. と述べられているだけで，記載なし。to find「～を探すために」**← 不定詞[to + 原形]の目的「～するために」を表す**副詞的用法　エ「人々は野生動物と仲良くなれる，とケンは考えていた」(○)　第3段落最後から3・4文目に「野鳥と仲良くなる唯一の方法は，野鳥の好きな植物を育てるべきだ」，第5段落に最後から2文目に「この本を読めば，野生動物と仲良くなる方法を学ぶことができる」とケンは述べている。<make friends with>「～と友達になる」 **should「～するべきである／するはずである」** plants▼they like「彼らが好きな植物」**← <先行詞(＋ 目的格の関係代名詞) + 主語 + 動詞>「主語が動詞する先行詞」目的格の先行詞は省略可能　<how + 不定詞[to + 原形]>「～する方法」**　オ「小さなピーターがエイミの庭を離れて，エイミは彼女の友人ケンを失った」(×)　第4段落4文で，エイミは「ケンと小さなピーターの2人の友人を失うかもしれない」と述べているが，それは小さなピーターへのエサやりを継続したら，そうなるかもしれないとの仮の話で，実際には，前述の習慣を改めて，ケンと仲直りをしている。また，小さなピーターが庭から離れたという記述はない。**may**「～しても良い／かもしれない」 **both A and B**「AとBの両方」

7 （全訳） エイミ(以下A)：あなたが貸してくれた本を読んだわ。ありがとう。／ケン(以下K)：どういたしまして。面白かったかい？／A：ええ。私たちの生活において，野生動物のためにできることが沢山あるのね。／K：へーえ，新たな考えが思い浮かんだのだね。例えばどんなことかなあ。／A：［　　　　　　　　］／K：エイミ，それは素晴らしい考えだね！ 僕たちは，野生動物のために，世界をより良い場所にするべきなのだね。高校では，動物の保護に関して，多くのことを学びたいと思っているよ。／A：私もそうしたいわ。

まず，文脈より空所に何が当てはまるかを考えること。求められているのは，「日常生活で，野生動物のためにできること」を15語程度の英文で表すことになる。(模範解答訳)「私たちは新聞のリサイクルをすることができる。もし木の伐採を止めれば，野生動物のすみかを保護することができる」

# 2021年度英語　リスニングテスト

〔放送台本〕

これから，英語の聞き取りテストを行います。英語は1番から4番は1回だけ放送します。5番以降は2回ずつ放送します。メモをとってもかまいません。では，1番の問題を始めます。まず，問題の指示を読みなさい。それでは放送します。

*Justin:* Keiko, what do you want to be in the future?
*Keiko:* I want to be a doctor in the future.
*Justin:* That's a nice dream!
*Keiko:* Thank you. I want to work at a hospital to help sick people.

〔英文の訳〕

ジャスティン：ケイコ，将来，あなたは何になりたいですか。
ケイコ　　　：将来，私は医者になりたいです。
ジャスティン：それは素晴らしい夢ですね。
ケイコ　　　：ありがとうございます。私は，病気の人々を助けるために，病院で働きたいです。
(正解)：病院で働いているイラストのウ。

〔放送台本〕

次に，2番の問題です。まず，問題の指示を読みなさい。それでは放送します。

*Yumi:* Alex, hurry up! Our bus will leave soon.
*Alex:* What time will the bus leave the station?
*Yumi:* It will leave at 9:40.
*Alex:* OK. Let's go!

〔英文の訳〕

ユミ　　　：アレックス，急いで！ 私たちのバスがまもなく出発するわ。

アレックス：何時にバスは駅を出発するの？
ユミ　　　：9時40分に出発するわ。
アレックス：わかった。さあ，行こう。

〔放送台本〕

次に，3番の問題です。まず，問題の指示を読みなさい。それでは放送します。

*Saki:* John, we will study at the library with Lucy on Monday.
*John:* I'm sorry, Saki. I'll be busy on that day. I want to go on Tuesday.
*Saki:* OK. You want to go on Tuesday, right? I will ask Lucy about it later.
*John:* Thank you, Saki.

〔英文の訳〕

サキ　：ジョン，月曜日に私たちはルーシーと図書館で勉強をすることになっているの。
ジョン：サキ，ごめん。その日は忙しいんだ。火曜日なら行きたいなあ。
サキ　：わかったわ。あなたは火曜日に行きたいのね。後で，ルーシーにそのことについて尋ねておくわ。
ジョン：サキ，ありがとう。

〔設問の英文の訳〕

サキ　　：こんにちは，ルーシー。ジョンは火曜日[Tuesday]に図書館へ行きたいと思っているの。その日に来ることができるかしら。
ルーシー：もちろんよ。

〔放送台本〕

次に，4番の問題です。まず，問題の指示を読みなさい。それでは放送します。

Hello, everyone. Please look at this picture. These are rice balls my grandfather and grandmother made. They are rice farmers. This summer, I went to their house. A small machine was flying over the rice field. Then, I remembered a lesson at school. The teacher said, "There are fewer farmers, so more machines will help farmers in the future." I think a lot of machines will work around us. We have to learn how to live with machines.

〔英文の訳〕

皆さん，こんにちは。この写真を見てください。これらは私の祖父母がつくったおにぎりです。彼らは米農家です。この夏，私は彼らの家に行きました。小さな機械が田んぼの上を飛んでいました。その時，学校での授業を思い出しました。先生が言っていました。「農家が少なくなっているので，将来，もっと多くの機械が農家を助けるようになるでしょう」私たちの周囲では多くの機械が働くようになる，と私は考えています。機械と共存する術を私たちは学ばなければなりません。

〔放送台本〕

次に，5番の問題です。まず，問題の指示を読みなさい。それでは放送します。

You learned about problems of the Earth this week. Now I want you to make a speech. First, give your speech next Friday. Second, make a speech about something you can do for the Earth. Third, please use some pictures with your speech. Do you have any questions?

〔英文の訳〕

今週，皆さんは地球の諸問題について学びました。さて，皆さんにスピーチをしてもらいたいと考えています。まず，次の金曜日にスピーチをして下さい。次に，地球に対して貢献できることをテーマとしたスピーチをして下さい。3番目に，スピーチには，写真や図を使って下さい。何か質問はありますか。

〔放送台本〕

次に，6番の問題です。まず，問題の指示を読みなさい。それでは放送します。

I want to talk about my father. He works at a space center. He started working there eight years ago. He works with a lot of people. Some people can speak English very well. Other people know a lot about science. Everyone helps each other when there is a problem.

One day, a woman at the space center had a problem with her computer. My father was able to help her because he knew a lot about computers. She was very glad.

From my father's story, I have learned it is important to help each other. Thank you.

Question (1): How long has Kazuki's father worked at the space center?

Question (2): Kazuki has learned an important thing. What has he learned?

〔英文の訳〕

私の父について話したいと思います。彼は宇宙センターで働いています。彼は8年前からそこで働き始めました。彼は多くの人々と共に働いています。ある人たちは英語を非常に上手く話すことができます。科学に関して詳しい人たちもいます。問題があると，皆が互いに助け合っています。／ある日，宇宙センターのある女性のコンピューターが問題を起こしました。父はコンピューターについて多くを知っていたので，彼女を助けることができたのです。彼女は喜びました。／私の父の話より，互いに助けあうことは重要であるということを，知りました。ありがとうございます。

質問(1)：カズキの父親は宇宙センターでどのくらい働いているか。

質問(2)：カズキは重要なことを学んだ。彼は何を学んだか。

〔設問の英文の訳〕

(1)　ア　5年間　　イ　8年間　　ウ　10年間　　エ　11年間

(2)　互いに助け合う[help each other]ことが大切だと彼は学んだ。

〔放送台本〕

次に，7番の問題です。まず，問題の指示を読みなさい。それでは放送します。

*Olivia:* During the winter vacation, I started reading English books.

*Akira:* Oh, really? I also started doing something new.

*Olivia:* What did you do, Akira?

*Akira:* (　　　　　　　　　　　).

〔英文の訳〕

オリヴィア：冬休みの間に，英語の本を読み始めました。

アキラ：えっ，本当ですか。私も新しいことを始めました。

オリヴィア：アキラ，君は何をしたのですか。

アキラ：(模範解答訳)<u>自分の家族のために料理をつくり始めました</u>。

## ＜理科解答＞

**1**　1　地層　2　イ，ウ　3　a　電子　b　陽子　c　中性子　4　全反射
5　火成岩　6　C　7　①　イ　②　ア　8　力の大きさ　150〔N〕　距離　80〔cm〕

**2**　Ⅰ　1　二酸化炭素　2　右図1
3　試験管Aに空気が入り，銅が酸化されるのを防ぐため。　4　質量　5.10〔g〕
物質　炭素，銅　Ⅱ　1　エ　2　$H^{+}+OH^{-} \rightarrow H_2O$
3　NaCl　4　a　変わらない　b　ふえる

図1

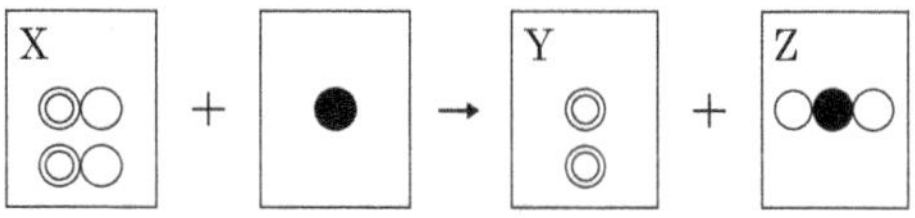


図2

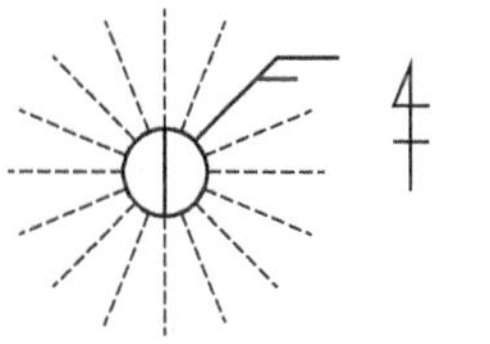

**3**　Ⅰ　1　胞子　2　子房がなく，胚珠がむきだしになっている。　3　①　ア　②　イ　4　ア　Ⅱ　1　養分からエネルギーがとり出されている
2　(1)　ウ，エ　(2)　a　肝臓　b　尿素
c　じん臓　3　表面積が大きくなっているから。

**4**　Ⅰ　1　衛星　2　エ　3　d　4　イ
Ⅱ　1　温度計に日光が直接あたらないようにするため。　2　右図2　3　a　膨張　b　下
4　強い雨が，短時間に降る。

**5**　Ⅰ　1　1.2〔g/$cm^3$〕　2　2.0〔N〕　3　右図3
4　(記号)　ウ　(理由)　直方体にはたらく重力が浮力より大きいため。　Ⅱ　1　エ　2　オームの法則　3　電圧　3.0〔V〕　電力　0.75〔W〕
4　大きな電流が流れ，発熱量が大きくなる

図3

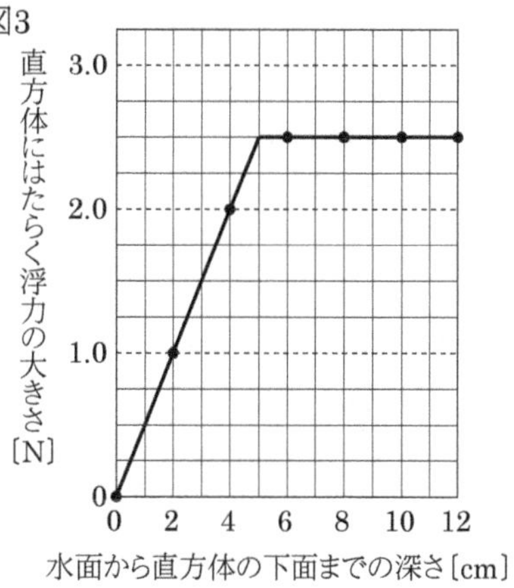


## ＜理科解説＞

**1**　(各分野小問集合)

1　堆積物のちがいによって，地層のようすは変化する。

2　葉緑体と細胞壁は，植物の細胞に特有のつくりである。

3　原子は，原子核と電子からなる。原子核は，＋の電気をもつ陽子と，電気をもたない中性子からなる。また，原子核のまわりには，陽子と同数の－の電気を帯びた電子が存在する。

4　全反射は，ガラスや水中から空気中へ光が出ていくときに起こる現象である。

5　マグマが冷え固まってできた火成岩は，堆積岩と異なるつくりをしている。

6　質量パーセント濃度〔%〕$=\frac{\text{溶質の質量〔g〕}}{\text{溶液の質量〔g〕}}$×100より，それぞれの質量パーセント濃度は，水溶

液Aが，$\frac{2.0[g]}{100+2.0[g]}\times100=1.96\cdots[\%]$　水溶液Bが，$\frac{2.0[g]}{98+2.0[g]}\times100=2[\%]$　水溶液Cが，$\frac{3.0[g]}{200+3.0[g]}\times100=1.47\cdots[\%]$

7　受精卵が細胞分裂して胚となり，これが成長していく過程を発生という。

8　物体を持ち上げる距離と棒の右端を押し下げる距離の比は，20cm：40cm＝1：2なので，てこの支点から左端：支点から右端の長さの比も1：2となる。よって，求める長さは40×2＝80(cm)　仕事の原理より，物体がされた仕事と棒の右端で行った仕事は等しく，仕事〔J〕＝力の大きさ〔N〕×力の向きに移動した距離〔m〕から，棒の右端を押した力の大きさを$x$Nとすると，300〔N〕×0.2〔m〕＝$x$〔N〕×0.4〔m〕　$x$＝150〔N〕

## 2　(化学総合)

Ⅰ　1　石灰水は，二酸化炭素の検出に用いられる。

2　酸化銅＋炭素→銅＋二酸化炭素の反応が起こる。化学反応式は，矢印の左側と右側で，原子の種類と数が同じになるようにする。

3　火を消した後ピンチコックでゴム管をとめることで，空気が装置内に入り，銅が再び酸化するのを防ぐ。

4　酸化銅4.00gと完全に反応する炭素粉末の質量は0.30gであることから，6.00gの酸化銅と完全に反応する炭素粉末の質量を$x$gとすると，4.00：0.30＝6.00：$x$　$x$＝0.45〔g〕　よって，酸化銅6.00gと炭素粉末0.75gの混合物を加熱すると，酸化銅は完全に還元され，炭素は，0.75−0.45＝0.30〔g〕残る。よって，試験管の中には，還元された銅と余った炭素粉末が残っている。反応する酸化銅と生じる銅の質量の比は，酸化銅：銅＝4.00：3.20＝5：4　よって，生じた銅の質量を$x$gとすると，5：4＝6.00：$x$　$x$＝4.80〔g〕　余った炭素粉末の質量は0.30gなので，これらの和は，4.80＋0.30＝5.10〔g〕

Ⅱ　1　塩酸は，電解質の水溶液なので電気を通す。また，酸性なのでフェノールフタレイン溶液を加えても無色となり，赤色リトマス紙を変化させず，青色リトマス紙を変化させる。

2　電離のようすを化学反応式で表すと，塩酸は，$HCl \rightarrow H^+ + Cl^-$，水酸化ナトリウムは，$NaOH \rightarrow Na^+ + OH^-$となる。酸性の性質を示す$H^+$とアルカリ性の性質を示す$OH^-$が結びついて中性の水$H_2O$ができる化学変化が中和である。

3　完全に中和しているので，$HCl + NaOH \rightarrow NaCl + H_2O$より，ビーカー内の溶液は，塩化ナトリウムの水溶液となっている。

4　a…溶液中の陽イオンは，塩酸中の$H^+$と水酸化ナトリウム水溶液中の$Na^+$である。うすい水酸化ナトリウム水溶液を6.0cm$^3$加えたときは中和が起こっている。中和が起こっている間は溶液中の$Na^+$はふえても$H^+$が減るので，全体として陽イオンは増加しない。b…うすい水酸化ナトリウム水溶液を18.0cm$^3$加えた場合，溶液中の$H^+$はもうなくなっているため中和は起こらず，うすい水酸化ナトリウム水溶液を加えていくほど$Na^+$が増加する。

## 3　(生物総合)

Ⅰ　1　シダ植物，コケ植物は，花をさかせないため種子をつくらず胞子でふえる。

2　マツは，胚珠がむき出しの裸子植物，ツユクサやエンドウは胚珠が子房の中にある被子植物である。

3　ツユクサは単子葉類である。単子葉類に分類される植物には，子葉が1枚であり，葉脈が平行であるなどの共通の特徴がある。

4　Aaの遺伝子をもつ個体の自家受粉では，AA：Aa：aa＝1：2：1の割合で新たな個体が生じる。よって，aaの遺伝子をもつ種子は，$800\times\frac{1}{1+2+1}=200$〔個〕

Ⅱ　1　体内に取り入れられた養分と酸素は，全身の細胞に運ばれて，細胞の呼吸によって養分が分解される。このとき，生じるエネルギーを生物は利用している。

2　(1)　アミラーゼはデンプンを，リパーゼは脂肪をそれぞれ分解する消化酵素である。

(2)　細胞の呼吸では，タンパク質の分解によってアンモニアが生じる。アンモニアは有害であるため，肝臓で無害な尿素につくり変えられる。尿素はじん臓で血液中からこし取られる。

3　小腸の内側のかべの表面に無数に柔毛があることで，小腸内の表面積が広くなる。このため，養分の吸収の効率が良くなる。

## 4　(地学総合)

Ⅰ　1　惑星のまわりを公転する天体を衛星といい，地球の衛星は月である。

2　月の形は周期的に変化しており，新月を過ぎた月は右側から満ちていき，満月となり，右側から欠けていく。図1のような右側がほとんど欠けた形の月は，この3日後新月となる。

3　図1は東の空のスケッチである。これらの天体は，日周運動によって，南の空へのぼっていく。

4　天体望遠鏡は，上下左右が実際とは逆向きになって見える。図3より，実際に見える金星は，下半分が光っている金星で，地球から見て太陽よりも右側にある。また，太陽－金星－地球でつくる角度がほぼ90°になっている。金星は，0.62年(およそ7.4か月)で1回公転することから，2か月間で公転する角度は，$360°\times\frac{2〔か月〕}{7.4〔か月〕}=97.2\cdots(°)$となる。一方，地球は1か月に30°ずつ2か月間で60°公転するため，地球と金星が2か月間公転すると，差は，97°－60°＝37°増加している。よって，図3を観測した日よりも金星は地球から遠ざかっている。金星は，地球から遠ざかるほど満ちていくが，その分小さく見えるようになる。

Ⅱ　1　温度計に日光が当たると，温度計自体の温度が上昇し，正確な空気の温度を測定できなくなる。

2　風向は風がふいてくる方向を表す。ひもが南西にたなびくので，風向は北東である。

3　空気が上昇すると，上空は気圧が低くなるために膨張する。これにより，空気の温度が下がる。空気の温度が下がると露点に達し，雲ができる。

4　前線Xは**温暖前線**，前線Yは**寒冷前線**である。温暖前線付近には広範囲に乱層雲が発達するため，弱い雨が長時間続く。寒冷前線付近にはせまい範囲に積乱雲が見られることが多いので，激しい短時間の雨が降る。

## 5　(物理総合)

Ⅰ　1　$密度〔g/cm^3〕=\frac{物質の質量〔g〕}{物質の体積〔cm^3〕}$より，$\frac{300〔g〕}{10\times5\times5〔cm^3〕}=1.2〔g/cm^3〕$

2　浮力〔N〕＝空気中でのばねばかりの値〔N〕－水中でのばねばかりの値〔N〕より，3.0－1.0＝2.0〔N〕

3　同じ物体を沈めているので，物体が完全に水中に沈んだときに物体にはたらく浮力の大きさは，面Xのときと変わらない。よって，浮力は3.0－0.5＝2.5〔N〕が最大になる。ただし，面Yに糸をつないだ場合，水面から直方体の下面までの深さが5cmになると，直方体全体が水に沈むことになるため，このときに浮力が2.5Nとなる。

4　直方体にはたらく重力は3.0N，直方体にはたらく浮力は2.5Nであるため，重力のほうが大きくなる。よって，直方体は水に沈む。

Ⅱ　1　抵抗に並列につながっているので，Xは電圧計である。また，Pの端子につながっている導線をたどると電源装置の－極につながるので，－端子である。

2　電流と電圧は比例することを，オームの法則という。

3　図2から，抵抗器Aの電気抵抗は，**抵抗〔Ω〕＝電圧〔V〕÷電流〔A〕**より，6.0〔V〕÷0.3〔A〕＝20〔Ω〕，抵抗器Bの電気抵抗は，6.0〔V〕÷0.2〔A〕＝30〔Ω〕　図4より，抵抗器Aに0.150Aの電流が流れていることがわかる。このとき，抵抗器Aに加わる電圧は，**電圧〔V〕＝電流〔A〕×抵抗〔Ω〕**より，0.150〔A〕×20〔Ω〕＝3.0〔V〕　図3の回路は並列回路であることから，抵抗器Bに加わる電圧も3.0V。また，抵抗器Bに流れる電流は，3.0〔V〕÷30〔Ω〕＝0.1〔A〕　よって，この回路全体に流れている電流は，0.150＋0.1＝0.25〔A〕　**電力〔W〕＝電圧〔V〕×電流〔A〕**より，回路全体が消費する電力は，3.0〔V〕×0.25〔A〕＝0.75〔W〕

4　コードに使用されている導線にも極めて小さいが電気抵抗があるため，電流が流れると発熱する。よって，電流の大きさが大きくなるほど，発熱量は大きくなるため，危険である。

## <社会解答>

**1**　Ⅰ　1　大西洋　　2　イ　　3　フィヨルド　　4　(例)季節風[モンスーン]の影響を受けて，降水量が多くなるから。　　5　エ　　6　Y　サトウキビ　　Z　(例)原料になる植物が大気中の二酸化炭素を吸収しているため，大気中の二酸化炭素は増えない　　Ⅱ　1　明石(市)　2　対馬海流　　3　(果実)　みかん　　(県)　A　4　ア　　5　(例)64歳以下の世代の人達を中心として，千里ニュータウンの人口が減っている　Ⅲ　右図

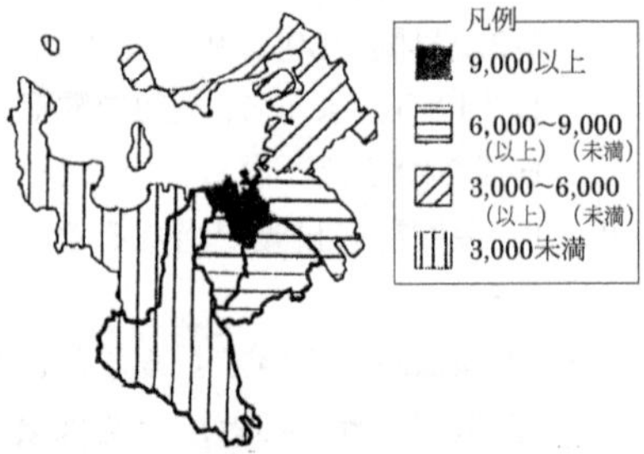


**2**　Ⅰ　1　院政　　2　前方後円墳　　3　エ→イ→ア→ウ　　4　ウ　　5　千利休　　6　ア　7　(例)一揆の中心人物がわからないようにする　Ⅱ　1　①　八幡製鉄所　　②　サンフランシスコ　2　日米和親条約　　3　(例)アヘンを生産して，清に輸出した　　4　イ→ア→ウ　5　ア　　6　イ　　Ⅲ　(例)第一次世界大戦の反省から，国際協調が重視され，ワシントン会議などで世界的に軍備の縮小を進める動きが強まったため。

**3**　Ⅰ　1　最高法規　　2　ウ→ア→イ　　3　(核兵器を)持たず，つくらず，持ちこませず　4　(例)(内閣総理大臣は)国会議員のなかから国会によって指名されるのに対して，知事は住民から直接選挙によって選出される。　5　イ　　Ⅱ　1　預金　　2　製造物責任法[PL法]　　3　エ　　4　ア　　5　(失業した労働者に対して)(例1)技能を身につけ，再就職ができるように職業訓練の機会を提供する。(例2)社会保険や公的扶助などの社会保障制度を整備して生活を保障する。　Ⅲ　(例)空いているレジがないため無駄がなく効率がよく，また，並んだ順番に会計が済むため公正である。

## <社会解説>

**1**　**(地理的分野―日本―日本の国土・地形・気候，人口・都市，農林水産業，工業，世界―地形・気候，産業，資源・エネルギー)**

Ⅰ　1　南北アメリカ大陸とアフリカ大陸の間に位置することから判断する。　2　略地図には，赤道から離れるほど東西方向に引き延ばされて描かれる**メルカトル図法**が用いられている。略地図中のイが赤道直下であることから判断する。　3　Ⓧはノルウェーの沿岸部に位置する。**フィヨルド**は他に南アメリカ大陸南端付近などにも見られる。　4　カンボジアには夏に湿った南西季節風，冬に乾いた北東季節風が吹くため，夏が雨季，冬が乾季となり，資料1中の4月は乾季，10月は雨季ということになる。　5　C国は中国。エの文中の**経済特区**などから判断する。A国がナイジェリアでウ，B国がインドでイ，D国がオーストラリアでア。　6　資料3はブラジルの様子。バイオエタノールはとうもろこしやさとうきびから作られる燃料であり，生産量が世界一であることから，ブラジルではさとうきびを原料として生産している。

Ⅱ　1　**兵庫県明石市**を通る**東経135度**線を標準時子午線とする日本は，本初子午線が通るイギリスよりも9時間進んでいる。　2　略地図中の矢印いが日本海を流れる暖流を表していることから判断する。　3　資料1が**みかん**の生産割合を示していることから判断する。　4　略地図中のXが島根県，Yが京都府，Zが愛知県を示している。愛知県には**中京工業地帯**が位置するため，製造業の割合が高くなることから判断する。イが京都府，ウが島根県。　5　会話文中の「(65歳以上の人口だけでなく，)千里ニュータウンの人口全体について，それぞれ考えた」に着目する。空欄の直前で65歳以上について触れていることから，「千里ニュータウンの人口全体」について考える内容であればよい。

Ⅲ　人口密度は人口÷面積で求められる。南区は255797(人)÷31.0($km^2$)＝約8251.5…(人/$km^2$)，早良区は217877(人)÷95.9($km^2$)＝2271.9…(人/$km^2$)となる。

**2**　**(歴史的分野―日本史―時代別―古墳時代から平安時代，鎌倉・室町時代，安土桃山・江戸時代，明治時代から現代，日本史―テーマ別―政治・法律，経済・社会・技術，文化・宗教・教育，外交，世界史―政治・社会・経済史)**

Ⅰ　1　上皇が院庁で政治を行ったことから**院政**とよぶ。　2　前方が方形，後方が円形という特徴をもつ。　3　アが平安時代，イが奈良時代，ウが鎌倉時代，エが飛鳥時代のできごと。
4　**管領**が室町幕府の将軍の補佐役であることから判断する。アが江戸幕府，イが鎌倉幕府，エが古代の朝廷のようす。　5　**千利休**は桃山文化で活躍した。同時期に，かぶき踊りを広めた出雲阿国や「唐獅子図屛風」などの障壁画を描いた狩野永徳らが活躍した。　6　年表中のBが1392年，Cが1590年のできごと。アが1517年，イが1775年，ウが610年，エが676年のできごと。　7　江戸時代初期は村の代表者らが直訴する形をとっていたが，首謀者が処刑されることから，からかさ連判の形式をとるように変化していった。

Ⅱ　1　①は「日清戦争後」「官営」「鉄鋼の生産」，②は「平和条約」「独立を回復」などから判断する。　2　**日米和親条約**ではアメリカ船への水や燃料などの補給が認められた。1858年に結ばれた**日米修好通商条約**では，函館のほか新潟，横浜，神戸，長崎を開港し，アメリカに領事裁判権(治外法権)を認め，日本には関税自主権がないなど，不平等な内容の条約であった。　3　資料は**アヘン戦争**のようす。戦後，南京条約が結ばれ，清はイギリスに香港を譲るなどした。
4　明治時代は1868～1912年の期間。アが1890年，イが1873年，ウが1905年，エが1915年で，エのみ大正時代のできごと。　5　1956年はソ連との国交が回復した年。**日中共同声明**を発表して中国との国交を正常化したのは1972年(田中角栄内閣)。同年にアメリカから沖縄が返還されたが，小笠原諸島はそれに先立つ1968年に返還された。　6　**高度経済成長**は1950年代後半から1970年代前半にかけての期間。ベトナム戦争にアメリカが介入したのは1960年代～1973年。アが1945年，ウが1989年，エが1991年のできごと。

Ⅲ　資料中のAの期間が，第一次世界大戦後の1921～1926年を表していること，また，1921年に開催された**ワシントン会議**で，日本をはじめとする各国の海軍の軍縮が決定されたことに触れていればよい。

**3**　**(公民的分野―憲法の原理・基本的人権，三権分立・国の政治の仕組み，国民生活と社会保障，財政・消費生活・経済一般)**

Ⅰ　1　日本国憲法は国政の基本法であり，**国の最高法規**であると定められている。　2　アが1919年，イが1948年，ウが1789年のできごと。　3　佐藤栄作首相が国会の答弁の中で用いた。　4　内閣総理大臣は国民が選挙などで直接選ぶことができないが，知事は住民による直接選挙で選出される。　5　有権者数が最多の1000人であるⅠ区と最少の500人であるⅢ区における**一票の格差**は2倍となる。　ア　議員定数5人のうちⅠ区，Ⅲ区，Ⅴ区から当選者を出した○○党が過半数の議席を獲得している。　ウ　□□党は議席を獲得していない。　エ　Ⅰ～Ⅴ区の有権者数の合計が4000人，投票者数が1200＋800＋400＝2400(人)なので，投票率は60％。

Ⅱ　1　日本の通貨の大部分は預金通貨で構成されている。　2　**製造物責任法**では，製造者側に過失がなくても，企業側の責任を認めるとしている。　3　不景気時は通貨量を増やす政策を行うことから判断する。　4　企業の社会的責任(CSR)とは，利潤を求めるだけでなく環境活動，ボランティア，寄付活動など企業としての責任をもって社会貢献へ取り組む考えのこと。

5　公共職業安定所(ハローワーク)や職業訓練校の設置などに触れ，失業者の再就職の支援について記述する。または，失業者の生存権を保障する観点から，社会保障制度について記述する。

Ⅲ　**公正**とは，誰が見ても公平で立場や機会に差がないこと。**効率**とは，無駄を省くこと。図2の方法が図1より優れている点を，公正，効率それぞれの面から考えて記述する。

## ＜国語解答＞

**1**　1 (1) 貯蔵　(2) 耕　(3) 額　(4) えんがわ　(5) しょうち　(6) と
2 十

**2**　1 ウ　2 イ　3 Ⅰ 勝てない場所　Ⅱ (例)できるだけ競争しなくても生きられる　4 (例)すぐに苦手だと決めてチャレンジをやめてしまうと，得意なことや本当の面白さに気づかず，自分の可能性を広げられなくなってしまうから。　5 エ

**3**　1 こう　2 イ　3 ウ　4 Ⅰ 賢人　Ⅱ (例)自分のものにしよう
Ⅲ (例)利益に執着している

**4**　1 エ　2 Ⅰ きつい言葉　Ⅱ (例)対等な立場で先生を説得する　3 ア
4 ウ　5 (例)自分たちの意見を精一杯伝えたが，先生からなかなか返事が返ってこないため，説得がうまくいったかわからず不安な気持ち。

**5**　(例)　Yのように辞書に現代的な意味や用例が紹介されているのはとてもよいことだ。実用的で，生活で使う語彙が増えていくだろう。

言葉は時代によって意味が増えたり変化したりする。それで現代的な意味ばかり用いられると本来の意味が薄らいで忘れられてしまうことがある。本来の意味も実用的な意味も共に把握しておかなくてはならないだろう。

## ＜国語解説＞

### [1] (漢字の読み書き，筆順・画数・部首，書写)

1 (1) 11画目からに注意。「寸」ではなく，**「丁」**。 (2) 「耕す」は，訓読みの際の送り仮名に注意。 (3) 「額」は，客＋頁。「宮」にしない。 (4) 日本風の建築で，へやの外側にある板敷きの部分。 (5) なにかをしてもらう目的で，呼び寄せること。 (6) 「研」は，いしへん。

2 楷書で書くと「被」。しめすへんだ。

### [2] (論説文―大意・要旨，内容吟味，文脈把握，接続語の問題，脱文・脱語補充，品詞・用法)

1 傍線①「の」は，連体修飾格の助詞。アは主格の助詞，イは連体詞「この」の一部，ウは連体修飾格の助詞，エは準体格の助詞。

2 敗者の魚が逃げてきた川に他の魚がいなかった理由は「淡水では生きづらい」からだ。その理由は当然のことであり，言うまでもないが述べておくという文脈に合うのは「もちろん」だ。[a]に適切である。[b]の語句は「ありません」という文節にかかる。この文節は打消しを含んでおり，**打消しに呼応するのだから「けっして」**である。

3 生物が戦うのは勝ってナンバー1になるためで，そのためにたくさんのチャレンジをすると「たくさんの勝てない場所が見つかります」と次段落に書かれている。[I]には「たくさんの勝てない場所」が入る。また，「オンリー1のポジション」とは，戦わない戦略が成立する状態を指す。つまり，自分だけしかいないのだから，**他と戦ったり競争しなくても生きていける場所**のことだ。

4 読み手の若者に傍線③と言うのは，苦手な科目の中に**得意な単元が見つかるかもしれない可能性**があるからだ。また，数学を例に挙げて計算が苦手だと決めつけてしまうと数学の「**本当の面白さに出会うこと**はないかも」しれないことも理由の一つだ。**若者にチャレンジを促している。**したがって，**すぐに苦手だからと諦めてチャレンジしないと，得意なことや本当の面白さに出会う可能性がなくなり，自分が成長することができないから**傍線③のように言っている。

5 **敗者となった生物が生き延びるため戦う必要のない環境を選び，自ら進化して，生きるための能力を備えていくというのが，本文で述べられたこと**だ。これに合うのはエの植物Dである。アの昆虫Aは白も黄色も好むのだから元々の状態から変化していない。イの魚Bは自らが変わったわけではない。ウの鳥Cは敗者でない。ア～ウは「敗者の中の敗者として進化」した例ではない。

### [3] (古文―文脈把握，指示語の問題，脱文・脱語補充，仮名遣い)

【現代語訳】 中国の育王山の僧侶が二人，御布施を争って騒いでいたので，その寺の長老である大覚連和尚が，この僧侶二人を戒めて言うことに，「ある俗人が，他人の銀を百両預かって保管しておいたところ，その預けた主人が死んだあと，その子どもに預かっていた銀を戻した。しかしその子は，銀を受け取らなかった。『私の親は，もう私には与えず，あなたに寄付したのです。あなたのものですよ』と。その俗人は，『私はただ預かっていただけです。譲り受けるわけにはいきません。親の物は子の物になるべきだ』と言って，また返した。お互いに争って受けとらなかったので，しまいには公の役所で判断してもらうと，『両者とも賢人だ』と言う。『言っていることは正しい。従ってその銀を寺に寄付して，亡き者の菩提を助けなさい』と判断した。この話は，私が直接見聞きしたことである。僧にならず，俗世間で生活する者が，なおも利益を貪らない。それなのに煩悩を断ち切って僧になり仏道修行をする者が，金銭を奪い合うとはけしからん」といって，寺の決まりに従って二人の僧侶を追放した。

1 語中・語尾の「は・ひ・ふ・へ・ほ」は，現代仮名遣いで「ワ・イ・ウ・エ・オ」にする。

2 「他人の銀を百両預かり」したのは「ある俗」である。

3 銀を預かった者は，預けた親が死んだらその所有権は子供に相続されると考えた。一方，子は親が寄付したのならその権利は寄付された者にあるはずだと考えた。**お互いが銀の権利は相手が有していると考えていた**のである。

4 「共に賢人なり」と言われているのでここから「賢人」が二字で[Ⅰ]に補える。また，僧二人と，ある俗と子は「対比されている」とある。**お互いに銀は相手のものと思っているのとは逆の考え**を[Ⅱ]に入れる。したがって，自分のものにしたい，相手に渡したくないという気持ちを補う。最後に[Ⅲ]には，仏道修行する人としてあるまじき態度の内容が入る。和尚が戒めた，**僧としてあるまじき内容は欲望や執着を断ち切れないこと**である。

**[4] (小説―情景・心情，内容吟味，文脈把握，脱文・脱語補充，語句の意味)**

1 傍線①「食い下がる」は，強敵に対して**簡単にあきらめずに粘り強く戦う様子**だ。

2 笹村先生の「でも，勘違いしないで……」という返答は，「予想以上にきつい言葉」だった。[Ⅰ]には，「きつい言葉」が入る。[Ⅱ]には，先生が私たちに与えてくれたものが入るが，傍線②の直後に「笹村先生は，私たちが対等に話すとっかかりを用意してくれた」とあり，ここから与えてくれたものは**私たちが先生と対等に話して説得するきっかけ**だとまとめられる。

3 杏が先生たちに「ありがとうございます」と言ったあとに，加奈は「はっとしたよう」になったのだから，杏の言葉で**自分を取り戻した**のだ。その声は「いつもの調子に戻りつつある」とも書かれている。**いつもの加奈に戻れたらもう動揺はしない**。これらをふまえて選択肢を選ぼう。

4 生徒の不満の理由は「自分たちの文化祭なのにどうして」という気持ちに表れている。**自分たちのものを一方的に取り上げられたことに対して不満をいだいた**のだ。文化祭の廃止に対して，生徒は賛成だとは明記されていないのでアは不適切。イの「勉強時間が今までより減るのはおかしい」という記述は矛盾している。エのように「予算がない」という廃止理由に納得がいかないわけではない。

5 背中に流れた汗は冷や汗だ。加奈は自分たちの意見を悔いなく精一杯に伝えた。しかし，**先生たちが長いこと黙ったままなので，自分たちの思いが精一杯の説明をしたにも関わらず正確に伝わったか分からず，説得が成功したかどうかの判断ができない不安**で冷や汗が流れたのだ。こうした杏の不安な気持ちを説明すればよい。

**[5] (作文)**

**選択した特徴について，長所と短所を挙げよう**。第一段落では長所を挙げればよい。第二段落では短所を原因として生じる問題を示したい。そして，その問題にたいしてどう対応していくべきなのか自分の考えを述べるようにする。字数が少ないので，簡潔にまとめる必要がある。

鹿児島県公立高等学校

# 2020年度

★★★★★★★★★★★★★★★★★★★★★★★★

# 入 試 問 題

2020年度

●くわしい解説……45ページ

# ＜数学＞　時間　50分　　満点　90点

**1**　次の１～５の問いに答えなさい。

１　次の⑴～⑸の問いに答えよ。

⑴　$8 \div 4 + 6$ を計算せよ。

⑵　$\dfrac{1}{2}+\dfrac{9}{10}\times\dfrac{5}{3}$ を計算せよ。

⑶　$2\sqrt{3}+\sqrt{27}-\dfrac{3}{\sqrt{3}}$ を計算せよ。

⑷　３つの数 $a$，$b$，$c$ について，$ab<0$，$abc>0$ のとき，$a$，$b$，$c$ の符号の組み合わせとして，最も適当なものを下の**ア**～**エ**の中から１つ選び，記号で答えよ。

| | $a$ | $b$ | $c$ |
|---|---|---|---|
| **ア** | ＋ | ＋ | － |
| **イ** | ＋ | － | ＋ |
| **ウ** | － | － | ＋ |
| **エ** | － | ＋ | － |

⑸　下の図のような三角柱がある。この三角柱の投影図として，最も適当なものを下の**ア**～**エ**の中から１つ選び，記号で答えよ。

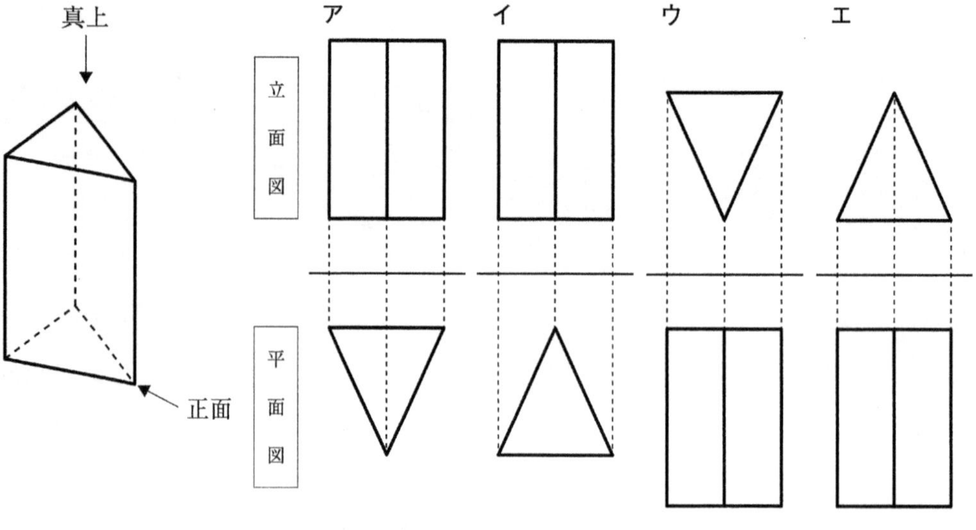


２　$y$ は $x$ に反比例し，$x=2$ のとき $y=-3$ である。このとき，$y$ を $x$ の式で表せ。

3　$\sqrt{7}$より大きく，$\sqrt{31}$より小さい整数をすべて書け。

4　次のように，1から6までの数字がくり返し並んでいる。左から100番目の数字は何か。

1，2，3，4，5，6，1，2，3，4，5，6，1，2，3，4，5，6，…

5　国土地理院のまとめた「日本の山岳標高一覧（1003山）」に掲載されている鹿児島県の標高1000m以上の山〈山頂〉は8つある。8つの中で最も高いものは屋久島にある宮之浦岳であり，その標高は1936mである。下の表は，残り7つの山〈山頂〉の標高を示したものである。標高を1.5倍したときに，宮之浦岳の標高を上回るものはどれか，下の**ア**～**キ**の中からあてはまるものをすべて選び，記号で答えよ。

| | 山名〈山頂名〉 | 標高(m) |
|---|---|---|
| **ア** | 紫尾山 | 1067 |
| **イ** | 霧島山〈韓国岳〉 | 1700 |
| **ウ** | 霧島山〈新燃岳〉 | 1421 |
| **エ** | 御岳 | 1117 |
| **オ** | 高隈山〈大《おお》篦《の》柄岳《がらだけ》〉 | 1236 |
| **カ** | 高隈山〈御岳〉 | 1182 |
| **キ** | 永田岳 | 1886 |

（国土地理院「日本の山岳標高一覧（1003山）」から作成）

**2**　次の1～5の問いに答えなさい。

1　右の図のように，AB＝AC である二等辺三角形ABCと，頂点A，Cをそれぞれ通る2本の平行な直線$\ell$，$m$がある。このとき，$\angle x$の大きさは何度か。

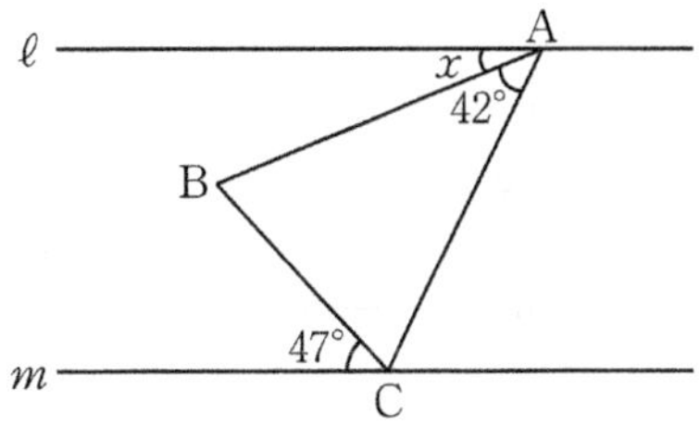


2　硬貨とくじを用いて，次のルールでポイントがもらえるゲームを行う。

> ①　硬貨を2枚投げて，表が出た枚数を数える。
> ②　当たりが1本，はずれが1本入っているくじがあり，その中から1本ひく。
> ③　②で当たりをひいた場合は，(①の表が出た枚数)×200ポイント，はずれをひいた場合は，(①の表が出た枚数)×100ポイントがもらえる。

たとえば，硬貨は表が2枚出て，くじは当たりをひいた場合は400ポイントもらえる。このゲームを1回行うとき，ちょうど200ポイントもらえる確率を求めよ。

3　次の比例式で，$x$ の値を求めよ。

$$x : (4x - 1) = 1 : x$$

4　右の図のように，3点A，B，Cがある。この3点A，B，Cを通る円周上において，点Bを含まない$\overset{\frown}{AC}$上に∠ABD＝∠CBD となる点Dを，定規とコンパスを用いて作図せよ。ただし，点Dの位置を示す文字Dを書き入れ，作図に用いた線も残しておくこと。

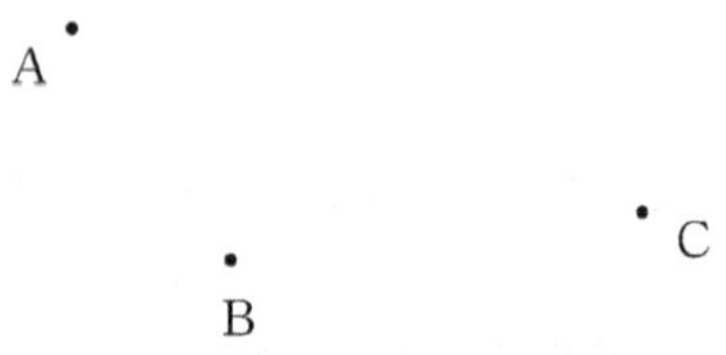


5　AさんとBさんの持っている鉛筆の本数を合わせると50本である。Aさんの持っている鉛筆の本数の半分と，Bさんの持っている鉛筆の本数の$\frac{1}{3}$を合わせると23本になった。AさんとBさんが最初に持っていた鉛筆はそれぞれ何本か。ただし，AさんとBさんが最初に持っていた鉛筆の本数をそれぞれ $x$ 本，$y$ 本として，その方程式と計算過程も書くこと。

**3**　A～Dの各組で同じ100点満点のテストを行ったところ，各組の成績は右の表のような結果となった。ただし，A組の点数の平均値は汚れて読み取れなくなっている。また，このテストでは満点の生徒はいなかった。なお，**表**の数値はすべて正確な値であり，四捨五入などはされていない。次の1～3の問いに答えなさい。

**表**

| 組 | 人数 | 平均値 | 中央値 |
|---|---|---|---|
| A | 30 | [redacted] | 59.0 |
| B | 20 | 54.0 | 49.0 |
| C | 30 | 65.0 | 62.5 |
| D | 20 | 60.0 | 61.5 |

1　B組とC組を合わせた50人の点数の平均値を求めよ。

2　下の図は，各組の点数について階級の幅を10点にしてヒストグラムに表したものである。たとえば，A組のヒストグラムでは50点以上60点未満の生徒は5人いたことを表している。B～Dの各組のヒストグラムは，それぞれ①～③の中のどれか1つとなった。次の(1)，(2)の問いに答えよ。

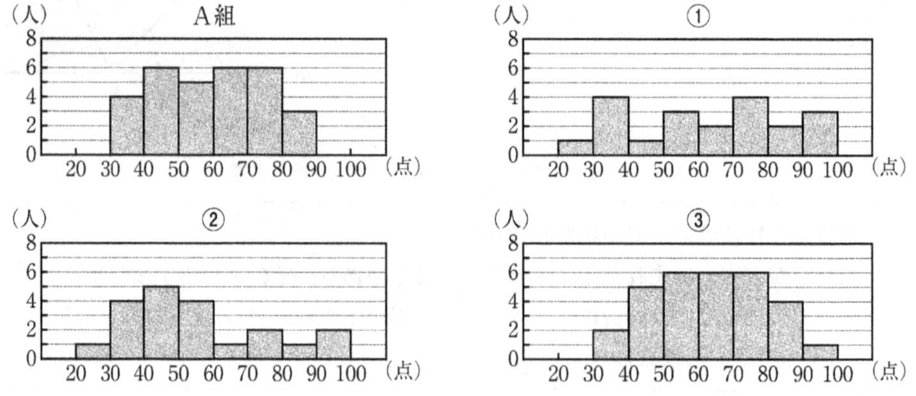


(1)　C組のヒストグラムは [ア]，D組のヒストグラムは [イ] である。[ア]，[イ] にあてはまるものを，①～③の中から1つずつ選べ。

⑵　A組のヒストグラムから，A組の点数の平均値を求めよ。ただし，小数第2位を四捨五入して答えること。

3　B組の生徒のテストの点数を高い方から並べると，10番目と11番目の点数の差は4点であった。B組には欠席していた生徒が1人いたので，この生徒に後日同じテストを行ったところ，テストの点数は76点であった。この生徒を含めたB組の21人のテストの点数の中央値を求めよ。

**4**　次の会話文は「課題学習」におけるグループ活動の一場面である。ひろしさんとよしこさんのグループは，**写真**の観覧車を題材に数学の問題をつくろうと考えた。以下の会話文を読んで，次の**1**～**3**の問いに答えなさい。

**写真**

ひろし：この観覧車は直径60m，ゴンドラの数は36台で，1周するのにちょうど15分かかるんだって。この観覧車を題材に，円に関する問題がつくれそうな気がするけど。

よしこ：まず，観覧車を円と考え，ゴンドラを円周上の点としてみよう。また，観覧車の軸を中心Oとすると，36個の点が円周上に等間隔に配置されている**図1**のように表されるね。ここで隣り合う2つのゴンドラを，2点X，Yとすると…。

**図1**

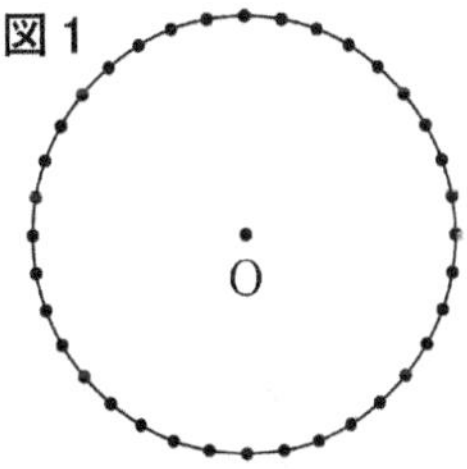


ひろし：まず，角の大きさが求められそうだね。∠XOYの大きさはいくらかな。

よしこ：図をかいて，計算してみるね。……わかった。∠XOYの大きさは　ア　度だね。

ひろし：いいね。じゃあ点Oを対称の中心として，点Yと点対称となるように点Zをとるときを考えてみよう。このとき∠XZYの大きさはいくらかな。

よしこ：実際に図をかいて角の大きさを測ってみたら，さっきの∠XOYの半分になったよ。そういえば，1つの弧に対する円周角は，その弧に対する中心角の半分であるって習ったよね。

ひろし：つまり，式で表すと$\angle XZY=\frac{1}{2}\angle XOY$ となるんだね。

よしこ：面白いね。では次はどこか2つのゴンドラの距離を求めてみようよ。いま，最高地点にあるものをゴンドラ①，5分後に最高地点にあるものをゴンドラ②とする。この2つのゴンドラの距離を求めよ，なんてどうかな。さっきの**図1**だとどうなるかな。

ひろし：2点間の距離だね。1周15分だから。……できた。2点間の距離は　イ　mだ。

先　生：ひろしさんとよしこさんのグループはどんな問題を考えましたか。なるほど，観覧車を円と考え，角の大きさや距離を求める問題ですね。答えも合っていますね。次はどんな問題を考えてみますか。

よしこ：はい。面積を求める問題を考えてみます。点Oを対称の中心として，ゴンドラ②と点対称の位置にあるゴンドラをゴンドラ③とするとき，ゴンドラ①，②，③で三角形ができるから…。

ひろし：せっかくだから観覧車の回転する特徴も問題に取り入れたいな。でもゴンドラが移動するとごちゃごちゃしそうだし。先生，こんなときはどうしたらいいんですか。

先　生：図形の回転ですか。たとえば，ある瞬間のゴンドラ①の位置を点Pとし，$t$ 分後のゴンドラ①の位置を点P′とするなど，文字でおいてみてはどうですか。もちろん，観覧車は一定の速さで，一定の方向に回転していますね。

ひろし：わかりました。ゴンドラ②，③も同様に考えて，問題をつくってみます。

1　ア ，イ に適当な数を入れ，会話文を完成させよ。

2　会話文中の下線部について，次の問いに答えよ。

**図2**は，線分BCを直径とする円Oの周上に点Aをとったものである。**図2**において，$\angle ACB=\frac{1}{2}\angle AOB$ が成り立つことを証明せよ。

**図2**

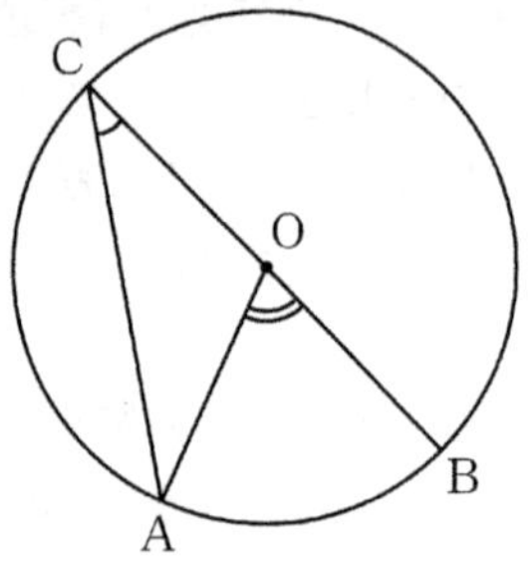


3　会話文中に出てきたゴンドラ①，②，③について，ひろしさんとよしこさんは次の問題をつくった。

> ある瞬間のゴンドラ①，②，③の位置をそれぞれ点P，Q，Rとする。観覧車が回転し，ある瞬間から $t$ 分後のゴンドラ①，②，③の位置をそれぞれ点P′，Q′，R′ とする。線分QRとP′R′が初めて平行になるとき，3点P，O，P′を結んでできる三角形の∠POP′の大きさと $t$ の値をそれぞれ求めよ。また，そのときの△PP′Qの面積を求めよ。

この問題について，次の⑴，⑵の問いに答えよ。

⑴　3点P，O，P′ を結んでできる三角形の∠POP′の大きさと $t$ の値をそれぞれ求めよ。

⑵　△PP′Qの面積は何$m^2$か。

**5**　右の図は，2つの関数 $y=\frac{1}{2}x^2$…①と $y=-x^2$…②のグラフである。点Pは $x$ 軸上を動き，点Pの $x$ 座標を $t$ とする。ただし，$t>0$ とする。図のように，点Pを通り $x$ 軸に垂直な直線が関数①のグラフと交わる点をQ，関数②のグラフと交わる点をRとする。また，点Oは原点である。次の1～3の問いに答えなさい。

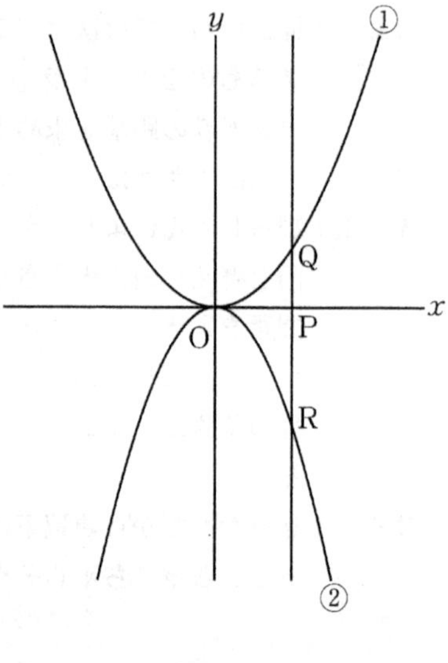


1　$t=2$ のとき，点Qの座標を求めよ。

2　$QR=\frac{27}{8}$ になるとき，$t$ の値を求めよ。

3　点Rを通り，$x$ 軸に平行な直線が関数②のグラフと交わる点のうち，Rでない点をSとする。△OSRが直角二等辺三角形となるとき，次の⑴，⑵の問いに答えよ。

⑴　点Rの座標を求めよ。

⑵　直線ORと関数①のグラフの交点のうち，Oでない点をTとする。△QTRを直線TRを軸として1回転させてできる立体の体積を求めよ。ただし，円周率はπとし，求め方や計算過程も書くこと。

# 数 学 解 答 用 紙

| | | | | | | | | | | | |
|---|---|---|---|---|---|---|---|---|---|---|---|
| 1 | 1 | (1) | | (2) | | (3) | | (4) | | (5) | |
| | 2 | $y=$ | | 3 | | 4 | | 5 | | | |

| | | | | | |
|---|---|---|---|---|---|
| 2 | 1 | 度 | 2 | | 3 $x=$ |
| | 4 | 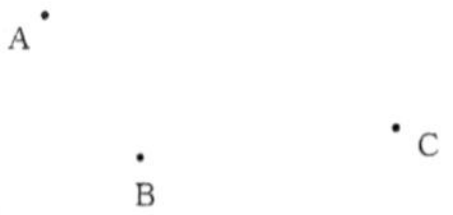 | 5 | (式と計算)<br>答 Aさんが最初に持っていた鉛筆　　本，<br>Bさんが最初に持っていた鉛筆　　本 | |



| | | | | | | | | | | | |
|---|---|---|---|---|---|---|---|---|---|---|---|
| 3 | 1 | 点 | 2 | (1) | ア | | イ | | (2) | 点 | 3　点 |

| | | | | | |
|---|---|---|---|---|---|
| 4 | 1 | ア | | 2 | (証明) |
| | | イ | | | |
| | 3 | (1) | 度 | | |
| | | | $t=$ | | |
| | | (2) | $m^2$ | | |

| | | | | | |
|---|---|---|---|---|---|
| 5 | 1 | Q(　　，　　) | 3 | (2) | (求め方や計算) |
| | 2 | $t=$ | | | |
| | 3 | (1) R(　　，　　) | | | 答 |

| | | | |
|---|---|---|---|
| 受検番号 | | 合計得点 | |

※この解答用紙は189%に拡大していただきますと，実物大になります。

# ＜英語＞

時間　50分　　満点　90点

1　**聞き取りテスト**　英語は1と2は1回だけ放送します。3以降は2回ずつ放送します。メモをとってもかまいません。

1　これから，Taro と Mary との対話を放送します。二人の明日の予定を表す絵として最も適当なものを下の**ア**～**エ**の中から一つ選び，その記号を書きなさい。

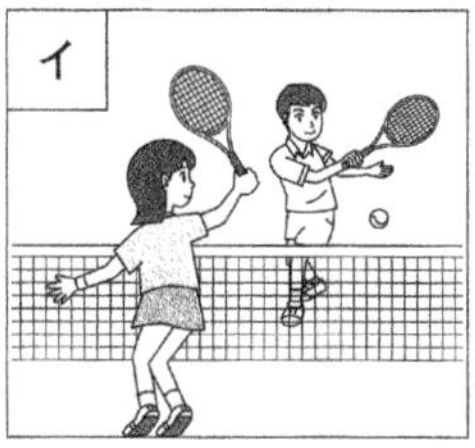

2　これから，George と Tomoko との対話を放送します。二人が対話をしている場面として最も適当なものを下の**ア**～**エ**の中から一つ選び，その記号を書きなさい。

**ア**　George が Tomoko と山に登っている場面。

**イ**　George が Tomoko と写真を撮っている場面。

**ウ**　George が Tomoko に絵を見せている場面。

**エ**　George が Tomoko に土産を渡している場面。

3　これから，Emi が英語の授業で行った発表を放送します。Emi は家の手伝いについてクラスメートを対象に調べたことを3枚の絵や資料を見せながら発表しました。Emi は下の**ア**～**ウ**をどのような順番で見せたでしょうか。正しい順番になるように絵や資料を並べかえ，その記号を書きなさい。

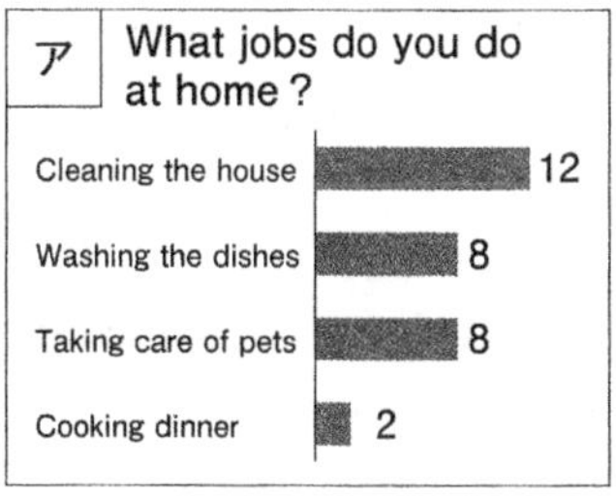


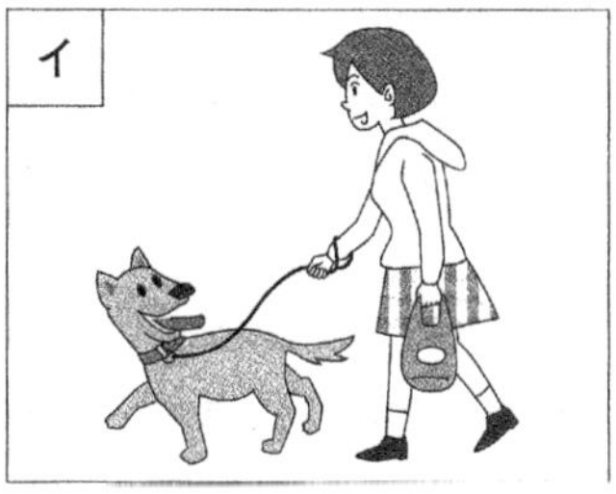


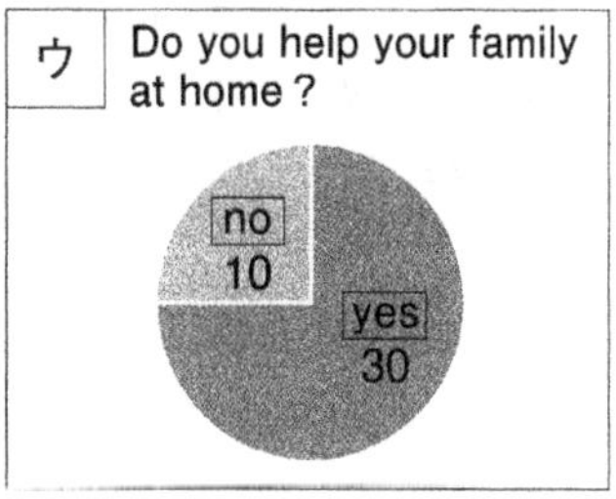


4　これから，Peter と Aki との対話を放送します。下の英文は，その対話をした日の夜，Aki が Peter に送ったメール文です。対話を聞いて，①，②にそれぞれ英語1語を書きなさい。

> Hi, Peter.　I enjoyed the concert today.　I am happy because I can ( ① ) how to play the violin from you.　I will see you at your house on ( ② ).

5　これから，Shota が英語の授業で行ったスピーチを放送します。スピーチの後にその内容について英語で三つの質問をします。(1)，(2)はその質問に対する答えとして最も適当なものを下のア～エの中からそれぞれ一つ選び，その記号を書きなさい。(3)は英文が質問に対する答えとなるように，[　　] に入る適切な英語を書きなさい。

(1) ア　To a famous library.
　　イ　To a history museum.
　　ウ　To good restaurants.
　　エ　To some temples.

(2) ア　They made *sushi*.
　　イ　They talked about Kyoto.
　　ウ　They found interesting books.
　　エ　They bought some presents.

(3) He began to [　　　　　　　　].

6　これから，Naomi と Sam との対話を放送します。その中で，Naomi が Sam に質問をしています。Sam に代わってあなたの答えを英文で書きなさい。2文以上になってもかまいません。書く時間は1分間です。

**2**　次の1～4の問いに答えなさい。

1　次は，Aya と姉 Kaori のクラスメートである Linda との電話での対話である。下の①，②の英文が入る最も適当な場所を対話文中の〈ア〉～〈エ〉の中からそれぞれ一つ選び，その記号を書け。

| ① But can I leave her a message?　　② She isn't home now. |
|---|

*Linda* : Hello.　This is Linda.　May I speak to Kaori?
*Aya* : I am sorry.　〈 ア 〉
*Linda* : What time will she come back?　〈 イ 〉
*Aya* : Well, I don't know.　Do you want her to call you later?
*Linda* : No, that's OK.　〈 ウ 〉
*Aya* : Sure.
*Linda* : We were going to meet at six this evening, but I want to change the time.　〈 エ 〉　Could you tell her to come at seven?
*Aya* : I see.　I will tell her.

2　次は，Hikari と留学生の Bob との対話である。駅のお知らせ（announcement）を参考にして，（①），（②），（④）にはそれぞれ英語1語を，[③] には4語以上の英語を書け。

*Hikari*: Hi, Bob.　You look worried.　What's the matter?
*Bob* : Hi, Hikari.　There are many people here today.　What is happening? This may be an announcement about the train for Hanayama, but I can't read Japanese.　Can you tell me what it says?
*Hikari*: OK.　The train has（ ① ）because of the heavy rain.

*Bob*　: Really?　When will the train run again?

*Hikari*: The announcement doesn't say, so I don't know how ( ② ) you should wait for the next train.

*Bob*　: Oh, no!　I have to go to Hanayama today.

*Hikari*: Then, [ ③ ].　It leaves from bus stop No.5.　Now it is 12:10, so you have ( ④ ) minutes before the next bus leaves.

*Bob*　: Thank you for helping me, Hikari.

*Hikari*: You're welcome.

（お知らせ）
花山行きの電車について

大雨のため，運転を見合わせております。運転再開の見通しは立っておりません。
ご迷惑をおかけいたしますが，お急ぎの方はバスをご利用下さい。
なお，花山行きのバスは12時から30分ごとに5番乗り場から出ています。

3　右の絵において，①，②の順で対話が成り立つように①の吹き出しの [　　] に3語以上の英語を書け。

①
This notebook has no name.
[　　　]?
②
Oh, it's mine.
Thank you.

4　下の絵は，英語の授業中のある場面を表している。場面に合うように Haruto になったつもりで，次の [　　] に20語以上のまとまりのある英文を書け。2文以上になってもかまわない。ただし同じ表現を繰り返さないこと。また。符号（ , や ? など）は語数に含めない。

Where do you want to live in the future?
- near a hospital
- near a convenience store
- near a park
Where do you want to live in the future?　Please look at the blackboard.　Choose one place and tell us the reason.　Can you start, Haruto?
OK. [　　　　　] Thank you.
I see.　Thank you, Haruto.

[3]　次のⅠ～Ⅲの問いに答えなさい。

Ⅰ　次は，ALT の Andrew 先生と Tomoki との対話である。対話文中の [ ① ] ～ [ ③ ] に入る最も適当なものを下のア～エの中からそれぞれ一つ選び，その記号を書け。

*Andrew* : What did you do during your winter vacation?

*Tomoki* : I studied a lot for the tests in March.　[ ① ]

*Andrew* : Me?　I went to Koshikishima.　It is famous for its traditional event, "*Toshidon* in Koshikishima*".　Have you ever heard about it?

*Tomoki* : Yes, but I don't know a lot about it.　[ ② ]

*Andrew* : My friend in Koshikishima told me about it.　It was registered on* UNESCO's Intangible Cultural Heritage List*.　Every December 31, "*Toshidon*" goes to people's houses to wish for children's healthy growth*.　[ ③ ]

*Tomoki* : Yes.　I want to be a social studies teacher in the future, so I would like to know about events like that.

*Andrew* : Please read books about such events after your tests.

*Tomoki* : Yes, I will.

注　*Toshidon* in Koshikishima　甑島のトシドン（行事名または来訪神の名）
be registered on ～　～に登録される
UNESCO's Intangible Cultural Heritage List　ユネスコ無形文化遺産リスト
wish for children's healthy growth　子どもの健全な成長を願う

ア　Do you remember the event?
イ　Are you interested in this event?
ウ　How did you know about it?
エ　How about you?

Ⅱ　高校生のRikoが書いた次の英文を読み，あとの問いに答えよ。

This summer, I joined the Inter-High School Competition* as one of the volunteers. This was my first experience as a volunteer. We danced and sang some songs in Kagoshima dialect* at the opening ceremony*.

The volunteers came from different high schools, so we practiced together only on Saturdays and Sundays. At first, we were too nervous to speak to each other. A month before the opening ceremony, our teacher said, "Each of you is working hard, but as a team, you should communicate with* each other." After we practiced that day, all the volunteers stayed and talked about our problems for the first time. Then we decided to have a meeting after every practice. By sharing our ideas, our performance* got better.

At the opening ceremony, we did our best and many people who saw our performance gave us a big hand*. That made me very happy. Our teacher said, "You did a great job! Your performance was wonderful!"

From that experience, I learned an important thing. □ is important when we work together. If we do so, we can make something better. This experience will be useful in my life.

注　the Inter-High School Competition　全国高等学校総合体育大会　　dialect　方言
opening ceremony　開会式　　communicate with ～　～とコミュニケーションをとる
performance　演技　　gave us a big hand　盛大な拍手をした

1　次の(1)，(2)の質問に対する答えを本文の内容に合うように英文で書け。
(1)　The volunteers practiced together only on weekends. Why?
(2)　How did Riko feel after the performance at the opening ceremony?

2　□ の中に入る最も適当な英語を本文中から３語で抜き出して英文を完成させよ。ただし，文頭にくる語は，最初の文字を大文字にすること。

Ⅲ　Ken と Ann はハンバーガー店に来て，メニューを見ながら何を注文するのか話している。
1，2について，メニューをもとに，二人がそれぞれ注文するものとして最も適当なものを下のア～エの中からそれぞれ一つ選び，その記号を書け。なお，表示は税込価格とする。

***MENU***

| Hamburgers | |
|---|---|
| hamburger (100% beef) | $3.00 |
| cheeseburger (100% beef / cheese) | $3.50 |
| fish burger (fish / onion) | $4.00 |
| chicken burger (chicken / onion) | $4.50 |
| big burger (100% beef×2) | $5.50 |
| rice burger (teriyaki chicken / onion) | $5.70 |
| special burger (100% beef×2 / egg / cheese) | $6.50 |

| Side Menu | |
|---|---|
| French fries (M) / (L) | $2.60 / $3.20 |
| green salad | $3.60 |
| hot chicken salad | $4.80 |
| ice cream | $2.30 |
| apple pie | $2.60 |

| Drinks | |
|---|---|
| orange juice | $2.25 |
| apple juice | $2.25 |
| coffee | $1.50 |
| tea | $1.50 |

(例) $2.50＝2ドル50セント (1ドル＝100セント)

1　Ken said, "I want to eat chicken and something cold."
　ア　A hamburger and an apple juice
　イ　A special burger and a green salad
　ウ　A rice burger and an ice cream
　エ　A chicken burger and a French fries (M)

2　Ann said, "I want something to eat and drink, but I don't want to eat beef. I only have ＄6.50."
　ア　A big burger and an orange juice
　イ　A chicken burger and an apple juice
　ウ　A cheeseburger and a coffee
　エ　A fish burger and a tea

**4**　次の英文を読み，1～7の問いに答えなさい。

Mike started playing soccer when he was six years old. He enjoyed playing soccer with his friends. When he entered junior high school, he became one of the best players on his team. He felt very happy when he and his team members performed well* and won their games. In the third year, he practiced hard for the last tournament. However, one day in April, while he was riding his bike to soccer practice, he fell* and broke* his right leg. He couldn't move. So he was carried to a hospital. The doctor said to Mike, "You can't use your right leg for a few months." He was very disappointed* to hear that.

Three months later, his leg got better and he started practicing soccer again with his team. However, Mike couldn't play soccer as well as his team members. ① He felt very sad about this, and began to lose his motivation* to play soccer. He sometimes didn't go to practice. Then one day, the coach* said to him, "Mike, you can't join the last tournament as a player." He was very shocked* and didn't go to practice from that day.

A week later, his father said to Mike, "Today I'm going to watch a soccer game played by little children in the park. I want to cheer for* my friend's son. [ ② ]?" At first Mike said, "I don't want to go," but he finally agreed because his father asked him again and again.

They went to the park to watch the game. Some children were very good players and the game was very exciting. About five minutes before the end of the game, one boy joined the game. Mike soon found something different about the boy. He couldn't run quickly and sometimes fell. Mike's father said to Mike, "That boy is my friend's son, John. He was born with a problem with his right leg. He can't even walk well." Mike was very surprised and said, "Why did he choose to play soccer? I think there are many other things he can do more easily." His father answered, "Look at him. He is running after the ball the hardest of all his team members. I think that [ ③ ]."

After the game, Mike spoke to John. Mike said, "Hello, John. I am Mike. Do you like playing soccer?" John answered, "Yes, I do. I can't run quickly, but I can play with a ball. I love soccer. I'm very happy when I play soccer with my friends." Mike was shocked to hear his words and ④ asked himself, "What am I doing ?"

That day became a big day for Mike. He remembered that he was happy nine years ago. He started playing soccer at that time. He really enjoyed soccer when he was little. He thought this was very important and began to practice soccer with his team members again. He knew that he would not play in the last tournament, but he enjoyed running and playing with his friends.

At the tournament, he did his best to help and cheer for his team members. It was fun to be with his team members. After the last game in junior high school, he felt fulfilled*. He decided to play soccer in high school.

注 performed well 活躍した　fell 転んだ　broke 折った　disappointed 失望した
motivation やる気　coach コーチ　shocked ショックを受けた
cheer for ～ ～を応援する　fulfilled 充実した

1　次のア～ウの絵は，本文のある場面を表している。話の展開に従って並べかえ，その記号を書け。

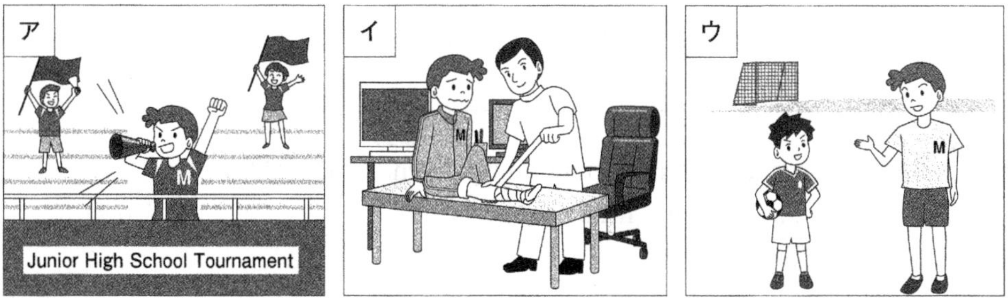


2　下線部①において，Mike は具体的にどのようなことに対して悲しいと感じたのか，30字程度の日本語で書け。

3　② に本文の内容に合うように５語以上の英語を書け。

4　③ に入る最も適当なものを下のア～エの中から一つ選び，その記号を書け。

ア　he runs faster than the other members

イ　he is going to stop playing soccer

ウ　soccer is something special to him

エ　playing soccer is boring for him

5　下線部④における Mike の気持ちとして最も適当なものを一つ選び，その記号を書け。

ア　誇らしい気持ち

イ　ほっとした気持ち

ウ　うらやましい気持ち

エ　情けない気持ち

6　本文の内容に合っているものを，下のア～オの中から二つ選び，その記号を書け。

ア　Mike fell when he was going to soccer practice by bike, and he was carried to a hospital.

イ　Mike was very shocked to hear that he couldn’t play soccer in the last tournament

ウ　Mike was excited when his father told him about a soccer game played by little children.

エ　Mike was surprised because John spoke to his team members before the end of the game.

オ　Mike remembered his younger days and wanted to practice soccer again, but he couldn’t.

7　次は，中学校での最後の試合が終わった後の Mike と Mike の父親との対話である。Mike に代わって □ に10語以上の英文を書け。２文以上になってもかまわない。また，符号（，や？など）は語数には含めない。

*Father*: How was the tournament?

*Mike*　: I couldn’t play, but I felt fulfilled.　Dad, we watched a soccer game played by little children. Do you remember it? That day was a big day for me.

*Father* : What do you mean?

*Mike* : Before I broke my leg, I played soccer just to perform well and win games.

*Father* : You learned an important thing from him, right?

*Mike* : Yes. John is my little teacher.

# 英 語 解 答 用 紙

| | | | |
|---|---|---|---|
| 1 | 1 | | |
| | 2 | | |
| | 3 | | → → |
| | 4 | ① | ② |
| | 5 | (1) | (2) |
| | | (3) | He began to . |
| | 6 | | |
| 2 | 1 | ① | ② |
| | 2 | ① | |
| | | ② | |
| | | ③ | Then, . |
| | | ④ | |
| | 3 | | ? |
| | 4 | | |
| 3 | I | ① | ② ③ |
| | II | 1 (1) | |
| | | 1 (2) | |
| | | 2 | |
| | III | 1 | |
| | | 2 | |
| 4 | 1 | | → → . |
| | 2 | | 30 |
| | 3 | | ? |
| | 4 | | |
| | 5 | | |
| | 6 | | |
| | 7 | | |

| | | | |
|---|---|---|---|
| 受検番号 | | 合計得点 | |

※この解答用紙は169%に拡大していただきますと，実物大になります。

# <理科> 

時間 50分 満点 90点

1 次の各問いに答えなさい。答えを選ぶ問いについては記号で答えなさい。

1 生態系の中で，分解者の役割をになっているカビやキノコなどのなかまは何類か。

2 日本列島付近の天気は，中緯度帯の上空をふく風の影響を受けるため，西から東へ変わることが多い。この中緯度帯の上空をふく風を何というか。

3 次のセキツイ動物のうち，変温動物をすべて選べ。

**ア** ワニ **イ** ニワトリ **ウ** コウモリ **エ** サケ **オ** イモリ

4 次の文中の①，②について，それぞれ正しいものはどれか。

ある無色透明の水溶液Xに緑色のBTB溶液を加えると，水溶液の色は黄色になった。このことから，水溶液Xは①(**ア** 酸性 **イ** 中性 **ウ** アルカリ性) であることがわかる。このとき，水溶液XのpHの値は②(**ア** 7より大きい **イ** 7である **ウ** 7より小さい)。

5 **表**は，物質**ア**～**エ**のそれぞれの融点と沸点である。50℃のとき，液体の状態にある物質をすべて選べ。

**表**

| 物質 | 融点〔℃〕 | 沸点〔℃〕 |
|---|---|---|
| ア | −218 | −183 |
| イ | −115 | 78 |
| ウ | −39 | 357 |
| エ | 63 | 360 |

6 電気について，(1)，(2)の問いに答えよ。

(1) 家庭のコンセントに供給されている電流のように，電流の向きが周期的に変化する電流を何というか。

(2) 豆電球1個と乾電池1個の回路と，豆電球1個と乾電池2個の回路をつくり，豆電球を点灯させた。次の文中の①，②について，それぞれ正しいものはどれか。ただし，豆電球は同じものであり，乾電池1個の電圧の大きさはすべて同じものとする。

乾電池1個を用いて回路をつくった場合と比べて，乾電池2個を①(**ア** 直列 **イ** 並列) につないで回路をつくった場合は，豆電球の明るさは変わらず，点灯する時間は，②(**ア** 長くなる **イ** 変わらない **ウ** 短くなる)。

7 **図**の**ア**～**エ**は，台風の進路を模式的に示したものである。ある台風が近づいた前後の種子島での観測記録を調べたところ，風向きは東寄りから南寄り，その後西寄りへと変化したことがわかった。また，南寄りの風のときに特に強い風がふいていたこともわかった。この台風の進路として最も適当なものは**ア**～**エ**のどれか。

**図**

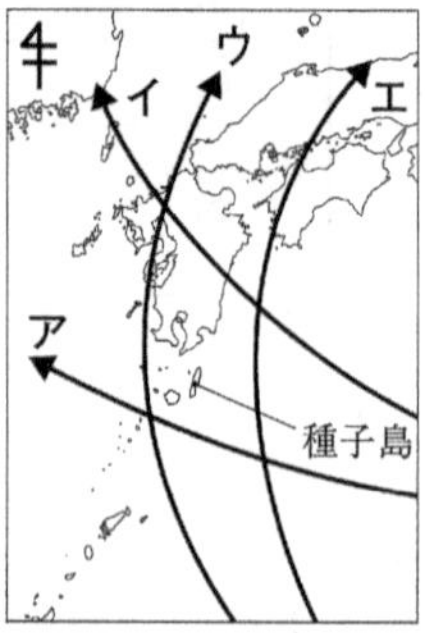

**2**　次のⅠ，Ⅱの各問いに答えなさい。答えを選ぶ問いについては記号で答えなさい。

Ⅰ　図1は，ある川の西側と東側の両岸で観察された地層の重なり方を模式的に表したものである。この地層からは，浅い海にすむホタテガイの化石や，海水と淡水の混ざる河口にすむシジミの化石が見つかっている。なお，ここで見られる地層はすべて水平であり，地層の上下の逆転や地層の曲がりは見られず，両岸に見られる凝灰岩は同じものである。また，川底の地層のようすはわかっていない。

**図1**

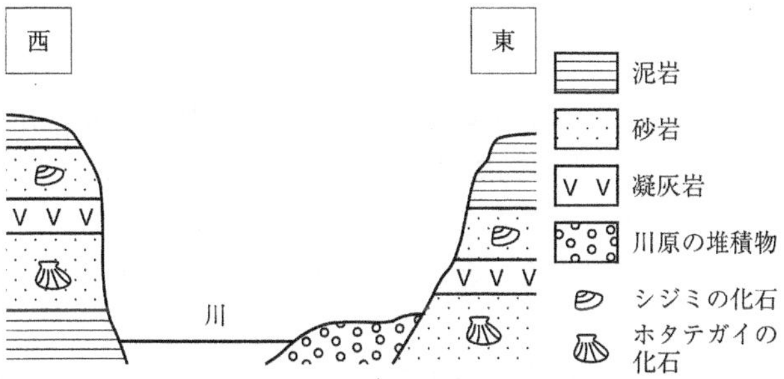


1　下線部の「地層の曲がり」を何というか。

2　**図2**は，**図1**の地層が観察された地域の川の流れを模式的に表したものであり，観察された場所は**P**，**Q**のどちらかである。観察された場所は**P**，**Q**のどちらか。そのように考えた理由もふくめて答えよ。

**図2**

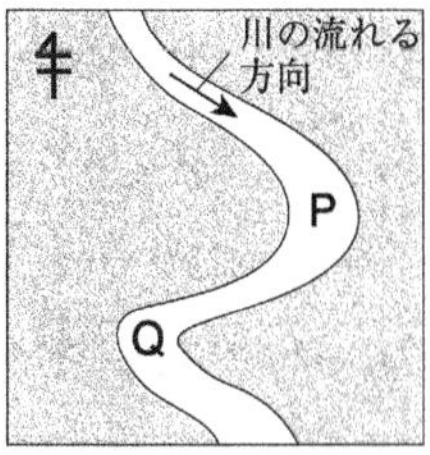


3　この地層を観察してわかった**ア**～**エ**の過去のできごとを，古い方から順に並べよ。

**ア**　海水と淡水の混ざる河口で地層が堆積した。

**イ**　浅い海で地層が堆積した。

**ウ**　火山が噴火して火山灰が堆積した。

**エ**　断層ができて地層がずれた。

Ⅱ　夏至の日に，透明半球を用いて太陽の1日の動きを調べた。**図**は，サインペンの先のかげが透明半球の中心Oにくるようにして，1時間ごとの太陽の位置を透明半球に記録し，印をつけた点をなめらかな線で結んで，太陽の軌跡をかいたものである。また，**図**の**ア**～**エ**は，中心Oから見た東，西，南，北のいずれかの方位である。なお，太陽の1日の動きを調べた地点は北緯31.6°であり，地球は公転面に対して垂直な方向から地軸を23.4°傾けたまま公転している。

1　東の方位は，**図**の**ア**～**エ**のどれか。

2　地球の自転による太陽の1日の見かけの動きを何というか。

3　太陽の南中高度について，⑴，⑵の問いに答えよ。

⑴　南中高度にあたるのはどこか。解答欄の図に作図し，「南中高度」と書いて示せ。ただし，解答欄の図は，この透明半球を**エ**の方向から見たものであり，点線は太陽の軌跡である。

⑵　この日の南中高度を求め，単位をつけて書け。

**図**

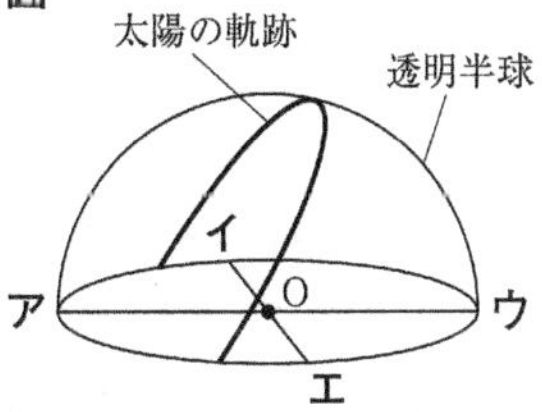

**3** 次のⅠ，Ⅱの各問いに答えなさい。答えを選ぶ問いについては記号で答えなさい。

Ⅰ　4種類の物質A～Dは，硝酸カリウム，ミョウバン，塩化ナトリウム，ホウ酸のいずれかである。ひろみさんとたかしさんは，一定量の水にとける物質の質量は，物質の種類と水の温度によって決まっていることを知り，A～Dがそれぞれどの物質であるかを調べるために，次の**実験**を行った。

**図1**は，水の温度と100 gの水にとける物質の質量との関係を表したものである。

**図1**

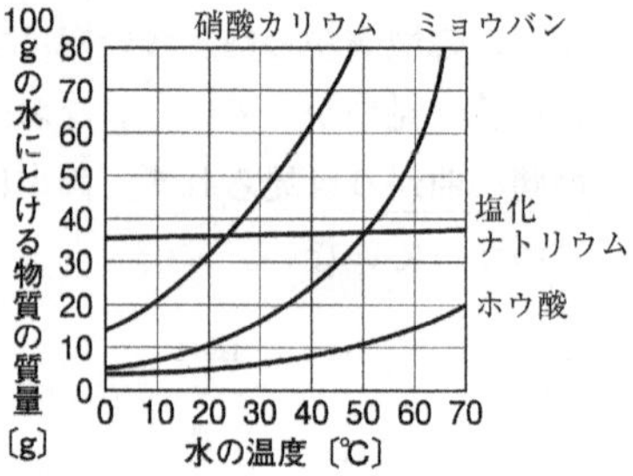


**実験**　4本の試験管を準備し，それぞれに30℃の水10 gを入れた。次に，これらの試験管にA～Dをそれぞれ別々に3.0 gずつ入れ，30℃に保ったままよくふり混ぜると，AとCはすべてとけたが，BとDは**図2**のようにとけ残った。とけ残ったBとDの質量は，DがBより大きかった。

**図2**

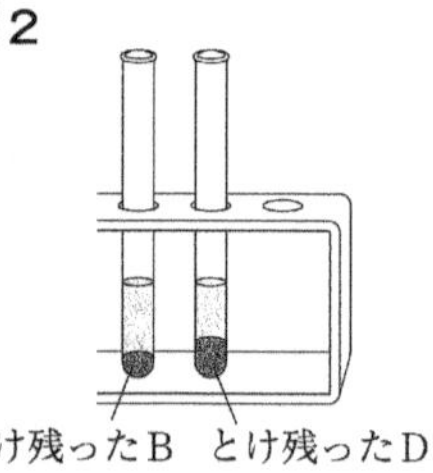


次は，**実験**の後の，2人と先生の会話である。

先　　生：A～Dがそれぞれどの物質なのか見分けることができましたか。
ひろみさん：AとCは見分けることができませんでしたが，Bは［ a ］，Dは［ b ］だとわかりました。
先　　生：そうですね。では，AとCはどのようにしたら見分けることができますか。
たかしさん：水溶液を冷やしていけば，見分けることができると思います。
先　　生：では，AとCについて，確認してみましょう。

1　実験で，30℃に保ったままよくふり混ぜた後の塩化ナトリウムのようすを模式的に表しているものとして最も適当なものはどれか。ただし，陽イオンは「●」，陰イオンは「○」とする。

ア
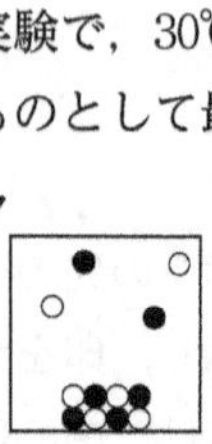
イ
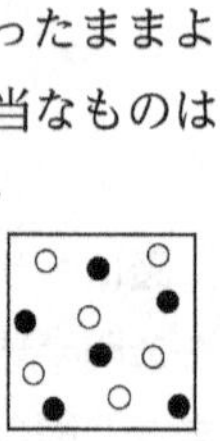
ウ
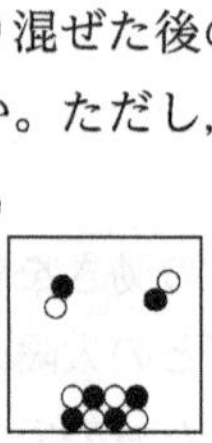
エ
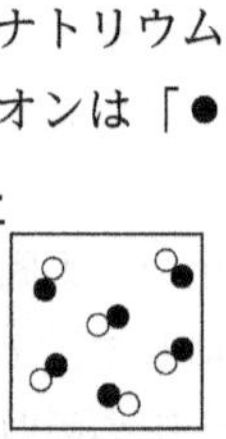

2　会話文中の［ a ］，［ b ］にあてはまる物質の名称をそれぞれ書け。

3　2人は，AとCを見分けるために，**実験**でつくったA，Cの水溶液が入った試験管を氷水が入ったビーカーにつけ，水溶液の温度を下げた。しばらくすると，Cが入った試験管では結晶が出てきたが，Aが入った試験管では結晶が出てこなかった。このことから，AとCを見分けることができた。Cの水溶液の温度を下げると結晶が出てきた理由を，解答欄の書き出しのことばに続けて書け。ただし，「溶解度」ということばを使うこと。

4　2人は，**実験**でとけ残ったDを30℃ですべてとかすため，30℃の水を少なくともあと何g加えればよいかを，30℃の水10 gにDが $S$〔g〕までとけるものとし，次のページのように考えた。2人の考え方をもとに，加える水の質量を，$S$ を用いて表せ。

（2人の考え方）
水にとけるDの質量は水の質量に比例することから3.0 gのDがすべてとけるために必要な水の質量はSを用いて表すことができる。水は，はじめに10 g入れてあるので，この分を引けば，加える水の質量を求めることができる。

Ⅱ　電気分解装置を用いて，**実験1**と**実験2**を行った。

**実験1**　電気分解装置の中にうすい水酸化ナトリウム水溶液を入れて満たし，電源装置とつないで，水の電気分解を行った。しばらくすると，**図1**のように陰極側の上部に気体Aが，陽極側の上部に気体Bがそれぞれ集まった。

**実験2**　**実験1**の後，電源装置を外して，**図2**のように電気分解装置の上部の電極に電子オルゴールをつなぐと，電子オルゴールが鳴った。

**図1**

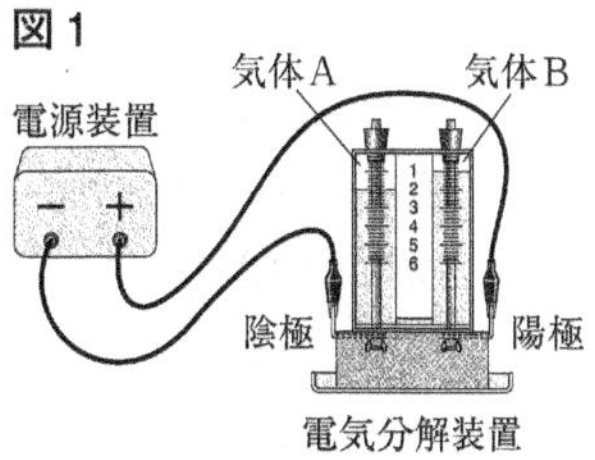


**図2**

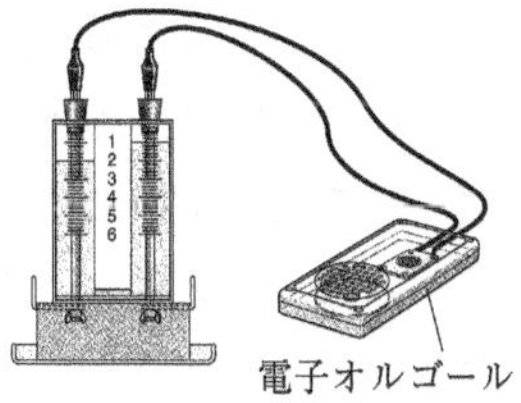


1　**実験1**では，純粋な水ではなく，うすい水酸化ナトリウム水溶液を用いた。これは水酸化ナトリウムが電離することで，電流を流しやすくするためである。水酸化ナトリウムが電離するようすを，化学式とイオン式を用いて表せ。

2　気体Aと同じ気体はどれか。

**ア**　酸化銅を炭素の粉末と混ぜ合わせて加熱したときに発生する気体

**イ**　酸化銀を加熱したときに発生する気体

**ウ**　炭素棒を用いてうすい塩酸を電気分解したとき，陽極で発生する気体

**エ**　亜鉛板と銅板をうすい塩酸に入れて電池をつくったとき，＋極で発生する気体

3　**実験2**で電子オルゴールが鳴ったことから，この装置が電池のはたらきをしていることがわかった。

⑴　この装置は，水の電気分解とは逆の化学変化を利用して，電気エネルギーを直接とり出している。このようなしくみで，電気エネルギーをとり出す電池を何電池というか。

⑵　気体Aの分子が4個，気体Bの分子が6個あったとする。この電池の化学変化を分子のモデルで考えるとき，気体A，気体Bのどちらかが反応しないで残る。反応しないで残る気体の化学式と，反応しないで残る気体の分子の個数をそれぞれ答えよ。

**4**　次のⅠ，Ⅱの各問いに答えなさい。答えを選ぶ問いについては記号で答えなさい。

Ⅰ　植物の根が成長するときのようすを調べる実験を行った。まず，タマネギの種子を発芽させ，伸びた根を先端から約1 cm切りとった。次のページの**図1**は，切りとった根を模式的に表したものである。次に，一つ一つの細胞をはなれやすくする処理を行い，**図1**のA～Cの部分をそれぞれ切りとり，別々のスライドガラスにのせた。その後，核と染色体を見やすくするために染色してプレパラートをつくり，顕微鏡で観察した。**図2**は，A～Cを同じ倍率で観察したスケッチであり，Aでのみひも状の染色体が見られ，体細胞分裂をしている細胞が観察された。

図1

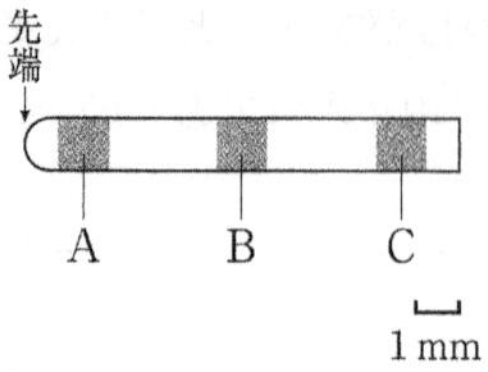


図2

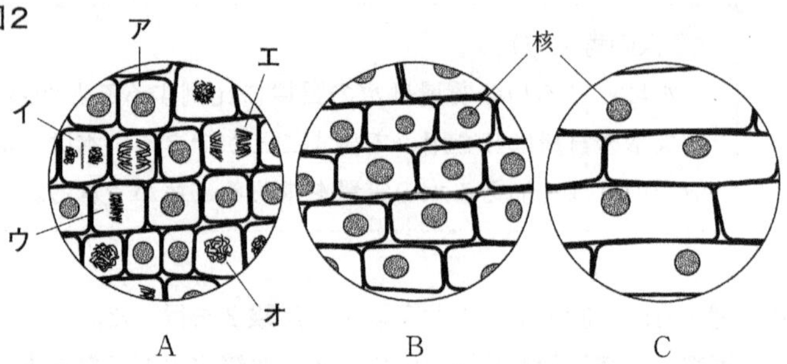


1　核と染色体を見やすくするために使う染色液として適当なものは何か。名称を書け。

2　**図2**のAの**ア**～**オ**の細胞を，**ア**を最初として体細胞分裂の順に並べよ。

3　根はどのようなしくみで成長するか。**図1**，**図2**から考えられることを書け。

4　体細胞分裂を繰り返しても，分裂後の一つの細胞の中にある染色体の数は変わらない。その理由を，体細胞分裂前の細胞で染色体に起こることに着目して書け。

Ⅱ　たかしさんとひろみさんは，ヒトのだ液のはたらきについて調べるため，次の**手順1～5**で実験を行った。**表**は，実験の結果をまとめたものである。

**手順1**　デンプン溶液10$cm^3$を入れた２本の試験管を用意し，１本には水でうすめただ液２$cm^3$を入れ，試験管Aとする。もう１本には水２$cm^3$を入れ，試験管Bとする。

**手順2**　ビーカーに入れた約40℃の湯で試験管A，試験管Bをあたためる。

**手順3**　試験管Aの溶液の半分を別の試験管にとり，試験管Cとする。また，試験管Bの溶液の半分を別の試験管にとり，試験管Dとする。

**手順4**　試験管Aと試験管Bにそれぞれヨウ素液を入れ，結果を記録する。

**手順5**　試験管Cと試験管Dにそれぞれベネジクト液と沸とう石を入れて加熱し，結果を記録する。

**表**

| 試験管 | 結　果 |
|---|---|
| A | 変化しなかった。 |
| B | 青紫色に変化した。 |
| C | 赤褐色の沈殿が生じた。 |
| D | 変化しなかった。 |

1　試験管Aと試験管Bの実験のように，一つの条件以外を同じにして行う実験を何というか。

2　**手順2**で，試験管をあたためる湯の温度を約40℃としたのはなぜか。

3　**表**の結果をもとに，⑴，⑵の問いに答えよ。

⑴　試験管Aと試験管Bの結果から，考えられることを書け。

⑵　試験管Cと試験管Dの結果から，考えられることを書け。

4　**図**は，実験の後に，たかしさんがだ液にふくまれる消化酵素の性質について本で調べたときのメモの一部である。これについて，次のページの２人の会話の内容が正しくなるように，□にあてはまるものとして最も適当なものを，**図**の①～③から選べ。

**図**

① 水がないときは，はたらかない。
② 中性の溶液中で最もよくはたらく。
③ 体外でもはたらく。

たかしさん：だ液にふくまれる消化酵素には，①～③の性質があることがわかったよ。
ひろみさん：それなら，その性質を確かめてみようよ。
たかしさん：あっ，でも，□の性質は，今回の実験で確認できているね。

**5** 次のⅠ，Ⅱの各問いに答えなさい。答えを選ぶ問いについては記号で答えなさい。

Ⅰ ひろみさんは，登校前，洗面台の鏡を使って身なりを整えている。なお，洗面台の鏡は床に対して垂直である。

図1

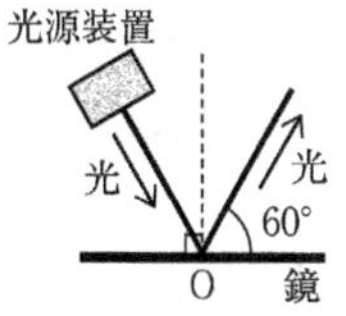


1 ひろみさんは，鏡による光の反射の実験を思い出した。その実験では，図1のように，光源装置から出た光が鏡の点Oで反射するようすが観察された。このときの入射角はいくらか。

2 ひろみさんが図2のように洗面台の鏡の前に立ったとき，ひろみさんから見て，鏡にうつる自分の姿として最も適当なものはどれか。

図2

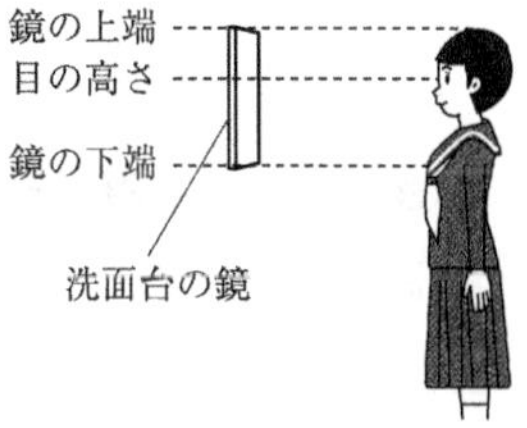


3 ひろみさんは，図3のように，手鏡を用いて，正面にある洗面台の鏡に自分の後頭部をうつしている。図4は，このときのようすをひろみさんの目の位置をP，後頭部に位置する点をQとし，上から見て模式的に表したものである。Qからの光が手鏡，洗面台の鏡で反射して進み，Pに届くまでの光の道筋を解答欄の図に実線（――）でかけ。なお，作図に用いる補助線は破線（------）でかき，消さずに残すこと。

図3

図4

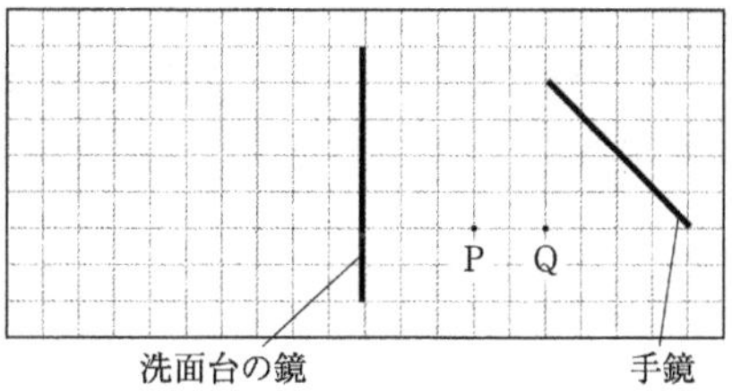


Ⅱ 図1のように，水平な台の上にレールをスタンドで固定し，質量20gと40gの小球を高さ5cm，10cm，15cm，20cmの位置からそれぞれ静かに離し，木片に衝突させ，木片の移動距離を調べる実験を行った。次のページの表は，その結果をまとめたものである。ただし，小球は点Xをなめらかに通過した

図1

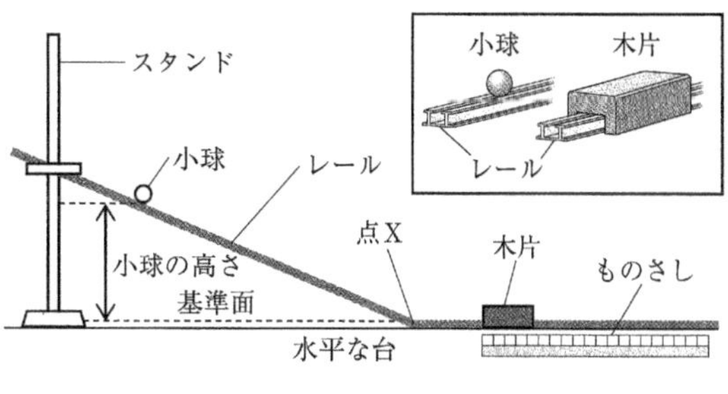

後，点Xから木片に衝突するまでレール上を水平に移動するものとし，小球とレールとの間の摩擦や空気の抵抗は考えないものとする。また，小球のもつエネルギーは木片に衝突後，すべて木片を動かす仕事に使われるものとする。

**表**

| 小球の高さ〔cm〕 | | 5 | 10 | 15 | 20 |
|---|---|---|---|---|---|
| 木片の移動距離〔cm〕 | 質量 20 g の小球 | 2.0 | 4.0 | 6.0 | 8.0 |
| | 質量 40 g の小球 | 4.0 | 8.0 | 12.0 | 16.0 |

1　質量20 g の小球を，基準面から高さ10cmまで一定の速さで持ち上げるのに加えた力がした仕事は何Ｊか。ただし，質量100 g の物体にはたらく重力の大きさを１Ｎとする。

2　小球が点Xを通過してから木片に衝突するまでの間に，小球にはたらく力を表したものとして最も適当なものはどれか。ただし，力の矢印は重ならないように少しずらして示してある。

**ア**　**イ**　**ウ**　**エ**

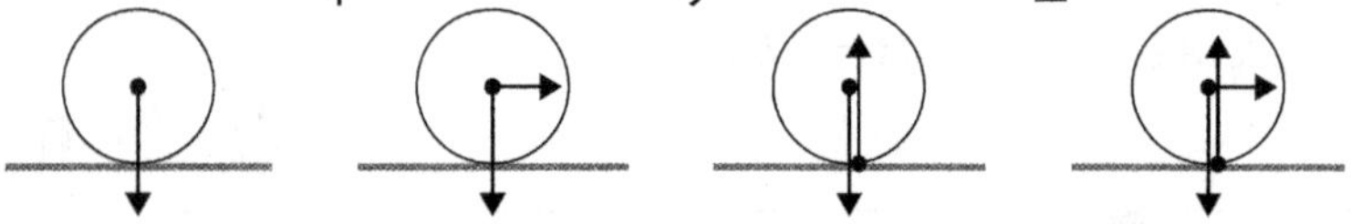

3　小球が木片に衝突したとき，はたらく力について述べた次の文中の □ にあてはまることばを書け。

> 小球が木片に力を加えると，同時に小球は木片から同じ大きさで逆向きの力を受ける。これは「 □ の法則」で説明できる。

4　前のページの**図１**の装置で，質量25 g の小球を用いて木片の移動距離を6.0cmにするためには，小球を高さ何cmの位置で静かに離せばよいか。

5　**図２**のように，点Xの位置は固定したままレールの傾きを図１より大きくし，質量20 g の小球を高さ20cmの位置から静かに離し，木片に衝突させた。**図１**の装置で質量20 g の小球を高さ20cmの位置から静かに離したときと比べて，木片の移動距離はどうなるか。その理由もふくめて書け。

**図２**

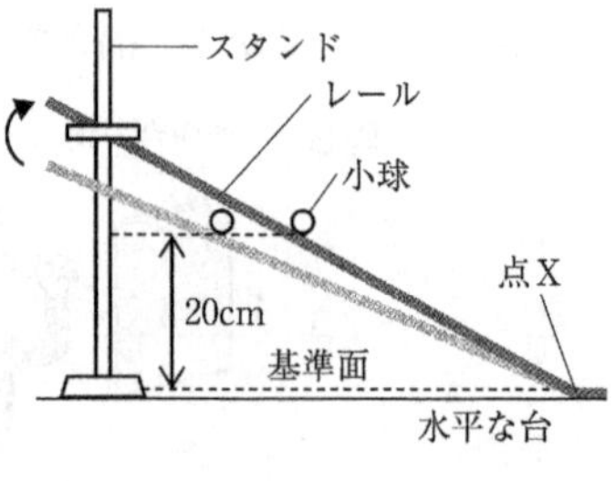

# 理　科　解　答　用　紙

| | | | | | |
|---|---|---|---|---|---|
| 1 | 1 | | 類 | | |
| | 2 | | | | |
| | 3 | | | | |
| | 4 | ① | | ② | |
| | 5 | | | | |
| | 6 | (1) | | | |
| | | (2) | ① | ② | |
| | 7 | | | | |

| | | | | |
|---|---|---|---|---|
| 2 | Ⅰ | 1 | | |
| | | 2 | | |
| | | 3 | → → → | |
| | Ⅱ | 1 | | |
| | | 2 | | |
| | | 3 | (1) | 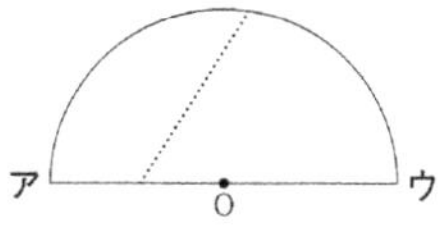 |
| | | | (2) | |

| | | | | | | |
|---|---|---|---|---|---|---|
| 3 | Ⅰ | 1 | | | | |
| | | 2 | a | | b | |
| | | 3 | Cは，水溶液の温度を下げると， | | | |
| | | 4 | g | | | |
| | Ⅱ | 1 | | | | |
| | | 2 | | | | |
| | | 3 | (1) | 電池 | | |
| | | | (2) | 化学式 | 分子の個数 | 個 |

| | | | | |
|---|---|---|---|---|
| 4 | Ⅰ | 1 | | |
| | | 2 | ア → → → → | |
| | | 3 | | |
| | | 4 | | |
| | Ⅱ | 1 | | |
| | | 2 | | |
| | | 3 | (1) | |
| | | | (2) | |
| | | 4 | | |

| | | | |
|---|---|---|---|
| 5 | Ⅰ | 1 | ° |
| | | 2 | |
| | | 3 | 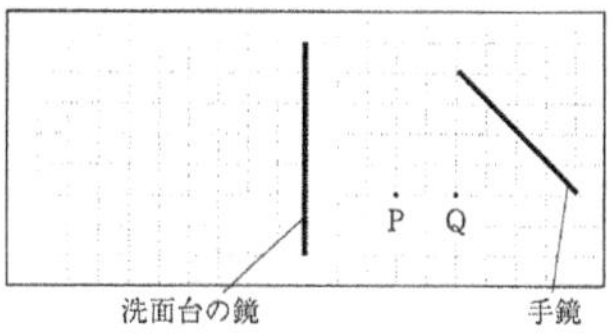 |
| | Ⅱ | 1 | J |
| | | 2 | |
| | | 3 | |
| | | 4 | cm |
| | | 5 | |

| | | | |
|---|---|---|---|
| 受検番号 | | 合計得点 | |

※この解答用紙は167％に拡大していただきますと，実物大になります。

# ＜社会＞

時間　50分　　満点　90点

1　次のⅠ～Ⅲの問いに答えなさい。答えを選ぶ問いについては一つ選び，その記号を書きなさい。

Ⅰ　次の略地図を見て，1～6の問いに答えよ。

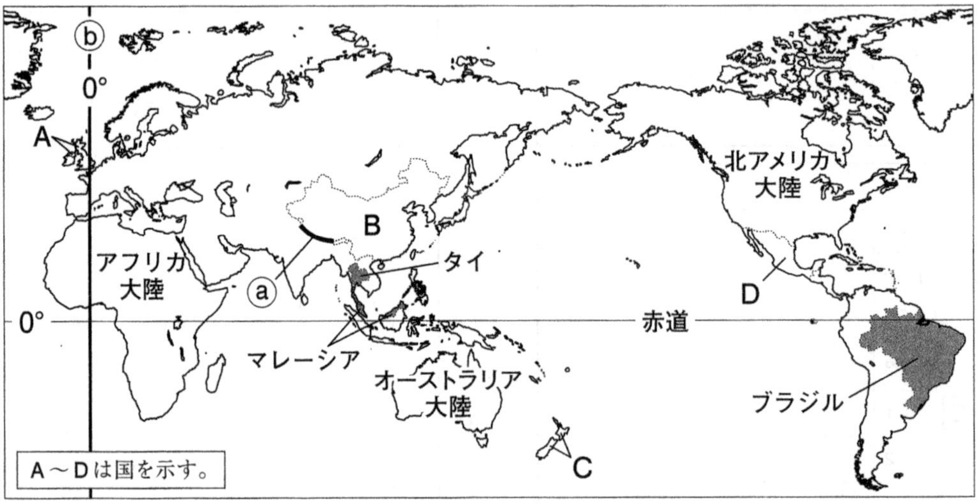


1　略地図中のⓐは，標高8000mをこえる山々が連なる山脈である。この山脈の名称を答えよ。

2　略地図中のⓑは，経度の基準となる経線である。これを何というか。**漢字5字**で書け。

3　略地図中のA～D国について述べた文として最も適当なものはどれか。

ア　A国では，季節風の影響で降水量が多く，茶の栽培が盛んである。

イ　B国では，西部の乾燥地域を中心に米の二期作が盛んである。

ウ　C国では，先住民のマオリの文化を尊重する取り組みが行われている。

エ　D国では，主な言語としてフランス語を使用する人々の数が最も多い。

4　略地図中の**ブラジル**のアマゾン川流域で行われてきた次の文のような農業を何というか。

> 森林や草原を焼きはらい，その灰を肥料にして作物を栽培する農業。数年すると土地がやせて，作物が育たなくなるため，別の場所に移動して，これをくり返す。

5　**資料1**は，略地図中の**アフリカ大陸**，**オーストラリア大陸**，**北アメリカ大陸**について，それぞれの大陸における気候帯の分布割合を示したものである。**アフリカ大陸**にあてはまるものはア～ウのどれか。

**資料1**

| 大陸／気候帯 | ア | イ | ウ |
|---|---|---|---|
| 熱帯 | 16.9% | 38.6% | 5.2% |
| 乾燥帯 | 57.2% | 46.7% | 14.4% |
| 温帯 | 25.9% | 14.7% | 13.5% |
| 冷帯（亜寒帯） | — | — | 43.4% |
| 寒帯 | — | — | 23.5% |

（地理統計要覧2019年版から作成）

6　略地図中の**タイ**や**マレーシア**について，⑴，⑵の問いに答えよ。

⑴　日本やアメリカの企業は，**タイ**や**マレーシア**など，東南アジアの国々へ進出している。その理由を**資料2**を参考に書け。ただし，**生産**ということばを使うこと。

⑵　外国企業の進出もあり，**タイ**や**マレーシア**では**資料3**に見られるような変化があった。**タイ**や**マレーシア**の輸出品目と輸出総額の変化の特徴について，**資料3**をもとに答えよ。

**資料2**　各国の主要都市における製造業従事者の月額平均賃金

| | 月額平均賃金 |
|---|---|
| 日　本 | 2339ドル |
| アメリカ | 3144ドル |
| タ　イ | 338ドル |
| マレーシア | 321ドル |

統計年次は2017年
（日本貿易振興機構資料から作成）

**資料3**　タイとマレーシアの輸出品目と輸出総額

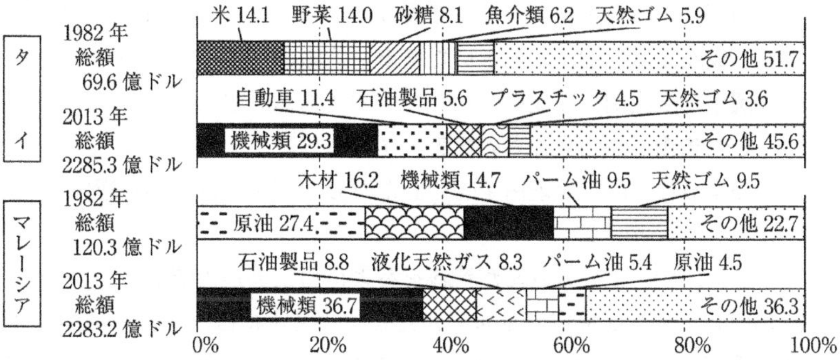


（世界国勢図会2015/16年版などから作成）

Ⅱ　次の略地図を見て，1～6の問いに答えよ。

1　略地図中の で示した九州南部には火山からの噴出物が積もってできた台地が広がっている。このような台地を何というか。

2　略地図中のAには，北部に世界遺産に登録されている合掌造りで有名な白川郷がある。この都道府県名を書け。

3　次のX～Zは，略地図中のあ～うのいずれかの都市の月別平均気温と月別降水量を示したものである。Xが示す都市はあ～うのうちどれか。

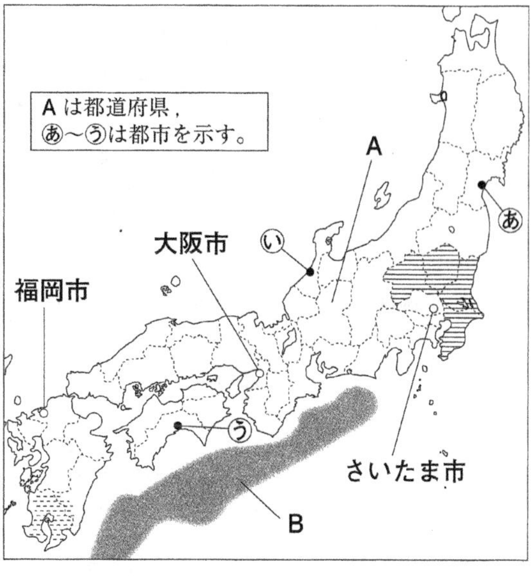


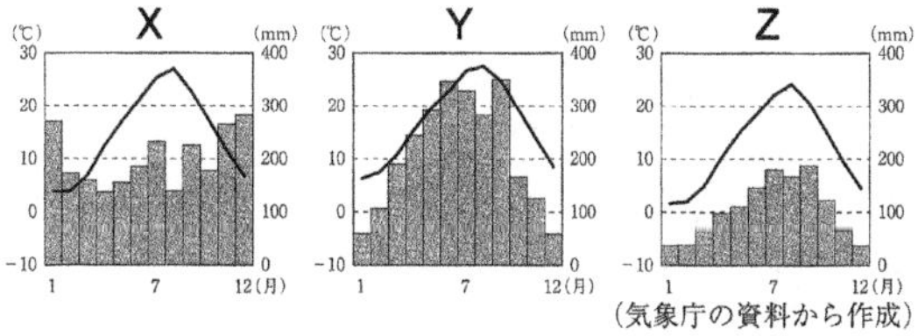


（気象庁の資料から作成）

4　略地図中の は，2017年の乳用牛の飼育頭数上位8位までの都道府県のうち，関東地方にある4県を示している。この4県に関して述べた次の文の □ に適することばを補い，これを完成させよ。ただし，**時間**ということばを使うこと。

この4県には，生産した生乳を，□ことができるという，共通する特色がある。

5 略地図中のBは，メタンハイドレートが海底に存在する可能性があるとされている海域の一部を示している。メタンハイドレートは，天然ガスの主成分であるメタンガスを含んだ氷状の物質で，日本の排他的経済水域内に多く埋蔵されると推定され，実用化が期待されている。その理由を**資料1**を参考にして書け。

**資料1　主な国のエネルギー自給率(%)**

| 日本 | アメリカ | 中国 | オーストラリア |
|---|---|---|---|
| 8.3 | 88.4 | 79.8 | 301.0 |

統計年次は2016年
(世界国勢図会2019/20から作成)

6 **資料2**は略地図中の**さいたま市**，**大阪市**，**福岡市**の昼夜間人口比率を示したものである。**さいたま市**に該当するものを**ア**，**イ**から選び，そのように判断した理由を書け。ただし，理由には**通勤**や**通学**ということばを使うこと。

**資料2**

| 都市名 | 大阪市 | ア | イ |
|---|---|---|---|
| 昼夜間人口比率(%) | 131.7 | 110.8 | 93.0 |

※昼夜間人口比率＝昼間人口／夜間(常住)人口×100
統計年次は2015年
(総務省統計局資料から作成)

Ⅲ 次は，中学生の**Aさん**が**資料**を参考に自宅周辺の防災についてまとめたレポートである。**Aさん**のレポートを完成させよ。ただし，［X］には，← で示した**経路(あ)**か**経路(い)**のいずれかを選択し，解答用紙のあてはまる方を ◯ で囲み，［Y］には**Aさん**がそのように判断した理由として考えられることを**資料**から読み取って書け。

**Aさんのレポート**

この**資料**の中には，洪水のときに浸水する可能性がある地域が示されており，これによると，私の家も浸水予想地域に含まれています。大雨などにより洪水のおそれがあり**避難場所**に避難しなければならなくなったときの経路としては，この**資料**で考えると［X］を選ぶべきです。それは，［Y］からです。

※**Aさん**の家から**経路(あ)**，**経路(い)**を通って避難する際には，障害物や交通遮断などはないものとして考えること。

※**資料**中の------線は，浸水予想地域の境界線を示す。

**資料**

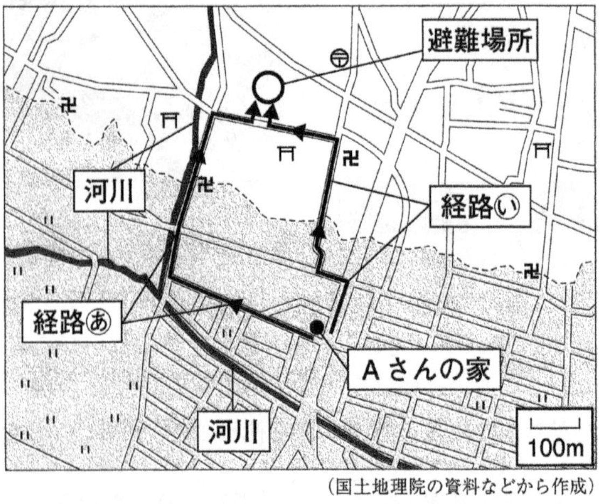


(国土地理院の資料などから作成)

**2** 次のⅠ～Ⅲの問いに答えなさい。答えを選ぶ問いについては一つ選び，その記号を書きなさい。

Ⅰ　次は，ある中学生が大宰府にゆかりのある人物についてまとめたA～Dのカードと，生徒と先生の会話である。1～6の問いに答えよ。

A　最澄
比叡山で修行し大宰府を経由して中国に渡り，仏教を学ぶ。帰国後，天台宗を広める。

B　ⓐ鑑真
日本で仏教を広めるために，中国から来日。鹿児島に到着し，奈良にいたる途中で大宰府を訪れる。

C　菅原道真
朝廷内の要職につき，ⓑ遣唐使の停止を提言。権力争いに敗れ，大宰府に追いやられる。

D　足利尊氏
建武の新政で後醍醐天皇と対立し，九州へ。大宰府で軍を立て直し，京都で新政権を樹立する。

生徒：古代日本の軍事・外交の要《かなめ》となった大宰府に興味をもったので，大宰府にゆかりのある人物について調べてみました。

先生：大宰府といえば，元号「令和」に関係があります。「令和」の出典は，奈良時代末に大伴家持らが天皇・貴族や農民などの和歌を広く集めてまとめたとされる『　　　』の中の，梅花の歌の序文です。この梅花の歌がよまれたところは，大宰府だったといわれています。ところで，足利尊氏も大宰府にゆかりがあることをよく調べましたね。

生徒：博物館で開催されたⓒ室町時代の将軍に関する特別展を見に行き，そこで知りました。

先生：そうでしたか。大宰府は，古代の終わりとともに軍事・外交の要としての歴史的役割を終えることになりましたが，その後，ⓓ江戸時代に福岡藩が行った調査などをきっかけとして，注目されるようになったのですよ。

※表記については，大宰府で統一。

1　会話文中の　　　にあてはまる最も適当なことばを書け。

2　ⓐが来日した8世紀の日本と中国の関わりについて述べた文として最も適当なものはどれか。

ア　執権北条時宗のとき，文永の役・弘安の役と二度にわたり元軍の襲来をうけた。

イ　唐の都長安にならった平城京が，律令国家の新しい都としてつくられた。

ウ　明の求めに応じて倭寇の取り締まりが強化され，勘合貿易が始まった。

エ　邪馬台国の女王卑弥呼は魏に使者を送り，魏の皇帝から倭王の称号を与えられた。

3　ⓑに関して，遣唐使などがもたらした唐風の文化を基礎としながら，日本の風土や生活にあった国風文化が摂関政治のころに発達した。この文化に最も関係の深いものはどれか。

ア

イ

ウ

エ

4　ⓒの後半の戦国時代のころ，ポルトガル人やスペイン人は，アジアへの新航路を開拓し，日本にも来航するようになった。ポルトガル人やスペイン人が新航路を開拓した理由を，**イスラ**

ム商人，価格，直接ということばを使って書け。

5　ⓓに関して，幕府の政治について述べた次の文の [ X ]，[ Y ] にあてはまることばの組み合わせとして最も適当なものはどれか。

> 幕府の政治は，はじめは [ X ] によって大名の築城や結婚などに規制を設けて大名を統制する，力でおさえつける政治が行われていた。その後，5代将軍徳川 [ Y ] は，儒学のなかでも身分秩序を大切にする朱子学などの学問を重視する政治への転換を行った。

ア　（X　御成敗式目　　Y　綱吉）
イ　（X　御成敗式目　　Y　吉宗）
ウ　（X　武家諸法度　　Y　綱吉）
エ　（X　武家諸法度　　Y　吉宗）

6　A～Dのカードを，年代の古い順に並べよ。

Ⅱ　次の略年表を見て，1～6の問いに答えよ。

| 年 | 主なできごと | |
|---|---|---|
| 1867 | ⓐ大政奉還が行われる | ↑ |
| 1877 | 鹿児島の士族らが [ ① ] 戦争をおこす | A |
| 1894 | ⓑ日清戦争がおこる | ↓ |
| 1914 | ⓒ第一次世界大戦がおこる | |
| 1972 | [ ② ] が日本に復帰する | ↑ |
| 1990 | 東西ドイツが統一される | B ↓ |

資料1

1　表の [ ① ]，[ ② ] にあてはまる最も適当なことばを書け。ただし，[ ① ] は**漢字**で書くこと。

2　**資料1**は，ⓐに関するものである。ⓐに対して，武力による倒幕をめざす勢力が天皇中心の政治にもどすために宣言したものは何か。

3　Aの時期の日本のできごとを，次のア～エから三つ選び，年代の古い順に並べよ。

ア　政府を退いていた板垣退助らが民撰議院設立建白書を政府に提出した。
イ　満25歳以上のすべての男子に選挙権を与える普通選挙法が成立した。
ウ　新しい政治の方針を内外に示す形で五箇条の御誓文が発布された。
エ　天皇から国民に与えるという形で大日本帝国憲法が発布された。

4　ⓑの直前に行われた条約改正について述べた次の文の [ X ]，[ Y ] にあてはまることばの組み合わせとして最も適当なものはどれか。

> 条約改正に消極的だった [ X ] は，日本が近代国家のしくみを整えたことを背景にして，日本との改正交渉に応じるようになった。政府は，[ Y ] 外相のときに，[ X ] と条約を結び，領事裁判権（治外法権）の撤廃に成功した。

ア（X　イギリス　Y　小村寿太郎）
イ（X　イギリス　Y　陸奥宗光）
ウ（X　ロシア　Y　小村寿太郎）
エ（X　ロシア　Y　陸奥宗光）

資料２　物価と賃金の推移

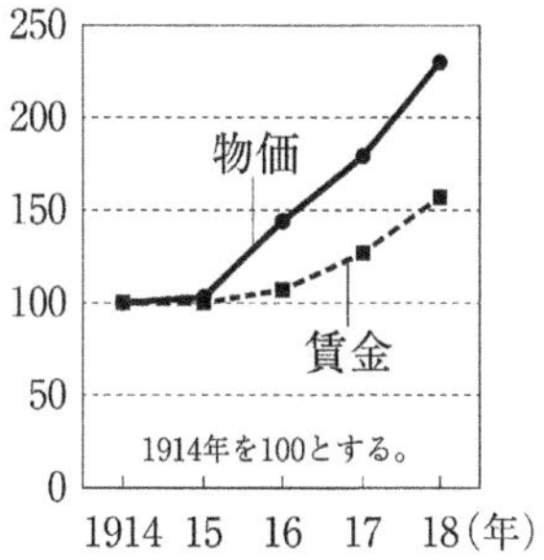

（大正政治史から作成）

5　ⓒに関して，大戦中の日本は好景気であったが，人々の生活は苦しくなった。その理由を**資料２**から読み取れることをもとにして書け。ただし，**労働者**ということばを使うこと。

6　Ｂの時期の世界のできごとについて述べた文として，最も適当なものはどれか。

ア　アジア・アフリカ会議がインドネシアのバンドンで開かれた。
イ　ヨーロッパ共同体加盟の12か国により，ヨーロッパ連合が発足した。
ウ　中国で共産党の毛沢東を主席とする中華人民共和国が成立した。
エ　アメリカとソ連の首脳がマルタで会談を行い，冷戦の終結を宣言した。

Ⅲ　次の文は，ある中学生がアメリカでおこった恐慌のようすと，その後に実施された政策についてまとめたものである。**資料１**，**資料２**をもとにして，次の文の［　　］に適することばを**25字以上35字以内**で補い，これを完成させよ。ただし，**公共事業**ということばを使うこと。

1929年10月，ニューヨークの株式市場で株価が大暴落し，アメリカの景気は急速に悪化した。多くの企業や銀行が倒産し，失業者があふれ，恐慌は世界中に広がった。恐慌への対策として，ルーズベルト大統領は景気の回復を図るために，ニューディールという政策をかかげ［　　　　］。

**資料１**　アメリカの失業率の推移

| 年 | 失業率 |
|---|---|
| 1929年 | 3.2% |
| 1933年 | 24.9% |
| 1937年 | 14.3% |

（マクミラン新編世界歴史統計から作成）

**資料２**　ニューディールによって建設中のダム

## 3　次のⅠ～Ⅲの問いに答えなさい。答えを選ぶ問いについては一つ選び，その記号を書きなさい。

Ⅰ　次は，ある中学生が「さまざまな議場」について調べたことをまとめたレポートの一部である。１～６の問いに答えよ。

これは，衆議院の本会議が開かれるところです。正面中央に議長席と演壇があり，その左右にⓐ内閣総理大臣や国務大臣の席があります。ⓑ衆議院及び参議院は，それぞれ，ⓒ主権者である国民を代表する選挙で選ばれた議員で組織されます。

　これは，鹿児島県議会の本会議場です。国会が衆議院と参議院で構成されているのに対して，地方公共団体の議会は一院制が採用されています。ここで地方公共団体独自のきまりである［　　］を定めたり，予算を議決したりします。

　これは，ⓓ国際連合の主要機関である総会のようすです。総会はすべての加盟国で構成されています。年１回定期的に開かれ，ⓔ世界のさまざまな問題について討議します。総会では，主権平等の原則に従って，すべての加盟国が平等に１票の議決権をもっています。

1　レポート中の［　　］にあてはまる最も適当なことばを書け。

2　ⓐに関して，内閣の仕事や権限として最も適当なものはどれか。

**ア**　憲法改正の発議　　**イ**　予算の議決　　**ウ**　条約の締結　　**エ**　弾劾裁判所の設置

3　ⓑに関して，法律案などについて両議院の議決が一致しない場合には，憲法上一定の要件のもとに衆議院の議決を優先させることが認められているが，その理由として考えられることを**資料１**を参考にして書け。ただし，**国民**ということばを使うこと。

**資料１　衆議院と参議院の比較**（2019年参議院議員通常選挙時点）

| | 衆議院 | 参議院 |
|---|---|---|
| 議員定数 | 465人 | 248人 |
| 任　期 | ４年<br>ただし解散のときは任期中でも資格を失う | ６年<br>３年ごとに半数が改選される |
| 解　散 | あり | なし |

4　ⓒに関して，国民が主権者として正しい判断を行うために必要であるとして主張されるようになった新しい人権として最も適当なものはどれか。

**ア**　社会権　　**イ**　参政権　　**ウ**　プライバシーの権利　　**エ**　知る権利

5　ⓓについて，**資料２**の［X］にあてはまる，国と国との争いを法に基づいて解決するなどの役割を担う機関の名称を書け。

**資料２　国際連合の主要機関**

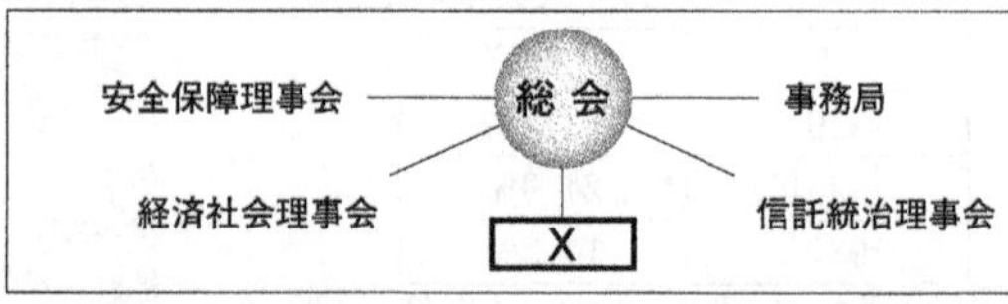


6　ⓔの一つに地球温暖化問題があげられる。2015年に採択されたパリ協定では，発展途上国を含むすべての参加国が温室効果ガスの削減目標を定め，地球温暖化を抑える対策をすすめることで合意した。しかし，合意するまでには，排出削減をめぐり先進国と発展途上国の間で意見の対立もあり長い時間がかかった。**資料３**のような意見に対して，発展途上国は，どのような意見を述べていたと考えられるか。**資料４**をもとにして書け。

**資料３　温室効果ガスの排出削減をめぐる先進国の主な意見**

　地球温暖化は人類共通の課題である。発展途上国の中にも急速な工業化で温室効果ガスを多く排出している国もあり，すべての国が排出削減を行うべきである。

**資料４　二酸化炭素の累積排出量（1850～2005年）の割合**

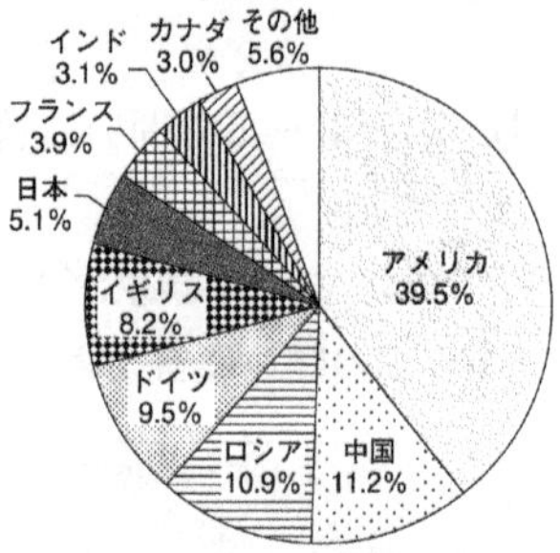


（独立行政法人国際協力機構の資料から作成）

Ⅱ　次は，ある中学校の社会の授業で，生徒たちが班ごとに調べてみたいことについて話し合ったことをまとめたものである。１～５の問いに答えよ。

> １班　ⓐ国家間の経済協力には，どのようなものがあるのだろうか。
> ２班　ⓑ日本の社会保障制度には，どのようなものがあるのだろうか。
> ３班　ⓒ日本の経済成長率は，近年，どのように推移してきたのだろうか。
> ４班　ⓓ企業は，どのように資金を調達しているのだろうか。
> ５班　ⓔ税金には，どのようなしくみがあるのだろうか。

1　ⓐに関して，1989年に設立された，日本，アメリカ，オーストラリアなど，アジア太平洋の国と地域で話し合いを行う経済協力の枠組みを何というか。略称を**アルファベット**で書け。

2　ⓑについて述べた文として最も適当なものはどれか。

**ア**　社会保険は，生活保護法にもとづいて，生活費や教育費を支給するしくみである。

**イ**　社会福祉は，高齢者や障がいのある人などに，生活の保障や支援サービスを行うしくみである。

**ウ**　公衆衛生は，保険料を納めた人が，病気や高齢になったときに給付を受けるしくみである。

**エ**　公的扶助は，環境衛生の改善や感染病の予防などにより，生活の基盤を整えるしくみである。

3　ⓒに関して，次の文の X ， Y にあてはまることばの組み合わせとして最も適当なものはどれか。

> **資料１**は，日本の経済成長率の推移を示している。**資料１**を見ると，2016年度の経済成長率は，2015年度の経済成長率よりも X していることがわかる。また，**資料１**からは2016年度の国内総生産は，2015年度の国内総生産よりも Y していることが読み取れる。

**ア**（X　低下　　Y　減少）　**イ**（X　上昇　　Y　減少）
**ウ**（X　低下　　Y　増加）　**エ**（X　上昇　　Y　増加）

**資料１**　日本の経済成長率（実質）の推移

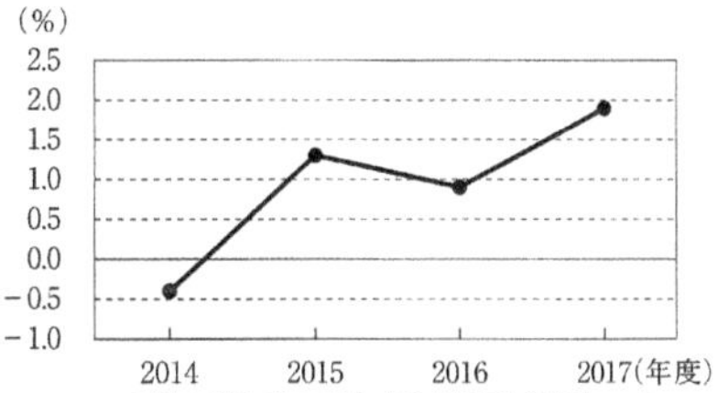


※国内総生産の増加率を経済成長率という。
（平成29年度国民経済計算年報から作成）

4　ⓓに関して，企業が資金を調達する方法には，直接金融と間接金融がある。このうち直接金融について述べた次の文の □ に適することばを補い，これを完成させよ。

> 直接金融は，企業が □ するなどして，家計などから直接資金を調達する方法である。

5　ⓔに関して，⑴，⑵の問いに答えよ。

⑴　税金などの収入をもとに国や地方公共団体が行う経済活動を何というか。

⑵　**資料２**のように，所得が多いほど高い税率を適用する課税の方法を何というか。

**資料２**　所得税の税率

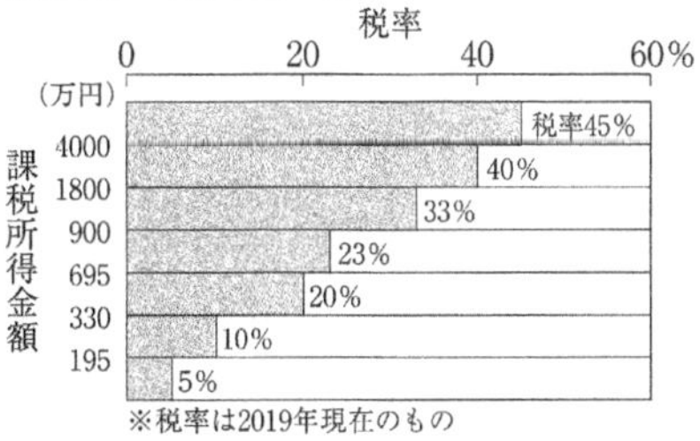


※税率は2019年現在のもの
（財務省資料から作成）

Ⅲ　次は，ある中学生が，「消費生活と経済のしくみ」の学習の際に作成したレポートの一部である。 X には消費者行政を一元化するために2009年に設置された国の行政機関の名称を書け。また， Y には**資料１**，**資料２**を参考にして，適することばを**30字以上40字以内**で補い，これを完成させよ。ただし，**消費者**という言葉を使うこと。

> 私は，「消費者トラブルにあったとき，どう行動したらよいか」ということを X のWebサイトで調べました。**資料１**，**資料２**はそこにあった資料の一部です。これらの資料を見て，消費者トラブルにあったときに消費生活センターなどに相談することが大切だと思いました。そのように行動することで， Y 社会の実現につながるからです。これからは社会に与える影響を自覚した責任ある行動をしていきたいと思います。

**資料１**

あなたの行動が社会を変える！

消費者が主役の「消費者市民社会」では，消費者の行動で社会を変えることが求められている。「消費者市民社会」の一員として，自分自身の行動を考えてみよう。

**資料２**

| 消費者トラブルの発生 | | 消費者のとった行動 | | その結果 |
|---|---|---|---|---|
| 製品やサービスで事故にあった<br>契約トラブルにあった | ➡ | 行動しない<br>あきらめる | ➡ | 不正な取引，製品等の事故が続く |

# 社　会　解　答　用　紙

| | | | |
|---|---|---|---|
| 1 | Ⅰ | 1 | 山脈 |
| | | 2 | |
| | | 3 | |
| | | 4 | |
| | | 5 | |
| | | 6 | (1)<br>(2) |
| | Ⅱ | 1 | |
| | | 2 | |
| | | 3 | |
| | | 4 | |
| | | 5 | |
| | | 6 | |
| | Ⅲ | X | 経路㋐　経路㋑ |
| | | Y | |

| | | | |
|---|---|---|---|
| 2 | Ⅰ | 1 | |
| | | 2 | |
| | | 3 | |
| | | 4 | |
| | | 5 | |
| | | 6 | (　)→(　)→(　)→(　) |
| 2 | Ⅱ | 1 | ①<br>② |
| | | 2 | |
| | | 3 | (　)→(　)→(　) |
| | | 4 | |
| | | 5 | |
| | | 6 | |
| | Ⅲ | | 25 |

| | | | |
|---|---|---|---|
| 3 | Ⅰ | 1 | |
| | | 2 | |
| | | 3 | |
| | | 4 | |
| | | 5 | |
| | | 6 | |
| | Ⅱ | 1 | |
| | | 2 | |
| | | 3 | |
| | | 4 | |
| | | 5 | (1)<br>(2) |
| | Ⅲ | X | |
| | | Y | 30 |

| | |
|---|---|
| 受検番号 | |

| | |
|---|---|
| 合計得点 | |

※この解答用紙は164％に拡大していただきますと，実物大になります。

# 国語解答用紙

**1**

1. ① ましい ② ③ って ④ ⑤ ⑥ った
2. 画

**2**

1
2
3
4 Ⅰ Ⅱ
5

**3**

1
2
3
4 Ⅰ Ⅱ Ⅲ

**4**

1
2 Ⅰ Ⅱ
3
4
5

**5**

1 2 3 4 5 6 7 8

| 受検番号 | |
|---|---|

| 合計得点 | |
|---|---|

※この解答用紙は164%に拡大していただきますと、実物大になります。

資料1

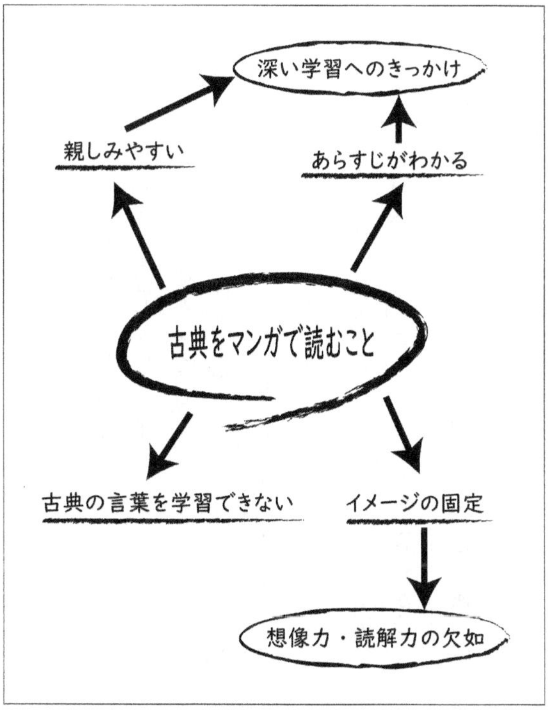


資料2

鈴木さん　「私は、『古典をマンガで読むこと』を推奨したいと思います。古典というと『難しい』とか『読みにくい』と思い込んで、読むことをためらってしまいます。しかし、マンガならどうでしょうか。言葉も現代語で書かれていて親しみやすく、軽い気持ちで読み始める気になります。これがきっかけで、興味をもち始め、発展的な学習につながるのではないでしょうか。」

山田さん　「鈴木さんの言うことはよくわかります。そのような長所があることには、私も賛成です。しかし、私は、『古典をマンガで読むこと』はあまり良くないと思っています。その理由は二点あります。一点目は、絵のイメージが強くて、マンガ作家のイメージを押し付けられる気がするからです。このことは、私たちから想像の楽しみを奪い、読解力の欠如につながってしまうと思います。

理由を二点述べましたが、特に二点目について、伝統的な文化を伝えていくことは重要なことだと思います。」

鈴木さん　「マンガに描かれる古典の世界が、伝統的な文化を表していないと決めつけるのは良くないと思います。古典マンガは、かなり研究して正確に描かれていますよ。だから、興味をもった人は、発展的な学習につなげていくことができると思います。」

(注) 大駒、入玉、馬引き＝いずれも将棋の用語。なお、馬は将棋の駒の一つ。
玉＝将棋で大将に相当する最も大切な駒。
詰ます＝相手がどう動いても次に自分が玉を取り、勝つことができる状態のこと。
詰み筋＝将棋で決着までの手順のこと。
詰め将棋をする＝王手の連続で玉を詰ませる将棋の問題を解くこと。
研修会＝ここでは、奨励会（プロ棋士養成機関）入りを目指す者の対局の場。
星をあげ(る)＝勝負に勝つこと。
棋譜＝将棋の対局の記録。

1 ――線部①は、ぼくのどのような様子を表しているか。最も適当なものを次から選び、記号で答えよ。

**ア** 絶対に勝つと気合いを入れている様子。
**イ** 負けることへの恐怖を隠している様子。
**ウ** 大事な勝負に臨んで動揺している様子。
**エ** 勝利を確信して自信に満ちている様子。

2 次の文は、――線部②の理由を説明したものである。［Ⅰ］には、本文中から最も適当な九字の言葉を抜き出して書き、［Ⅱ］には、十五字以内の言葉を考えて補い、文を完成させよ。

> 最初、山沢君は、ぼくと対戦するのが［Ⅰ］のに、対戦後、詰み筋を探していたぼくに［Ⅱ］ことが意外だったから。

3 ――線部③におけるぼくの気持ちの説明として、最も適当なものを次から選び、記号で答えよ。

**ア** 形勢は有利だったが、先生に引き分けの判定をされ、納得できないまましぶしぶ受け入れている。
**イ** 形勢は有利だったが、自分よりはるかに実力が上である山沢君にはかなわないとあきらめている。
**ウ** 形勢は有利だったが、詰み筋を見極めきれなかったぼくは、引き分けという判定に納得している。
**エ** 形勢は有利だったが、詰み筋を読み切れず、また山沢君に負けてしまった悔しさをこらえている。

4 次の文は、――線部④に表れた、ぼくの望む、ライバルとの関係について説明したものである。空欄に入る最も適当な四字熟語を次から選び、記号で答えよ。

> ［　　］しながら強くなっていける関係。

**ア** 大器晩成《たいきばんせい》
**イ** 呉越同舟《ごえつどうしゅう》
**ウ** 試行錯誤《しこうさくご》
**エ** 切磋琢磨《せっさたくま》

5 ――線部⑤におけるぼくの気持ちを六十五字以内で説明せよ。

**［5］** **資料1**は、「古典をマンガで読むこと」についての議論をするにあたって、山田さんが考えたことを事前にまとめたメモである。また**資料2**は、実際に議論をしたときの記録の一部である。**資料2**の空欄に入るように、後の条件に従って文章を書きなさい。

**条件**
(1) 一段落で構成し、六行以上八行以下で書くこと。
(2) 原稿用紙の正しい使い方に従って、文字、仮名遣いも正確に書くこと。
(3) 書き出しは、「二点目は」とすること。

「さあ、二人とも礼をして」
「ありがとうございました」
　山沢君とぼくは同時に頭をさげた。そして顔をあげたとき、山沢君のうしろにぼくの両親が立っていた。
「野崎さん、ちょっといいですか。翔太君も」
　どんな用件なのかと心配になりながら、ぼくは先生についていった。
「翔太君ですが、成長のスピードが著しいし、とてもまじめです。今日の一局も、じつにすばらしかった」
　有賀先生によると、山沢君は小学生低学年の部で埼玉県のベスト4に入るほどの実力者なのだという。来年には研修会に入り、奨励会試験の合格、さらにはプロの棋士になることを目標にしているとのことだった。
「小学5年生の5月でアマチュア初段というのは、正直に言えば、プロを目ざすには遅すぎます。しかし野崎君には伸びしろが相当あると思いますので、親御さんのほうでも、これまで以上に応援してあげてください」
　まさか、ここまで認めてもらっているとは思わなかったので、ぼくは呆然《ぼうぜん》としていた。
　103号室に戻り、カバンを持って出入り口にむかうと、山沢君が立っていた。ぼくより20センチは小さくて、腕も脚もまるきり細いのに、負けん気の強そうな顔でこっちを見ている。
「つぎの対局は負けないよ。絶対に勝ってやる」
「うん、また指そう。そして、一緒に強くなろうよ」
　ぼくが言うと、山沢君がメガネの奥の目をつりあげた。
「なに言ってんだよ。将棋では、自分以外はみんな敵なんだ」
　小学2年生らしいムキになった態度がおかしかったし、「自分以外はみんな敵だ」と、ぼくだって思っていた。
「たしかに対局中は敵だけど、盤を離れたら、同じ将棋教室に通うライバルでいいんじゃないかな。ぼくは初段になったばかりだから、三段になろうとしているきみをライバルっていうのは、おこがましいけど」
　ぼくの心ははずんでいた。個人競技である将棋にチームメイトはいないが、ライバルはきっといくらでもあらわれる。④勝ったり負けたりをくりかえしながら、一緒に強くなっていけばいい。
「そういえば、有賀先生のおとうさんが教えた大辻弓彦《おおつじゆみひこ》さんっていうひとが、関西の奨励会でがんばっているんだってね。大辻さんが先にプロになって、きみとぼくもプロになって、いつかプロ同士で対局できたら、すごいよね」
　奨励会試験に合格するにはアマ四段の実力が必要とされる。それに試験では奨励会員との対局で五分《ごぶ》以上(注)の星をあげなければならない。合格して奨励会に入っても、四段＝プロになれるのは20パーセント以下だという。
　それがどれほど困難なことか、正直なところ、ぼくにはよくわかっていなかった。でも、どれほど苦しい道でも、絶対にやりぬいてみせる。
「このあと、となりの図書館で棋譜(注)をつけるんだ。今日の、引き分けだった対局の」
　ぼくが言うと、山沢君の表情がほんの少しやわらかくなった。
「それじゃあ、またね」
　三つも年下のライバルに言うと、⑤ぼくはかけ足で図書館にむかった。

（佐川光晴「駒音高く」による）

「はい」

ぼくは①自分を奮い立たせるように答えたが、山沢君はつまらなそうだった。

（よし。目にもの見せてやる）

ぼくは椅子にすわり、盤に駒を並べていった。

「おねがいします」

二人が同時に礼をした。序盤から㊟大駒《おおごま》を切り合う激しい展開で、80手を越えると双方の㊟玉《ぎょく》が露出して、どこからでも王手がかかるようになった。しかし、どちらにも決め手がない。ぼくも山沢君もとっくに持ち時間はつかいきり、ますます難しくなっていく局面を一手30秒以内で指し続ける。壁の時計に目をやる暇などないが、たぶん40分くらい経っているのではないだろうか。持ち時間が10分の将棋は30分あれば終わるから、ぼくはこんなに長い将棋を指したことはなかった。

「そのまま、最後まで指しなさい」

有賀先生が言って、そうこなくちゃと、ぼくは気合いが入った。かなり疲れていたが、絶対に負けるわけにはいかない。山沢君だって、そう思っているはずだ。

（勝ちをあせるな。相手玉を㊟詰ますことよりも、自玉が詰まされないようにすることを第一に考えろ）

細心の注意を払って指していくうちに、形勢がぼくに傾いてきた。ただし、頭が疲れすぎていて、目がチカチカする。指がふるえて、駒をまっすぐにおけない。

「残念だけど、今日はここまでにしよう」

ぼくに手番がまわってきたところで、有賀先生が対局時計を止めた。

「もうすぐ3時だからね」

そう言われて壁の時計を見ると、短針は「3」を指し、長針が「12」にかかっている。40分どころか、1時間半も対局していたのだ。

ぼくは盤面に視線を戻した。ぼくの玉はすでに相手陣に入っていて、詰ませられることはない。山沢君も㊟入玉《にゅうぎょく》をねらっているが、10手あれば詰ませられそうな気がする。ただし手順がはっきり見えているわけではなかった。

「すごい勝負だったね。ぼくが将棋教室を始めてから一番の熱戦だった」

プロ五段の有賀先生から最高の賛辞をもらったが、ぼくは㊟詰み筋を懸命に探し続けた。

「㊟馬引きからの7手詰めだよ」

山沢君が悔しそうに言って、ぼくの馬を動かした。

「えっ？」

まさか山沢君が話しかけてくるとは思わなかったので、②ぼくはうまく返事ができなかった。

「こうして、こうなって」

㊟詰め将棋をするように、山沢君が盤上の駒を動かしていく。

「ほら、これで詰みだよ」

（なるほど、そのとおりだ）

頭のなかで答えながら、ぼくはあらためてメガネをかけた小学2年生の実力に感心していた。

「プロ同士の対局では、時間切れ引き分けなんてない。それは㊟研修会でも、奨励会でも同じで、将棋の対局はかならず決着がつく。でも、ここは、小中学生むけのこども将棋教室だからね。今日の野崎君と山沢君の対局は引き分けとします」

有賀先生のことばに、③ぼくはうなずいた。

りしところなりとて斎《いつ》き祭るほどに、御社おほきに作り出《いだ》して、(注)賽《さい》の神楽《かぐら》の音絶ゆることなし。まことにめでたき御神にぞありける。七、八年ほど経て、エかの鮑魚の主この御社のほとり過ぎて、「いかなる御神のかくはあらはれさせたまふらむ」といふに、己が留《とど》め置きし鮑魚なりける。「あなあさまし（ああ驚きあきれたことだ）、それは自らが留め置きしものを」といひければ、かの霊験《れいげん》の事どもたちまち止《や》みにける。

（「鬼神論」による）

(注)　汝南＝地名。中国の河南省の県名。　麞＝シカ科の小動物。
鮑魚＝魚の干物《ひもの》。または、あわび。　現神＝霊験（御利益《ごりやく》）のある神。
祠＝神を祭るための小さな社。
賽の神楽＝神から受けた福に報いるために奏する舞楽。

1　――線部③「おほいに」を現代仮名遣いに直して書け。

2　――線部①「道行く人」と同じものを表すのはどれか。＝＝線部ア～エの中から一つ選び、記号で答えよ。

ア　かの網の主　　イ　鮑君
ウ　この御神　　エ　かの鮑魚の主

3　――線部②「携へ持ちし鮑魚一つを網の中に入れて行き去りたる」とあるが、その理由を説明したものとして、最も適当なものを次から選び、記号で答えよ。

ア　麞と鮑魚を交換するというきまりを守ろうと考えたから。
イ　罪のない動物をむやみに取るのはよくないと考えたから。
ウ　他人の獲物を無断で取ることは悪いことだと考えたから。
エ　網の中に食べ物がないと麞がかわいそうだと考えたから。

4　次は、本文をもとにした話し合いの場面である。［Ⅰ］～［Ⅲ］に適当な言葉を補って会話を完成させよ。ただし、［Ⅰ］には本文中から最も適当な十字の言葉を抜き出して書き、［Ⅱ］・［Ⅲ］にはそれぞれ十字以内でふさわしい内容を考えて現代語で答えること。

先　生　「この話は、人々の信仰心が御利益を生むことの例として取り上げられたものです。では、どういう話か、みなさんでまとめてみましょう。」

生徒A　「人々は何を信仰し、どんな御利益があったのかな。」

生徒B　「鮑魚を神と信じ鮑君として祭ったら、『［Ⅰ］』があって、それを人々は御利益と感じたんだね。」

生徒C　「その後、御利益が鮑君のおかげだとして、本文に『御社おほきに作り出して、賽の神楽の音絶ゆることなし』とあるように、人々が鮑君を［Ⅱ］ことがわかるよね。」

生徒B　「でも、最後にはその正体がわかり、先生が初めにおっしゃったことから考えると、人々が［Ⅲ］ことで、御利益もなくなってしまったんだね。」

生徒A　「なるほど。これは中国の話だけど、他の国にも似たような話がないか調べてみようよ。」

**4**　次の文章を読んで、あとの1～5の問いに答えなさい。

小学5年生のぼく（野崎翔太《のざきしょうた》）は、有賀《ありが》先生の将棋教室で出会った小学2年生の山沢《やまさわ》君との将棋の対戦（対局）に負けた悔しさから研究を重ねてきた。二週間が経《た》ち、山沢君と再戦する機会を得た。

「前回と同じ対局になってしまうけど、それでもいいかな？　先手は野崎君で」

1 本文中の [a]・[b] にあてはまる語の組み合わせとして、最も適当なものを次から選び、記号で答えよ。

ア (a ところが　b たとえば)
イ (a しかし　b なぜなら)
ウ (a そして　b しかも)
エ (a つまり　b したがって)

2 ――線部①と同じ品詞のものを、本文中の==線部ア～エの中から一つ選び、記号で答えよ。

3 ――線部②とあるが、「個人としての存在意義」はどのようなときにもたらされるか。この段落までの内容を読んで、六十五字以内で説明せよ。

4 次の文章は、――線部③によって期待できることについて説明したものである。[Ⅰ]・[Ⅱ] に入る最も適当な十二字の言葉を、それぞれ本文中から抜き出して書け。

> わたしたちが、対話によって自他の関係を考え、差異を知り、相互理解が可能であることを知って、[Ⅰ]することは、市民としての社会参加という意識をもつことにつながり、対話が充実した社会を構築する助けとなる可能性がある。そして、対話を積み重ね、自己の経験を見つめることで、[Ⅱ]を発見することができるので、人生の危機を乗り越えるためにも有効である。

5 本文の内容について説明したものとして、最も適当なものを次から選び、記号で答えよ。

ア 相手にわかるように話すことと、自分のオリジナリティを追求することという矛盾した課題を解決するためには、他者の思考を整理・調整することが必要である。

イ 自分の語る内容を相手に伝え、影響力のあるものとして理解してもらうためには、対話の前後で変化することのない自分の意見を強く主張することが必要である。

ウ あらゆる社会的な問題を自分の問題としてとらえて、相対化したうえで説得力のある意見を導き出すためには、さまざまな人との相互的なやりとりが必要である。

エ よりよい対話のためには、自己の意見と他者の意見との相違点をもとにして、新たな意見にまとめていくことのできる対話の技術を向上させることが必要である。

## 3 次の文章を読んで、あとの1～4の問いに答えなさい。

昔、(注)汝南《じょなん》の人、田の中に網を設けて(網を張って)、(注)麏《くじか》を捕らんとす。やがて麏かかりけれど、その網の主いまだ来《きた》らざりしに、①道行く人のあるが麏を盗みてけり。さりとも人の取り得たらんものをあやなく(理由もなく)取りなんも罪深しと思ひて、その麏の代はりに、②携へ持ちし(注)鮑魚《ほうぎょ》一つを網の中に入れて行き去りたる程に、アかの網の主来りて、鮑魚の網の中にあるを見て、このものここにあるべしとも覚えず、いかさまにも(どう考えても)(注)現神《あらがみ》のあらはれさせたまふにこそあめれ(現れなさいましたのであろう)と③おほいにあやしむ(不思議に思った)。村の者ども皆寄り集まりて、やがて(注)祠《ほこら》を建て入れまゐらせ、イ鮑君と名づけまゐらせけり。村の者ども病さまざま癒ゆることあれば、ウこの御神の恵みにようこととは、その共有化されたオリジナリティがまた相手に影響を及ぼしつつ、次の新しいオリジナリティとしてあなた自身の中でとらえなおされるということなのです。これこそが対話という活動の意味だということができるでしょう。

　そして、あなたの語る内容に相手が賛同してくれるかどうかが、対話での最終的な課題となります。[b]、さまざまな人間関係の中で、わたしたちを結びつけているのは、「わかった、わかってもらった」という共通了解の実感だからです。

　どんな社会的な問題でも、わたしたちはそれぞれの個をくぐらせて、その問題を見つめています。この「私」と問題とのかかわりが、異なる視点と出会い、対話を通して相互の「個」が理解に至ったとき、「わかった、わかってもらった」という実感が喜びをともなって立ち現れてくるのです。この実感がわたしたちに②個人としての存在意義をもたらすものになるのでしょう。そこには、よりよく生きようとするわたしたちの意志とそのためのことばが重なるのです。

　対話は、わたしたち一人ひとりの経験の積み重ねを意味します。

　知らず知らずのうちにさまざまな人との対話を積み重ねてきた経験を一度振り返り、そのことによって、これからのよりよい生活や仕事、あるいは人生のためにもう一度、新しい経験を築いていこうとすること、これが対話について考えることだと、わたしは思います。

　一般に対話というと、「Aという意見とBという意見の対立からCという新たなものを生み出す」というような技術論としてとらえられがちですが、ここでは、対話というものを、もう少し大きく、あなた自身のこれからの生き方の課題として向き合ってみようと提案しています。その方法もそれほど限定せず、自由に考えていいと思います。

　そして、この③対話をデザインするのは、あなた自身に他なりません。

　対話は、何かを順番に覚えたり記憶したりするものではありません。

　他者とのやりとりによって自分の考えをもう一度見直し、さらに自分の意見・主張にまとめていく。この過程で、自分と相手との関係を考え、それぞれの差異を知ることで相互理解が可能であることを知ります。

　さらに、自分と相手を結ぶ活動の仲間たちがともにいるという認識を持てば、個人と社会との関係を自覚せざるを得ません。そこから、「社会とは何か」という問いが生まれ、その問いは、市民としての社会参加という意識につながります。こうした活動によって、テーマのある対話が展開できるような、そういう社会が構築される可能性も生まれます。

　一〇年後、二〇年後の自分の人生はどのようなものだろうか。この迷いの中で、自分にとっての過去・現在・未来を結ぶ、一つの軸を見《み》出《いだ》すことは、希望進路や職業選択につながっていくプロセスであるばかりでなく、現在の生活や仕事などで抱えている不満や不安、人生のさまざまな局面における危機を乗り越えるためにとても有効でしょう。

　さまざまな出会いと対話によって自己の経験を可視化する作業は、自分自身の興味・関心に基づいた、生きる目的としてのテーマの発見に必ずやつながるからです。

（細川英雄「対話をデザインする―伝わるとはどういうことか」による）

(注)　オリジナリティ＝ここでは、他からの借り物でない、自分のことば。また、それによって表される考え。

テーマ＝ここでは、様々な日常の話題の中で、相手と一歩踏み込んで話し合うために必要なもの。

# ＜国語＞

時間　五〇分　満点　九〇点

**1** 次の1・2の問いに答えなさい。

1 次の——線部①～⑥のカタカナは漢字に直し、漢字は仮名に直して書け。

今日は、先輩たちの中学校生活最後の試合だ。会場には、先輩たちの①イサましい姿を見届けようと、多くの観衆が②つめかけている。私たちは、先輩たちの勝利を③祈って、応援席に横断④マクを掲げた。

チームをヒキいる主将は、それを見て、「どんな状況でも⑤レイセイさを失わず、みんなでがんばります。」と勝利を⑥誓った。

2 次は、1の文章中の＝＝線部の漢字を行書で書いたものである。これを楷書で書いたときの総画数を答えよ。

**2** 次の文章を読んで、あとの1～5の問いに答えなさい。

相手にわかるように話すことと、自分の(注)オリジナリティを追求することは、一見矛盾する反対のことのように感じる人もいるかもしれません。[ a ]、この二つは、それぞれバラバラに存在するものではないのです。

伝えたいことを相手にわかるように話すことが自分と他者の関係における課題であるのに対し、オリジナリティを出すということは、自己内の思考を整理・調整する課題であるといえます。①この二つをどのようにして結ぶかということが、対話という活動の課題でもあります。

どんなにすぐれたもののつもりでも相手に伝わらなければ、ア単なる独りよがりに過ぎません。また、「言っていることはわかるが、あなたの考えが見えない」というようなコメントが相手から返ってくるようでは、個人の顔の見えない、中身のないものになってしまいます。一人ひとりのオリジナリティを、どのようにして相手に伝えるか、ということが、ここでの課題となります。

ここで、自分の考えを相手にも受け止めてもらうという活動が必要になります。これをインターアクション（相互作用）と呼びます。インターアクションとは、さまざまな人との相互的なやりとりのことです。自分の内側にある「伝えたいこと」を相手に向けて自らの表現として発信し、その表現の意味を相手と共有し、イそこから相手の発信を(注)促すことだと言い換えることもできるでしょう。

テーマを自分の問題としてとらえることで徹底的に自己に即しつつ、これをもう一度相対化して自分をつきはなし、説得力のウある意見を導き出すためには、さまざまな人とのインターアクションが不可欠であるといえます。このインターアクションによって、今まで見えなかった自らの中にあるものがエ次第に姿を現し、それが相手に伝わるものとして、自らに把握されるとき、自分のことばで表現されたあなたのオリジナリティが受け止められ、相手にとっても理解できるものとして把握されたとき、対話は次の段階にすすむと考えることができます。

相手に伝わるということは、それぞれのオリジナリティをさまざまな人との間で認め合える、ということであり、自分の意見が通るとい

# 2020年度

# 解　答　と　解　説

《2020年度の配点は解答用紙集に掲載してあります。》

## ＜数学解答＞

**1**　1　(1)　8　　(2)　2　　(3)　$4\sqrt{3}$　　(4)　エ　　(5)　ア　　2　($y=$)$-\frac{6}{x}$
3　3，4，5　　4　4　　5　イ，ウ，キ

**2**　1　22(度)　　2　$\frac{3}{8}$　　3　($x=$)$2\pm\sqrt{3}$　　4　右図

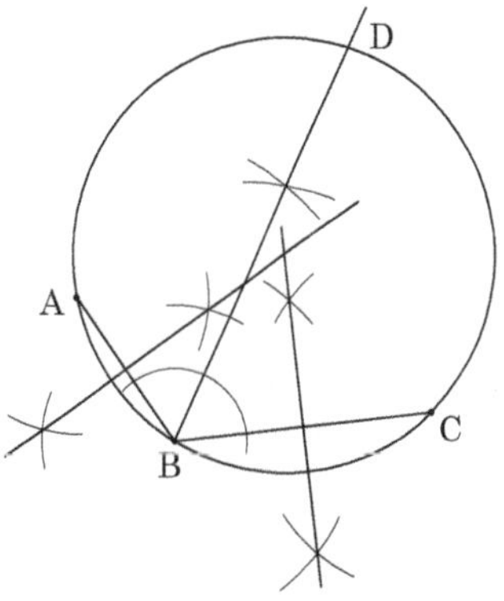


5　(Aさんが最初に持っていた鉛筆)　38(本)
　　(Bさんが最初に持っていた鉛筆)　12(本)
(式と計算は解説参照)

**3**　1　60.6(点)　　2　(1)　ア　③　　イ　①
(2)　59.3(点)　　3　51(点)

**4**　1　ア　10　　イ　$30\sqrt{3}$　　2　解説参照
3　(1)　120(度)，($t=$)5　　(2)　$675\sqrt{3}$ ($m^2$)

**5**　1　Q(2，2)　　2　($t=$)$\frac{3}{2}$　　3　(1)　R(1，$-1$)
(2)　$\frac{9\sqrt{2}}{8}\pi$ (求め方や計算は解説参照)

## ＜数学解説＞

**1**　(数の計算，平方根，正の数・負の数，投影図，比例関数，規則性，割合)

1　(1)　**四則をふくむ式の計算の順序は，乗法・除法→加法・減法**　となる。$8\div4+6=2+6=8$

(2)　四則をふくむ式の計算の順序は，乗法・除法→加法・減法　となる。$\frac{1}{2}+\frac{9}{10}\times\frac{5}{3}=\frac{1}{2}+\frac{9\times5}{10\times3}=\frac{1}{2}+\frac{3}{2}=\frac{1+3}{2}=\frac{4}{2}=2$

(3)　$\sqrt{27}=\sqrt{3^3}=\sqrt{3^2\times3}=3\sqrt{3}$，$\frac{3}{\sqrt{3}}=\frac{3\times\sqrt{3}}{\sqrt{3}\times\sqrt{3}}=\frac{3\sqrt{3}}{3}=\sqrt{3}$　だから，$2\sqrt{3}+\sqrt{27}-\frac{3}{\sqrt{3}}=2\sqrt{3}+3\sqrt{3}-\sqrt{3}=(2+3-1)\sqrt{3}=4\sqrt{3}$

(4)　**同符号の2数の積の符号は正で，異符号の2数の積の符号は負である。**$ab<0$…①　より，$a$と$b$は異符号である。また，$abc=(ab)\times c$と考えると，$abc>0$より$(ab)\times c>0$であるから，$ab$と$c$は同符号であり，①より$c<0$であることがわかる。以上より，$a$，$b$，$c$の符号の組み合わせとして，最も適当なものはエである。

(5)　**投影図**は，真上から見た図が**平面図**，正面から見た図が**立面図**で，見える辺は実線で，見えない辺は破線で示す。問題の三角柱ABC－DEFの立面図は長方形BCFEで，辺ADは実線で示される。また，平面図は△ABC(△DEF)で，手前に頂点A(頂点D)がくる。以上より，最も適当な投影図はアである。

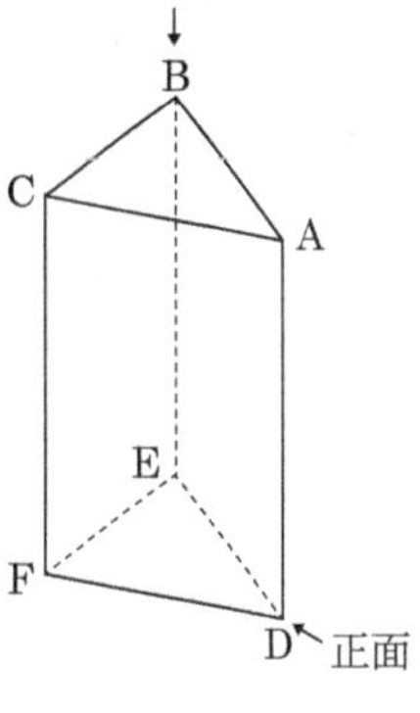


2　**$y$は$x$に反比例する**から，$x$と$y$の関係は，$y=\frac{a}{x}$…①と表せる。$x=2$のとき$y=-3$だから，これを①に代入して，$-3=\frac{a}{2}$　$a=-6$　$x$と$y$の関係は

$y=\dfrac{-6}{x}$と表せる。

3　$\sqrt{4}<\sqrt{7}<\sqrt{9}$より，$2<\sqrt{7}<3$　また，$\sqrt{25}<\sqrt{31}<\sqrt{36}$より，$5<\sqrt{31}<6$　よって，$\sqrt{7}$より大きく，$\sqrt{31}$より小さい整数は，3以上5以下の整数で，3，4，5の3個である。

4　100÷6＝16あまり4より，左から100番目の数字は，「1，2，3，4，5，6」を16回繰り返して，「1，2，3，4，5，6」の4番目の数字だから4である。

5　標高を1.5倍したものが，宮之浦岳の標高を上回るということは，元々の標高が，宮之浦岳の標高を$\dfrac{1}{1.5}=\dfrac{2}{3}$倍したものを上回るということである。宮之浦岳の標高1936mの$\dfrac{2}{3}$倍は，$1936\times\dfrac{2}{3}=1290.6\cdots$mだから，残りの7つの山の標高でこれを上回るものは，イ，ウ，キである。

## 2　(角度，確率，比例式，作図，方程式の応用)

1　点Bを通り，直線$\ell$に平行な直線$n$を引き，直線$n$上で，点Bの右側に点Dをとる。また，直線$m$上で，点Cの左側に点Eをとる。二等辺三角形ABCの内角の和は180°だから，$\angle ABC=\dfrac{180^\circ-\angle BAC}{2}=\dfrac{180^\circ-42^\circ}{2}=69^\circ$　**平行線の錯角は等しい**から，$\angle x=\angle ABD=\angle ABC-\angle CBD=\angle ABC-\angle BCE=69^\circ-47^\circ=22^\circ$

2　硬貨を2枚投げ，2本のくじの中から1本をひくとき，硬貨の表裏の出方と，くじの当たりはずれのひき方と，もらえるポイントの組み合わせを(くじ，硬貨1，硬貨2，ポイント)と表すとき，全ての組み合わせは，(くじ，硬貨1，硬貨2，ポイント)＝(当たり，表，表，400ポイント)，(当たり，表，裏，200ポイント)，(当たり，裏，表，200ポイント)，(当たり，裏，裏，0ポイント)，(はずれ，表，表，200ポイント)，(はずれ，表，裏，100ポイント)，(はずれ，裏，表，100ポイント)，(はずれ，裏，裏，0ポイント)の8通り。このうち，ちょうど200ポイントもらえるのは〰〰を付けた3通りだから，求める確率は$\dfrac{3}{8}$

3　**比例式の内項の積と外項の積は等しい**から，$x:(4x-1)=1:x$　$(4x-1)\times1=x\times x$　整理して，$x^2-4x+1=0\cdots$①　**2次方程式$ax^2+bx+c=0$の解は，$x=\dfrac{-b\pm\sqrt{b^2-4ac}}{2a}$**で求められる。①の2次方程式は，$a=1$，$b=-4$，$c=1$の場合だから，$x=\dfrac{-(-4)\pm\sqrt{(-4)^2-4\times1\times1}}{2\times1}=\dfrac{4\pm\sqrt{16-4}}{2}=\dfrac{4\pm\sqrt{12}}{2}=\dfrac{4\pm2\sqrt{3}}{2}=2\pm\sqrt{3}$

4　(着眼点)**弦の垂直二等分線は，その円の中心を通る**から，弦ABと弦BCのそれぞれの垂直二等分線の交点が，3点A，B，Cを通る円の中心である。また，∠ABD＝∠CBDとなることより，直線BDは∠ABCの二等分線である。　(作図手順)次の①～⑤の手順で作図する。
①　点A，Bをそれぞれ中心として，互いに交わるように半径の等しい円を描き，その交点を通る直線(線分ABの垂直二等分線)を引く。　②　点B，Cをそれぞれ中心として，互いに交わるように半径の等しい円を描き，その交点を通る直線(線分BCの垂直二等分線)を引く。　③　弦ABの垂直二等分線と，弦BCの垂直二等分線の交点を中心として，点Aを通る円(3点A，B，Cを通る円)を描く。　④　点Bを中心とした円を描き，線分AB，BC上に交点を作る。　⑤　④で作ったそれぞれの交点を中心として，交わるように半径の等しい円を描き，その交点と点Bを通る直線(∠ABCの二等分線)を引き，$\overset{\frown}{AC}$との交点をDとする。

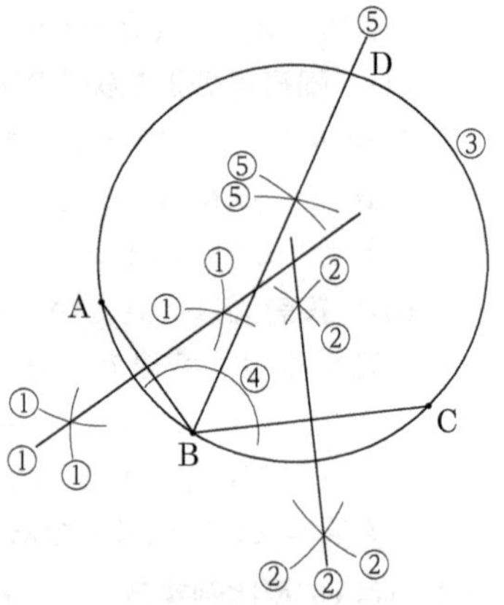

5 (式と計算)(例)$\begin{cases} x+y=50\cdots① \\ \dfrac{x}{2}+\dfrac{y}{3}=23\cdots② \end{cases}$ ①×2より $2x+2y=100\cdots③$ ②×6より $3x+2y=138$ …④ ③−④より $-x=-38$ $x=38\cdots⑤$ ⑤を①に代入すると $38+y=50$ $y=12$

## [3] (資料の散らばり・代表値)

1 B組の20人の合計点は，54.0点×20人＝1080点。C組の30人の合計点は，65.0点×30人＝1950点。よって，B組とC組を合わせた50人の点数の**平均値**は，(1080点＋1950点)÷(20人＋30人)＝3030点÷50人＝60.6点

2 (1) それぞれの**ヒストグラム**の合計人数は，①が1＋4＋1＋3＋2＋4＋2＋3＝20人，②が1＋4＋5＋4＋1＋2＋1＋2＝20人，③が2＋5＋6＋6＋6＋4＋1＝30人だから，C組のヒストグラムは③である。**中央値**は資料の値を大きさの順に並べたときの中央の値。①と②の生徒の人数はどちらも20人で偶数だから，点数の低い方から10番目と11番目の生徒が入っている**階級**が，中央値の入っている階級。①について，60点未満には生徒が1＋4＋1＋3＝9人入っていて，70点未満には生徒が9＋2＝11人入っているから，中央値の入っている階級は，60点以上70点未満。中央値は低くても$\dfrac{60+60}{2}$＝60点以上。②について，50点未満には生徒が1＋4＋5＝10人入っていて，60点未満には生徒が10＋4＝14人入っているから，10番目の生徒の入っている階級は40点以上50点未満，11番目の生徒の入っている階級は50点以上60点未満。中央値は高くても$\dfrac{50+60}{2}$＝55点未満。以上より，D組のヒストグラムは①である。

(2) **平均値＝$\dfrac{\{(\text{階級値})\times(\text{度数})\}\text{の合計}}{(\text{度数の合計})}$**より，A組の点数の平均値は，(35点×4人＋45点×6人＋55点×5人＋65点×6人＋75点×6人＋85点×3人)÷30人＝1780点÷30人＝59.33…点　小数第2位を四捨五入して，59.3点。

3 B組の生徒のテストの点数を高い方から並べると，10番目と11番目の点数の差が4点であったから，10番目の点数を$x$点とすると，11番目の点数は$(x-4)$点であり，B組の20人のテストの点数の中央値が49.0点であることから，$\dfrac{x+(x-4)}{2}=49.0$　$x=51$　よって，10番目の点数は51点，11番目の点数は51−4＝47点である。欠席していた生徒のテストの点数は76点であったから，この生徒を含めたB組の21人のテストの点数を高い方から並べると，11番目の点数は51点，12番目の点数は51−4＝47点である。21人のテストの点数の中央値は，点数の高い方から11番目の生徒の点数だから51点である。

## [4] (円の性質，角度，線分の長さ，図形の証明，面積)

1 36台のゴンドラは観覧車の円周上に等間隔に配置されているから，$\angle XOY=\dfrac{360°}{36}=10°$…[ア]

ゴンドラ②が最高地点にあるときを右図に示す。ここで，ゴンドラ①，②の位置をそれぞれA，Bとする。また，線分BCは円Oの直径である。観覧車は1周するのにちょうど15分かかるから，$\angle AOB=360°\times\dfrac{5分}{15分}=120°$　△OABはOA＝OBの二等辺三角形だから，∠OBA＝(180°−∠AOB)÷2＝(180°−120°)÷2＝30°…㋐　**直径に対する円周角は90°**だから，∠BAC＝90°…㋑
㋐，㋑より，△ABCは**30°，60°，90°の直角三角形で，3辺の比は2：1：$\sqrt{3}$** だから，(ゴンドラ①と②の距離)＝AB＝$\dfrac{\sqrt{3}}{2}$BC＝$\dfrac{\sqrt{3}}{2}\times 60\text{m}=30\sqrt{3}\text{m}$…[イ]

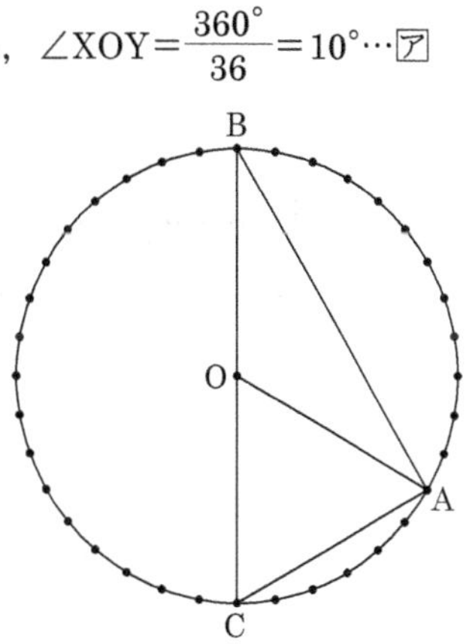

2　（証明）（例）∠ACB＝∠$a$とする。△OACは二等辺三角形であるから，∠OCA＝∠OAC＝∠$a$　∠AOBは△OACの外角であるから，∠AOB＝∠OCA＋∠OAC＝2∠$a$　したがって，∠AOB＝2∠ACB　すなわち，∠ACB＝$\frac{1}{2}$∠AOB

3　(1)　線分QRとP′R′が初めて平行になるときを右図に示す。ここで，線分QRと線分PP′の交点をHとする。点Rは点Oを**対称の中心**として，点Qと**点対称**の位置にあるから，線分QRは円Oの直径である。よって，前問1より，△PQRは30°，60°，90°の直角三角形である。また，△P′Q′R′は点Oを中心として，△PQRを**回転移動**したものだから，△P′Q′R′≡△PQRであり，∠Q′P′R′＝∠QPR＝90°　**平行線の同位角は等しい**から，∠OHP＝∠Q′P′R′＝90°　よって，2点P，P′は線分QRを**対称の軸**として**線対称**な位置にある。△OPQの**内角と外角の関係**から，∠POR＝∠OPQ＋∠OQP＝2∠OQP＝2×30°＝60°　よって，∠POP′＝2∠POR＝2×60°＝120°　また，$\frac{t\text{分}}{15\text{分}}=\frac{\angle \mathrm{POP'}}{360°}=\frac{120°}{360°}=\frac{1}{3}$　より，$t=\frac{15}{3}=5$

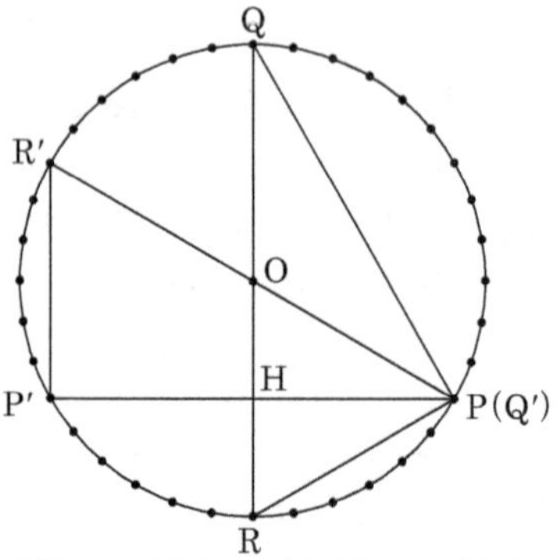


(2)　前問1よりPQ＝$30\sqrt{3}$ mであること，△PQHは30°，60°，90°の直角三角形で3辺の比は2：1：$\sqrt{3}$ であること，△PP′Qが線分QRを対称の軸とする線対称な図形であることから，△PP′Q＝2△PQH＝$2\times\frac{1}{2}\times\mathrm{PH}\times\mathrm{QH}=2\times\frac{1}{2}\times\left(\frac{1}{2}\mathrm{PQ}\right)\times\left(\frac{\sqrt{3}}{2}\mathrm{PQ}\right)=\frac{\sqrt{3}}{4}\mathrm{PQ}^2=\frac{\sqrt{3}}{4}\times(30\sqrt{3})^2=675\sqrt{3}$ m$^2$

**5**　（図形と関数・グラフ）

1　点Pの$x$座標$t$が2のとき，点Qの$x$座標も2であり，点Qは$y=\frac{1}{2}x^2$上にあるから，その$y$座標は$y=\frac{1}{2}\times2^2=2$　よって，Q(2，2)

2　点Pの$x$座標が$t$のとき，2点Q，Rの$x$座標もそれぞれ$t$である。点Qは$y=\frac{1}{2}x^2$上にあるから，その$y$座標は，$y=\frac{1}{2}t^2$　また，点Rは$y=-x^2$上にあるから，その$y$座標は，$y=-t^2$　QR＝(点Qの$y$座標)－(点Rの$y$座標)＝$\frac{1}{2}t^2-(-t^2)=\frac{3}{2}t^2$　これが$\frac{27}{8}$になるのは，$\frac{3}{2}t^2=\frac{27}{8}$より，$t^2=\frac{9}{4}$　ここで，$t>0$だから　$t=\sqrt{\frac{9}{4}}=\frac{3}{2}$

3　(1)　線分RSと$y$軸の交点をGとする。前問2より，点Pの$x$座標が$t$のとき，R$(t,\ -t^2)$だから，RG＝$t$，OG＝$t^2$である。△OSRが直角二等辺三角形となるとき，△ORGも直角二等辺三角形となるから，RG＝OGより，$t=t^2$…①　である。①より，$t^2-t=0$　$t(t-1)=0$　ここで，$t>0$だから　$t=1$　よって，点Rの座標は，R$(1,\ -1^2)$＝R$(1,\ -1)$である。

(2)　（求め方や計算）（例）(1)より，$t=1$であるからQ$\left(1,\ \frac{1}{2}\right)$，R$(1,\ -1)$である。よって，QR＝$\frac{3}{2}$　直線TRの方程式は，$y=-x$であるから　直線TRと関数①のグラフとの交点の$x$座標は，$\frac{1}{2}x^2=-x$　$x(x+2)=0$より，$x=0$，$x=-2$　Tの$x$座標は，$x=-2$　よって，T$(-2,\ 2)$　これより　TR＝$\sqrt{3^2+3^2}=3\sqrt{2}$　点Qから辺TRへ垂線QHをひくと，△QHRは∠HRQ＝45°の直角二等辺三角形となるので，QH：QR＝1：$\sqrt{2}$　QH：$\frac{3}{2}$＝1：$\sqrt{2}$　これより　QH＝$\frac{3}{2\sqrt{2}}$
求める体積は，$\frac{1}{3}\times\mathrm{QH}^2\times\pi\times\mathrm{TH}+\frac{1}{3}\times\mathrm{QH}^2\times\pi\times\mathrm{HR}=\frac{1}{3}\times\mathrm{QH}^2\times\pi\times(\mathrm{TH}+\mathrm{HR})=\frac{1}{3}\times\mathrm{QH}^2\times\pi\times\mathrm{TR}=\frac{1}{3}\times\frac{9}{8}\times\pi\times3\sqrt{2}=\frac{9\sqrt{2}}{8}\pi$

## ＜英語解答＞

1　1 ア　2 ウ　3 ウ→ア→イ　4 ① learn　② Thursday　5 (1) エ　(2) イ　(3) study English harder　6 We can give her some flowers.

2　1 ① ウ　② ア　2 ① stopped　② long　③ you can take a bus　④ twenty　3 Whose notebook is it　4 (例1)I want to live near a hospital. When my family and I get sick, we can go to the hospital quickly. (例2)I want to live near a convenience store. There are many kinds of things in a convenience store. Also, I can go there early in the morning. (例3)I want to live near a park. It is fun to play with my family in the park. I can enjoy walking there.

3　Ⅰ ① エ　② ウ　③ イ　Ⅱ 1 (1) Because they came from different high schools.　(2) She felt very happy.　2 Sharing our ideas
Ⅲ 1 ウ　2 エ

4　1 イ→ウ→ア　2 自分がチームメイトほど上手にサッカーをすることができなかったこと。　3 Why don't you come with me　4 ウ　5 エ　6 ア，イ
7 After I met John, I remembered it was important to enjoy soccer.

## ＜英語解説＞

1　(リスニング)
放送台本の和訳は，54ページに掲載。

2　(会話問題：文の挿入，語句補充・記述，条件英作文，絵・図・表・グラフなどを用いた問題，助動詞，不定詞，接続詞，現在完了，間接疑問文，前置詞)

1 (和訳)リンダ(以下L)：もしもし。こちらはリンダです。カオリと話したいのですが？／アヤ(以下A)：すみません。<ア>②今，彼女は家にいません。／L：彼女は何時に戻りますか。／A：そうですね，わかりません。後で，彼女に電話をかけ返して欲しいですか。／L：いいえ，結構です。<ウ>①でも，彼女にメッセージを残しても良いですか。／A；もちろんです。／L：今晩，6時に会うことになっていたのですが，時間を変更したいのです。7時に来るように彼女に言っていただけますか。／A；わかりました。彼女に伝えます。
< ア >「カオリを電話口に出して欲しい」というリンダの要望に対して，「すみません」というアヤの謝罪の直後にある空所アの位置に②「今，彼女は家にいません」を当てはめれば，文意が通じる。**may**「～しても良い／かもしれない」 speak to「～に話しかける／(電話で)～と話す」 **I am sorry.**「失礼／すみません／ごめんなさい」 < ウ >電話をかけ直す必要の有無を問うアヤに対して，「必要ない」とリンダが答えた直後にある空所ウの位置に，①「でも，彼女にメッセージを残しても良いですか」を当てはめれば，文脈上自然になる。実際，直後でリンダは待ち合わせ時間の変更を希望する，というメッセージを残している。<want + 人 + 不定詞[to do]>「人に～[不定詞]して欲しい」 **but**「しかし／だが」 Sure.「確かに／もちろん」

2 (和訳)ヒカリ(以下H)：ねえ，ボブ。何だか困った表情ね。どうかしたの？／ボブ(以下B)：やあ，ヒカリ。今日はここに多くの人々がいるよね。何が起きているのかなあ。これはおそらく

花山行きの電車に関する知らせかもしれないけれど，僕は日本語が読めないからね。何と書かれているか教えてくれない？／H：いいわ。電車が大雨のために ①止まっているのよ。／B：本当に？　いつ再び電車は運行するのかな？／H：知らせには何も書かれていないので，次の電車まで ②どのくらいの間待たなければならないかは，わからないわね。／B：えっ，そんなぁ！　今日，僕は花山まで行かなければならないんだ。／H：それじゃあ，③バスに乗ることができるわ。5番バス乗り場から出発するのよ。今は12時10分なので，次のバスが出発するまで，④ 20分あるわね。／B：ヒカリ，助けてくれてありがとう。／H：どういたしまして。

（　①　）(お知らせ)より，電車が運転を見合わせていることがわかる。「(サービス)を停止している／止まっている」と考えて，stopを使うこと。ただし，直前に has があるので，現在完了になるように過去分詞形(stopped)が空所には当てはまる。**← <have[has]＋ 過去分詞> 現在完了(完了・結果・経験・継続)**　because of ＋名詞「～の理由で」（　②　）文脈上，次の電車までどのくらいの時間を待てばよいか，を尋ねる文を完成させれば良いことがわかる。**「どのくらいの間～だろうか」How long ～ ？ 疑問文が他の文に組み込まれると(間接疑問文)，<疑問詞 ＋ 主語 ＋ 動詞>の語順**になるので注意。I don't know how long you should wait ～ ← How long should you wait ～ ? **should「～すべきである／きっと～だろう」**　③ (お知らせ)に，急ぐ場合はバスを利用するように案内があることに注目する。「バスに乗ることができる」you can take a bus　（　④　）バスは12時から30分ごとに運行しており，現在12時10分なら，次のバスが出発する12時30分まで20分[twenty minutes]あることになる。**<～ , so …>「～，なので…」**　before「～の前に」

3　(和訳)①このノートには名前がありません。□?／②あっ，それは私のものです。ありがとうございました。
会話とイラストから，ノートの持ち主を尋ねる英文を当てはめればよいことがわかる。**<Whose ＋ be動詞 ＋ 主語 ?>「～ [主語]は誰のものですか」<Whose ＋ 名詞 ＋ be動詞＋主語 ?>「～ [主語]は誰の… [名詞]ですか」**

4　(和訳)先生：将来，あなたはどこに住みたいですか。黒板を見て下さい。一箇所を選び，理由を述べて下さい。ハルオ，あなたから始めてもらって良いですか。／ハルオ：わかりました。□どうもありがとうございます。／先生：なるほど。ハルオ，ありがとうございます。／<板書内容>：将来，どこに住みたいか？ － 病院の近く／コンビニエンスストアの近く／公園の近く　<want ＋ 不定詞[to do]「～したい」>　near「～の近くに」　(例1)：病院の近くに住みたい。家族や私が病気になった時に，すぐに病院に行くことができる。(例2)：コンビニエンスストアの近くに住みたい。コンビニエンスストアには多くの種類のものがある。また，早朝にそこに行くことが可能である。(例3)：私は公園の近くに住みたい。公園で家族と遊ぶのはおもしろい。そこを歩いて楽しみたい。

**3　(会話文問題・中文読解問題・エッセイ・資料読解：絵・図・表・グラフなどを用いた問題，文の挿入・選択，英問英答・記述・選択，受け身，接続詞，文の構造<目的語と補語>，不定詞，接続詞)**

Ⅰ　(和訳)アンドリュー(以下A)：冬休み中にあなたは何をしましたか。／トモキ(以下T)：3月に実施される試験に備えてたくさん勉強をしました。①エ先生はいかがですか？／A：私ですか？　私は甑島へ行きました。そこは伝統行事，'甑島のトシドン'で有名です。このことに関して聞いたことはありますか。／T：はい，でも詳しくはないです。②ウ先生はどのようにして知ったのですか？／A：甑島の友人が話してくれました。ユネスコ無形文化遺産リストにも登録されましたね。12月31になると，‘トシドン’は，子供の健全な成長を願って，人々の家を訪れます。③イこの催しに興味がありますか？／T：はい。将来，社会科の先生になりたいので，そのような催しについて知識を深めたいですね。／A：試験が終わったら，そのような行事に関する本を読んで下さいね。／T：はい，そうします。

① トモキは，冬休みの過ごし方を問われて，それに答えた後に，空所①を経て，アンドリュー先生は「私ですか？」というせりふの後に，甑島を訪問した，と述べている。以上より，アンドリュー先生の冬期休暇中の過ごし方を問うことになる How about you ? が正解。**How about ～ ?**「～はいかがですか」 ② 空所②をうけて，友人づてに知った経緯を語っている。空所には，知るようになった経緯を尋ねる How did you know about it ? が当てはまる。 ③ 空所③の質問を受けて，肯定の返答 Yes の後で，伝統行事について知りたい，と答えていることから考える。正解は Are you interested in this event ? **<be動詞 + interested in>**「～に興味がある」 <would like + 不定詞[to do]>「～したい」 他の選択肢は次の通り。ア「この行事を覚えていますか」

Ⅱ (和訳)この夏に，私はボランティアの一員として，全国高等学校総合体育大会に参加した。今回が私のボランティアとしての最初の体験だった。私たちは開会式で踊り，鹿児島の方言で歌を数曲披露した。／ボランティアは異なった学校から集まっていたので，一緒に練習をしたのは，土曜日と日曜日のみに限定されていた。当初，私たちは緊張しすぎて，互いに話すことができなかった。開会式が1か月後に迫った段階で，私たちの指導者は「個人は頑張っていても，チームとして互いにコミュニケーションをとるべきです」と発言した。当日，私たちは練習を終えると，ボランティアの全員が残り，自分らの問題に関する話し合いの場を初めてもった。それからは，練習後に必ず話し合う機会を設けることにした。考えを共有することで，私たちの演技は向上した。／開会式では，私たちは全力を尽くし，私たちの演技を見た多くの人々からたくさんの拍手をいただいた。私たちはそのことがとてもうれしかった。私たちの指導者は「あなたたちは素晴らしかった。演技はとても良かった」と言ってくれた。／その体験から私はある重要なことを学んだ。一緒に物事を行う時には，考えを共有することが大切である。そうすることで，物事は改善されうるのだ。この体験は私の生活に役立つことだろう。

1 (1) 質問：「ボランテイアは週末のみに練習をした。なぜか」第2段落の最初の文を参照すること。理由を尋ねられているので，because で答えること。**<～ [理由], so … [結果]>「～である，だから／それで…」** (2) 質問：「開会式での演技後にどのようにリコは感じたか」第3段落の第2文に happy とある。**make A B「AをBの状態にする」**

2 空所を含む文は「この経験より重要なことを学んだ。一緒に何かをする際に，　　は重要だ」の意。他者と一緒に何かを成し遂げる際に大切であると作者が実感したことを，文中の3語で答えること。第2段落最終文 sharing our ideas がそれに該当する。**by sharing ideas ← <前置詞 + 動名詞[doing]>**

Ⅲ 1 「ケンは『チキン[鶏肉]と何か冷たいものを食べたい』と言った」 ア 「ハンバーガーとリンゴジュース」(×) ハンバーガーは100％牛肉なので，不適。 イ 「スペシャルバーガーとグリーンサラダ」(×) スペシャルバーガーは，牛肉100％のパテが2枚，卵，チーズから作られていて，鶏肉が使用されていないので不可。 ウ 「ライスバーガーとアイスクリーム」(○)ライスバーガーは照り焼きチキンとタマネギを使用していて，アイスクリームは冷たいものに該当するので，正解。 エ 「チキンバーガーとフライドポテト」(×) チキンバーガーに鶏肉は使われているが，冷たいものが含まれていないので，不正解。 2 「アンは『私は何か食べ物と飲み物が欲しいけれど，牛肉は食べたくないわ。手持ちは6ドル50セントだけなの』と言った」

something to eat／drink ← <名詞 ＋ 不定詞[**to do**]>「～するための[するべき]名詞」**不定詞の形容詞的用法**　ア 「ビッグバーガーとオレンジジュース」(×)　ビッグバーガーは牛肉100％のパテ2枚で調理されていて，両方の合計が7ドル75セントなので，具材と予算の両面で条件に合致していないので，不可。　イ 「チキンバーガーとリンゴジュース」(×)　チキンバーガーには牛肉は使用されていないが，合計金額が6ドル75セントで予算オーバーなので不適。ウ 「チーズバーガーとコーヒー」(×)　合計は5ドルであるが，チーズバーガーは牛肉100％とチーズから作られているので，不可。　エ 「フィッシュバーガーと(紅)茶」(○)　フィッシュバーガーは魚とタマネギのみで調理されて，牛肉は使用されておらず，合計は5ドル50セントで予算内なので正解。

**4** **(長文読解問題・物語：絵・図・グラフなどを用いた問題，日本語で答える問題，語句補充・記述・選択，語句の解釈，内容真偽，条件英作文，メモ・手紙・要約文などを用いた問題，比較，未来，動名詞，進行形，受け身，不定詞，分詞の形容詞的用法，助動詞)**

(和訳)　マイクは6歳の時にサッカーを始めた。彼は友達とサッカーをすることを楽しんでいた。中学に入学すると，自チームで最も優れた選手の一人になっていた。彼は自分やチームが活躍して勝利を収めると，非常にうれしく思った。3年生になると，彼は最後の試合に向けて練習に励んでいた。しかし，4月のある日に，自転車に乗ってサッカーの練習へ向かっている途中で転倒して，右足を骨折してしまった。彼は動くことができなかった。そこで，彼は病院へ搬送された。医師はマイクに次のように告げた。「数か月は右足を使うことはできないね」その診断を耳にして，彼は非常に落胆した。／3か月後，彼の足は良くなり，チーム(メイト)と一緒に練習することを再開した。だが，彼はチームの他の選手のように上手く，サッカーをすることができなかった。①彼はこのことをとても悲観して，サッカーをすることへのやる気が失せていった。時には，彼は練習に参加しないこともあった。そして，ある日，コーチが「マイク，君は選手として最後の試合には参加できないね」と彼に告げた。彼は非常にショックを受けて，その日から練習に行かなくなってしまった。／1週間後，マイクの父親は彼に言葉をかけた。「今日，公園で小さな子供によるサッカーの試合を見に行こうと思っている。友人の子供を応援したい。②一緒に来ないかい？」当初，マイクは「行きたくない」と答えていたが，父親が何度も彼に尋ねてきたので，最終的に(同行することに)同意した。／彼らは試合を見るために公園に出かけた。子供たちの中には素晴らしい選手もいて，試合は非常に手に汗をにぎるような展開となった。試合が終了する5分くらいに前に，一人の少年が試合に加わった。少年の様子が他の子どもたちとどこか異なっていることに，マイクはすぐに気がついた。彼は速く走ることができず，時には転倒することもあった。マイクの父はマイクに向かって言った。「あの少年が私の友人のお子さんのジョンだよ。彼は生まれながら右足に障害をもっている。彼は上手く歩くことさえできない」マイクはとても驚いて尋ねた。「どうして彼はサッカーをすることを選んだの？　彼にはもっと簡単にできる他の多くのことがあると思うけれど」マイクの父親は答えた。「彼を見てごらん。チームのすべての選手の中で，彼が最も一生懸命にボールを追いかけて走っているだろう。③ウサッカーは彼にとって特別なものなのだ，と思うよ」／試合後，マイクはジョンに話しかけた。マイクは尋ねた。「こんにちは，ジョン。僕はマイクだよ。君はサッカーをするのが好きですか」ジョンは答えた。「はい，好きです。僕は速く走ることができませんが，ボール扱いはできます。僕はサッカーが大好きです。友達とサッカーをしている時がとても幸せです」マイクは彼の言葉を聞いて，ショックを受け，④自問した。「僕は何をしているのだろうか」／その日はマイクにとって大切なものとなった。9年前に，自身が幸せだったことを彼は覚えていた。その時に彼はサッカーを始めたのだ。小さかった頃，彼は心からサッカーを楽しんでいた。この点が大切なことなのだ，と彼は思い，チームのメンバーと一緒にサッカーの練習を再び始めた。最後の試合に出られないことはわかっていたが，友人たちと走り，サッカーをすることを彼は楽しんだ。／試合では，彼のチームのメンバーを支援し，応援することに最善を尽くした。彼のチームメイトと一緒でいることが楽しかった。中学での最後の試合を終えて，彼は充実感に充ちていた。彼は高校でもサッカーを続けることを決意した。

1　イ「けがの治療を受けている場面」(第1段落後半) → ウ「(子供たちのサッカーの試合の後,)サッカーボールを抱えた少年に話しかけている場面」(第5段落) → ア「中学最後の試合[Junior High School Tournament]において，応援している場面」(第7段落)

2　直前の文を参照のこと。**<A + not + as + 形容詞／副詞 + as + B>「AはBほど～［形容詞／副詞］ではない」**

3「小さな子供によるサッカーの試合を見に行き，友人の子供を応援したい」→ ② →「当初『行きたくない』と答えていたが，父親が何度も尋ねたので，行くことにした」以上の文脈から空所には「一緒に来ないか？」という文意の英文を当てはめること。**<Why don't you + 原形 ～?>「～してはどうか／しませんか」**

4　前文「チームのすべての選手の中で，彼が最も懸命にボールを追いかけている」に続く文として，文脈上あてはまるものを選ぶこと。正解はウ「サッカーは彼にとっては特別な何かである(と思う)」。hardest ← hard「一生懸命に」の最上級　← **<最上級[規則変化：原級 + -est] + of + 複数名詞[in + 単数名詞]>「～の中で最も…［最上級］」**他の選択肢は次の通り。

ア「彼は他のすべての選手より速く走る」(×)　第4段落第5文・第5段落のジョンのせりふから，彼は速く走ることができないことは明らかである。faster ← fast「速く」の比較級 ← **<A + 比較級[規則変化：原級 + -er] + than + B>「AはBと比べてより～［比較級］である」**　イ「彼はサッカーをすることをやめるだろう」(×)　言及なし。**<be動詞 + going + 不定詞[to do]>「～しようとしている／するつもりだ」**　stop playing ← <stop + 動名詞[doing]>「～するのをやめる」　**動名詞[doing]「～すること」**　エ「サッカーをすることは彼にとって退屈である」(×)　第4段落で，懸命にボールを追いかけている様子や，第5段落で，自ら「サッカーが大好きである」とか，「友人とサッカーをしていると幸せだ」と述べているので，不適。playing soccer「サッカーをすること」← **動名詞[doing]「～すること」**

5　下線部④は「『自分は何をしているのだろうか』と自問した」の意。けがをきっかけにチームメイトから取り残され，最終試合に出られなくなり，練習に参加しなくなった自身の姿と他の人のように速く走ることができなくても，障害を抱えてサッカーを楽しんでいる少年の姿と比較して，マイクはどのように思ったかを想像してみること。<疑問詞 + be動詞 + 主語 + 現在分詞[doing] ~ ?> 疑問詞つきの進行形の疑問文

6　ア「自転車でサッカーの練習へ行く時に転倒して，病院へ運ばれた」(○)　第1段落第6～8文に一致。was going to「～へ向かっていた」← **進行形 <be動詞 + 現在分詞[doing]>「～しているところだ」**　was carried「運ばれた」← **受け身 <be動詞 + 過去分詞>「～される」**　<by + 乗り物>「乗り物に乗って」　イ「マイクは最後の試合でサッカーをすることができないことを聞き，ショックを受けた」(○)　第2段落最後の2文に一致。**<感情を表す語 + 不定詞[to do]>「～して感情がわきあがる」**　ウ「幼い子供たちによってなされるサッカーの試合について父がマイクに告げた時に，彼は興奮した」(×)　第3段落最終文で，当該の試合の話を聞いた時のマイクの当初の反応は，「行きたくなかった」と記されている。at first「最初は」<be動詞 + excited>「興奮している」　a soccer game played by ← 過去分詞の形容詞的用法 **<名詞 + 過去分詞 + 他の語句>「～された名詞」**　エ「試合の終了直前に，ジ

ョンが他のメンバーに話しかけたので，マイクは驚いた」(×)　マイクが驚いたのは，ジョンが他の選手に話しかけたことではなくて，足に障害があってもサッカーをすることを選択した，という事実に対してである。(第4段落第9文) <**be動詞 + surprised**>「**驚いている**」 speak to「～に話しかける」　オ「マイクは幼かりし時のことを思い出し，サッカーを再び練習したかったが，出来なかった」(×)　第6段落の記述に不一致。マイクは練習を再開したのである。younger「より若い」← young の比較級　**could ← canの過去形**

7 (和訳)父：試合はどうだった？／マイク：僕は試合には出られなかったけれど，充実していました。お父さん，幼い子供たちによって行われたサッカーの試合を僕たちは見ましたよね。覚えていますか。あの日が僕にとっては重要な日になりました。／父：どういう意味だい。／マイク：足を骨折する前は，活躍して，試合に勝つためだけにサッカーをしていました。ジョンと会ってからは，サッカーを楽しむことが重要だということを思い出したのです。／父：彼から大切なことを学んだ，ということだね。／マイク：はい。私にとって，ジョンは小さな先生です。
第5段落のジョンのせりふ「速く走ることができないが，サッカーが大好きで，友人とサッカーをするときが幸せだ」をヒントとして，マイクのサッカーに対する考え方が大きく変わるきっかけとなり，ジョンのサッカーに対する姿勢からマイクが学んだ重要な教訓を10語以上の英語でまとめて，空所に補充すること。

# 2020年度英語　リスニングテスト

〔放送台本〕

英語は1番と2番は1回だけ放送します。3番以降は2回ずつ放送します。

1 Taro:　Mary, I want you to help me with my homework tomorrow.
Mary:　Sure.  Let's study together in the library.
Taro:　Great!  Shall we meet in front of the library at ten o'clock.
Mary:　OK.  See you tomorrow.

2 George:　Hi, Tomoko.  Look at this picture!
Tomoko:　Wow, it's Sakurajima!  It's very beautiful.
George:　I drew it.
Tomoko:　Oh, did you?
George:　Yes.  I like Sakurajima, so I often draw it.  This is my best picture, I think.
Tomoko:　You did a good job!

3 Today I'm talking about jobs we do at home.  I asked two questions.  The first question was "Do you help your family at home?"  Thirty of us answered "Yes" and ten of us said "no."  Then I asked, "What jobs do you do at home?"  Cleaning the house is the most popular.  Washing the dishes is as popular as taking care of pets.  Two classmates cook dinner.  I sometimes walk my dog.  Look at this picture!  This is my dog, Jack.  Now I know many of us help our families and I'll try to take care of Jack more.

4 Peter:　Thank you for coming to our concert today, Aki.  How was it?

Aki: Wonderful! Everyone was great. You especially played the violin very well. I really enjoyed the concert.
Peter: I'm glad to hear that.
Aki: I want to play the violin, too. Can you teach me how to play it?
Peter: Sure. I'm free every Thursday. Please come to my house and we can practice together.
Aki: That's nice! Can I visit you next Thursday?
Peter: Of course.

5 I went to Kyoto with my family last summer. We visited some famous temples like Kinkakuji. When we were walking around Kyoto, I saw many foreign people. They were talking with some Japanese volunteers. The volunteers were telling the foreign people about Kyoto in English. The foreign people looked very happy. I'm sure that they learned a lot about Kyoto.

After I came back to Kagoshima, I began to study English harder. I think Kagoshima also has a lot of places to visit. I want to tell people from foreign countries about these places in English.

Question (1): Where did Shota go in Kyoto?
Question (2): What did the Japanese volunteers do for foreign people?
Question (3): What did Shota begin after he came back from Kyoto?

6 Naomi: Our classmate Miyuki will leave Kagoshima and live in Fukuoka from next month. We have to say goodbye to her soon.
Sam: Really? I didn't know that. I'm very sad.
Naomi: Me, too. Well, let's do something for Miyuki. What can we do?
Sam: (　　　　　　　　　　　　　　　　)

〔英文の訳〕

1 タロウ(以下T)：メアリ，明日，僕の宿題を手伝って欲しいのだけれど。／メアリ(以下M)：もちろん，いいわ。一緒に図書館で勉強しましょう。／T：良いね！ 10時に図書館の前で会わない？／M：いいわ。じゃあ，明日，会いましょう。

2 ジョージ(以下G)：こんにちは，トモコ。この絵を見てください。／トモコ(以下T)：わあ，桜島ね。とても美しいわ。／G：僕が描いたのです。／T：えっ，あなたが描いたの？／G：そうです。僕は桜島が好きなので，しばしば桜島を描くのです。これが僕の一番の傑作の絵だと思います。／T：素晴らしいわね！

3 今日は，私たちが行っている家事について話をしています。私は2つの質問をしました。最初の質問は「あなたは家で家族を手伝いますか」でした。私たちのうち30名が「はい」，(私たちのうち)10名が「いいえ」と答えました。そして，私は「どのような家事をやっていますか」と尋ねました。‘家を清掃する’が最も多いです。‘皿を洗う’は，‘ペットを世話する’と同じくらい多いですね。2名のクラスメイトは，‘食事を調理する’と答えています。時々，私は犬を散歩に連れていきます。この写真を見て下さい。これは，私が飼っている犬のジャックです。さて，みなさんの多くが家族を手助けしていることを知り，私はジャックをもっと世話するようにしようと思います。

4 ピーター(以下P)：アキ，今日は私たちのコンサートへ来てくれてありがとう。(コンサートは)

どうでしたか？／アキ(以下A)：すばらしかった！　みんなが良かったわ。特にあなたはヴァイオリンをとても上手に演奏していたわね。コンサートは本当に楽しかった。／T：それを聞いてうれしいです。／A：私もヴァイオリンを演奏したいわ。どうやって演奏するかを私に教えてくれない？／P：もちろん良いですよ。木曜日なら空いています。私の家に来て下さい。そうすれば，私たちは一緒に練習をすることができますね。／A：それはすばらしいわね。次の木曜日にあなたの家に行っても良いかしら。／P：もちろんです。

〔設問の英文の訳〕

「こんにちは，ピーター。今日のコンサートは本当に楽しかったわ。あなたからヴァイオリンの演奏法①を学ぶ[learn]ことができるので，うれしいです。②木曜日[Thursday]にあなたに会いに，あなたの家に伺いますね」

5　この前の夏に，私は家族と一緒に京都へ行きました。私たちは，金閣寺のような有名な寺をいくつか訪ねました。京都を歩いてまわっている際に，私は多くの外国人を見かけました。彼らは日本人のボランティアと話をしていました。ボランテイアの人たちは，京都について英語で外国人と話をしていました。外国からの訪問者はとてもうれしそうでした。きっと彼らは京都についてたくさん学んだことでしょう。／私は鹿児島に戻ってから，英語を以前よりも一生懸命勉強し始めました。鹿児島にもまた，訪問すべき場所が多くあるように私は考えています。これらの場所について外国からの訪問者に英語で伝えたい，というのが私の願いです。

質問(1)　ショウタは京都のどこを訪問したか？

〔選択肢の和訳〕　ア　有名な図書館　　イ　歴史博物館　　ウ　良い料理店　　㋓　いくつかの寺

質問(2)　日本人のボランティアは外国人に何をしていたか？

〔選択肢の和訳〕　ア　彼らは寿司をつくった。　　㋑　彼らは京都について話をした。　　ウ　彼らは興味深い本を見つけた。　　エ　彼らは贈り物を買った。

質問(3)　ショウタは京都から戻ると，何を開始したか？

〔模範解答の和訳〕　彼は以前より懸命に英語を勉強し始めた。

6　ナオミ(以下N)：私たちのクラスメイトのミユキが，来月から鹿児島を離れて，福岡に住み始めるの。まもなく彼女にさよならを言わなくてはならないわね。／サム(以下S)：本当に？　僕はそのことを知らなかったよ。とても悲しいなあ。／N：私も悲しいわ。そうだわ，ミユキのために何かをしない？　何ができるかしら。／S：(模範解答の和訳)　(僕らは)彼女に花をあげることができるね。

## ＜理科解答＞

**1**　1　菌〔類〕　2　偏西風　3　ア，エ，オ　4　①　ア　②　ウ　5　イ，ウ　6　(1)　交流　(2)　①　イ　②　ア　7　ウ

**2**　Ⅰ　1　しゅう曲　2　東側の川岸に川原の堆積物があることから，東側が川の曲がっているところの内側となっているQである。　3　イ→ウ→ア→エ

Ⅱ　1　イ　2　日周運動　3　(1)　右図1　(2)　81.8°

図1

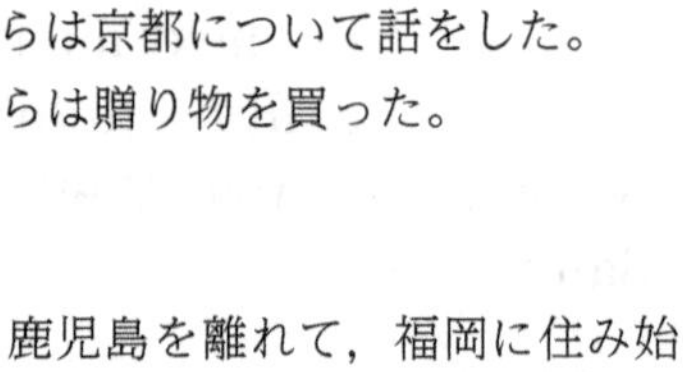


**3**　Ⅰ　1　イ　2　a　ミョウバン　b　ホウ酸　3　〔Cは，水溶液の温度を下げると，〕

溶解度が小さくなり，とけきれない分が結晶として出てきたから。　4　$\frac{30}{S}-10$〔g〕

Ⅱ　1　$NaOH \rightarrow Na^{+}+OH^{-}$　2　エ　3 (1)　燃料〔電池〕　(2)　(化学式)　$O_2$　(分子の個数)　4〔個〕

4　Ⅰ　1　酢酸オルセイン　2　〔ア〕→オ→ウ→エ→イ　3　根は，先端に近い部分で細胞の数がふえ，それぞれの細胞が大きくなることで成長する。　4　染色体が複製されるから。

Ⅱ　1　対照実験　2　ヒトの体温に近づけるため。　3 (1)　だ液のはたらきによってデンプンがなくなった。　(2)　だ液のはたらきによって麦芽糖などができた。　4　③

図2

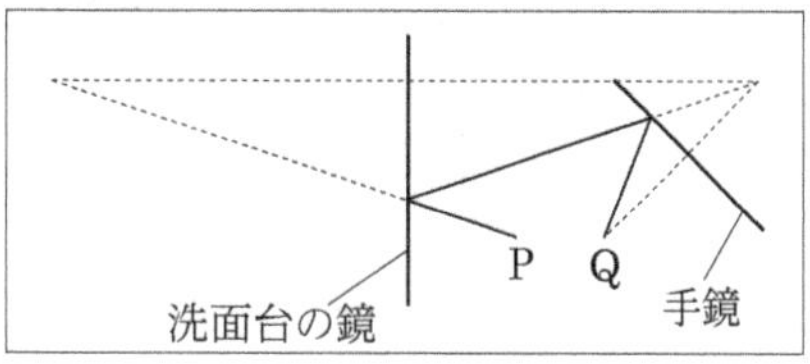


5　Ⅰ　1　30〔°〕　2　エ　3　右図2

Ⅱ　1　0.02〔J〕　2　ウ　3　作用・反作用

4　12〔cm〕　5　小球の位置エネルギーの大きさは変わらないので，木片の移動距離は変わらない。

## ＜理科解説＞

### 1　(各分野小問集合)

1　生態系の中の分解者には，菌類，細菌類の他，小動物なども含まれる。

2　中緯度帯上空には，つねに西からの偏西風がふいている。

3　ハチュウ類のワニ，魚類のサケ，両生類のイモリが変温動物である。

4　BTB溶液は酸性で黄色を示す。酸性の水溶液のpHは，7より小さい。

5　融点が50℃未満，沸点が50℃より大きな物質を選ぶ。

6 (1)　向きが絶えず変化する電流を交流，向きが変わらない電流を直流という。　(2)　乾電池を並列につないだ場合，乾電池1個のときと回路に流れる電流の大きさはほぼ等しくなるので，豆電球の明るさは変わらない。また，乾電池を並列につなぐことによって，回路に電流が流れる時間を長くできる。

7　台風通過前に種子島に東寄りの風がふくとき，台風の中心は種子島より南西にある。南寄りの風がふくとき，台風の中心は北西にある。この条件を満たすのはウである。

### 2　(地学総合)

Ⅰ　1　地層に大きな力が長期間はたらくと，地層全体に曲がりが生じることがある。

2　東に川原ができているので，東側に**曲がった部分の内側**があると考えられる。

3　地層は通常，下から上に順に堆積していく。また，断層の食い違い自体は確認できないが，西と東で地層全体の高さが異なっていることから，断層は図の西の地層と東の地層の間に生じており，現在は川となり見ることはできないと考えられる。ホタテガイの化石がある地層→火山灰をもとにできた地層→シジミの化石がある地層の順に堆積し，最後に全体がずれたことから，浅い海でホタテガイの化石ができ，火山の噴火が起こって凝灰岩がつくられ，河口付近になってシジミの化石ができ，最後に断層によって全体がずれたと考えられる。

Ⅱ　1　太陽は，**東からのぼり，南の高いところを通って西に沈む**ことから，東はイの方向であるとわかる。

2　地球の自転によって，天球上の天体全体が回転運動をしているように見える。これを天体の**日周運動**という。

3 (1) 天の子午線を太陽が通過したとき，太陽は南中を迎える。南中した太陽－点O－南を結んだ角で南中高度を表す。 (2) **夏至の日の南中高度〔°〕＝90°－(緯度－23.4)°**で表されることから，90－(31.6－23.4)＝81.8〔°〕

## 3 (化学総合)

Ⅰ 1 塩化ナトリウムは水中で電離し，均等に散らばっている。

2 **30℃で100gの水に，各物質を3.0gずつとかしたと考える**と，硝酸カリウムと塩化ナトリウムはすべてとけるが，ミョウバンとホウ酸はとけ残る。このうち，ホウ酸のほうがとける量が少ないので，とけ残りが多くなるDがホウ酸である。

3 塩化ナトリウムは水温を下げても溶解度がほとんど変化しないので，多くの結晶をとり出すことはできないが，硝酸カリウムは温度が低くなるほど溶解度も小さくなるため，温度を下げるほど，とけきれなくなって結晶として出てくる量が多くなる。

4 30℃の水10gにSgとける。よって，3.0gのホウ酸(D)をとかすために必要な水の量$x$gは次の式で求められる。10：S＝$x$：3.0 これを変形すると，$x=\frac{30}{S}$〔g〕 このうち，はじめに10gの水を入れたことから，求める式は，$\frac{30}{S}-10$〔g〕となる。

Ⅱ 1 **水酸化ナトリウム→ナトリウムイオン＋水酸化物イオン**のように電離する。

2 水の電気分解を行うと，陽極に酸素(気体B)，陰極に水素(気体A)が発生する。アは二酸化炭素，イは酸素，ウは塩素である。

3 (1) 燃料電池は，水の電気分解の逆の反応を利用している。 (2) 燃料電池で行われる水の合成を化学反応式で表すと，**$2H_2+O_2 \rightarrow 2H_2O$** となることから，**水素分子：酸素分子＝2：1**の割合で反応する。よって，気体Aの水素分子が4個完全に反応するとき，酸素分子は2個使われ，4個余る。

## 4 (生物総合)

Ⅰ 1 染色液には，酢酸カーミン，酢酸オルセイン，酢酸ダーリアなどがある。

2 核の中に染色体が現れたあと(オ)，染色体が中央に集まり(ウ)，その後，細胞の両端に分かれていく(エ)。両端に分かれた染色体はそれぞれ別の核をつくる(イ)。

3 先端付近で細胞の**数がふえ**，それぞれの細胞の**大きさが大きくなる**ことで，根は成長する。

4 体細胞分裂前に染色体が複製され，これが分裂によって別々の細胞に分かれて入る。

Ⅱ 1 対照実験を行うことで，実験の結果のちがいの原因を見つけることができる。

2 消化酵素は，ヒトの体温付近の温度でよくはたらく。

3 (1) 試験管Aにはデンプンがなく，試験管Bにはあることがわかる。2本の試験管のちがいはだ液の有無なので，試験管Aでデンプンがなくなったのは，だ液のはたらきによるものであるとわかる。 (2) 試験管Cでは糖が発生し，試験管Dでは発生していない。試験管CとDのちがいはだ液の有無なので，試験管Cで糖が発生したのは，だ液のはたらきによるものであることがわかる。

4 ①を調べるためには，水がない条件での実験を行う必要がある。②を調べるためには，酸性とアルカリ性などの条件のもとで実験を行う必要がある。③は，この実験ですでに行っている。

## 5 (物理総合)

Ⅰ 1 図で，反射角＋60°＝90°となっている。**入射角＝反射角**となることから，入射角＝30°である。

2　鏡の上端で反射して目に入る光は，頭の上方から進んできた光である。さらに，鏡の下端で反射して目に入る光は，ネクタイよりも下方から進んできた光である。よって，これらの条件を満たす像はエとなる。

3　手鏡にうつるQの像を作図する。次に，洗面台の鏡にうつる手鏡の像を作図する。Pからはこの像を見ることになる。

Ⅱ　1　**仕事〔J〕＝力の大きさ〔N〕×力の向きに移動した距離〔m〕**より，0.2〔N〕×0.1〔m〕＝0.02〔J〕

2　水平面上で等速直線運動を行う小球にはたらく力は，重力と垂直抗力である。進行方向に力ははたらかない。

3　小球が木片をおす力が作用，木片から小球が受ける力が反作用である。

4　表から，木片の移動距離は小球の高さに比例しており，また，小球の質量にも比例していることがわかる。よって，5cmの高さから20gの小球を落とす場合を基準に考え，落とす高さを$x$cmとすると，$2.0〔\text{cm}〕\times\frac{25〔\text{g}〕}{20〔\text{g}〕}\times\frac{x〔\text{cm}〕}{5.0〔\text{cm}〕}=6.0〔\text{cm}〕$　$x=12〔\text{cm}〕$

5　小球の高さが同じであるため，運動を始めた小球がもっている位置エネルギーは等しい。よって，木片に対してする仕事の大きさも等しくなる。

## ＜社会解答＞

1　Ⅰ　1　ヒマラヤ(山脈)　2　本初子午線　3　ウ　4　焼畑農業　5　イ
6　(1)　(例)低い賃金で労働者を雇うことができ，費用を安くおさえた製品を生産できるから。　(2)　(例)主な輸出品目が農産物や工業の原料から工業製品に変わり，輸出総額が増加した。　Ⅱ　1　シラス台地　2　岐阜県　3　(い)　4　(例)大消費地に短い時間で輸送する　5　(例)日本のエネルギー自給率を高めることができると考えられるから。　6　(例)イがさいたま市である。理由は，昼間は通勤や通学で東京などへ人が移動していて，夜間人口に比べ昼間人口が少なくなると考えられるからである。
Ⅲ　X　経路(い)　Y　(例)経路(い)は浸水予想地域の外に出るまでの距離が短く，河川の近くを通らずに避難することができる

2　Ⅰ　1　万葉集　2　イ　3　ア　4　(例)イスラム商人が仲介していたために価格が高かったアジアの特産物を直接手に入れるため。　5　ウ　6　B→A→C→D
Ⅱ　1　①　西南　②　沖縄　2　王政復古の大号令　3　ウ→ア→エ　4　イ
5　(例)労働者の賃金は上昇したが，それ以上に物価も上昇したため。　6　エ
Ⅲ　(例)失業率を減らすために，ダムを建設するなどの公共事業を行った

3　Ⅰ　1　条例　2　ウ　3　(例)衆議院のほうが任期が短く解散もあるため，国民の意思をより反映すると考えられるから。　4　エ　5　国際司法裁判所　6　(例)これまで二酸化炭素を多く排出して地球温暖化の原因を作ったのは先進国だから，まず先進国が排出削減を行うべきである。　Ⅱ　1　APEC　2　イ　3　ウ　4　(例)株式や債券を発行　5　(1)　財政　(2)　累進課税　Ⅲ　X　消費者庁　Y　(例)不正な取引や製品等の事故といった消費者トラブルが減少し，消費者が主役となる

## ＜社会解説＞

1　(地理的分野―日本―日本の国土・地形・気候，人口・都市，農林水産業，資源・エネルギー，

**世界―人々のくらし，地形・気候，産業，交通・貿易)**

Ⅰ　1　アルプス＝ヒマラヤ造山帯の一部を形成している。　2　本初子午線はイギリスのロンドンを通る。　3　A国はイギリス。**偏西風**の影響で年中降水量が一定している。B国は中国。米の二期作がさかんなのは降水量の多い南東部。C国はニュージーランド。D国はメキシコ。**スペイン語**を使用する人々が多い。　4　**焼畑農業**は熱帯林の減少や砂漠化などの環境問題の一因とされている。　5　アフリカ大陸，オーストラリア大陸，北アメリカ大陸のうち，赤道が通っているのがアフリカ大陸のみであることから，熱帯の割合が最も高いイと判断する。アがオーストラリア大陸，ウが北アメリカ大陸。　6　(1)　資料2から，日本やアメリカに比べて，東南アジアの国々の主要都市における製造業従事者の月額平均賃金が低いことが読み取れる。わが国では，東南アジアなどへの企業進出による産業の空洞化が進んでいる。　(2)　タイとマレーシアの1982年の主要輸出品目が米，野菜などの農産物や原油，木材などの資源であった。これに対して2013年は機械類などの工業製品に変化している。また，これにともない輸出総額も大幅に増加していることが読み取れる。

Ⅱ　1　九州南部には桜島や霧島山などの活火山が多い。火山灰土は水もちが悪いため，稲作には不向き。　2　白川郷のほか，五箇山(富山県)の**合掌造**集落も世界遺産に登録されている。

3　冬の降水量が多いことから，日本海側に位置する都市と判断する。Yが(う)，Zが(あ)の雨温図。

4　乳用牛の飼育頭数1位は北海道。乳用牛を飼育し，乳製品を生産することを**酪農**といい，冷涼な気候の地域でさかん。　5　資料1から，日本のエネルギー自給率は先進国の中では低いことが読み取れる。　6　大阪市や福岡市は地方中枢都市なので，通勤や通学で移動してくる人の数よりも他の都市へ向かう人の数が少ないため，**昼間人口**が多くなる。さいたま市は通勤や通学で東京に向かう人の数が多く，他の都市から移動してくる人の数の方が少ないため，昼間人口が少なく**夜間人口**が多くなる。

Ⅲ　資料から，経路(あ)は(い)に比べて浸水予想地域を抜けるまでの距離が長く，増水した可能性のある河川の近くを通らなければならないため危険であることが読み取れる。

**2　(歴史的分野―日本史―時代別―古墳時代から平安時代，鎌倉・室町時代，安土桃山・江戸時代，明治時代から現代，テーマ別―政治・法律，経済・社会・技術，文化・宗教・教育，外交，世界史―政治・社会・経済史)**

Ⅰ　1　会話文中の「奈良時代」「和歌」などから判断する。この頃の文化を**天平文化**という。

2　8世紀とは西暦701～800年の期間を指す。都が平城京に移されたのが710年であることから判断する。アは13世紀，ウが15世紀，エが3世紀のできごと。　3　アは**平等院鳳凰堂**。摂関政治を行った**藤原頼通**によって建てられた。イは天平文化(奈良時代)，ウは室町文化，エは鎌倉文化。　4　大航海時代には，西インド諸島を発見したコロンブス，インド航路を発見したバスコ＝ダ＝ガマ，世界一周に成功したマゼラン艦隊などが活躍した。　5　Xについて，下線部ⓓなどから判断する。**御成敗式目**は鎌倉時代に制定された。Yについて，「5代将軍」などから判断する。**徳川吉宗**は8代将軍。　6　A・Cは平安時代，Bは奈良時代，Dは室町時代に活躍した人物。Aは794年に平安京遷都した桓武天皇に保護された人物，Cは894年に遣唐使の停止を提案したことから判断する。

Ⅱ　1　①は「1877」「鹿児島」，②は「1972」「日本に復帰」から判断する。　2　江戸幕府15代将軍**徳川慶喜**によって大政奉還がなされ後に発表された。武力による倒幕を目指す勢力とは，薩摩藩や長州藩を中心とした勢力のこと。　3　アが1874年，イが1925年，ウが1868年，エが1889年のできごと。　4　文中の「領事裁判権(治外法権)の撤廃に成功」に着目する。1886年にイギリスとの間でおこった**ノルマントン号事件**をきっかけに条約改正を求める声が高まったことから判断する。**小村寿太郎**はアメリカと条約を結び，1911年に**関税自主権の回復**に成功したときの外相。　5　賃金とは，労働の対価として支払われる金銭のこと。第一次世界大戦中のわが国は，ヨーロッパからの輸出が途絶えたアジア諸地域への輸出が増大したことから**大戦景気**をむかえ，輸出額が輸入額を上回った。　6　アが1955年，イが1993年，ウが1949年，エが1989年のできごと。

Ⅲ　資料1から，世界恐慌(1929年)後に上昇した失業率が下がっていることが読み取れる。また，資料2から，ダムを建設するなどの公共事業をおこしていることがわかる。

**3**　**(公民的分野―憲法の原理・基本的人権，三権分立・国の政治の仕組み，地方自治，国民生活と社会保障，財政・消費生活・経済一般，国際社会との関わり)**

Ⅰ　1　地方住民は条例の制定・改廃請求を直接請求することができる。　2　ア・イ・エは国会の仕事。　3　衆参両議院の議決が一致しない場合には衆議院の議決を優先させる原則を，**衆議院の優越**という。　4　新しい人権に分類される権利は，ウとエ。プライバシーの権利とは，個人の秘密が守られる権利のこと。　5　**国際司法裁判所**(ICJ)の本部は，オランダのハーグにおかれている。　6　資料3から，先進国はすべての国が温室効果ガスの排出削減を行うべきであると主張していることが読み取れる。また，資料4から，産業革命期以降の二酸化炭素の累積排出量の割合が多いのは先進国であることが読み取れる。

Ⅱ　1「アジア太平洋の国と地域」から判断する。**APEC**は，アジア太平洋経済協力会議の略称。
2　ア…社会保険ではなく公的扶助。ウ…公衆衛生ではなく社会保険。エ…公的扶助ではなく公衆衛生。　3　資料1から，2015年度の日本の経済成長率が1.0％を上回っているのに対して，2016年度は1.0％を下回っていることが読み取れる。また，グラフ下の※より，資料1が国内総生産の増加率を表すことがわかる。2016年度は2015年度よりも1％程度増加していることがわかる。　4　**間接金融**とは，企業が銀行などの金融機関から資金を調達すること。この場合の資金の貸し手は，預金者である家計であり，企業は金融機関を通して家計から間接的に資金を調達していることになる。　5　(1)　財政活動のうち，1年間の収入を歳入，支出を歳出という。
(2)　直接税で採用されている**累進課税**制度は，高額所得者から定額所得者への所得の再配分をうながすためのしくみ。

Ⅲ　資料1から，消費者が主役となる消費者主権の実現のために消費者自身がみずから考え，行動することの必要性が読み取れる。また，レポートの文中にある「消費者トラブルにあったときに消費生活センターなどに相談する」ことで，資料2の消費者がとった行動やその結果とは異なる，よりよい社会の実現につながることをまとめる。

## ＜国語解答＞

**1**　1　①　勇　　②　かんしゅう　　③　いの　　④　幕　　⑤　冷静　　⑥　ちか
2　十一

**2**　1　イ　　2　ア　　3　(例)他者と相互的にやりとりをする中で把握され表現された自らのオリジナリティが，さまざまな人との間で共通了解されたと実感できたとき。
4　Ⅰ　個人と社会との関係を自覚　　Ⅱ　生きる目的としてのテーマ　　5　ウ

**3**　1　おおいに　　2　エ　　3　ウ　　4　Ⅰ　病さまざま癒ゆること　　Ⅱ　(例)さらに大

切に祭った　Ⅲ　(例)信仰心をなくした

4　1　ア　2　Ⅰ　つまらなそうだった　Ⅱ　(例)悔しそうに話しかけてきた　3　ウ
4　エ　5　(例)山沢君との対戦をとおして，これからもライバルたちと競い合って実力を高め，絶対にプロ棋士になると決意し，気持ちが高ぶっている。

5　(例)　二点目は，古典の言葉を正しく理解できず，日本の伝統文化の本当の姿が伝わらなくなると考えるからです。古典の言葉は，日本語であっても今の意味とは異なるものがたくさんあります。言葉も含めて，当時の日本文化を現在の常識に当てはめて解釈すると，正しい内容が伝わらず，伝統の継承が難しくなるかもしれません。

## ＜国語解説＞

**1　(漢字の読み書き，筆順・画数・部首，書写)**

1　①「勇」は，訓読みの送り仮名に注意する。　②「衆」は，総画数12画である。正確に書こう。　③「祈」は，しめすへん。　④「幕」は，「巾」を「力」にするなどの誤りが多い。気を付けたい部分だ。　⑤　感情にかられたり，物事に動じたりしないで，落ち着いている様子。　⑥「誓」は，「折」＋「言」。

2「率」は，総画数11画である。

**2　(論説文―大意・要旨，内容吟味，文脈把握，接続語の問題，脱文・脱語補充，品詞・用法)**

1　［ a ］の前で二つが「一見矛盾する反対のこと」に見えると述べておいて，後には「それぞれバラバラに存在するものではない」と**逆のこと**を言っている。したがって逆接の接続詞が入る。［ b ］は，この文の文末が「……の実感だからです。」と，**理由を示している**ことから，「なぜなら」が入る。

2　傍線①は，**「二つ」という数詞(名詞の一種)にかかる連体詞**だ。アは「独りよがり」にかかる連体詞，イは代名詞，ウは動詞で，「意見」に続く連体形になっている。エは「現し」にかかる副詞。

3　存在意義がもたらされるのは，直前の「この『私』と問題……ともなって立ち現れてくる」時だ。つまり，**さまざまな人間関係の中で他者との相互理解がなされて，「共通了解の実感」を得たとき**である。さらに，この「相互理解」とは，**自分のことばで表現された自分のオリジナリティ(伝えたいこと)が相手に把握されて成立するもの**だ。この前提も含めれば，指定字数にふさわしい説明となる。

4　［ Ⅰ ］は**「市民としての社会参加という意識をもつことにつなが」る内容**だ。本文に「個人と社会との関係を自覚せざるを得ません。そこから『社会とは何か』という問いが生まれ，その問いは，市民としての社会参加という意識につながります。」とあるので，**「個人と社会との関係を自覚」することが，市民としての社会参加という意識をもつことにつながること**がわかる。さらに，［ Ⅱ ］は，**自己の経験を見つめることで発見するもの**が入る。本文最後に「自己の経験を可視化する作業は……生きる目的としてのテーマの発見に必ずつながる」とあり，「生きる目的のテーマ」が抜き出せる。

5　本文に「テーマを自分の問題として……さまざまな人とのインターアクションが不可欠であるといえます」とあるので，ここから適切な選択肢を選べよう。アは「矛盾した課題」という点が不適切。二つは矛盾していない。イは「変化することのない自分の意見」という点が不適切。変化してよいのだ。エは「相違点をもとにして」という点が不適切。

## 3 (古文—情景・心情，指示語の問題，脱文・脱語補充，仮名遣い)

【現代語訳】 昔，汝南のある人が，田の中に網を張って，麞を捕まえようとした。そのうち麞が網にかかったが，その網の持ち主がまだ来なかったところ，通りがかりの人がいて，麞を盗んでいった。とはいっても，人が取ったものを理由もなく持ち去るのも罪深いことだと思って，その麞の代わりに，携帯していた鮑魚を一つ網の中に入れて立ち去ったところ，例の網の持ち主がやって来て，鮑魚が網の中に在るのを見て，こうしたものがここにいるとも思われず，どう考えても霊験ある神さまが現れなさいましたのであろうと，とても不思議に思った。村の者たちがみんな寄り集まって来て，その後に祠を建て申し上げ，鮑君と名付けてお参りしていた。村の者たちはいろいろな病気が癒えることがあるので，この神さまのお恵みによるものだと謹んでお参りしているうちに，大きなお社を作り出して，賽の神楽の音色が絶えることがない。ほんとうにすばらしい神様であったそうだ。七,八年ほど経った頃，あの鮑魚を持っていた主が，この御社のそばを通りすぎ，「どのような神さまがこのように現われになったのか」と言って見てみると，自分が置いていった鮑魚であった。「ああ，驚きあきれたことだ。それは，私が置いていったものだ」といったところ，例の霊験のことはたちまちなくなってしまった。

1　語中・語尾の「は・ひ・ふ・へ・ほ」は，現代仮名遣いで「ワ・イ・ウ・エ・オ」にする。

2　「道行く人」が，網の中に鮑魚を残していったのだ。

3　「さりとも人の取り得たらんものをあやなく取りなんも罪深し」をふまえて選択肢を選ぶ。

4　本文中に「村の者ども病さまざま癒ゆることあれば」とあるのでここから，指定字数で Ⅰ に抜き出せる。 Ⅱ には，御社を大きくしたり，神楽を奏でたりしているところから，**鮑魚を大切にしていたこと**がわかる。 Ⅲ は，**どうなると御利益がなくなり，どうなると御利益を生むのかということを考える**と分かりやすい。先生の言葉にこの文章のテーマである「人々の信仰心が御利益を生む」とあるので，ここから**信仰心がなくなると御利益がなくなる**ということがわかり，空欄を補えよう。

## 4 (小説文—情景・心情，内容吟味，文脈把握，脱文・脱語補充，熟語)

1　傍線①の後の心中表現(よし。目にもの見せてやる)の部分から，気合が入っている様子がわかる。

2　 Ⅰ は，対戦する前の山沢君の様子を入れる。「山沢君はつまらなそうだった。」から抜き出せる。 Ⅱ は，対戦後に「『馬引きからの7手詰めだよ』山沢君が悔しそうに言って,」とあるので，ここを用いてまとめよう。

3　ぼくは先生が決めた引き分けという結果に不満はいだいていない。「10手あれば詰ませられそうな気がする。ただし手順がはっきり見えているわけではなかった」とあり，**有利であるものの，見極められていない**からだ。

4　「切磋琢磨」は，志を同じくする者が，互いの欠点や誤りを直し合って向上をはかること。

5　この時のぼくの心中表現が「どれほど苦しい道でも，絶対にやりぬいてみせる」という部分から，**プロ棋士という目標に向けてゆるぎない決意**を持っていることがわかる。それに向けて**山沢君というライバルと切磋琢磨し，お互いに向上していこう**としているのだ。この**夢と希望に高まる気持ち**をまとめよう。

## 5 (作文)

二点目の中心は，資料1の読み取りから**「古典の言葉を学習できない」ということ**だ。これを冒頭に示すと，資料の読み取りができていることがアピールできる。そして，なぜマンガだと古典の言葉を学習できないのかという理由を自分なりに考えて作文にまとめよう。ヒントとして，本文の空欄のあとに「伝統的な文化を伝えていく」という目的がある。これと「古典の言葉の学習」をつなげられるとよい。作文といっても，山田さんの発言の一部分である。文脈の流れをさえぎらないようにする必要があるだろう。

鹿児島県公立高等学校

# 2019年度

★★★★★★★★★★★★★★★★★★★★★★★

# 入　試　問　題

2019年度

●くわしい解説……45ページ

# ＜数学＞　時間　50分　　満点　90点

**1**　次の１～５の問いに答えなさい。

１　次の⑴～⑸の問いに答えよ。

⑴　$5 \times (6-2)$ を計算せよ。

⑵　$\dfrac{1}{4}+\dfrac{5}{3}\div\dfrac{10}{9}$ を計算せよ。

⑶　$2\sqrt{7}-\sqrt{20}+\sqrt{5}-\dfrac{7}{\sqrt{7}}$ を計算せよ。

⑷　変数 $x$ の変域が $x<2$ であることを数直線上に表したものとして，最も適当なものを下の**ア**～**エ**の中から１つ選び，記号で答えよ。

**ア** 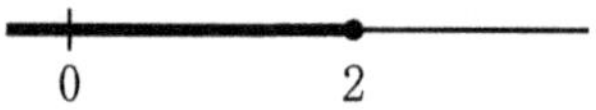


**イ** 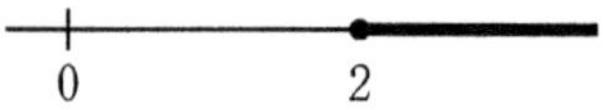


**ウ** 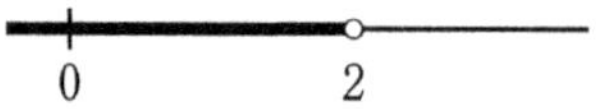


**エ** 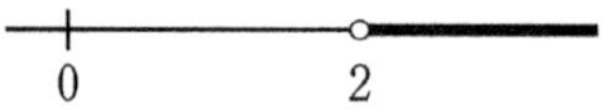


⑸　次の方程式のうち，４は解である方程式はどれか，下の**ア**～**エ**の中からあてはまるものをすべて選び，記号で答えよ。

**ア**　$2x=8$　　**イ**　$\dfrac{1}{2}x=\dfrac{1}{8}$　　**ウ**　$x(x+4)=0$　　**エ**　$x^2-x-12=0$

２　右の図で，３点Ａ，Ｂ，Ｃは円Ｏの周上にある。$\angle x$ の大きさは何度か。

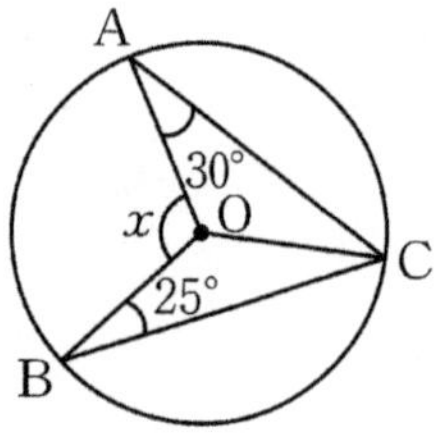


３　関数 $y=x^2$ について，$x$ の値が３から６まで増加するときの変化の割合を求めよ。

４　高さが等しい円柱Ａと円柱Ｂがある。円柱Ａの底面の円の半径は，円柱Ｂの底面の円の半径の２倍である。円柱Ａの体積は，円柱Ｂの体積の何倍か。

５　次のページの表は，オクラの都道府県別収穫量の上位５位を示したものである。全国の総収穫量に対する高知県の収穫量の割合は，14.2％であった。全国の総収穫量に対する鹿児島県の収穫量の割合を求めたい。正しい答えが得られる式を次のページの**ア**～**エ**の中から１つ選び，記号で答えよ。

ア $\frac{1733}{5153}\times 14.2$　　イ $\frac{5153}{1733}\times 14.2$

ウ $\frac{1733}{5153}\div 14.2$　　エ $\frac{5153}{1733}\div 14.2$

| 順位 | 都道府県名 | 収穫量(トン) |
|---|---|---|
| 1 | 鹿児島 | 5153 |
| 2 | 高知 | 1733 |
| 3 | 沖縄 | 1336 |
| 4 | 熊本 | 851 |
| 5 | 福岡 | 604 |

(平成26年産地域特産野菜生産状況調査から作成)

**2** 次の1～5の問いに答えなさい。

1 右の図のように，関数 $y=-\frac{1}{2}x^2$ のグラフ上に2点A，Bがあり，A，Bの $x$ 座標はそれぞれ－2，4である。直線AB上に点Pがあり，直線OPが△OABの面積を2等分しているとき，点Pの座標を求めよ。

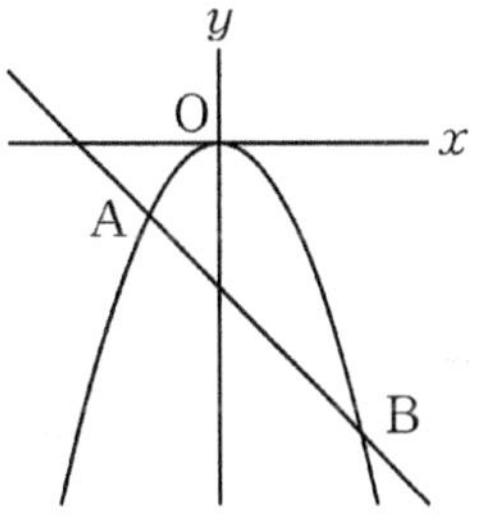


2 次の文中の □ に適当な数を入れ，文を完成させよ。

> 1から4までの数字を1つずつ書いた4枚のカード[1]，[2]，[3]，[4]がある。このカードをよくまぜて，その中からカードを同時に2枚取り出すとき，取り出したカードに書かれた2つの数の和が □ となる確率は $\frac{1}{3}$ である。

3 右の図の△ABCで，点Aが辺BCと重なるように，△ABCを折り目が1本だけつくように折り返す。折り目を表す線と辺BCが平行になるときに，点Aが辺BCと重なる点をDとする。折り目を表す線と辺BC上にある点Dを，定規とコンパスを用いて作図せよ。ただし，点Dの位置を示す文字Dを書き入れ，作図に用いた線も残しておくこと。

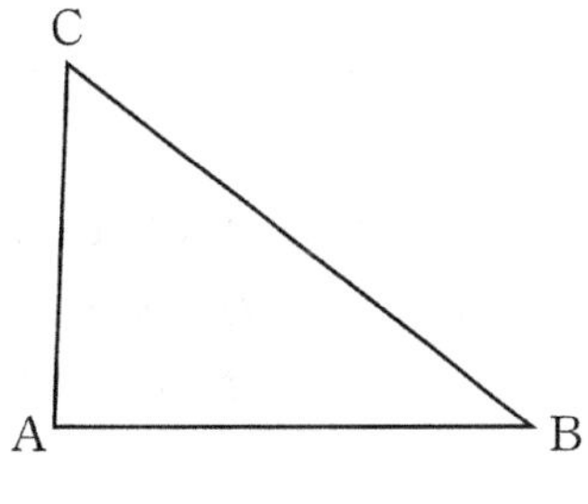


4 右の図のように，∠BAC＝90° の直角二等辺三角形ABCと，頂点A，B，Cをそれぞれ通る3本の平行な直線 $\ell$，$m$，$n$ がある。線分BCと直線 $\ell$ との交点をDとし，頂点Aから2直線 $m$，$n$ にそれぞれ垂線AP，AQをひく。このとき，△ABP≡△CAQ であることを証明せよ。

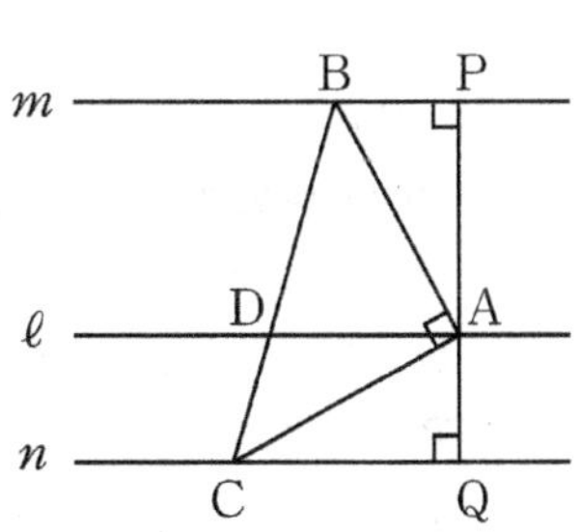

5　１個の値段が120円，100円，80円の３種類のりんごを合わせて17個買い，1580円支払った。このとき，80円のりんごの個数は120円のりんごの個数の３倍であった。３種類のりんごをそれぞれ何個買ったか。ただし，120円のりんごを $x$ 個，100円のりんごを $y$ 個買ったとして，その方程式と計算過程も書くこと。なお，消費税は考えないものとする。

**3**　ＡさんとＢさんのクラスの生徒20人が，次のルールでゲームを行った。

・図のように，床に描かれた的があり，的の中心まで５ｍ離れたところから，的をねらってボールを２回ずつ転がす。
・的には５点，３点，１点の部分があり，的の外は０点の部分とする。
・ボールが止まった部分の点数の合計を１ゲームの得点とする。
・ボールが境界線上に止まったときの点数は，内側の点数とする。

図

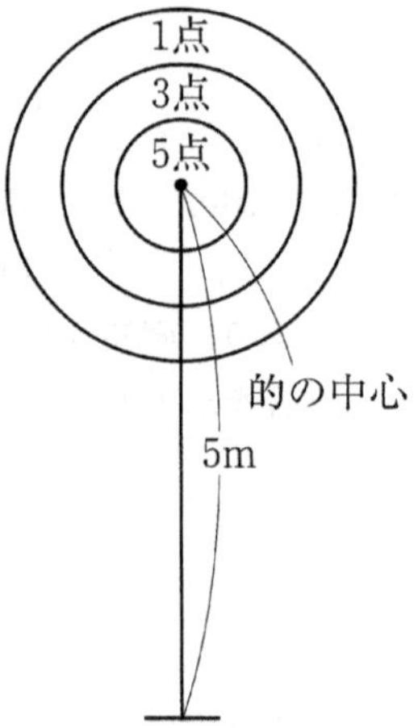


たとえば，１回目に５点，２回目に３点の部分にボールが止まった場合，この生徒の１ゲームの得点は　５＋３＝８（点）となる。

１ゲームを行った結果，下のようになった。このとき，２回とも３点の部分にボールが止まった生徒は２人であった。次の１～３の問いに答えなさい。

| 得点(点) | 0 | 1 | 2 | 3 | 4 | 5 | 6 | 8 | 10 |
|---|---|---|---|---|---|---|---|---|---|
| 人数(人) | 0 | 0 | 5 | 2 | 5 | 1 | 4 | 2 | 1 |

1　20人の得点について，範囲（レンジ）は何点か。

2　１回でも５点の部分にボールが止まった生徒は何人か。

3　ＡさんとＢさんは，クラスの生徒20人の得点の合計を上げるためにどうすればよいかそれぞれ考えてみた。次の⑴，⑵の問いに答えよ。

⑴　Ａさんは「ボールが止まった５点の部分を１点，１点の部分を５点として，得点を計算してみるとよい。」と考えた。この考えをもとに得点を計算した場合の，20人の得点の中央値（メジアン）は何点か。ただし，０点と３点の部分の点数はそのままとする。

⑵　Ｂさんは「１ｍ近づいてもう１ゲームやってみるとよい。」と考えた。この考えをもとに図の的の点数は１ゲーム目のままで20人が２ゲーム目を行った。その結果は，中央値（メジアン）が5.5点，Ａさんの得点が４点，Ｂさんの得点が６点で，Ｂさんと同じ得点の生徒はいなかった。この結果から必ずいえることを下の**ア**～**エ**の中からすべて選び，記号で答えよ。

**ア**　１ゲーム目と２ゲーム目のそれぞれの得点の範囲（レンジ）は同じ値である。

**イ**　５点の部分に１回でもボールが止まった生徒の人数は，２ゲーム目の方が多い。

**ウ**　２ゲーム目について，最頻値（モード）は中央値（メジアン）より大きい。

**エ**　２ゲーム目について，Ａさんの得点を上回っている生徒は11人以上いる。

**4**　自然数を１から順に９個ずつ各段に並べ，縦，横３個ずつの９個の数を□で囲み，□内の左上の数を$a$，右上の数を$b$，左下の数を$c$，右下の数を$d$，真ん中の数を$x$とする。たとえば，右の**表**の□では，$a=5$，$b=7$，$c=23$，$d=25$，$x=15$ である。次の１，２の問いに答えなさい。

**表**

| | | | | | | | | | |
|---|---|---|---|---|---|---|---|---|---|
| １段目 | 1 | 2 | 3 | 4 | 5 | 6 | 7 | 8 | 9 |
| ２段目 | 10 | 11 | 12 | 13 | 14 | 15 | 16 | 17 | 18 |
| ３段目 | 19 | 20 | 21 | 22 | 23 | 24 | 25 | 26 | 27 |
| ４段目 | 28 | 29 | 30 | 31 | ・・・ | | | | |
| ・<br>・<br>・ | | | | | | | | | |

１　$a$を$x$を使って表せ。

２　$M=bd-ac$ とするとき，次の⑴，⑵の問いに答えよ。

⑴　$a$，$b$，$c$，$d$をそれぞれ$x$を使って表すことで，Mの値は４の倍数になることを証明せよ。

⑵　$a$が１段目から10段目までにあるとき，一の位の数が４になるMの値は何通りあるか，次の［　　］の［ア］～［ウ］に適当な数を入れ，求め方を完成させよ。

[求め方]
⑴よりMの値は４の倍数だから，Mの値の一の位の数が４になるのは$x$の一の位の数が［ア］または［イ］になるときである。
$x$は２段目から11段目までにあり，各段の両端を除く自然数であることに注意して，Mの値の個数を求めると［ウ］通りである。

**5**　次の１，２の問いに答えなさい。

１　次の［ア］～［オ］に適当な数または番号を入れ，会話文を完成させよ。

先生：**図１**は，正八面体の見取図と展開図です。正八面体とは，どのような立体でしたか。

**図１**

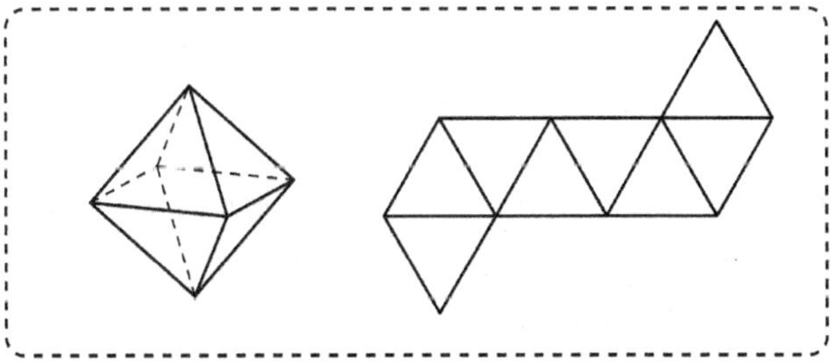

生徒：８個の合同な正三角形で囲まれた立体で，頂点が６個，辺が［ア］本あります。

先生：そうですね。では，正八面体の体積を立方体を使って求めてみましょう。**図２**のように，立方体のそれぞれの面の対角線の交点をＡ，Ｂ，Ｃ，Ｄ，Ｅ，Ｆとするとき，この

6個の点を頂点とする正八面体ができます。このとき，四角形AEFC，ABFD，BCDEは合同な正方形です。立方体を正方形BCDEを含む平面で切った切り口は図3のようになり，正方形BCDEの対角線の長さは，立方体の1辺の長さと等しいことが分かります。立方体の1辺の長さを4㎝として正八面体ABCDEFの体積を求めてみましょう。

図2

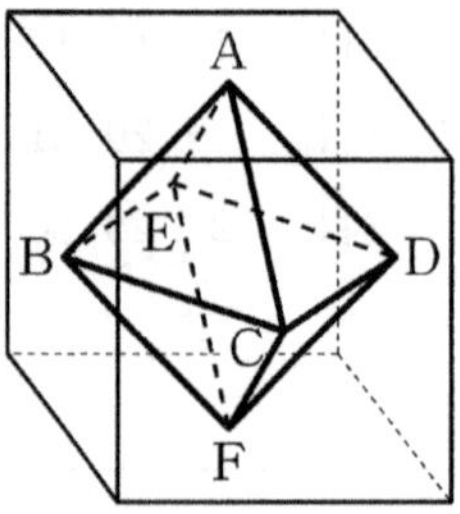


図3

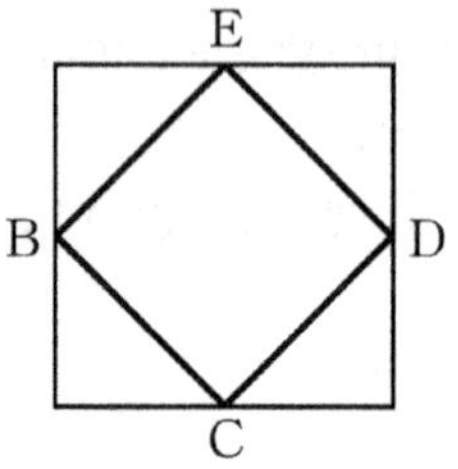


生徒：正方形BCDEの面積は [ イ ] ㎝²だから，正四角すいABCDEの体積は [ ウ ] ㎝³です。この正四角すいの体積の2倍が正八面体の体積となります。

先生：立方体を使うと，体積が求めやすくなります。正八面体の特徴にもよく気がつきました。では，次の問題はどうでしょうか。

先生：図4の1辺の長さが6㎝の正八面体において，点Bから辺AC，CD，DFを通って点Eまで，1本の糸をかけます。糸の長さが最も短くなるようにかけたときの，糸の長さは何㎝か，図5の展開図を使って求めてみましょう。

図4

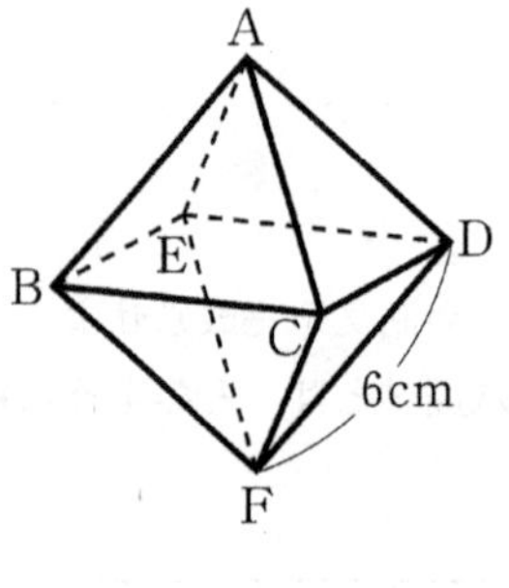


図5

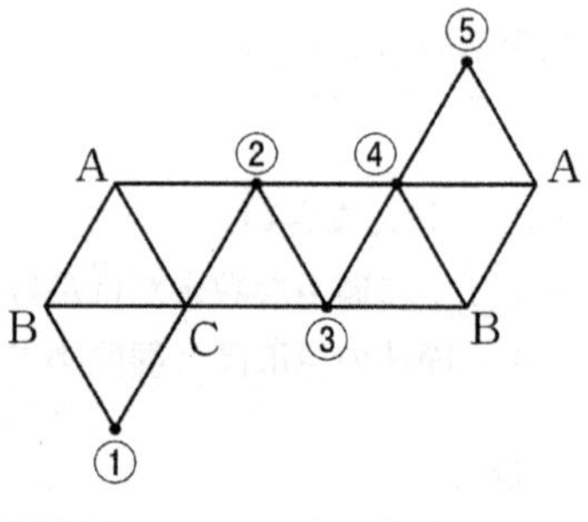


生徒：図5の①～⑤の中で，点Eにあたる番号は，[ エ ] です。かけた糸のようすを図5にかき入れて考えてみると，最も短くなるときの糸の長さは，[ オ ] ㎝となりました。

先生：そうですね。展開図にかき入れると，かけた糸のようすが分かりやすくなります。

最後は，正八面体の中に作られた立体の体積の変化の問題です。図6の1辺の長さが6㎝の正八面体の辺上を，毎秒1㎝の速さで6秒間だけ動く2点P，Qがあります。2点P，Qは点Aを同時に出発し，点Pは辺AB上を点Bに向かって，点Qは辺AD上を点Dに向かって動きます。三角すいCPFQの体積が正八面体ABCDEFの体積の$\frac{1}{6}$となるのは，2点P，Qが点Aを出発してから何秒後の

図6

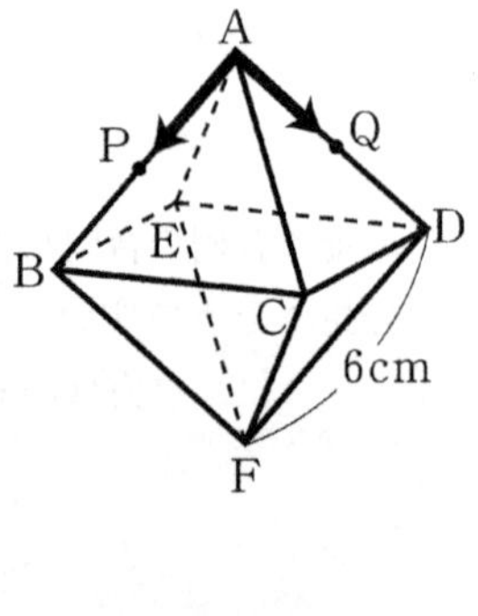

ことか，考えてみましょう。

2　1の会話文中の下線部について，何秒後か求めよ。ただし，2点P，Qが点Aを出発してから$t$秒後のこととして，$t$についての方程式と計算過程も書くこと。

# 数 学 解 答 用 紙

| | | | | | | | | | | |
|---|---|---|---|---|---|---|---|---|---|---|
| 1 | 1 | (1) | | (2) | | (3) | | (4) | | (5) |
| | 2 | 度 | 3 | | 4 | 倍 | 5 | | | |

**2**

1 P（　　　，　　　）

2

3

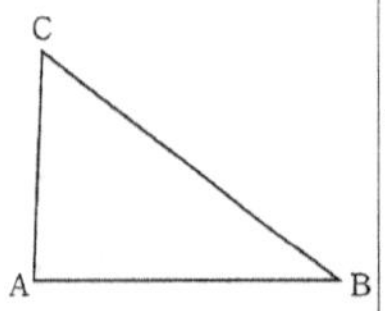

4 （証明）

5 （式と計算）

答 120円のりんご　　個，

100円のりんご　　個，

80円のりんご　　個

| | | | | | | | | | |
|---|---|---|---|---|---|---|---|---|---|
| 3 | 1 | 点 | 2 | 人 | 3 | (1) | 点 | (2) | |

**4**

1 $a$ ＝

2 (2) ア

イ

ウ

2 (1) （証明）

**5**

1 ア

イ

ウ

エ

オ

2 （式と計算）

答　　　　秒後

| 受検番号 | |
|---|---|

| 合計得点 | |
|---|---|

※この解答用紙は189％に拡大していただきますと，実物大になります。

# ＜英語＞　時間　50分　満点　90点

1　**聞き取りテスト**　英語は２回ずつ放送します。メモをとってもかまいません。

1　これから，Becky と Akira との対話を放送します。Becky が先週末にしたことを表した絵として最も適当なものを下の**ア**～**エ**の中から一つ選び，その記号を書きなさい。

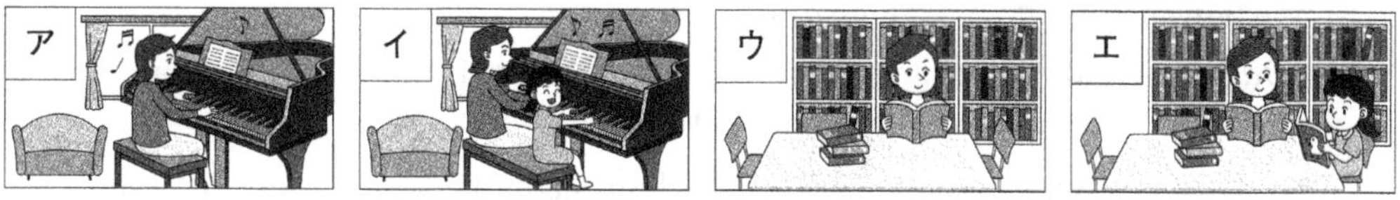


2　これから，高校生の Lucy と Takeshi との対話を放送します。二人が対話をしている場面として最も適当なものを下の**ア**～**エ**の中から一つ選び，その記号を書きなさい。

**ア**　Takeshi が Lucy に e-mail に書く内容を相談している場面。

**イ**　Takeshi が Lucy に Australia について尋ねている場面。

**ウ**　Lucy と Takeshi が e-mail の送信先を確認している場面。

**エ**　Lucy と Takeshi が Australia について調べている場面。

3　これから，ALT の Tom 先生と Maki との対話を放送します。下はその対話の後に，Maki が作って教室に掲示したポスターの一部です。対話を聞いて，①，②にそれぞれ英語１語を書きなさい。

**Tom's friend, John, will join our English class !**

**Date : (　①　) 15**

He is interested in Japan.

Please (　②　) Japanese traditional clothes or toys to the class.

4　これから，Kohei が英語の授業で行ったスピーチを放送します。スピーチの後に，その内容について英語で三つの質問をします。(1)，(2)はその質問に対する答えとして最も適当なものを下の**ア**～**エ**の中からそれぞれ一つ選び，その記号を書きなさい。(3)は英文が質問に対する答えとなるように，空欄に入る適切な英語を書きなさい。

(1)　**ア**　For two years.　　**イ**　For three years.

　　**ウ**　For four years.　　**エ**　For five years.

(2)　**ア**　Make many friends.　　**イ**　Don't be afraid of speaking English.

　　**ウ**　Study English every day.　　**エ**　Don't make many mistakes.

(3)　He [　　　　　　　　].

5　これから，中学生の Jack と Jack の母親との対話を放送します。その中で，母親が Jack に質問をしています。Jack に代わってあなたの答えを英文で書きなさい。２文以上になってもかまいません。書く時間は１分間です。

**2** 次の1～4の問いに答えなさい。

1 次は，外国でホームステイをしているDaisukeとホストマザーのMs. Wilsonとの対話である。下の①，②の英文が入る最も適当な場所を対話文中の〈ア〉～〈エ〉の中からそれぞれ一つ選び，その記号を書け。

| ① Look at this map. ② But I don't know how to get there. |
|---|

*Ms. Wilson* : Daisuke, do you have any plans for this Saturday?

*Daisuke* : Yes. I'm going to watch a baseball game with my friends.

*Ms. Wilson* : 〈 ア 〉 That's nice!

*Daisuke* : My favorite team will play at the baseball stadium in this town. 〈 イ 〉 Could you tell me?

*Ms. Wilson* : Sure. 〈 ウ 〉 The baseball stadium is here, and our house is near ABC Park. You should take a city bus from the bus stop* at ABC Park.

*Daisuke* : OK. How long will it take to get there by bus? 〈 エ 〉

*Ms. Wilson* : About twenty minutes.

*Daisuke* : All right. Thank you.

注 bus stop バス停

2 次は，職場体験（work experience program）の体験先一覧の一部と，それを見ているNaomi，Kentaと留学生のCathyとの会話である。三人の会話が一覧の内容と合うように，（①）～（③）にはそれぞれ英語1語を，④ には3語以上の英語を書け。

**職場体験（11/6～11/8）について**

1．南九州水族館
　時　間：9:15～16:00
　実習内容：1日目　魚や海洋動物についての学習
　　　　　　2日目　魚へのえさやり，水そうの掃除
　　　　　　3日目　イルカショーの補助
　　　　　　　　　（終了後，イルカとの写真撮影あり）
　※三人一組で申し込むこと。

2．フレッシュ鹿児島スーパーマーケット

*Cathy* : Hi, Naomi! Hi, Kenta! What are you doing?

*Naomi* : We are reading about a work experience program at an aquarium*.

*Kenta* : We are planning to choose this program.

*Cathy* : Oh, that's interesting. Please tell me about it.

*Naomi* : We'll learn about fish and sea ( ① ) on the first day.

*Kenta* : And on the second and third days, we'll work with the aquarium staff*!

*Cathy* : Oh, really? What kind of work will you do?

*Naomi* : We'll ( ② ) the fish some food and clean some tanks*.

*Kenta* : We can also help the staff with the Dolphin Show*. After that, we can take ( ③ ) with the dolphins!

*Cathy* : Wonderful! [ ④ ] with you?

*Naomi* : Of course you can. One group should have three people, so we need another student.

*Cathy* : Great!

注 aquarium 水族館　staff 従業員　tank 水そう　Dolphin Show イルカショー

3 下の絵において，①，②の順で対話が成り立つように，①の吹き出しの □ に4語以上の英語を書け。

4 下の絵は，新しく来たALTの先生との授業の場面を表している。場面に合うように，Ichiroになったつもりで，次の □ に20語以上のまとまりのある英文を書け。2文以上になってもかまわない。ただし，同じ表現を繰り返さないこと。

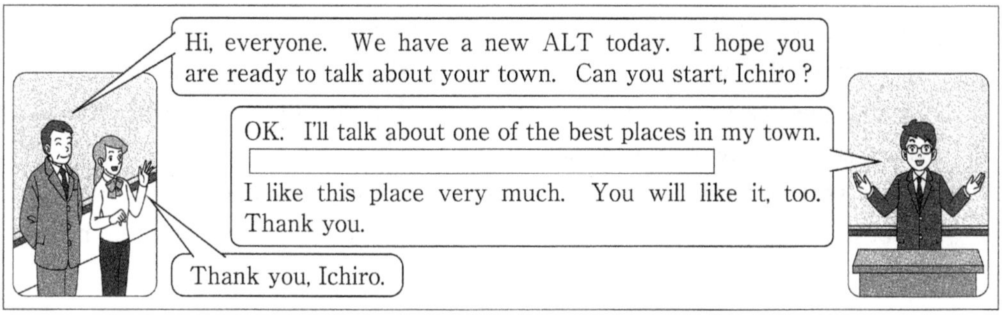


**3** 次のⅠ～Ⅲの問いに答えなさい。

Ⅰ 次は，中学生のTakuyaとALTのGreen先生との対話である。対話文中の [ ① ] ～ [ ③ ] に入る最も適当なものを下のア～エの中からそれぞれ一つ選び，その記号を書け。

*Takuya* : Hello, Ms. Green. What are you looking at?

*Ms. Green* : This is the website for Kagoshima Prefecture*.

*Takuya* : [ ① ]

*Ms. Green* : Yes. You can also read it in Korean and in Chinese.

*Takuya* : Oh, really? [ ② ]

*Ms. Green* : That's a good question. Foreign people can get a lot of information about Kagoshima from this website. For example, they can learn about some famous places, popular local* food, and its history.

Before I came to Kagoshima, I learned a lot from this website.

*Takuya* : That's great. [ ③ ]

*Ms. Green* : Me, too. How about making guide leaflets* for foreign people after school?

*Takuya* : Let's do that!

注 website for Kagoshima Prefecture 鹿児島県のウェブサイト　local 地元の
guide leaflet(s) 案内リーフレット

ア Wow, are you reading it in English?
イ I have lived in Kagoshima for three years.
ウ I want many foreign people to know about Kagoshima.
エ Why is this website written in foreign languages?

Ⅱ 次は，中学生の Yukiko が書いたスピーチ原稿である。これを読み，あとの問いに答えよ。

Hello, everyone. I am going to talk about something important that will help us in our lives.

Look at this. This is one of the tomatoes I grew* this year. My brother is studying agriculture* in high school and enjoys growing vegetables*. I thought it was interesting, so I started growing tomatoes in my garden* last year. I gave the tomatoes water every day. However, one month later, many of them became sick. My brother didn't give me any solutions* then, but he said, "Do you know why they are sick? Did you try to find the reason?"

I went to the city library and read a book about growing tomatoes. Finally, I found the reason. Tomatoes don't need a lot of water every day. After that, I stopped giving my tomatoes too much water.

This year, I tried again and I have grown my tomatoes well! Experience is the best teacher. Now I know what to do. I will grow more tomatoes next year.

注 grew ～ ～を育てた（現在形は grow，過去分詞形は grown）　agriculture 農業
vegetable(s) 野菜　garden 菜園　solution(s) 解決法

1 本文の内容に合っているものを下のア～エの中から一つ選び，その記号を書け。

ア Yukiko thinks eating tomatoes is good for her health.
イ Yukiko's brother taught her how to grow tomatoes.
ウ Yukiko had a problem about growing tomatoes last year.
エ Yukiko has grown tomatoes well for two years.

2 下線部の内容を最も的確に表している1文を本文中から抜き出して書け。

Ⅲ 中学生の Kyoko が書いた次の英文を読み，あとの問いに答えよ。

When I entered junior high school, I didn't like studying English. It was difficult, and I didn't understand many words. However, last summer, I discovered* a dream.

My grandfather took me to SATSUMA STUDENTS MUSEUM in Ichikikushikino

City during last summer vacation. The Satsuma students went to Great Britain* more than 150 years ago. Going abroad was very dangerous at that time, but they learned many new things there and had an influence on* Japan. "The youngest student was only thirteen when he left Japan," my grandfather said. I was surprised to hear that and said, "He was amazing! Only thirteen?" I became interested in going abroad after I visited the museum.

A week later, I watched a TV program about a Japanese doctor who was working hard in a foreign country. That country needed more doctors. I was shocked* to know that many countries didn't have enough doctors. I wanted to do something for sick people. I decided to be a doctor and help people in those countries.

English is very important for working in foreign countries. I have read an English newspaper every week since I watched that program. It's not easy, but I will do everything to improve my English.

注　discovered ～　～を見つけた　　Great Britain　英国
　　had an influence on ～　～に影響を与えた　　shocked　ショックを受けた

1　次の(1), (2)の質問に対する答えを英文で書け。

(1) Why was Kyoko surprised when she heard about the youngest student?

(2) What did Kyoko start doing after she found her dream?

2　下線部の内容を30字程度の日本語で書け。

4　次の英文を読み，1～7の問いに答えなさい。(［1］～［5］は段落番号を表している。)

［1］ Amy was a junior high school student. One day, her class had a meeting and talked about what to do on stage* at the school festival. Amy said, "I love singing. Let's sing together!" "Wait a minute," said Sam. "I can teach you how to dance. Let's dance!" Another girl said she wanted to do a drama. Then Sam said, "［　①　］ How do we decide?"

［2］ Sam and Amy asked all their classmates. 14 students wanted to sing, 11 wanted to dance, 8 wanted to do a drama, and 6 wanted to play music. Amy was very (　②　) and said, "Thank you, everyone! Singing is the biggest group. We've decided to sing! Let's start practicing in the music room after school tomorrow. I'll choosc somc bcautiful songs and teach you how to sing!" Many students didn't look happy, but they said nothing. Sam got angry and left the classroom.

［3］ The next day, there were only 18 students in the music room. Sam was not there. They started practicing. Amy stood in front of the students and gave them some advice*. While they were practicing, Amy thought, "Only 18 students...this is a problem. ③I don't understand." Then Mark came to her and said, "You look sad. Are you OK?" He wanted to play music, but he was practicing singing with Amy. Amy said, “I don’t know what to do. I just want to sing together.” Mark said, “I know how you feel, Amy. But many students are not here.” Amy answered, “Right. They didn’t say anything when we decided to sing.” Mark said, “That’s true, but it doesn’t mean that ④ . You want to sing. I want to play the trumpet*. Anyway*, our class didn’t talk enough* yesterday. If we talk more, maybe we can find a way to be happy.” Amy thought, “Talk more...”

[4] That night, Amy went to bed early and thought about Mark’s words. She thought, “We want to do different things. Everyone can be happy if we talk more... yes, our class should talk again.”

[5] The next morning, the class had another meeting. Amy said to the class, “Only 18 students came to practice yesterday. This is not good. I think we need to talk more.” Sam said, “That’s true. Let’s talk again.” Amy said, “I really wanted to sing, so I didn’t think about what other people wanted to do. But last night I realized* it was important for all of us to be happy with the performance*.” Mark said, “I can’t sing well, but I can play the trumpet to your songs*. Listen!” He started to play. The students shouted*, “He’s a wonderful player. He should play the trumpet for us!” Someone asked, “What can I do?” The students started to talk here and there with each other. Sam thought for a while* and said, “Maybe I can dance to your songs.” Someone else said, “I can do a drama to your songs!” Amy smiled and said, “Thank you, everyone. I’ve got a good idea! We can put everything together! We can dance, do a drama, play music, and sing in one performance. It’s a musical*! We’ll do a musical at the festival!” Finally, everyone was happy. Sam said, “Let’s start today!”

注 on stage ステージで　advice アドバイス　trumpet トランペット
anyway いずれにせよ　enough 十分に　realized 気づいた　performance 上演
to your songs あなたたちの歌に合わせて　shouted 叫んだ　for a while しばらくの間
musical ミュージカル

1 次のア～ウの絵は，本文のどの段落の場面を表しているか。それぞれ［1］～［5］の段落番号で答えよ。ただし，絵は話の展開どおりに並んでいるとは限らない。

2 ［①］に入る最も適当なものを下のア～エの中から一つ選び，その記号を書け。

ア I think dancing is difficult for me.　イ We know a lot about the festival.

ウ I can sing better than you can.　エ We have some different ideas.

3 （②）に入る最も適当なものを下のア～エの中から一つ選び，その記号を書け。

ア angry　イ excited　ウ interested　エ sad

4 Amy が下線部③のように考えたのはなぜか，30字程度の日本語で書け。

5 ［④］に，本文の内容に合うように２語以上の英語を書け。

6 本文の内容に合っているものを，下のア～オの中から二つ選び，その記号を書け。

ア All the students in Amy's class wanted to sing at the school festival.

イ Amy and Sam started to practice singing after the first meeting.

ウ Dancing was more popular than doing a drama at the first meeting.

エ Mark came to the music room and practiced singing with his classmates.

オ Sam finally agreed with Amy because he became interested in singing.

7 次は，文化祭が終わった後の Amy と Mark との対話である。Amy に代わって［　］に15語程度の英語を書け。２文以上になってもかまわない。

*Mark* : We did a great job. Thank you for your amazing idea.

*Amy* : You helped us a lot, Mark. I learned an important thing from the class meetings.

*Mark* : Oh, did you? What's that?

*Amy* : ［　　　　　　　　　　　　　　］

*Mark* : That's true. Our class has become better now!

# 英 語 解 答 用 紙

| | | | |
|---|---|---|---|
| 1 | 1 | | |
| | 2 | | |
| | 3 | ① | ② |
| | 4 | (1) | |
| | | (2) | (3) He . |
| | 5 | | |
| 2 | 1 | ① | ② |
| | 2 | ① | |
| | | ② | |
| | | ③ | |
| | | ④ with you ? | |
| | 3 | ? | |
| | 4 | | |
| 3 | Ⅰ | ① | ② ③ |
| | Ⅱ | 1 | |
| | | 2 | |
| | Ⅲ | 1 (1) | |
| | | 1 (2) | |
| | | 2 | 30 |
| 4 | 1 | ア | イ ウ |
| | 2 | | |
| | 3 | | |
| | 4 | 30 | |
| | 5 | | |
| | 6 | | |
| | 7 | | |

| 受検番号 | | 合計得点 | |
|---|---|---|---|

※この解答用紙は164％に拡大していただきますと，実物大になります。

# <理科>　時間　50分　満点　90点

1　次の各問いに答えなさい。答えを選ぶ問いについては記号で答えなさい。

1　地下の深いところでマグマがゆっくりと冷えて固まってできた岩石はどれか。

**ア**　安山岩　**イ**　花こう岩　**ウ**　玄武岩　**エ**　石灰岩

2　**図1**の顕微鏡を使って小さな生物などを観察するとき，視野全体が均一に明るく見えるように調節するものとして最も適切なものは**図1**の**ア**～**エ**のどれか。また，その名称も書け。

**図1**

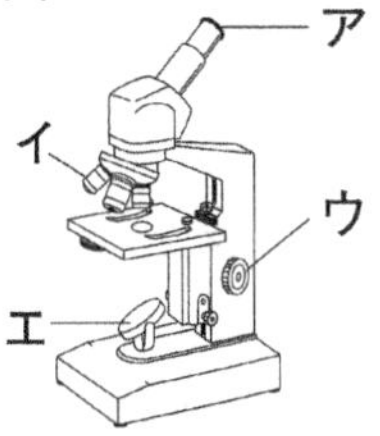


3　太陽の光に照らされたところはあたたかくなる。このように，光源や熱源から空間をへだててはなれたところまで熱が伝わる現象を何というか。

4　実験で発生させたある気体Xを集めるとき，気体Xは水上置換法ではなく下方置換法で集める。このことから，気体Xはどのような性質をもっていると考えられるか。

5　地表の岩石は，太陽の熱や水のはたらきなどによって，長い間に表面からぼろぼろになってくずれていく。このような現象を何というか。

6　エンドウの種子の形には丸形としわ形がある。丸形としわ形は対立形質であり，丸形が優性形質である。丸形の種子から育てた個体の花粉をしわ形の種子から育てた個体のめしべに受粉させたところ複数の種子ができ，その中にはしわ形の種子も見られた。種子の形を丸形にする遺伝子をA，種子の形をしわ形にする遺伝子をaとしたとき，できた複数の種子の遺伝子の組み合わせとして考えられるものをすべて書け。

7　速さが一定の割合で増加しながら斜面を下る物体がある。この物体にはたらいている運動の向きと同じ向きの力の大きさについて述べたものとして，正しいものはどれか。

**ア**　しだいに大きくなる。　**イ**　しだいに小さくなる。　**ウ**　変わらない。

8　**図2**は，20℃のときの液体Aと液体Bの体積と質量の関係を表したものである。次の文中の①，②について，それぞれ正しいものはどれか。

> 20℃のとき，同じ質量の液体Aと液体Bの体積を比べると，①（**ア**　液体A　**イ**　液体B）のほうが小さい。
>
> また，ビーカーに同じ質量の液体Aと液体Bを入れ，20℃でしばらく放置すると，液体Aと液体Bは混ざり合わずに上下2つの層に分かれた。このとき上の層の液体は，②（**ア**　液体A　**イ**　液体B）である。

**図2**

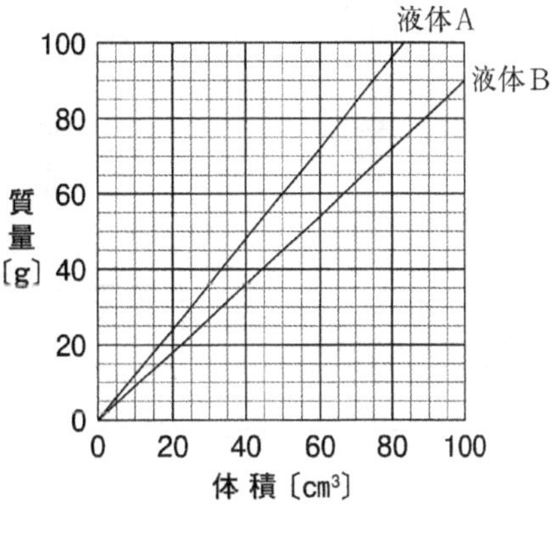

**2**　次のⅠ，Ⅱの各問いに答えなさい。答えを選ぶ問いについては記号で答えなさい。

Ⅰ　図１は，ヒトが刺激を受けとってから反応するまでに信号が伝わる経路を模式的に表したものであり，Aは脳，Bはせきずい，C～Fは神経を表している。また，図２は，ヒトがうでを曲げたときの骨と筋肉を模式的に表したものである。

図１

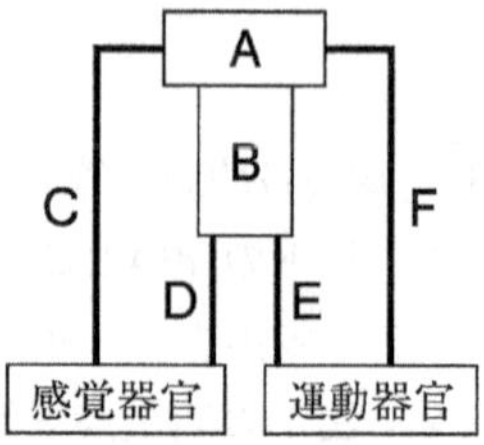


1　ヒトの神経系のうち，判断や命令などを行う脳やせきずいを何神経というか。

2　熱いなべに手がふれて思わず手を引っこめる反応において，刺激を受けとって反応するまでに信号が伝わる経路を，図１のA～Fの記号から必要なものをすべて選び，伝わる順に左から書け。

3　図２の状態からうでをのばすとき，図２の筋肉Xと筋肉Yはどうなるか。

図２

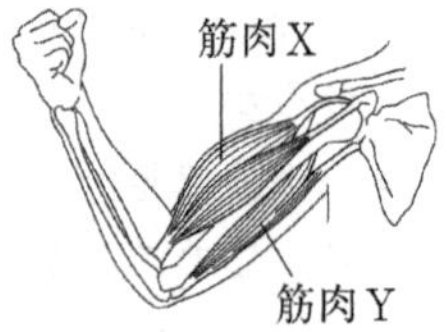


**ア**　筋肉Xも筋肉Yも縮む。
**イ**　筋肉Xも筋肉Yもゆるむ。
**ウ**　筋肉Xはゆるみ，筋肉Yは縮む。
**エ**　筋肉Xは縮み，筋肉Yはゆるむ。

Ⅱ　たかしさんは，植物の蒸散について調べる実験を行った。まず，葉の枚数や大きさ，茎の太さや長さがそろっている同じ植物の枝を３本準備した。次に，図のように，葉にA～Cに示す処理をした枝をそれぞれ同じ量の水が入ったメスシリンダーにさし，水面を油でおおった。その後，光が当たる風通しのよい場所に置き，２時間後にそれぞれの水の減少量を調べた。表は，その結果である。

ただし，水の減少量は，蒸散量と等しいものとする。また，ワセリンをぬったところでは，蒸散は行われないものとし，気孔１個あたりの蒸散量はすべて等しいものとする。

図

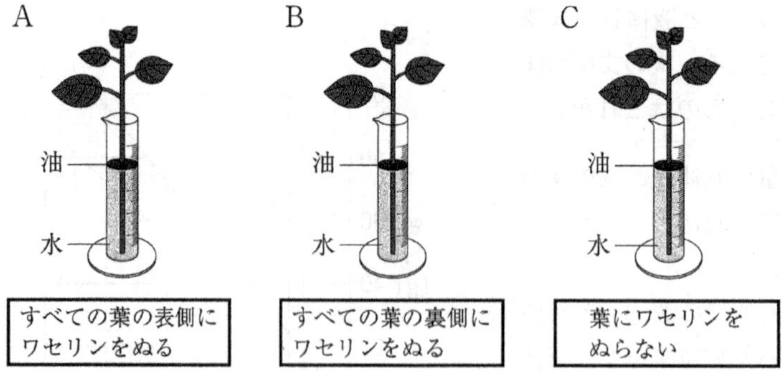


表

| | 水の減少量〔$cm^3$〕 |
|---|---|
| A | 5.2 |
| B | 2.1 |
| C | 6.9 |

1　この実験で，水面を油でおおったのはなぜか。

2　表のAとBの結果から，この植物の葉のつくりについて考えられることを書け。

3　たかしさんは，「Cの水の減少量は，すべての葉の表側と裏側からの蒸散量の合計である。」と考えていたが，実験の結果からこの考えが適切ではないことがわかった。

(1)　この考えが適切ではなかったのはなぜか。その理由を「蒸散量」ということばを使って書け。

⑵　Cの水の減少量のうち，すべての葉の表側と裏側からの蒸散量の合計は何$cm^3$か。

**3**　次のⅠ，Ⅱの各問いに答えなさい。答えを選ぶ問いについては記号で答えなさい。

Ⅰ　**図１**のように，モノコードの駒《こま》とXの間の弦の中央をはじいて音を出した。コンピュータにその音をとりこんだところ，コンピュータには**図２**のような画面が表示された。ただし，**図２**の横軸は時間を表している。

**図１**

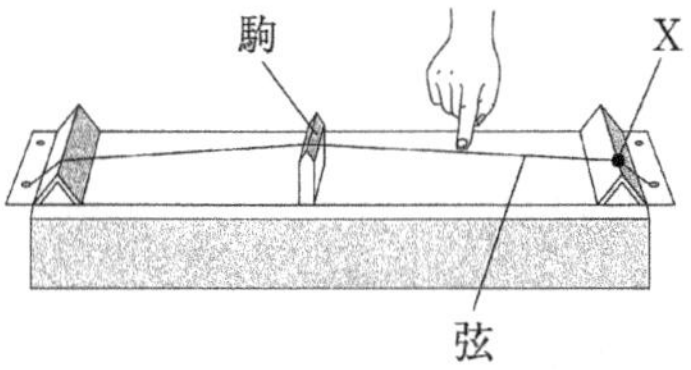


**図２**

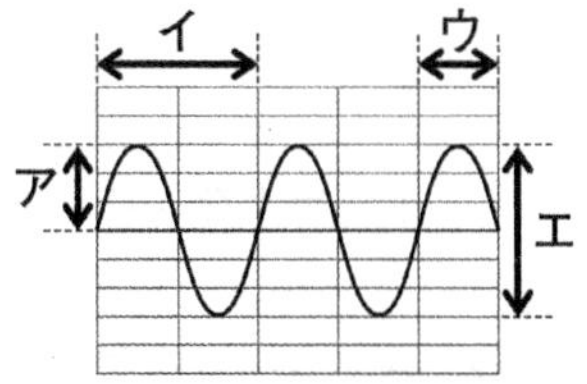


1　空気中での音の伝わり方について述べた次の文中の □ にあてはまる同じことばを書け。

> 音源が □ することによって空気を □ させ，その □ が空気中を次々と伝わる。

2　**図２**の**ア**～**エ**の中で，振幅を表しているものはどれか。

3　弦の張りの強さを変えずに，駒の位置と弦をはじく強さを変えて駒とXの間の弦の中央をはじいたところ，駒の位置と弦をはじく強さを変える前の音より高い音が大きく聞こえた。

⑴　このときコンピュータに表示された画面は次の**ア**～**エ**のどれか。ただし，**ア**～**エ**の縦軸と横軸の１目盛りの大きさは**図２**と同じである。

**ア**

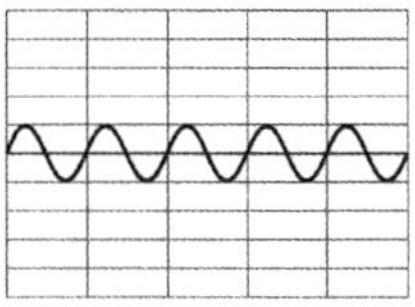

**イ**

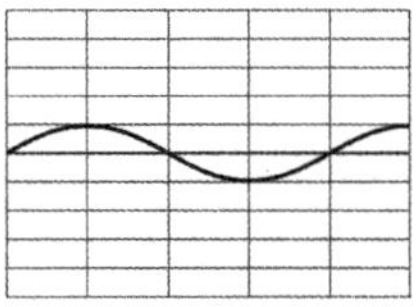

**ウ**

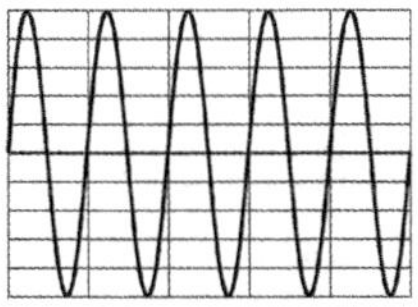

**エ**

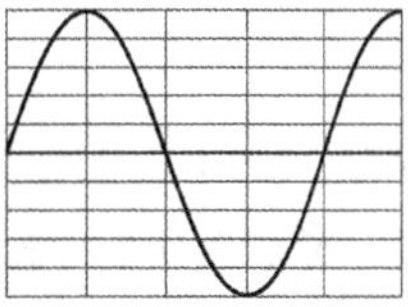

⑵　このとき行った操作を述べた次の文中の①，②について，それぞれ正しいものはどれか。

> 駒とXの間の弦の長さが①（**ア**　長く　　**イ**　短く）なるように駒の位置を動かし，弦をはじく強さを②（**ア**　強く　　**イ**　弱く）した。

Ⅱ　抵抗が同じ大きさの抵抗器ａと抵抗器ｂを用いて次のページの**図１**のような回路をつくった。スイッチ２を切った状態でスイッチ１を入れたところ，プロペラを付けたモーターが回転し，電圧計は2.0V，電流計は250mAを示した。

1　抵抗器ａの抵抗の大きさは何Ωか。

図1

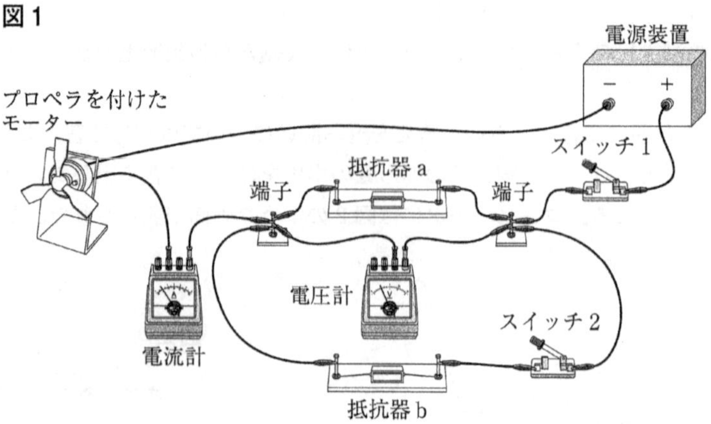


2　次に，スイッチ1を入れたままスイッチ2を入れ，電圧計が2.0Vを示すように電源装置を調整した。

(1)　このときプロペラを付けたモーターに流れる電流の大きさは何mAか。

(2)　このときプロペラを付けたモーターの回転の速さは，スイッチ2を入れる前と比べてどのようになるか。

**ア**　速くなる。　　**イ**　遅くなる。　　**ウ**　変わらない。

3　モーターは，手回し発電機にも使われている。図2は，手回し発電機の中のモーターの内部を模式的に表したものである。次の文中の［ a ］，［ b ］にあてはまることばを書け。

図2

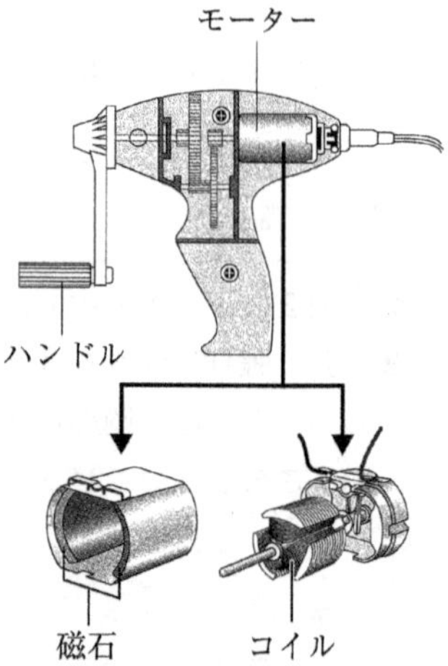


> 手回し発電機のハンドルを回転させると，モーターの中のコイルが回転してコイル内部の［ a ］が変化する。その変化にともない電圧が生じてコイルに電流が流れる。このときに流れる電流を［ b ］という。

**4**　次のⅠ，Ⅱの各問いに答えなさい。答えを選ぶ問いについては記号で答えなさい。

Ⅰ　硝酸カリウム水溶液でしめらせて電流を流しやすくしたろ紙をスライドガラスに置き，その上に青色リトマス紙と赤色リトマス紙をのせ，両端を金属のクリップでとめた。このとき，2つのリトマス紙の色は変化しなかった。

次に，両端のクリップに電圧を加え，2つのリトマス紙の中央にうすい水酸化バリウム水溶液をしみこませた糸を置くと，一方のリトマス紙の色が変化した。しばらくすると，図のようにリトマス紙の色が変化した部分が陽極側に広がった。

図

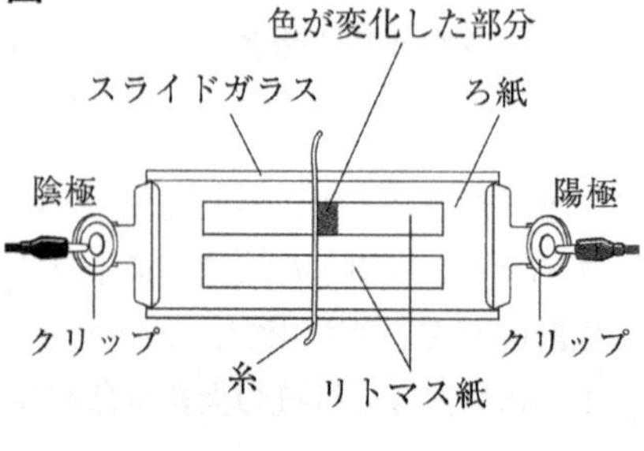

1　硝酸カリウム水溶液に関する次の文中の①，②について，それぞれ正しいものはどれか。

> 硝酸カリウム水溶液は①（**ア**　非電解質　**イ**　電解質）の水溶液である。また，この水溶液は②（**ア**　酸性　**イ**　中性　**ウ**　アルカリ性）の水溶液である。

2　色が変化したリトマス紙は，青色リトマス紙と赤色リトマス紙のどちらか。また，リトマス紙の色を変化させたイオンの名称を書け。

3　うすい水酸化バリウム水溶液にうすい硫酸を加えると白い沈殿が生じる。この化学変化を表す次の化学反応式を完成せよ。

$$Ba(OH)_2 + \quad H_2SO_4 \quad \rightarrow$$

Ⅱ　ひろみさんとたかしさんは，化学変化と物質の質量の関係について調べるため，炭酸水素ナトリウムとうすい塩酸を使って**実験１**と**実験２**を行った。

**実験１**　ひろみさんは，プラスチックの容器にうすい塩酸10.0㎤を入れた試験管と炭酸水素ナトリウム1.0gを入れ，**図１**のように容器のふたを閉めて容器全体の質量をはかったところ75.0gであった。次に，ふたを閉めたまま容器を傾けて炭酸水素ナトリウムとうすい塩酸を反応させた。反応が終わってからしばらく放置し，再び容器全体の質量をはかったところ75.0gであった。

たかしさんは，2つのビーカーにうすい塩酸10.0㎤と炭酸水素ナトリウム1.0gをそれぞれ入れ，**図２**のように２つのビーカー全体の質量をいっしょにはかったところ210.0gであった。次に，炭酸水素ナトリウムが入ったビーカーにうすい塩酸をすべて入れて反応させた。反応が終わってからしばらく放置し，再び２つのビーカー全体の質量をいっしょにはかったところ209.5gであった。

**図１**

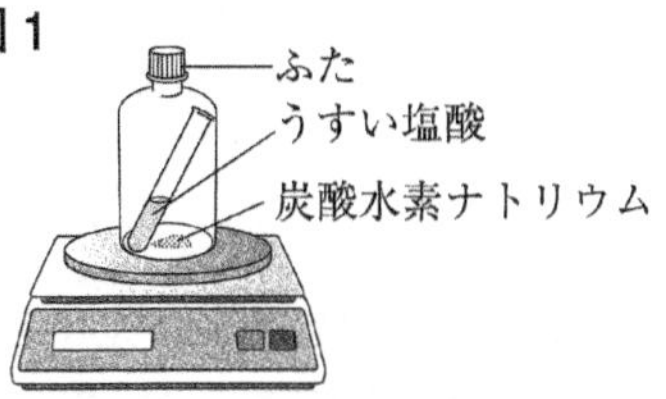


**図２**

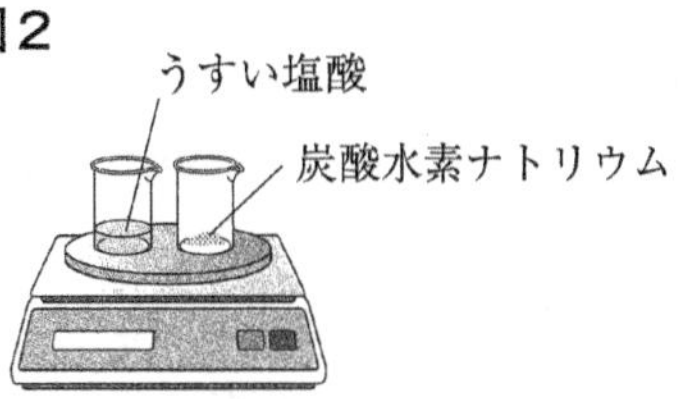


**実験２**　２人は５つのビーカーにそれぞれうすい塩酸20.0㎤を入れ，**図３**のように，ビーカー全体の質量をはかった。次に，これらの５つのビーカーに炭酸水素ナトリウム1.0g，2.0g，3.0g，4.0g，5.0gをそれぞれ加え，うすい塩酸と反応させた。反応が終わってからしばらく放置し，再びビーカー全体の質量をはかった。**表**は，この実験の結果である。

**図３**

**表**

| | | | | | |
|---|---|---|---|---|---|
| うすい塩酸を入れたビーカー全体の質量〔g〕 | 102.0 | 112.9 | 103.5 | 117.0 | 103.9 |
| 加えた炭酸水素ナトリウムの質量〔g〕 | 1.0 | 2.0 | 3.0 | 4.0 | 5.0 |
| 反応後のビーカー全体の質量〔g〕 | 102.5 | 113.9 | 105.0 | 119.2 | 107.1 |

1　次は，**実験１**について話し合っている２人と先生の会話である。

たかしさん：私の実験では反応の前と後で質量が変わっていましたが，ひろみさんの実験では変わっていませんでした。
先　　　生：その理由は何だと考えますか。
ひろみさん：発生していた気体と関係があるのかな。
たかしさん：そうか，私の実験では，発生した気体の分だけ質量が変わったのかな。
ひろみさん：私の実験では，［　a　］から質量が変わらなかったのですね。
先　　　生：そのとおりです。このように，化学変化の前と後では，物質全体の質量は変わりません。このことを［　b　］の法則といいます。

⑴　炭酸水素ナトリウムとうすい塩酸の反応で発生した気体は，二酸化炭素である。二酸化炭素についてあてはまるものをすべて選べ。

**ア**　温室効果ガスの１つである。　**イ**　特有の刺激臭がある。
**ウ**　空気中に体積の割合で約20％ふくまれている。　**エ**　化合物である。

⑵　［　a　］にあてはまる，**実験１**でひろみさんが行った操作を10字以内で書け。

⑶　［　b　］にあてはまることばを書け。

2　**実験２**の結果から，加えた炭酸水素ナトリウムの質量と発生した気体の質量との関係を表したグラフをかけ。ただし，発生した気体はすべて空気中に出ていったものとし，グラフの横軸は加えた炭酸水素ナトリウムの質量〔g〕，縦軸は発生した気体の質量〔g〕とする。また，縦軸については目盛りの数値も書き，結果から求められるすべての値を「•」で記入すること。

3　炭酸水素ナトリウムと塩化ナトリウムの混合物がある。ひろみさんとたかしさんは，**実験２**の結果をもとにして，この混合物にふくまれる炭酸水素ナトリウムの質量の割合を調べた。

**実験２**で用いたものと同じ濃度のうすい塩酸20.0$cm^3$に，この混合物3.0gを加えて反応させた。反応が終わってからしばらく放置し，質量の変化を調べたところ，1.2gの気体が発生したことがわかった。この混合物3.0gにふくまれていた炭酸水素ナトリウムの質量の割合は何％か。ただし，塩化ナトリウムは塩酸と反応しない。

**5**　次のⅠ，Ⅱの各問いに答えなさい。答えを選ぶ問いについては記号で答えなさい。

Ⅰ　地球上の水は，状態を変えながら絶えず海と陸地と大気の間を循環している。

1　**図１**は，冬のある日の日本付近の雲のようすであり，日本海上と太平洋上に北西の季節風にそったすじ状の雲が見られる。冬の日本海上の雲のでき方について述べたものとして，最も適切なものはどれか。

図１

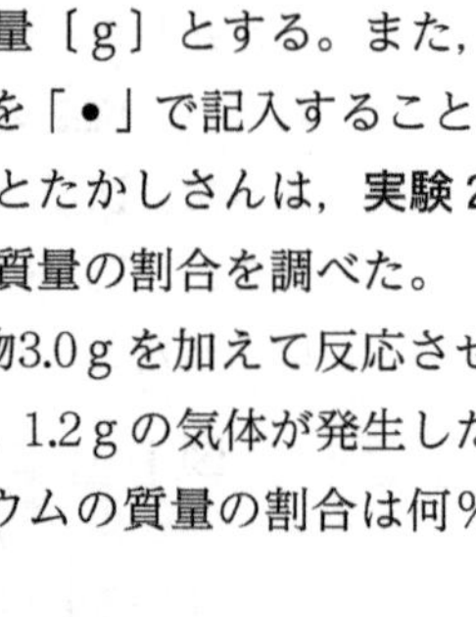

**ア**　シベリア気団からふき出した冷たくしめった季節風が，日本海上で水蒸気をふくんで雲ができる。

**イ**　シベリア気団からふき出した冷たく乾燥した季節風が，日本海上で水蒸気をふくんで雲ができる。

**ウ**　小笠原気団からふき出した冷たくしめった季節風が，日本海上で水蒸気をふくんで雲ができる。

エ　小笠原気団からふき出した冷たく乾燥した季節風が，日本海上で水蒸気をふくんで雲ができる。

2　早朝に生じた霧が，昼に消えた。霧が昼に消えた理由を，「露点」ということばを使って書け。

3　図2は，地球上の水の循環を模式的に表したものである。矢印は水の移動を表し，（　）内の数字は全降水量を100としたときのそれぞれの値を示している。図2の □ にあてはまる数値を書け。

図2

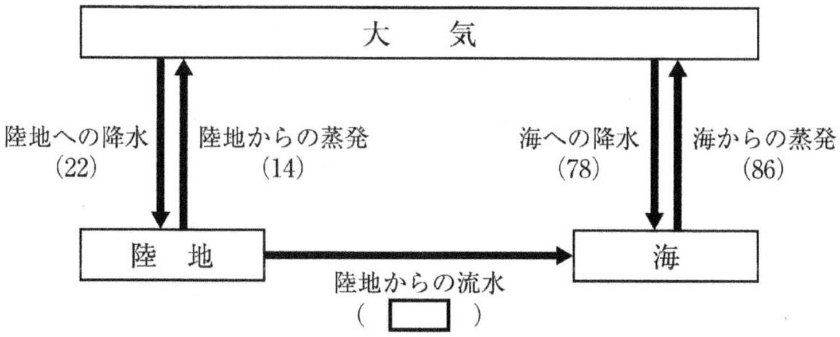


Ⅱ　鹿児島県に住むひろみさんは，7月28日に皆既月食が起こることを知り，月や惑星について調べたり，自宅付近で観察したりした。

1　太陽系の惑星のうち，金星や火星のように木星や土星に比べ小型で密度が大きい惑星を何というか。

2　皆既月食が起こった7月28日の月はどれか。

ア　新月　　イ　満月　　ウ　上弦の月　　エ　下弦の月

3　7月31日は地球と火星が最接近し，太陽から見て地球と火星が同じ方向に位置していることがわかった。7月31日の午後9時ごろ，ひろみさんはどの方角の空に火星を観察することができるか。ただし，地球と火星はほぼ同じ平面上を公転している。

ア　北東の空　　イ　北西の空　　ウ　南東の空　　エ　南西の空

4　図は，8月18日の地球の北極側から見た太陽，金星，地球の位置関係を模式的に表したものである。

ひろみさんは，8月18日に金星を天体望遠鏡で観察したところ半月の形に見えた。この後，観察を続けていくと10月下旬には金星が観察できなくなったが，11月中旬ぐらいから再び観察できるようになった。

ひろみさんが11月下旬に金星を観察するとき，金星はいつごろ，どの方角の空に見えるか。ただし，金星と地球はほぼ同じ平面上を公転し，金星の公転周期は0.62年とする。

図

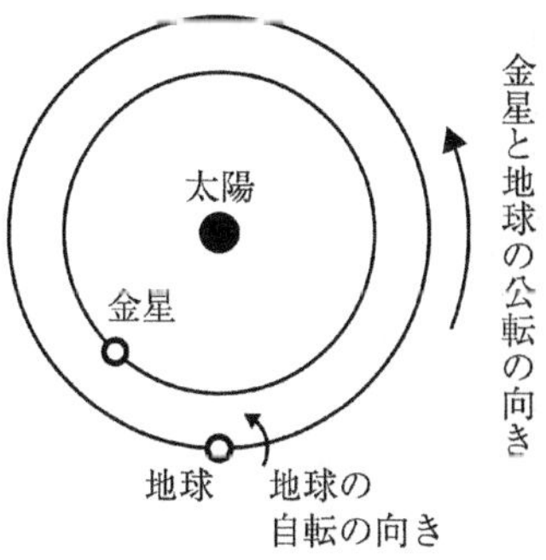


ア　明け方，東の空　　イ　明け方，西の空

ウ　夕方，東の空　　エ　夕方，西の空

# 理 科 解 答 用 紙

| | | | |
|---|---|---|---|
| 1 | 1 | | |
| | 2 | 記号 | 名称 |
| | 3 | | |
| | 4 | | |
| | 5 | | |
| | 6 | | |
| | 7 | | |
| | 8 | ① | ② |

| | | | | |
|---|---|---|---|---|
| 2 | I | 1 | | 神経 |
| | | 2 | | |
| | | 3 | | |
| | II | 1 | | |
| | | 2 | | |
| | | 3 | (1) | |
| | | | (2) | $cm^3$ |

| | | | | | |
|---|---|---|---|---|---|
| 3 | I | 1 | | | |
| | | 2 | | | |
| | | 3 | (1) | | |
| | | | (2) | ① | ② |
| | II | 1 | | Ω | |
| | | 2 | (1) | mA | |
| | | | (2) | | |
| | | 3 | a | | |
| | | | b | | |

| | | | | | |
|---|---|---|---|---|---|
| 4 | I | 1 | ① | ② | |
| | | 2 | リトマス紙 | | |
| | | | イオンの名称 | | |
| | | 3 | $Ba(OH)_2$ + $H_2SO_4$ → | | |
| | II | 1 | (1) | | |
| | | | (2) | | |
| | | | (3) | | |
| | | 2 | 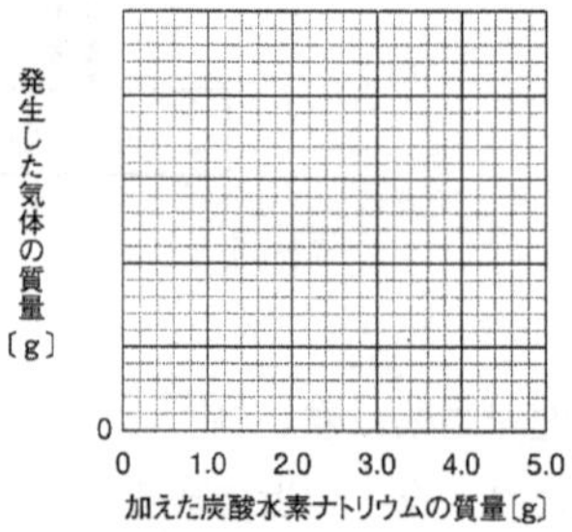 | | |
| | | 3 | % | | |



| | | | |
|---|---|---|---|
| 5 | I | 1 | |
| | | 2 | |
| | | 3 | |
| | II | 1 | |
| | | 2 | |
| | | 3 | |
| | | 4 | |

| | | | |
|---|---|---|---|
| 受検番号 | | 合計得点 | |

※この解答用紙は164％に拡大していただきますと，実物大になります。

# ＜社会＞

時間　50分　　満点　90点

1　次のⅠ～Ⅲの問いに答えなさい。答えを選ぶ問いについては一つ選び，その記号を書きなさい。

Ⅰ　次の略地図を見て，1～6の問いに答えよ。

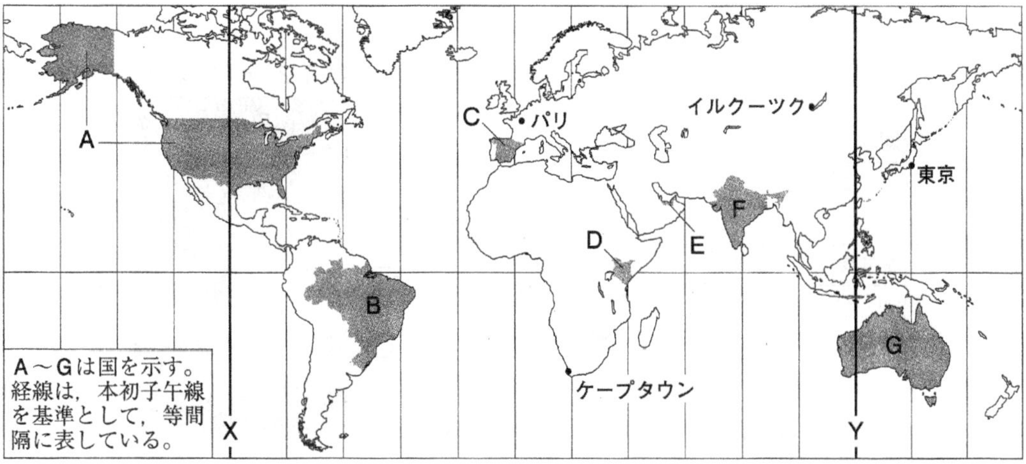


1　世界は大きく6つの州に分けられる。略地図中のG国が属する州の名称を書け。

2　**写真1**は，略地図中の**F**国で人々が沐浴《もくよく》をしているようすである。**F**国で最も多くの人々が信仰している宗教と，**F**国を流れる河川の組み合わせとして最も適当なものはどれか。

写真1

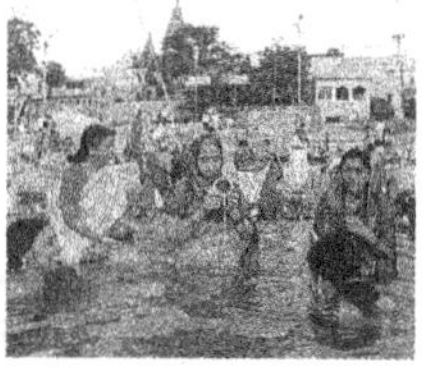

**ア**（仏　教　　　　　メコン川）
**イ**（仏　教　　　　　ガンジス川）
**ウ**（ヒンドゥー教　　メコン川）
**エ**（ヒンドゥー教　　ガンジス川）

3　略地図中の**Y**の経線は東経120度である。**X**の経線の経度は何度か。東経，西経を明らかにして答えよ。

4　次の**ア**～**エ**は，略地図中の**パリ**，**ケープタウン**，**イルクーツク**，**東京**のいずれかの月別平均気温と月別降水量を示している。**パリ**にあてはまるものは**ア**～**エ**のうちどれか。また，**パリ**の気候の特徴を，緯度と気温の面から書け。

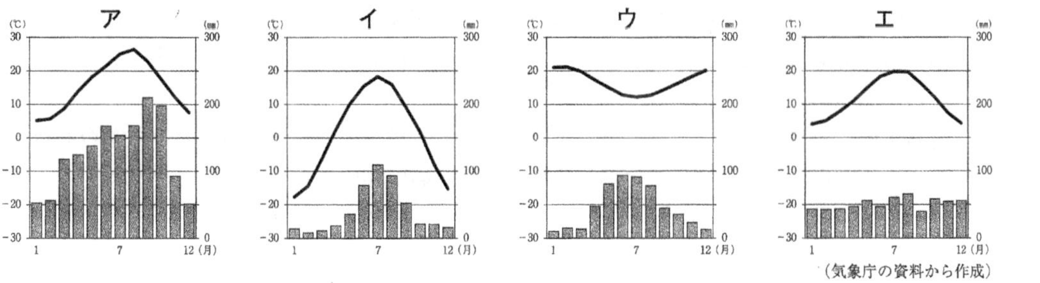


（気象庁の資料から作成）

5 略地図中のA～D国の農業について述べた文として，最も適当なものはどれか。

ア A国では，フィードロットという農場で，大規模なかんがい農業が行われている。

イ B国では，大規模な機械化による農業がすすみ，大豆が主な輸出品となっている。

ウ C国では，夏の高温湿潤な気候を生かして，天然ゴムや油やしが生産されている。

エ D国では，標高の高い所でカカオが栽培され，その多くが国内で消費されている。

6 略地図中のE国は，特定の資源をもとに発展しており，**資料1**，**資料2**はその資源について示したものである。また，E国は，その資源に頼らない経済をめざして，**写真2**にみられるように商業や観光に力を入れているが，この理由を，**資料1**，**資料2**をもとにして書け。ただし，その資源名を明らかにして書くこと。

**資料1**

| | |
|---|---|
| 埋蔵量 | 1兆7067億バレル |
| 年生産量 | 336億バレル |
| 可採年数 | 51年 |

※埋蔵量と年生産量は世界全体の数値（2016年）であり，可採年数は，埋蔵量を年生産量で割った値を示す。

**資料2** 1バレルあたりの価格

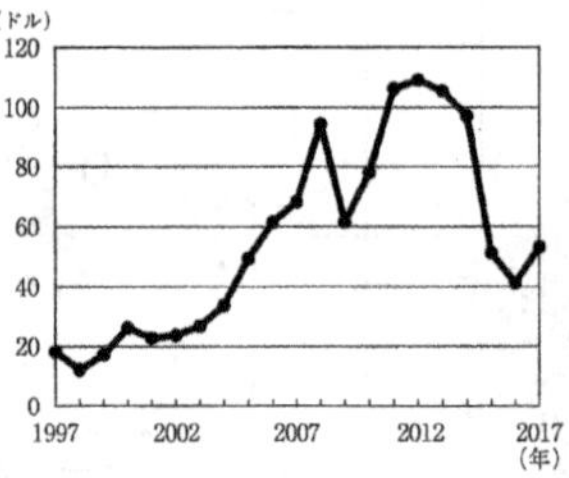


※1バレルは約159リットル

（**資料1**，**資料2**はデータブックオブザワールド2018などから作成）

**写真2** ドバイの高層ビル

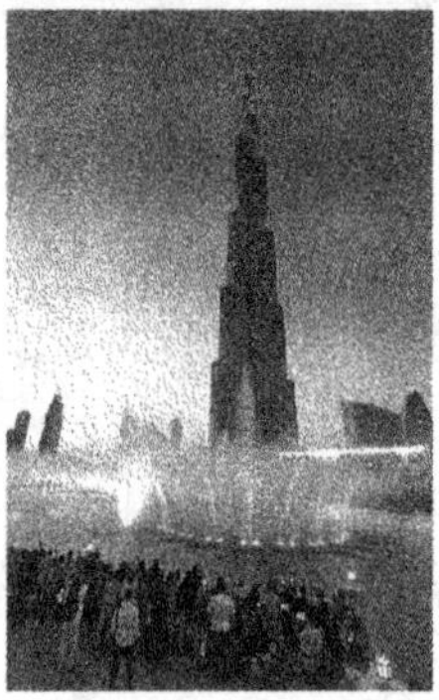

Ⅱ 次の略地図を見て，1～6の問いに答えよ。

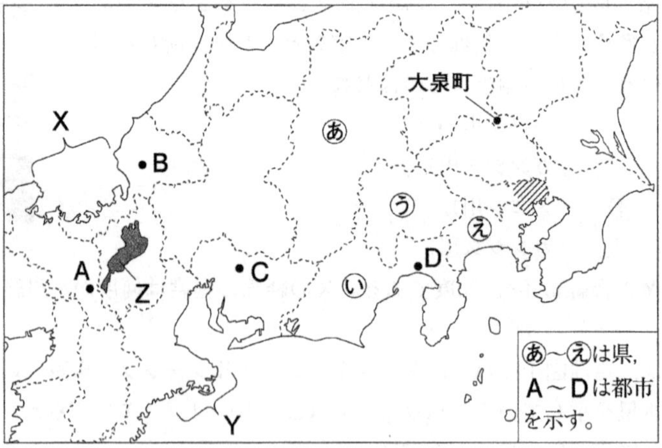


1 略地図中のXの湾やYの半島にみられる，海岸線が複雑に入り組んだ地形を何というか。

2 略地図中のZの湖は，近畿地方で生活する人々に飲料水などを供給する役割をになっている。この湖名を答えよ。

3 **資料1**は，**写真**の畑で栽培される農産物について収穫量の多い都道府県とその割合を示したものである。**資料1**中の ☐ にあてはまるのは，略地図中の(あ)～(え)のうちどれか。

（**資料1**，**写真**は次のページにあります。）

資料１

| 都道府県名 | 割合(%) |
|---|---|
| □ | 38.8 |
| 鹿児島 | 33.1 |
| 三　重 | 8.4 |
| 宮　崎 | 4.9 |
| 京　都 | 4.0 |

（データブックオブザワールド2018から作成）

写真

4　略地図中のＡ～Ｄの都市にみられる工業について述べた次の**ア**～**エ**の文のうち，Ｂについて述べた文として最も適当なものはどれか。

**ア**　地域に根づく地場産業として，眼鏡のフレームが製造されている。

**イ**　西陣織や清水焼などの伝統的工芸品が生産されている。

**ウ**　製紙原料となるパルプや紙製品の生産が盛んである。

**エ**　焼き物に適した土がとれることから，陶磁器やファインセラミックスの生産が盛んである。

5　**資料２**は，略地図中の群馬県**大泉町**にある公共施設のウェブページの一部であり，日本語，英語に加えて，**資料２**中に□で示したようにポルトガル語での表記もみられる。そのうち，ポルトガル語で表記している目的を，解答欄の書き出しのことばに続けて書け。

6　**資料３**は，略地図中の▨で示した東京23区においてみられるヒートアイランド現象について示したものである。これはどのような現象か，**資料３**をもとにして書け。ただし，**都市化**ということばを使うこと。

資料２

資料３　熱帯夜の日数（７月20日～９月30日）

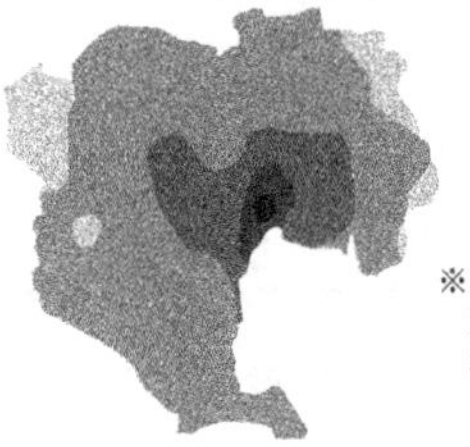

※熱帯夜は，夜間の最低気温が25℃以上の日のことで，色が濃いほど熱帯夜の日数が多いことを表している。

（東京都環境科学研究所の資料から作成）

Ⅲ　**資料１**は，空港を利用して日本に入国した外国人の国や地域の割合を，全国の空港，鹿児島空港，熊本空港について示したものである。また，**資料２**は，鹿児島空港，熊本空港との間にそれぞれ国際線で結ばれた空港がある都市を示している。鹿児島空港，熊本空港から入国した外国人の国や地域の割合についての特徴を，**資料１**，**資料２**をもとにして，**50字以上60字以内**で書け。ただし，**アジア**ということばを使うこと。

資料１　（単位：%）

| 国名や地域名 | 全国の空港 | 鹿児島空港 | 熊本空港 |
|---|---|---|---|
| 中　国 | 23.9 | 10.8 | 1.2 |
| 台　湾 | 15.1 | 16.8 | 21.8 |
| 香　港 | 6.7 | 41.8 | 16.5 |
| 韓　国 | 22.1 | 24.1 | 58.6 |
| イギリス | 1.4 | 0.9 | 0.4 |
| アメリカ合衆国 | 5.5 | 1.0 | 0.7 |

※平成30年の10月１日から10月31日に入国した外国人の割合を示す。
（法務省出入国管理統計から作成）

資料２

| | |
|---|---|
| 鹿児島空港 | インチョン（韓国），テグ（韓国），シャンハイ（中国），タイペイ（台湾），ホンコン（香港） |
| 熊本空港 | インチョン（韓国），カオシュン（台湾），ホンコン（香港） |

※平成30年10月現在
（鹿児島空港，熊本空港のウェブページから作成）

**2** 次のⅠ～Ⅲの問いに答えなさい。答えを選ぶ問いについては一つ選び，その記号を書きなさい。

Ⅰ 次の略年表を見て，1～6の問いに答えよ。

| 世紀 | 主なできごと |
|---|---|
| 8 | 桓武天皇が都を平安京に移す ―――――――――――――― A |
| 11 | ［ ① ］文字が広まり，これを用いて「源氏物語」が書かれる |
| 12 | 壇ノ浦で源氏が平氏をほろぼす ――――――――――――― B |
| 15 | 近畿地方を中心に農民たちによる土一揆がおこる ―――― C |
| 16 | 全国を統一した［ ② ］が太閤検地や刀狩を実施する ―― D |
| 18 | 大阪・京都を中心に元禄文化が栄える ―――――――――― E |

**略地図**

1 表の［ ① ］，［ ② ］にあてはまる最も適当なことばと人名を書け。ただし，［ ② ］は漢字で書くこと。

2 A以前につくられた次のア～エを，年代の古い順に並べよ。

ア 富本銭

イ 和同開珎

ウ 漢委奴《かんのわのなの》国《こく》王《おう》ときざまれた印

エ インダス文字がきざまれた印

3 Bについて，戦いが行われた壇ノ浦は，略地図中のア～エのうちどれか。

4 Cについて，資料1は，1428年におきた土一揆に関するものである。この土一揆について述べた次の文の［ ］に適することばを，資料1を参考にして6字程度で補い，これを完成させよ。

> 農民たちは土倉や酒屋などをおそい，［ ］を要求した。

**資料1**

正長元年ヨリ
サキ(前ハ)者カンヘ(神戸)四カン
カウ(郷)ニヲヰメ(負い目)アル
ヘカラス

5 Dに関して，図は，このころ行われていた貿易について示したものである。［ X ］，［ Y ］にあてはまることばの組み合わせとして最も適当なものはどれか。

**図**

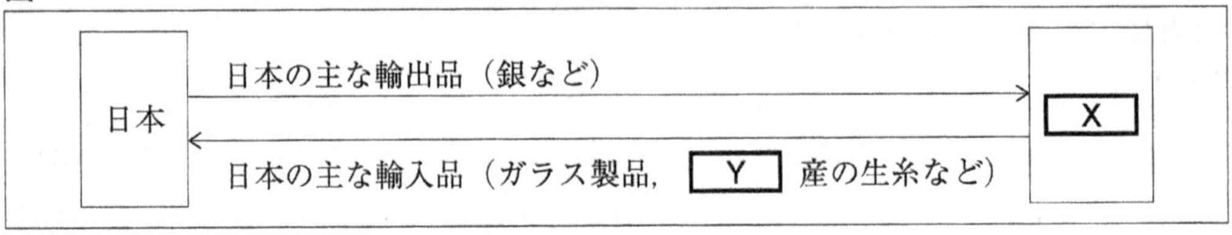


ア（X オランダ　Y 中国）　イ（X オランダ　Y ヨーロッパ）
ウ（X ポルトガル　Y 中国）　エ（X ポルトガル　Y ヨーロッパ）

6　Eに関して，**資料２**は，多くの蔵屋敷がおかれ，「天下の台所」とよばれた大阪の港のようすである。大阪が商業の中心地として栄えた理由を，主に蔵屋敷に運びこまれたものを明らかにして書け。

**資料２**

Ⅱ　次は，ある中学生が「近代以降の日本」についてまとめた文である。１～６の問いに答えよ。

**【欧米に対抗できる国づくり】**

明治政府は，ⓐ政治や産業，教育などの分野で改革を行い，近代化をすすめた。また，自由民権運動をきっかけに，議会政治の実現をめざしてⓑ政党がつくられた。その後，日本では，日清戦争から日露戦争のころにかけてⓒ産業革命が進展した。

**【デモクラシーと軍国主義】**

民衆の支持のもと，平民宰相とよばれた［①］による本格的な政党内閣が組織された。ⓓ第一次世界大戦後，日本の国際的な地位は高まったが，世界恐慌の影響で深刻な不景気にみまわれ，五・一五事件がおこるなど軍部の力が強まった。

**【戦後の成長と豊かな生活】**

第二次世界大戦後，GHQの指令のもとで改革が行われた。［②］戦争がおこると，アメリカから大量の物資が注文され，経済の復興が急速にすすんだ。そして，ⓔ高度経済成長がはじまると，経済成長にともなって国民の所得も向上した。

1　［①］，［②］にあてはまる最も適当な人名とことばを書け。

2　ⓐに関して述べた次の文の［　］に適することばを補い，これを完成させよ。ただし，版籍とは何かを明らかにして書くこと。

改革の一つである版籍奉還とは，藩主が［　　　］ことである。

3　ⓑについて，このころつくられた政党と，その政党を結成した人物の組み合わせとして最も適当なものはどれか。

ア　（立憲政友会　大隈重信）　イ　（立憲政友会　板垣退助）
ウ　（自由党　大隈重信）　エ　（自由党　板垣退助）

4　ⓒに関して，**資料**のＡ，Ｂは1885年と1899年のいずれかを示している。1899年を示しているのはＡ，Ｂのどちらか。また，その理由について述べた文として最も適当なものはどれか。

**資料　日本の輸入総額に占める割合**　（単位：%）

| | Ａ | Ｂ |
|---|---|---|
| 綿　花 | 28.2 | 2.8 |
| 綿　糸 | 2.3 | 17.7 |

（日本貿易精覧から作成）

ア　製糸業が発展し，製品である綿糸の割合が減少しているから。
イ　紡績業が発展し，原料である綿花の割合が増加しているから。
ウ　製糸業が発展し，原料である綿花の割合が減少しているから。
エ　紡績業が発展し，製品である綿糸の割合が増加しているから。

5　ⓓに関して，このころ，非暴力・不服従を唱えて活動したガンディーについて述べた次の文の X ， Y にあてはまることばの組み合わせとして最も適当なものはどれか。

X の民族運動の指導者であり， Y の支配に対する抵抗運動を展開した。

ア（X　ベトナム　　Y　イギリス）　　イ（X　ベトナム　　Y　フランス）
ウ（X　インド　　Y　イギリス）　　エ（X　インド　　Y　フランス）

6　ⓔ以降におこったできごとを，次のア～エから三つ選び，年代の古い順に並べよ。
ア　国交正常化した中国との関係をさらに改善するため，日中平和友好条約が締結された。
イ　経済発展の一方で社会問題化した公害に対処するため，公害対策基本法が制定された。
ウ　自作農を大幅に増やして地主と小作人の関係を解消するため，農地改革が実施された。
エ　紛争などを平和的に解決する国連の活動に協力するため，PKO協力法が制定された。

Ⅲ　**資料1**には，大正時代に新しく登場したメディアがみられる。**資料2**は，娯楽や児童文学に関して発行されたものである。大正から昭和初期の社会において，**資料1**の X ，**資料2**の Y が果たした役割を書け。ただし， X ， Y にあてはまることばを使うこと。

**資料1**　 X 放送と家族の団らん

**資料2**　新しく発行された Y

**3**　次のⅠ～Ⅲの問いに答えなさい。答えを選ぶ問いについては一つ選び，その記号を書きなさい。

Ⅰ　次は，ある中学生が日本国憲法について書いたレポートの一部である。1～6の問いに答えよ。

ⓐ日本国憲法は，第二次世界大戦後，大日本帝国憲法を改正する手続きをへて成立しました。この憲法は，欧米の近代の憲法と同じようにⓑ立憲主義の考え方にもとづいてつくられており，政治が人の支配によってではなく，法の支配にもとづいて行われることが求められています。

前文には，この憲法が制定された理由や目的が書かれており，国民主権，基本的人権の尊重，平和主義の三つの基本原理から成り立っていることがわかります。基本的人権は，平等権・自由権，ⓒ社会権，参政権などに分けることができ，侵すことのできない永久の権利とされています。

また，政治のしくみについては，国の権力は立法，行政，ⓓ司法の三権に分けられ，それぞれ国会，ⓔ内閣，裁判所が担当する三権分立を採用しています。この中でも国会は，国民がⓕ選挙によって選んだ，国民の代表者である国会議員によって構成されており，国権の最高機関と位置づけられています。私たち国民が，主権者として選挙で投票し，自分の意見や考えを政治に反映させていくことが大切だと思います。

1　ⓐに関して，次の条文の □ にあてはまる同一のことばを**漢字**で書け。

第1条　天皇は，日本国の □ であり日本国民統合の □ であつて，この地位は，主権の存する日本国民の総意に基く。

2　ⓑに関して，**資料1**は，人の支配と法の支配を模式的に示したものである。**資料1**を参考にして，法の支配について述べた次の文の X に適することばを補い，これを完成させよ。

法の支配における法の役割は， X ために政府の権力を制限することである。

**資料1**

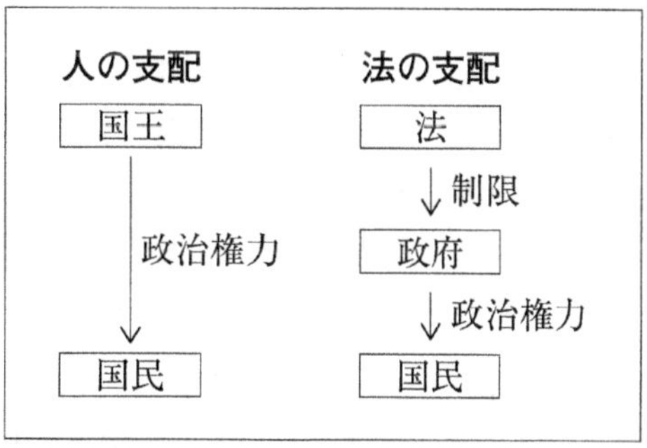


3　ⓒについて，社会権に含まれる権利の一つとして最も適当なものはどれか。

**ア**　財産権　　**イ**　団結権　　**ウ**　請願権　　**エ**　黙秘権

4　ⓓに関して，日本の司法制度について述べた文として正しいものはどれか。

**ア**　下級裁判所として，地方裁判所，家庭裁判所，簡易裁判所の3種類が設置されている。

**イ**　国民から不適任であると訴えられた国会議員について，弾劾裁判を行うことができる。

**ウ**　三審制がとられており，判決に不服があれば控訴し，さらに上告することができる。

**エ**　国民が参加して民事裁判や刑事裁判を行う裁判員制度が，2009年から行われている。

5　ⓔに関して，わが国では議院内閣制が採用されている。議院内閣制とはどのようなしくみかを，**30字以上40字以内**で書け。ただし，**信任**，**責任**ということばを使うこと。

6　ⓕに関して，**資料2**は，比例代表制のしくみを理解するために作成したものである。ドント式で議席を配分した場合，B党の当選者数は何人か。また，小選挙区制と比較した比例代表制の特徴を，解答欄の書き出しのことばに続けて書け。ただし，**票**，**意見**ということばを使うこと。

**資料2**　定数4人の選挙区の各政党の得票数

| 政党名 | A党 | B党 | C党 |
|---|---|---|---|
| 候補者数 | 4人 | 3人 | 2人 |
| 得票数 | 1200票 | 900票 | 480票 |

Ⅱ 次は，ある中学生が平成の時代におこったできごとについて調べ，気づいたことをメモしたものの一部である。1～5の問いに答えよ。

| A 人や物，ⓐお金などが地球規模で行き交うようになった。 | B バブル経済が崩壊し，ⓑ景気が低迷した時期があった。 | C 少子ⓒ高齢化がすすみ，人口の減少がはじまった。 | D 阪神・淡路大震災やⓓ東日本大震災などが発生した。 |
|---|---|---|---|

1 Aに関して，次の文の □ に適することばを補い，これを完成させよ。ただし，□ はカタカナで書くこと。

> Aのように地球規模で世界の一体化がすすむことを □ 化という。

2 ⓐに関して，⑴，⑵の問いに答えよ。

⑴ **資料1**は経済の循環を示したものである。X，Yに入ることばと，ⅰ，ⅱの説明の組み合わせとして最も適当なものはどれか。

**資料1**

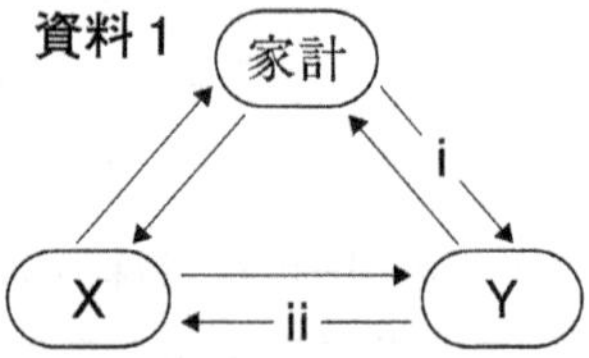


ア（X 政府 Y 企業 ⅰ 税金を納める ⅱ 労働力を提供する）
イ（X 政府 Y 企業 ⅰ 労働力を提供する ⅱ 税金を納める）
ウ（X 企業 Y 政府 ⅰ 税金を納める ⅱ 労働力を提供する）
エ（X 企業 Y 政府 ⅰ 労働力を提供する ⅱ 税金を納める）

⑵ 次の文の □ に適することばを補い，これを完成させよ。

> 近年は，お金の価値をデジタルデータ化した □ が開発され，現金のやりとりをしなくてもICカードや携帯電話を用いて買い物ができるなど，支払いの手段は多様化している。

3 ⓑに関して，このような場合に政府が行う財政政策として最も適当なものはどれか。

ア 所得税や法人税などの税率を引き上げ，歳入を増やす。
イ 生活保護や雇用保険などの給付を減らし，歳出を減らす。
ウ 国債などを銀行から買い上げ，通貨の量を増やす。
エ 公共事業への支出を増やして，企業の仕事を増やす。

4 ⓒに関して，**資料2**は，日本，イギリス，フランス，スウェーデンの人口に占める高齢者の割合の推移と将来予測を示したものである。**資料2**をもとに，日本の高齢化のすすみ方の特徴について述べた次の文の □ に適することばを補い，これを完成させよ。ただし，**期間**ということばを使うこと。

> 日本は，他の国々と比較して □ という特徴がある。

**資料2**

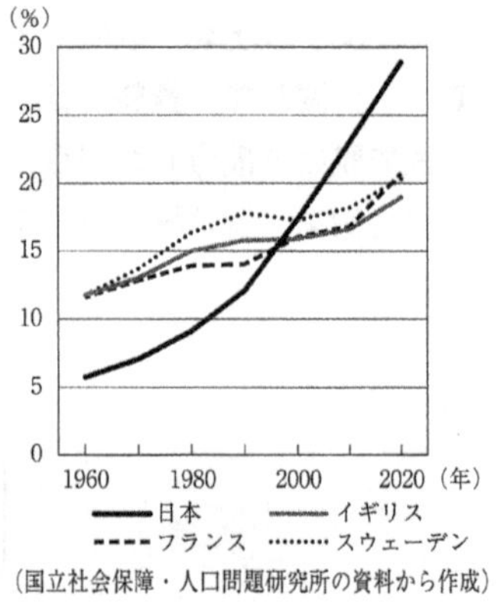


（国立社会保障・人口問題研究所の資料から作成）

5　ⓓに関して，この震災の後，再生可能エネルギーによる発電が一層すすめられている。再生可能エネルギーによる発電は，環境への影響が少ないなどの利点があるが，いくつかの課題もある。このうち**資料3**からわかる課題を書け。

**資料3　発電にかかる費用の比較**

| 発電方法 | 石炭火力 | 天然ガス火力 | 風力 | 地熱 | 太陽光 |
|---|---|---|---|---|---|
| 費用 | 12.3円 | 13.7円 | 21.6円 | 16.9円 | 24.2円 |

※費用は発電量1kWhあたりの費用で，建設費や運転維持費などを含む。
（資源エネルギー庁の資料から作成）

Ⅲ　**資料1**は，フェアトレード商品であることを示すラベルである。**資料1**のラベルが示された商品の取り引き価格の推移を表したものは，**資料2**の**ア**，**イ**のどちらか。また，このフェアトレードのしくみを，その目的を明らかにして書け。ただし，**発展途上国**，**生活**ということばを使うこと。

**資料1**

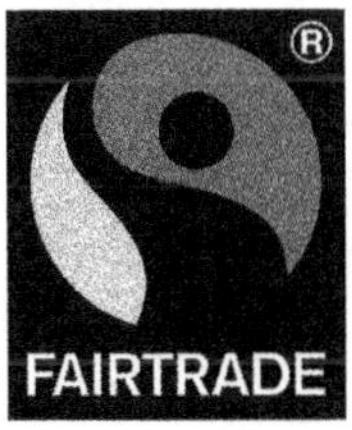


**資料2　コーヒー豆の価格の推移**

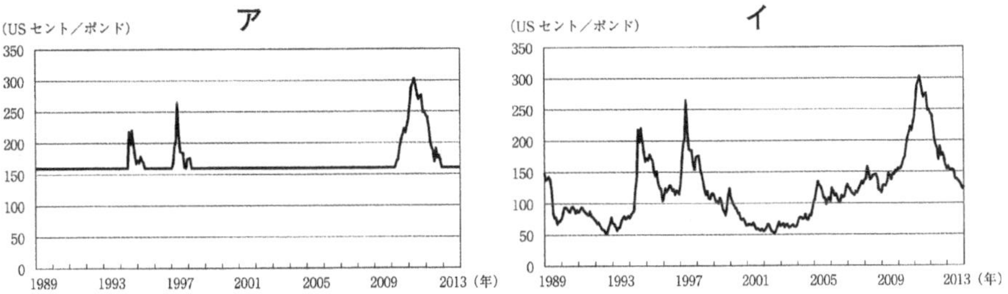


※価格はコーヒー豆1ポンド（約454グラム）あたりの価格で，1セントは0.01ドルである。
（国際通貨基金の資料などから作成）

# 社会解答用紙

| | | | |
|---|---|---|---|
| 1 | Ⅰ | 1 | 州 |
| | | 2 | |
| | | 3 | 度 |
| | | 4 | (記号)<br>(特徴) |
| | | 5 | |
| | | 6 | |
| | Ⅱ | 1 | |
| | | 2 | |
| | | 3 | |
| | | 4 | |
| | | 5 | 大泉町に多く住む |
| | | 6 | |
| | Ⅲ | | 50 |

| | | | |
|---|---|---|---|
| 2 | Ⅰ | 1 | ①<br>② |
| | | 2 | (　)→(　)→(　)→(　) |
| | | 3 | |
| | | 4 | |
| | | 5 | |
| | | 6 | |
| | Ⅱ | 1 | ①<br>② |
| | | 2 | |
| | | 3 | |
| | | 4 | (1899年)<br>(理由) |
| | | 5 | |
| | | 6 | (　)→(　)→(　) |
| | Ⅲ | | |

| | | | |
|---|---|---|---|
| 3 | Ⅰ | 1 | |
| | | 2 | |
| | | 3 | |
| | | 4 | |
| | | 5 | 30 |
| | | 6 | (当選者数)　人<br>(特徴) 小選挙区制に比べ |
| | Ⅱ | 1 | |
| | | 2 | (1)<br>(2) |
| | | 3 | |
| | | 4 | |
| | | 5 | |
| | Ⅲ | | (記号)<br>(しくみ) |

| | | | |
|---|---|---|---|
| 受検番号 | | 合計得点 | |

※この解答用紙は164%に拡大していただきますと，実物大になります。

# 国　語　解　答　用　紙

**1**

1　(1)　た　(2)　(3)
　　(4)　しい　(5)　く　(6)

2

**2**

1
2　Ⅰ
　　Ⅱ
3
4
5

**3**

1
2
3　Ⅰ
　　Ⅱ
　　Ⅲ
　　Ⅳ

**4**

1
2
3　Ⅰ
　　Ⅱ
4
5

**5**

1
2
3
4
5
6
7
8

| 受検番号 | |
|---|---|

| 合計得点 | |
|---|---|

※この解答用紙は１６４％に拡大していただきますと、実物大になります。

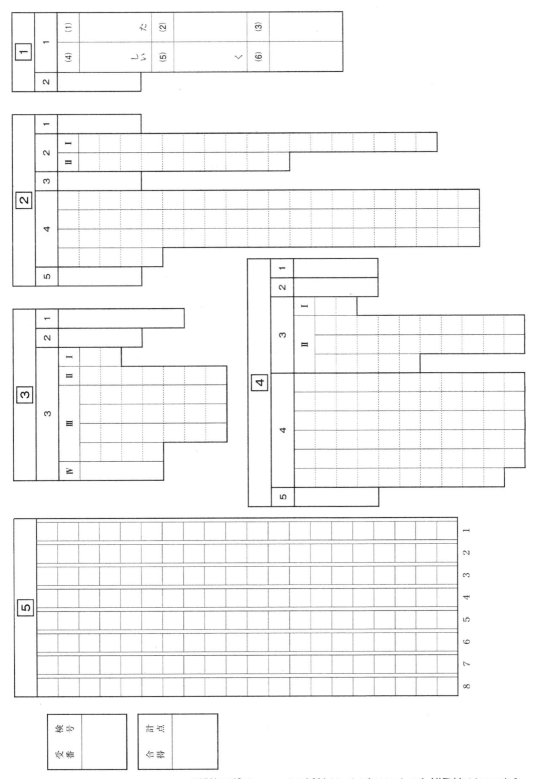

資料２

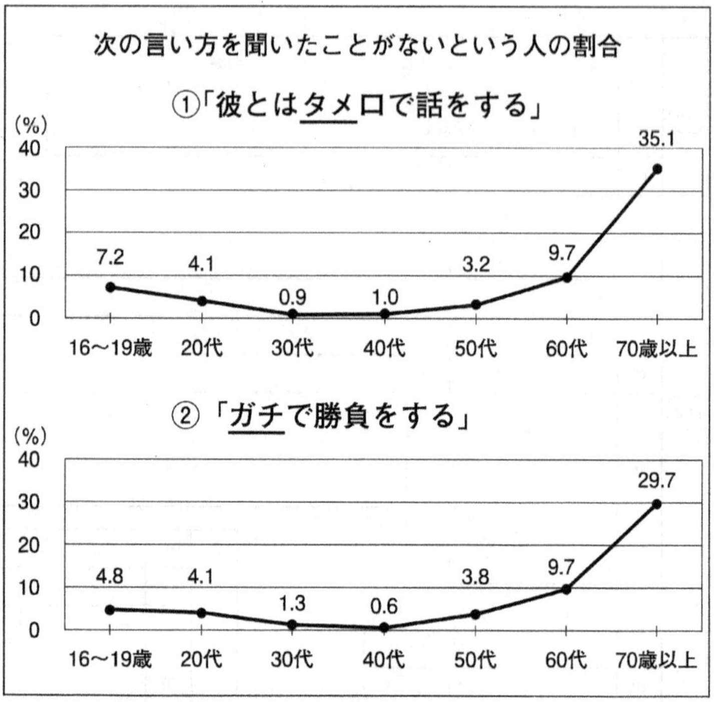


（文化庁「平成29年度　国語に関する世論調査」をもとに作成）

2　――線部①はホクのどのような様子を表しているか。最も適当なものを次から選び、記号で答えよ。

**ア**　がっかりしている様子
**イ**　じっくり考えている様子
**ウ**　途方に暮れている様子
**エ**　照れ隠しをしている様子

3　次の文は、――線部②における雄太の気持ちを説明したものである。[Ⅰ]・[Ⅱ]に適当な言葉を補え。ただし、[Ⅰ]には本文中から二字の言葉を抜き出して書き、[Ⅱ]には二十五字以内の言葉を考えて答えること。

> 長老さんの言葉で、自然に対する彼らの思いは[Ⅰ]できたが、自分自身の思いはまだ分からないでいた。そのときホクさんから、今まで自分が否定的に考えていた[Ⅱ]気持ち。

4　――線部③の理由を六十五字以内で説明せよ。

5　雄太にとって、長老はどのような役割を果たす人物として描かれているか。最も適当なものを次から選び、記号で答えよ。

**ア**　自然を守ることに対する自分の決意を積極的に語ることで、議論を盛り上げつつ雄太のことを見守る役割。
**イ**　自然と向きあうときの自分たちの思いを分かりやすく話すことで、雄太が自力で考えられるよう導く役割。
**ウ**　他の人とは異なる意見を述べることで、雄太に自然についてさらに深く考える必要があると教え諭す役割。
**エ**　自分たちが行っている活動を具体的に示すことで、雄太に自然を守ることの責任の重さを理解させる役割。

**5**　我が国の総人口に占める六十五歳以上の人口の割合（高齢化率）は年々上昇しており、内閣府の「平成29年版高齢社会白書」によると、二十七・三パーセントに達している。このことを踏まえ、あとの**資料1**及び**資料2**を参考にしながら、次の(1)～(5)の条件に従って、作文を書きなさい。

**条　件**
(1)　二段落で構成すること。
(2)　第一段落には、**資料1**及び**資料2**からあなたが読み取ったことを書くこと。
(3)　第二段落には、第一段落を踏まえて、あなたが高齢者とコミュニケーションをとる際にどのようなことを心がけたいかについて、具体的に書くこと。
(4)　六行以上八行以下で書くこと。
(5)　原稿用紙の正しい使い方に従って、文字、仮名遣いも正確に書くこと。

**資料1**
**高齢者の世代間交流**

> 高齢者の若い世代との交流への参加意向についてみると、参加したいと考える人の割合（「積極的に参加したい」、「できるかぎり参加したい」と回答した人の合計）は平成二十五年で五十九・九パーセントとなっており、十年前（平成十五年）に比べると七・二ポイント増加している。

（内閣府「平成29年版高齢社会白書」による）

「雪や雨が原因のこともあるけど、ヒトの歩いた踏みあとで、草がはがれちゃって、泥だらけの地面が顔をだしてるんだ。それって、どんどん広がってしまうわけよ。自然が荒れてしまってるんだ」

長老さんがあごをなでながら話しはじめた。

「ぼくには、それが、草原がケガをしてるって思えてしかたがないんだよ。だから、手当をしてやりたいってさ。ヒメが必死で、包帯にあたるような草をさがしていて、ぼくたちは、(注)木道や階段を作って、踏みあとが、言いかえればケガの範囲がこれ以上広がらないように処置してるんだって思ってる」

長老さんの言葉がすとんと胸に落ちた。

「さすが長老やな。雄太が納得した顔しとるやんか」

長老さんはぼくの足元に石をころがした。

「自分なりでいいんじゃないかな。雄太なりにさ。ここにいるのが楽しいのなら今はそれだけでもいい。人なんてどんどん変わっていくからな」

長老さんのヘッドランプの明かりがぼくのほうをむいていた。

「さて、もどらへんか。寝とかんと、明日、もたんからな」

ホクさんにうながされて歩きだした。

「なんや、どないしたんや、雄太」

「まだ、よくわからない」

ホクさんも長老さんもユイさんも軽く笑った。

「そいつはすごい。わからんことがわかったたって、そりゃ、すごいことやぞ。わかろうとする最初の一歩がわからんていうことやからな。そっから先は、雄太なりに考えることや。ヒトは考える葦《あし》、やからな」

②不思議な気分になっていた。

わからないということは、わからない自分がだめなんだと今までは思っていた。それなのに、わからないことがすごいことだとホクさんが言う。これからわかればいいのだからと。

ぼくは考えこんでしまった。

ぼくにはまだまだわからないことが多すぎる。どこからわかっていけばいいのかもわからない。ふとユイさんの一言が頭をよぎった。

「自分が素直に感じたこと。それを大切にしていきたい」

ぼくも、この山はきれいだと素直に感じた。だからみんなの手伝いをする。たいして役に立っていないかもしれないけれど、少しは役に立ちたいと思っている。そして、それがすごく楽しい。

（今はその気持ちを大事にすればいいんだ）

長老さんの言葉も浮かんできた。

（ケガをしている自然の手当なんて、お医者さんみたいでちょっとかっこいい）

音をたてないように用心しながら、寝袋に入った。みんなの話が聞けてよかったと思った。そして、いつものように、③スコンと寝入ってしまった。

（にしがきようこ「ぼくたちのP（パラダイス）」による）

(注)　重機＝建築や土木などで用いる大型機械。
雪田草原＝雪が作り出した、田んぼみたいにぬかるんだ草原。
木道＝湿地帯を歩くための、板を渡して作った道。

1　━━線部**a**・**b**・**c**からうかがえる雄太の人物像を説明したものとして最も適当なものを次から選び、記号で答えよ。

**ア**　あきらめずに真理を追究しようとする人物。
**イ**　周囲の状況を冷静に判断して発言する人物。
**ウ**　物事を一面的にとらえてしまっている人物。
**エ**　自信がないのに強気に振る舞っている人物。

「そうかもしれないけど」
釈然としない。
「雄太、こんなとこにいたんか」
小屋からでてきたのは、ホクさんだった。
「なんや、元気ないな。ユイになんか言われたんか？」
「bホクさん、自然を守るって、ぜったいに大切なことでしょ？」
「なんでや？」
逆にホクさんにたずねられた。
「cえ、だって、当たり前なことなんじゃないの？」
「そやから、なんで当たり前なんや？」
ぼくは言葉につまった。
「ユイと話してたんは、そのことかいな。また難しいことを」
ホクさんが苦笑いしながらユイさんを見た。小屋の戸が開いて、ヘッドランプの明かりの中、長老さんが姿をあらわした。
「みなさん、おそろいですね。星空の下、人生を語ってるのかい？」
「星、でてないです」
ぼくはすぐに反応した。
「お、そうか。それでも、この雲の上には満天の星は広がっている。それは確かだ。で、なんの話？」
「自然を守るって、ぜったいに大切やろって、雄太が」
長老さんがぼくを見る。笑みが顔に広がっていった。
「それはまた、大変な議論を吹っかけてきましたね、雄太少年は」
長老さんは、そばの大きな石の上に腰かけた。ホクさんが語りだした。
「日本人はさ、太古の昔っから自然と仲良しだったんだ。自然の恵みを受けて生きてきた。植物の実を採ったり、作物を育てたり、漁をしたりしてさ。長い間そうしてきたから、体の奥に自然と仲良くしようっていうDNAができてるんだよ。だから、自然を損なう行為を見ると、悲しくなったり、いきどおったりしてしまうわけよ」
ホクさんが関西弁じゃない。おまけに早口だ。
「このごろの日本人は自然を思い通りに支配してもいいって考えるようになっている。でもさ、原発事故や、大規模な自然災害や開発で自然が損なわれるのを目《ま》の当たりにして、このままじゃいけないと考えはじめた人たちもでてきた。自然の多様性が失われていくことは、人間の存在自体があやうくなるってことにつながるってな」
ぼくは口をぽかんと開いて聞いていた。ホクさんの話が頭を素通りしていく。
「おい、ホク、熱くなってるぞ。大丈夫か？」
長老さんが小さな石を、ホクさんの足元にころがした。ホクさんが、あれっと、①頭をかいた。ユイさんのかすれ気味の声が続いた。
「動物の一員としてのヒトっていうより、すべてをこわしてしまえるヒトっていう存在になっちゃったんだよな。この山だって、(注)重機をもってすれば、あっという間に破壊できるけれど、決して元にもどすことはできない。なんか考え違いをしてる気がしてしょうがない」
頭をかきむしっているユイさんの足元に、長老さんがまた石をころがした。
「おいおい、雄太を見てみろよ。きょとんとした顔してるぞ」
ぼくは口を半分開いて、みんなの顔を見まわした。
「なあ、雄太。気がついてるかな。この(注)雪田《せつでん》草原のいたるところに、草がはげて土がむきだしになっている場所があるのをさ。痛々しいって思わないか？」
長老さんの言葉にぼくは強くうなずいた。

2 ――線部②「ちとこれをなん望みにや思ひけん」の意味として最も適当なものを次から選び、記号で答えよ。

ア 少しでも茄子の豊作を願おうと思ったのであろうか

イ 少しでも舞がうまくなりたいと思ったのであろうか

ウ 少し酒を飲ませてもらいたいと思ったのであろうか

エ 少し畑仕事の手伝いをしようと思ったのであろうか

3 次は、本文について話し合っている先生と生徒の会話である。[Ⅰ]～[Ⅳ]に適当な言葉を補って会話を完成させよ。ただし、[Ⅰ]には本文中から二字の言葉を抜き出して書き、[Ⅱ]には七字以内、[Ⅲ]には二十五字以内でふさわしい内容を考えて現代語で書き、[Ⅳ]にはあとの語群から最も適当なものを選び、記号で答えること。

先　生「農民は『大いに腹立し』たとありますが、なぜ怒ったのでしょうか。」

生徒A「はい。『[Ⅰ]』には、舞を演じるという意味と[Ⅱ]という意味の二つの意味があり、舞々は前者の意味で使ったのに対し、この農民にとっては後者の意味に受け取れる言葉だったので怒ったのだと思います。」

先　生「そうですね。では、本文の最後の『さきの腹立は互ひに根も葉もおりない』という舞々の言葉ですが、舞々はこの言葉をどのような意図で言ったのでしょうか。また、この言葉を聞いて、農民はどのように感じたでしょうか。」

生徒B「はい。『根も葉もおりない』はなんの理由もないという意味なので、悪意はなく、農民を怒らせるつもりはなかったと言いたかったのだと思います。」

生徒C「舞々の言葉を聞いた農民は、[Ⅲ]と感じて、さらに腹が立ったのではないかと思います。ここがこの話のおもしろさではないでしょうか。」

生徒A「私は、むしろあきれたのではないかと思います。この言葉を農民に向かって言ったこの舞々は、[Ⅳ]人物だと思います。」

先　生「私たちも言葉づかいには気をつけたいですね。」

〔Ⅳの語群〕ア 善悪を知らない　イ 失敗を恐れない

ウ 本音が隠せない　エ 思慮が足りない

**4** 次の文章を読んで、あとの1～5の問いに答えなさい。

> 夏休みをむかえた中学二年生の雄太《ゆうた》は、大学で山の環境を守る研究をしているおじに連れられ、ユイ、ホク、長老、ヒメなどの大学生たちと山の保全作業を行っている。ある夜、ユイと二人になった雄太は、山の修復について「自然なんだからあるがままにそのままにしておけばいい」という意見があることを聞かされる。

「どんな意見もありだけど、その中で、山に登ったときの正直な気持ちにしたがうっていうことも、またありなんだと思ってる。うろうろしてしまうだけで、たいしたことができなくてもな」

納得がいかなくて、ユイさんにたずねた。

「aでも、自然を守るってぜったいに正しいことでしょ?」

「ぜったいに正しい、か。難しいな。そんなのってあるのかな。ほかの意見が入りこめないっていうのは、とても危ない気がする。相対《あいたい》する意見があって、当たり前だ。その中でもがいてくことで、考え自体が強くなっていくんじゃないかな。わかろうとしたり、疑ったりすることが大切なんじゃないかな」

1　═線部ア～エの中から、品詞が他と異なるものを一つ選び、記号で答えよ。

2　次の文章は、――線部①の理由について説明したものである。[Ⅰ]・[Ⅱ]に適当な言葉を補え。ただし、[Ⅰ]には本文中から句読点を含めて十七字で抜き出して書き、[Ⅱ]には十字以内の言葉を考えて答えること。

> ある知識を得て、自分は何も知らない存在だと実感し、自分が知らなかった世界は[Ⅰ]ということに感動できれば、よりいっそう[Ⅱ]という思いにつながるから。

3　本文中の[a]・[b]・[c]・[d]にはそれぞれ「自己」または「他者」が入る。空欄に入れるのに適当な組み合わせとして正しいものを次から選び、記号で答えよ。

ア（a 他者　b 自己　c 自己　d 他者）
イ（a 他者　b 自己　c 他者　d 自己）
ウ（a 自己　b 他者　c 他者　d 自己）
エ（a 自己　b 他者　c 自己　d 他者）

4　――線部②とあるが、筆者は「ひとりよがりの自分を抜け出す」にはどうすることが必要だと述べているか。六十五字以内で説明せよ。

5　次は、四人の中学生が、学ぶということについて発言したものである。筆者の考え方と最も近いものを選び、記号で答えよ。

A　分からない言葉の意味を国語辞書で調べたことで、その言葉の語源も知ることができました。辞書などを使って粘り強く調べ続け、もっと知識の量を増やしたいです。

B　図書室の本で日本の歴史に興味を持ち、京都の寺院や仏像などを見学しに行きました。実際に見たり経験したりすることで、学習したことを確実に定着させたいです。

C　テレビでドキュメンタリー番組を見て、世界には自分の知らない文化があると知りました。インターネットを活用し、他にも知らない文化がないか探してみたいです。

D　福祉体験学習に参加し、私たちの身の回りには多くの段差があることに気づきました。身近な施設をバリアフリーの視点から見直し、改善できることを考えたいです。

**[3]**　次の文章を読んで、あとの1～3の問いに答えなさい。

惣別《そうべつ》（一般に）、茄子《なすび》の枯るるをば、百姓（農民は）みな、舞ふといふなり。㊟和泉《いづみ》にての事なるに、道のほとりに茄子を植うる者あり。下手らしき（いかにも下手そうな）㊟舞々《まひまひ》の①とほりあはせ、見れば、大いなる㊟徳利《とくり》に杯を添へてあり。②ちとこれをなん望みにや思ひけん、畠《はたけ》へ立ち寄り、「さらばひとふし舞はん（それでは一曲舞いましょう）」といふ。百姓、門出あしし（悪い）と大いに腹立《ふくりふ》しけれど、とかく言ひ寄り、酒をのみ飲ませけるが、立ちて行きさまに、「さきの腹立は互ひに根も葉もおりない（ありません）」と。

（「㊟醒睡笑」による）

㊟　和泉＝現在の大阪府南部。
舞々＝舞を演じる芸人。
徳利＝酒を入れる容器。
醒睡笑＝江戸時代に書かれた笑話集。

1　――線部①「とほりあはせ」を現代仮名遣いに直して書け。

がこれまで知らなかった世界がいかに驚異に満ち、知る喜びにあふれていることを垣間見《かいまみ》ることができれば、アおのずから知ることに対する敬意、(注)リスペクトの思いにつながるはずである。

こんなちっぽけな私の身体のなかには、地球十五周分もの細胞が詰まっているのだという驚きと感動、その驚きはイ必ず自分という存在を見る目に変更を迫るはずである。自分という存在を尊厳の思いとともに見ることのできる基盤ができることでもあるが、いっぽうで、このまま何も知らずに人生を(注)漫然と送っていては、こんな喜びに出会えないだけでも大きな損だろうと思えれば、シメタものである。

わが家に小さな子どもがやってきた。まだ一歳にもならない女の子である。世の中では孫と呼ぶらしいが、それがウかわいいのである。

見ているといくつも発見がある。自分の子のときには見えていなかったことばかりである。彼女は世界の中心にいる。天動説のようなもので、自分では何もしなくても、すべてが彼女のまわりをまわっている。世界を所有し、世界は包んではくれても、(注)対峙《たいじ》することはない。

保育園や幼稚園に行くようになって、同じような年齢層の〈他者〉にエ初めて出会うことになる。ここで〈他者〉を知ることが、すなわち自分という存在を意識する最初の経験となるのだろう。世界は自分のためだけにまわっているのではないことを初めて知る。〈 a 〉を知ることによって初めて〈 b 〉というものへの意識が芽生える。「自我のめばえ」は、〈 c 〉によって意識される〈 d 〉への視線である。自分を外から見るという経験、これはすなわち学ぶということの最初の経験なのである。

先に述べたように、読書をするということは、「こんなことも知らなかった自分」を発見すること、すなわち自分を客観的に眺めることである。〈自己〉の相対化であると言ってもいい。

こんなことを考えている人がいたのかと思う。こんなひたすらな愛があったのか、こんな辛《つら》い別れがあるのかと、小説に涙ぐむ。それらは「読む」という行為の以前には、知らなかった世界ばかりである。それを知るということは、すなわち「それを知らなかった自分」を知るということである。一冊の書物を読めば、その分、自分を見る新しい視線が自分のなかに生まれる。〈自己〉の相対化とはそういうことである。

勉強をするのは、そのためである。読書にしても、勉強にしても、それは知識を広げるということも確かにその通りだが、もっと大切なことは、自分を客観的に眺めるための、新しい場所を獲得するという意味のほうが大きい。小さな子が他者と出会って初めて自分に気づいたように、私たちは〈自己〉をいろいろな角度から見るための、複数の視線を得るために、勉強をし、読書をする。それを欠くと、②ひとりよがりの自分を抜け出すことができない。〈他者〉との関係性を築くことができない。

勉強や読書は、自分では持ち得ない〈他の時間〉を持つということでもある。過去の多くの時間に出会うということでもある。過去の時間を所有する、それもまた、自分だけでは持ちえなかった自分への視線を得ることでもあるだろう。そんなふうにして、それぞれの個人は世界と向き合うための基盤を作ってゆく。

（永田和宏「知の体力」による）

(注) モチベーション＝ものごとを行う意欲、やる気。
リスペクト＝尊敬。
漫然と＝とりとめもなく、ぼんやりとした様子で。
対峙＝にらみ合ったまま動かずに対立すること。

# ＜国語＞

時間　五〇分　満点　九〇点

1 次の1・2の問いに答えなさい。

1 次の――線部のカタカナは漢字に直し、漢字は仮名に直して書け。

(1) 性格がよくニた友人。
(2) 作品をヒヒョウする。
(3) 会場が多くの人でコンザツする。
(4) 成長が著しい。
(5) あこがれの仕事に就く。
(6) 流行が終息した。

2 次に書かれた行書の特徴を説明したものとして、最も適当なものを次から選び、記号で答えよ。

ア 筆脈を意識し点画の一部を連続させて書いている。
イ 点画の一部を省略し筆順を変化させて書いている。
ウ 全ての点画の筆の運びを直線的にして書いている。
エ 全ての点画を筆圧が一定になるように書いている。

2 次の文章を読んで、あとの1～5の問いに答えなさい。

読書をすること、あるいは学問をすることの意味とは何なのだろうか。一般には、これまで知らなかった知識を得ることという答えが返ってきそうだが、読書の〈意味〉、学問の〈意味〉というものを考えたとき、その答えだけでは十分ではないだろうと私は考えている。

読書によって、あるいは学ぶということによって、確かに新しい知識が自分のものとなる。しかし読書や学問をすることの〈意味〉は、端的に言って、自分がそれまで何も知らない存在であったことを初めて知る、そこに〈意味〉があるのだと思う。ある知識を得ることは、そんな知識も持っていなかった〈私〉を新たに発見することなのだ。

私一人の身体のなかに地球十五周分もの細胞が詰まっていると知ることは、そんなにすごい存在だったのかと感動することは、そんなことも知らない自分であったということを、改めて知ることからくる感動なのだ。初めから何でも知っていたら、感動などは生まれない。

「知らない存在としての自分を知る」こと、学問はそこから出発する。自分の知っていることは世界のほんの一部にしか過ぎないのだと自覚する、それはすなわち自分という存在の相対化ということである。それを自覚しないあいだは、自分が絶対だと思いがちである。自分だけしか見えていない。世界は自分のために回っているような錯覚を持つ。

自分は〈まだ〉何も知らない存在なのだと知ることによって、相手と自分との関係も見えてくるだろうし、世界のなかでの自分が存在することの意味も考えることになるだろう。私は〈まだ〉何も知らないと自覚することは、いまから世界を見ることができるということでもある。①それが学問の(注)モチベーションになり、駆動力になる。

「何も知らない自分」を知らないで、ただ日常を普通に生きていることに満足、充足しているところからは、敢《あ》えてしんどい作業を伴う学問、研究などへの興味もモチベーションも生まれないのは当然である。しかし、ああ、自分は実は世界のほんのちっぽけな一部しかこれまで見てこなかった、知っていなかったと実感できれば、そして自分

MEMO

大切なことはメモしておこうネ！

# 2019年度

# 解答と解説

《2019年度の配点は解答用紙集に掲載してあります。》

## ＜数学解答＞

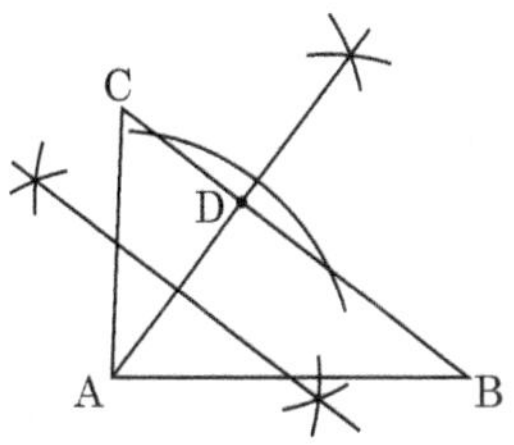


**1** 1 (1) 20　(2) $\frac{7}{4}$　(3) $\sqrt{7}-\sqrt{5}$　(4) ウ　(5) ア，エ

2 110(度)　3 9　4 4(倍)　5 イ

**2** 1 P(1，−5)　2 5　3 右図　4 解説参照

5 (120円のりんご) 3(個)
(100円のりんご) 5(個)(式と計算は解説参照)
(80円のりんご) 9(個)

**3** 1 8(点)　2 6(人)　3 (1) 7(点)　(2) イ，エ

**4** 1 $(a=)x-10$　2 (1) 解説参照　(2) ア 1　イ 6　ウ 14

**5** 1 ア 12　イ 8　ウ $\frac{16}{3}$　エ ④　オ $6\sqrt{7}$

2 $6-2\sqrt{3}$(秒後)(式と計算は解説参照)

## ＜数学解説＞

**1** (数・式の計算，平方根，不等式，方程式の解，角度，関数$y=ax^2$，体積比，割合)

1 (1) **四則をふくむ式の計算の順序は，かっこの中→乗法・除法→加法・減法**　となる。$5\times(6-2)=5\times4=20$

(2) 四則をふくむ式の計算の順序は，乗法・除法→加法・減法　となる。$\frac{1}{4}+\frac{5}{3}\div\frac{10}{9}=\frac{1}{4}+\frac{5}{3}\times\frac{9}{10}=\frac{1}{4}+\frac{5\times9}{3\times10}=\frac{1}{4}+\frac{3}{2}=\frac{1}{4}+\frac{6}{4}=\frac{7}{4}$

(3) $\sqrt{20}=\sqrt{2^2\times5}=2\sqrt{5}$，$\frac{7}{\sqrt{7}}=\frac{7\times\sqrt{7}}{\sqrt{7}\times\sqrt{7}}=\frac{7\sqrt{7}}{7}=\sqrt{7}$　だから，$2\sqrt{7}-\sqrt{20}+\sqrt{5}-\frac{7}{\sqrt{7}}=2\sqrt{7}-2\sqrt{5}+\sqrt{5}-\sqrt{7}=2\sqrt{7}-\sqrt{7}-2\sqrt{5}+\sqrt{5}=(2-1)\sqrt{7}+(-2+1)\sqrt{5}=\sqrt{7}-\sqrt{5}$

(4) ア～エが示している変数$x$の**変域**を，不等号を使って表すと，アが$x\leqq2$($x$は2以下)，イが$2\leqq x$($x$は2以上)，ウが$x<2$($x$は2未満)，エが$2<x$($x$は2より大きい)である。

(5) ア～エの方程式のそれぞれの左辺に$x=4$を代入すると　ア$=2x=2\times4=8=$右辺，イ$=\frac{1}{2}x=\frac{1}{2}\times4=2$，ウ$=x(x+4)-4\times(4+4)=32$，エ$=x^2-x-12=4^2-4-12=0=$右辺　より，$x=4$は方程式　$2x=8$　と，$x^2-x-12=0$　の解である。

2 △OACと△OBCは，OA＝OB＝OCより，それぞれ二等辺三角形であるから，∠OCA＝∠OAC＝30°，∠OCB＝∠OBC＝25°　よって，∠ACB＝∠OCA＋∠OCB＝30°＋25°＝55°　$\overset{\frown}{AB}$に対する**中心角と円周角の関係**から，$\angle x=2\angle ACB=2\times55°=110°$

3 $y=x^2$について，$x=3$のとき$y=3^2=9$，$x=6$のとき$y=6^2=36$。よって，$x$の値が3から6まで増加するときの**変化の割合**は　$\frac{36-9}{6-3}=9$

4 等しい高さを$h$とする。また，円柱Bの底面の円の半径を$r$とすると，円柱Aの底面の円の半径は，円柱Bの底面の円の半径の2倍であるから$2r$。それぞれの円柱の**体積**は，底面積×高さ　より，(円柱Aの体積)$=\pi\times(2r)^2\times h=4\pi r^2h$，(円柱Bの体積)$=\pi\times r^2\times h=\pi r^2h$　以上より，円柱Aの体積は，円柱Bの体積の　$4\pi r^2h\div\pi r^2h=\frac{4\pi r^2h}{\pi r^2h}=4$倍　である。

5　**割合＝比べられる量÷もとにする量**　全国の総収穫量に対する高知県の収穫量の割合が，14.2%であったから　高知県の収穫量÷全国の総収穫量×100＝14.2%　より　全国の総収穫量＝$\frac{\text{高知県の収穫量}\times100}{14.2}=\frac{1733\times100}{14.2}$　よって，全国の総収穫量に対する鹿児島県の収穫量の割合は，鹿児島県の収穫量÷全国の総収穫量×100＝$5153\div\frac{1733\times100}{14.2}\times100=5153\times\frac{14.2}{1733\times100}\times100=\frac{5153}{1733}\times14.2$

[2]　**(図形と関数・グラフ，確率，作図，合同の証明，方程式の応用)**

1　点A，Bは$y=-\frac{1}{2}x^2$上にあるから，その$y$座標はそれぞれ　$y=-\frac{1}{2}\times(-2)^2=-2$　$y=-\frac{1}{2}\times4^2=-8$　よって，A$(-2,\ -2)$，B$(4,\ -8)$　直線ABの傾き$=\frac{-8-(-2)}{4-(-2)}=-1$だから，直線ABの式を$y=-x+b$とおくと，点Aを通るから，$-2=-(-2)+b$　$b=-4$　よって，直線ABの式は　$y=-x-4$　点Pの$x$座標を$p$とする。また，点A，B，Pから$x$軸へそれぞれ垂線AH，BI，PJを引くと，H$(-2,\ 0)$，B$(4,\ 0)$，P$(p,\ 0)$。直線OPが△OABの面積を2等分しているとき，△OAP＝△OBPだから，AP＝BPで，点Pは線分ABの中点となる。AH//BI//PJだから，**平行線と線分の比についての定理**より，HJ：IJ＝AP：BP＝1：1　よって，HJ＝IJ…①　ここで，HJ＝点Jの$x$座標－点Hの$x$座標$=p-(-2)=p+2$…②，JI＝点Iの$x$座標－点Jの$x$座標$=4-p$…③　①，②，③より，$p+2=4-p$　$p=1$　点Pは$y=-x-4$上にあるから，その$y$座標は　$y=-1-4=-5$　以上より，P$(1,\ -5)$

2　4枚のカードの中からカードを同時に2枚取り出すときのすべての取り出し方は，[1][2]，[1][3]，[1][4]，[2][3]，[2][4]，[3][4]の6通り。このうち，取り出したカードに書かれた2つの数の和が3となるのは[1][2]の1通りだから，その確率は$\frac{1}{6}$。取り出したカードに書かれた2つの数の和が4となるのは[1][3]の1通りだから，その確率は$\frac{1}{6}$。取り出したカードに書かれた2つの数の和が5となるのは[1][4]，[2][3]の2通りだから，その確率は$\frac{2}{6}=\frac{1}{3}$。取り出したカードに書かれた2つの数の和が6となるのは[2][4]の1通りだから，その確率は$\frac{1}{6}$。取り出したカードに書かれた2つの数の和が7となるのは[3][4]の1通りだから，その確率は$\frac{1}{6}$。

3　(着眼点)折り目を表す線を$\ell$とすると，点Dは直線$\ell$を対称の軸として点Aを対称移動した点である。**対称移動では，対応する点を結んだ線分は，対称の軸と垂直に交わり，その交点で2等分される**から，直線$\ell$は線分ADの**垂直二等分線**である。また，$\ell$//BCより，AD⊥BCである。　(作図手順)次の①～③の手順で作図する。
①　点Aを中心とした円を描き，辺BC上に交点を作る。　②　①で作ったそれぞれの交点を中心として，半径の等しい円を描き，その交点と点Aを通る直線(点Aから辺BCに引いた垂線)を引き，辺BCとの交点をDとする。　③　点A，Dをそれぞれ中心として，互いに交わるように半径の等しい円を描き，その交点を通る直線(線分ADの垂直二等分線であり，折り目を表す線)を引く。

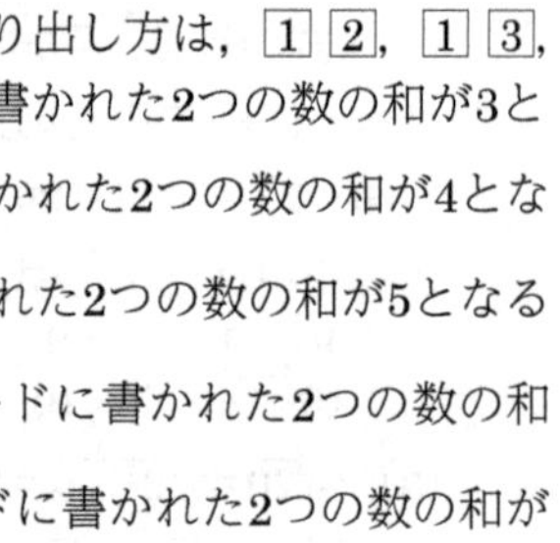


4　(証明)(例)△ABPと△CAQにおいて　仮定から　∠APB＝∠CQA＝90°…①　△ABCは，∠BAC＝90°の直角二等辺三角形だから　AB＝CA…②　∠CAD＋∠DAB＝90°，∠DAB＋∠BAP＝

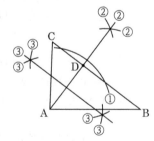

90°だから　∠CAD＝∠BAP…③　$\ell /\!/ n$より，**平行線の錯角は等しい**から　∠CAD＝∠ACQ…④　③，④から　∠BAP＝∠ACQ…⑤　①，②，⑤より，直角三角形の斜辺と1つの鋭角がそれぞれ等しいから　△ABP≡△CAQ

5 (式と計算)(例)80円のりんごの個数は$3x$個と表される。$\begin{cases} x+y+3x=17\cdots① \\ 120x+100y+80\times 3x=1580\cdots② \end{cases}$

①より　$4x+y=17$…③　②より　$360x+100y=1580$…④　③×10−④÷10より　$(40x+10y)-(36x+10y)=170-158$　$4x=12$　$x=3$…⑤　⑤を③に代入して　$12+y=17$　$y=5$

## 3 (資料の散らばり・代表値)

1 資料の最大の値と最小の値の差が**分布の範囲(レンジ)**。20人の得点について，最大の値は10点，最小の値は2点だから，範囲(レンジ)は10点−2点＝8点。

2 1ゲームの得点が4点以下の生徒の中には，5点の部分にボールが止まった生徒はいない。1ゲームの得点が5点の生徒は，5点の部分に1回，的の外(0点)に1回，ボールが止まった生徒である。1ゲームの得点が6点の生徒は，5点の部分に1回，1点の部分に1回，ボールが止まった生徒か，3点の部分に2回，ボールが止まった生徒(2人)である。1ゲームの得点が8点の生徒は，5点の部分に1回，3点の部分に1回，ボールが止まった生徒である。1ゲームの得点が10点の生徒は，5点の部分に2回，ボールが止まった生徒である。以上より，1回でも5点の部分にボールが止まった生徒は　1＋(4−2)＋2＋1＝6人　である。

3 (1) 1ゲームの得点が2点の生徒は，1点の部分に2回，ボールが止まった生徒である。1ゲームの得点が3点の生徒は，3点の部分に1回，的の外(0点)に1回，ボールが止まった生徒である。1ゲームの得点が4点の生徒は，3点の部分に1回，1点の部分に1回，ボールが止まった生徒である。よって，前問2の解説内容も考慮すると，ボールが止まった5点の部分を1点，1点の部分を5点として，得点を計算してみると，右表のようになる。**中央値(メジアン)**は資料の値を大きさの順に並べたときの中央の値。生徒の人数は20人で偶数だから，得点の低い方から10番目の生徒の得点6点と11番目の生徒の得点8点の**平均値**　$\dfrac{6+8}{2}=7$点　が中央値(メジアン)。

| 得点(点) | 0 | 1 | 2 | 3 | 4 | 5 | 6 | 8 | 10 |
|---|---|---|---|---|---|---|---|---|---|
| 人数(人) | 0 | 1 | 1 | 2 | 2 | 0 | 4 | 5 | 5 |

(2) 2ゲーム目の20人の得点の最大の値と最小の値がわからないから，1ゲーム目と2ゲーム目のそれぞれの得点の範囲(レンジ)が同じ値であるかどうかは判断できない(アのことは必ずしもいえない)。中央値(メジアン)が5.5点であることから，得点の低い方から10番目の生徒の得点が4点以下であるとすると，11番目の生徒の得点は　5.5点×2−4点＝7点以上　であることになり，6点のBさんがいることに矛盾する。また，得点の低い方から10番目の生徒の得点が6点以上であるとすると，11番目の生徒の得点は　5.5点×2−6点＝5点以下　であることになり，これもおかしい。よって，得点の低い方から10番目の生徒の得点は5点，11番目の生徒の得点はBさんの6点と決まる。これより，Bさんの6点が，5点の部分に1回，1点の部分に1回，ボールが止まった場合は，5点の部分に1回でもボールが止まった生徒は11人以上いる。また，Bさんの6点が，3点の部分に2回，ボールが止まった場合は，5点の部分に1回でもボールが止まった生徒は10人以上いる。いずれにしても，5点の部分に1回でもボールが止まった生徒の人数は，2ゲーム目の方が多い(イのことは必ずいえる)。また，Aさんの得点の4点を上回っている生徒は11人以上いる(エのことは必ずいえる)。2ゲーム目の得点に関して，4点が1人，5点が9人，6点が1人，8点が4人，10点が5人の場合は，**最頻値(モード)**＝5点となり，中央値(メジアン)より小さくなるから，2ゲーム目について，最頻値(モード)は中央値(メジアン)より大

きいとは必ずしもいえない(ウのことは必ずしもいえない)。

**4**　**(規則性，式による証明)**

1　$x$の真上の数は，$x$より9小さい数だから$x-9$。その左隣の数$a$は，さらに1小さい数だから$a=(x-9)-1=x-10$

2　(1)　(証明)(例)$a=x-10$　$b=x-8$　$c=x+8$　$d=x+10$　と表されるから　$M=(x-8)(x+10)-(x-10)(x+8)=(x^2+2x-80)-(x^2-2x-80)=4x$　$x$は自然数だから，Mは4の倍数になる。

(2)　(1)よりMの値は$x$の4倍だから，$4\times0=0$，$4\times1=4$，$4\times2=8$，$4\times3=12$，$4\times4=16$，$4\times5=20$，$4\times6=24$，$4\times7=28$，$4\times8=32$，$4\times9=36$　と考えると，Mの値の一の位の数が4になるのは，$x$の一の位の数が1…ア　または6…イ　になるときである。$a$が1段目から10段目までにあることから，$x$は2段目から11段目であり，2段目の左端の数が10，11段目の右端の数が99(＝9×11)であるから，$x$の一の位の数が1または6になるのは，11～91の9個と，16～96の9個が考えられる。ここで，$x$が各段の両端を除く自然数であることに注意すると，9で割って1余る46，91の2個(各段の左端の数)と，9で割り切れる36，81の2個(各段の右端の数)は該当しない。以上より，Mの値の個数を求めると　$9+9-2-2=14$通り…ウ　である。

**5**　**(正八面体，面積，体積，展開図，線分和の最短の長さ，動点)**

1　ア　問題図2より，辺はAB, AC, AD, AE, BC, CD, DE, EB, FB, FC, FD, FEの12本ある。

イ　正方形BCDEをひし形と考えると，(正方形BCDEの面積)＝対角線×対角線÷2＝BD×CE÷2＝4×4÷2＝8(cm$^2$)

ウ　(正四角すいABCDEの体積)$=\dfrac{1}{3}\times$底面積×高さ$=\dfrac{1}{3}\times$(正方形BCDEの面積)$\times\dfrac{AF}{2}=\dfrac{1}{3}\times8\times\dfrac{4}{2}=\dfrac{16}{3}$(cm$^3$)

エ　正八面体ABCDEFの各頂点を問題図5の展開図に当てはめたものを右図に示す。これより，点Eにあたる番号は④である。

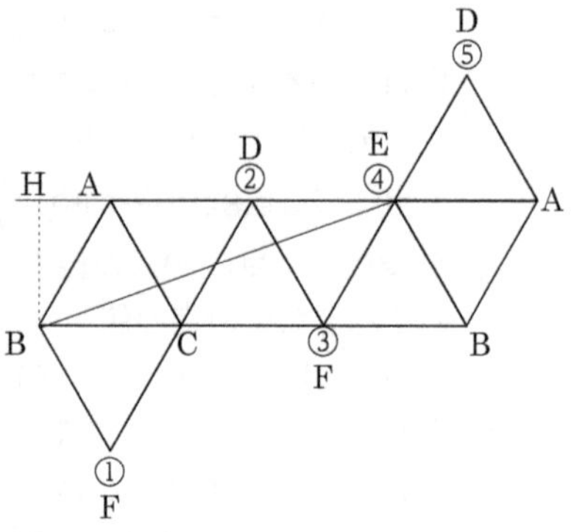


オ　糸の長さが最も短くなるときのかけた糸のようすを右図に示す。また，点Bから直線ADへ垂線BHを引く。△ABHは30°，60°，90°の直角三角形で，3辺の比は$2:1:\sqrt{3}$だから，$AH=\dfrac{1}{2}AB=\dfrac{1}{2}\times6=3$cm，$BH=\sqrt{3}\,AH=\sqrt{3}\times3=3\sqrt{3}$ cm　△BEHに三平方の定理を用いると，最も短くなるときの糸の長さは　$BE=\sqrt{EH^2+BH^2}=\sqrt{(AD+DE+AH)^2+BH^2}=\sqrt{(6+6+3)^2+(3\sqrt{3})^2}=6\sqrt{7}$ cm

2　(式と計算)(例)正八面体の体積は，$2\times\dfrac{1}{3}\times6^2\times3\sqrt{2}=72\sqrt{2}$(cm$^3$)だから，この正八面体の体積の$\dfrac{1}{6}$は，$12\sqrt{2}$(cm$^3$)である。底面積となる△PFQの面積は，$6^2-\dfrac{1}{2}t^2-\dfrac{1}{2}\times6\times(6-t)-\dfrac{1}{2}\times6\times(6-t)=-\dfrac{1}{2}t^2+6t$(cm$^2$)　体積の関係から，$t$についての方程式をつくると，$\dfrac{1}{3}\times\left(-\dfrac{1}{2}t^2+6t\right)\times3\sqrt{2}=12\sqrt{2}$　$t^2-12t+24=0$　解の公式より　$t=\dfrac{12\pm4\sqrt{3}}{2}=6\pm2\sqrt{3}$　$0\leqq t\leqq6$より　$t=6-2\sqrt{3}$　(補足説明)(△PFQの面積)＝(正方形ABFDの面積)－(△PAQの面積)－(△PFBの面積)－(△QFDの面積)と考える。

## ＜英語解答＞

1　1 イ　2 ア　3 ① February　② bring　4 (1) エ　(2) イ
(3) (例)uses a dictionary　5 (例)Because I want to clean a park as a volunteer.

2　1 ① ウ　② イ　2 ① (例)animals　② (例)give　③ (例)pictures
④ (例)Can I join this program　3 (例)Do you have a smaller one
4 (例)It's Flower Park Kagoshima. There are many beautiful flowers every season. My family often goes there and enjoys seeing them.

3　Ⅰ ① ア　② エ　③ ウ　Ⅱ 1 ウ　2 Experience is the best teacher.
Ⅲ 1 (1) (例)Because he was only thirteen when he left Japan.
(2) (例)She started reading an English newspaper every week.
2 (例)医者になって，医者を必要としている国々で人々を助けること。

4　1 ア 3　イ 5　ウ 4　2 エ　3 イ　4 (例)合唱をすることに決まったのに18人しか練習に来ていなかったから。　5 (例)they agreed　6 ウ，エ
7 (例)It is important for us to talk with each other when we decide what to do together.

## ＜英語解説＞

1　(リスニング)
放送台本の和訳は，55ページに掲載。

2　(会話文問題：文の挿入，語句の補充，条件英作文，不定詞，助動詞，比較)

1 (全訳)ウィルソン夫人(以下W)：ダイスケ，この土曜日に何か予定はあるかしら？／ダイスケ(以下D)：はい。僕の友達たちと野球の試合を見に行く予定です。／W：それはいいわね！／D：僕の好きなチームが，この町の球場で試合をするのです。イ②でも，そこへの行き方がわかりません。教えていただけますか。／W：もちろんいいわよ。ウ①この地図を見てごらん。野球場はここにあって，私たちの家はABC公園の近くにあるのよ。ABC公園のバス停から市バスに乗るべきだわ。／D：わかりました。バスでそこに到着するのはどのくらい時間がかかりますか。／W：だいたい20分ね。／D：わかりました。ありがとうございました。
＜ イ ＞の位置に，②の「そこへの行き方がわかない」を挿入すれば，後続文の「教えていただけませんか」に上手くつながる。**＜how ＋ 不定詞＞**「～をする方法」＜get to ＋ 場所＞「～へ到着する」→ get there「そこへ着く」 **Could you ～？**「～していただけませんか」
＜ ウ ＞の位置に①「この地図を見てごらん」を挿入すれば，後続の球場への道のりを説明している箇所に上手くつながる。

2 (全訳)キャシー(以下C)：あら，ナオミとケンタじゃない。あなたたちは，何をしているのかしら？／ナオミ(以下N)：私たちは，水族館での職場体験の案内を読んでいるところなのよ。／ケンタ(以下K)：僕らはこのプログラムを選択するつもりだよ。／C：へえー，それは面白そうね。私にそのことについて(もっと)話してくれない？／N：初日に，私たちは魚や海洋①動物について学習する予定なの。／K：そして，2日目と3日目には，水族館の従業員と一緒に働くことになっているよ。／C：本当に？　どのような種類の仕事なのかしら?／N：私たちは魚にえさ②

を与えて，水そうを清掃するのよ。／K：僕らはイルカショーで従業員を補助することにもなる。その後，イルカと ③写真を撮ることもできるよ。／C：すてきね！　あなたたちと④私はこのプログラムに参加することができるかしら？／N：もちろん，できるわ。1グループは3人から構成されることになっていて，私たちにはもう1人別の生徒が足らないのよ。／C：ちょうど良いわね！

(　①　)初日の職場体験内容は，一覧から「魚や海洋動物についての学習」であることがわかる。したがって，「初日に，私たちは魚や海洋(　①　)について学習する予定である」の空所①には，「動物」に該当する animals が当てはまる。ちなみに，fish は数えないことが多く，単数形になっているが，animals と複数形になるので注意。

(　②　)「2・3日目に従業員とどのような作業をするのか」という質問に答えている箇所。「私たちは魚にえさ(　②　)，そして，水そうを掃除する」の空所には，「〜を与える」に相当する give が当てはまる(一覧を参照―「えさやり」)。

(　③　)イルカと一緒に行えることは，写真撮影である(一覧を参照)。正解は「私たちはイルカと写真 [pictures]をとることができる」。

④　空所④を含む質問に対する応答文は，「もちろん，できる[Of course you can.]。1グループには3名いなくてはならなくて，もう1人の生徒が不足している」の意。1名不足しているので，可能なこととは，当プログラムに参加することである。空所④を含む文は，Can I 〜 ? で始まる疑問文になるので，「私はあなたたちとこのプログラムに参加できるか」という意味の文を完成させればよいことになる。正解は，Can I join this program(with you ?)

3　(全訳)①このTシャツが好きだけれど，大きすぎます。より小さいのはありますか？／②はい。少しお待ち下さい。　文脈より，小さいサイズの在庫を尋ねる表現を空所に入れればよいことがわかる。「より小さい」smaller ← small の比較級　**<比較級[原級 + -er] + than>「〜と比べてより〜」**「ありますか」Do you have 〜 ?　**<too + 形容詞>「〜すぎる」**

4　(全訳)先生：皆さん，こんにちは。今日，新しいALT[外国語指導助手]が来ています。皆さんは，自分らの町について話す準備ができていると思います。イチロウ，君から初めてくれますか？／イチロウ：わかりました。僕は自分の町の1番良い場所の1つについて話すことにします。それは，フラワーパーク鹿児島です。どの季節にも多くの美しい花があります。私の家族はしばしばそこへ行き，それらを見ることを楽しみます。僕はこの場所がとても好きです。あなたもその場所を気に入ることでしょう。ありがとうございました。／ALT：ありがとう，イチロウ。
自分の町の1番良い[気に入った]場所について，20語以上の英語で紹介する問題。<one of the + 最上級>「最も〜のうちの1つ」　**best ← <good／wellの最上級>「最もよい[よく]」**

**3　(会話文問題・中文読解問題：文の挿入，内用真偽，英問英答・記述，語句の解釈，進行形，受け身，不定詞，現在完了，動名詞，比較，接続詞)**

I　(全訳)タクヤ(以下T)：こんにちは，グリーン先生。何を見ているのですか？／グリーン先生(以下G)：これは鹿児島県のウェブサイトよ。／T：①アえっ，それを英語で読んでいるのですか？／G：そうよ。これはハングル語や中国語で読むこともできるわ。／T：本当ですか？②エなぜこのウェブサイトは外国語で書かれているのですか？／G：それは良い質問ね。外国の人々は，このウェブサイトから鹿児島に関する多くの情報を得ることができるのよ。例えば，有名な場所，人気のある地元料理，そして，歴史について学ぶことができるの。私は鹿児島に来る前に，このウェブサイトから多くのことを学んだわ。／T：それは良いですね。③ウ僕は多くの外国の人々に鹿児島について知って欲しいです。／G：わたしも同様よ。放課後，外国の人々のために，案内リーフレットをつくるのはどうかしら。／T：それをしましょう！

① 後続の「はい。それをハングル語や中国語でも読むことができる」という内容から，言語に関する疑問詞のない疑問文が当てはまることになる。正解は，ア「それを英語で読んでいるのですか」が正解。　**＜be動詞 ＋ -ing＞ 進行形「～しているところだ」**

② 後続文の「それは良い質問ね。外国人はこのウェブサイトから，鹿児島に関する多くの情報を入手できる」という応答を導き出す疑問文が空所②に該当する。正解はエ「なぜこのウェブサイトは外国語で書かれているのですか」となる。**＜be 動詞 ＋ 過去分詞＞ 受け身「～される」** written ←write「書く」の過去分詞

③ 後続文で，グリーン先生がタクヤの意見に同意して，外国人向けの案内を作成することを提案していることから考える。正解はウ「私は多くの外国人に鹿児島について知って欲しい」。**＜want ＋ 人 ＋ 不定詞＞「人に～して欲しい」** 他の選択肢は次の通り。イ「私は鹿児島に3年間住んでいる」**＜have[has]＋過去分詞＞ 現在完了(完了・継続・経験・結果)**

Ⅱ (全訳)こんにちは，みなさん。私たちの生活において私たちを手助けくれる重要なことについて話そうと思います。

これを見て下さい。これは今年私が育てたトマトの1つです。私の兄は高校で農業を学んでいて，野菜を育てることを楽しんでいます。それは興味深いことだと私は思ったので，去年，私は庭でトマトを栽培し始めました。私はそのトマトに毎日水を与えました。しかしながら，1か月後，それらの多くは病気になってしまいました。その時，私の兄は私に対して何も解決法を教えてくれませんでしたが，次のように言ったのです。「なぜそれらは病気になったのかわかるかい？　原因をみつけようとしたのかなあ？」

私は市立図書館へ行き，トマトの栽培に関する1冊の本を読みました。ついに，その原因がわかりました。トマトは毎日多くの水を必要としないのです。それ以降，私は自分のトマトに水を与えすぎることを止めたのです。

今年，私はもう一度挑戦して，これまでトマトを順調に栽培してきました。経験は最良の教師です。今では，何をしたらよいかわかっています。来年，もっと多くのトマトを育てようと思います。

1　ア「ユキコはトマトを食べることは彼女の健康に良いと考えている」(×)無記載。eating tomatoes「トマトを食べること」ここでは主語になっている。 **← ＜原形 ＋ -ing＞ 動名詞「～すること」**　イ「ユキコの兄は彼女にトマトの栽培の仕方を教えた」(×)第2段落7文目で，兄は彼女に解決法を与えなかった，と述べられている。 **＜how ＋ 不定詞＞「～をする方法」**　ウ「去年，トマトを栽培することで，ユキコは困難な目に遭った」(○)第2段落で，去年，トマトを栽培して(4文目)，多くが病気になったこと(6文目)が述べられている。 about growing **←＜前置詞 ＋ 動名詞＞**　エ「ユキコは2年間トマトを上手く栽培した」(×)今年は上手くいった(最終段落1文目)が，去年は病気にかかった(選択肢ウの説明参照)ので，不一致。has grown **← ＜have[has]＋ 過去分詞＞ 現在完了(完了・経験・結果・継続)**

2　去年，トマトが上手く育たなかったことから，人から助言を受けることなく，自分で栽培法を調べて，水やりに問題があったことに気づき，改善して，今年は，上手く育つようになった，という一連の流れの中から，その過程を的確に表す表現を見つけること。正解は，最終段落2文目 Experience is the best teacher.「経験は最良の教師である」となる。**best ←＜good／wellの最上級＞「最もよい，最もよく」**

Ⅲ (全訳)中学へ入学した時に，私は英語を勉強することが好きではなかった。英語は難しいし，私には多くの語が理解できなかったのだ。しかし，この夏に，私はある抱負を抱くに至ったのである。

夏休み中に，いちき串木野市にある薩摩学生博物館[薩摩藩英国留学生記念館]へと，私の祖父

は私を連れて行ってくれた。150年以上前に，摩藩の学生が英国へと渡航した。当時は，外国へ行くことは非常に危険であったが，彼らは現地で多くのことを学び，(そのことが)日本に影響を及ぼすことになった。「最年少の学生は，日本を出発した時に，わずか13歳だったのだよ」と私の祖父は言った。私はそのことを聞いて驚き，「びっくりだわ！　わずか13？」と答えた。その博物館を訪れ後，私は外国へ行くことに興味を抱くようになった。

1週間後，異国の地で懸命に働いている日本人の医師に関するテレビ番組を見た。その国ではより多くの医師が必要だった。多くの国には，十分な医師がいないことを知り，私はショックを受けた。私は病気の人々のために何かを行いたいと考えた。私は医師となり，そのような国の人々を手助けすることを決意した。

英語は外国で働くうえでは，非常に重要である。その番組を見て以来，毎週，英語の新聞を読んでいる。それは簡単ではないが，私の英語を上達させるために，あらゆることを試してみようと思っている。

1 (1) 質問「キョウコが最年少の学生について聞いた時に，なぜ彼女は驚いたのか」第2段落の最後から2文目で，“He was amazing！ Only thirteen?”と述べていることから，「日本を発った際に，わずか13歳だったから」という意味を表す英文を考えればよいことになる。youngest「最年少の」← young の最上級　＜**be動詞＋ surprised(＋不定詞)**＞「**(〜をして)驚く**」 **接続詞 when「〜するときに」**／because「**〜だから**」

(2) 質問「キョウコが彼女の抱負を見つけた後に，彼女は何をし始めたか」医師になり，医師不足の国で患者を助けたい，という彼女の夢に関しては，第3段落の第3〜5文目で言及されており，その後，実際に行った行動に関しては，第4段落2文目[I have read an English newspaper every week]を参考にして，答えること。start doing ← ＜動詞 ＋ -ing＞ 動詞の行為の対象となる動名詞「〜することを…する」have read ← ＜**have[has]＋ 過去分詞**＞ **現在完了(完了・経験・継続・結果)**

2 1(2)の解説を参照のこと(第3段落の第3〜5文目)。＜医師不足にショック＞・＜病気の人を助けたい＞・＜医師になり，このような人を救いたい＞ enough「十分な」＜want ＋ 不定詞＞「〜したい」＜decide ＋ 不定詞＞「〜することを決意する」＜動詞 ＋ 不定詞$_1$ ＋ and ＋ 不定詞$_2$＞「〜すること，および，〜することを動詞する」2つの不定詞が動詞の目的語になっているので注意。

**4 (長文読解問題・物語：絵を用いた問題，文の挿入，語句補充・選択，語句の解釈・指示語，内容真偽，条件英作文，形容詞，比較，受け身，不定詞，動名詞，進行形，接続詞)**

(全訳)[ 1 ]エイミは中学生だった。ある日，彼女のクラスでは話し合いがなされて，学園祭のステージで何をしたらよいかに関して話し合った。エイミは言った。「私は歌うことが大好きなの。みんなで一緒に歌わない？」「ちょっと待って」サムが口を挟んだ。「僕は，どうやって踊ったら良いかをみんなに教えることができるよ。踊りにしようよ」別の女子は，劇を演じたいと発言した。そこでサムは次のように言った。「①エ僕らの考えは少しずつ異なるね。どうやって決めたらよいだろうか」

[ 2 ]サムとエイミはすべての生徒に意見を聞いた。14名は歌を歌い，11名はダンスを踊り，8名は劇を演じ，そして，6名は音楽を演奏することを，それぞれが望んだのである。エイミはとても②イ興奮して，言った。「みんな，ありがとうね！　歌うことが最も多くの人を集めたのね[歌うことが最も大きな集団だった]。私たちは，歌うことに決着したのよ。明日，放課後に音楽室で練習を開始しましょう。美しい数曲を私が選び，みんなに(それらの)歌い方を教えるわね」多くの生徒

は納得している様子ではなかったが，彼らが言葉を発することはなかった。サムは怒って，教室を出て行った。

[ 3 ]翌日，音楽室にはわずか18名の生徒しかいなかった。サムはそこにはいなかった。彼女らは練習を始めた。エイミは生徒の前に立ち，助言を与えるのであった。彼女らが練習をしている間に，彼女は思った。「わずかに18名の生徒…これは問題だわ。③理解できないわね」その時，マークが彼女に近づいて来て，発言した。「君は悲しそうだね。大丈夫かな？」彼は音楽を演奏したかったのだが，エイミと歌を練習していたのだ。エイミは「どうしたらよいかわからないの。私はただ一緒に歌を歌いたいだけなのに」と言った。マークは「エイミ，君がどのように感じているか僕にはわかるよ。でも，多くの生徒がここには来ていないよね」と応じた。エイミは次のように答えた。「その通りね。私たちが歌うことを決めた時に，彼らは何も言わなかったわ」マークは言った。「それは事実だね。でも，そのことは ④彼らが賛成したということを意味しているわけではないよ。君は歌を歌いたい。僕はトランペットを演奏したいのさ。いずれにせよ，昨日，僕らのクラスは十分に話し合わなかった。もっと話をすれば，おそらくは，僕らは満足するような方法を見いだせるよ」エイミは考えた。「もっと話を…」

[ 4 ]その晩，エイミは早目に就寝して，マークの言葉について考えてみた。彼女は思った。「私たちは別々のことをしたいのね。仮にもっと話をすれば，みんなが満足することができる…そうだわ，私たちのクラスはもう一度話をするべきなのね」

[ 5 ]翌朝，クラスで再度話し合った。エイミはクラスに向けて話をした。「昨日は18名の生徒しか練習しに来なかったの。これは好ましいことではないわね。私たちはもっと話し合う必要があると私は思うわ」サムが発言した。「その通りだね。もう1回話し合おうよ」エイミは次のように語った。「私は歌を歌うということが切実で，他の人が何をやりたいのかということを考えなかった。でも，昨夜，気づいたのよ。私たちがみんな，自らの上演に満足することが重要だということをね」マークは次のように応じた。「僕は上手く歌えないけれど。君らの歌に合わせてトランペットを吹くことはできるよ。聞いてみて！」彼は演奏し始めた。生徒たちが叫んだ。「彼の演奏はすばらしいわ。私たちのために，彼はトランペットを演奏すべきなのね」誰かが尋ねた。「私には何ができるかしら」生徒たちはあちらこちらで，互いに話し始めたのである。サムはしばらく考えて，「多分，僕は君らの歌に合わせて踊ることができるよ」と言った。他の誰かが言った。「私はあなたたちの歌に合わせて，劇を演じることができるわ」エイミは微笑んで，発言した。「みんな，ありがとう。良い考えがあるわ！　私たちは，すべてを1つにすることができるわね。私たちは，1つの公演の中で，踊り，劇を演じ，音楽を演奏し，歌うことができるわ。それがミュージカルね。学園祭では私たちはミュージカルをするのよ！」ついに，みんなが幸せな気持ちになりえたのだ。サムが言った。「今日から始めよう！」

1　ア　18名の生徒が音楽室にいて(第3段落1文目)，1人が他の生徒の前に立ち，助言を与えており(第3段落4文目)，その1人が悲しそうな表情をしている(第3段落マークの最初の発言；You look sad.)ことなどから，判断する。sad「悲しい」　イ　1人の生徒がトランペットを演奏していることから判断する(第5段落；Mark said, "~ I can play the trumpet ~. Listen!" He started to play.)。　ウ　夜，ベッドで，少女が何かを思案している様子から判断する(第4段落1文目「その晩，エイミは早目に就寝して，マークの言葉について考えてみた」)。

2　①の前で，学園祭の舞台でのクラスの出し物に関して，歌，ダンス，劇と意見が分かれており，空所①の後続文では「どうやって決めようか」と，とまどっている状況から判断する。正解は，エ「私たちにはいくつかの異なった意見がある」(○)。他の選択肢は次の通りで，いずれも文脈上，不適。ア「踊りは私にとって難しいと思う」(×)　イ「私たちは学園祭について多くを知っている」(×) a lot「大いに」 ウ「私はあなたより上手く歌うことができる」(×) **better ←<good／wellの比較級>「よりよい，よりよく」<比較級＋ than …>「…よりも～」**

3　エイミの発言時の感情が，どのようなものであったかを想像すること。エイミの希望していた歌が，最も多くの支持を集めており，そのことに対して，自ら感謝を述べていることなどから，喜びの感情を表す語が該当すると判断される。したがって，正解は，イ「興奮[わくわく]した」。← excite「(人)を興奮させる」**「(人が)興奮した」excited 「(ものが)興奮させる」exciting** その他の選択肢は次の通り。ア「怒って」 ウ「関心があって」 エ「悲しんで」 アとエは自分の希望通りになったエイミの感情としては不適。ウも喜びの感情とは言えない。

4　下線部③は「私は理解できない」の意で，「何を」に相当する部分が省略されている。先行する文は，Only 18 students…this is a problem. で，this は，18名しか歌の練習に参加してないことを指し，そのことが問題である，という意味である。以上の点を踏まえて，下線部③の発言の背景にある理由をまとめること。

5　空所④を含む文は，「そのこと[歌うことに決定したときに，彼らは何も言わなかったこと]は事実だが，そのことは，［ ④ ］ということを意味しているわけではない」の意。また，後続箇所では，人によってやりたいものが異なること，あるいは，十分に話し合ってないことが挙げられている。さらに，第2段落の最後から2文目で，「(舞台の演目が歌に決定した際，)多くの生徒は満足している様子ではなかったが，何も言わなかった」とある。つまり，誰も意見を述べなかったが，(歌を歌うことに)満足[賛成]していたわけではないのである。そこで，空所に they agreed を入れて，全体として，「～そのことは，④彼らが賛成したということを意味しているわけではない」とすれば文意が通じる。

6　ア「エイミのクラスの全生徒が学園祭で歌を歌いたがった」(×) 第2段落の希望調査結果が示すように，歌を歌う，踊る，劇を演じる，音楽を演奏する，等に意見が分散したので，不一致。wanted to sing ← **<to ＋原形> 不定詞の名詞的用法「～すること」** イ「最初の話し合いの後に，エイミとサムは歌う練習を始めた」(×) 最初の話し合い後の練習風景は，第3段落に書かれているが，サムはその場に居合わせていなかった(2文目)ので，不一致。practice singing「歌うことを練習する」**←<動詞＋動名詞[原形-ing]>「～することを…する」**
ウ「最初の話し合いでは，ダンスは劇を演じることより人気があった」(○) 最初の話し合いでの希望調査では，ダンスは11名で，劇は8名なので，正しい(第2段落2文目)。**<比較級[原形＋ -er]＋ than>**「…よりも～」more popular ← popular の比較級　エ「マークは音楽室へやって来て，彼の級友たちと歌を歌う練習をした」(○) 第3段落で，歌の練習に集まった18名の生徒(1文目)にマークが含まれている(he[Mark]was practicing singing with Amy)。**<be動詞＋ -ing> 進行形「～しているところだ」**　オ「サムは歌うことに興味をもつようになったので，ついにエイミの意見に賛成した」(×) 下線部の事実はない。**<interested in>「(人が)～に興味をもって」 because 理由を表す接続詞「～なので」**<agree with ＋ 人>「(人)に賛成する」

7　(全訳)マーク(以下M)：僕らは素晴らしい成果を挙げたよね。君が驚くべき考えを出してくれて，助かったよ。／エイミ(以下E)：マーク，あなたは私たちを大いに助けてくれたよね。クラスの話し合いから，私はある重要なことを学んだわ。／M：へえ，そうなの？　それって何かなあ？／E：(模範解答訳)一緒に何をするかを決める時に，互いに話し合うことが重要だということよ。／M：それは本当だよね。僕らのクラスは今では，以前と比べてより良くなったよね！
　エイミに代わって，クラスの話し合いから，彼女が学んだことを想像して，15語程度の英語でまとめる問題。最初に，話し合い不足から集団がまとまらなかったという失敗から，話し合いを経て，物事が上手く運んだ，というエイミの経験を踏まえて，英文を考えると良い。

# 2019年度英語　リスニングテスト

〔放送台本〕

これから，英語の聞き取りテストを行います。英語は2回ずつ放送します。メモをとってもかまいません。では，1番を始めます。まず，問題の指示を読みなさい。それでは放送します。

*Becky:* Hi, Akira! What did you do last weekend?
*Akira:* I went to the city library and read books there. How about you, Becky?
*Becky:* I played the piano with my younger sister at home.

〔英文の訳〕

ベッキー：ねえ，アキラ！　先週末は何をしたのかしら？
アキラ：市立図書館へ行き，そこで本を読んだよ。ベッキー，君はどうなのかなあ？
ベッキー：私は家で妹とピアノを弾いたわ。
(正解)：二人でピアノを弾いているイラストのイ。

〔放送台本〕

次に，2番の問題です。まず，問題の指示を読みなさい。それでは放送します。

*Lucy:* Takeshi, what are you doing?
*Takeshi:* I'm writing an e-mail to a teacher in Australia because I'm going to study at school there next month. But I don't know what to write about. Would you help me?
*Lucy:* All right. How about writing about your favorite sports, foods and subjects?
*Takeshi:* That's a good idea! Thank you, Lucy!

〔英文の訳〕

ルーシー：タケシ，あなたは何をしているのかしら？
タケシ：僕はオーストラリアの先生に電子メールを書いているよ。来月，僕はそこの学校で勉強することになっているからね。でも，何について書けばよいかわからないんだ。手助けしてくれないかなあ？
ルーシー：いいわ。好きなスポーツ，食べ物，そして，教科について書くのはどうかしら？
タケシ：それは良い考えだね！ありがとう，ルーシー！
(正解)：ア　Takeshi が Lucy に e-mail に書く内容を相談している場面。

〔放送台本〕

次に，3番の問題です。まず，問題の指示を読みなさい。それでは放送します。

*Tom:* Maki, one of my friends will come to Kagoshima next week. His name is John. He will visit your English class on February 15th.

*Maki:* Wow, that's exciting! What are we going to do?

*Tom:* How about showing him something Japanese? He is very interested in Japan.

*Maki:* Something Japanese?

*Tom:* Yes, well... Japanese traditional clothes like *kimono* or *yukata*, and toys *kendama* or *otedama*. Will you ask your classmates to bring some of them?

*Maki:* OK, I will. We will be happy to welcome John!

〔英文の訳〕

トム：マキ，来週，僕の友達の1人が鹿児島にやって来る。彼の名前はジョン。彼は2月15日の君たちの英語の授業を訪れることになっているよ。

マキ：うわっ，それはワクワクするわね！何をしようかしら？

トム：彼に日本的なものを示すのはどうかなあ？彼は日本にとても興味を持っているからね。

マキ：日本的なもの？

トム：えーと，そうだね…，着物や浴衣のような日本の伝統的衣類や，けん玉やお手玉のようなおもちゃだね。君から君の級友たちにそれらを持参してもらえないか，尋ねてくれないかい？

マキ：いいわ，そうしてみるわ。ジョンを迎え入れるのが楽しみだわ！

［ポスターの和訳］　トムの友人，ジョンが私たちの英語の授業に参加する！／日付：①　2月[February]15日／彼は日本に興味がある。／クラスに日本の伝統的衣類や玩具を ② 持って来てください[bring]。

〔放送台本〕

次に，4番の問題です。まず，問題の指示を読みなさい。それでは放送します。

Hello everyone. I have studied English for five years, and I like it very much. Today, I'm going to talk about two important points to remember when we study English.

First, we should not be afraid of speaking English. I didn't like talking with foreign people in English before because I thought my English was bad. But, one day, when I talked with our ALT in English, he said, "Your English is good! I enjoy talking with you!" I was very happy to hear that. I have found that I can make friends with people from foreign countries.

Second, we should use dictionaries. When I find difficult words, my dictionary always helps me. It gives me a lot of information. Dictionaries can be a good teacher.

When we study English, we should remember that these two points will help us a lot.

Question(1): How long has Kohei studied English?

Question(2): What is Kohei's first point?

Question(3): What does Kohei do when he finds difficult English words?

〔英文の訳〕

みなさん，こんにちは。僕はこれまで英語を5年間学んできて，とても好きです。今日は，僕たちが英語を勉強する時に，覚えておくべき重要な2点に関して話そうと思います。

まず，英語を話すことを恐れるべきではありません。僕は自分の英語がひどいと思っていたので，以前，英語で外国の人々と話すのが好きではありませんでした。でも，ある日，英語で僕たちのALTと話をした時に，彼は「あなたの英語は素晴らしいです！　私はあなたと話をして楽しいです！」と言いました。それを聞いて，僕はとてもうれしくなりました。僕は外国からの人々と友達になることができると気づいたのです。

次に，僕たちは辞書を使うべきであるということです。僕が難しい言葉に遭遇すると，いつも僕の辞書が僕を手助けしてくれます。それは僕に多くの情報を与えてくれます。辞書は良き教師になりえるのです。

僕たちが英語を勉強する際には，これらの2つの点が僕たちを大いに助けてくれることを覚えておくべきです。

質問(1)「コウヘイはどのくらい長く英語を勉強してきたか」

(選択肢の和訳)　ア「2年」(×)　イ「3年」(×)　ウ「4年」(×)　エ「5年」(○)

質問(2)「コウヘイの(話す)最初の要点は何か」

(選択肢の和訳)　ア「多くの友人作りなさい」(×)　イ「英語を話すことを恐れるな」(○)

ウ「英語を毎日勉強しなさい」(×)　エ「多くの誤りを犯してはいけない」(×)

質問(3)「コウヘイは難しい英語の単語を見つけた時に，何をするか」

(模範解答の和訳)「(彼は)辞書を使う」

〔放送台本〕

次に，5番の問題です。まず，問題の指示を読みなさい。それでは放送します。

*Jack:* Mom, can I have breakfast at 6 tomorrow?

*Mother:* It's Saturday tomorrow. Do you have classes?

*Jack:* No, we don't have school, but I have to get up early.

*Mother:* Why?

*Jack:* (　　　　　　　　　　)

〔英文の訳〕

ジャック：お母さん，明日6時に朝食を食べることができますか？／母：明日は土曜日ね。授業があるのかしら？／ジャック：いいえ，学校はありませんが，僕は早く起きなければなりません。／母：なぜかしら？／ジャック：(　　)(模範解答の訳)ボランティアとして，公園を清掃したいからです。

## ＜理科解答＞

[1]　1 イ　2 記号 エ　名称 反射鏡　3 放射　4 (例)気体Xは水にとけやすく，空気より密度が大きい性質をもつ。　5 風化　6 Aa，aa　7 ウ　8 ① ア　② イ

[2]　Ⅰ 1 中枢(神経)　2 D，B，E　3 ウ　Ⅱ 1 (例)水面から水が蒸発するのを防

ぐため。　2 (例)葉の気孔の数は，葉の表側よりも葉の裏側のほうが多い。
3 (1) (例)Cの水の減少量には，茎からの蒸散量がふくまれていることを考えていなかったから。　(2) 6.5〔$cm^3$〕

3　1 振動　2 ア　3 (1) ウ　(2) ① イ　② ア　Ⅱ 1 8.0〔Ω〕
2 (1) 500〔mA〕　(2) ア　3 a 磁界
b 誘導電流

4　Ⅰ 1 ① イ　② イ　2 (リトマス紙) 赤色リトマス紙　(イオンの名称) 水酸化物イオン
3 $Ba(OH)_2 + H_2SO_4 \rightarrow BaSO_4 + 2H_2O$
Ⅱ 1 (1) ア，エ　(2) (例)容器のふたを閉めた
(3) 質量保存　2 右図　3 80〔%〕

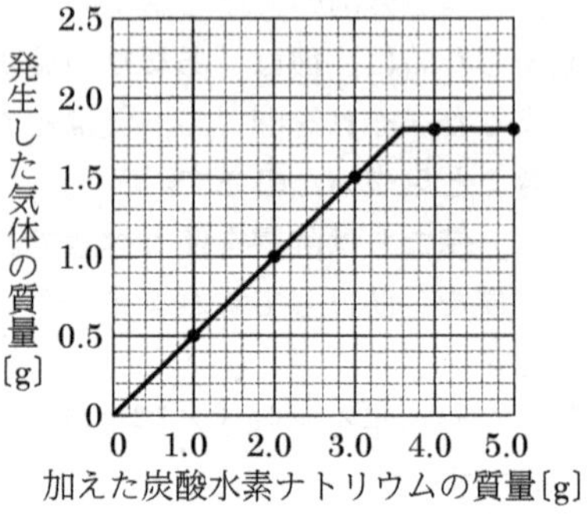


5　Ⅰ 1 イ　2 (例)気温が露点より高くなったから。
3 8　Ⅱ 1 地球型惑星　2 イ　3 ウ
4 ア

## ＜理科解説＞

1　(小問集合－火山活動と火成岩／生物の観察・調べ方の基礎／いろいろなエネルギー／気体の発生とその性質／地層の重なりと過去の様子／遺伝の規則性と遺伝子／力と物体の運動／身のまわりの物質とその性質)

1 地下深いところでマグマがゆっくりと冷えて固まってできた岩石は，火成岩のうちの深成岩なので，花こう岩である。

2 顕微鏡観察で，視野全体が均一に明るく見えるように調節するものは，エ.の反射鏡である。

3 太陽の光に照らされたところがあたたかくなるように，光源や熱源から空間をへだててはなれた熱が伝わる現象を放射(または，熱放射)という。

4 気体Xは，水上置換法が適さないことから水にとけやすい気体であり，下方置換法が適することから空気より密度が大きい性質をもつ気体である。

5 地表の岩石が，太陽の熱や水のはたらきなどによって，長い間にぼろぼろになってくずれていく現象を風化という。

6 丸形は優性形質なので，丸形の種子の遺伝子の組み合わせは，AAまたはAaである。しわ形は劣性形質なので，しわ形の種子の遺伝子の組み合わせは，aaである。AAとaaのかけ合わせでは，Aaの遺伝子の組み合わせをもつ種子ができ，Aaとaaのかけ合わせでは，Aaとaaの遺伝子の組み合わせをもつ種子ができる。

7 斜面上の物体にかかる重力は一定であり，斜面方向の分力も一定である。運動の向きに一定の力がはたらき続けるとき，物体の速さは一定の割合で増加する。よって，この物体にはたらいている運動の向きと同じ向きの力の大きさは変わらない。なお，斜面の傾きを大きくすると，斜面方向の重力の分力が大きくなるので，物体の速さは増加する割合が大きくなる。

8 ①・② 図2のグラフから，質量が40gのとき，液体Aの体積は約33$cm^3$であり，液体Bの体積は約45$cm^3$ である。よって，同じ質量のとき液体Aの方が体積は小さい。密度〔$g/cm^3$〕＝質量〔g〕÷体積〔$cm^3$〕により，密度は液体Aの方が液体Bより大きいので，ビーカーに同じ質量の液体Aと液体Bを入れ，20℃でしばらく放置すると，液体Bが上の層，液体Aが下の層に分かれる。

## 2 (動物の体のつくりとはたらき，刺激と反応／植物の体のつくりとはたらき，蒸散の実験)

Ⅰ 1 ヒトの神経系のうち，判断や命令などを行う脳やせきずいを中枢神経という。

2 「熱いなべに手がふれて思わず手を引っ込める反応」は反射とよばれるもので，**刺激を受けとって反応するまでに信号が伝わる経路は，感覚器官である皮膚で受けとった刺激の信号が，感覚神経Dを経てせきずいBへ伝えられると，せきずいから直接，命令の信号が出される。それが運動神経Eを通って運動器官である筋肉に伝えられ，反応が起きる。**

3 筋肉は，縮むことはできるが，自らのびることはできない。筋肉はうでの骨を囲み，たがいに向き合うようについている。このため，2つの筋肉のどちらか1つが縮むと，もう1つがのばされるので，これによって，うでを曲げたり，のばしたりすることができる。よって，図2の状態からうでをのばすときは，筋肉Xはゆるみ，筋肉Yは縮む。

Ⅱ 1 メスシリンダーの水面を油でおおったのは，水面から水が蒸発するのを防ぐためである。

2 Aはすべての葉の表側にワセリンをぬったので，葉の裏側と茎からの蒸散量が5.2〔cm$^3$〕である。Bはすべての葉の裏側にワセリンをぬったので，葉の表側と茎からの蒸散量が2.1〔cm$^3$〕である。よって，気孔1個あたりの蒸散量はすべて等しいものとするので，葉の気孔の数は，葉の表側よりも葉の裏側のほうが多いといえる。

3 (1) 問2から，**A＋B＝(葉の裏側からの蒸散量＋茎からの蒸散量)＋(葉の表側からの蒸散量＋茎からの蒸散量)＞C(葉の裏側からの蒸散量＋葉の表側からの蒸散量＋茎からの蒸散量)**である。よって，たかしさんの考え(A＋B＝C)が適切でなかったのは，「A，B，Cの水の減少量には，茎からの蒸散量がふくまれていることを考えていなかったから」である。 (2) 茎からの蒸散量＝{(5.2〔cm$^3$〕＋2.1〔cm$^3$〕)－6.9〔cm$^3$〕}＝0.4〔cm$^3$〕である。よって，すべての葉の表側と裏側からの蒸散量の合計＝6.9〔cm$^3$〕－0.4〔cm$^3$〕＝6.5〔cm$^3$〕である。

## 3 (光と音：音，弦の振動／電流と磁界，回路の電圧と電流と抵抗，モーター・電磁誘導)

Ⅰ 1 振動する物体は，まわりのものを振動させる。空気中では，音源が振動することによって空気を振動させ，その振動が空気中を次々と伝わる。

2 振動の中心からのはばを振幅というため，アが振幅である。

3 (1) 振動数が多くなるほど高い音が出て，振幅が大きいほど大きい音が出るため，このときのコンピュータに表示された画面はウである。 (2) **駒とXの間の弦の長さを短くして，弦の振動する部分を短くするほど，高い音が出る。**弦をはじく強さを強くするほど，大きい音が出る。

Ⅱ 1 オームの法則より，抵抗器aの抵抗をRa〔Ω〕とすると，$\text{Ra}[\Omega]=\dfrac{2.0[\text{V}]}{250[\text{mA}]}=\dfrac{2.0[\text{V}]}{0.25[\text{A}]}=8.0[\Omega]$である。

2 (1) 抵抗器bの抵抗をRb〔Ω〕，抵抗器aとbの合成抵抗を抵抗Rab〔Ω〕とすると，$\dfrac{1}{\text{Rab}[\Omega]}=\dfrac{1}{\text{Ra}[\Omega]}+\dfrac{1}{\text{Rb}[\Omega]}=\dfrac{1}{8.0[\Omega]}+\dfrac{1}{8.0[\Omega]}=\dfrac{2}{8.0[\Omega]}$であるから，Rab〔Ω〕＝4.0〔Ω〕である。よって，電流〔mA〕$=\dfrac{2.0[\text{V}]}{4.0[\Omega]}=0.5[\text{A}]=500[\text{mA}]$である。

(2) **モーターのコイルを流れる電流を大きくすると，コイルが磁界から受ける力は大きくなり，モーターの回転の速さは速くなる。**スイッチ2を入れると，電流は250mAから500mAに大きくなったので，モーターの回転の速さは速くなる。

3 コイルの中の磁界が変化すると，その変化にともない電圧が生じてコイルに電流が流れる。このような現象を電磁誘導といい、このとき流れる電流を誘導電流という。

**4 (酸・アルカリとイオン，中和と塩／水溶液とイオン／化学変化と物質の質量／物質の成り立ち／化学変化／自然環境の調査と環境保全)**

Ⅰ 1　硝酸カリウム水溶液でしめらせて電流を流れやすくしたと問題文にあるので，硝酸カリウム水溶液は電解質の水溶液であり，青色リトマス紙と赤色リトマス紙のどちらにも反応しないので，中性である。

2　水酸化バリウムの水溶液における電離を化学式とイオン式で表すと，$Ba(OH)_2 \rightarrow Ba^{2+} + 2OH^-$，であり，水酸化バリウム水溶液には，**陰イオンの水酸化物イオンがふくまれているのでアルカリ性**である。よって，赤色リトマス紙は青色に変化し，変化した部分は陽極側に広がった。

3　うすい水酸化バリウムの水溶液にうすい硫酸を加えると，酸とアルカリの中和反応が起きる。このときの化学反応式は，$Ba(OH)_2 + H_2SO_4 \rightarrow 2H_2O + BaSO_4$，である。硫酸バリウムの白い沈殿は，中和にともなってできた塩である。

Ⅱ 1 (1)　二酸化炭素$CO_2$は，炭素1原子と酸素2原子の化合物である。また，温室効果ガスの1つである。　(2)「容器のふたを閉めた」であり，気体が発生する化学変化であっても閉じられた空間では質量保存の法則が成り立つことを確かめる実験である。　(3)　化学変化の前と後では，物質全体の質量は変わらない。このことを質量保存の法則という。

2　発生した二酸化炭素の質量は0.5gから1.8gまで変化するので、縦軸は1目盛りを0.1gとする。図に(加えた炭酸水素ナトリウムの質量〔g〕，発生した気体の質量〔g〕)の各点(1.0, 0.5)，(2.0, 1.0)，(3.0, 1.5)，(4.0, 1.8)，(5.0, 1.8)，を書き入れる。**比例のグラフの延長線と発生する気体の質量が変化しない直線のグラフの横軸の0の方向への延長線との交点が，塩酸20.0$cm^3$と加えた炭酸水素ナトリウムが過不足なく化学変化する量である。**交点の座標を求めると，加えた炭酸水素ナトリウムの質量〔g〕：発生した気体の質量〔g〕＝1.0：0.5＝$x$：1.8，$x$＝3.6g，であることから，(3.6, 1.8)である。**よって，(3.6, 1.8)までは，原点を通り各点・の近くを通る直線を引く。ここまでは比例のグラフである。(3.6, 1.8)から(5.0, 1.8)までは，各点・を通り発生する気体の質量が変化しない直線のグラフを書く。**

3　グラフから，うすい塩酸20$cm^3$と，炭酸水素ナトリウム3.6gが過不足なく反応できる質量である。混合物3.0g中の炭酸水素ナトリウムはすべて塩酸に反応して，二酸化炭素を発生する。1.2gの二酸化炭素が発生する炭酸水素ナトリウムの質量を$x$gとすると，1.0：0.5＝$x$：1.2，$x$g＝2.4g，である。混合物3.0gにふくまれていた炭酸水素ナトリウムの割合〔%〕＝2.4g÷3.0g×100〔%〕＝80〔%〕，である。

**5 (天気の変化，冬の天気，霧，地球上の水の循環／日本の気象／太陽系と恒星，惑星の特徴・月と惑星の動きと見え方)**

Ⅰ 1　冬は「西高東低の気圧配置」となり，シベリア気団からふき出した冷たく乾燥した北西の季節風がふく。日本海には暖流の対馬海流が流れているため，海水面は日本海の上を通る空気よりあたたかい。冷たく乾燥した北西の季節風は日本海の上であたためられると，水蒸気をふくんで上昇し，すじ状の雲ができる。

2　風がない晴れた夜は地面から熱が逃げて，地表の温度が大きく下がる。そして，地表付近の空気中の水蒸気が冷やされて水滴になると，霧が発生する。しかし，**太陽が出て気温が露点より高くなり，飽和水蒸気量が大きくなると，霧は消える。**

3　陸地への降水－陸地からの蒸発＝陸地からの流水＝22－14＝8，である。

Ⅱ 1　太陽に近い4個の惑星(水星，金星，地球，火星)を地球型惑星といい，表面が地球のような岩石でできていて，内部は岩石より重い金属でできていて，木星型惑星(木星，土星，天王星，海王星)に比べ小型で密度が大きい。

2　月の公転によって，太陽，地球，月の順に，一直線に並ぶことがある。このとき，月の全体が地球の影に入る現象を，皆既月食という。月食が起こるのは満月のときだが，満月のときにいつも月食が起こるわけではない。

3　7月31日は，太陽から見て地球と火星が同じ方向に位置しているので，火星は8月1日の午前0時に南中する。星は地球の自転により，1時間に約15°東から西へ回転して見えるので，火星は7月31日の午後9時ごろ，南東の空に見える。

4　**金星の公転周期は地球より短い0.62年のため，地球の内側を反時計回りに進んで回るように見える。11月下旬には金星は図の位置よりも地球より進んで回っているため，地球からは明け方の東の空に見える。**

## ＜社会解答＞

1　Ⅰ　1　オセアニア(州)　2　エ　3　西経100度　4　(記号)　エ　(特徴)　(例)緯度が高いわりには，冬の気温が高い。　5　イ　6　(例)石油は埋蔵量に限りがあり，価格の変動が大きく，安定した収入を継続して得られないから。　Ⅱ　1　リアス海岸　2　琵琶湖　3　Ⓘ　4　ア　5　(例)(大泉町に多く住む)ブラジル人が生活しやすいようにするため。　6　(例)都市の中心部の気温が，都市化の進行によって周辺地域よりも高くなる現象。　Ⅲ　(例)全国の空港に比べ，アジアの国や地域から訪れる人の割合が大きく，中でも国際線で結ばれた国や地域からの割合が大きい。

2　Ⅰ　1　①　かな　②　豊臣秀吉　2　エ→ウ→ア→イ　3　エ　4　(例)借金の帳消し　5　ウ　6　(例)全国から大量に運びこまれた各藩の年貢米や特産物が取り引きされたから。　Ⅱ　1　①　原敬　②　朝鮮　2　(例)領地と領民を天皇に返す　3　エ　4　(1899年)　A　(理由)　イ　5　ウ　6　イ→ア→エ　Ⅲ　(例)ラジオや雑誌などのメディアが，情報や文化を大衆に広く普及させたこと。

3　Ⅰ　1　象徴　2　(例)国民の自由や権利を守る　3　イ　4　ウ　5　(例)国会の信任にもとづいて内閣がつくられ，内閣が国会に対して責任を負うしくみ。
6　(当選者数)　1人　(特徴)　(例)(小選挙区制に比べ)議席を獲得できなかった政党や候補者に投じられた票が少なくなり，国民の多様な意見を反映しやすい。
Ⅱ　1　グローバル　2　(1)　イ　(2)　電子マネー　3　エ　4　(例)短い期間で高齢化がすすんでいる　5　(例)火力発電に比べて発電にかかる費用が高いこと。
Ⅲ　(記号)　ア　(しくみ)　(例)発展途上国の生産者の生活を支えるために発展途上国で生産された商品を一定以上の価格で取り引きするしくみ。

## ＜社会解説＞

1　**(地理的分野—日本地理—日本の国土・地形・気候，農林水産業，工業，交通・通信，世界地理—人々のくらし，地形・気候，産業，資源・エネルギー，公害・環境問題)**

Ⅰ　1　G国はオーストラリア。オセアニア州に属する国々の多くは，かつてイギリスの植民地とされた。　2　F国はインド。この国の人々の多くが信仰する**ヒンドゥー教**では，ガンジス川は

「聖なる川」とされている。なお，メコン川は東南アジアのインドシナ半島を流れる。 3 経度0度線である**本初子午線**がイギリスのロンドン(略地図中ではパリ付近)を通ることから，Xの経線が西経に位置すると判断する。また，略地図中の経線は等間隔に18本引かれていることから，**20度ごと**に引かれていると判断できる。 4 パリが暖流の**北大西洋海流**と**偏西風**の影響を受けやすい位置に所在していることから高緯度のわりに温暖な気候で，温帯の中でも年間降水量が一定している西岸海洋性気候であることから判断する。アが東京，イがイルクーツク，ウがケープタウンの雨温図。 5 ア A国はアメリカ。フィードロットとは牛や豚などの家畜を囲い込み，飼料を与えて太らせるための飼育場のこと。アメリカの乾燥地帯では大規模なかんがい農場に**センターピボット**方式が採用されており，地下水のくみ上げすぎが問題となっている。

イ B国はブラジル。**大豆**のほか，**コーヒー豆**や**さとうきび**などの生産もさかん。 ウ C国はスペイン。地中海に面しているので夏の降水量が少なく，乾燥に強い作物を栽培する**地中海式農業**がさかん。天然ゴムや油やしは東南アジアで生産がさかん。 エ D国はケニア。プランテーションで茶の生産がさかん。カカオはギニア湾沿岸の国々(**コートジボワール**や**ガーナ**など)で生産がさかん。 6 E国はアラブ首長国連邦で，世界有数の**石油**の産出量をほこる。輸出の大半を，埋蔵量に限りがあり価格も不安定な石油にたよる**モノカルチャー経済**からの脱却を図ろうとしていると判断する。

Ⅱ 1 略地図中のXは若狭湾，Yは志摩半島。 2 琵琶湖は「**近畿の水がめ**」とよばれ，琵琶湖から大阪湾にそそぐ淀川もふくめて近畿地方にくらす人々の水源となっている。 3 写真は茶畑のようすであることから，茶の収穫量が最も多い静岡県を選ぶ。 4 略地図中のBは福井県鯖江市。イがAの京都府京都市，ウがDの静岡県富士市，エがCの愛知県瀬戸市の工業のようす。

5 群馬県には**関東内陸工業地域**(**北関東工業地域**)が位置し，さまざまな国の外国人労働者がくらす。**ポルトガル語**を公用語とする人口が多い国が**ブラジル**であることから，ブラジル人労働者に配慮した表記であると判断する。 6 都心部は郊外と比べて，熱をため込みやすいアスファルトなどで舗装された面積が広いにもかかわらず，ビルなどの建物が密集して風通しが悪いので，自動車や建物から排出された熱がこもりやすい。

Ⅲ 資料1から，全国の空港と比べて，鹿児島空港，熊本空港から入国する割合が大きいのが台湾，香港，韓国であることが読み取れる。資料2から，鹿児島空港，熊本空港のいずれとも結ばれた空港があるのが台湾，香港，韓国であることが読み取れる。

**2** **(歴史的分野―日本史―時代別―古墳時代から平安時代，鎌倉・室町時代，安土桃山・江戸時代，明治時代から現代，日本史―テーマ別―政治・法律，経済・社会・技術，文化・宗教・教育，外交，世界史―政治・社会・経済史)**

Ⅰ 1 ① 「源氏物語」が成立した平安時代には，かな文字が作られた。この時代の文化を**国風文化**という。 ② 「太閤検地」や「刀狩」から判断する。 2 アが飛鳥時代，イが奈良時代，ウが弥生時代，エのインダス文字は紀元前2600年ごろから使用されていたことから判断する。

3 **壇ノ浦の戦い**が行われたのが現在の山口県であることから判断する。 4 資料1は近江(現在の滋賀県)でおこった**正長の土一揆**の碑文。「ヲキメアルヘカラス」から判断する。 5 略年表中のDは安土桃山時代で，スペインやポルトガルと**南蛮貿易**を行っていた。 6 **蔵屋敷**とは，各藩が大阪に構えた年貢米の保管倉庫のこと。大阪は東北や北陸から就航している**西回り航路**の発着地点であり，それらの地域の特産物が持ち込まれた。また，大阪―江戸間に就航していた**菱垣廻船**や**樽廻船**が江戸へ物資を運んでいた。

Ⅱ 1 ① 「デモクラシー」「本格的な政党内閣」から判断する。 ② 朝鮮戦争がおこると日本国内では**特需景気**がおこり，敗戦からの復興への足がかりとした。 2 **版籍奉還**に続いて実施された**廃藩置県**によって，天皇を中心とする中央集権国家体制が確立した。 3 自由民権運動の中心人物である**板垣退助**が**自由党**を結成したのと同時期に，**大隈重信**が**立憲改進党**を結成した。**立憲政友会**は伊藤博文を中心に結成された。 4 日本で紡績業などの軽工業部門における産業革命がおこったのが日清戦争(1894年)の頃であることから，1899年は綿糸の大量生産が可能となり，日本の輸入総額に占める綿花の割合が増加し，綿糸の割合が減少したと判断する。なお，製糸業とは生糸を生産すること。 5 **ガンディー**は第一次世界大戦後のインドで，イギリスからの独立運動を行った人物。 6 **高度経済成長**は1950年代後半～1973年の**オイルショック**までの期間におこった。アが1978年，イが1967年，ウが1947年，エが1992年のできごと。

Ⅲ 大正時代には**ラジオ放送**が始まり，数多くの雑誌が発行されたことで，政治や文化などの情報を得るのが容易になった。

**3** **(公民的分野―憲法の原理・基本的人権，三権分立・国の政治の仕組み，国民生活と社会保障，財政・消費生活・経済一般，国際社会との関わり)**

Ⅰ 1 日本国憲法第1条は，三大原則のうち「**国民主権**」についての内容。 2 かつての専制君主制のように，資料1中の「人の支配」が行われていた頃は，国王の権限が強く国民の自由や平等などの権利が強く制限されてきた。人々を支配する政府の権限を法により制限することで，国民の権利を守ろうとしている。 3 団結権は，**社会権**に含まれる労働三権の一つ。ア，エは自由権，ウは参政権に含まれる。 4 ア **下級裁判所**として設置されているのは高等裁判所，地方裁判所，家庭裁判所，簡易裁判所の4種類。 イ 「国民から不適任であると訴えられた」が誤り。**弾劾裁判**では国会が訴追を行う。 エ **裁判員制度**は，地方裁判所で第一審を行う刑事裁判のみに適用され，民事裁判には適用されない。 5 内閣が衆議院に不信任を決議された場合，**10日以内**に**総辞職**するか**衆議院を解散**しなければならない。 6 資料2の得票数のとき，ドント方式で議席を配分するとA党から2人，B党，C党からいずれも1人ずつの当選者が出る。小選挙区制であればA党からしか当選者が出ないため，B党とC党に投票された1380票は死票となり，意見が反映されないことになる。

Ⅱ 1 経済や情報の**グローバル化**が進む一方で，地域固有の文化が破壊されかねないといった問題点も存在する。 2 (1) 家計は，企業に労働力を提供するかわりに企業から賃金を得る。企業は，政府に税金を納めるかわりに政府から社会資本の受注や公共サービスの提供を受ける。 (2) **電子マネー**以外にも，先払い方式の**プリペイドカード**や後払い方式の**クレジットカード**などがあり，支払いの手段が多様化している。 3 **不景気**のときは**通貨量を増やす**政策が取られる。アは好景気のときの財政政策。ウは不景気のとき日本銀行が行う金融政策。なお，イの給付金は景気の良し悪しに関わらず一定額を給付する。 4 資料2中の全ての国で高齢化が進んでいるが，日本は最も急激に高齢化が進んでいることが読み取れる。 5 資料3中における**再生可能エネルギー**による発電とは，風力，地熱，太陽光があてはまる。

Ⅲ **フェアトレード**市場では，生産者の持続可能な生産と生活を支えるために必要な最低取引価格が定められており，国際情勢や輸入相手国の景気の動向によって国際市場価格が下落したとしても，輸入業者は最低取引価格以上を生産者に保証しなければならないという決まりがある。

## ＜国語解答＞

1　1 (1) 似　(2) 批評　(3) 混雑　(4) いちじる　(5) つ　(6) しゅうそく
2 ア

2　1 ウ　2 Ⅰ 驚異に満ち，知る喜びにあふれている　Ⅱ (例)未知の世界を知りたい　3 イ　4 (例)勉強や読書をすることで，自分を相対化するための新しい視線を得て，他者との関係や世界のなかで自分が存在する意味を考え直すこと。　5 D

3　1 とおりあわせ　2 ウ　3 Ⅰ 舞ふ　Ⅱ (例)茄子が枯れる　Ⅲ (例)この言葉も茄子が成長しないことを連想させて不吉だ　Ⅳ エ

4　1 ウ　2 エ　3 Ⅰ 納得　Ⅱ (例)わからないことがすごいことだと言われて意外に思う　4 (例)自然を守ることが正しいかどうかではなく，自然に対する自分の素直な気持ちに従って行動すればよいのだと気づき，気が楽になったから。　5 イ

5　(例)　資料1から，若者と交流したいと考えている高齢者が増加し，資料2からは若者が使う表現が高齢者には理解しにくいとわかる。
　高齢者とコミュニケーションをとる際には，言い方を丁寧にしてわかりやすくなる工夫をしたい。若者語は美しい日本語でないことが多い。相手が誰でもコミュニケーションを取れるよう正しい日本語を使う心がけが大切だ。

## ＜国語解説＞

1　**(漢字の読み書き，筆順・画数・部首，書写)**

1 (1) 「似」は，にんべん＋「以」。　(2) 物事の良い点や悪い点などを取り上げて，そのものの価値を論じること。「批」は，てへん。　(3) 「混」は，さんずい＋昆。　(4) だれでもわかるほど目立つ状態。訓読みの際に送り仮名に気を付ける。「いちじる・しい」。　(5) ある地位・状態に自分の身を置くこと。　(6) やんでほしいと思っていた混乱などの状態が，すっかり終わること。

2 行書の特徴は，**筆脈に流れがあり，筆圧に強弱がある**ことだ。また**点画を連続して書くので省略されるものがある**ことだ。また楷書は直線的だが**行書は曲線的**である。行書にすると**筆順の変化がみられる字**もあるが，「風」には筆順の変化はない。

2　**(論説文―大意・要旨，内容吟味，文脈把握，脱文・脱語補充，品詞・用法)**

1 ア・イ・エは副詞，ウは形容詞である。

2 傍線①の次段落に，その説明が述べられているので，内容を確認する。［Ⅰ］には，自分の知らなかった世界がどのようなものであるかを補えばよい。「これまで知らなかった世界がいかに驚異に満ち，知る喜びにあふれていること」とあるので，ここから指定字数を抜き出す。［Ⅱ］には，**いっそう抱く思いがどのようなものか**を補えばよい。同段落に「おのずから知ることに対する敬意，リスペクトの思いにつながる」とあるので，こうした**知らない世界を知りたい，未知の世界を知ろう**といった内容をまとめて解答すればよい。

3 一連の［　］の箇所の前に「ここで〈他者〉を知ることが，すなわち自分という存在を意識する最初の経験となる」とあり，**「他者」を知ることで「自己」を意識する**のだ。これをふまえて［a］には「他者」，［b］には「自己」を補う。さらに同段落に「『自我のめばえ』は……自分を外から見るという経験」とあり，これは，**他者の目線によって自己を見る**ことだ。したがって

c には「他者」，d には視線を送る先である「自己」が補える。

4　まず，抜け出すために必要なことは「勉強をし，読書をする」ことだ。その目的を「私たちは〈自己〉をいろいろな角度から見るための，複数の視線を得るため」と筆者は述べている。さらに読書の意味として，本文の冒頭で「自分がそれまで何も知らない存在であったことを知る」こと，「〈私〉を新たに発見すること」としている。この要素を含めてまとめればよい。したがって，**〈自己〉を複数の視点から見つめて相対化し，その他者のなかで〈自己〉の存在の意味を見出すために勉強し読書をすることが必要だということ**になる。

5　筆者の考えと近いものを選ぶ。筆者は**いろいろな角度・複数の視点を得ることを大切だとしていた。さらに，自分の知らない世界を発見し，新しい世界との出会いに喜びを抱き学ぶことで，自分が他者のいる世界との向き合い方を知るということ**を述べている。この考えをふまえると，健常な自分では知り得なかった障害者の視点を持ち，今までの自分とは違った視点から，他者(障害者)との向き合い方を考える，という発言が類似していると考えられる。

**3　(古文―情景・心情，指示語の問題，脱文・脱語補充，古文の口語訳，仮名遣い)**

**【口語訳】**　一般に，茄子が枯れることを，農民はみんな，「舞う」というのだ。和泉であったことであるが，道のほとりで茄子を植える者がいる。(そこに)いかにも下手そうな舞を演じる芸人が通りかかり，見ると，(道端に)大きな徳利に杯が添えてある。少しこの酒を飲ませてもらいたいと思ったのだろうか，(芸人は)茄子の畑に立ち寄って，「それでは一曲舞いましょう」と言った。百姓は，幸先が悪いとたいへん立腹したけれど，とにかく言い寄ってくるので，酒だけ飲ませたところ，芸人が立ち去ろうとする際に，「先ほどの立腹は，お互いに根も葉もありません(なんの理由もありません)」と言ったのだった。

1　語中・語尾の「は・ひ・ふ・へ・ほ」は，現代仮名遣いで「ワ・イ・ウ・エ・オ」にする。

2　**「これ」とは，「大いなる徳利に杯を添へて」あるもの**を指している。その酒を望んでいるのだ。

3　二つの意味を持つ語として本文中に挙げられているのは「舞ふ」である。Ⅰ には「舞ふ」が入る。さらに，この「舞ふ」には「茄子の枯るる」という意味がある。これを現代語訳して Ⅱ に補えばよい。また「根も葉もおりない」というのは，なんの理由もないの意味以外にももう一つあって，その意味合いで取ったがゆえに農民は怒ったのだ。**茄子を育てる農民にとって根も葉も出ないのは不作ということで不吉なことを暗示させる**。こんなことを言われたら怒っても当然である。この暗示を感じ取った内容として，Ⅲ にまとめて解答とする。Ⅳ には舞々(芸人)の人柄を補う。この人物は，**「根も葉もない」という表現が，意図に反して農民を怒らせることになるとは思いもしなかった**のだ。悪意がないことはわかるが，**思慮が足りず，残念な人物だ**と言わざるを得ない。

**4　(小説文―情景・心情，内容吟味，文脈把握，脱文・脱語補充)**

1　いずれの傍線からも，雄太が，自然を守るということは絶対的に正しいことだと思い込んでいることがわかる。ユイさんが絶対に正しいとすることは危険で，疑ったりすることが大切なのだと話して聞かせても釈然とせずにおり，**雄太が自分の考えだけにとらわれている**ことが読み取れる。

2　「頭をかく」とは，**恥ずかしく思ったり，てれたりしたときのしぐさ**である。「熱くなってるぞ」と，長老さんに指摘されたことで，一人でヒートアップした自分に気が付いて照れてしまったのだ。

3　長老さんの話を聞いたときの雄太は,「長老さんの言葉がすとんと胸に落ちた」とある。**「胸に落ちる」とは、納得がいくこと**だ。文中にも「雄太が納得した顔しとる」とあるので, Ⅰ には「納得」を補う。 Ⅱ は, ホクさんの言葉をふまえて考える。いままでは「わからないということは, わからない自分がだめなんだ」と思っていた。つまり, **わからないことは“だめなことだ”と否定的に捉えていた。それなのにホクさんはわからないことを“すごいことだ”と言った**のだ。思ってもなかった発想を示されて, **意外に思った雄太の気持ち**をまとめればよい。

4　傍線③「スコンと寝入ってしまった」ことから, 雄太の心には心配や不安などがなく安堵・安心感が広がっていることが読み取れる。その理由は, 長老さんやみんなと話したからだ。**自然を守ることは絶対に大切なことだとしていた雄太は, その考えにとらわれすぎて窮屈だった**はずだ。そんな雄太は**「自分が素直に感じたこと。それを大切にして」いくこと,「今はその気持ちを大事にすればいい」ということに気が付いて, 気が楽になり安心した**のだ。この雄太の内面の変化を含めてまとめる。

5　長老さんは雄太に話をしているが, 自分自身の考えを押しつけるようなことはしていない。自然への自分たちの思いを話して聞かせるにとどまっている。そのうえで雄太に対して「自分なりでいい」「雄太なりに」行動すればよいのだと言った。ここから, **長老さんは雄太自身が自分なりに考えて行動をすることを導く人物だ**ということができよう。

**5**　(作文)

まず, 資料の読み取りをする。着目すべきポイントをおさえて端的にまとめることが大切だ。次に, **資料から読み取れた問題点・課題を解消するべく心がけたいことを意見として主張**する。高齢者とコミュニケーションをとる際にこころがけたほうがいいと思う, 自分なりの考えを述べよう。これが**自分らしさの出るアピールポイント**となるのだ。字数が少なめなので, 下書きなどを活用し, むだな字数を省く推敲をするとよいだろう。

# 解答用紙集

○月×日　△曜日　天気（合格日和）

◆ご利用のみなさまへ

＊解答用紙の公表を行っていない学校につきましては、弊社の責任において、解答用紙を制作いたしました。

＊編集上の理由により一部縮小掲載した解答用紙がございます。

＊編集上の理由により一部実物と異なる形式の解答用紙がございます。

人間の最も偉大な力とは、その一番の弱点を克服したところから生まれてくるものである。　――カール・ヒルティ――

※データのダウンロードは 2024 年 3 月末日まで。

東京学参株式会社

※ 189%に拡大していただくと，解答欄は実物大になります。

# 数 学 解 答 用 紙

**1**

| | | | | | | | | | |
|---|---|---|---|---|---|---|---|---|---|
| 1 | (1) | | (2) | | (3) | | (4) | 個 | (5) |
| 2 | $x=$ 　　，$y=$ | | | | 3 | 通り | 4 | | 5 |

**2**

| | | | | | | |
|---|---|---|---|---|---|---|
| 1 | (1) | | (2) | | (3) | 度 |

2

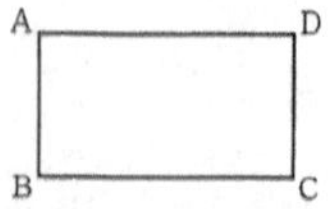


3 （方程式と計算過程）

答　　　　cm

**3**

| | | | | | | | | | |
|---|---|---|---|---|---|---|---|---|---|
| 1 | | 2 | (1) | % | (2) | | | | |
| 3 | ① | | ② | | ③ | | ④ | | ⑤ |

**4**

1

2

3 (2)

3 (1) （求め方や計算過程）

答　B（　　，　　）

**5**

1　　cm

3　　cm

4　　$cm^2$

2 （証明）

| 受検番号 | |
|---|---|

| 合計得点 | |
|---|---|

※ 189％に拡大していただくと，解答欄は実物大になります。

# 英　語　解　答　用　紙

**1**

| | | |
|---|---|---|
| 1 | 1 | |
| | 2 | |
| | 3 | |
| | 4 | |
| | 5 | |
| | 6 | |
| | 7 | She learned that she should (　　　　　　). |
| | 8 | |

**2**

| | | | |
|---|---|---|---|
| 2 | 1 | ① | ② |
| | 2 | ① | ② ③ |
| | 3 | (1) | (　　　　　　) yesterday. |
| | | (2) | I hear that it (　　　　　　) tomorrow. |
| | | (3) | No, but our father knows (　　　　　　) it. |
| | 4 | On my way home yesterday, ________ 25 ________ 35 | |

**3**

| | | | |
|---|---|---|---|
| 3 | Ⅰ | 1 | |
| | | 2 | |
| | | 3 | |
| | Ⅱ | 1 | 2 |
| | Ⅲ | | |

**4**

| | | | | |
|---|---|---|---|---|
| 4 | 1 | (A) | (B) | (C) |
| | 2 | | | |
| | 3 | | | |
| | 4 | | | |
| | 5 | 20 25 30 | | |
| | 6 | 15 | | |

| 受検番号 | | 合計得点 | |
|---|---|---|---|

※ 189％に拡大していただくと，解答欄は実物大になります。

# 理　科　解　答　用　紙

| | | | |
|---|---|---|---|
| 1 | 1 | | N |
| | 2 | $CH_4$ ＋ $2O_2$ → | |
| | 3 | | |
| | 4 | | |
| | 5 | (1) | Pa |
| | | (2) C　　D　　E | |
| | | (3) | 秒 |
| | | (4) | |

| | | | |
|---|---|---|---|
| 2 | Ⅰ | 1 | |
| | | 2 | 傾斜がゆるやかな形の火山はドーム状の形の火山に比べて， |
| | | 3 | |
| | | 4 | b　　c |
| | Ⅱ | 1 | 黒点はまわりに比べて， |
| | | 2 | |
| | | 3 | a　　b |
| | | 4 | 倍 |

| | | | |
|---|---|---|---|
| 3 | Ⅰ | 1 | －極　　電流の向き |
| | | 2 | |
| | | 3 | (1) a　　b |
| | | | (2) |
| | Ⅱ | 1 | |
| | | 2 | a　　b |
| | | 3 | g |

| | | | |
|---|---|---|---|
| 4 | Ⅰ | 1 | 〈受けとる刺激〉　〈感覚〉<br>光　・　・　聴覚<br>におい　・　・　視覚<br>音　・　・　嗅覚 |
| | | 2 | (1) |
| | | | (2) |
| | | | (3) ①　　② |
| | Ⅱ | 1 | |
| | | 2 | A　　D |
| | | 3 | ②　　③ |
| | | 4 | 動物名 |
| | | | 理由 |

| | | | |
|---|---|---|---|
| 5 | Ⅰ | 1 | |
| | | 2 | cm |
| | | 3 | ①　　② |
| | | 4 | 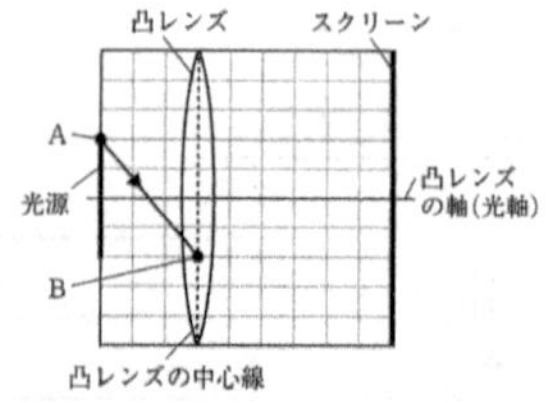 |
| | Ⅱ | 1 | |
| | | 2 | 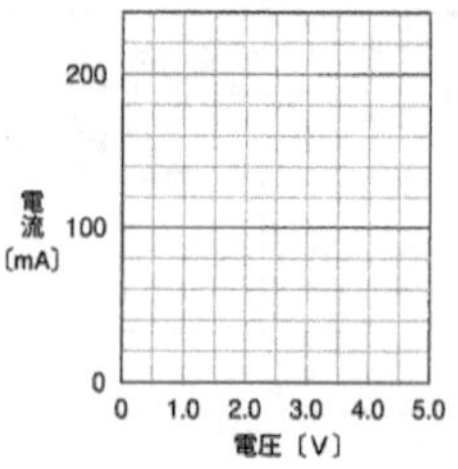 |
| | | 3 | A |
| | | 4 | →　　→　　→ |





| | | | |
|---|---|---|---|
| 受検番号 | | 合計得点 | |

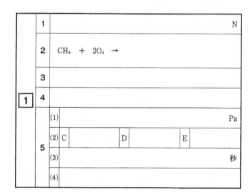

※ 189%に拡大していただくと，解答欄は実物大になります。

# 社　会　解　答　用　紙

## 1

| | | |
|---|---|---|
| Ⅰ | 1 | |
| | 2 | |
| | 3 | |
| | 4 | ①　③ |
| | 5 | (多くのEU加盟国では,) |
| | 6 | |
| Ⅱ | 1 | |
| | 2 | |
| | 3 | |
| | 4 | |
| | 5 | |
| Ⅲ | 1 | |
| | 2 | 記号 |
| | | (ⓑとは異なりⓐは,) |

## 2

| | | |
|---|---|---|
| Ⅰ | 1 | ① |
| | | ② |
| | 2 | |
| | 3 | |
| | 4 | →　→　→ |
| | 5 | |
| | 6 | |
| Ⅱ | 1 | ① |
| | | ② |
| | 2 | |
| | 3 | |
| | 4 | |
| | 5 | |
| Ⅲ | | |

## 3

| | | |
|---|---|---|
| Ⅰ | 1 | |
| | 2 | |
| | 3 | |
| | 4 | |
| | 5 | |
| Ⅱ | 1 | |
| | 2 | |
| | 3 | |
| | 4 | |
| | 5 | |
| Ⅲ | | 50 |

| 受検番号 | |
|---|---|

| 合計得点 | |
|---|---|

鹿児島県公立高校　２０２３年度

※１８９％に拡大していただくと、解答欄は実物大になります。

# 国語解答用紙

1

1　(1)　(2)　びる　(3)　(4)　(5)　る　(6)

2

2

1

2

3　Ⅰ　Ⅱ　Ⅲ

4

3

1

2

3　Ⅰ　Ⅱ　Ⅲ

4

1

2　Ⅰ　Ⅱ　Ⅲ

3　X　Y

5

資料番号

見出し　A

B

1　2　3　4　5　6　7　8

受検番号

合計得点

# 2023年度入試配点表(鹿児島県)

| 数学 | 1 | 2 | 3 | 4 | 5 | 計 |
|---|---|---|---|---|---|---|
| | 各3点×9<br>(2完答) | 1　各3点×3<br>他　各4点×2 | 各2点×8 | 3(1)　5点　(2)　4点<br>他　各3点×2<br>(2完答) | 2　5点<br>4　4点<br>他　各3点×2 | 90点 |

| 英語 | 1 | 2 | 3 | 4 | 計 |
|---|---|---|---|---|---|
| | 8　4点<br>他　各3点×7 | 4　7点<br>他　各2点×8 | Ⅰ1·3　各2点×2<br>Ⅲ　4点<br>他　各3点×3 | 2, 4　各4点×2<br>5　6点　6　5点<br>他　各3点×2 | 90点 |

| 理科 | 1 | 2 | 3 | 4 | 5 | 計 |
|---|---|---|---|---|---|---|
| | 2, 5(2)　各3点×2<br>他　各2点×6 | Ⅰ4, Ⅱ4<br>各3点×2<br>他　各2点×6 | Ⅰ3(2), Ⅱ3<br>各3点×2　Ⅱ2　4点<br>他　各2点×4 | Ⅰ2(1), Ⅱ4<br>各3点×2<br>他　各2点×6 | Ⅰ4, Ⅱ4<br>各3点×2<br>他　各2点×6 | 90点 |

| 社会 | 1 | 2 | 3 | 計 |
|---|---|---|---|---|
| | Ⅰ6, Ⅱ5　各4点×2<br>Ⅲ2　3点(完答)<br>他　各2点×10(Ⅰ4完答) | Ⅰ3·4, Ⅲ　各3点×3<br>他　各2点×11 | Ⅰ5, Ⅲ　各4点×2<br>Ⅱ3·5　各3点×2<br>他　各2点×7 | 90点 |

| 国語 | 1 | 2 | 3 | 4 | 5 | 計 |
|---|---|---|---|---|---|---|
| | 各2点×7 | 1·2　各3点×2<br>3Ⅲ　7点　4　5点<br>他　各4点×2 | 1　2点　2　3点<br>3Ⅲ　5点<br>他　各4点×2 | 2Ⅱ·Ⅲ　各4点×2<br>3Y　6点<br>他　各3点×3 | 9点 | 90点 |

※ 189%に拡大していただくと，解答欄は実物大になります。

# 数 学 解 答 用 紙

**1**

| | | | | | | | | | |
|---|---|---|---|---|---|---|---|---|---|
| 1 | (1) | | (2) | | (3) | | (4) | 個 | (5) 倍 |
| 2 | $b=$ | 3 | | 4 | 度 | 5 | | | |

**2**

1

2

4 (1) 約　　人

(2) （方程式と計算過程）

答　$x=$　　，$y=$

3

**3**

1

2 (1)

(2) Q（　　，　　）

2 (3) （求め方や計算過程）

答　$a=$

**4**

1　度

2　EG : GD =

4　cm

5　倍

3 （証明）

**5**

1　色，　cm

2 (1) ア　イ　ウ　エ

2 (2) （求め方や計算過程）

答　cm

| 受検番号 | |
|---|---|

| 合計得点 | |
|---|---|

※ 164％に拡大していただくと，解答欄は実物大になります。

# 英 語 解 答 用 紙

| | | |
|---|---|---|
| 1 | 1 | |
| | 2 | |
| | 3 | |
| | 4 | → → |
| | 5 | |
| | 6 | (1) (2) |
| | 7 | |
| 2 | 1 | ① ② |
| | 2 | ① ② ③ |
| | 3 | ① ② ③ |
| | 4 | You should buy ( X ・ Y ) because |
| 3 | Ⅰ | 1 2 |
| | Ⅱ | 1 2 ② ③ ④ |
| | Ⅲ | |
| 4 | 1 | |
| | 2 | |
| | 3 | |
| | 4 | |
| | 5 | |
| | 6 | |

| | | | |
|---|---|---|---|
| 受検番号 | | 合計得点 | |

※ 164％に拡大していただくと，解答欄は実物大になります。

# 理　科　解　答　用　紙

**1**

| | | | | |
|---|---|---|---|---|
| 1 | ① | | ② | |
| 2 | | | | |
| 3 | | | | |
| 4 | ① | | ② | |
| 5 | (1) | | | |
| | (2) | | | |
| | (3) | | | |
| | (4) | Ω | | |

**2**

| | | | | | |
|---|---|---|---|---|---|
| Ⅰ | 1 | 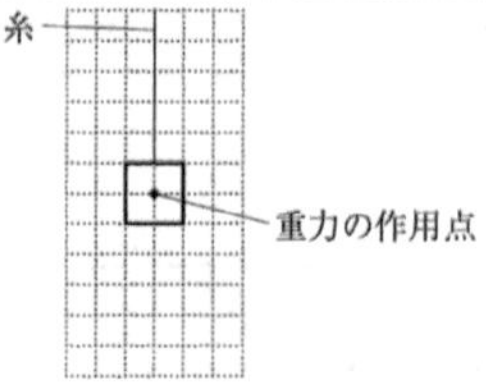 | | | |
| | 2 | cm/s | | | |
| | 3 | a | | b | |
| | 4 | | | | |
| Ⅱ | 1 | | | | |
| | 2 | | | | |
| | 3 | | | | |
| | 4 | | | | |



**3**

| | | | | | | | |
|---|---|---|---|---|---|---|---|
| Ⅰ | 1 | (1) | | | | | |
| | | (2) | a | | b | | |
| | 2 | (1) | ア | 本 | イ | 本 | |
| | | | ウ | 本 | | | |
| | | (2) | | | | | |
| Ⅱ | 1 | a | | b | | | |
| | 2 | 記号 | | 名称 | | | |
| | 3 | (1) | | | | | |
| | | (2) | 試験管（　　）と比べることで， | | | | |

**4**

| | | | |
|---|---|---|---|
| Ⅰ | 1 | | |
| | 2 | (1) | |
| | | (2) | 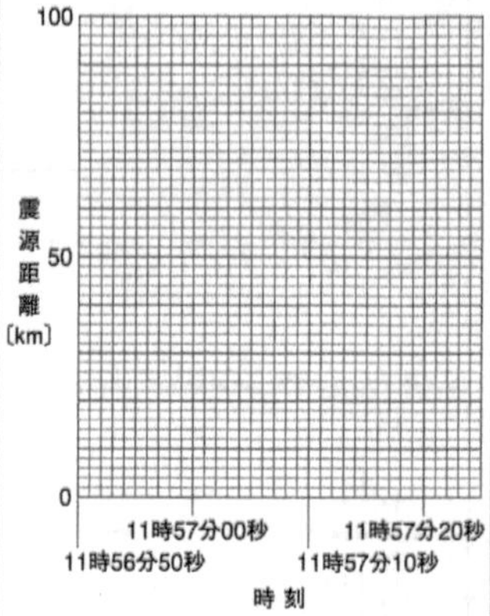 |
| | | (3) | 秒 |
| Ⅱ | 1 | | |
| | 2 | | |
| | 3 | | |
| | 4 | | |



**5**

| | | |
|---|---|---|
| Ⅰ | 1 | |
| | 2 | |
| | 3 | 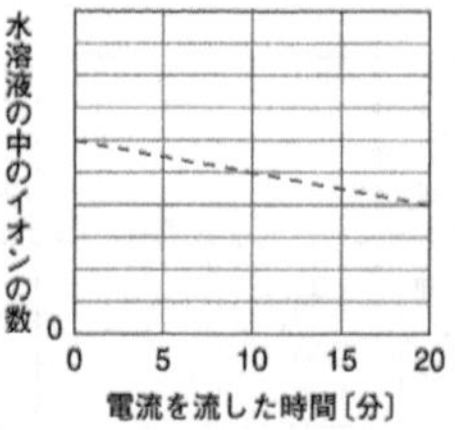 |
| | 4 | |
| Ⅱ | 1 | |
| | 2 | |
| | 3 | g/cm³ |
| | 4 | |



| | | | |
|---|---|---|---|
| 受検番号 | | 合計得点 | |

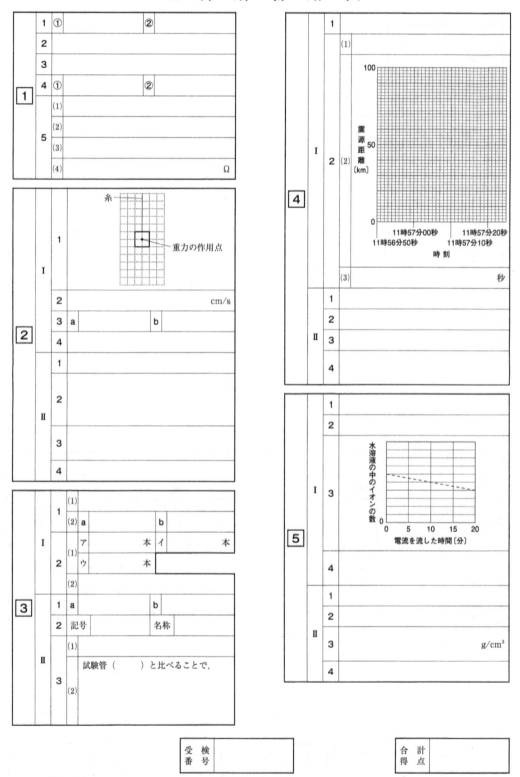

※ 164％に拡大していただくと，解答欄は実物大になります。

# 社　会　解　答　用　紙

| | | | |
|---|---|---|---|
| 1 | Ⅰ | 1 | （山脈） |
| | | 2 | |
| | | 3 | |
| | | 4 | |
| | | 5 | |
| | | 6 | (1)（１番目） |
| | | | (1)（２番目） |
| | | | (2) |
| | Ⅱ | 1 | |
| | | 2 | |
| | | 3 | |
| | | 4 | (1)（漁業） |
| | | | (2) |
| | | 5 | |
| | Ⅲ | | （記号） |
| | | | （理由） |

| | | | |
|---|---|---|---|
| 2 | Ⅰ | 1 | |
| | | 2 | |
| | | 3 | |
| | | 4 | |
| | | 5 | |
| | | 6 | （　）→（　）→（　）→（　） |
| | Ⅱ | 1 | ① |
| | | | ② |
| | | 2 | |
| | | 3 | |
| | | 4 | |
| | | 5 | |
| | | 6 | （　）→（　）→（　） |
| | Ⅲ | | |

| | | | |
|---|---|---|---|
| 3 | Ⅰ | 1 | |
| | | 2 | |
| | | 3 | |
| | | 4 | |
| | | 5 | |
| | | 6 | |
| | Ⅱ | 1 | |
| | | 2 | |
| | | 3 | X |
| | | | Y |
| | | 4 | |
| | | 5 | ドル |
| | Ⅲ | | スーパーマーケットは，（40）（50） |

| | | | |
|---|---|---|---|
| 受検番号 | | 合計得点 | |

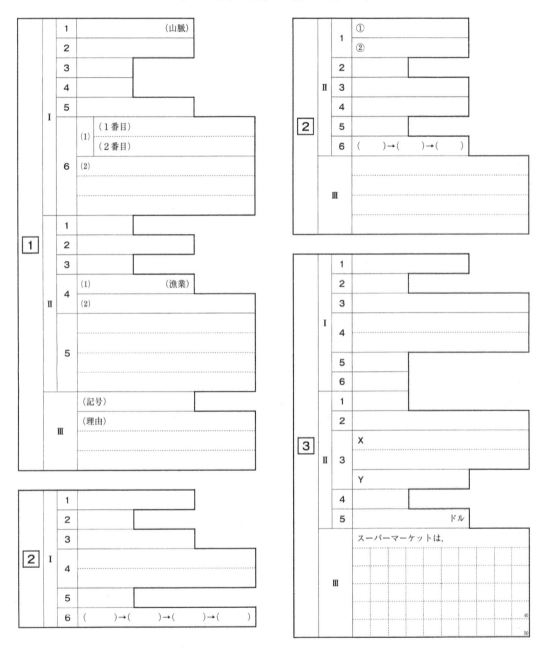

鹿児島県公立高校　２０２２年度

※１６４％に拡大していただくと、解答欄は実物大になります。

# 国語解答用紙

**1**

1　(1)　(2)　く　(3)　(4)　(5)　(6)　る

2　画

**2**

1

2　Ⅰ　Ⅱ

3

4　自分がどう生きるのかを問わなければ、

5

**3**

1

2

3

4　Ⅰ　Ⅱ　Ⅲ

**4**

1

2

3　Ⅰ　Ⅱ

4

5

**5**

1　2　3　4　5　6　7　8

受検番号

合計得点

# 2022年度入試配点表（鹿児島県）

| 数学 | 1 | 2 | 3 | 4 | 5 | 計 |
|---|---|---|---|---|---|---|
| | 各3点×9 | 3, 4(2)　各4点×2<br>他　各3点×3<br>(2 完答) | 2(3)　4点<br>他　各3点×3 | 3, 5　各4点×2<br>他　各3点×3 | 2(1)　8点(完答)<br>他　各4点×2<br>(1 完答) | 90点 |

| 英語 | 1 | 2 | 3 | 4 | 計 |
|---|---|---|---|---|---|
| | 7　4点<br>他　各3点×7 | 4　7点<br>他　各2点×8 | Ⅰ, Ⅱ 1　各3点×3<br>他　各4点×2 | 2, 4　各4点×2<br>5　5点<br>他　各3点×4 | 90点 |

| 理科 | 1 | 2 | 3 | 4 | 5 | 計 |
|---|---|---|---|---|---|---|
| | 4, 5(4)　各3点×2<br>他　各2点×6 | Ⅰ 4, Ⅱ 4<br>各3点×2<br>他　各2点×6 | Ⅰ 2(2), Ⅱ 3(2)<br>各3点×2<br>他　各2点×6 | Ⅰ 2(3), Ⅱ 4<br>各3点×2<br>他　各2点×6 | Ⅱ 3・4<br>各3点×2<br>他　各2点×6 | 90点 |

| 社会 | 1 | 2 | 3 | 計 |
|---|---|---|---|---|
| | Ⅱ 5　3点　　Ⅲ　4点(完答)<br>他　各2点×12<br>(Ⅰ 6(1)完答) | Ⅰ 6, Ⅱ 6, Ⅲ　各3点×3<br>他　各2点×11 | Ⅰ 6, Ⅱ 3　各3点×2<br>Ⅲ　4点<br>他　各2点×9(Ⅱ 3 完答) | 90点 |

| 国語 | 1 | 2 | 3 | 4 | 5 | 計 |
|---|---|---|---|---|---|---|
| | 各2点×7 | 1　2点　4　7点<br>5　5点<br>他　各4点×3 | 1　2点<br>4 Ⅲ　4点<br>他　各3点×4 | 3 Ⅱ, 4　各4点×2<br>5　6点<br>他　各3点×3 | 9点 | 90点 |

鹿児島県公立高校　　2021年度

※ 189％に拡大していただくと，解答欄は実物大になります。

# 数 学 解 答 用 紙

| | | | | | | | | | | |
|---|---|---|---|---|---|---|---|---|---|---|
| 1 | 1 | (1) | | (2) | | (3) | | (4) | 時速　　km | (5)　　本 |
| | 2 | $a=$ | | 3 | cm³ | 4 | $n=$ | 5 | | |

| | | | | | | |
|---|---|---|---|---|---|---|
| 2 | 1 | 度 | 2 | | 3 | |
| | 4 | （証明） | 5 | （式と計算） | | |

答　Mサイズのレジ袋　　枚，

Lサイズのレジ袋　　枚

| | | | | | | | | | | |
|---|---|---|---|---|---|---|---|---|---|---|
| 3 | 1 | a | | b | | 2 | 冊 | 3 | (1) | (2) |

| | | | | | |
|---|---|---|---|---|---|
| 4 | 1 | ア | | 3 | (2)　（求め方や計算） |
| | 2 | イ | （　　，　　） | | |
| | | ウ | （　　，　　） | | |
| | 3 | (1) | | | 答 |

同じ面積になる　・　同じ面積にならない

| | | | | | |
|---|---|---|---|---|---|
| 5 | 1 | | 3 | (1) | cm |
| | | | | (2) | cm² |
| | 2 | A<br>D | | (3) | （式と計算） |

答　　秒後

| | | | |
|---|---|---|---|
| 受検番号 | | 合計得点 | |

※ 167％に拡大していただくと，解答欄は実物大になります。

# 英　語　解　答　用　紙

| | | |
|---|---|---|
| 1 | 1 | |
| | 2 | |
| | 3 | |
| | 4 | → → |
| | 5 | |
| | 6 | (1)　(2) He has learned it is important to . |
| | 7 | |
| 2 | 1 | ①　② |
| | 2 | ①　②　③ |
| | | ④ But at Minato Station by eight forty. |
| | 3 | do you have in a week ? |
| | 4 | |
| 3 | I | 1　2 |
| | II | 1 (1) |
| | | 1 (2) |
| | | 2 |
| | III | 1番目　2番目 |
| 4 | 1 | → → |
| | 2 | |
| | 3 | ・ |
| | | ・ |
| | 4 | |
| | 5 | |
| | 6 | |
| | 7 | |

| 受検番号 | |
|---|---|

| 合計得点 | |
|---|---|

鹿児島県公立高校　2021年度

※ 164%に拡大していただくと，解答欄は実物大になります。

# 理 科 解 答 用 紙

**1**

| | | | | | | |
|---|---|---|---|---|---|---|
| 1 | | | | | | |
| 2 | | | | | | |
| 3 | a | | b | | c | |
| 4 | | | | | | |
| 5 | | | | | | |
| 6 | | | | | | |
| 7 | ① | | ② | | | |
| 8 | 力の大きさ | N | 距離 | cm | | |

**2**

| | | | |
|---|---|---|---|
| Ⅰ | 1 | | |
| | 2 | X ＋ ● → Y ＋ Z | |
| | 3 | | |
| | 4 | 質量 | g |
| | | 物質 | |
| Ⅱ | 1 | | |
| | 2 | | |
| | 3 | | |
| | 4 | a | b |

**3**

| | | | | |
|---|---|---|---|---|
| Ⅰ | 1 | | | |
| | 2 | | | |
| | 3 | ① | ② | |
| | 4 | | | |
| Ⅱ | 1 | | | |
| | 2 | (1) | | |
| | | (2) | a | |
| | | | b | |
| | | | c | |
| | 3 | | | |

**4**

| | | | |
|---|---|---|---|
| Ⅰ | 1 | | |
| | 2 | | |
| | 3 | | |
| | 4 | | |
| Ⅱ | 1 | | |
| | 2 | 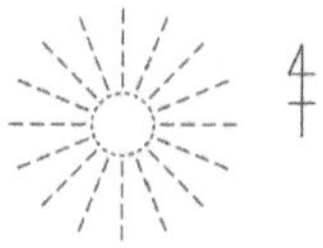 | |
| | 3 | a | b |
| | 4 | | |

**5**

| | | | | | |
|---|---|---|---|---|---|
| Ⅰ | 1 | g/cm³ | | | |
| | 2 | N | | | |
| | 3 | 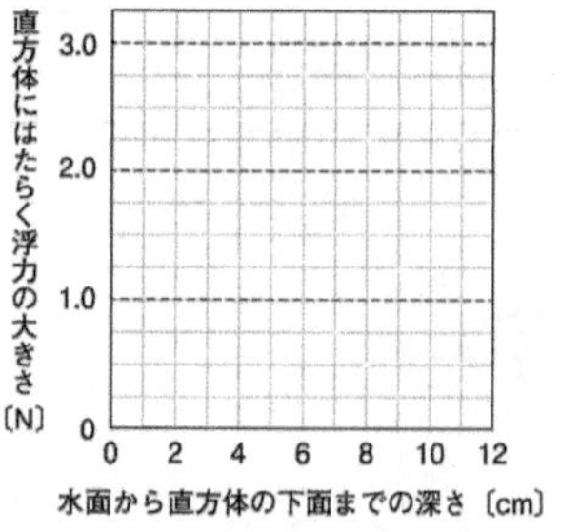 | | | |
| | 4 | 記号 | | | |
| | | 理由 | | | |
| Ⅱ | 1 | | | | |
| | 2 | | | | |
| | 3 | 電圧 | V | 電力 | W |
| | 4 | | | | |



| | |
|---|---|
| 受検番号 | |

| | |
|---|---|
| 合計得点 | |

※ 164%に拡大していただくと，解答欄は実物大になります。

# 社 会 解 答 用 紙

| | | | |
|---|---|---|---|
| 1 | Ⅰ | 1 | |
| | | 2 | |
| | | 3 | |
| | | 4 | |
| | | 5 | |
| | | 6 | Y |
| | | | Z |
| | Ⅱ | 1 | 市 |
| | | 2 | |
| | | 3 | （果実） |
| | | | （県） |
| | | 4 | |
| | | 5 | |
| | Ⅲ | | 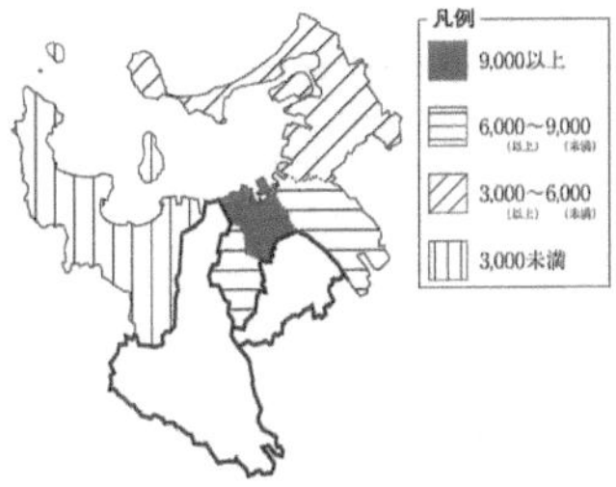 |

| | | | |
|---|---|---|---|
| 2 | Ⅰ | 1 | |
| | | 2 | |
| | | 3 | → → → |
| | | 4 | |
| | | 5 | |
| | | 6 | |
| | | 7 | |
| | Ⅱ | 1 | ① |
| | | | ② |
| | | 2 | |
| | | 3 | |
| | | 4 | → → |
| | | 5 | |
| | | 6 | |
| | Ⅲ | | |

| | | | |
|---|---|---|---|
| 3 | Ⅰ | 1 | |
| | | 2 | → → |
| | | 3 | 核兵器を |
| | | 4 | 内閣総理大臣は |
| | | 5 | |
| | Ⅱ | 1 | |
| | | 2 | |
| | | 3 | |
| | | 4 | |
| | | 5 | 失業した労働者に対して |
| | Ⅲ | | 40 |

| | |
|---|---|
| 受検番号 | |

| | |
|---|---|
| 合計得点 | |

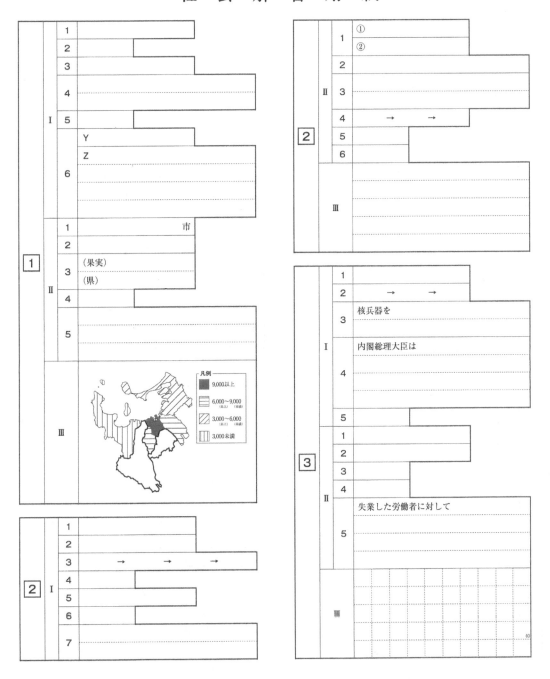

鹿児島県公立高校　２０２１年度

※１６４％に拡大していただくと，解答欄は実物大になります。

# 国語解答用紙

1

1　(1)　(2)　す　(3)　(4)　(5)　(6)　ぐ

2　画

2

1

2

3　Ⅰ　Ⅱ

4

5

3

1

2

3

4　Ⅰ　Ⅱ　Ⅲ

4

1

2　Ⅰ　Ⅱ

3

4

5

5

選択した特徴

1　2　3　4　5　6　7　8

受検番号

合計得点

# 2021年度入試配点表（鹿児島県）

| 数学 | 1 | 2 | 3 | 4 | 5 | 計 |
|---|---|---|---|---|---|---|
| | 各3点×9 | 1～3　各3点×3<br>他　各4点×2 | 各3点×4<br>（1，3（2）各完答） | 3（2）　5点<br>他　各3点×4 | 2，3（3）　各4点×2<br>他　各3点×3 | 90点 |

| 英語 | 1 | 2 | 3 | 4 | 計 |
|---|---|---|---|---|---|
| | 7　4点<br>他　各3点×7 | 2④，3　各3点×2<br>4　7点<br>他　各2点×5 | Ⅰ，Ⅱ1　各2点×4<br>他　各3点×3 | 2，4　各2点×2<br>3　4点　7　5点<br>他　各3点×4 | 90点 |

| 理科 | 1 | 2 | 3 | 4 | 5 | 計 |
|---|---|---|---|---|---|---|
| | 3，8　各3点×2<br>他　各2点×6 | Ⅰ4，Ⅱ4　各3点×2<br>他　各2点×6 | Ⅰ4，Ⅱ2（2）<br>各3点×2<br>他　各2点×6 | Ⅰ4，Ⅱ2<br>各3点×2<br>他　各2点×6 | Ⅰ3，Ⅱ3<br>各3点×2<br>他　各2点×6 | 90点 |

| 社会 | 1 | 2 | 3 | 計 |
|---|---|---|---|---|
| | Ⅱ5，Ⅲ　各4点×2<br>他　各2点×12 | Ⅱ4，Ⅲ　各3点×2<br>他　各2点×13 | Ⅰ4・5，Ⅱ5，Ⅲ　各3点×4<br>他　各2点×7 | 90点 |

| 国語 | 1 | 2 | 3 | 4 | 5 | 計 |
|---|---|---|---|---|---|---|
| | 各2点×7 | 1　2点　2　3点<br>3Ⅰ　4点　4　7点<br>他　各5点×2 | 1　2点<br>4Ⅱ　4点<br>他　各3点×4 | 2Ⅱ　4点<br>5　7点<br>他　各3点×4 | 9点 | 90点 |

2020年度　鹿児島県

# 数 学 解 答 用 紙

**1**

| | | | | | | | | | | |
|---|---|---|---|---|---|---|---|---|---|---|
| 1 | (1) | | (2) | | (3) | | (4) | | (5) | |
| 2 | $y=$ | | 3 | | 4 | | 5 | | | |

**2**

| | | | | | |
|---|---|---|---|---|---|
| 1 | 度 | 2 | | 3 | $x=$ |

4

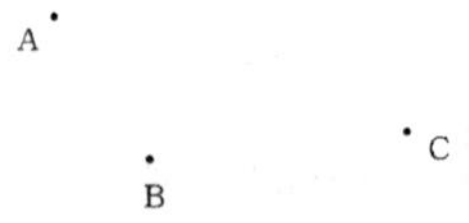


5 （式と計算）

答　Aさんが最初に持っていた鉛筆　　　本，

　　Bさんが最初に持っていた鉛筆　　　本

**3**

| | | | | | | | | | |
|---|---|---|---|---|---|---|---|---|---|
| 1 | 点 | 2 | (1) | ア | | イ | (2) | 点 | 3 　点 |

**4**

| | | | |
|---|---|---|---|
| 1 | ア | | |
| | イ | | |
| 3 | (1) | 度 | |
| | | $t=$ | |
| | (2) | $m^2$ | |

2 （証明）

**5**

| | | |
|---|---|---|
| 1 | | Q(　　　，　　　) |
| 2 | | $t=$ |
| 3 | (1) | R(　　　，　　　) |

3 (2) （求め方や計算）

答

| | |
|---|---|
| 受検番号 | |

| | |
|---|---|
| 合計得点 | |

※この解答用紙は189％に拡大していただきますと，実物大になります。

# 英　語　解　答　用　紙

| | | | |
|---|---|---|---|
| 1 | 1 | | |
| | 2 | | |
| | 3 | → → | |
| | 4 | ① | ② |
| | 5 | (1) | (2) |
| | | (3) He began to . | |
| | 6 | | |
| 2 | 1 | ① | ② |
| | 2 | ① | |
| | | ② | |
| | | ③ Then, . | |
| | | ④ | |
| | 3 | ? | |
| | 4 | | |
| 3 | I | ① ② ③ | |
| | II | 1 (1) | |
| | | 1 (2) | |
| | | 2 | |
| | III | 1 | |
| | | 2 | |
| 4 | 1 | → → . | |
| | 2 | 30 | |
| | 3 | ? | |
| | 4 | | |
| | 5 | | |
| | 6 | | |
| | 7 | | |

| | |
|---|---|
| 受検番号 | |

| | |
|---|---|
| 合計得点 | |

※この解答用紙は169％に拡大していただきますと，実物大になります。

2020年度　鹿児島県

# 理科解答用紙

**1**

| | | | | |
|---|---|---|---|---|
| 1 | | | | 類 |
| 2 | | | | |
| 3 | | | | |
| 4 | ① | | ② | |
| 5 | | | | |
| 6 | (1) | | | |
| | (2) | ① | ② | |
| 7 | | | | |

**2**

| | | | |
|---|---|---|---|
| I | 1 | | |
| | 2 | | |
| | 3 | | → → → |
| II | 1 | | |
| | 2 | | |
| | 3 | (1) | 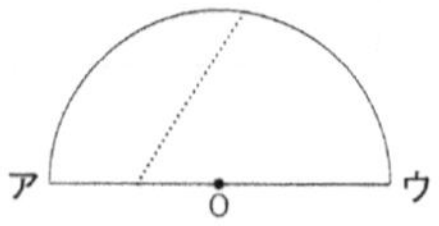 |
| | | (2) | |

**3**

| | | | | | |
|---|---|---|---|---|---|
| I | 1 | | | | |
| | 2 | a | | b | |
| | 3 | Cは，水溶液の温度を下げると， | | | |
| | 4 | | | | g |
| II | 1 | | | | |
| | 2 | | | | |
| | 3 | (1) | | | 電池 |
| | | (2) | 化学式 | 分子の個数 | 個 |

**4**

| | | | |
|---|---|---|---|
| I | 1 | | |
| | 2 | | ア → → → → |
| | 3 | | |
| | 4 | | |
| II | 1 | | |
| | 2 | | |
| | 3 | (1) | |
| | | (2) | |
| | 4 | | |

**5**

| | | |
|---|---|---|
| I | 1 | ° |
| | 2 | |
| | 3 | 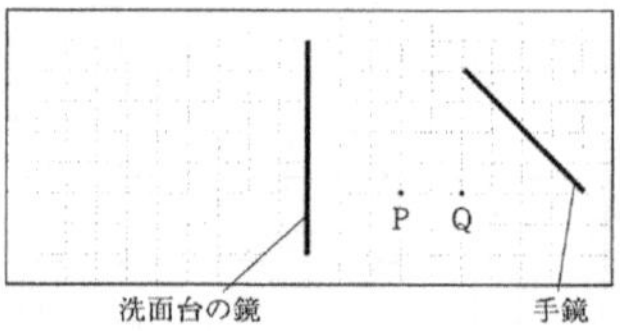 |
| II | 1 | J |
| | 2 | |
| | 3 | |
| | 4 | cm |
| | 5 | |

| | |
|---|---|
| 受検番号 | |

| | |
|---|---|
| 合計得点 | |

※この解答用紙は167％に拡大していただきますと，実物大になります。

2020年度　鹿児島県

# 社会解答用紙

| 大問 | | 番号 | 解答欄 |
|---|---|---|---|
| 1 | Ⅰ | 1 | 山脈 |
| | | 2 | |
| | | 3 | |
| | | 4 | |
| | | 5 | |
| | | 6 | (1) |
| | | | (2) |
| | Ⅱ | 1 | |
| | | 2 | |
| | | 3 | |
| | | 4 | |
| | | 5 | |
| | | 6 | |
| | Ⅲ | X | 経路㋐　経路㋑ |
| | | Y | |

| 大問 | | 番号 | 解答欄 |
|---|---|---|---|
| 2 | Ⅰ | 1 | |
| | | 2 | |
| | | 3 | |
| | | 4 | |
| | | 5 | |
| | | 6 | (　)→(　)→(　)→(　) |
| | Ⅱ | 1 | ① |
| | | | ② |
| | | 2 | |
| | | 3 | (　)→(　)→(　) |
| | | 4 | |
| | | 5 | |
| | | 6 | |
| | Ⅲ | | 25 |

| 大問 | | 番号 | 解答欄 |
|---|---|---|---|
| 3 | Ⅰ | 1 | |
| | | 2 | |
| | | 3 | |
| | | 4 | |
| | | 5 | |
| | | 6 | |
| | Ⅱ | 1 | |
| | | 2 | |
| | | 3 | |
| | | 4 | |
| | | 5 | (1) |
| | | | (2) |
| | Ⅲ | X | |
| | | Y | 30 |

| | |
|---|---|
| 受検番号 | |

| | |
|---|---|
| 合計得点 | |

※この解答用紙は164％に拡大していただきますと，実物大になります。

2020年度　鹿児島県

# 国語解答用紙

1
1 ①　ましい　②　③　って　④　⑤　⑥　った
2 画

2
1
2
3
4 Ⅰ Ⅱ
5

3
1
2
3
4 Ⅰ Ⅱ Ⅲ

4
1
2 Ⅰ Ⅱ
3
4
5

5
1 2 3 4 5 6 7 8

受検番号

合計得点

※この解答用紙は164％に拡大していただきますと、実物大になります。

# 2020年度入試配点表（鹿児島県）

| 数学 | 1 | 2 | 3 | 4 | 5 | 計 |
|---|---|---|---|---|---|---|
| | 各3点×9<br>(3,5各完答) | 1~3　各3点×3<br>他　各4点×2 | 2(1)　4点(完答)<br>他　各3点×3 | 1, 3(1)　各3点×3<br>他　各4点×2 | 3(1)　4点<br>3(2)　6点<br>他　各3点×2 | 90点 |

| 英語 | 1 | 2 | 3 | 4 | 計 |
|---|---|---|---|---|---|
| | 1, 5(1)・(2)　各2点×3<br>6　4点<br>他　各3点×5 | 2③, 3　各3点×2<br>4　7点<br>他　各2点×5 | Ⅱ2　3点<br>他　各2点×7 | 4, 5　各2点×2<br>7　5点<br>他　各3点×4 | 90点 |

| 理科 | 1 | 2 | 3 | 4 | 5 | 計 |
|---|---|---|---|---|---|---|
| | 3, 7　各3点×2<br>他　各2点×6 | Ⅰ1, Ⅱ1・2　各2点×3<br>他　各3点×4 | Ⅰ4, Ⅱ3(2)<br>各3点×2<br>他　各2点×6 | 各2点×9 | Ⅰ3, Ⅱ5<br>各3点×2<br>他　各2点×6 | 90点 |

| 社会 | 1 | 2 | 3 | 計 |
|---|---|---|---|---|
| | Ⅱ6, Ⅲ　各3点×2(Ⅲ完答)<br>他　各2点×12 | Ⅰ4・5, Ⅲ　各3点×3<br>他　各2点×11 | Ⅰ6　3点<br>Ⅲ　4点(完答)<br>他　各2点×11 | 90点 |

| 国語 | 1 | 2 | 3 | 4 | 5 | 計 |
|---|---|---|---|---|---|---|
| | 各2点×7 | 1　2点　2　3点<br>3　8点　5　5点<br>他　各4点×2 | 1　2点<br>4Ⅱ　4点<br>他　各3点×4 | 2Ⅱ　4点<br>5　7点<br>他　各3点×4 | 9点 | 90点 |

2019年度　鹿児島県

# 数学解答用紙

| | | | | | | | | | | | |
|---|---|---|---|---|---|---|---|---|---|---|---|
| 1 | 1 | (1) | | (2) | | (3) | | (4) | | (5) | |
| | 2 | 度 | 3 | | 4 | 倍 | 5 | | | | |

| | | | | | | |
|---|---|---|---|---|---|---|
| 2 | 1 | P（　　　，　　　） | 4 | （証明） | 5 | （式と計算） |
| | 2 | | | | | |
| | 3 | 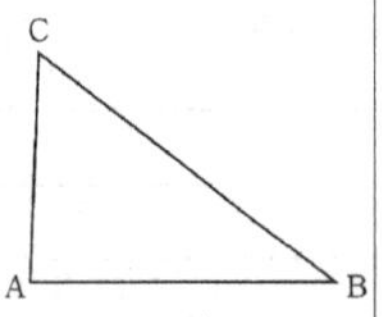 | | | | 答　120円のりんご　　個，<br>100円のりんご　　個，<br>80円のりんご　　個 |

| | | | | | | | | | |
|---|---|---|---|---|---|---|---|---|---|
| 3 | 1 | 点 | 2 | 人 | 3 | (1) | 点 | (2) | |

| | | | | | | |
|---|---|---|---|---|---|---|
| 4 | 1 | $a =$ | | 2 | (1) | （証明） |
| | 2 | (2) | ア | | | |
| | | | イ | | | |
| | | | ウ | | | |

| | | | | | |
|---|---|---|---|---|---|
| 5 | 1 | ア | | 2 | （式と計算） |
| | | イ | | | |
| | | ウ | | | |
| | | エ | | | |
| | | オ | | | 答　　　　秒後 |

| | | | | |
|---|---|---|---|---|
| 受検番号 | | | 合計得点 | |

※この解答用紙は189％に拡大していただきますと，実物大になります。

2019年度　鹿児島県

# 英語解答用紙

1
1
2
3 ① ②
4 (1) (2) (3) He .
5

2
1 ① ②
2 ① ② ③ ④ with you ?
3 ?
4

3
I ① ② ③
II 1
II 2
III 1 (1) (2)
III 2 30

4
1 ア イ ウ
2
3
4 30
5
6
7

受検番号

合計得点

※この解答用紙は164％に拡大していただきますと，実物大になります。

2019年度　鹿児島県

# 理 科 解 答 用 紙

**1**

| | | | | |
|---|---|---|---|---|
| 1 | | | | |
| 2 | 記号 | | 名称 | |
| 3 | | | | |
| 4 | | | | |
| 5 | | | | |
| 6 | | | | |
| 7 | | | | |
| 8 | ① | | ② | |

**2**

| | | | |
|---|---|---|---|
| Ⅰ | 1 | | 神経 |
| | 2 | | |
| | 3 | | |
| Ⅱ | 1 | | |
| | 2 | | |
| | 3 | (1) | |
| | | (2) | $cm^3$ |

**3**

| | | | | |
|---|---|---|---|---|
| Ⅰ | 1 | | | |
| | 2 | | | |
| | 3 | (1) | | |
| | | (2) | ① | ② |
| Ⅱ | 1 | | Ω | |
| | 2 | (1) | mA | |
| | | (2) | | |
| | 3 | a | | |
| | | b | | |

**4**

| | | | | |
|---|---|---|---|---|
| Ⅰ | 1 | ① | ② | |
| | 2 | リトマス紙 | | |
| | | イオンの名称 | | |
| | 3 | $Ba(OH)_2$ + $H_2SO_4$ → | | |
| Ⅱ | 1 | (1) | | |
| | | (2) | | |
| | | (3) | | |
| | 2 | 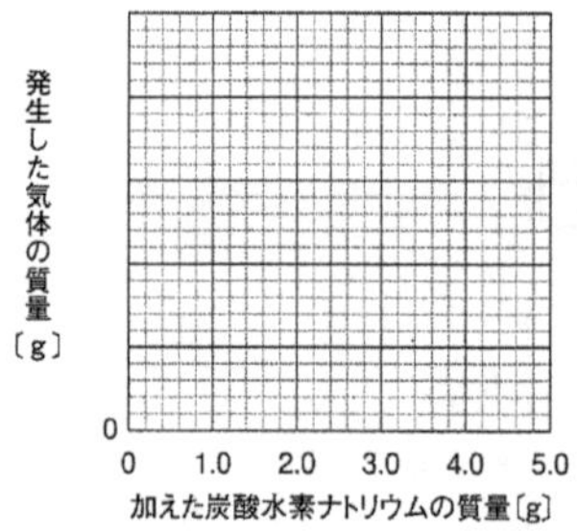 | | |
| | 3 | % | | |



**5**

| | | |
|---|---|---|
| Ⅰ | 1 | |
| | 2 | |
| | 3 | |
| Ⅱ | 1 | |
| | 2 | |
| | 3 | |
| | 4 | |

| | | | |
|---|---|---|---|
| 受検番号 | | 合計得点 | |

※この解答用紙は164％に拡大していただきますと，実物大になります。

2019年度　鹿児島県

# 社　会　解　答　用　紙

| | | | |
|---|---|---|---|
| 1 | Ⅰ | 1 | 州 |
| | | 2 | |
| | | 3 | 度 |
| | | 4 | （記号） |
| | | | （特徴） |
| | | 5 | |
| | | 6 | |
| | Ⅱ | 1 | |
| | | 2 | |
| | | 3 | |
| | | 4 | |
| | | 5 | 大泉町に多く住む |
| | | 6 | |
| | Ⅲ | | 50 |

| | | | |
|---|---|---|---|
| 2 | Ⅰ | 1 | ① |
| | | | ② |
| | | 2 | （　）→（　）→（　）→（　） |
| | | 3 | |
| | | 4 | |
| | | 5 | |
| | | 6 | |

| | | | |
|---|---|---|---|
| 2 | Ⅱ | 1 | ① |
| | | | ② |
| | | 2 | |
| | | 3 | |
| | | 4 | （1899年） |
| | | | （理由） |
| | | 5 | |
| | | 6 | （　）→（　）→（　） |
| | Ⅲ | | |

| | | | |
|---|---|---|---|
| 3 | Ⅰ | 1 | |
| | | 2 | |
| | | 3 | |
| | | 4 | |
| | | 5 | 30 |
| | | 6 | （当選者数）　人 |
| | | | （特徴）小選挙区制に比べ |
| | Ⅱ | 1 | |
| | | 2 | (1) |
| | | | (2) |
| | | 3 | |
| | | 4 | |
| | | 5 | |
| | Ⅲ | | （記号） |
| | | | （しくみ） |

| | | | |
|---|---|---|---|
| 受検番号 | | 合計得点 | |

※この解答用紙は164％に拡大していただきますと，実物大になります。

2019年度　鹿児島県

# 国語解答用紙

| 1 | | |
|---|---|---|
| 1 | (1)　　　た | (2) |
| | (3) | (4)　　　しい |
| | (5)　　　く | (6) |
| 2 | | |

| 2 | |
|---|---|
| 1 | |
| 2 | Ⅰ |
| | Ⅱ |
| 3 | |
| 4 | |
| 5 | |

| 3 | |
|---|---|
| 1 | |
| 2 | |
| 3 | Ⅰ |
| | Ⅱ |
| | Ⅲ |
| | Ⅳ |

| 4 | |
|---|---|
| 1 | |
| 2 | |
| 3 | Ⅰ |
| | Ⅱ |
| 4 | |
| 5 | |

| 5 | |
|---|---|
| 1 | |
| 2 | |
| 3 | |
| 4 | |
| 5 | |
| 6 | |
| 7 | |
| 8 | |

| 受検番号 | |
|---|---|

| 合計得点 | |
|---|---|

※この解答用紙は164％に拡大していただきますと、実物大になります。

# 2019年度入試配点表(鹿児島県)

| 数学 | 1 | 2 | 3 | 4 | 5 | 計 |
|---|---|---|---|---|---|---|
| | 各3点×9<br>(1(5)完答) | 1, 2　各3点×2<br>他　各4点×3 | 3　各4点×2<br>(3(2)完答)<br>他　各3点×2 | 1　3点<br>2(1)　5点<br>2(2)　6点(完答) | 1ア　3点<br>2　6点<br>他　各2点×4 | 90点 |

| 英語 | 1 | 2 | 3 | 4 | 計 |
|---|---|---|---|---|---|
| | 1, 2, 4(1)　各2点×3<br>5　4点<br>他　各3点×4 | 2④, 3　各3点×2<br>4　7点<br>他　各2点×5 | Ⅱ　各3点×2<br>Ⅲ2　4点<br>他　各2点×5 | 2, 3　各2点×2<br>4　4点　7　5点<br>他　各3点×4 | 90点 |

| 理科 | 1 | 2 | 3 | 4 | 5 | 計 |
|---|---|---|---|---|---|---|
| | 6, 8　各3点×2<br>他　各2点×6 | Ⅰ1・3, Ⅱ1　各2点×3<br>他　各3点×4 | Ⅰ3(1), Ⅱ2(1)<br>各3点×2<br>他　各2点×6 | Ⅱ2・3　各3点×2<br>他　各2点×6 | Ⅰ1, Ⅱ1・2<br>各2点×3<br>他　各3点×4 | 90点 |

| 社会 | 1 | 2 | 3 | 計 |
|---|---|---|---|---|
| | Ⅰ4・6, Ⅱ6　各3点×3(Ⅰ4完答)<br>Ⅲ　4点<br>他　各2点×9 | Ⅱ4　3点(完答)<br>他　各2点×14 | Ⅰ6, Ⅲ　各3点×2(各完答)<br>他　各2点×11 | 90点 |

| 国語 | 1 | 2 | 3 | 4 | 5 | 計 |
|---|---|---|---|---|---|---|
| | 各2点×7 | 1, 2Ⅰ　各3点×2<br>4　7点　5　5点<br>他　各4点×2 | 1　2点<br>3Ⅲ　4点<br>他　各3点×4 | 1　3点<br>3Ⅱ　4点<br>4　7点　5　5点<br>他　各2点×2 | 9点 | 90点 |

MEMO

大切なことはメモしておこうネ！

MEMO

大切なことはメモしておこうネ！

MEMO

大切なことはメモしておこうネ！

# 公立高校入試シリーズ

NEW

長文読解・英作文　公立高校入試対策

## 実戦問題演習・公立入試の英語　基礎編

- ヒント入りの問題文で「解き方」がわかるように
- 総合読解・英作文問題へのアプローチ手法を出題ジャンル形式別に丁寧に解説
- 全国の公立高校入試から問題を厳選
- 文法・構文・表現の最重要基本事項もしっかりチェック

定価：1,100 円（本体 1,000 円 + 税 10%）／ ISBN：978-4-8141-2123-6　C6300

---

NEW

旧版『公立入試の英語』をリニューアル！

長文読解・英作文　公立難関・上位校入試対策

## 実戦問題演習・公立入試の英語　実力錬成編

- 総合読解・英作文問題へのアプローチ手法を出題ジャンル形式別に徹底解説
- 全国の公立高校入試、学校別独自入試から問題を厳選
- 出題形式に合わせた英作文問題の攻略方法で「あと１点」を手にする
- 文法・構文・表現の最重要基本事項もしっかりチェック

定価：1,320 円（本体 1,200 円 + 税 10%）／ ISBN：978-4-8141-2169-4　C6300

---

脱０点から満点ねらいまでステップアップ構成

## 目標得点別・公立入試の数学

- 全国の都道府県から選び抜かれた入試問題と詳しくわかりやすい解説
- ステージ問題で実力判定⇒リカバリーコースでテーマごとに復習⇒コースクリア問題で確認⇒ 次のステージへ
- ステージをクリアして確実な得点アップを目指そう
- 実力判定　公立入試対策模擬テスト付き

定価：1,045 円（本体 950 円 + 税 10%）／ ISBN：978-4-8080-6118-0　C6300

---

解き方がわかる・得点力を上げる分野別トレーニング

## 実戦問題演習・公立入試の理科

- 全国の公立高校入試過去問からよく出る問題を厳選
- 基本問題から思考・表現を問う問題まで重要項目を実戦学習
- 豊富なヒントで解き方のコツがつかめる
- 弱点補強、総仕上げ……短期間で効果を上げる

定価：1,045 円（本体 950 円 + 税 10%）／ ISBN：978-4-8141-0454-3　C6300

---

弱点を補強し総合力をつける分野別トレーニング

## 実戦問題演習・公立入試の社会

- 都道府県公立高校入試から重要問題を精選
- 分野別総合問題、分野複合の融合問題・横断型問題など
- 幅広い出題形式を実戦演習
- 豊富なヒントを手がかりに弱点を確実に補強

定価：1,045 円（本体 950 円 + 税 10%）／ ISBN：978-4-8141-0455-0　C6300

---

解法＋得点力が身につく出題形式別トレーニング

## 形式別演習・公立入試の国語

- 全国の都道府県入試から頻出の問題形式を集約
- 基本～標準レベルの問題が中心⇒基礎力の充実により得点力をアップ
- 問題のあとに解法のポイントや考え方を掲載しわかりやすさ、取り組みやすさを重視
- 巻末には総合テスト、基本事項のポイント集を収録

定価：1,045 円（本体 950 円 + 税 10%）／ ISBN：978-4-8141-0453-6　C6300

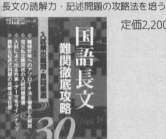

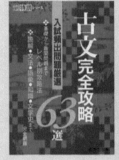

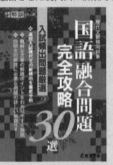

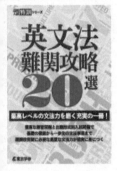

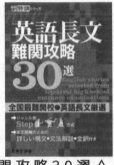

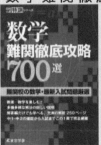

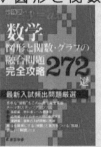

こんなやり取りしていませんか?
勉強が嫌い… 部活ばっかりしてる… すぐ携帯を見る…
集中力がない… 平均点も取れない…
早く勉強しなさい!!
聞いてるふりしとけばいいや
うるさいなー。今やろうと思ってたのに…やる気なくすなー…
そんな勉強が苦手な小・中・高校生のお悩みは、
家庭教師で
解決!!
独自の受験対策コースで圧倒的な合格率!!
頑張れ受験生!
イメージキャラクター 身に付く君
ご入会キャンペーン
実施中!
詳しい内容はWEBで!
スマホでピッ!!
■ 最新のキャンペーン情報
■ お住まいの地域の合格実績
■ お客さまの体験談.... など
学生家庭教師会 検索
弱点の分析でやるべきことがわかる!
無料体験随時受付中
プロと学生の先生を同じ料金で派遣しています!
教材販売がありません!
創業50年以上の歴史と実績!中学受験・高校受験・中高一貫校・大学受験対応!
対象 小1〜高3 ※ 浪人生や公務員試験、看護専門学校等の受験を目指す一般の方も可能です。
無料体験・資料請求・お問合わせ
「過去問の広告を見た」とお伝え下さい。
0120-70-2339
受付時間(月〜土)11:00〜21:00
「生きる」を創造する
学生家庭教師会
<運営>(株)ライフブリッヂ

東京学参の

# 中学校別入試過去問題シリーズ

＊出版校は一部変更することがあります。一覧にない学校はお問い合わせください。

## 東京ラインナップ

あ　青山学院中等部(L04)
麻布中学(K01)
桜蔭中学(K02)
お茶の水女子大附属中学(K07)
か　海城中学(K09)
開成中学(M01)
学習院中等科(M03)
慶應義塾中等部(K04)
晃華学園中学(N13)
攻玉社中学(L11)
国学院大久我山中学
（一般・CC）(N22)
（ＳＴ）(N23)
駒場東邦中学(L01)
さ　芝中学(K16)
芝浦工業大附属中学(M06)
城北中学(M05)
女子学院中学(K03)
巣鴨中学(M02)
成蹊中学(N06)
成城中学(K28)
成城学園中学(L05)
青稜中学(K23)
創価中学(N14)★
た　玉川学園中学部(N17)
中央大附属中学(N08)
筑波大附属中学(K06)
筑波大附属駒場中学(L02)
帝京大中学(N16)
東海大菅生高中等部(N27)
東京学芸大附属竹早中学(K08)
東京都市大付属中学(L13)
桐朋中学(N03)
東洋英和女学院中学部(K15)
豊島岡女子学園中学(M12)
な　日本大第一中学(M14)
日本大第三中学(N19)
日本大第二中学(N10)
は　雙葉中学(K05)
法政大学中学(N11)
本郷中学(M08)
ま　武蔵中学(N01)
明治大付属中野中学(N05)
明治大付属中野八王子中学(N07)
明治大付属明治中学(K13)
ら　立教池袋中学(M04)
わ　和光中学(N21)
早稲田中学(K10)
早稲田実業学校中等部(K11)
早稲田大高等学院中等部(N12)

## 神奈川ラインナップ

あ　浅野中学(O04)
栄光学園中学(O06)
か　神奈川大附属中学(O08)
鎌倉女学院中学(O27)
関東学院六浦中学(O31)
慶應義塾湘南藤沢中等部(O07)
慶應義塾普通部(O01)
さ　相模女子大中学部(O32)
サレジオ学院中学(O17)
逗子開成中学(O22)
聖光学院中学(O11)
清泉女学院中学(O20)
洗足学園中学(O18)
捜真女学校中学部(O29)
た　桐蔭学園中等教育学校(O02)
東海大付属相模高中等部(O24)
桐光学園中学(O16)
な　日本大中学(O09)
は　フェリス女学院中学(O03)
法政大第二中学(O19)
や　山手学院中学(O15)
横浜隼人中学(O26)

## 千・埼・茨・他ラインナップ

あ　市川中学(P01)
浦和明の星女子中学(Q06)
か　海陽中等教育学校
（入試Ⅰ・Ⅱ）(T01)
（特別給費生選抜）(T02)
久留米大附設中学(Y04)
さ　栄東中学（東大・難関大）(Q09)
栄東中学（東大特待）(Q10)
狭山ヶ丘高校付属中学(Q01)
芝浦工業大柏中学(P14)
渋谷教育学園幕張中学(P09)
城北埼玉中学(Q07)
昭和学院秀英中学(P05)
清真学園中学(S01)
西南学院中学(Y02)
西武学園文理中学(Q03)
西武台新座中学(Q02)
専修大松戸中学(P13)
た　筑紫女学園中学(Y03)
千葉日本大第一中学(P07)
千葉明徳中学(P12)
東海大付属浦安高中等部(P06)
東邦大付属東邦中学(P08)
東洋大附属牛久中学(S02)
獨協埼玉中学(Q08)
な　長崎日本大中学(Y01)
成田高校付属中学(P15)
は　函館ラ・サール中学(X01)
日出学園中学(P03)
福岡大附属大濠中学(Y05)
北嶺中学(X03)
細田学園中学(Q04)
や　八千代松陰中学(P10)
ら　ラ・サール中学(Y07)
立命館慶祥中学(X02)
立教新座中学(Q05)
わ　早稲田佐賀中学(Y06)

## 公立中高一貫校ラインナップ

北海道　市立札幌開成中等教育学校(J22)
宮　城　宮城県仙台二華・古川黎明中学校(J17)
市立仙台青陵中等教育学校(J33)
山　形　県立東桜学館中学校(J27)
茨　城　茨城県立中学・中等教育学校(J09)
栃　木　県立宇都宮東・佐野・矢板東高校附属中学校(J11)
群　馬　県立中央・市立四ツ葉学園中等教育学校・
市立太田中学校(J10)
埼　玉　市立浦和中学校(J06)
県立伊奈学園中学校(J31)
さいたま市立大宮国際中等教育学校(J32)
川口市立高等学校附属中学校(J35)
千　葉　県立千葉・東葛飾中学校(J07)
市立稲毛国際中等教育学校(J25)
東　京　区立九段中等教育学校(J21)
都立大泉高等学校附属中学校(J28)
都立両国高等学校附属中学校(J01)
都立白鷗高等学校附属中学校(J02)
都立富士高等学校附属中学校(J03)
都立三鷹中等教育学校(J29)
都立南多摩中等教育学校(J30)
都立武蔵高等学校附属中学校(J04)
都立立川国際中等教育学校(J05)
都立小石川中等教育学校(J23)
都立桜修館中等教育学校(J24)
神奈川　川崎市立川崎高等学校附属中学校(J26)
県立平塚・相模原中等教育学校(J08)
横浜市立南高等学校附属中学校(J20)
横浜サイエンスフロンティア高校附属中学校(J34)
広　島　県立広島中学校(J16)
県立三次中学校(J37)
徳　島　県立城ノ内中等教育学校・富岡東・川島中学校(J18)
愛　媛　県立今治東・松山西・宇和島南中等教育学校(J19)
福　岡　福岡県立中学校・中等教育学校(J12)
佐　賀　県立香楠・致遠館・唐津東・武雄青陵中学校(J13)
宮　崎　県立五ヶ瀬中等教育学校(J15)
県立宮崎西・都城泉ヶ丘高校附属中学校(J36)
長　崎　県立長崎東・佐世保北・諫早高校附属中学校(J14)

公立中高一貫校
「適性検査対策」
問題集シリーズ

総合編　作文問題編　資料問題編　数と図形編　生活と科学編　実力確認テスト編

私立中・高スクールガイド
THE《ザ》 私立
私立中学＆高校の学校生活がわかる！

〈リスニング問題の音声について〉

本問題集掲載のリスニング問題の音声は、弊社ホームページでデータ配信しております。

現在お聞きいただけるのは「2024年度受験用」に対応した音声で、2024年3月末日までダウンロード可能です。弊社ホームページにアクセスの上、ご利用ください。

※本問題集を中古品として購入された場合など、配信期間の終了によりお聞きいただけない年度がございますのでご了承ください。

**鹿児島県公立高校　2024年度**

ISBN978-4-8141-2888-4

---

発行所　東京学参株式会社
〒153-0043　東京都目黒区東山2-6-4
URL　https://www.gakusan.co.jp

編集部　E-mail　hensyu@gakusan.co.jp
※本書の編集責任はすべて弊社にあります。内容に関するお問い合わせ等は、編集部まで、メールにてお願い致します。なお、回答にはしばらくお時間をいただく場合がございます。何卒ご了承くださいませ。

営業部　TEL　03 (3794) 3154
FAX　03 (3794) 3164
E-mail　shoten@gakusan.co.jp
※ご注文・出版予定のお問い合わせ等は営業部までお願い致します。



2023年8月10日　初版